Nazareth
Jericho
Beethlee
vale iosaphat. ii sepulchru be mai
tepla dni
teplu salomonis
IERVSALEM:
ciuitatum dignissima omnium.
Sepulchru
la maseen
la vile de Babil
Alisa
d'sur
le chemin de Jafes a ierlm
le chemin de Japhes a alisandre
De un iurnees de ci desk a Japhe
Kaifas
chastel pelerin
cesaire
Japhes
ascaloine
le daru
Damiette ki entre de egipte
pital des alemans
utes cestes parties ki ore sunt en subieccium des sarrazins iadis furent zenes par la predicacium seint Jehan ewangeliste. e des autres apostles ki sauoient tuz sens e tuz languages.
Jerusalem est le plus digne cite e liu du mund kar co est le chef du pais nre seignur
Ceste terre ki est a destre co est a sauer deuers le su ki aufrike est apelee e est la terce part du mund.

Landesausstellung Rheinland-Pfalz

# Richard Löwenherz
## König – Ritter – Gefangener

Herausgegeben von Alexander Schubert
für die Stiftung Historisches Museum der Pfalz Speyer

SCHNELL + STEINER

# Impressum

## Ausstellung

Gesamtleitung
Alexander Schubert

Ausstellungsleitung
Wolfgang Leitmeyer

Projektleitung
Simone Heimann, Sabine Kaufmann

Wissenschaftliches Konzept
Bernd Schneidmüller, Stefan Weinfurter

Ausstellungskonzept und Gestaltung
Wolfgang Leitmeyer
Simone Heimann, Sabine Kaufmann,
Sebastian Zanke

Ausstellungstexte
Simone Heimann, Sabine Kaufmann, Julia Kling,
Sebastian Zanke

Leihverkehr und Objektmanagement
Sebastian Zanke
Simone Heimann, Julia Kling, Sabine Kaufmann

Übersetzungen
Nina Bachler, Marcus Berendsen, Miriam Blümel,
Krister Johnson, Julia Kling, Valentine Meunier,
Sebastian Zanke

Koordination Ausstellungskatalog
Melanie Herget

Konzept und Koordination audiovisuelle Medien
Simone Heimann (Betreuung)
Faber-Courtial GbR, Darmstadt
Reinecke Media, Stuttgart

Konzept Audioguide
Sabine Kaufmann (Betreuung)
soundgarden audioguidance GmbH, München
audio konzept, Birge Tetzner, Berlin

Medien- und Öffentlichkeitsarbeit
Sabine Karle-Coen (Leitung), Franziska Keller,
Melina Metzker, Susanne Schilz
CAB Artis Kulturmanagement, Mistendorf

Medientechnik und Netzwerkadministration
Dieter Becker

Technik
Winfried Grundhöfer (Leitung), Michael Beck,
Igor Ilnitzki, Walter Maschner, Wolfgang
Völlmann, Hubert Wilhelm

Einbauten / Schreinerarbeiten
Gerhard Pfister, Ottmar Adam

Ausstellungsbau
Schreinerei Braun GmbH, Römerberg
Schlosserei Fetzer, Speyer
Teppichhaus Speyer GmbH, Speyer

Ausstellungsgrafik
Baier Digitaldruck GmbH, Mannheim
Visuell GmbH, Rheinstetten
Lisa-Marie Malek, Schönbrunn

Versicherung
Kuhn & Bülow Versicherungsmakler GmbH, Berlin

Transport und Logistik
Lucius Alsen, Sebastian Zanke (Betreuung)
Crown Fine Art, Raunheim/Frankfurt

Restauratorische Betreuung
Lucius Alsen, Christine Lincke, Anja Schäfer,
Sigrun Thiel
Magdalena Liedtke, Karlsruhe

Koordination Veranstaltungen
Beate von Fleischbein-Mohn, Alexandra Schreiber

Verwaltung
Gerhard Bossert (Leitung), Martina D'Angelo,
Dana Hofmann, Karoline Kälber, Jennifer Pätzel,
Anita Rock, Alexandra Schreiber, Melanie
Schwechheimer

Besucherservice
Colette Neufurth (Leitung), Sabrina Albers,
Heike Eberhard, Tanja Kunz

Direktionsbüro
Beate von Fleischbein-Mohn

Ausstellungskatalog

Herausgeber
Alexander Schubert für die Stiftung Historisches Museum der Pfalz Speyer

Redaktionsleitung
Melanie Herget

Konzept Ausstellungskatalog
Simone Heimann, Melanie Herget

Lektorat
Simone Heimann, Melanie Herget, Sabine Kaufmann, Julia Kling, Julia Kratz, Julia Linke, Anna Sophia Nübling

Bildredaktion und -recherche
Julia Kling

Kartografie
Peter Palm, Berlin

Fotografie und digitale Bildbearbeitung
Carolin Breckle, Peter Haag-Kirchner

Übersetzungen
Elke Albrecht (Atidma SCOP), Martin Baumeister, Gabriele François, Philipp Gey, Florian Graetz, Nina Hausmann (Tradukas GbR), Thomas Kaffenberger, Christoph Mauntel

Historisches Museum der Pfalz
Domplatz 4
67346 Speyer
www.museum.speyer.de
info@museum.speyer.de
Telefon 06232-1325-0
Telefax 06232-1325-40

Diese Publikation erscheint anlässlich der Landesausstellung Rheinland-Pfalz *Richard Löwenherz. König – Ritter – Gefangener* vom 17. September 2017 bis 15. April 2018 im Historischen Museum der Pfalz Speyer.

Verlag Schnell und Steiner GmbH
Leibnizstraße 13
93055 Regensburg
Telefon 0941-78785-0
Telefax 0941-78785-16
www.schnell-und-steiner.de

Verleger
Albrecht Weiland

Verlagslektorat
Simone Buckreus

Gestaltung und Satz
typegerecht, Berlin

Druck und Bindung
Grafisches Centrum Cuno GmbH & Co. KG, Calbe, gedruckt im Ultra HD Print



Bibliografische Information der Deutschen Nationalbibliothek: Die Deutsche Nationalbibliothek verzeichnet diese Publikation in der Deutschen Nationalbibliografie; detaillierte bibliografische Daten sind im Internet über http://www.dnb.dnb.de abrufbar.

ISBN 978-3-7954-3165-5

Printed in Germany

Die Ausstellung und das Begleitbuch wurden ermöglicht mit der großzügigen Unterstützung von:

Klaus Tschira Stiftung
gemeinnützige GmbH

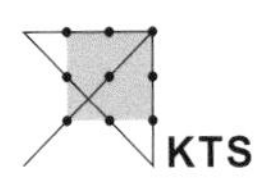

## KAPITEL VI – DIE GEFANGENSCHAFT



## KAPITEL VII – BURG UND HOF



## KAPITEL VIII – PERSPEKTIVEN



## ANHANG

# Grußwort

Die Burg Trifels gehört zu den beliebtesten Ausflugszielen und ist nach dem Hambacher Schloss auch die meistbesuchte Burg in Rheinland-Pfalz. Ein Grund für das große Interesse ist die Gefangenschaft des englischen Königs Richard Löwenherz auf der Burg. Das Historische Museum der Pfalz Speyer widmet Richard Löwenherz nun eine eigene Landesausstellung. Ich habe sehr gerne die Schirmherrschaft über diese große kunst- und kulturhistorische Sonderausstellung übernommen.

»Richard Löwenherz – König – Ritter – Gefangener« zeigt ein von Experten und Expertinnen entwickeltes, sehr eindrucksvolles und facettenreiches Bild der Legende Richards I. und seines Aufenthalts in der Pfalz. Die Ausstellung spricht Geschichtsbegeisterte, Fachpublikum und Laien gleichermaßen an. Zum ersten Mal wird in Deutschland die enge und konfliktreiche Beziehung zwischen England und Frankreich beleuchtet. Mit englischen, französischen und deutschen Exponaten wie Handschriften mit berühmten Miniaturen des englischen Königs oder Fundstücken von zentralen Orten, wird Geschichte spürbar.

Mein besonderer Dank gilt den Organisatoren der Landesausstellung Rheinland-Pfalz und des Historischen Museums der Pfalz Speyer, dem wissenschaftlichen Beirat sowie allen ehrenamtlichen Helfern und Helferinnen, die mit ihrem Einsatz dazu beitragen, dass wir diese umfassende Ausstellung genießen können. Ich wünsche Ihnen einen erfolgreichen Verlauf und allen Besuchern und Besucherinnen spannende Stunden auf den Spuren von Richard Löwenherz.

*Malu Dreyer*
Ministerpräsidentin von Rheinland-Pfalz

# Vorwort

Zum ersten Mal seit 25 Jahren richtet das Historische Museum der Pfalz mit »Richard Löwenherz. König – Ritter – Gefangener« wieder eine Landesausstellung Rheinland-Pfalz aus. Im Jahr 1992 markierte die Landesausstellung »Das Reich der Salier« für unser Haus den Beginn einer Ära. Seither ziehen alljährlich große kulturgeschichtliche Präsentationen hunderttausende Besucher nach Speyer. Erinnert sei in diesem Zusammenhang nur an besonders herausragende Mittelalter-Projekte wie »Die Ritter« (2003), »Europas Juden im Mittelalter« (2004/05), »Die Wikinger« (2008/09) und »Die Salier. Macht im Wandel« (2011).

Ausstellungsthemen haben einen ganz besonderen Reiz, wenn sie europäische bzw. welthistorische Relevanz besitzen und gleichzeitig regionalgeschichtlich verortet werden können. Ergänzend zum Museumserlebnis ermöglichen solche Themen den Besuch authentischer Stätten vor Ort. Dies trifft auf die Salier wie auf Richard Löwenherz in Speyer gleichermaßen zu. Während die Salierkaiser Heinrich III., Heinrich IV. und Heinrich V. jedoch bewusst den Dom zu Speyer zu ihrem Memorialort erkoren haben, ist die Verbindung des englischen Königs Richard Löwenherz zur Speyerer Stadthistorie, zur Reichsburg Trifels und zur rheinland-pfälzischen Landesgeschichte insgesamt eine unfreiwillige.

Als berühmtester Gefangener des Mittelalters verbrachte der englische König rund 14 Monate in der Region am Oberrhein, auf dem Trifels, in Hagenau, Speyer, Worms und Mainz. Schon die Dauer dieser Gefangenschaft ist bemerkenswert, stellt man ihr die kurzen sechs Monate gegenüber, die sich Richard während seiner Regierungszeit (1189–1199) überhaupt nur in England aufhielt.

Besonders die unerhörten Umstände der Gefangenschaft bewegen seit Jahrhunderten die Gemüter: Ein gekrönter englischer König und Kreuzfahrer wird auf der Rückreise aus dem Heiligen Land vom österreichischen Herzog Leopold V. festgesetzt, in die Gefangenschaft Kaiser Heinrichs VI. übergeben und über ein Jahr inhaftiert. Aber damit nicht genug, seine Freilassung wird nur gegen Zahlung einer für damalige Zeiten astronomischen Summe von 100.000 Mark Silber (das entspricht etwa 23 Tonnen Silber) in Aussicht gestellt.

Diese für das Mittelalter mit seinen strengen Normen und Regeln außergewöhnlichen Begebenheiten haben Geschichtsschreiber und Literaten sehr frühzeitig beschäftigt. Sie reicherten das überlieferte Geschehen mit vielen Randnotizen und Anekdoten an und luden es emotional auf. Wilhelm der Bretone etwa, ein zeitgenössischer Chronist, erzählte vom Hoftag in Speyer und berichtete von Richards großem rhetorischem Geschick, mit dem er bei seiner Verteidigungsrede die anwesenden Reichsfürsten buchstäblich zu Tränen gerührt habe. Ein anonymer Spielmann steuerte um 1260 die packende Geschichte vom Troubadour Blondel bei, der auf der Suche nach seinem gefangenen Herrn und Freund vor jeder Burg das gemeinsame Lieblingslied angestimmt habe, bis Richard schließlich aus seinem Verlies mit der Folgestrophe geantwortet habe und so entdeckt und befreit werden konnte. Und im 16. Jahrhundert wurde Richards Gefangenschaft schließlich mit den Legenden um den englischen Dieb Robin Hood verknüpft, der im Sherwood Forest die Reichen bestahl um es den Armen zu geben und der den ungerechten Sheriff von Nottingham sowie Richards »bösen« Bruder Johann Ohneland bekämpft. Richards unfreiwilliger Aufenthalt in Deutschland wurde zur rechtlosen Zeit in England stilisiert, seine Rückkehr gleichgesetzt mit der Wiederherstellung von Sittsamkeit und Ordnung.

Richard Löwenherz hat selbst dazu beigetragen, dass er zur Projektionsfläche für die Vorstellungen vom idealen Ritter und König wurde und zur übergroßen Herrscherfigur aufsteigen konnte. Vieles deutet daraufhin, dass er sich ganz bewusst als Nachfolger des mythologisch überlieferten König Artus inszenierte. Sein Biograph Roger von Howden berichtet, dass Richard höchstpersönlich das legendäre, unbesiegbar machende Schwert Excalibur führte. Der tatsächliche Schlachtenerfolg auf dem Dritten Kreuzzug tat ein übriges, Richards Ruhm zu vermehren.

Sicherlich ist es nicht übertrieben, Richard Löwenherz neben Karl dem Großen, Hildegard von Bingen, Walther von der Vogelweide und Friedrich Barbarossa zu den in der Allgemeinheit bekanntesten Figuren des Mittelalters zu zählen.

Umso erstaunlicher ist es, dass sich bisher kein Museum auf europäischem Festland dieser spannenden Herrscherfigur mit einer großen Sonderausstellung von internationalem Rang angenommen hat. Vor fünf Jahren hat sich schließlich das Historische Museum der Pfalz dem ambitionierten Vorhaben verschrieben, Leben und Wirken des englischen Königs Richard I. Löwenherz am Beispiel bedeutender Kunstschätze und originaler Zeitzeugnisse vorzustellen. Die Herausforderung war, mit dem Thema, das insbesondere durch die Robin Hood-Rezeption popkulturell stark überformt ist, einerseits an die Erwartungen des Publikums anzuknüpfen, sich andererseits aber auch auf der Grundlage aktueller Geschichtsforschung zu bewegen. Bei diesem Unterfangen wiesen uns die wissenschaftlichen Koordinatoren, die Heidelberger Professoren Bernd Schneidmüller und Stefan Weinfurter mit ihrem unglaublichen Erfahrungsschatz und ihrer Offenheit für unkonventionelle Lösungen immer wieder den Weg. In allen Phasen der Vorbereitung gaben auch die 20 Mitglieder des international und interdisziplinär besetzten wissenschaftlichen Beirats wichtige Anregungen zur Konzeption, machten Exponatvorschläge und vermittelten Kontakte. Allen Beiratsmitgliedern sind wir zu besonderem Dank verpflichtet. Den zahlreichen Museen, Bibliotheken, Archiven und Privatsammlungen aus England, Frankreich, den Niederlanden, Österreich, Dänemark, der Schweiz und Deutschland, die es durch ihre großzügigen Leihgaben überhaupt erst ermöglichen, die Zeitumstände rund um Richard Löwenherz authentisch darzustellen, gebührt ebenso unser großer Dank. Weiterer Dank geht an die Mediengestalter Faber-Courtial in Darmstadt, die mit ihren virtuellen Rekonstruktionen vergangene Lebenswirklichkeiten wieder erstehen ließen.

Weit über den Ausstellungszeitraum hinaus wird der Katalog als ein neues Standardwerk zu Richard Löwenherz dienen. Über 90 Fachleute konnten als Autorinnen und Autoren gewonnen werden. Für Qualität und Ästhetik des Katalogbuchs bürgt die vielfach bewährte, angenehme und verlässliche Zusammenarbeit mit dem Verlag Schnell & Steiner unter der Leitung von Verleger Albrecht Weiland und mit Simone Buckreus als Lektorin.

Um ein so großes wissenschaftliches Projekt von der ersten Idee bis zur Eröffnung zu entwickeln, braucht das Historische Museum der Pfalz verlässlichen Rückhalt. Diesen bietet zuvorderst der Stiftungsvorstand unter dem Vorsitz von Oberbürgermeister a. D. Werner Schineller und der Stiftungsrat mit dem Bezirkstagsvorsitzenden Theo Wieder an der Spitze. Weitere Förderer haben die Realisierung der Richard Löwenherz-Ausstellung ermöglicht. Besonders ist hier die vielfältige Unterstützung des Landes Rheinland-Pfalz zu nennen. Ministerpräsidentin Malu Dreyer hat frühzeitig ihre Schirmherrschaft über die Ausstellung ausgesprochen, Wissenschaftsminister Konrad Wolf hat dem Projekt den Titel »Landesausstellung Rheinland-Pfalz« verliehen und die Ausleihe von besonders wertvollen Exponaten durch Bereitstellung der Landeshaftung ermöglicht. Die Stiftung Rheinland-Pfalz für Kultur hat zudem einen namhaften Beitrag zum Ausstellungsetat beigesteuert. Wir danken ausdrücklich für diese Wertschätzung, die wir bei der Erfüllung unseres

Auftrags erfahren, die Aufgaben eines Landesmuseums für den Landesteil Pfalz innerhalb von Rheinland-Pfalz zu übernehmen.

Als stets zuverlässiger Förderer begleitet seit langem auch die Klaus Tschira-Stiftung in Heidelberg unter der Leitung von Beate Spiegel die Geschicke unseres Hauses. Dadurch wurde insbesondere die Produktion EDV-gestützter Anwendungen im Ausstellungsparcours ermöglicht. Die Ernst von Siemens Kunststiftung mit ihrem Generalsekretär Martin Hoernes ermöglichte die Realisierung des Katalogs, die Kulturstiftung Speyer in Verbindung mit der Otto und Gerlind Hess-Stiftung mit ihrem Vorsitzenden Peter Eichhorn finanzierte internationale Recherchen in der Ausstellungsvorbereitung.

Weit über das übliche Maß hinaus haben sich die Mitarbeiterinnen und Mitarbeiter des Historischen Museums der Pfalz für das Gelingen der ambitionierten Ausstellung eingesetzt: ihnen allen ein herzliches Dankeschön. Besonderer Dank gebührt den beiden Projektleiterinnen Simone Heimann und Sabine Kaufmann, die ihre große Praxiserfahrung aus vielen erfolgreichen Vorgängerprojekten mit frischen Enthusiasmus und Ideenreichtum paarten und unermüdlich für den Erfolg der Ausstellung gearbeitet haben. Gleiches gilt für Melanie Herget, die das Entstehen des Katalogs begleitete und das Ausstellungsteam mit ihrer Präzision und Gründlichkeit bereicherte. Sebastian Zanke brachte in die Vorbereitungen nicht nur seine guten Kontakte nach England ein, sondern betreute den oftmals im Bereich internationaler Diplomatie angesiedelten Leihverkehr. Julia Kling wirkte im Rahmen ihrer Volontariatsausbildung mit großem Engagement an der Entstehung der Ausstellung mit, Anna Sophia Nübling unterstützte das Team als wissenschaftliche Hilfskraft.

Unser Restauratorenteam mit Lucius Alsen, Christine Lincke, Anja Schäfer und Sigrun Thiel sorgte dafür, dass sich die vielen hochkarätigen Leihgaben während ihres Aufenthalts in Speyer in bester Obhut befinden. Weiterer Dank gebührt der Stabstelle Medien und Öffentlichkeitsarbeit unter der Leitung von Sabine Karle-Coen, mit Franziska Keller, Susanne Schilz sowie der wissenschaftlichen Volontärin Melina Metzker, unserer Fotografin Carolin Breckle und unserem Medientechniker Dieter Becker, den Mitarbeiterinnen in Direktion und Verwaltung, Sabrina Albers, Martina D'Angelo, Heike Eberhard, Beate von Fleischbein-Mohn, Dana Hofmann, Karoline Kälber, Tanja Kunz, Silvija Lang, Colette Neufurth, Melanie Schwechheimer, Alexandra Schreiber und Anita Rock, der Haustechnik unter der Leitung von Winfried Grundhöfer, mit Michael Beck, Igor Illnitzki, Walter Maschner, Wolfgang Völlmann und Hubert Wilhelm gemeinsam mit Gerhard Pfister und Ottmar Adam.

Ein so außergewöhnliches Ausstellungsprojekt kann nur dann gelingen, wenn alle Räder fein abgestimmt ineinander greifen. Ganz besonders möchte ich in diesem Zusammenhang meinen beiden Stellvertretern danken: Wolfgang Leitmeyer entwickelte als Ausstellungsleiter mit unerschöpflicher Kreativität die Gestaltung; Gerhard Bossert sorgte als Verwaltungsleiter mit Weitblick für verlässliche vertragliche und haushalterische Grundlagen.

Über 800 Jahre nach seiner Gefangenschaft kehrt Richard Löwenherz nun gewissermaßen zurück in die Pfalz. Die Vorzeichen sind günstig: Der mittelalterliche Held hat nichts von seiner königlichen Strahlkraft verloren – im Gegenteil. Die Ausstellung erzählt seine spannende Geschichte neu, mit Blick auf Europa ebenso wie auf die Pfalz. Der Katalog soll dies für heutige und künftige Generationen dokumentieren. Ich wünsche allen Besucherinnen und Besuchern erlebnisreiche Stunden beim Ausstellungsbesuch und bei der Lektüre.

*Alexander Schubert*

Leitender Direktor des Historischen Museums der Pfalz

Kapitel I

# Der Mythos

» Deshalb will ich euch jetzt
von einem König erzählen,
der tapfer und tatkräftig war:
Von Richard Löwenherz, dem
besten aller Krieger [...]. «

MITTELENGLISCHER VERSROMAN
*KYNG RYCHARD COER DE LYOUN*

Apres Henry le secund regna Richard sun fiz .x. aunz e
demy si en repayrand de la tere seynt fust pris del duk
de Ostriz par eyde del roy Phylippe de Fraunce, e fust reynt hors
de prison pur cent mil liuerez de argent e pur cel raunceun fu

# König – Ritter – Gefangener

## Mythos Löwenherz

Sabine Kaufmann

Als Richard I. Löwenherz vor den Mauern der Burg Chalûs-Chabrol am Wundbrand stirbt, vergibt er in einer letzten Geste großer Ritterlichkeit dem Gegner, der den tödlichen Schuss mit der Armbrust auf ihn abgegeben hat – was sein Gefolge nicht daran hindert, dem armen Mann anschließend die Haut abzuziehen. Der Tod ereilt Richard aus vergleichsweise nichtigem Anlass: Die kleine Burg eines aufständischen aquitanischen Adligen ist bereits sturmreif geschossen und ihr Fall steht unmittelbar bevor, als Richard am Abend des 26. März 1199 den Fortgang der Belagerung besichtigen will. Ein einsamer Armbrustschütze wagt sich unter dem notdürftigen Schutz einer aufgestellten Bratpfanne auf den Burgturm und trifft den König, der nur einen Helm, aber keine Rüstung trägt, tief in die linke Schulter (Abb. 1). Beim Versuch, den Pfeil selbst herauszuziehen, bricht der Schaft ab. Einem Arzt gelingt es zwar, den Bolzen herauszuschneiden, doch die so vergrößerte Wunde wird bald brandig und Richard weiß, dass er dem Tod geweiht ist. Am Abend des 6. April stirbt der König – und mit ihm gleich die ganze Weltordnung (Abb. 2). So fürchtet jedenfalls sein Biograph Roger von Howden: »In seinem Tod vernichtete die Ameise den Löwen. Oh Schmerz, in einem solchen Untergang geht die Welt zugrunde.« (Roger von Howden, Chronica [RerBrit 51,4], S. 84). Auch Gaucelm Faidit, ein aus dem Limousin stammender Troubadour, spart in seinem Klagelied über den Tod des Königs nicht mit großen Worten:

II.
Tot ist der König, und tausend Jahre sind vergangen,
in denen kein so tapfrer Mann war noch je gesehen wurde,
und niemals mehr wird es einen geben, der ihm gleicht,
so freigebig, so mächtig, so kühn, so großzügig.

1 Darstellung der Gefangenschaft und des Todes Richards I. Löwenherz, *Effigies ad Regem Angliae*, England, Ende 13. Jahrhundert ▪ London, The British Library, Cotton MS Vitellius A XIII, fol. 5r (Detail) (vgl. Kat.Nr. 93).

Dass Alexander, der König, der den Darius besiegte,
so viel verschenkt und verausgabt hätte, glaube ich nicht,
und weder Karl noch Artus reichten an ihn heran.
Denn alle Welt brachte er dazu, um die Wahrheit zu sagen,
dass ihn die einen fürchteten und die anderen ihn liebten.

IV.
Ach, edler Herr König, was wird nun werden
aus den Waffen, aus dem Getümmel mächtiger Turniere,
aus den prächtigen Hoffesten und aus den herrlichen und
grandiosen Gaben,
wo ihr nun nicht mehr da seid, der ihr von all dem Haupt
und Führer wart?
[...]

(Gaucelm Faidit, Fortz chauza [hg. v. Jensen], S. 265 f.,
Übersetzung: Stephan Jolie)

Der Dichter preist die Tapferkeit, Kühnheit und den höfischen Lebensstil des Herrschers, in dessen Diensten er stand und feiert ihn als einen der größten Helden der Geschichte, der selbst Heroen wie Alexander, Karl den Großen und König Artus in den Schatten stellt. Richard erscheint als Idealbild eines Ritters, an dessen Hof sich Prunk und ritterlich-höfische Lebensweise vorbildlich entfalten. So hatte der englische König die aufgrund ihrer Gefährlichkeit von der Kirche geschmähten und von seinem Vater Heinrich II. verbotenen Ritterturniere, die bald als Inbegriff ritterlicher Lebensführung gelten sollten, in England wieder zugelassen. Nicht zuletzt rühmt Gaucelm die Freigebigkeit seines Herrn, die als »Königin mittelalterlicher Tugenden« (Whitney 1923) im Zentrum idealer ritterlicher Verhaltensweisen steht.

Bis in die heutige Zeit dominiert im öffentlichen Bewusstsein das legendenhaft verklärte Bild von Richard Löwenherz als idealem Ritter und tatkräftigem König. Es steht in eigentümlichem Gegensatz zum Urteil der Geschichtswissenschaft seit dem 17. Jahrhundert, die in Richard meist den »bad king«, den »schlechten König« sieht, der das englische Reich vernachläs-

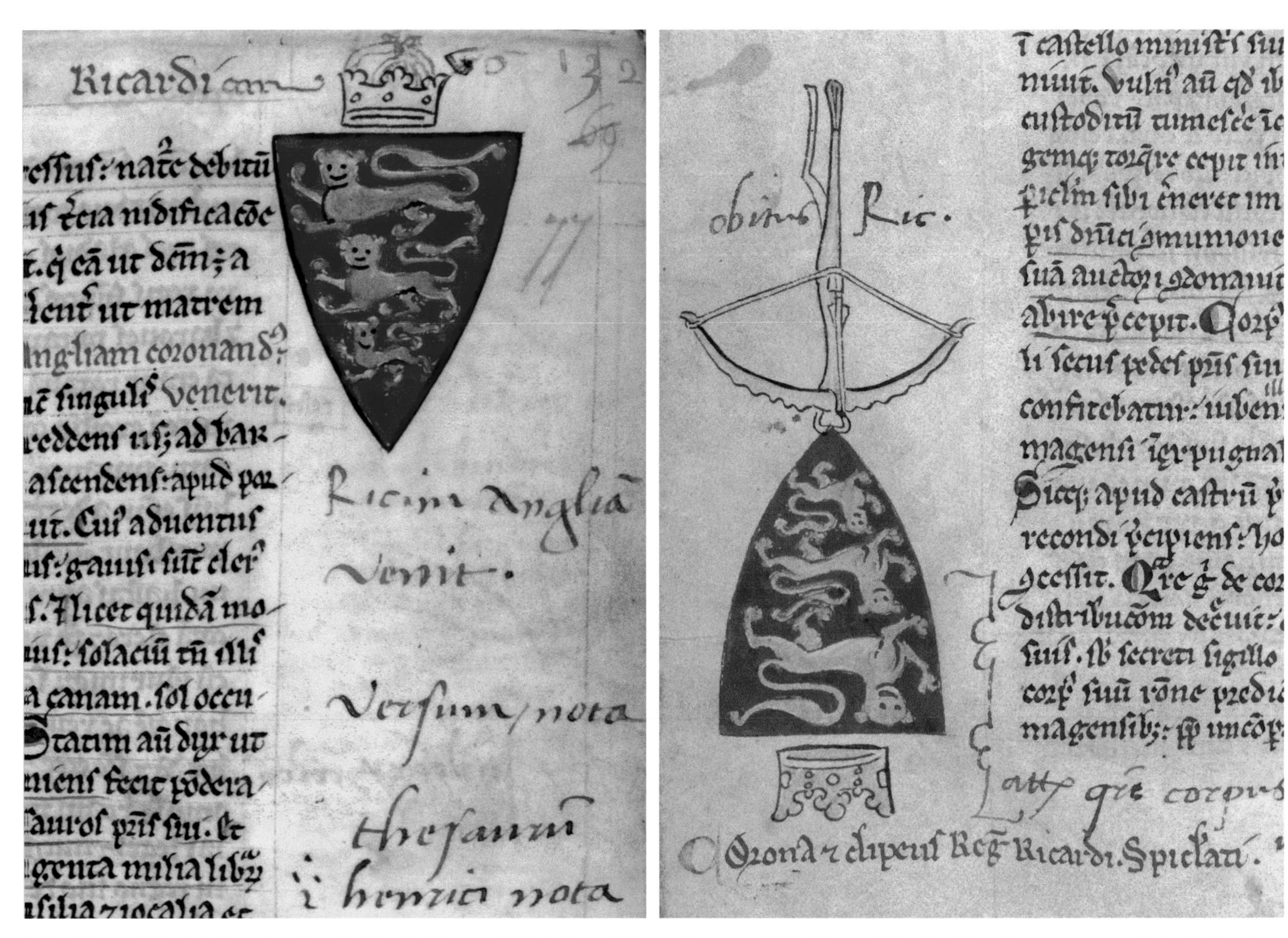

2 Das Wappen Richards I. Löwenherz in aufrechter Position symbolisiert dessen Krönung. Das umgedrehte Wappen Richards I. Löwenherz zusammen mit der Armbrust steht für dessen Tod, Matthew Paris, *Historia Anglorum*, England, 1250–1259 ▪ London, The British Library, Royal MS 14 C VII, fol. 77r und fol. 85v (Detail).

sigt und ihm zur Vorbereitung des Kreuzzugs und zur Aufbringung des Lösegelds enorme finanzielle Belastungen auferlegt, der zu großer Grausamkeit fähig ist, wie das Massaker an etwa 3.000 muslimischen Geiseln vor Akkon zeigt, und der seine persönliche Ruhmsucht über die Interessen des Reiches stellt. Erst in den letzten Jahrzehnten hat sich das Bild vor allem durch die Arbeiten von John Gillingham hin zu einer differenzierten Sichtweise gewandelt.

Richard selbst jedenfalls arbeitet bereits als Herzog von Aquitanien nach Kräften an seiner eigenen Glorifizierung und Stilisierung als idealer Ritter. Herrscherliche Aura und ein an ritterlichen Narrativen orientiertes kriegerisches Draufgängertum sollen sich zu einem personalen Mythos vereinigen. Durch die erfolgreiche Verkörperung der ritterlichen Ideale, seinen bedingungslosen Einsatz im Kampf und ein immenses persönliches Charisma, das ihm ganz zweifellos zu eigen ist, sind die Voraussetzungen für die Entstehung dieses Mythos gegeben, doch bedarf es auch der ›medialen‹ Aufbereitung und Verbreitung. So umgibt sich Richard mit zahlreichen Troubadouren, die ihn – selbstverständlich gegen materielle Zuwendungen – preisen. Einer der wichtigsten Troubadoure im Umkreis Richards ist Bertrand von Born, der, nachdem er zunächst zu den Feinden Richards gehörte, die Seiten wechselt und ein treuer Gefolgsmann des englischen Königs wird. In zahlreichen *Sirventes* rühmt er dessen Tapferkeit und Geschicklichkeit und schmäht gleichzeitig seinen Gegner, König Philipp II. Augustus von Frankreich: »Hier jagt Richard Löwen mit Hilfe von Hasen, so dass keiner in der Ebene noch im Gebüsch übrigbleibt. […]

Dort jagt König Philipp Spatzen und kleine Vögel mit Falken, und seine Männer wagen es nicht, ihm die Wahrheit zu sagen: Er lässt sich hier nach und nach erniedrigen durch Richard [...].« (L'œvre de Bertran de Born [hg. v. Gouiran], S. 553 ff., Übersetzung: Barbara Wehr).

So entsteht schon früh der Mythos vom vorbildlichen Ritterkönig, der nach dem Beginn des Kreuzzugs noch deutlich intensiviert wird. Der normannische Trouvère Ambroise, der Richard auf den Kreuzzug begleitete, schildert in seiner *Estoire de la Guerre Sainte* die Heldentaten des englischen Königs im Heiligen Land in glühenden Farben. Selbst seine muslimischen Gegner müssen seinem Bericht zufolge die unerschöpfliche Kampfkraft und Kühnheit Richards neidvoll anerkennen. So erscheint es nur folgerichtig, dass Richard schon früh seinen berühmten Beinamen, unter dem er bis heute bekannt ist, erhält. Schon vor seiner Thronbesteigung spricht 1188 Gerald von Wales von Richard als »löwenherzigem Prinzen« (Gerald von Wales, Topography [hg. v. Wright], S. 89) und unter dem Eindruck der Geschehnisse auf Sizilien zu Beginn des Kreuzzugs greift Bertrand von Born auf die gleiche Metapher zurück: »[...] sag Herrn Richard, er sei ein Löwe und dass König Philipp mir wie ein Lamm vorkommt, da er sich so berauben lässt.« (Bertrand von Born, Poems [hg. v. Paden/Sankovitch/Stäblein], S. 426). Diese Gegenüberstellung von Löwe und Lamm zur Charakterisierung der beiden Herrscher wird auch von der zeitgenössischen Chronistik, beispielsweise von Richard von Devizes, aufgegriffen. Als Richard schließlich vor Akkon eintrifft, spricht Ambroise von ihm als dem »preuz reis, le quor de lion« – dem trefflichen König, dem Löwenherz (Ambroise, L'estoire [hg. v. Paris], Sp. 62). Zu Beginn des 14. Jahrhunderts, als die mittelalterliche Legendenbildung rund um Richard ihren Höhepunkt erreicht, liefert der mittelenglische Versroman *Kyng Rychard Coer de Lyoun*, der vermutlich auf einer Vorlage des frühen 13. Jahrhunderts basiert, noch eine besonders fantasievolle Erklärung für den Beinamen Löwenherz: Auf Befehl des deutschen Königs Modard muss der gefangene Richard mit einem Löwen kämpfen, reißt ihm mit bloßen Händen das Herz aus der Brust, bestreut es mit Salz und verzehrt es »ohne Brot« (Brunner 1913, S. 139).

Ein entscheidendes Mittel zur Entwicklung und Ausgestaltung des herrschaftlichen Mythos ist der Rückbezug auf die idealisierte Herrscherfigur des legendären gerechten König Artus, der »Lichtgestalt vorbildlichen Herrschertums« (Krohn 1996, S. 133), den Richard explizit pflegt. Schon Richards Vater Heinrich II. hatte sich durch die intensive Förderung einer Geschichtsschreibung, die die Dynastie der Plantagenêt als rechtmäßige Nachfolger des sagenhaften König Artus darstellte,

3 König Artus mit dem Marien-Schild thront über den Kronen seiner Reiche, England, Anfang 14. Jahrhundert ▪ London, The British Library, Royal MS 20 A II, fol. 4r.

um die Legitimation und Sicherung der Herrschaft des Königshauses bemüht. Richard nun stützt sich auf den mythischen König nicht nur als dynastischen Ahnherren, sondern stellt einen geradezu persönlichen und sogar dinglich greifbaren Kontakt zum Artus-Mythos her (Abb. 3). Nach Roger von Howden führt er das legendäre Artus-Schwert Excalibur und gleich zu Beginn seiner Herrschaft findet – möglicherweise noch auf Veranlassung seines 1189 verstorbenen Vaters – im Kloster Glastonbury eine Ausgrabung statt, bei der vorgeblich die Gebeine von König Artus und seiner Gemahlin Guinevere entdeckt werden (Abb. 4, vgl. auch Beitrag Kaufmann, S. 28 f.).

4 Die Ruinen von Glastonbury, Marienkapelle. Hier waren bis zur Zerstörung in der Reformation die aufgefundenen Gebeine von Artus und Guinevere beerdigt ▪ Foto: Sabine Kaufmann.

Der Herrschaftsantritt Richards ist fulminant. Der mit großem Pomp in der Abtei von Westminster zelebrierten Krönung (Abb. 5) folgen bedeutende kriegerische Erfolge auf dem Kreuzzug, auch wenn Jerusalem selbst nicht erobert werden kann. Doch schließt er ein Bündnis mit dem sizilianischen Herrscher Tankred, erobert das strategisch wichtige Zypern im Handstreich und erst sein Eintreffen bringt die Entscheidung in der seit fast zwei Jahren festgefahrenen Belagerung der wichtigen Hafenstadt Akkon. Aber mit jedem dieser Erfolge schafft sich Richard auch mächtige Feinde und so gerät der gefeierte Held und Kreuzfahrer auf dem Rückweg aus dem Heiligen Land unter wenig ehrenvollen Umständen – er wird ›enttarnt‹, als er als einfacher Pilger verkleidet eigenhändig ein Huhn brät – in die Gefangenschaft des staufischen Kaisers Heinrich VI. Ungeduldig und zumindest zeitweise in strenger Haft auf Burg Trifels, in Hagenau, Worms, Speyer und Mainz muss er nun darauf warten, dass das Lösegeld für ihn aufgebracht wird: ein beispielloser Absturz und ein Stoff für Legenden.

Aus dem fernen England betrachtet, wird die Figur des abwesenden Herrschers wiederum schnell zu einer Projektionsfläche für idealisierte, heroische Eigenschaften, vor allem im Vergleich zu seinem wenig glücklich agierenden Bruder Johann Ohneland. Sein vergleichsweise früher und unerwarteter Tod nur wenige Jahre nach seiner Freilassung trägt entscheidend zu dieser »auffälligen Legendentauglichkeit« (Krohn 1996, S. 137) bei.

Verfolgt man die Entwicklung des Löwenherz-Mythos weiter, so erweist sich die Verbindung seiner Lebensgeschichte mit den Erzähltraditionen um Blondel, der singend durch die Lande zieht und seinen gefangenen Herrn sucht, sowie den Geschichten um Robin Hood als entscheidender Faktor. Die frühesten Wurzeln dieser Erzählmotive reichen wohl bis ins 13. Jahrhundert zurück, werden aber erst später literarisch fassbar und immer wieder

5 Richard I. Löwenherz auf seinem Thron, Matthew Paris, *Abbreviatio Chronicorum*, England, 1250–1259 ▪ London, The British Library, Cotton MS Claudius D VI, fol. 9v (Detail) (vgl. Kat.Nr. 30).

6 Die Statue Richards I. Löwenherz vor den Houses of Parliament nach einem deutschen Bombenangriff auf London am 26. September 1940 ▪ © Mary Evans / Grenville Collins Postcard Collection.

verändert und erweitert. Dabei ist Robin Hood nicht von Anfang an ein Zeitgenosse von Richard Löwenherz: Erst John Major versetzt in seiner 1521 erschienenen *Historia majoris Britanniae* die Geschichten um den edlen Geächteten in die Zeit von Richard I. Löwenherz. Beide Motive ergänzen den historischen Löwenherz um weitere sagenhafte Momente und werden zu einem zentralen Träger des Löwenherz-Mythos. In den folgenden Jahrhunderten entsteht eine schier unüberschaubare Zahl an Balladen, Gedichten, Dramen, Opern und Romanen, von denen vor allem Sir Walter Scotts *Ivanhoe* (1819) das Bild von Richard Löwenherz und Robin Hood entscheidend beeinflusst (vgl. Kat.Nr. 12). Im 20. Jahrhundert nehmen sich auch Comic und Film des Themas an, wobei der englische König meist zugunsten der literarisch freier gestaltbaren Figur von Robin Hood in den Hintergrund tritt und ihm oft nur kurze ›Gastauftritte‹ zu Beginn oder am Ende der Episode zugestanden werden (vgl. Beitrag Neugebauer, S. 20 ff.). Selbstverständlich findet Richard auch seinen Weg in die Bildende Kunst. So fertigt der italienische Bildhauer Baron Carlo Marochetti mit Unterstützung des englischen Königshauses ein großes Reiterstandbild an, das ursprünglich für die Weltausstellung 1851 geschaffen, später in Bronze gegossen und 1860 auf einem Granitsockel vor den Houses of Parliament in London aufgestellt wurde (vgl. Kat.Nr. 1). Als am 26. September 1940 während der deutschen Luftangriffe auf London eine Bombe in unmittelbarer Nähe einschlug, hob die Wucht der Explosion Pferd und Reiter regelrecht vom Sockel und verbog das in die Luft gereckte Schwert Richards – das jedoch nicht zerbrach (Abb. 6). Umgehend wurde die Figur von Richard Löwenherz in den Radiosendungen der Kriegszeit, die die Moral der Bevölkerung aufrecht erhalten sollten, zum Symbol der Stärke der englischen Demokratie, »which would bend but not break under attack« (www.parliament.uk).

Mythen werden aus Mythen gemacht: Richard I. Löwenherz schafft zur Legitimierung und Stabilisierung seiner politischen Autorität im Rückgriff auf vorhandene Traditionen seinerseits eine durch seine Persönlichkeit geprägte Legende. Die Geschichte des Löwenherz-Mythos zeigt die bewusste Produktion von mythischen Narrativen und ihre kulturelle Neu- und Umdeutung im kollektiven Bewusstsein durch Aneignung und stetige Neuinterpretation bis in die heutige Zeit.

Q.: Ambroise, L'estoire (hg. v. Paris) ▪ Bertrand von Born, Poems (hg. v. Paden/Sankovitch/Stäblein) ▪ Brunner 1913 ▪ Gaucelm Faidit, Fortz chauza (hg. v. Jensen) ▪ Gerald von Wales, Topography (hg. v. Wright) ▪ L'œvre de Bertran de Born (hg. v. Gouiran) ▪ Roger von Howden, Chronica (RerBrit 51,1–4) ▪ http://www.parliament.uk/business/news/2009/08/conservation-of-richard-the-lionhearts-statue/ (24.2.2017).

Lit.: Berg 2007 ▪ Gillingham 1999a ▪ Krohn 1996 ▪ Whitney 1923.

# Robin und Richard

## Der Rebell und sein König

Anton Neugebauer

»Wenn wir die Reihen jener echten Volkshelden mustern, deren Andenken sich in Lied und Sage, in Festen und Gebräuchen der verschiedensten Völker lebendig zu erhalten wußte, so werden wir kaum einen finden, dessen Volkstümlichkeit und Beliebtheit an Höhe und Dauer jene überträfe, deren sich der Name Robin Hood bei dem Volke Englands noch bis zum heutigen Tage erfreut« (Grün 1909, S. 4). Was der Dichter und Politiker Anastasius Grün über den edlen Outlaw 1864 feststellte, gilt dank der globalen medialen Verbreitung der Legenden, die sich um ihn ranken, auch für das England des 21. Jahrhunderts – vermutlich sogar mehr als jemals zuvor. In zahllosen Kinder- und Jugendbüchern, in Dramen, Opern und Musicals, in seit 1908 über 80 Kinofilmen und rund 20 Fernsehproduktionen, in Videospielen, Spielfiguren und dem Namen einer Umweltorganisation (»Robin Wood«) begegnet uns immer wieder der geliebte Geächtete (Abb. 1).

Dem guten Gesetzlosen, der dem legitimen Herrscher gegen eine Welt voller Verräter treu ergeben ist, verdankt auch Richard I. Löwenherz zu einem guten Teil seine Popularität. Aber die für uns so selbstverständliche Verbindung zwischen Richard und Robin gehört wie viele andere heute als fast kanonisch geltende Bestandteile der Erzählung – der geächtete Adlige, der Sozialrevolutionär, der den Reichen nimmt und den Armen gibt, die Liebe zu Maid Marian, der Freiheitskampf der Angelsachsen gegen die normannischen Unterdrücker, die Intrigen von Richards Bruder Prinz Johann – gar nicht zu deren ursprünglichem narrativen Kern. Ob der König tatsächlich, als er nach der Rückkehr aus Deutschland 1194 ein Konzil im niedergeworfenen Nottingham einberief und anschließend einen Tagesausflug unternahm, um die Wälder von Sherwood zu besichtigen, »die er noch nie in seinem Leben gesehen hatte und die ihm ungemein gefielen« (Roger von Howden, hier nach Grün 1909, S. 15), dort einem Outlaw begegnete, darüber schweigen die Quellen. Es darf bezweifelt werden, denn erst 1521 berichtet der schottische Chronist John Major in seiner *Historia Maioris Britanniae* (vgl. Kat.Nr. 117), dass Robin ein Zeitgenosse von Richard Löwenherz gewesen sei. Bei ihm wird auch erstmals erwähnt, dass der Räuber den Reichen nahm und den Armen gab.

Die heutige Forschung vermag kein konkretes Vorbild für den guten Dieb zu identifizieren. Robin war im hohen Mittelalter ein beliebter Name, und dass eine Person einen Spitznamen nach ihrem typischen Kleidungsstück erhielt, dem Kapuzenmäntelchen, kennen wir aus dem Märchen *Little Red Riding Hood*, zu Deutsch *Rotkäppchen*. Der historische Robin Hood selbst ist nicht zu fassen, durchaus aber seine Wirkungsgeschichte. Seit dem 13. Jahrhundert findet sich *Robynhood*, *Robbehod* oder Ähnliches als eine Art »Berufsbezeichnung« für Kriminelle, wobei die klangliche Ähnlichkeit zwischen *Robin* und *robbery* mitspielen mochte. Ist Robin Hood »nur« Archetypus, ein reiner Mythos? Wie in den Heldenepen des Mittelalters werden sich auch in den Legenden um den edlen Räuber die reale und eine märchenhafte Welt begegnen. Ihre mündliche Tradierung wird um 1380 greifbar: Der Dichter William Langland legt einem Priester die Worte in den Mund: »Ich kann zwar nicht das Vaterunser so perfekt singen, wie es sich für einen Priester gehört, aber dafür kenne ich Robin Hood-Reime« (eigene Übersetzung nach Klinger 2015, S. 205), und Geoffrey Chaucer lässt in den *Canterbury Tales* einen *yeoman* auftreten, der sicher nicht zufällig im für Robin klassischen *Lincoln green* gekleidet ist, denn der wird in den ältesten Quellen als ein solcher *yeoman* bezeichnet. Das ist ein freier Mann vom Lande, der über sein Leben selbst bestimmt, also kein Leibeigener oder Bettelmann, aber auch kein Ritter oder Edelmann. 1381 erhob sich die englische Landbevölkerung in der *Peasants' Revolt* unter der Führung des Bauern Wat Tyler und des Priesters John Ball gegen Grundherrschaft und Leibeigenschaft und für Kirchenreform und Jagdrecht. Dass gerade damals Balladen oder Bänkelsänge über einen Rebellen dem Zeitgeist entsprachen, verwundert nicht.

1 Richard I. Löwenherz und Robin Hood in *Robin Hood – König der Vagabunden* (1938) mit Errol Flynn in der Hauptrolle ▪ © Warner Bros / Kobal / REX / Shutterstock.

Here begynneth a gest
of Robyn Hode

Lythe and listin gẽtilmen ẏ be of frebore
blode I shall you tel of a gode yemã his
name was Robyñ hode Robyñ was a proude out
law as he was one was never non foũde Ro
byñ stode ĩ bernesdale & lenyd hyñ to a tre & bi hyñ
stode litell Johñ a gode yeman was he & alsoo
dyd gode Scarlok and much ẏ millers sõ The
re was none ynch of his bodi but it was wor
th a grome. Than bespake lytell Johñ all un
too Robyn hode Maister and ye wolde dyne
betyme it wolde doo you moche gode. Thã be
spake hyñ gode Robyn to dyne have I noo lust
till that I have sõ bolde barõ or som unkouth
gest that may pay for ẏ best, or som knyght or

2 Titelseite der Erstausgabe des Versepos *A Gest of Robyn Hode*, um 1500 erstmals gedruckt ▪ Edinburgh, National Library of Scotland, Sa. 6 (11) 74403392.1.

Die ältesten überlieferten Balladen – *Robin Hood and the Potter*, *Robin Hood and the Monk*, *Robin Hood and Guy of Gisborne* – werden in die Jahre zwischen 1450 und 1500 datiert. Robin ist darin der Anführer einer verschworenen Gemeinschaft von freien, fröhlichen und frommen Männern, denen es Spaß macht, die Obrigkeit, exemplarisch verkörpert durch den Sheriff von Nottingham, zu blamieren und um ihre Habe zu erleichtern. Die *merry men* leben im Wald von Barnsdale in Yorkshire, später im Sherwood Forest in Nottinghamshire, ihre typische Waffe ist der Langbogen. Bogenschützen wie ihnen verdankte England seine Siege im Hundertjährigen Krieg. Schon in den frühen Balladen ragt unter den Gefährten Little John heraus. Wie die Riesen in den Heldensagen mit einer schweren Stange bewaffnet, befördert er mit ihr Robin in einer klassisch gewordenen Szene vom schmalen Steg ins Wasser, denn der ist kein *superman*, sondern nicht mehr als der *primus inter pares* (Erster unter Gleichen). Bis ins 18. Jahrhundert werden Balladen mit weiteren Episoden von der Geburt bis zum Tod und neuem Personal hinzugedichtet, wie dem Bruder Tuck, der – anders als der habgierige hohe Klerus – das menschenfreundliche Gesicht der Kirche verkörpert, oder Maid Marian, die Robin in eine »ordentliche« feste Zweier-Beziehung führt. Seit dem 16. Jahrhundert werden diese schlichten volkstümlichen Balladen als billige Einblattdrucke unters Volk gebracht und oft zu sogenannten *garlands* (»Girlanden«) zusammengeheftet. Englische TV-Serien wie *Robin of Sherwood* (1983/85) haben deren Struktur, die Aneinanderreihung von selbstständigen, in sich abgeschlossenen Abenteuern und deren Anreicherung um immer wieder neue Themen, adäquat übernommen.

Eine zusammenfassende Darstellung bietet erstmals das Versepos *A Gest of Robyn Hode* mit seinen 456 Strophen, das um 1450 verfasst und um 1500 erstmals (u. a. in Antwerpen) gedruckt wurde (Abb. 2). Hier finden sich Szenen, die wir aus den Filmen kennen: Den Wettbewerb der Bogenschützen, den Kampf mit dem Sheriff, die Begegnung mit dem zunächst nicht erkannten König, der ihn an seinen Hof holt, wo es Robin aber nicht lange aushält, und den Tod Robins als Opfer einer Ordensoberin, die ihn, statt zur Ader zu lassen, verbluten lässt. Der König der *Gest* ist übrigens ein Eduard (II. oder III., 14. Jahrhundert) und noch nicht Löwenherz. Ein weiteres Bild vermitteln seit dem 15. Jahrhundert Berichte über ländliche Maifestspiele, in denen als Maikönig ein »Robin Hood« auftrat, der Züge eines mit der Natur verbundenen wilden Waldmenschen annehmen konnte, ein Element, das sich in esoterisch und ökologisch angehauchten Filmen seit den 1980er Jahren wiederfindet. Auch Historiker, bezeichnenderweise schottische, beginnen sich im späten Mittelalter für Robin Hood zu interessieren. Wenn sich der Outlaw gegen die englische Obrigkeit erhob, dann ähnelte er ihren eigenen Freiheitshelden wie William Wallace.

Seit der erwähnten Chronik von John Major gehören Robin und Richard zusammen. Im Drama *The Downfall of Robert Earle of Huntington* (1598) dichtet William Shakespeares Kollege Anthony Munday dem edlen Räuber erstmals eine adlige Herkunft als Graf Robert von Huntington an, der während der Tyrannei Johann Ohnelands als Geächteter »Robin Hood« mit seiner Braut in die Wälder gehen muss, bis Richard als von den

RESCUING WILL STUTLY. 109

And once again, my fellows [all],
We ſhall in the green woods meet,
Where we [will] make our bow-ſtrings twang,
Muſick for us moſt ſweet."

3 Eine Darstellung Robin Hoods. Illustration von Thomas Bewick aus Joseph Ritsons Robin Hood-Anthologie von 1795 ▪ Oldenburg, BIS Oldenburg, 253 R ang 370 rob PK 1093-1/2, S. 109. Foto: Daniel Schmidt.

4 Amerikanisches Filmplakat mit Douglas Fairbanks als Robin Hood für den gleichnamigen Stummfilm von 1922 ▪ © akg-images.

Kreuzzügen heimgekehrter, strahlender Held erscheint und die Ordnung wiederherstellt. Robin und Richard erobern bald Sprech- und Musiktheater und werden Gegenstand der »hohen Literatur«. Im Zuge des frühromantischen *Gothic revival* veröffentlichte 1795 Joseph Ritson seine *Collection of all the Ancient Poems, Songs, and Ballads, now extant, relative to that celebrated English Outlaw,* die er mit einer fragwürdigen Biographie einleitet, wonach Robin, eigentlich ein Adeliger Robert Fitzood, Earl von Huntington, 1247 mit 80 Jahren gestorben sei (Abb. 3). Ohne diese Sammlung sind die literarischen Adaptionen des Stoffs von John Keats, Theodor Fontane, Anastasius Grün, Alexandre Dumas, Alfred Tennyson nicht denkbar, auch nicht Walter Scotts Roman *Ivanhoe* (1819), der erstmals das »normannische Joch«, die Fremdherrschaft der Franzosen, thematisiert, gerade vier Jahre nach dem Sieg über Napoleon. Die Angelsachsen mit Robin Hood alias Robin von Locksley als Führer des Volkes und der Ritter Ivanhoe kämpfen darum, die alte (»germanische«) Freiheit unter dem ersehnten König Richard wiederzugewinnen. *Coeur-de-Lion* ist zwar wie *Front-de-Boeuf* und seine Mitstreiter auch durch und durch französischer Abstammung, aber er wird aus Angelsachsen und Anglonormannen ein starkes englisches Volk schmieden. Im Bündnis zwischen dem Volk, vertreten durch Robin Hood, und dem geliebten, gerechten König scheint das Bild einer idealen Verfassung auf. Der Kampf um die Freiheitsrechte des Volkes gegen seine Unterdrücker wird zum Leitmotiv vieler Robin Hood-Filme vom Stummfilm von 1922 mit Douglas Fairbanks in der Titelrolle (Abb. 4) und dem »Klassiker« von 1938 mit Errol Flynn (*Robin Hood – König der Vagabunden*) bis zu den Filmen von 1991 mit Kevin Costner (*Robin Hood – König der Diebe*) und Patrick Bergin (*Robin Hood – Ein Leben für Richard Löwenherz*).

Die bekannteste bildkünstlerische Gestaltung der Begegnung von Robin und Richard im Sherwood Forest ist Daniel Maclises Gemälde *Robin Hood and his Merry Men* (1838, Nottingham City Museums and Galleries). Im England der beginnenden Industrialisierung, mit der Umweltverschmutzung, Verelendung und Klassenkämpfe einhergingen, musste das *Merry old England* König Richards als glückliches, goldenes Zeitalter mit fröhlichen Menschen erscheinen, die in Harmonie der Klassen und im Einklang mit einer unbeschädigten Natur lebten. Diesen Eindruck vermittelt das Bild: Kreuzritter und Räuber haben sich zu Speis und Trank und sportlichem Spiel unter Eichen und Kastanien niedergelassen (Abb. 5). Den Pokal des Königs füllt ein dunkelhäutiger Sarazene und mitten in der Männerwelt sitzt in Jagdkleidung mit Langbogen und Köcher auch Maid Marian. Der Wald ist eine Gegenwelt des Friedens, in ihm haben auch Frauen und Fremde ihren Platz, ein Motiv, das sich im Film wiederfindet, z. B. in *Robin Hood – König der Diebe* mit dem Sarazenen Azeem als Gefährten Robins und Little Johns tapferer Frau Fanny.

Wie die Heldensagen des Mittelalters wurden auch die Robin-Balladen seit dem 19. Jahrhundert vornehmlich Stoff für Kinder- und Jugendbücher. Den nachhaltigsten Erfolg hatte der amerikanische Autor und Künstler Howard Pyle mit den vielfach aufgelegten, in viele Sprachen übersetzten und von ihm selbst illustrierten *Merry Adventures of Robin Hood of Great Renown Nottinghamshire* (1883). Das Buch fand viele Nachahmer (Enid Blyton, Rosemary Sutcliff, Robin MacGregor, Tilmann Röhrig u. a.), seine Illustrationen wurden stilbildend: Die Bilder von Louis Rhead, Newell Convers Wyeth und Walter Crane (1912/17)

5 *Robin Hood and his Merry Men*, Gemälde von Daniel Maclise (1806–1870), 1839 ▪ © Nottingham City Museums and Galleries (Nottingham Castle) / Bridgeman Images.

(Abb. 6) bereicherten nicht nur die Bücher, ihre Darstellungen schafften das vertraute Bild und beeinflussten auch die beiden bildmächtigsten Massenmedien von heute, den Spielfilm und den Comic: 1920 taucht Robin Hood zum ersten Mal in einem englischen Comicstrip auf, 1938 in den amerikanischen *New Adventure Comics*.

Bei den Filmen kann man in besonderer Weise die »Arbeit am Mythos« im Sinne Hans Blumenbergs (Adolf 2006, S. 106) verfolgen und sehen, wie der Erzählkern variiert und angereichert wird. Bekannte Figuren fallen weg und werden durch neue ersetzt, aktuelle politische Strömungen, gesellschaftliche und kulturelle Entwicklungen sowie veränderte Sehweisen spiegeln sich wider: Antifaschismus, sozialer Protest, Frauenemanzipation, Interkulturalität und »New-Age«-Esoterik finden Eingang in die Erzählung. Es gibt Parodien, Karate-, Zombie-, Softporno- und Hardcorefilme, Animationsfilme und TV-Serien, die sich vornehmlich an Kinder oder Jugendliche wenden. Robin hat es mit Piraten, Zauberern, Samurai, Hexen, keltischen Göttern und Drachen zu tun, er schwingt sich wie Tarzan durch den Wald, kann wie Odysseus als einziger einen alten Bogen spannen und verprügelt in der Choreographie eines Spaghetti-Western seine Gegner (*Der feurige Pfeil der Rache*, 1971).

Die erzwungene Abwesenheit von König Richard Löwenherz ist zwar oft die Folie, vor der sich die Abenteuer abspielen, aber er ist keine unverzichtbare Figur. Während Richard in den Schlussszenen von *Robin Hood – König der Vagabunden* Einheit und Gleichheit verkündet, taucht er in *Ein Leben für Richard Löwenherz* gar nicht auf, Robin sorgt selbst für die Aus-

6 Diese Farblithografie von Walter Crane (1845–1915) zeigt Robin Hood und seine Gefährten kniend vor dem König. Illustration aus *Robin Hood and the Men of the Greenwood* von Henry Gilbert, um 1912 ▪ Private Collection / © Look and Learn / Bridgeman Images.

7 Sean Connery als Richard I. Löwenherz und Kevin Costner als Robin in *Robin Hood – König der Diebe* (1991) ▪ Mit freundlicher Genehmigung von Morgan Creek. Foto: © Morgan Creek. Sammlung Cinémathèque suisse.

söhnung zwischen Normannen und Angelsachsen. Im sowjetischen Film *Die Pfeile des Robin Hood* (1975) braucht das Volk keinen König, um seine Unterdrücker zu vernichten. Im Film *Robin Hood* von 1922 ist Richard von Beginn an eine (ge)wichtige Figur, ein jovialer, trinkfreudiger und ständig lachender König, der mit Schwert und Schild seinen geschätzten Earl von Huntingdon in letzter Sekunde vor der Hinrichtung bewahrt, während er in *König der Diebe* und der Parodie dazu, *Helden in Strumpfhosen* (1993), als gütige (oder leicht vertrottelt wirkende) Vaterfigur nur einen kurzen Auftritt hat, um Robin und Marian seinen Segen zu geben (Abb. 7). In *Robin und Marian* (mit Sean Connery und Audrey Hepburn, 1976) und *Robin Hood* (mit Russel Crowe, 2010) sowie in einer Folge von *Robin of Sherwood* (1983) ist aus Richard ein zynischer, unbarmherziger Psychopath geworden, der nur noch an der blutigen Kriegsführung und nicht an den Nöten der Menschen Interesse hat. Die beiden Kinofilme setzen mit seinem Tod vor der Burg Châlus-Chabrol im Limousin ein, der Robin die Heimkehr nach England ermöglicht. Im ersten Film als alt gewordener Held, der sterben muss, damit seine Legende weiterlebt, im zweiten als einfacher Bogenschütze Robin Longstride, der die Identität des Ritters Robert Locksley annimmt, um schließlich als Robin Hood in die Wälder zu gehen, nachdem ihn der auf seinen militärischen Erfolg gegen die Franzosen neidische König Johann geächtet hat. Der Bericht von Richards Tod steht am Anfang von *Gwyn – Prinzessin der Diebe* (auch: *Robin Hoods Tochter*, 2001, mit Keira Knightley in der Titelrolle). Sie verhindert mit ihrem Vater die Krönung Johanns; der rechtmäßige Erbe, Richards Sohn Philipp, kann den Königsthron besteigen. Zwar hatte Richard Löwenherz einen illegitimen Sprössling, Philipp von Cognac, die Erzählung vom Königtum Philipps ist jedoch reine Fantasie. Aber das hat diese Geschichte eigentlich mit allen literarischen und filmischen Erzählungen von Robin Hood und Richard Löwenherz gemeinsam.

Der Dichter Michael Drayton schrieb vor 400 Jahren: »Bis zum Ende der Zeiten werden die Geschichten [...] nicht ausgehen von Tuck, dem fröhlichen Mönch, der so viele Predigten hielt zum Lobpreis Robin Hoods, seiner Gesetzlosen und ihrem Treiben« (eigene Übersetzung nach Blamires 1996, S. 437). Man darf ergänzen »und die Geschichten, die von Robin und seinem König erzählt werden, auch nicht.«.

Lit.: Adolf 2006 ▪ Benecke 1973 ▪ Blaicher 2005 ▪ Blamires 1996 ▪ Brétèque 2001 ▪ Brétèque 2015 ▪ Dumont 2016 ▪ Grün 1909 ▪ Harty 1999 ▪ Johnston 2013 ▪ Kat. Dürnstein 1966 ▪ Kiening 2006 ▪ Klinger 2015 ▪ Martine 2016.

# Richard I. Löwenherz und die Artus-Legende

## Ein kurzes Making-of

Sabine Kaufmann

Keine Kultur ist ohne verbindliche Festlegung ihrer maßgeblichen Wertbegriffe denkbar, die schon in schriftlosen Kulturen durch Gründungsmythen und Herrschaftslegenden erfolgte. »Mythomotorik« hat Jan Assmann diese Funktionalisierung von Mythen im Dienst kollektiver Identitätsstiftung und Herrschaftslegitimation genannt. Für die englischen Könige des Mittelalters scheint sich die Frage nach dem zentral legitimierenden Mythos nicht wirklich zu stellen. Es kann nur einen geben: Artus, das Urbild des idealen Ritters und gerechten Königs, der an seinem Hof Camelot die tapferen Ritter der Tafelrunde um sich versammelte. Er wurde – obwohl ursprünglich eine walisisch-britische Legendengestalt – zur zentralen Identifikationsfigur für die englischen Könige des Mittelalters. Vor allem die späteren Könige aus dem Haus Plantagenêt nahmen mit glanzvollen Festen, Tafelrunden und Turnieren, auf denen sie sich als wiedererstandener Artus inszenierten, den sagenhaften König als Symbol für die einstige Größe des Reiches zur Herrschaftsbegründung in Anspruch.

Auch für Heinrich II. und Richard I. Löwenherz sind zahlreiche Anknüpfungspunkte an die mythische Königsfigur nachweisbar. Kurz nach seiner Krönung 1154 ließ Heinrich II. das entscheidende Werk für die Ausformulierung des Artus-Mythos, die *Historia regum Britanniae* des Geoffrey von Monmouth in die altfranzösische Volkssprache übertragen. Bei der Übersetzung überarbeitete der anglonormannische Dichter Wace seine lateinische Vorlage gründlich, rückte das höfische Element – das kurz darauf bei Chrétien von Troyes seinen Höhepunkt erreichen wird – ins Zentrum der Erzählung und erfand bei dieser Gelegenheit auch die berühmte Tafelrunde.

Vor Geoffrey von Monmouth war die Präsenz von Artus in schriftlichen Quellen mager: In den frühen Werken der englischen Geschichtsschreibung von Gildas im 6. Jahrhundert und Beda Venerabilis im 8. Jahrhundert kommt ein König Artus noch gar nicht vor, während bei Nennius, einem walisischen Mönch, in seiner um 820 verfassten *Historia Brittonum* von einem »dux bellorum«, also einem Feldherren namens Arthur die Rede ist, der um das Jahr 500 ruhmreich gegen die angelsächsischen Eindringlinge kämpfte. Als König begegnet uns Artus erst um 1100 in der walisischen Sage *Culhwch und Olwen*.

Vermutlich im Auftrag des normannischen Königshauses schuf dann Geoffrey von Monmouth um 1136, gestützt auf mündliche Überlieferungen, die älteren lateinischen Chroniken und – in nicht unerheblichem Ausmaß – seine rege Fantasie, eine umfassende Geschichte Englands, die zum Gründungsmythos eines britisch-anglonormannischen Königreichs ausgebaut wurde. Geoffrey führt die Abstammung der Briten bis auf die Trojaner zurück, deren Nachkomme Brutus einst nach England gelangt sei, das er nach sich selbst »Britannien« genannt und wo er ein neues Troja, das heutige London, gegründet habe. Die Regierung von König Artus wird als Höhepunkt der britischen Geschichte geschildert, in der Artus Gallien, Germanien und zeitweilig sogar Rom unterwerfen kann. Erst durch den Verrat seines eigenen Neffen Mordred wendet sich das Blatt. Artus kann Mordred zwar besiegen, wird selbst aber in der Schlacht am Fluss Camlan schwer verwundet. Er stirbt jedoch nicht, sondern wird auf die Insel Avalon entrückt, um dort seine Wunden zu heilen. Geoffrey vermeidet es allerdings, die weitverbreitete britisch-walisische Hoffnung zu erwähnen, der zufolge Artus eines Tages wiederkehren wird, um Britannien von den Unterdrückern zu befreien und sein Reich im alten Glanz erstrahlen zu lassen. Die *Historia* bildete die ideologische Grundlage der Emanzipation Heinrichs II. von seinen französischen Lehnsherren Ludwig VII. und Philipp II. Augustus. Schon bald gehörte das Werk zu den populärsten Geschichtswerken überhaupt. Bis heute haben sich allein über 200 mittelalterliche Handschriften erhalten.

Richard I. lieferte nun zur Narration die fehlenden Realien: Bereits kurz nach seiner Krönung ließ er im altehrwürdigen Kloster Glastonbury eine Ausgrabung vornehmen, bei der vorgeblich die Gräber von König Artus und seiner Gemahlin Guinevere entdeckt wurden (Abb. 1). Vermutlich hatte bereits Heinrich II. die Suche nach dem Grab des mythischen Königs in Glastonbury angeordnet. Das Kloster galt als eine der ältesten christlichen Kultstätten in England und wurde seit etwa der zweiten Hälfte des 12. Jahrhunderts mit dem legendären Avalon gleichgesetzt. Laut Ralph von Coggeshall stießen die Mönche des Klosters zufällig auf das Grab, während Gerald von Wales berichtet, ein alter walisischer Barde habe Heinrich II. die Stelle bezeichnet. Beeindruckend sei die unglaubliche Größe der königlichen Gebeine gewesen, deren Schienbeine vom Boden bis zum Oberschenkel eines großen Mannes gereicht hätten. Im Grab der Königin fand man Reste ihres Haupthaares, das jedoch bei

1 Hinweisschild zum Fundort des Artus-Grabes im Kloster von Glastonbury ▪ Foto: Sabine Kaufmann.

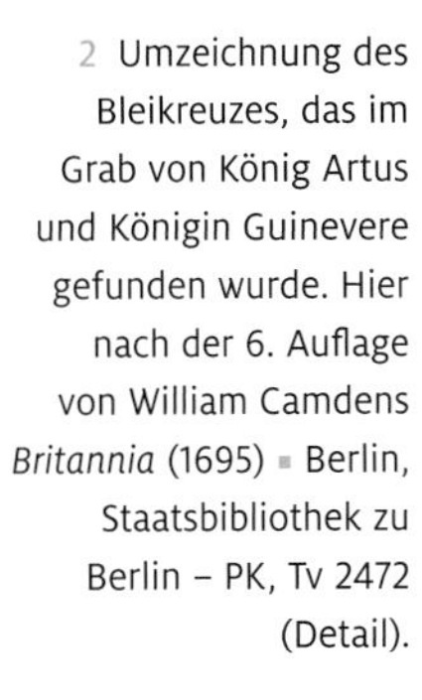

2 Umzeichnung des Bleikreuzes, das im Grab von König Artus und Königin Guinevere gefunden wurde. Hier nach der 6. Auflage von William Camdens *Britannia* (1695) ▪ Berlin, Staatsbibliothek zu Berlin – PK, Tv 2472 (Detail).

Berührung zu Staub zerfiel. Jeden Zweifel an der Identität der Toten räumte ein unter einem Stein entdecktes Bleikreuz aus, das die Inschrift trug: HIC IACET SEPULTUS INCLITUS REX ARTURIUS IN INSULA AVALONIA (In diesem Grab ruht der berühmte König Artus auf der Insel Avalon).

Das Kreuz wurde noch 1542 von dem britischen Gelehrten John Leland beschrieben und abgezeichnet. Zwar ist es heute verloren, sein Aussehen ist jedoch erstmals in einer Umzeichnung in William Camdens *Britannia* in der Ausgabe von 1607 überliefert (Abb. 2). Nach der Öffnung der Gräber wurden die Gebeine in die noch im Bau befindliche Kirche überführt und dort in einem Grabmal aus schwarzem Marmor beigesetzt. 1278 ließen König Eduard I. und seine Gemahlin Eleonore das Grab erneut öffnen und verlegten es anschließend vor den Hauptaltar, wo es bis zu seiner Zerstörung während der Reformation blieb.

Diese Entdeckung des Artusgrabes durch Heinrich II. und Richard I. darf mit einiger Sicherheit als groß angelegte Fälschung angesehen werden, deren Zweck in der Forschung unterschiedlich interpretiert wird. Vielleicht sollte der Beweis von Artus' Tod den Glauben der Waliser an eine Wiederkehr des Heldenkönigs zerstören und damit den Widerstand gegen die normannische Herrschaft schwächen. Wahrscheinlicher erscheint aber, dass die Suche nach dem Artusgrab – ganz im Gegenteil – die Verehrung und Vereinnahmung der Artustradition durch die anglonormannischen Herrscher zum Ausdruck brachte und in seiner Wirkung der Auffindung der Reliquien eines Heiligen nahekam. Tatsächlich hatte man auch in der Folgezeit keine Schwierigkeiten damit, die Auffindung der Artus-Gebeine mit dem Glauben an seine Wiederkehr zu verbinden.

Richard I. jedenfalls – der bereits zu Lebzeiten durch wohlüberlegte Selbstinszenierung an seiner eigenen Legende arbeitete – stellte sich bewusst in die Tradition des sagenumwobenen Königs: So führte er angeblich Artus' Schwert Excalibur, zumindest bis er es auf dem Weg ins Heilige Land an den sizilianischen König Tankred verschenkte. In seiner bewegenden Totenklage nennt Gaucelm Faidit Richard Löwenherz in einem Atemzug mit Alexander, Karl dem Großen und Artus, wobei Richard sie alle an Tugenden noch übertroffen habe. Spätestens seit der Mitte des 12. Jahrhunderts war aus Artus ein Idealkönig der höfischen Gesellschaft geworden, als dessen mythische Reinkarnation sich viele englische Herrscher seither begriffen.

Lit.: Albrecht 2003 ▪ Johanek 1987 ▪ Kat. Paris 2009 ▪ Ostmann 1975 ▪ Wolf 2009.

# Objekte

## Statuette Richards I. Löwenherz

Carlo Marochetti (1805–1867), 1853

Bronze | verkleinerte Kopie des am 26. Oktober 1860 vor dem Parlament in London eingeweihten Denkmals für Richard I. Löwenherz | H. 44,0 cm, B. 45,0 cm, T. 16,0 cm

London, Royal Collection Trust / Her Majesty Queen Elizabeth II | RCIN 44114

Diese Statuette von Carlo Marochetti ist eine der beiden bekannten kleinen Kopien seines berühmten, am 26. Oktober 1860 vor dem Parlament in London eingeweihten Denkmals für Richard Löwenherz. Königin Victoria hatte sie als Geschenk für Prinz Albert anlässlich seines Geburtstages am 26. August 1853 in Auftrag gegeben. Marochetti nutzte die Gelegenheit zur Anfertigung einer weiteren Statuette, die er selbst behielt. Dieser königliche Auftrag ist wahrscheinlich der Grund, weshalb die kleine Kopie des Reiterstandbildes von Richard I. im Gegensatz zu anderen Modellen, wie der Statuette von Emmanuel-Philibert, die ab 1838 in großer Zahl vertrieben wurde, niemals in den Handel kam. Die Auftragserteilung erfolgte 1853, nachdem der Bau eines Monumentalstandbildes aus Bronze öffentlich ausgeschrieben worden war.

Carlo Marochetti war ständiger Bildhauer des Hauses Orléans, das während der Revolution 1848 nach England auswandern musste. Als er 1851 dieses Modell in Gips herstellte, hatte er sich bereits einen Namen als Künstler gemacht. Das Modell wurde anlässlich der Weltausstellung 1851 in London am Westeingang des Crystal Palace in Sydenham zum ersten Mal der Öffentlichkeit präsentiert und erregte allgemeine Bewunderung. General Charles Richard Fox schlug vor, die Statue in Bronze anfertigen und als Gegenstück zu einem Standbild des Prinzen Albert im Hyde Park aufstellen zu lassen. Darauf folgten zwei Präsentationen des Gipsmodells. Vom 20. Januar bis zum 20. April 1854 stand es im Hof des Westminster Palace, um die Wirkung am dortigen Standort zu beurteilen. Zu dieser Zeit tat John Ruskin seine Bewunderung für dieses »ideale Kunstwerk von höchster Schönheit und Güte« kund (Ruskin 1854, S. 215 f., Anmerkung vom 21. April 1854). Am 22. Januar 1854, zwei Tage nachdem dieses Gipsmodell im Herzen Londons einen vorläufigen Platz gefunden hatte, erblickte Marochettis jüngster Sohn das Licht der Welt und erhielt den Namen... Richard! 1856 stellte man das Gipsmodell erneut aus, dieses Mal in der Mitte des Crystal Palace anlässlich der Feierlichkeiten zum Ende des Krimkrieges. Nach langen Diskussionen wurde am 25. November 1859 in der Zeitschrift *The Building News* die Entscheidung mitgeteilt, die Bronzestatue im Garten des ehemaligen Westminster Palace zu platzieren. Der Guss wurde am 26. Oktober 1860 auf einem neutralen Postament errichtet. Im August 1866 sowie im März 1867 folgte die Anbringung zweier langer Reliefs auf dem Sockel, für die Ghibertis Paradiestüren am Baptisterium der Kathedrale von Florenz stilistisch als Vorbild dienten.

Wie David Williamson 1996 unterstrich, mag es auf den ersten Blick merkwürdig erscheinen, dass gerade Richard Löwenherz mit diesem Reiterstandbild mitten im Herzen Londons die englische Monarchie verkörpert. Diese hohe, eines Volkshelden würdige Ehre gebühre diesem Herrscher, der weniger Zeit als jeder andere englische König in England verbrachte und dem Land, das er eigentlich regieren sollte, so wenig Interesse entgegenbrachte, eigentlich wenig. Das hieße aber, außer Acht zu lassen, dass der Ruhm von Richard Löwenherz vorrangig auf seiner Legende und dem Mythos beruhte, der sich seit dem Mittelalter um ihn rankte. Es ist genau dieses Bild eines legendären, durch Kraft und Tapferkeit imponierenden Königs, das Carlo Marochetti mit dieser Skulptur der Nachwelt vermittelt hat. FR

Lit.: Hedengren-Dillon (o. J.) ▪ Ruskin 1854 ▪ Ward-Jackson 2012 ▪ Williamson 1996, S. 301.

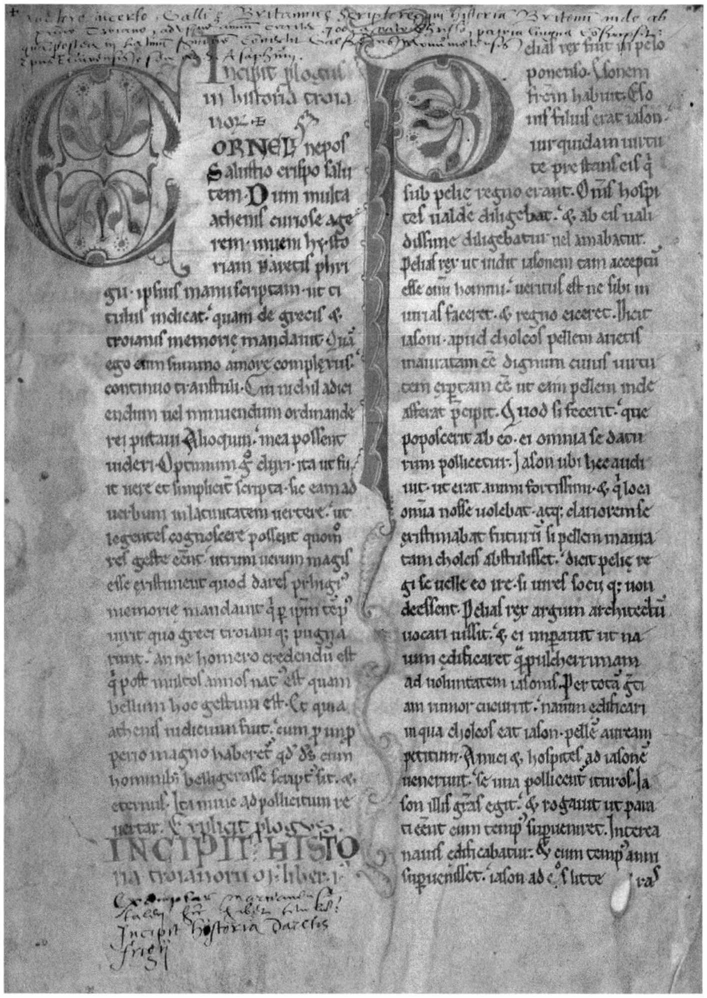

2

Geoffrey von Monmouth, *Historia regum Britanniae*

Abtei Saint-Sauveur d'Anchin (Dép. Nord), Ende 12. Jahrhundert

Pergament | Minuskel in zwei Spalten zu je 36 Zeilen, Kalbsleder (Einband) | H. 31,0 cm, B. 21,0 cm, 114 Bll.

Douai, Bibliothèque municipale | ms 880, fol. 1v

Geoffrey von Monmouth gilt mit seiner – in lateinischer Sprache verfassten – *Historia regum Britanniae* als Schöpfer der ersten in sich geschlossenen arthurischen Stofftradition. Zwar wird vermutet, dass zu seinen Lebzeiten der Mythos um König Artus bereits im kulturellen Gedächtnis existierte, Geoffrey den König darüber hinaus aber zum Maßstab für ein soziales Wertesystem machte, an dem sich die entstehende ritterlich-höfische Gesellschaft messen konnte. In seiner *Historia* erzählt er die sich über 1900 Jahre erstreckende Geschichte der Briten, angefangen bei Brutus, einem Urenkel des aus Troja geflohenen Aeneas. Anschließend nimmt der legendenumwobene König Artus in der *Historia* eine große Rolle ein. Beschrieben wird dessen Leben ganz nach dem Schema einer Heldenvita, was durch die Motive der ungewöhnlichen Geburt, der siegreichen Taten, des jähen Todes sowie der möglichen Wiederkehr des Königs deutlich wird (vgl. Beitrag Kaufmann, S. 28 f.). Wace übertrug die Legende um Artus etwa zwei Jahrzehnte später in seinem *Roman de Brut* ins Altfranzösische und ergänzte erstmalig Elemente wie die Tafelrunde (vgl. Kat.Nr. 3). Sowohl Geoffrey als auch Wace genossen die Anerkennung des englischen Königshofes, an dem im Besonderen unter Heinrich II. und seiner Frau Eleonore Geschichtsschreibung und Literatur gefördert wurden. Als Teil der *matière de Bretagne* war die *Historia regum Britanniae* innerhalb kürzester Zeit eine der grundlegenden Quellen (über 190 lateinische Handschriften), die den Mythos um die Abstammung des englischen Königshauses begründete und die Erinnerung an den sagenreichen König Artus mit den englischen Königen verknüpfte. Basierend auf den historischen Artuschroniken und den mündlichen Traditionen des keltisch-britannischen Sagenkreises schuf dann Chrétien von Troyes (vgl. Kat. Nr. 3) eine ritterlich-höfische Artuswelt, in der Hof, Festkultur, Minne, Rittertum, Kampf, Ruhm und Ehre in einer weitgehend fiktionalen höfischen Kunstwelt die zentralen Themen sind.

MScher

Lit.: Bumke 2008 ▪ Göller 1963 ▪ Gottzmann 1989 ▪ Schirmer 1958.

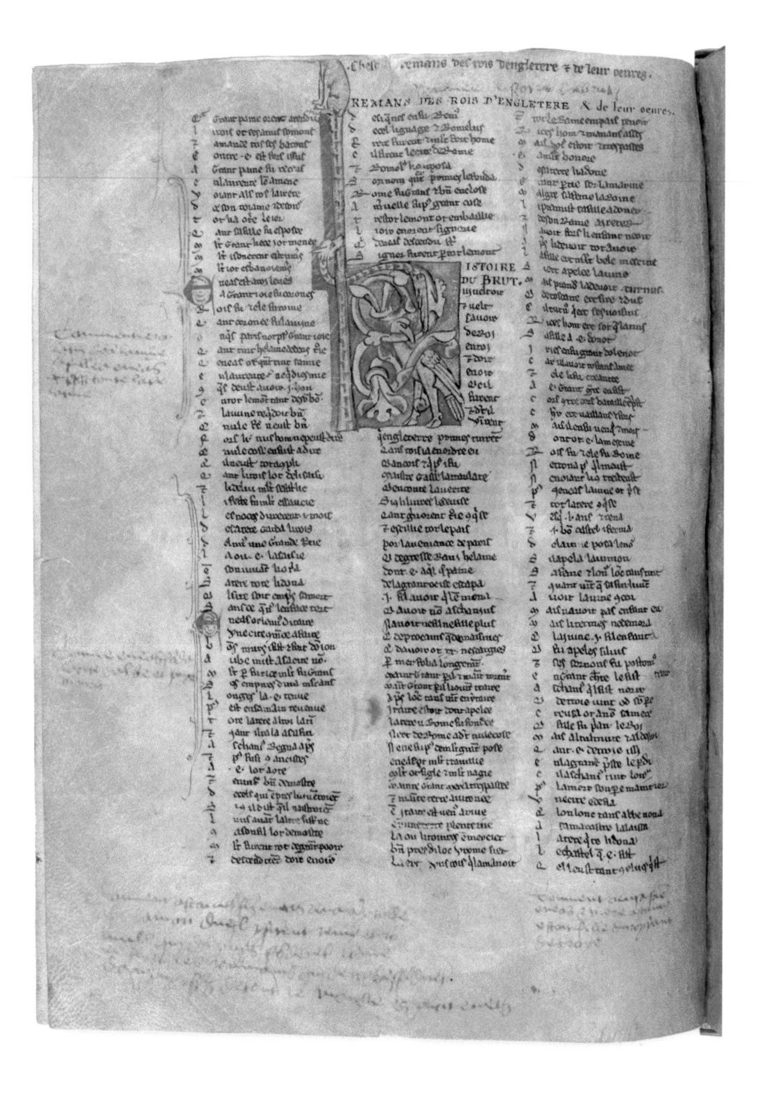
ROMANS DES ROIS D'ENGLETERE & de leur oeures

ISTOIRE DU BRUT.

**Kompilation der Romane von Wace, Chrétien von Troyes u. a.**

Benoît von Sainte-Maure (um 1165) | Wace (um 1135) | Chrétien von Troyes (um 1164) | Picardie, 13. Jahrhundert

bis 1733 im Besitz des Marquis de Cagné

Velinpapier | Zierbuchstaben, Einband aus Schafsleder | H. 32,0 cm, B. 24,0 cm, T. 8,5 cm; 262 Bll.

Paris, Bibliothèque nationale de France | Ms. fr. 1450, fol. 112v

Der altfranzösische Dichter Jean Bodel (um 1165–1210) unterschied in seiner *Chanson de Saisnes* drei epische Stoffkreise: die *matière de France*, die *matière de Bretagne* und die *matière de Rome*, welche das ganze Mittelalter dominierten. In der Kompilation aus dem 13. Jahrhundert wurden die bekanntesten Texte der beiden letztgenannten Stoffkreise zusammengeführt. Zu Beginn stehen der *Roman de Troies* und der *Roman d'Enéas* von Benoît von Sainte-Maure, die durch den Troja- und den Aeneasstoff zwei der bekanntesten Antikenromane des Mittelalters darstellen. Beide Texte wurden am Hofe Heinrichs II. verfasst. In der Handschrift folgt der *Roman de Brut* von Wace, der durch die Romane Chrétiens von Troyes – *Erec, Perceval, Cligès* und *Yvain* – unterbrochen wird. Alle diese Werke lassen sich der Gattung der Artusdichtung und somit auch der *matière de Bretagne* zuordnen, welche ihren Ursprung in England nahm und sich von dort nach Frankreich und Deutschland ausbreitete. Im Zentrum steht ein Ritter, der verschiedene â*ventiuren* bestreiten muss, um das ritterliche Ideal zu erreichen. Artus stellt zwar den Namensgeber, aber meist nicht den primären Handlungsträger der Dichtung dar. Die Verbreitung des Stoffes über den vorbildhaften Herrscher und Krieger wird häufig auf politische Motivationen zurückgeführt. Heinrich I. habe die arthurische Überlieferung vehement propagiert, um ein Gegengewicht zum Mythos Karls des Großen und der *Chanson de geste*-Dichtung zu schaffen. Heinrich II. verfolgte diese Idee weiter und ließ sogar nach den Gebeinen des Königs suchen. Ende des 12. Jahrhunderts wurden tatsächlich – heute fragliche – Gebeine gefunden und 1191 feierlich bestattet. Die Artusdichtung löste, im Besonderen durch Chrétien von Troyes in Frankreich und Hartmann von Aue in Deutschland, die beiden anderen epischen Stoffkreise langsam ab, vor allem auch bedingt durch die Entstehung der höfisch-ritterlichen Kultur und einer neuen Minne-Ideologie.

MScher

Lit.: Bumke 2008 ▪ Gottzmann 1989 ▪ Hofer 1954 ▪ Lienert 2001 ▪ Micha 1939.

4+5

## Zwei verzierte Kapitelle aus dem Kreuzgang des Klosters Glastonbury

England, Glastonbury (Somerset), Abtei, 1140–1150

blauer Lias-Kalkstein | links: H. max. 15,0 cm, B. max. 29,5 cm, T. max. 9,5 cm; rechts: H. max. 16,5 cm, B. max. 30,0 cm, T. max. 7,5 cm

Glastonbury, Glastonbury Abbey Museum | S520 u. S521

Die Abtei von Glastonbury war eines der reichsten und angesehensten Klöster Großbritanniens. Seine einstige Bedeutung spiegelt sich auch in der Qualität der Architektur und der Steinmetzarbeiten wider. Es diente mindestens drei Königen der Sachsen als Grabstätte und erfreute sich das ganze Mittelalter hindurch königlicher Zuwendungen. Es wurde ob seiner Verbindung mit Joseph von Arimathäa hoch geachtet, auf den der Überlieferung nach die Gründung der ursprünglichen Kirche zurückgeht. Seit dem ausgehenden 12. Jahrhundert wurde Glastonbury außerdem mit König Artus in Zusammenhang gebracht, nachdem Mönche 1191 behauptet hatten, sie hätten das Grab von Artus und Guinevere gefunden. So stärkte die Abtei in einer Zeit, in der die Artussage in ganz Europa große Beliebtheit erlangte, ihre Bedeutung als wichtige Pilgerstätte.

Die gezeigten Kapitelle stammen von einem romanischen Kreuzgang, den Abt Heinrich von Blois (ca. 1098–1171) erbauen ließ. Heinrich war von königlicher Abstammung, ein Enkel Wilhelms des Eroberers, Neffe Heinrichs I. und der jüngere Bruder von König Stephan. Er stieg zu einer der mächtigsten Persönlichkeiten auf und spielte in Staatsangelegenheiten eine zentrale Rolle. Von der Mitte der 1120er Jahre bis zum Ende seines Lebens war er sowohl Abt von Glastonbury als auch Bischof von Winchester, zwei äußerst einflussreiche Positionen. Er war außerdem ein begeisterter Kunstmäzen mit Verbindungen auf dem ganzen europäischen Festland und war wohlhabend genug, um seine kulturellen Interessen zu pflegen. Er förderte Architektur, Bildhauerei, die Anfertigung von Handschriften und eine ganze Reihe weiterer künstlerischer Disziplinen. Als Heinrich zum Abt des altehrwürdigen Klosters von Glastonbury ernannt wurde, fand er die Gebäude in einem recht baufälligen Zustand vor. Urkundliche Quellen verzeichnen, dass er bald ein ambitioniertes Wiederaufbauprogramm in Angriff nahm, welches einen Palas, einen Kapitelsaal, einen Kreuzgang und zahlreiche andere klösterliche Bauten umfasste. Sein früheres Leben als Mönch in der berühmten Benediktinerabtei von Cluny (Burgund) hatte zweifelsohne einen bedeutenden Einfluss auf seine groß angelegten Baupläne in Glastonbury. Tragischerweise wurden viele seiner Neubauten bei einem Großbrand im Jahr 1184 beschädigt. Überreste seines großartigen Kreuzganges wurden jedoch in jüngerer Zeit wiederentdeckt, vor allem im Zuge archäologischer Untersuchungen. Heinrich bevorzugte für bildhauerische Arbeiten an der Kathedrale von Winchester offensichtlich dunklen Marmor, den er wiederholt aus Tournai in Frankreich einführte. Es ist deshalb wahrscheinlich, dass der Marmor aus Tournai unter seinem Einfluss auch für den Kreuzgang und die Grabsteine des cluniazensischen Klosters Lewes in Sussex verwendet wurde. In Glastonbury erwies sich der blaue Lias-Kalkstein, der kräftig poliert an Marmor erinnert, als geeignete und sehr viel günstigere Alternative. Eine Auswertung der erhaltenen Steinmetzarbeiten aus blauem Lias-Kalkstein in Glastonbury (insgesamt um die 40 Fragmente) legt nahe, dass Heinrichs Kreuzgangarkade entweder von paarigen oder abwechselnd einzeln und paarweise gestellten Säulen getragen wurde. Bruchstücke von Säulenschäften weisen Zickzackmuster oder spiralförmige Verzierungen auf. Die Kapitelle sind von exquisiter Qualität und zeichnen sich durch Kunstfertigkeit und hohe Präzision aus. Sie sind die Arbeit hochqualifizierter Steinmetze, deren Können dem der zeitgenössischen Buchmaler, Elfenbeinschnitzer und Goldschmiede in keiner Weise nachsteht. Die charakteristischen Blattwerk-Motive sind reich mit Perlbändern, Nagelköpfen, Zickzacklinien und Beerentrauben verziert. Andere dekorative Elemente weisen figürliche Details auf, die sowohl menschlich als auch tierisch sein können.

Der Kunsthistoriker George Zarnecki vermutete einen Zusammenhang zwischen dem Dekor der Kapitelle und der von Abt Heinrich von Blois in Winchester geförderten Handschriftenillumination. MG

Lit.: Baxter 2015, Abb. 9.1.5, 9.3.21 ▪ Kat. London 1984, S. 184 f., Abb. 149a–g.

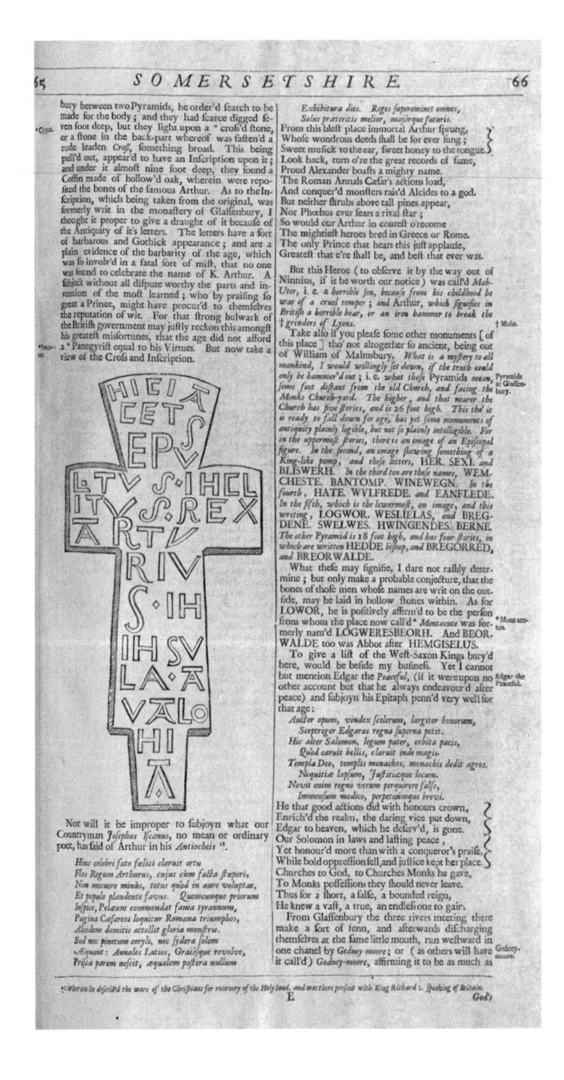

65 SOMERSETSHIRE. 66

bury between two Pyramids, he order'd search to be made for the body; and they had scarce digged seven foot deep, but they light upon a * cross'd stone, or a stone in the back-part whereof was fasten'd a rude leaden *Cross*, something broad. This being pull'd out, appear'd to have an Inscription upon it; and under it almost nine foot deep, they found a Coffin made of hollow'd oak, wherein were reposited the bones of the famous Arthur. As to the Inscription, which being taken from the original, was formerly writ in the monastery of Glassenbury, I thought it proper to give a draught of it because of the Antiquity of it's letters. The letters have a sort of barbarous and Gothick appearance; and are a plain evidence of the barbarity of the age, which was so involv'd in a fatal sort of mist, that no one was found to celebrate the name of K. Arthur. A subject without all dispute worthy the parts and invention of the most learned; who by praising so great a Prince, might have procur'd to themselves the reputation of wit. For that strong bulwark of the British government may justly reckon this amongst his greatest misfortunes, that the age did not afford a * Panegyrist equal to his Virtues. But now take a view of the Cross and Inscription.

* Cippus. * Praeconem.

Nor will it be improper to subjoyn what our Countryman *Josephus Iscanus*, no mean or ordinary poet, has said of Arthur in his *Antiocheis* [18].

*Hinc celebri fato fœlici claruit ortu*
*Flos Regum Arthurus, cujus cùm facta stupori,*
*Non micuere minùs, totus quòd in aure voluptas,*
*Et populo plaudente favus. Quemcunque priorum*
*Inspice, Pelæum commendat fama tyrannum,*
*Pagina Cæsareos loquitur Romana triumphos,*
*Alcidem domitis attollit gloria monstris.*
*Sed nec pinetum coryli, nec sydera solem*
*Æquant: Annales Latios, Graiósque revolve,*
*Prisca parem nescit, æqualem postera nullum*
*Exhibitura dies. Reges supereminet omnes,*
*Solus præteritis melior, majórque futuris.*

From this blest place immortal Arthur sprung,
Whose wondrous deeds shall be for ever sung;
Sweet musick to the ear, sweet honey to the tongue.
Look back, turn o're the great records of fame,
Proud Alexander boasts a mighty name.
The Roman Annals Cæsar's actions load,
And conquer'd monsters rais'd Alcides to a god.
But neither shrubs above tall pines appear,
Nor Phœbus ever fears a rival star;
So would our Arthur in contest o'recome
The mightiest heroes bred in Greece or Rome.
The only Prince that hears this just applause,
Greatest that e're shall be, and best that ever was.

But this Heroe (to observe it by the way out of Ninnius, if it be worth our notice) was call'd *Mab-Uter*, i. e. *a horrible son, because from his childhood he was of a cruel temper; and* Arthur, *which signifies in British a horrible bear, or an iron hammer to break the* † *grinders of Lyons.*

† Molæ.

Take also if you please some other monuments [of this place] tho' not altogether so ancient, being out of William of Malmsbury. *What is a mystery to all mankind, I would willingly set down, if the truth could only be hammer'd out*; i. e. *what those* Pyramids *mean, some foot distant from the old Church, and facing the Monks Church-yard. The higher, and that nearer the Church has five stories, and is 26 foot high. This tho' it is ready to fall down for age, has yet some monuments of antiquity plainly legible, but not so plainly intelligible. For in the uppermost stories, there is an image of an Episcopal figure. In the second, an image showing something of a King-like pomp, and these letters,* HER. SEXI. *and* BLISWERH. *In the third too are these names,* WEMCHESTE. BANTOMP. WINEWEGN. *In the fourth,* HATE. WVLFREDE. *and* EANFLEDE. *In the fifth, which is the lowermost, an image, and this writing,* LOGWOR. WESLIELAS, *and* BREGDENE. SWELWES. HWINGENDES. BERNE. *The other Pyramid is 18 foot high, and has four stories, in which are written* HEDDE *bishop, and* BREGORRED, *and* BREORWALDE.

Pyramids at Glassenbury.

What these may signifie, I dare not rashly determine; but only make a probable conjecture, that the bones of those men whose names are writ on the outside, may be laid in hollow stones within. As for LOWOR, he is positively affirm'd to be the person from whom the place now call'd * *Montacute* was formerly nam'd LOGWERESBEORH. And BEORWALDE too was Abbot after HEMGISELUS.

* Mons acutus.

To give a list of the West-Saxon Kings bury'd here, would be beside my business. Yet I cannot but mention Edgar the *Peaceful*, (if it were upon no other account but that he always endeavour'd after peace) and subjoyn his Epitaph penn'd very well for that age:

Edgar the Peaceful.

*Auctor opum, vindex scelerum, largitor honorum,*
*Sceptriger Edgarus regna superna petit.*
*Hic alter Salomon, legum pater, orbita pacis,*
*Quòd caruit bellis, claruit inde magis.*
*Templa Deo, templis monachos, monachis dedit agros,*
*Nequitiæ lapsum, Justitiæque locum.*
*Novit enim regno verum perquirere falso,*
*Immensum modico, perpetuúmque brevi.*

He that good actions did with honours crown,
Enrich'd the realm, the daring vice put down,
Edgar to heaven, which he deserv'd, is gone.
Our Solomon in laws and lasting peace,
Yet honour'd more than with a conqueror's praise,
While bold oppression fell, and justice kept her place.
Churches to God, to Churches Monks he gave,
To Monks possessions they should never leave.
Thus for a short, a false, a bounded reign,
He knew a vast, a true, an endless one to gain.

From Glassenbury the three rivers meeting there make a sort of fenn, and afterwards discharging themselves at the same little mouth, run westward in one chanel by *Gedney-moore*; or (as others will have it call'd) *Godney-moore*, affirming it to be as much as

Gedney-moore.

[18] *Wherein he describ'd the wars of the Christians for recovery of the Holy land, and was there present with King Richard I. speaking of Britain.*

E *God's*

## 6

## Camden's Britannia: Newly Translated into English: With Large Additions And Improvements, Publish'd by Edmund Gibson, of Queens-College in Oxford

[William Camden, Edmund Gibson (Übers.)] Printed by F. Collins, for A. Swalle, at the Vnicorn at the West-end of St. Paul's Church-yard; and A. & J. Churchil, at the Black Swan in Pater-noster-Row, London 1695

[18] Bl., CXCVI, [1] Bl., 832 Sp., S. 833–848, Sp. 849–1116 [i.e. 1118], [22] Bl.

1 Porträt (Kupferst.), 8 Tabellen (Kupferst.), zahlreiche Illustrationen (Kupferst.), 50 Kt. (Kupferst.)

Berlin, Staatsbibliothek zu Berlin – Preußischer Kulturbesitz | 2" Tv 2472, Sp. 66

Die ursprünglich in Latein abgefasste *Britannia* des Antiquars und Historikers William Camden (1551–1623) erschien erstmals 1586. Camden lieferte darin eine topographische und historische Beschreibung aller Grafschaften Großbritanniens und Irlands. Der Titel wurde in rascher Folge neu aufgelegt und die Ausgabe von 1607 präsentierte erstmals das von Camden gezeichnete sogenannte Grabkreuz König Artus'. Die von Edmund Gibson (1669–1748), Geistlicher und Jurist, Bischof von Lincoln und London, neu ins Englische übersetzte und beträchtlich erweiterte Version der *Britannia* von 1695 (die erste Übersetzung erschien 1610) gibt die Zeichnung Camdens ebenfalls wieder, wobei die Umrissform des Kreuzes marginal variiert wurde.

In der Abtei Glastonbury hatten unter den Königen Heinrich II. und Richard I. Löwenherz Ausgrabungen stattgefunden, bei denen man nach zeitgenössischer Vorstellung im Jahr 1191 auf die Gräber König Artus' und seiner Gemahlin Guinevere gestoßen war. Als Beweis diente ein Bleikreuz mit der Inschrift HIC IACET SEPULTUS INCLITUS REX ARTURIUS IN INSULA AVALONIA. Glastonbury erschien nun als identisch mit der Insel Avalon des Geoffrey von Monmouth, eine Wendung, die für die Herrschaftslegitimation der Plantagenêts bedeutsam war, da sie ihre Dynastie in der Nachfolge Artus' mythisch überhöhen konnten. Die Auseinandersetzung mit dem Geschlecht der Kapetinger spielte dabei eine wichtige Rolle, proklamierten diese doch unter Philipp II. Augustus eine Kontinuitätslinie zu den Karolingern und damit zu Karl dem Großen. Verschiedene sprachstilistische Besonderheiten des Kreuzes, seine Gestaltung sowie die Ergebnisse archäologischer Grabungen des 20. Jahrhunderts legen die Vermutung nahe, dass die Auffindung eines pränormannischen Grabes unbekannter Identität 1191 mit der Artussage im Sinne »höherer Wahrheit« verwoben wurde und das Kreuz entweder eine »echte« Fehlzuschreibung früherer Zeit war oder als Fälschung auf typisierte Vorbilder zurückgriff. JP

Lit.: Camden 1607, S. 166 ▪ Herendeen 2007 ▪ Higham 2002 ▪ Lacy/Ashe 1996 ▪ Reno 2010, S. 59–61.

**7**

Eilhart von Oberg, Tristrant (Fragment Rd, Einzelblatt)

Bayerisch-ostalemannisches Gebiet, Anfang 13. Jahrhundert

Pergament | H. 18,8 cm, B. 12,5 cm

Karlsruhe, Badische Landesbibliothek | Cod. Donaueschingen 69

Beim vorliegenden Blatt handelt es sich um eines der drei Regensburger Fragmente des *Tristrant* von Eilhart von Oberg, die heute in München, Karlsruhe und Regensburg aufbewahrt werden und ursprünglich aus einer Handschrift stammen. Wohl um 1500 wurde die Handschrift zerschnitten und als Umschlag verwendet – ein häufiges Schicksal von Pergamenthandschriften in der Frühen Neuzeit. Inhaltlich umfasst das Fragment die Verse 1726–1843 (nach Bußmann). Tristan liegt nach seinem erfolgreichen Drachenkampf betäubt im Sumpf, der irische Truchsess beansprucht zu Unrecht den Sieg und damit das Recht auf Isolde für sich; Isolde zieht mit Brangäne aus, um Gewissheit über die Drachentötung zu erlangen und findet den verletzten Tristan. IB

Q.: Eilhart von Oberg, Tristrant (hg. v. Bußmann).

Lit.: Feistner 2006, S. 2, 4–8.

**8**

## Eilhart von Oberg, Tristrant, Hs. H

zwischen 1465 und 1475

Papier | 91 Federzeichnungen | H. 30,4 cm, B. 21,0 cm

Heidelberg, Universitätsbibliothek | Cod. Pal. germ. 346, fol. 98r

Er sagt dis sinem herren
Was mag uns verseren
Sprach walwan der wygant
frow ward och do trystrant
Do der küng marck vernam
Das im der lieb gast kam
Ein gantzer hoff must sich bewegen
In gantzer lieb gieng er im engegen
Und enpfieng sy all wol
An ainen so ain gutter sol
küng artus marcke lieplich enpfieng
küng artus do gieng
hin zu der küngine

Dem *Tristrant*-Roman Eilharts von Oberg kommt das unstrittige Verdienst zu, die nur locker mit dem Artusstoff verwobene Erzählung von der passionierten, ehebrecherischen Liebe zwischen Tristan und Isolde erstmals und erstaunlich früh (2. Hälfte 12. Jahrhundert) im deutschen Sprachraum bekannt gemacht zu haben. Dennoch bestehen bis zum heutigen Tag zahlreiche Unsicherheiten hinsichtlich Details der zeitlichen und räumlichen Verortung von Autor und Werk. Zwar gilt es als einigermaßen wahrscheinlich, dass »von hobergin her eylhart« aus dem Dorf Oberg in der Nähe von Braunschweig stammen dürfte. Doch ist zweifelhaft, ob der Braunschweiger Hof von Heinrich dem Löwen und Mathilde zu diesem Zeitpunkt über die Voraussetzungen für direkte Literaturkontakte mit der aktuellen französischen Literaturszene verfügte. Der Autor des deutschen *Tristrant* gewann vermutlich eher weiter westlich, also in den (nieder-)rheinischen Gegenden, Kenntnis von französischen Bearbeitungen des Stoffes. Zeugnisse für die Bekanntheit des Stoffes in der geographischen Nähe Braunschweigs finden sich erst ein Jahrhundert später mit den Tristan-Teppichen von Wienhausen. Ebenso wenig dürften der Thüringer oder Regensburger Hof die nötigen Bedingungen geboten haben (anders Hucker 2003 und 2010). Die Unsicherheiten hinsichtlich Autor und Entstehung werden durch die Überlieferung noch verstärkt. Drei Fragmenten vom Ende des 12. Jahrhunderts stehen zwei vollständige Handschriften aus dem 15. Jahrhundert gegenüber, darunter die Heidelberger Handschrift Cod. Pal. germ. 346. Anders als sein prominenter Nachfolger als Bearbeiter des Stoffes, Gottfried von Straßburg, überdauerte Eilharts Name und seine Version des *Tristan*- Stoffes, umgeformt in Prosa, den zeitlichen und medialen Wandel bis zur Zeit der Frühdrucke im 15. und 16. Jahrhundert und zu Hans Sachs (1553). Inhaltlich unterscheidet sich Eilhart deutlich von späteren Bearbeitungen, obgleich alle wesentlichen Elemente der Sage bereits vorhanden sind: die Geschichte der Eltern und der Tod der Mutter, die Heilung der vergifteten Wunde durch Isolde nach dem Kampf gegen Morold, die Brautwerbung für den Oheim Marke, Tristans Kampf gegen den Drachen, der Liebestrank (der vier Jahre untrennbar, den Rest der Lebenszeit in Liebe verbindet), zahlreiche gefährliche Treffen des illegitimen Liebespaares, die Ehe Tristans mit Isolde II, die tödliche Wunde Tristans, die vorsätzliche Täuschung über die Farbe des Segels, Rose und Weinrebe auf dem Grab des Liebespaares. Freilich wird, anders als bei Gottfried von Straßburg, die Liebe des Paares als Krankheit gesehen. Eine kleine und eher bizarre Rolle spielen in diesem Zusammenhang auch König Artus und die Ritter der Tafelrunde (sog. Wolfseisen-Episode).

IB

Q.: Eilhart von Oberg, Tristrant (hg. v. Bußmann) ▪ Eilhart von Oberg, Tristrant und Isalde (hg. v. Buschinger).

Lit.: Hucker 2003 ▪ Hucker 2010 ▪ Wolff/Schröder 1980.

9

## Ulrich von Zatzikhoven, Lanzelet

Elsass, um 1420 (Schreibervermerk auf fol. 177v)

Papier | H. 24,5 cm, B. 18,2 cm; 182 Bll.

Heidelberg, Universitätsbibliothek | Cod. Pal. germ. 371, fol. 1v

Der *Lanzelet* Ulrichs von Zatzikhoven zählt zweifellos zu jenen Romanen der Zeit um 1200/10, die ihre Leser (damals wie heute) vor denkbar große interpretatorische Herausforderungen stellen. Im 19. Jahrhundert waren es vor allem moralisch-ethische Bedenken, die den Text scheinbar diskreditierten, erwirbt sein Protagonist unter anderem doch gleichsam im Vorbeigehen und je nach Zählung drei bis fünf Frauen, darunter immerhin einen veritablen (Ex-)Drachen, was ihm seitens des Erzählers den Beinamen des *wîpsaeligen* Lanzelet einträgt, das heißt eines bei den Damen glücklich und erfolgreich agierenden Mannes. Dazu treten Unwägbarkeiten der zeitlichen und literarischen Einordnung: Zwar spielt König Artus eine (eher bescheidene) Rolle in Ulrichs Roman, doch handelt es sich eben nicht um einen Artus-Roman im Sinne etwa des *Erec* oder *Yvain* von Chrétien von Troyes oder Hartmann von Aue. Deren Kennzeichen sind zum einen die fundamentale Krise des Helden nach erfolgreicher Beendigung eines ersten erfolgreichen Lebensabschnittes (ritterliche Bewährung, Gewinn von Ehefrau und Landesherrschaft), zum anderen aber auch der dadurch ausgelöste, spiegelbildlich konstruierte zweite Handlungsverlauf (»Doppelweg« im Sinne H. Kuhns). Dieser fehlt hier, obgleich sich durchaus Entsprechungen zwischen einzelnen Episoden der Erzählung finden lassen und eine Kenntnis der Romane Chrétiens beziehungsweise Hartmanns sich weder bei der (unbekannten) französischen Quelle Ulrichs noch bei ihm selbst ausschließen lassen. Jedenfalls aber war das »welsche() buoch von Lanzelet«, das Ulrich als seine Vorlage bezeichnet, nicht Chrétiens *Lancelot*. Dort fehlt die bei Ulrich ausführlich erzählte Jugendgeschichte; dafür findet sich die Liebesgeschichte zwischen der Königin Guinevere (zugleich Ehefrau von König Artus) und ihrem »ersten Ritter« Lancelot, wie sie auch aus filmischen Aufbereitungen des Mythos bekannt ist.

Auch wenn sich Ulrichs Vorlage nicht näher identifizieren lässt, so kennen wir aufgrund seiner eigenen Aussagen doch die verschlungenen Pfade, auf denen er zu ihr gelangte, nämlich über Huc von Morville, eine der für Richard Löwenherz gestellten Geiseln des englischen Königshauses, dessen Umgangs- und vor allem Literatursprache wiederum traditionsgemäß weitgehend das Französische war.

Ganz offensichtlich kannte der deutsche Verfasser, der vielleicht aus dem Thurgau stammte und jedenfalls über Verbindungen zum Stauferhof und Kaiser Heinrich VI. verfügt haben muss, die zeitgenössische höfische Epik, unter anderem den *Erec* Hartmanns von Aue oder den *Parzival* Wolframs von Eschenbach. Sein *Lanzelet* ist in zwei Handschriften vollständig erhalten, darunter im hier ausgestellten Heidelberger Codex Cod. Pal. germ. 371; dazu kommen einige Fragmente und zum Beispiel lobende Erwähnungen bei Rudolf von Ems (1. Hälfte 13. Jahrhundert). Einen besonderen Stellenwert nimmt einmal mehr der *Codex Manesse* ein, die umfangreichste Überlieferung des deutschsprachigen Minnesangs. In der Miniatur zum Autor »Alram von Gresten« lesen dort Ritter und Dame gemeinsam den *Lanzelet*; bezeichnenderweise unter dem Dichterwappen mit der Inschrift AMOR.

IB

Q.: Eilhart von Oberg, Tristrant (hg. v. Bußmann) ▪ Eilhart von Oberg, Tristrant und Isalde (hg. v. Buschinger).

Lit.: Hucker 2003 ▪ Hucker 2010 ▪ Wolff/Schröder 1980.

# Wie Lancelot ins Reich kam

Die Gefangenschaft von König Richard I. Löwenherz im Heiligen Römischen Reich hatte viele Folgen: große und kleine, nahe und entfernte, bekannte und weniger bekannte. Zu den weniger bekannten gehört ein bemerkenswerter Kulturtransfer: Richards Gefangenschaft brachte die Geschichte des Artus-Ritters Lancelot ins Reich. Ulrich von Zatzikhoven verfasste um 1200 den *Lanzelet*, einen in mittelhochdeutscher Sprache verfassten Artusroman, der die Heldentaten und Abenteuer des Ritters Lanzelet erzählt und im deutschsprachigen Raum einigen Bekanntheitsgrad erreichte (vgl. Kat.Nr. 9). Ulrich vermerkt gegen Ende seines Werks, dass er die Kenntnis dieser Geschichte einem Huc von Morville verdanke, der für Richard als Geisel an den Hof Kaiser Heinrichs VI. kam und in dessen Besitz sich »daz welsche buoch« von Lanzelet befunden habe. Auf Bitten von Freunden habe Ulrich die Last auf sich genommen, »diese lange, fremdartige Geschichte auf Deutsch zu dichten« (Ulrich von Zatzikhoven, Lanzelet [hg. v. Kragl], Bd. 1, S. 523). Über die Identität Hucs von Morville hat die Forschung lange gerätselt. Die Überlegungen, dass es sich um Hugo, Bischof von Coutances, oder Hugo von Morville, Herr von Appleby und einer der Mörder des Erzbischofs von Canterbury, Thomas Becket, handelte, sind abwegig. Sehr wahrscheinlich war Huc von Morville ein gleichnamiger Verwandter des Becket-Mörders, nämlich der 1202 verstorbene anglonormannische Baron Hugo von Morville, Herr von Burgh by Sands nahe der schottischen Grenze. Als ihn die Aufforderung erreichte, für seinen Herrn und König Richard als Geisel an den fernen Hof Kaiser Heinrichs zu ziehen, packte er, der nun zu einem eigenen Abenteuer in die Fremde aufbrach, unter anderem seinen *Lanzelet* ein. Ob er dies tat, weil er fürchtete, am Hof Heinrichs nur tumbem teutonischem Stumpfsinn ausgesetzt zu sein, oder weil er hoffte, dort den entsprechenden kaiserlichen Rahmen für seine literarischen Vorlieben vorzufinden, wissen wir nicht. In jedem Fall aber verweist sein Handeln auf die ritterliche Kultur am angevinischen Hof. Artusromane wie der über Lancelot waren Erzählungen, die König Richard und seine Umgebung unterhielten und von denen sie sich inspirieren ließen. Mit Hugo kam nun der Lancelot an den kaiserlichen Hof. So brachte Richards Gefangenschaft nicht nur Unmengen englischen Silbers ins Heilige Römische Reich, sondern auch höfische Literatur mit den darüber vermittelten ritterlichen Idealen. Beides fand am Hof Heinrichs VI. großen Anklang.

JPe

Q.: Ulrich von Zatzikhoven, Lanzelet (hg. v. Kragl).

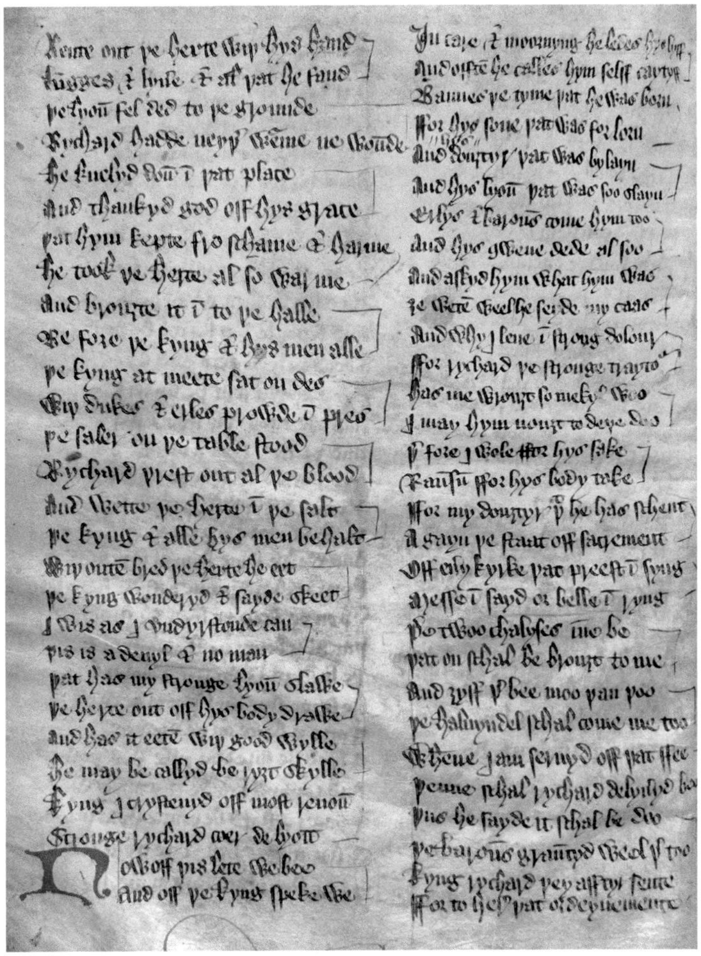

**10**

Richard Cœur de Lion – Mittelenglischer Versroman

erste Hälfte 15. Jahrhundert

Cambridge, Master and Fellows of Gonville and Caius College Library | Ms 175/96

Kaum mehr als ein Jahrhundert nach seinem Tod wurde Richard I. zum Protagonisten eines Romans. Von diesem mittelenglischen Versroman über Richard Löwenherz sind zehn Textzeugen bekannt: acht meist fragmentarische Handschriften – entstanden im 14. und 15. Jahrhundert – und zwei Drucke aus den Jahren 1509 und 1528. Unter den Handschriften nimmt die wohl in der ersten Hälfte des 15. Jahrhunderts von zwei oder mehr Schreibern verfasste Pergamenthandschrift MS 175/96 der Gonville and Caius College Libary in Cambridge eine herausragende Stellung ein: Sie ist – obwohl auch sie größere Lücken im Text aufweist – die vollständigste und mit den wenigsten Fehlern behaftete der erhaltenen Handschriften. Es handelt sich bei dem Text um ein überaus faszinierendes Produkt der romanhaften Über- und Umformung der historischen Figur Richards I. Er beginnt mit einer knappen Elternvorgeschichte und Brautwerbungserzählung, die Richard nicht etwa als Kind Heinrichs II. Plantagenêt und Eleonores von Aquitanien vorstellt, sondern ihm eine dämonische Mutter andichtet. Seinen Beinamen ›Löwenherz‹ erhält der Richard des Romans während seiner Gefangenschaft in Deutschland: Um ihn zu ermorden, lässt der deutsche König einen ausgehungerten Löwen zu Richard sperren. Der Krieger tötet das angreifende Tier mit bloßen Händen, indem er ihm durch den Schlund das Herz aus dem Leib reißt. Als er im Anschluss mit dem Löwenherz vor den König tritt und es roh verzehrt, gibt dieser ihm, zutiefst beeindruckt, den Beinamen ›Löwenherz‹. Überhaupt fällt der Richard des Romans auch durch seine Essgewohnheiten auf, denn im Verlauf der Kreuzzugserzählung, welche den größten Teil des Textes bildet, finden sich wiederholt Episoden, in denen Sarazenen durch den König nicht nur reihenweise erschlagen, sondern auch verspeist werden. PF

Q.: Versroman über Richard Löwenherz (hg. v. Brunner).
Lit.: Ambrisco 1999 ▪ Broughton 1966 ▪ Krohn 1996.

## 11 Joseph Ritson: Robin Hood: A Collection of all the Ancient Poems, Songs, and Ballads, Now Extant, Relative to that Celebrated English Outlaw. London: Egerton and Johnson, 1795

Erstausgabe, Band 1: cxviii, 167 Seiten, Band 2: 220 Seiten, illustriert mit Holzschnitten von Thomas Bewick

Ledereinband mit Goldprägung, Goldschnitt | Gebrauchsspuren, Exlibris Henry Somers | H. 19,5 cm, B. 12,5 cm, T. 3,0 cm (Bd. 1) bzw. 2,3 cm (Bd. 2)

Oldenburg, Bibliotheks- und Informationssystem der Carl von Ossietzky Universität Oldenburg | 253 R ang 370 rob PK 1093-1 u. 2

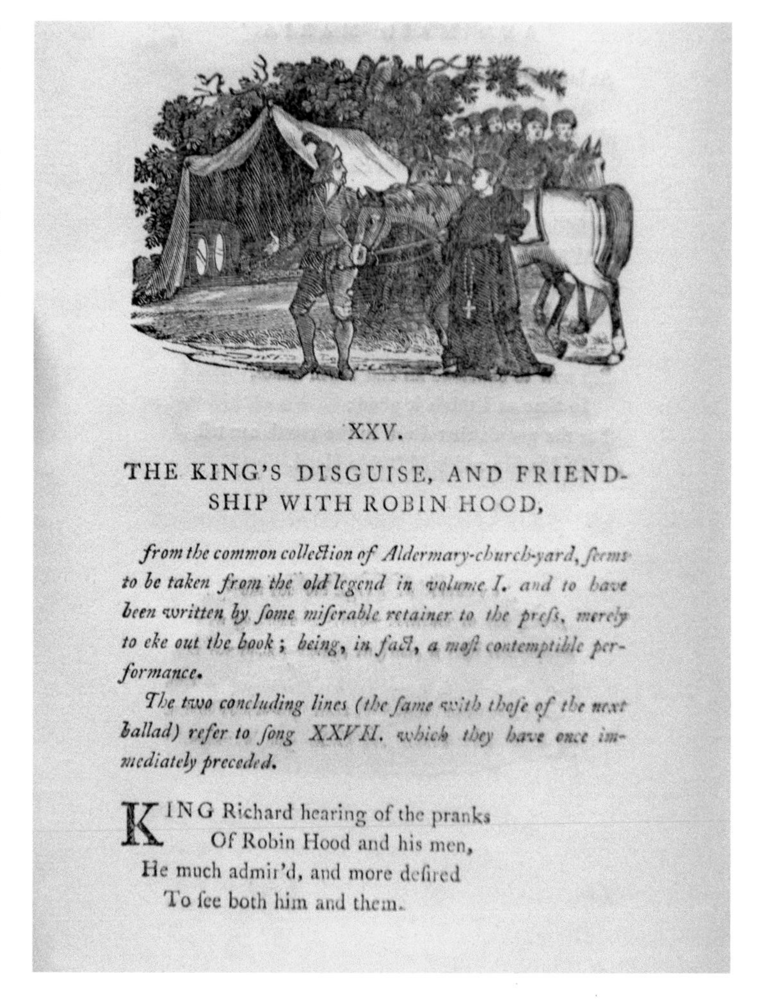

XXV.

THE KING'S DISGUISE, AND FRIENDSHIP WITH ROBIN HOOD,

*from the common collection of Aldermary-church-yard, ſeems to be taken from the old legend in volume I. and to have been written by ſome miſerable retainer to the preſs, merely to eke out the book; being, in fact, a moſt contemptible performance.*

*The two concluding lines (the ſame with thoſe of the next ballad) refer to ſong XXVII. which they have once immediately preceded.*

KING Richard hearing of the pranks
Of Robin Hood and his men,
He much admir'd, and more deſired
To ſee both him and them.

Robin Hood in allen möglichen Facetten – vom gefürchteten Geächteten zum Sozialrebellen, der von den Reichen nimmt und den Armen gibt: Es war Joseph Ritson (1752–1803), der alle bis dahin bekannten Robin Hood-Balladen ausfindig machte und 1795 in den hier vorliegenden Bänden veröffentlichte.

Joseph Ritson, geboren 1752 in Stockton-on-Tees, war im Hauptberuf Jurist. Der Philologe aus Leidenschaft machte sich einen Namen als unnachgiebiger Kritiker der Shakespeare-editionen seiner Zeit. Außerdem hatte er Anteil am »ballad revival« im Großbritannien des 18. Jahrhunderts: Sammler wie Ritson ließen im Mittelalter entstandene Lieder und Balladen in Anthologien wieder aufleben und trafen damit den Geschmack ihrer Zeit.

Im Jahr 1795 veröffentlichte Ritson seine Sammlung über Robin Hood, die *Collection of all the Ancient Poems, Songs, and Ballads*. Über viele Jahre hatte er dafür recherchiert und Material gesammelt. In seinem Vorwort beschreibt Ritson sein Motiv, diese Schriften zusammenzutragen: Der Outlaw des 12. oder 13. Jahrhunderts war zu dieser Zeit populär, »[f]amiliar in our mouth as household words«.

Ritson versuchte, alle historischen und poetischen Zeugnisse Robin Hoods in einem Werk zu vereinen. So ist der Sammlung der Balladen und Lieder ein Abriss des Lebens Robin Hoods vorangestellt, zusammengefügt aus zahlreichen Quellen, die Ritson im zweiten Kapitel *Notes and Illustrations* auch benennt. Sein *The Life of Robin Hood* fußt auf einer Handschrift der Sloane Library aus dem 15. Jahrhundert, die heute in der British Library (London) verwahrt wird. Auch wenn Ritson glaubte, dass Robin Hood eine historische Figur war, konnte er keine aus wissenschaftlicher Sicht hieb- und stichfeste Biografie verfassen. Dennoch war seine Lebensbeschreibung des Outlaws maßgeblich und ist es bis heute.

Im ersten Band der vorliegenden Anthologie veröffentlichte Ritson fünf Balladen über Robin Hood, im zweiten Band folgen 28 Werke – eine grundlegende Arbeit, zumal später nur wenige weitere Balladen entdeckt und veröffentlicht wurden. Es ist Ritson zu verdanken, die Legende von Robin Hood einem breiten Publikum zugänglich gemacht zu haben.

Für seine Darstellung Robin Hoods als Sozialrebell und Volksheld wurde Ritson von einigen Zeitgenossen scharf kritisiert. Andere waren von seiner verdienstvollen Arbeit beeindruckt und erkannten seine Expertise an, so auch Walter Scott, dessen 1819 erschienener Roman *Ivanhoe* auf Ritsons Anthologie fußt.

Diese Balladensammlung war Ritsons letzte Herausgebertätigkeit. Schon bei der Veröffentlichung im Jahr 1795 litt er an einer Nervenkrankheit und starb 1803. KB

Lit.: Burd 1916 ▪ Kat. Oldenburg 1995 ▪ Petzold (o. J.) ▪ Sorensen 2009.

**12**

## Walter Scott: Ivanhoe: A Romance. By the author of »Waverley.« Edinburgh: Constable, 1820

Erstausgabe, Band 1: xxxiii, 298 Seiten, Band 2: 327 Seiten, Band 3: 371 Seiten

Halbledereinband, goldgeprägter Rücken | Gebrauchsspuren | H. 18,0 cm, B. 11,4 cm, T. 2,8 cm (Bd. 1 und 3), 2,5 cm (Bd. 2)

Oldenburg, Bibliotheks- und Informationssystem der Carl von Ossietzky Universität Oldenburg | 253 R ang 565.3 PK 0689-1, -2 u. -3

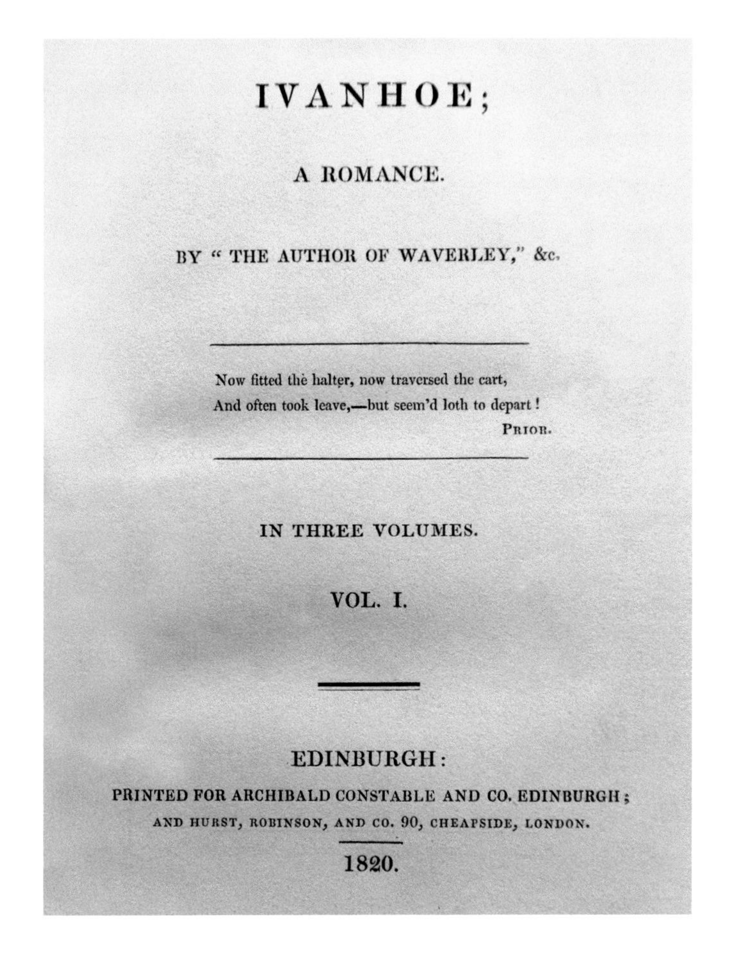

IVANHOE;

A ROMANCE.

BY " THE AUTHOR OF WAVERLEY," &c.

Now fitted the halter, now traversed the cart,
And often took leave,—but seem'd loth to depart!
PRIOR.

IN THREE VOLUMES.

VOL. I.

EDINBURGH:
PRINTED FOR ARCHIBALD CONSTABLE AND CO. EDINBURGH;
AND HURST, ROBINSON, AND CO. 90, CHEAPSIDE, LONDON.
1820.

Der schottische Gelehrte Sir Walter Scott (1771–1832) kannte und schätzte den Balladensammler Joseph Ritson, der 1795 eine grundlegende Anthologie der bis dahin bekannten Lieder und Balladen über Robin Hood veröffentlicht hatte (vgl. Kat.Nr. 11). Als 1819 sein Roman *Ivanhoe* erschien, hatte Scott sich bereits einen Namen als Übersetzer unter anderem von Goethes Werken gemacht. Seinen Durchbruch hatte er bereits 1814 mit dem Roman *Waverley*, in dem der gleichnamige Held im Aufstand der Jakobiten an der Seite von Charles Edward Stuart kämpft. *Waverley* begründete das Genre des historischen Romans.

Ritson interpretierte Robin Hood als Helden, der sich für das einfache Volk einsetzte. Scott zeichnete ein anderes Bild: Als »Locksley« kämpft Robin Hood auf angelsächsischer Seite gegen die normannischen Besatzer und ihren König Richard Löwenherz. Hatte Scott zuvor immer mit Bezug zu Schottland geschrieben, bewegte er sich nun erstmals auf englischem Terrain.

Ein Jahr vor Erscheinen von *Ivanhoe* hatte Scott sich an den Verleger Archibald Constable gebunden, der die Werke des bekannten Autors als alleiniger Verleger veröffentlichen wollte. Bis zum Ende des Jahres 1819 sollten Scotts gesammelte Gedichte in zwölf Bänden sowie seine Romane in 20 Bänden bei Constable erscheinen, *Ivanhoe* als neuer Roman in drei Bänden.

Es war ein ehrgeiziges Vorhaben, mit dem der Verleger Constable Scotts eigene Druckerei Ballantyne beauftragte. Der Geschäftsführer James Ballantyne, ein Schulfreund Scotts, sagte den Druck aller Bände zwar zu, bei der Einhaltung des Zeitplans gab es jedoch erhebliche Probleme. Scotts Leiden an Gallensteinen verzögerte die Arbeit weiter, da es sich im Laufe des Jahres 1819 so verschlimmerte, dass man ihn zeitweise bereits auf dem Totenbett glaubte.

*Ivanhoe* wurde im 19. Jahrhundert in zwölf Sprachen übersetzt, es existieren rund 30 Theaterfassungen. Neben Joseph Ritson war es somit Walter Scott, der den Grundstein legte für die spätere Adaption des Robin Hood-Themas in Literatur, Oper und Film. KB

Lit.: Humphrey (o. J.) ▪ Millgate 1994 ▪ Kat. Oldenburg 1995.

Kapitel II

# Europa im 12. Jahrhundert

» Sag Herrn Richard,
er sei ein Löwe und dass
König Philipp mir wie ein
Lamm vorkommt, da er sich
so berauben lässt. «

BERTRAND VON BORN, *POEMS*

# Europa um 1200

## Eine Einführung

Bernd Schneidmüller

König Richard I. Löwenherz gehört zu den bekanntesten Herrschern des Mittelalters. Sein Image erwuchs aus großen Geschichten: aus dem Zwist mit seinem Vater Heinrich II. von England, aus der Konkurrenz mit König Philipp II. Augustus von Frankreich, vor allem aber aus den militärischen Erfolgen im Heiligen Land, aus der tragischen Gefangenschaft des heimkehrenden Kreuzfahrers, aus der ungeheuren Lösegeldsumme zum Freikauf des Königs und aus dem beherzten Wiederanfang nach der Heimkehr ins eigene Reich (Abb. 1).

Gerühmt wurden neben dem Streben nach Ehre vor allem Richards Heldenmut, Zweikampfstärke, Tugendhaftigkeit, Freigebigkeit und Glück. Mittelalterliche Autoren verglichen ihn mit Heroen wie Hector, Achill, Nestor, Alexander dem Großen oder Roland. In die Totenklage floss die Überzeugung ein, Richard habe Kaiser Karl den Großen und König Artus noch übertroffen: »Seit vielen hundert Jahren hat man keinen seiner Art auf Erden angetroffen und auch nichts von einem solchen Mann erfahren.« Richard beeindruckte: »Er zwang die Welt [...] sich halb in Liebe, halb in Furcht vor ihm zu beugen.« (Berg 2007, S. 280 f.; Gaucelm Faidit, Les poèmes [hg. v. Mouzat], S. 415 ff., Nr. 50).

Solche Lobpreisungen stehen in einem Spannungsverhältnis zum nüchternen historischen Urteil über Richards Wirkungen auf die Geschichte seines Reichs und seiner Welt. Die Umstände seines Todes wollten nicht zum glorreichen Kreuzfahrer passen, der die Muslime im Heiligen Land durch Massenhinrichtungen in Furcht und Schrecken versetzt hatte. Bei der Belagerung der kleinen Burg Châlus-Chabrol (Dép. Haute-Vienne) im Limousin wurde König Richard von einem Armbrustbolzen getroffen (Abb. 2 u. 3). Zwölf Tage später, am 6. April 1199, starb er einen harten Tod.

1 Krönungsszene Richards I. aus den *Flores Historiarum* des Matthew Paris, Mitte 13.–Anfang 14. Jahrhundert ▪ Manchester, Chetham's Library, ms. 6712 (A.6.89), fol. 141r (Detail). Foto: © Chetham's Library, Manchester, UK / Bridgeman Images.

Trotzdem verkörperte Richard Löwenherz wie kaum ein anderer Monarch seiner Zeit den Typus des charismatischen Herrschers. Charisma löst nach Max Weber das Individuum durch ungewöhnliche Erfolge aus Regeln, Rollen und Erwartungen der Zeit heraus. Vergleicht man Richard mit anderen Herrschern im Jahr 1199, so erliegt man leicht seiner Strahlkraft. Sie wurde noch durch den Niedergang monarchischer Größe unter seinem Bruder und Nachfolger ›Johann Ohneland‹ gesteigert.

In der Fürsorge für Familie und Dynastie handelte Richard nicht im Normbereich. Anders als sein Vater oder Bruder zeugte er keinen Thronerben und sorgte nicht einmal für die angemessene Witwenausstattung seiner Gemahlin Berengaria. Das Königreich England stürzte beim Tod des 41-jährigen Herrschers 1199 nur deshalb nicht in eine Nachfolgekrise, weil mit Johann der fünfte und letzte Sohn Heinrichs II. als Thronerbe bereitstand.

Die mythisch aufgeladene Herrschaft Richards und das Funktionieren der dynastischen Thronfolge in England lassen nach den Ordnungsprinzipien von Monarchie und nach ihrem Ort im gesellschaftlichen wie kulturellen Wandel um 1200 fragen. Dieser einleitende Beitrag skizziert die Herausforderungen der Universalität, die Pluralität der Monarchien und den Zusammenhang von Gemeinschaften und Ausstiegen.

### Herausforderungen der Universalität

Als charismatischer König überragte Richard 1199 die anderen Herrscher Europas und der Mittelmeerwelt. Das lateinische Kaisertum des Westens war seit dem Tod des staufischen Kaisers Heinrich VI. vakant. Das östliche Kaiserreich von Konstantinopel schlitterte in eine politische Katastrophe. 1199 kämpften mehrere Anwärter um den Thron. 1204 leiteten die Venezianer ein christliches Kreuzfahrerheer auf dem Weg ins Heilige Land an den Bosporus um (Abb. 4). Nach der Eroberung und Plünderung Konstantinopels errichteten die Lateiner dort ein eigenes Kaisertum,

2 Moderne Aufnahme der Ruinen der Burg Châlus-Chabrol ▪ © Martin Beddall / Alamy Stock Foto.

3 Standbild aus dem Film Robin Hood (2010, mit Russell Crowe in der Hauptrolle), das eine Rekonstruktion der Burg Châlus zeigt ▪ © Mit freundlicher Genehmigung von Universal Studios Licensing LLC.

das bis zum Untergang 1261 stets auf Hilfe aus dem Westen angewiesen blieb. Der erste Kaiser, Balduin I., zuvor Graf von Flandern und Hennegau, kam schon im Jahr nach seiner Erhebung im Kampf gegen die Bulgaren zu Tode. In Kleinasien behauptete sich der griechisch-byzantinische Widerstand, der sich in den beiden Kaiserreichen von Nicäa und Trapezunt formierte.

Kaisertum meinte eine gesteigerte Monarchie über den Königen, wurde in der Idee universal und einmalig gedacht, entfaltete sich aber seit der römischen Kaiserkrönung Karls des Großen 800 doppelt im Osten wie im Westen des einstigen römischen Weltreichs. Der *Basileus* in Konstantinopel verstand sich bis zum Untergang des Byzantinischen Reichs 1453 stets als einziger legitimer Kaiser in der Nachfolge der römischen Imperatoren seit Augustus. Im lateinischen Westen erlangten zuerst die fränkischen, dann die ostfränkisch-deutschen Könige die imperiale Würde, begründet in der Krönung in Rom durch die Päpste. Auch die westlichen Kaiser stellten sich in die Tradition seit Augustus und stilisierten seit dem 12. Jahrhundert ihr Imperium zum ›Heiligen Römischen Reich‹ (*sacrum Romanum imperium*). Neben der ›Heiligen Römischen Kirche‹ (*sancta Romana ecclesia*) wuchs dem Reich heilsgeschichtliche Bedeutung zu.

Weil das westliche Kaisertum nicht als Erbe weitergegeben, sondern in einem liturgischen Erhebungsakt mit den Päpsten jeweils neu ausgehandelt wurde, waren lange Zäsuren nicht selten. Nach dem Tod Heinrichs VI. 1197 erlangte der Welfe Otto IV. erst 1209 als nächster die Kaiserkrone. Zuvor hatte er zwischenzeitlich den deutschen Thronstreit für sich entschieden, nachdem sein staufischer Rivale König Philipp 1208 ermordet worden war. Doch bald unterlag Otto IV. dem aus Sizilien ins Reich kommenden Staufer Friedrich II. Mit dessen Kaiserkrönung 1220 schien jener imperiale Glanz zurückzukehren, den einst Friedrich I. Barbarossa verbreitet hatte.

Solche Turbulenzen in den Imperien zeigen, dass christliche Universalität 1199 nicht durch Kaiser garantiert wurde. Vielmehr strahlte die Weiterentwicklung des Primats der römischen Päpste hervor. Seit dem 11. Jahrhundert hatten sie ihre Amts- und Lehrautorität innerhalb der lateinischen Christenheit offensiv durchgesetzt und Vorrang vor Kaisern und Königen eingefordert. Als Nachfolger des Apostelfürsten Petrus vermittelten die Päpste den Menschen das himmlische Heil. Jesus Christus hatte im Neuen Testament den Apostel Petrus zum Fels bestimmt. Auf ihn wurde die Kirche gebaut; er besaß die Gewalt, auf Erden und im Himmel zu binden und zu lösen. 1198 fiel die Nachfolge im Petrusamt an Papst Innozenz III., einen der jüngsten, dynamischsten und erfolgreichsten Päpste der Geschichte (Abb. 5). Systematisch führte er ältere Traditionsfäden zusammen und beanspruchte die päpstliche Vollgewalt (*plenitudo potestatis*) in allen Lebensbereichen.

Innozenz III. forderte bei der römisch-deutschen Königswahl sogar ein Prüfungsrecht ein, anders als für die erblichen Thronfolgen in England oder Frankreich. Alle Christen, so betonte er 1204 in einer Dekretale mit dem Anfangswort *Novit*, seien dem päpstlichen Gericht unterworfen: »Denn da wir uns nicht auf menschliche Anordnung, vielmehr auf göttliches Gesetz stützen, weil unsere Gewalt nicht von einem Menschen, sondern von Gott ist, leugnet niemand, der bei gesundem Verstand ist, dass es unserem Amt zusteht, jedweden Christen für jede beliebige Todsünde zur Rechenschaft zu ziehen und, sofern er Besse-

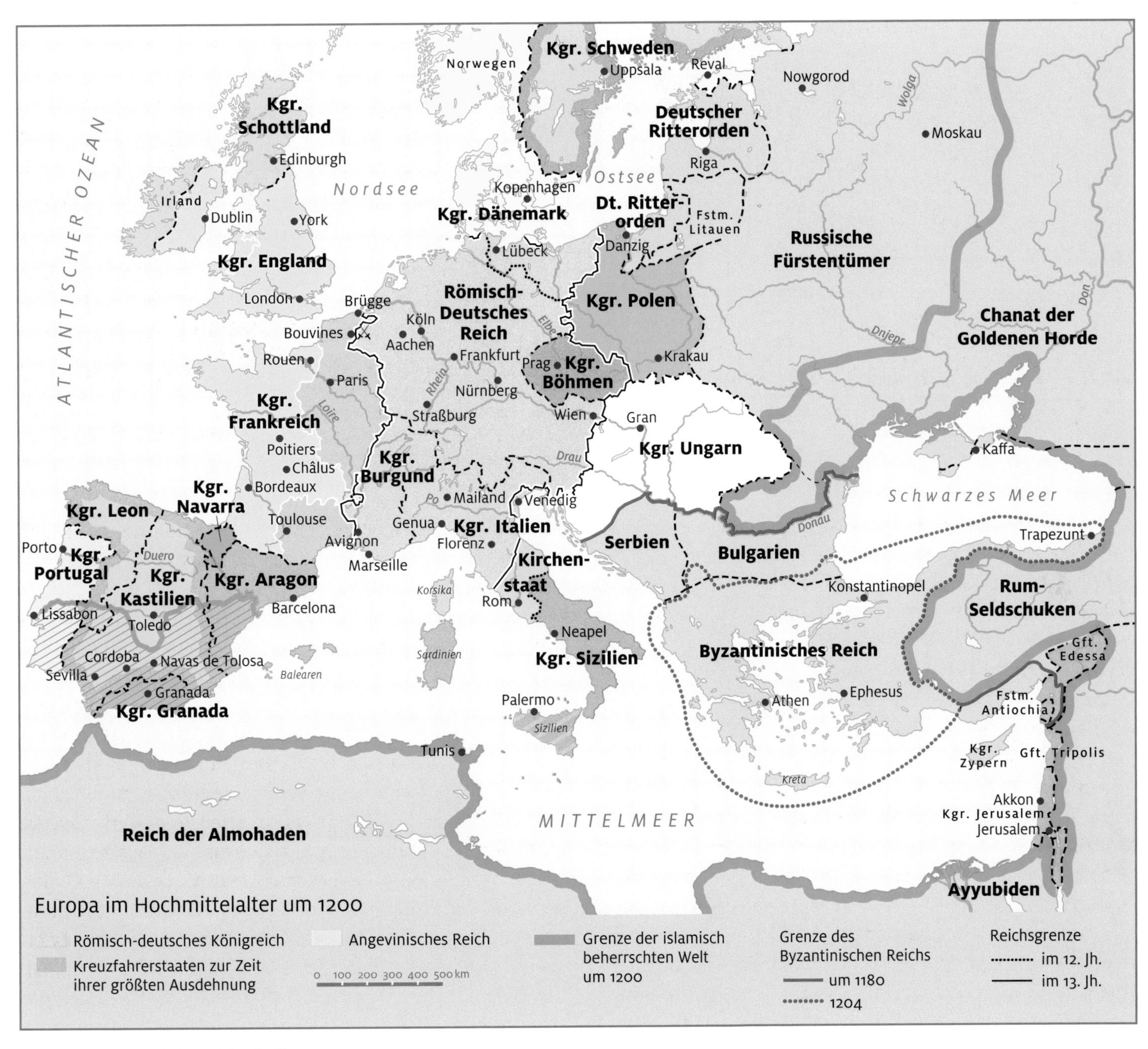


4 Europa um 1200 ▪ © Peter Palm, Berlin.

rung verweigert, ihn mit Kirchenstrafe zu zwingen.« (Schneidmüller 2011, S. 62 f.; Miethke/Bühler 1988, S. 99).

Auf diese Leitungsgewalt nach göttlichem Gesetz gründete Papst Innozenz III. sein Vorrecht, in sämtliche Bereiche einzugreifen, seine Gegner mit dem Kirchenbann zu belegen oder als Lehnsherr weltliche Hoheit auszuüben. Im 12. Jahrhundert benannte die *Summa Parisiensis*, eine französische Rechtssammlung, den Papst als den wahren Kaiser.

### Pluralität der Monarchien

Europa war im Mittelalter ein Kontinent der Monarchien. Diese Regierungsform erschien im 13. Jahrhundert alternativlos. Als das zuvor autonome Island 1262/64 an den norwegischen König fiel, begründete der päpstliche Kardinallegat Wilhelm von Sabina als Stellvertreter des Papstes das so: »Er nannte es ungehörig, dass das Land nicht unter einem König diente wie

5 Papst Innozenz III., Mosaik aus dem 13. Jahrhundert ▪ © Museo di Roma, Rome, Italy / Bridgeman Images.

6 Der Papst entsendet Legaten. Ein Legat vor Philipp II. Augustus, *Les Grandes Chroniques de France*, Frankreich, zwischen 1332 und 1350 ▪ London, The British Library, Royal MS 16 G VI, fol. 364v (Detail).

alle anderen in der Welt.« (Hákonar saga Hákonarsonar [hg. v. Jakobsson/Hauksson/Ulset], S. 136).

Die christlichen Imperien übten keine Herrschaft über die eigenständigen Königreiche aus. Vielmehr regten imperiale Denkfiguren eher die Selbstbesinnung auf Gleichrangigkeit und Unabhängigkeit der Monarchien an (Abb. 6). Vorformen späterer Souveränitätsideen sind seit der Zeit um 1200 auszumachen. Vor allem in Frankreich und England sorgten kirchliches Recht und Lehnrecht für die Systematisierung von Eigenständigkeit. Bald überflügelten die westeuropäischen Monarchien das Heilige Römische Reich an politischem Einfluss, an ökonomischer Bedeutung wie an kulturell-intellektuellem Glanz.

1202 hatte Papst Innozenz III. in einer Dekretale mit den Anfangsworten *Per Venerabilem* bestätigt, dass der französische König in weltlichen Dingen keinen Höheren über sich anerkenne. Juristen an den Rechtsschulen von Bologna oder Orléans bauten diese Lehre aus. Jean de Blanot formulierte 1256 den Satz: »Der König von Frankreich ist in seinem Königreich der Oberste (*princeps*), denn er erkennt in weltlichen Dingen keinen Höheren über sich an.« (Schneidmüller 2011, S. 57; Boulet-Sautel 1976, S. 57–68).

Gewiss stach Richards charismatische Herrschaft 1199 aus der Normalität der vielen Monarchien heraus. Wer – außer den Spezialisten – kennt heute in Deutschland schon Knut VI. von Dänemark (1182–1202), Inge Magnusson von Norwegen (1196–1202), Sverker II. von Schweden (1196–1208), Wilhelm I. von Schottland (1165–1214), Mieszko III. von Polen (1198–1202), Emmerich von Ungarn (1196–1204), Stefan Nemanjic von Serbien (1196–1227), Peter II. von Aragón (1196–1213), Alfons IX. von León (1188–1230), Alfons VIII. von Kastilien (1158–1214) oder den ayyubidischen Sultan al-Mansur Muhammad I. (1198–1200)? Auch die glücklosen römischen Könige Philipp und Otto IV.

7 Philipp II. Augustus gewährt im Jahr 1200 den Lehrenden und Studenten der Universität von Paris das erste königliche Privileg. *Registre des procureurs de la Nation de France de l'Université de Paris*, 14. Jahrhundert ▪ Paris, Bibliothèque nationale de France, NAL 2060, fol. 55r (Detail).

gingen vor allem als Gegner im deutschen Thronstreit in die Erinnerung ein.

Berühmtheit erlangten nur König Philipp II. Augustus von Frankreich und der Staufer Friedrich II. als König von Sizilien. Der verwaiste Friedrich war 1199 gerade einmal vier Jahre alt und überlebte nur unter der Vormundschaft Papst Innozenz' III. wie unter dem Schutz staufischer Ministerialer. Erst nach seinem Siegeszug im römisch-deutschen Reich seit 1212, der mit dem Geld des französischen Königs erkauft worden war, verkörperte Friedrich den Typus des charismatischen Herrschers und wurde ›Staunen der Welt‹ genannt. Doch viele Jahre zuvor hatte eine englische Handschrift bereits Richard Löwenherz als ›Staunen der Welt‹ (*stupor mundi*) gerühmt (London, BL Add. MS 14252, fol. 87r, vgl. Beitrag Gillingham, S. 98 ff.).

Am nachhaltigsten, wenn auch nicht eben charismatisch wirkte Philipp II. Augustus in die Geschichte. Ihn hatte Richard Löwenherz als Kreuzfahrer im Heiligen Land noch in den Schatten stellen können. Doch Philipp war auch ein erfolgreicher Schlachtensieger, der Englands langen Untergang auf dem europäischen Festland einleitete. 1204 eroberte er die Normandie als das Kernland der angevinischen Monarchie und demütigte König Johann von England. Zehn Jahre später schlug er bei Bouvines das Heer Kaiser Ottos IV. und sorgte für den Niedergang des welfischen Kaisertums. Seine Zeitgenossen gaben dem Kapetinger dafür den schmückenden Beinamen *Augustus*, »Mehrer des Reichs«.

Doch Philipps Herrschaft gründete eher auf Recht und Verwaltung. In seiner Zeit wurde in Flandern ein Geschichtsmodell entwickelt, das die drei Herrschergeschlechter der Franken und Franzosen – Merowinger, Karolinger, Kapetinger – verwandtschaftlich miteinander verknüpfte. So entstand eine einheitliche Herrscherlinie seit den vermeintlichen Ursprüngen der Franken/Franzosen in Troja. Vom legendären König Priamus wurde sie bis zum jeweils regierenden französischen König erweitert. Philipp II. war ein Glied in dieser Kette, zäh auf Nachhaltigkeit bedacht. Er etablierte Paris als Hauptstadt, abgekoppelt von der Anwesenheit des Königs, und förderte dort die aufblühende Universität als Institution mit europäischer Strahlkraft (Abb. 7).

Bis 1793 schien es undenkbar, dass ein König von Frankreich ermordet werden könnte. Das war in anderen Königreichen anders. Im römisch-deutschen Reich kam es 1208 und 1308, in England 1327 und 1400 zu Königsmorden. Das Herrschaftsmodell Philipps II. zielte nicht auf charismatische Einzigartigkeit, sondern auf institutionelle Dauer. Man kann sich kaum vorstellen, dass er bei der Belagerung einer kleinen Burg an vorderster Front von einem Armbrustbolzen getroffen worden wäre. Er starb, anders als Richard Löwenherz, nach einem feierlichen

8 Darstellung des Bankenwesens in einem Manuskript aus dem 15. Jahrhundert ▪ © Seminario Patriarcale, Venice, Italy / Bridgeman Images.

Königsumritt durch die Normandie 1223 in Mantes als Vater eines Sohnes, dessen männliche Nachkommenlinien bis heute nicht erloschen sind.

## Gemeinschaften und Ausstiege

Neben der Monarchie an der Spitze etablierten sich im 12./13. Jahrhundert auf allen sozialen, religiösen und kulturellen Ebenen Gemeinschaften und Korporationen. Nördlich der Alpen setzte sich die kommunale Bewegung durch, die sich in Italien und Südfrankreich schon seit dem 11. Jahrhundert ausgeformt hatte. In Schwureinigungen erstritten die Bürger von ihren Stadtherren Handlungsspielräume und Freiheiten und ließen sich diese durch Privilegien sichern. So trat das Bürgertum als zukunftsweisende soziale Gruppe in die etablierte Ständeordnung von Klerikern, Kriegern und Bauern ein. Durch Fernhandel und Handwerk kamen in den Städten gewaltige Vermögen zusammen. Die Geldwirtschaft durchdrang alle Lebensbereiche. Diese Monetarisierung Europas förderte eine marktorientierte Überschussproduktion. Immer deutlicher verflochten sich große Handelssysteme vom Mittelmeerraum zu den Ländern im Norden und Osten Europas (Abb. 8).

Die Kreuzzüge schienen seit 1096 zum Erfolgsmodell einer grenzenlosen Mission der lateinischen Christenheit zu werden. Umso heftiger erschütterte die Eroberung Jerusalems durch Sultan Saladin 1187 das westliche Selbstvertrauen. Der Untergang der Kreuzfahrerreiche im östlichen Mittelmeerraum bis 1291 ließ Sinnfragen aufkommen. Bei der Eroberung Akkons hatte Richard Löwenherz 1191 die muslimische Besatzung hinrichten lassen. Genau 100 Jahre später vollstreckte der siegreiche Sultan dort das gleiche Strafgericht an christlichen Gefangenen.

Die Mittelmeerwelt gehörte nicht mehr allein den Königen, auch wenn Kaiser Friedrich II. oder König Ludwig IX. von Frankreich noch auf Kreuzzug gingen. Im 13. Jahrhundert brachten mächtige Seehandelsstädte wie Venedig oder Genua den Handel zunehmend unter ihre Kontrolle (vgl. Beitrag Clemens, S. 202 f.). Überall in der lateinischen Welt etablierten sich Korporationen, nicht nur bei Kaufleuten, Handwerkern, Bürgern oder Studenten, sondern auch bei der politischen Willensbildung der Großen. Vom 11. bis zum 13. Jahrhundert wurden die Prinzipien der Papstwahl durch die Kardinäle systematisiert. Im Heiligen Römischen Reich verengte sich die offene Gruppe fürstlicher Königswähler seit 1200 auf einen genauer gefassten Kreis von »Hauptwählern«, aus denen sich später die sieben Kurfürsten

9 »Der hl. Franziskus pflegt Aussätzige«, Ausschnitt aus einer Altartafel mit Szenen aus dem Leben des hl. Franziskus, 13. Jahrhundert ▪ Florenz, S. Croce (Bardi-Kapelle). © akg-images, Foto: Stefan Diller.

entwickelten. In anderen Monarchien formierten sich adlige Eliten oder Beraterkreise der Herrscher.

Urbanisierung und Monetarisierung ließen an der Wende vom 12. zum 13. Jahrhundert neue Herausforderungen erkennen. Der immense kommunale Reichtum und das Aufkommen eines professionellen Söldnerwesens machten die oberitalienischen Städte zu kaum noch zu überwindenden Gegnern der staufischen Kaiser. Politische Handlungsmacht und sublime Hofkultur gründeten auf effektiver Ressourcennutzung. So erlaubte das englische Fiskalsystem 1193 die Aufbringung der bis dahin unerhörten Lösegeldsumme von 100.000 Mark Silber (umgerechnet etwa 23.380 kg Silber) für König Richard (vgl. Beitrag Witowski, S. 282 f.).

Mit dem Aufbau gewaltiger Vermögen ging um 1200 die religiöse Suche nach alternativen Lebensentwürfen einher. Im radikalen Bekenntnis zur Armut der biblischen Apostel wollten Asketen nackt dem nackten Christus folgen. Die Grenzen zwischen denjenigen Bewegungen, die in die Papstkirche integriert wurden, und den als Ketzerei stigmatisierten Überschreitungen schienen offen. Während Albigenser oder Waldenser in Südfrankreich und Oberitalien rigoros bekämpft wurden, fügten sich die vom hl. Franziskus oder vom hl. Dominikus begründeten Bettelorden zukunftsweisend in die Geschichte der lateinischen Christenheit ein (Abb. 9). Damit öffneten sich die franziskanischen und dominikanischen Klöster dem Leben in Städten, der Predigt und der universitären Lehre.

Diese Orden bauten auf dem Gemeinschaftsprinzip in einer bislang unerreichten Rationalität auf. Das Vertrauen auf die Kraft kollektiver Willensbildung schlug sich in verschriftlichten Ordnungen nieder und schuf ein institutionalisiertes Kontrollsystem von Macht und Gehorsam. Über alle Regulierungen hinaus forderten die Bettelorden von den Mönchen und Nonnen die Verinnerlichung der Normen. Im neuen Menschenbild flossen die Kraft des individuellen Gewissens und die Akzeptanz der Gemeinschaft ineinander.

Auf den ersten Blick erscheinen die Machtspiele der Könige und die Alternativen der Bettelmönche als kaum zu vereinigende Gegensätze. Tatsächlich hingen sie aber als typische Paradoxa des historischen Wandels eng zusammen. Richard Löwenherz und der hl. Franziskus repräsentierten völlig verschiedene Typen von Charisma. Auf unterschiedliche Weise wirken sie bis in unsere Gegenwart.

Q.: Gaucelm Faidit, Les poèmes (hg. v. Mouzat) ▪ Hákonar saga Hákonarsonar (hg. v. Jakobsson/Hauksson/Ulset).

Lit.: Berg 2007 ▪ Boulet-Sautel 1976 ▪ Miethke/Bühler 1988 ▪ Schneidmüller 2011.

# Heinrich I. und seine Tochter Mathilde

Christoph Mauntel

1 Heinrich I. in *Genealogical Chronicle of the English Kings*, England, letztes Viertel 13. Jahrhundert ▪ London, The British Library, Royal MS 14 B V, Membrane 5 (Detail).

2 Die Tochter Heinrichs I., Mathilde, in *Genealogical Chronicle of the English Kings*, England, letztes Viertel 13. Jahrhundert ▪ London, The British Library, Royal MS 14 B V, Membrane 5 (Detail).

Als vierter Sohn Wilhelms des Eroberers war Heinrich nicht zur Nachfolge auf den Thron bestimmt (Abb. 1). Der Umstand, dass wir sein genaues Geburtsdatum (um 1068) nicht kennen und dass er – anders als seine Brüder Robert, Richard und Wilhelm Rufus – keinen traditionellen normannischen Namen bekam, deutet an, wie wenig relevant er als nachgeborener Sohn für das Familienerbe schien. Womöglich war für ihn eine geistliche Karriere vorgesehen, weswegen er eine fundiertere Ausbildung als seine Brüder bekam; 1086 jedoch wurde er zum Ritter geschlagen, was wiederum auf eine weltliche Laufbahn hindeutet. Als Wilhelm der Eroberer 1087 starb, erbte sein ältester Sohn Robert das Stammland der Familie, das Herzogtum Normandie, der nächstältere Bruder Wilhelm Rufus – Richard war um 1075 bei einem Jagdunfall gestorben – folgte seinem Vater als Wilhelm II. auf den englischen Königsthron, Heinrich dagegen wurde mit Geld abgefunden.

Seine Chance sah Heinrich 1100 gekommen, als sein Bruder, König Wilhelm II., starb (erneut handelte es sich um einen Jagdunfall). Robert war noch auf dem Rückweg vom Ersten Kreuzzug und so handelte Heinrich schnell: Drei Tage nach dem Tod Wilhelms ließ er sich zum König krönen (Abb. 3). Klerus und Adel zog er durch einen verschriftlichten Krönungseid auf seine Seite, der die Grundlinien seiner künftigen Regentschaft festlegen sollte. Er versprach z. B., die Freiheiten der Kirche zu achten und keine unangemessenen Abgaben zu verlangen. Diese Urkunde sollte der späteren *Magna Carta* (Kat.Nr. 179) von 1215 als Vorlage dienen.

Als zwar reicher, aber beinahe landloser Königssohn hatte Heinrich bisher nicht geheiratet, was er rasch und nun auf königlicher Ebene nachholte. Im November 1100 nahm er Edith, die Tochter des Königs von Schottland zur Frau, die sich fortan Mathilde nannte (Abb. 2). Auch seinen älteren Bruder Robert, der selbst Ansprüche auf die Krone erhob, verwies Heinrich schnell in die Schranken: Er schlug dessen Opposition nieder, kerkerte ihn ein und übernahm schließlich selbst die Regierung der Normandie – die damit wieder in den Besitz der englischen Könige kam.

Heinrich I. konnte nun aus einer Position der Stärke heraus auftreten, was die Beilegung eines bereits länger schwelenden Konflikts erleichterte: Es ging um die Frage, wie Bischöfe und Äbte ins Amt kommen sollten, durch königliche Ernennung oder kanonische Wahl. Während dieser sogenannte Investiturstreit im römisch-deutschen Reich zu großen Verwerfungen zwischen Papst und Kaiser führte, einigten sich Heinrich und Anselm, Erzbischof von Canterbury, 1106 recht schnell: Der König verzichtete offiziell darauf, Bischöfe zu erheben, Anselm dagegen gestattete es den Bischöfen, dem König formal zu huldigen. Der Freiheit der Kirche war damit Genüge getan, auch wenn die Bischofswahlen weiterhin in der königlichen Kapelle stattfanden, was den Einfluss des Königs sicherte.

Danach wandte Heinrich sich Wales zu. Hier griff er die Politik Wilhelms II. auf und führte 1114 und 1121 Expeditionen an, bei denen er gegen mächtige anglonormannische Lords ebenso vorging wie gegen walisische Fürsten. Gleichzeitig bemühte Heinrich sich, den Widerstand gegen seine Herrschaft in der Normandie zu bekämpfen – seine Stellung hier war keinesfalls unangefochten, da sein Bruder Robert als legitimer Herzog noch immer im Kerker saß (und dort erst 1134 starb). Heinrich versuchte zudem, seinen Sohn Wilhelm Aetheling als seinen Nachfolger aufzubauen, sowohl in der Normandie (wozu die Zustimmung des französischen Königs notwendig war) als auch in England. Heinrich konnte sich hier letztlich durchsetzen, doch das Schicksal schlug an anderer Stelle zu: Während er um seine Durchsetzung in der Normandie kämpfte, starb 1118 seine Frau Mathilde. Doch damit nicht genug: Auf dem Rückweg von den zähen Verhandlungen in Frankreich sank am 25. November 1120 das *White Ship*, auf dem neben 300 Baronen, Adligen und Bediensteten auch Heinrichs Sohn und Erbe Wilhelm den Ärmelkanal überqueren wollte; einzig ein Metzger überlebte die Havarie. »Kein Schiff brachte je solches Unglück über England«, schrieb dazu der Chronist Wilhelm von Malmesbury (Wilhelm von Malmesbury, Gesta regum Anglorum [hg. v. Mynors/Thomson/Winterbottom], Bd. 1, S. 760).

Der Tod seines einzigen legitimen Sohnes stellte Heinrich vor das Problem, seine Nachfolge neu regeln zu müssen. Seine 1121 geschlossene Ehe mit Adelheid von Löwen blieb jedoch kinderlos. Vier Jahre später aber ergab sich eine andere Lösung: Seine Tochter Mathilde kam verwitwet an den englischen Hof zurück, nachdem ihr Mann, der deutsche Kaiser Heinrich V., gestorben war. Mathilde war erst Mitte zwanzig, so dass eine erneute Ehe noch Kinder erhoffen ließ. Also verpflichtete Heinrich die Barone, Mathilde als seine Erbin anzuerkennen, die sich fortan *imperatrix* (Kaiserin) nannte. 1128 heiratete Mathilde Gottfried Plantagenêt, Erbsohn des Grafen von Anjou. Durch diese Verbindung versuchte Heinrich, die vormaligen Gegner seiner normannischen Herrschaft an sich zu binden. Mathilde beugte sich dem Willen ihres Vaters, die Ehe war jedoch eine bloße Zweckgemeinschaft. Auch einige normannische Fürsten hatten Vorbehalte gegen das Bündnis mit den Angevinen, aber letztlich erkannten auch sie Mathilde als Erbin an. Im November 1135 erkrankte Heinrich, wohl an einer Lebensmittelvergiftung, der er am 1. Dezember erlag.

Mit Heinrichs Tod begann ein Bürgerkrieg, der erst 1153/54 enden sollte. Die Vorbehalte vieler Adliger gegen das Bündnis mit den Anjou brachen wieder auf, ganz zu schweigen von Bedenken gegen eine weibliche Herrscherin. Viele Adlige scharten sich um Graf Stephan von Blois, einen Neffen Heinrichs I. und Enkel Wilhelms des Eroberers, der Ansprüche auf die Krone erhob. Auf der anderen Seite waren Mathilde und Gottfried nicht gewillt, ihre Rechte ruhen zu lassen. In England herrschte das, was Historiker später ›die Anarchie‹ nennen sollten: Ohne durchsetzungsfähige Obrigkeit galt das Recht des Stärkeren.

Zunächst konnte sich Stephan durchsetzen, er geriet jedoch militärisch in Bedrängnis, als Mathilde eine Invasion Englands startete und sich in Gloucester niederließ. 1141 konnte sie Stephan festsetzen und wurde kurzfristig als Herrscherin (*domina Anglorum*) anerkannt. Schon 1147 musste sie aber nach Frankreich zurückkehren, 1151 starb ihr Mann Gottfried. Mathilde aber kämpfte weiter um ihre Ansprüche, bzw. überließ dies ihrem 1133 geborenen Sohn Heinrich Plantagenêt.

Als sich Heinrich und Stephan schließlich 1153 auf einem Schlachtfeld nahe Wallingford gegenüberstanden, drängten die anwesenden Adligen, des Bürgerkriegs müde, auf Verhandlungen. Als Ergebnis erkannte Stephan Heinrich unter Zustimmung der Barone als seinen Erben an (sein eigener ältester Sohn war kurz zuvor gestorben), womit der Bürgerkrieg ein Ende fand. Heinrich kehrte in die Normandie zurück. Als Stephan bereits wenige Monate später, im Oktober 1154, starb, wurde Heinrich II. am 19. Dezember in Westminster zum König gekrönt. Seine Mutter Mathilde wurde Heinrichs Beraterin und vielfache Vermittlerin bei politischen Konflikten. Sie starb am 10. September 1167 in Rouen.

3 Die Krönung Heinrichs I. in Wace' *Roman de Brut*, England, zweites Viertel 14. Jahrhundert ▪ London, The British Library, Egerton MS 3028, fol. 60r.

Q.: Wilhelm von Malmesbury, Gesta regum Anglorum (hg. v. Mynors/Thomson/Winterbottom).

Lit.: Green 2006 ▪ Hollister 2001.

ABETVR.
IOHES.

# Staufisches Reich und staufisches Kaisertum im 12. Jahrhundert

Stefan Weinfurter

Das staufische Reich im 12. Jahrhundert gilt als glanzvolle Zeit der mittelalterlichen Geschichte. Die äußeren Bedingungen waren günstig, das Klima dürfte in etwa, was Wärme und Niederschlag betrifft, dem heutigen entsprochen haben. Beides waren gute Voraussetzungen für ertragreiche Ernten, so dass eine sprunghaft wachsende Bevölkerung ernährt werden konnte. Die meisten der Städte, die es heute gibt, sind in diesem Jahrhundert gegründet worden oder konnten sich ganz erheblich entwickeln. Die prosperierende Wirtschaft erlaubte viele und prächtige Baumaßnahmen, darunter eine Fülle von Burgen und neuen Residenzen, aber auch Kirchen und Klöstern. In den 1140er Jahren gab es zwar einige Rückschläge, so den verheerenden Misserfolg des Zweiten Kreuzzugs und eine kurzzeitige Klimaverschlechterung, aber sie wurden in der zweiten Hälfte des 12. Jahrhunderts durch umso größere Dynamik in allen Bereichen der Gesellschaft rasch überwunden.

Die Staufer übernahmen die Königswürde im Jahr 1138. Eigentlich hatten sie schon 1125 Anspruch auf dieses Amt erhoben. Es war ihre enge Verwandtschaft mit den salischen Kaisern, die hier die entscheidende Rolle spielte. Heinrich V., der letzte Salier, verstarb 1125 ohne Nachkommen. Doch die Söhne seiner Schwester Agnes waren mächtige Grafen im Reich. Der eine, Friedrich II., war Herzog von Schwaben, der andere, Konrad, beherrschte weite Gebiete Frankens. Sie konnten 1125 in vielen Bereichen das Erbe der Salier antreten. Aber erst 1138 erlangte Konrad durch den Überraschungsakt eines kleinen, aber mächtigen Wählerkreises unter der Leitung des Trierer Erzbischofs Albero die Königskrone. Ihm folgte 1152 sein Neffe Friedrich I. Barbarossa (Abb. 1) nach und 1190 übernahm dessen Sohn Heinrich VI. die Königsherrschaft.

1 Der »Cappenberger Barbarossakopf«, Westdeutschland, um 1160 ▪ Cappenberg, Katholisches Pfarramt St. Johannes Evangelist zu Selm-Cappenberg. Foto: Stephan Kube, Greven.

Der Herrschaftsraum der Staufer umfasste große Teile des damaligen westlichen Europa. Dazu gehörten die Reiche nördlich und südlich der Alpen und das Königreich Burgund. Unter Heinrich VI. kam noch das Königreich Sizilien hinzu. Mit anderen Worten: Das staufische Reich erstreckte sich in den 1190er Jahren von Sizilien bis zur Grenze Dänemarks, von Wien bis nach Lyon und Arles in der Provence und von Toul und Metz bis nach Prag (Abb. 2).

Als Schwerpunkt der staufischen Herrschaft stellte der Chronist Otto von Freising um die Mitte des 12. Jahrhunderts das Gebiet des Oberrheins heraus. Diese Region, so führte er aus, sei überaus reich an Getreide und Wein und biete eine Fülle von jagdbarem Wild und Fischen. Dort könnten daher die Herrscher am besten versorgt werden. In diesem Raum liege *maxima vis regni* (die größte Kraft des Reichs) (Otto von Freising, Gesta Friderici [MGH SS rer. Germ. 46], S. 28). Mit anderen Worten: es war die herausragende Kraftregion des Reiches. Hier befanden sich besonders prächtige Kaiserpfalzen wie Ingelheim, Gelnhausen, Wimpfen, Kaiserslautern und Hagenau. Hier lagen bedeutende Bischofsstädte wie Straßburg, Mainz, Speyer und Worms mit ihren berühmten Kathedralen. Worms war die Stadt, in der Friedrich Barbarossa immer wieder die hohen Kirchenfeste Weihnachten und Pfingsten feierte, die Stadt zahlreicher Hoftage und die Stadt, in der Richard I. Löwenherz von Mai bis Juli 1193 gefangen gehalten wurde.

Diesen Raum an Rhein und Neckar suchte Friedrich I. Barbarossa zu einer staufischen Machtbasis umzugestalten, indem er seinen Halbbruder Konrad 1156 zum Pfalzgrafen bei Rhein einsetzte. Diesem gelang es, in der zweiten Hälfte des 12. Jahrhunderts aus dem Erbe der salischen Hausgüter, aus Reichsbesitzungen und Reichsrechten sowie aus Vogteien der Bischofskirche von Worms und des Reichsklosters Lorsch ein starkes Fürstentum aufzubauen. Heidelberg entwickelte sich bis zum Tod Konrads von Staufen 1195 zum neuen Mittelpunkt, zu einem Zentrum staufischer Macht.

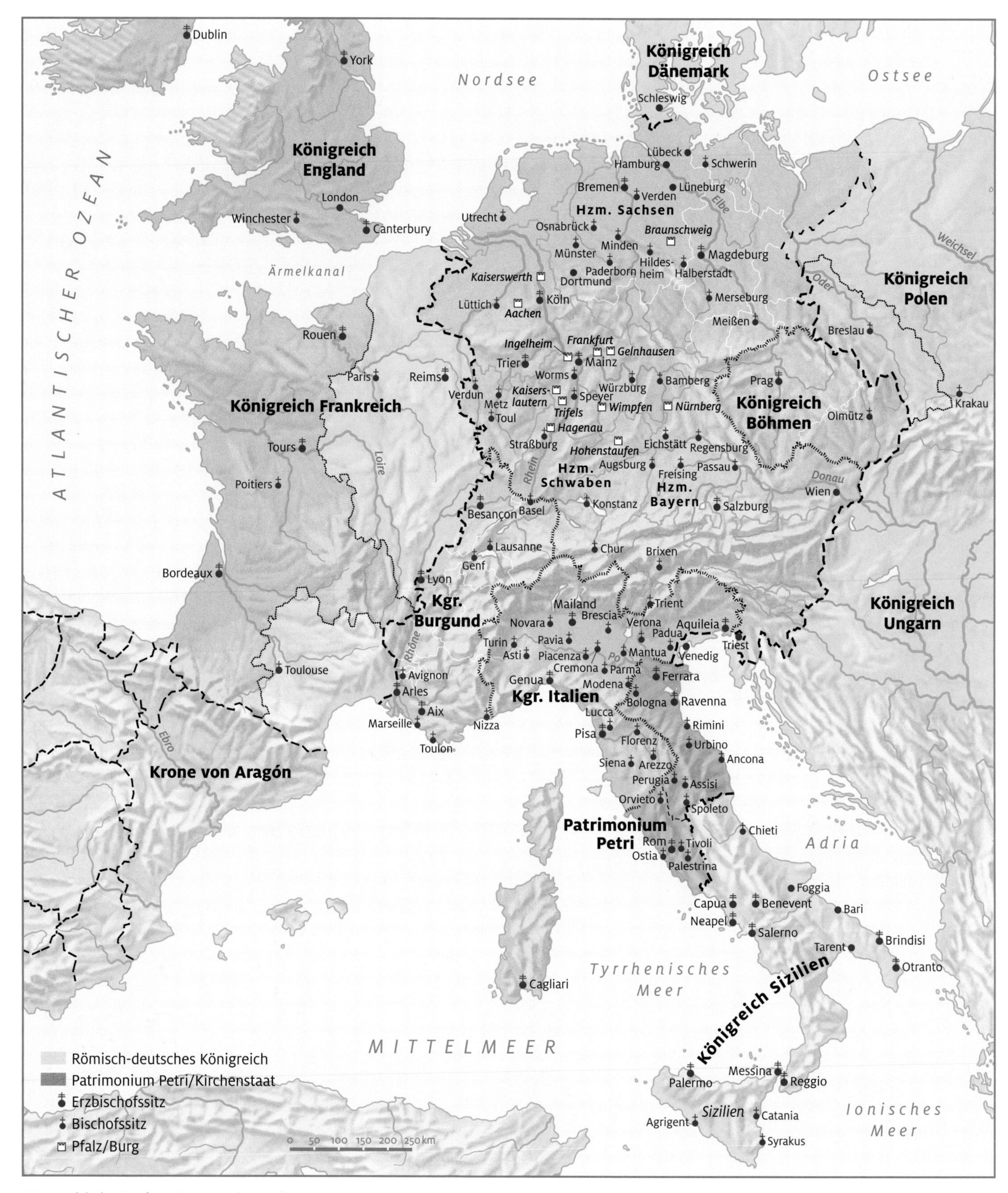


2 Das Reich der Staufer ▪ © Peter Palm, Berlin.

Mit dem mächtigsten Fürsten des Reichs, dem Welfen Heinrich dem Löwen, suchte Friedrich I. Barbarossa von Beginn seiner Herrschaft an ein gutes Einvernehmen. Der »Löwe« verlangte das Herzogtum Bayern, das der erste Stauferkönig, Konrad III., 1139 dem Welfen Heinrich dem Stolzen entzogen und an das Haus der Babenberger übertragen hatte. Zu Unrecht, wie Heinrich der Löwe, der Sohn des »Stolzen«, klagte und wie eine Fürstenversammlung in Goslar 1154 schließlich bestätigte. 1156 gelang der Ausgleich. Der Babenberger Heinrich Jasomirgott, bis dahin Herzog von Bayern, erhielt die Bayerische Ostmark, die zu einem neuen Herzogtum Österreich aufgewertet wurde. Zugleich wurden ihm durch eine berühmte Urkunde (*Privilegium minus*) ganz besondere Rechte eingeräumt, die ihn geradezu zu einem unumschränkten Herrscher und obersten Gerichtsherrn in diesem Gebiet machten – Zeichen einer neuen Art von Fürstenherrschaft. Heinrich dem Löwen aber wurde sein Wille erfüllt. Er, der bereits Herzog von Sachsen war, bekam das – etwas verkleinerte – Herzogtum Bayern zurück und herrschte nunmehr über zwei Herzogtümer.

Diese Vorgänge zeigen, dass es Friedrich I. Barbarossa sehr darum ging, einerseits die wichtigsten Ressourcen im Reich unter staufische Oberaufsicht zu bringen und andererseits die mächtigsten Fürsten soweit zufriedenzustellen, dass sie sich als treue Gefolgsmänner seiner Politik anschlossen (Abb. 3). Barbarossas Kaiseridee war auf den Konsens der Fürsten angewiesen. Er benötigte ihre Unterstützung, um dem westeuropäisch-lateinischen Kaisertum wieder die universale Autorität zu verleihen, die es durch die Kirchenreform verloren hatte. Die kirchenreformerischen Prozesse hatten dazu geführt, dass inzwischen der Papst die höchste Stellung in der Welt für sich beanspruchte. Er verstand sich als Stellvertreter Christi (*vicarius Christi*) und sah im Kaiser einen Beauftragten der Kirche. Diesem päpstlichen Modell arbeitete Barbarossa entgegen und strebte die »Gleichrangigkeit der beiden Schwerter« an. Das bedeutete, dass die weltliche Gewalt – das »weltliche Schwert« – nicht von der geistlichen Gewalt übertragen wird, sondern eigenständig, unabhängig und gleichwertig ist. Dieses Programm legte er sogleich bei seinem Amtsbeginn 1152 Papst Eugen III. vor. Um diese Gleichrangigkeit auch im Titel zum Ausdruck zu bringen, wurde wenige Jahre später, 1157, in der kaiserlichen Kanzlei die Formel vom »heiligen Reich« (*sacrum imperium*) eingeführt. Das Reich wurde »heilig« genannt, genauso wie die Kirche heilig war (*sancta ecclesia*). Die Bezeichnung »heiliges Reich« sollte nicht etwa zum Ausdruck bringen, dass die staufische Herrschaft sich nun ganz mit der kirchlichen Heiligkeit umgeben hätte, sondern bedeutete einen Gegenbegriff zur »heiligen Kirche«.

3 Goldbulle Friedrichs I. Barbarossa, Avers, 1154 ▪ Wolfenbüttel, Niedersächsisches Landesarchiv, 1 Urk, Nr. 1 (Detail).

Auch die 1165 erfolgte Heiligsprechung Karls des Großen gehört in diesen Zusammenhang. Die Könige von England und Frankreich, die auf dem Weg waren, vom Kaiser unabhängige Monarchien zu errichten, begegneten der staufischen Kaisertums-Offensive freilich mit großem Unwillen. Wachsende Rivalitäten waren die Folge.

Das große Ziel des Staufers, das Kaisertum wieder zur europäischen Leitfigur zu machen, konnte freilich nur unter Aufbietung gewaltiger Kräfte angegangen werden. Ein Instrument, dessen sich Barbarossa bediente, war der Umbau der Rechtsstruktur in seinem Reich, erstmals verkündet auf dem Reichstag von Roncaglia 1158. Um die höchste Stellung des Kaisers abzusichern, setzte er das römische Kaiserrecht ein. Dafür bediente er sich der Rechtsgelehrten von Bologna, die ihm zuarbeiteten. Daneben ließ er das Lehnrecht ausformen. Mit dem Modell einer Lehnspyramide sollte das Reich auf den Kaiser als obersten Lehnsherrn ausgerichtet werden. Unter ihm bildete sich als nächste Stufe die Gruppe der geistlichen und weltlichen Reichsfürsten aus, die unmittelbar vom Kaiser

4 Tod des Kaisers Friedrich I. Barbarossa im Fluss Saleph, *Sächsische Weltchronik*, norddeutscher Raum, letztes Drittel 13. Jahrhundert ▪ Bremen, Staats- und Universitätsbibliothek, msa 0033, fol. 91ra (Detail).

mit ihren Fürstentümern belehnt wurden. Sie wiederum hatten ihre Lehnsleute. Das gesamte politische System wurde auf diese Weise erstmals lehnrechtlich geordnet. Bereits 1180/81 war der Rechtsstand der Reichsfürsten so fest gefügt, dass sie – gegen den Willen des Kaisers – den Sturz des übermächtigen Herzogs von Sachsen und Bayern, Heinrichs des Löwen, durchsetzen konnten.

Das Kaisertum verlangte traditionsgemäß auch die Herrschaft über das Königreich Italien. Damit war vor allem die Lombardei mit ihren reichen Städten gemeint. Auch dieser Raum wird von Otto von Freising als Zentrallandschaft staufischer Herrschaft beschrieben. Dieses Gebiet, so lesen wir in seinem Werk *Gesta Friderici*, »erstreckt sich als ein wahrhafter Garten der Wonnen vom Tyrrhenischen bis zum Adriatischen Meer. [...] Wegen des fruchtbaren Bodens und des milden Klimas trägt es Getreide, Wein und Öl, und zwar in solchen Mengen, dass es geradezu Wälder von fruchttragenden Bäumen, vor allem Kastanien, Feigen- und Ölbäumen, hervorbringt.« (Otto von Freising, Gesta Friderici [MGH SS rer. Germ. 46], S. 114). Die Lombarden würden sich durch die Eleganz der lateinischen Sprache und ihre verfeinerte Lebensart auszeichnen. Auch in der Verwaltung der Städte und in der Bewahrung der Staatsform sei ihr Vorbild die Klugheit der alten Römer. Vor allem aber liebten sie die Freiheit so sehr (*libertatem tantopere affectant*), dass sie sich jedem Übergriff der Gewalt entzögen und sich lieber von Konsuln als von Herrschern regieren ließen.

In dieser Schilderung werden die außerordentlich reichen ökonomischen Grundlagen dieser Region sowie die Ordnungsprinzipien einer kraftvollen urbanen Gesellschaft zum Ausdruck gebracht. Wollte Friedrich I. Barbarossa die neue Gültigkeit imperialer Autorität durchsetzen, musste er sich als Herr und Herrscher dieser Region erweisen. Das war nicht nur eine Frage der Theorie, sondern betraf vor allem die materiellen Grundlagen des Kaisertums. Freilich waren die lombardischen Kommunen keineswegs gewillt, ihre »Freiheit« aufzugeben und sich kaiserlichen Statthaltern unterzuordnen. Die Folge war ein entsetzlicher Krieg, den Barbarossa nur mit der Hilfe der Reichsfürsten führen konnte. Dieser Krieg zog sich über zwei Jahrzehnte hin und wurde mit großer Grausamkeit ausgetragen. Im Zentrum des Widerstands stand Mailand. Diese Stadt wurde 1162 vollständig niedergeworfen. In einer bis dahin beispiellosen Demütigungsaktion mussten sich die Mailänder Konsuln mit blanken Schwertern im Nacken und mit ausgestrecktem Körper vor dem Kaiser zu Boden werfen, ihm die Füße küssen und die Fahnen und Schlüssel der Stadt aushändigen. Die Stadt selbst wurde dem Erdboden gleichgemacht.

Doch dieser Triumph des Kaisers führte keineswegs zur Anerkennung des Staufers, sondern vielmehr zu erbitterter

Gegenwehr. Die Konflikte Barbarossas mit dem Papst verknüpften sich mit dem lombardischen Kriegsgeschehen, die Gegner des Kaisers verbündeten sich und brachten am Ende den Kaiser selbst zu Fall. Am 29. Mai 1176 besiegte der Lombardische Städtebund, der sich mittlerweile mit päpstlicher Unterstützung gebildet hatte, Barbarossas Heer bei Legnano vernichtend. Die Folge war 1177 der *Friede von Venedig*, bei dem sich der Kaiser in einem mehrwöchigen Demütigungsakt dem Papst Alexander III. unterwerfen und ihm den Gehorsamseid leisten musste. Dies geschah vor den Augen zahlreicher Gesandter der europäischen Königreiche. Die kaiserliche Autorität des Staufers erhielt dadurch – nach der Erniedrigung durch die Kirchenreform – den zweiten und wohl entscheidenden Rückschlag.

So ist auch zu erklären, dass Barbarossa sich sogleich mit großem Engagement für den Dritten Kreuzzug einsetzte, nachdem Sultan Ṣalāḥ ad-Dīn ibn Ayyūb, genannt Saladin, 1187 Jerusalem eingenommen hatte. Es schien eine einmalige Gelegenheit zu sein, das Kaisertum wieder zur führenden Autorität in der Christenheit zu erheben. Die Könige von Frankreich und England würden auf diese Weise in einem großen christlich-europäischen Kreuzzugsunternehmen auf die Ränge hinter dem Kaiser verwiesen. Nochmals sollte der Ruhm des Kaisertums erstrahlen. Aber der Tod Barbarossas am 10. Juni 1190 im Fluss Saleph (heute Göksu) im südlichen Anatolien machte alle diese Pläne zunichte (Abb. 4).

Bemerkenswert ist, dass das Stauferreich damit keineswegs auseinanderbrach. Mit Heinrich VI., Barbarossas Sohn, stand ein energischer und zielstrebiger Nachfolger bereit, der eine neue Kaiserpolitik entwarf. Von Beginn an verfolgte er das Ziel, das Königreich Sizilien, auf das er über seine normannische Gemahlin Konstanze Anspruch erhob, seiner Herrschaft anzugliedern. Mit Hilfe des gewaltigen Reichtums aus dem Normannenreich und mit der normannischen Rechtsfigur der Erbmonarchie suchte er ein staufisches Erbkaisertum zu errichten. Die Aktionsgemeinschaft mit den Reichsfürsten wäre für diese Konzeption nicht mehr entscheidend gewesen.

Am Anfang schien Heinrich VI. durchaus vom Glück begünstigt zu sein (Abb. 5). Die Gefangennahme von Richard Löwenherz und das daraus fließende Lösegeld spielten ihm die erforderlichen Geldmittel in die Hände, um mit einem starken Heer das normannische Reich in Unteritalien und Sizilien in seine Gewalt zu bringen. Somit war gegen Ende des 12. Jahrhunderts das Stauferreich auf dem Weg zu einer neuartigen Kaiserherrschaft, in der sich mediterrane und normannische Befehlsherrschaft mit den Wunschvorstellungen einer Wiederbegründung des römischen Kaisertums verbinden sollten. Der frühe Tod Heinrichs VI. im Jahr 1197 setzte diesen Bestrebungen jedoch ein rasches Ende. Als sein Sohn, Friedrich II., dieses Modell eines mediterran verankerten Kaisertums 25 Jahre später wieder aufgriff, hatte sich die Welt so sehr geändert, dass er nicht nur scheiterte, sondern in den dadurch ausgelösten Konflikten das staufische Kaisertum vollends unterging.

5 Heinrich VI. thronend zwischen sieben Tugenden und im Triumph über Tankred, der unter dem Rad der Fortuna liegt. Petrus de Ebulo, *Liber ad honorem Augusti sive de rebus Siculis*, Sizilien, Ende 12. Jahrhundert ▪ Bern, Burgerbibliothek, Cod. 120 II, fol. 146r.

Q.: Otto von Freising, Gesta Friderici (MGH SS rer. Germ. 46).

Lit.: Berwinkel 2007 ▪ Burkhardt et al. 2010 ▪ Dendorfer 2010 ▪ Eickhoff 1977 ▪ Fried 1974 ▪ Fuhrmann 1996 ▪ Görich 2011 ▪ Hiestand 1992 ▪ Jericke 2008 ▪ Keller 1986 ▪ Keupp 2002 ▪ Kölzer 1990 ▪ Kölzer 2002 ▪ Laudage 2009 ▪ Seibert/Dendorfer 2005 ▪ Weinfurter 1993 ▪ Weinfurter 2002a ▪ Weinfurter 2002b ▪ Weinfurter 2005 ▪ Weinfurter 2008 ▪ Weinfurter/Schneidmüller/Wieczorek 2010 ▪ Weinfurter 2011 ▪ Weinfurter 2013.

HENR. IVNIOR

# Das Angevinische Reich

Jürgen Sarnowsky

Der Begriff ›Angevinisches Reich‹ bezeichnet den Besitzkomplex, den König Heinrich II. von England 1154 bei seinem Regierungsantritt unter seiner Herrschaft vereinen konnte und der auch unter seinen Söhnen Richard I. und Johann Ohneland bis 1204 Bestand hatte. Heinrich war der Sohn der »Kaiserin« Mathilde – Tochter des letzten anglonormannischen Herrschers Heinrich I. und Witwe Kaiser Heinrichs V. – und des Grafen Gottfried von Anjou (Abb. 2). Gottfrieds Helmzier, eine Ginsterpflanze (*planta ginista*), wurde neben dem Kernland Anjou auch namensgebend für die gesamte Dynastie der Plantagenêt (Abb. 1). Mathilde konnte sich im Bürgerkrieg in England nicht gegen König Stephan von Blois durchsetzen. Erst Heinrich einigte sich im November 1153 mit Stephan auf die Beendigung des Bürgerkriegs und seine Einsetzung als Thronerben. Heinrichs Vater hatte schon zwischen 1141 und 1144 die Normandie als Erbe Mathildes erobert und mit seinen Erblanden, dem Anjou, Maine und Touraine, vereint.

Zum Erbe der Eltern kam der Besitz, den seine Ehefrau, Eleonore von Aquitanien, mit in die Ehe einbrachte: Aquitanien, das Poitou und die Auvergne. Eleonore war 1152 nach 14 Ehejahren von König Ludwig VII. von Frankreich geschieden worden, letztlich wegen des Ausbleibens eines männlichen Erben und zunehmender Entfremdung. Heinrichs Herrschaft reichte nunmehr von Schottland bis zu den Pyrenäen, doch blieb der väterliche Besitz um Tours das Zentrum. Es war vor allem die Person Heinrichs, die die verschiedenen Herrschaftsrechte zusammenhielt. Die Zeitgenossen berichten von der Rastlosigkeit, mit der Heinrichs Hof unterwegs war. Nach der Chronik des Ralph von Diceto soll der französische König gesagt haben: »Bald in Irland, bald in England, bald in der Normandie, scheint der König von England eher zu fliegen als das Pferd oder das Schiff zu besteigen« (Ralph von Diceto, Ymagines Historiarum [RerBrit 68,2] S. 351).

Die Stellung Heinrichs in seinen Herrschaftsgebieten war sehr unterschiedlich. In England hatten die normannischen Herrscher auf angelsächsischer Grundlage eine starke zentrale Verwaltung aufgebaut, die kontinuierlich Einkünfte für die Kriege in Frankreich erwirtschaftete. In ähnlicher Weise galt das für die Normandie. Dagegen waren die Grafen von Anjou, Maine und Touraine nur feudale Oberherren, und die landesherrliche Gewalt im Poitou und in Aquitanien war noch schwächer. Weder Heinrich selbst noch seine Söhne haben jemals den Versuch unternommen, einheitliche Strukturen zu schaffen. Entsprechend erscheinen sie auf den Siegeln immer mit den einzelnen Titeln, als *Rex Anglorum, Dux Normannorum et Aquitanorum et Comes Andegavorum* (König von England, Herzog der Normandie und Aquitaniens und Graf von Anjou, Abb. 3). Trotz der Bedeutung Englands fühlten sie sich als *Angevins* oder *Poitevins*.

Vor diesem Hintergrund kann kaum überraschen, dass erst die neuere Forschung (Gillingham 2001a, Le Patourel 1984) die von Heinrich II. dominierten Gebiete unter dem Begriff ›Angevinisches Reich‹ zusammengefasst hat. Der Begriff suggeriert eine Einheit, die es historisch so nicht gab, und aus nationalstaatlich geprägter Sicht war dieses Reich von vorneherein zum Scheitern verurteilt. Dem steht jedoch entgegen, dass sowohl Heinrich II. wie auch seine Söhne erheblichen Aufwand betrieben, um diese Besitzungen für ihre Erben zu bewahren.

Heinrichs Modell der Sicherung und Aufteilung des ererbten und eroberten Besitzes orientierte sich am nordfranzösischen Gewohnheitsrecht, an der *parage*. Grundlage war die Vorstellung eines harmonischen Zusammenwirkens der Familienmitglieder für das Gesamterbe (Abb. 4). So sollten möglichst alle Erben standesgemäß versorgt sein, sich aber dem Ältesten lehensrechtlich unterstellen. Das ließ sich jedoch für Heinrich und seine Söhne so nicht umsetzen. Seine Pläne für die Aufteilung des Besitzes führten zu wachsenden Spannungen. Die Zusammenarbeit der Brüder funktionierte nur gegeneinander oder gegen den Vater. Die lehensrechtliche Unterordnung scheiterte

1 Die Plantagenêts, Heinrich II., Richard I., Heinrich III., Johann Ohneland (im Uhrzeigersinn beginnend oben links), in der Mitte: Heinrich der Jüngere. Matthew Paris, der *Historia Anglorum* vorangestellt, England, 1250–1259 ▪ London, The British Library, Royal MS 14 C VII, fol. 9r.

2 Bildnis Gottfrieds Plantagenêt, ursprünglich aus der Kathedrale von Le Mans, Email, 12. Jahrhundert ▪ Le Mans, Carré Plantagenêt, Musée d'Archéologie et d'Histoire du Mans, 23-1. Foto: © Musées du Mans, Alain Szczuczynski.

3 Siegel Richards I. Löwenherz als Herzog der Normandie und Aquitaniens sowie Graf von Anjou (erstes Königssiegel, Revers) ▪ Abdruck angefertigt nach einem Original der Archives nationales, Paris (Douet d'Arcq 10007 bis). Foto: Carolin Breckle.

an der komplizierten Stellung der französischen Herrschaftsgebiete Heinrichs. Die Söhne wandten sich lieber an die französischen Könige, Ludwig VII. und seinen Sohn und Nachfolger Philipp II. Augustus, als sich ihren Brüdern zu unterstellen.

Am Beginn seiner Herrschaft musste Heinrich II. zunächst in England die Folgen des Bürgerkriegs beseitigen und eine geordnete Verwaltung herstellen. Dazu gehörte die Neubesetzung der wichtigsten Ämter, die des Justitiars, des Schatzmeisters und des Kanzlers. Auf dem Kontinent suchte Heinrich seinen Besitz durch dynastische Verbindungen abzusichern und zu erweitern. So nutzte er die geplante Vermählung seines ältesten überlebenden Sohnes Heinrich, genannt ›der Jüngere‹ mit der französischen Prinzessin Margarete schon 1160, um die Mitgift, die umstrittene Grenzlandschaft des Vexin, einzuziehen. Zur selben Zeit wurde Heinrichs dritter überlebender Sohn Gottfried mit Konstanze, der Erbin des Herzogtums Bretagne, verheiratet.

Heinrich der Jüngere sollte der unbestrittene Erbe Englands und Oberherr über die anderen Territorien werden. Der zweite überlebende Sohn, Richard, sollte das Erbe der Mutter, das Poitou und Aquitanien, übernehmen, Gottfried trat 1181 sein Erbe als Herzog der Bretagne an. Schon im Juni 1170 ließ Heinrich seinen ältesten Sohn zum Mitkönig krönen, 1172 folgte die Erhebung Richards zum Herzog von Aquitanien in Poitiers. Dennoch wuchsen die Spannungen innerhalb der Familie, auch gefördert von Eleonore, die ihre Söhne ermunterte, ihren Anteil an der Herrschaft einzufordern. Die Folge war die Rebellion von 1173/74. Heinrich der Jüngere verbündete sich mit Ludwig VII., seinem Schwiegervater. Heinrich II. konnte zwar die unkoordinierten

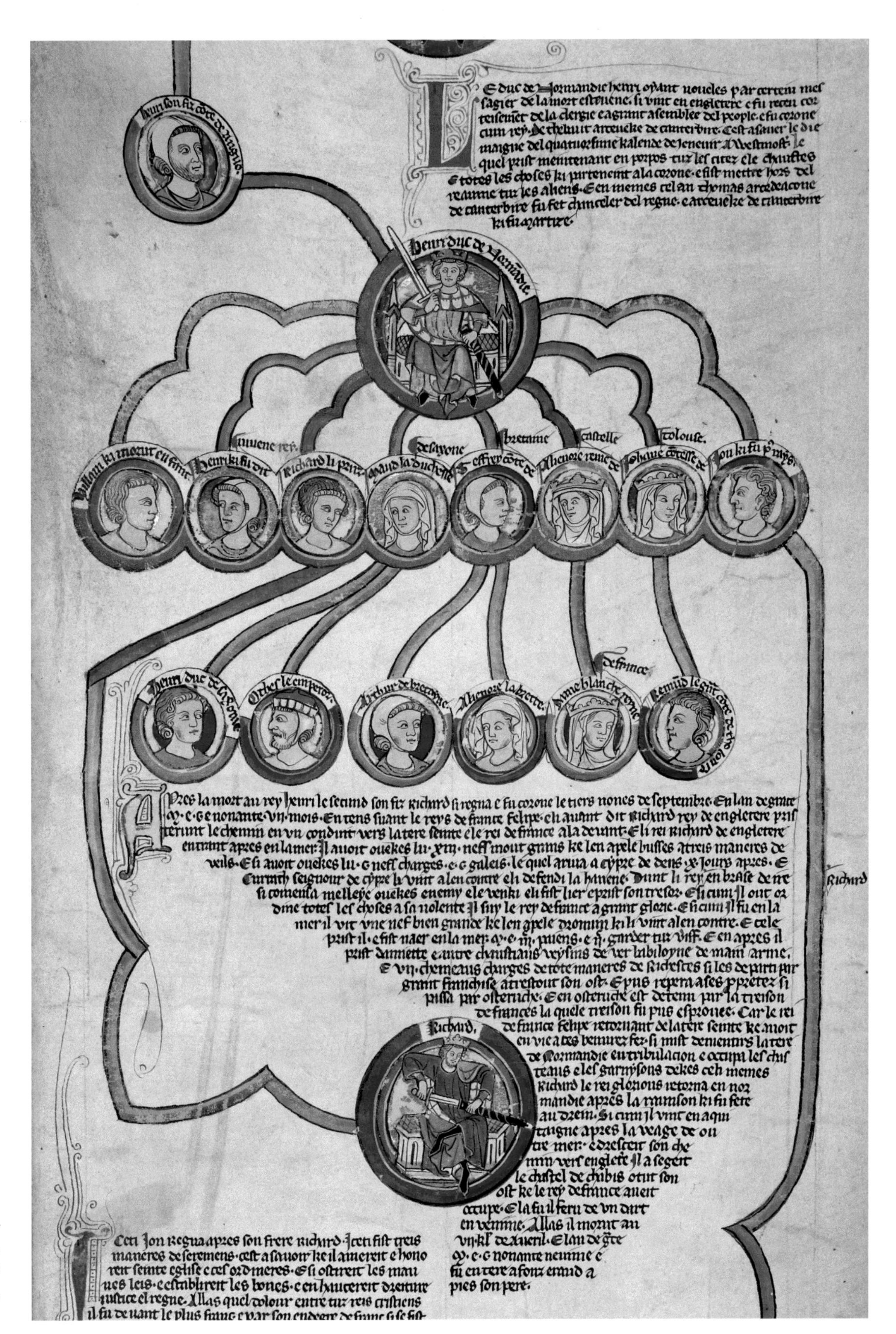

4 König Heinrich II. von England und seine Kinder (Wilhelm, Heinrich der Jüngere, Richard, Mathilde, Gottfried, Eleonore, Johanna, Johann) in der *Genealogical Roll of the Kings of England*, England, vor 1308 ▪ London, The British Library, Royal MS 14 B VI, Membrane 6 (Detail).

Angriffe abwehren, musste aber auch nach England übersetzen, um dort gegen die Rebellion vorzugehen. Im September 1174 wurde in Montlouis bei Tours ein Ausgleich geschlossen, der den Söhnen eigene Einkommen und Ländereien, aber weiterhin keinen Einfluss auf die Politik sicherte.

Der König versuchte nach der Rebellion, eine stärkere Kontrolle über sein Herrschaftsgebiet zu erreichen. So berief er Seneschalle für seine kontinentalen Besitzungen, die ähnliche Aufgaben wie die Justitiare in England wahrnahmen. Heinrich gelang es 1177, auch mit Ludwig VII. ein gutes Verhältnis herzustellen, so dass die Söhne keine Unterstützung mehr von außen fanden. Dies änderte sich zunächst auch unter Ludwigs Sohn, Philipp II. Augustus, nicht. Allerdings führte Richards zunehmend starke Stellung in Aquitanien dazu, dass sich nun Gottfried und Heinrich der Jüngere gegen ihn verbündeten.

Letzterer starb bald darauf, so dass die Erbfolge neu geregelt werden musste. Heinrich II. wollte den 1167 geborenen Johann mit Aquitanien versorgen, doch war Richard nicht bereit, darauf zu verzichten. Er erzwang vielmehr 1185 eine Verteilung, die Johann weiter »ohne Land« ließ. Daran änderte sich auch durch den Tod Gottfrieds während eines Turniers 1186 wenig, vielmehr reklamierte Philipp II. die Bretagne nunmehr für Gottfrieds posthum geborenen Sohn Arthur. Nach dem Verlust Jerusalems 1187 nahmen Heinrich und Richard wie Philipp II. das Kreuz, doch wollte Richard nur aufbrechen, wenn ihn sein Vater eindeutig zum Erben erklärte. Heinrich favorisierte zu diesem Zeitpunkt jedoch eher Johann. Daher verbündete sich Richard im November 1188 mit dem französischen König und auch Heinrichs Lieblingssohn Johann schloss sich bald an. Diesmal konnte sich der alte König nicht mehr durchsetzen. Er starb nur wenige Tage nach einem Ausgleich mit seinen Söhnen im Juli 1189 in Chinon (Dép. Indre-et-Loire).

Richard konzentrierte sich nach dem Tod seines Vaters zunächst auf den Dritten Kreuzzug. Zur Krönung im September 1189 kam er für vier Monate nach England, nach seiner Freilassung aus deutscher Gefangenschaft 1194 betrat er noch einmal für zwei Monate englischen Boden. Die wiederholten Steuererhebungen machten den König im Lande wenig populär. Da Richard fürchtete, sein Bruder könnte versuchen, die Herrschaft an sich zu reißen, schickte er Johann ins Exil. Dennoch konnte der von Richard entsandte Walter von Coutances, Erzbischof von Rouen, im Frühjahr 1191 nur knapp einen offenen Aufstand unter Johanns Führung verhindern. Walter konnte sich danach als neuer Justitiar nur mühsam gegen Johann behaupten, der seinerseits versuchte, sich als Richards Stellvertreter zu etablieren.

Als sich Richard unterwegs auf dem Kreuzzug entschloss, Prinzessin Berengaria von Navarra zu heiraten, stieß er Philipp II. vor den Kopf, dessen Schwester Alice er eigentlich hätte ehelichen sollen. Obwohl es zu einer formalen Einigung kam, begründete dies eine die folgenden Ereignisse prägende Feindschaft (Abb. 5). Eine indirekte Folge war auch die Gefangennahme Richards durch Herzog Leopold V. von Österreich bzw. Kaiser Heinrich VI. seit Dezember 1192. Während über Lösegeldzahlungen verhandelt wurde, leistete Johann Philipp einen Lehenseid und sagte zu, Alice zu heiraten. Der französische König eroberte das als Mitgift versprochene Vexin und griff die Normandie an. Nur das Eingreifen Eleonores von Aquitanien und des neuen Justitiars Hubert Walter verhinderte eine Destabilisierung.

Nach seiner Freilassung konnte sich Richard schnell gegen Philipp II. durchsetzen, doch hielten ihn die Kämpfe um den angevinischen Besitz bis zu seinem Tod in Frankreich fest (Abb. 6). Ein im Juli 1194 vereinbarter Waffenstillstand wurde von beiden Seiten kaum beachtet, der *Friede von Louviers* Ende 1195 brachte ebenfalls keine Lösung. Richard setzte im Folgenden auf die Anlage von Befestigungen. So erleichterte der Bau des Château Gaillard (Dép. Eure) im Seinetal die Rückeroberung des Vexin. Der König starb dann aber überraschend im März 1199 bei der Belagerung der Burg Châlus-Chabrol eines Lehensmannes im Limousin an einer Pfeilwunde.

Doch auch damit waren die Verhältnisse nicht geklärt. Obwohl Richard Johann auf dem Totenbett als seinen Nachfolger designiert hatte, konnte der französische König Arthur, den Sohn Gottfrieds, als Thronkandidaten etablieren. Arthur wurde in der Bretagne und in Le Mans, Angers und Tours akzeptiert, während Johann die Normandie sicherte und sich im Mai 1199 in England krönen ließ. Der französische König wollte Johann aber nur anerkennen, wenn er Arthur das Anjou, Maine und die Touraine überließ und das Vexin zurückgab. Johann konnte jedoch Philipps Probleme aufgrund seiner Scheidung nutzen und erhielt im Mai 1200 im *Vertrag von Le Goulet* die Bestätigung seines Besitzes, gegen die Zahlung von 20.000 Mark Silber und die Übergabe strittiger Besitzungen an Philipp II.

Als wirksamste Waffe des französischen Königs erwies sich nun das Lehensrecht. Johann hatte 1200 im Streit gegen seinen Neffen Arthur die Zuständigkeit des obersten französischen

5 Philipp II. Augustus und Richard I. Löwenherz auf dem Dritten Kreuzzug. Guillaume de Tyr, *Histoire de la Terre d'Outremer*, 13./14. Jahrhundert ▪ Paris, Bibliothèque nationale de France, Ms. fr. 24209, fol. 272v (Detail).

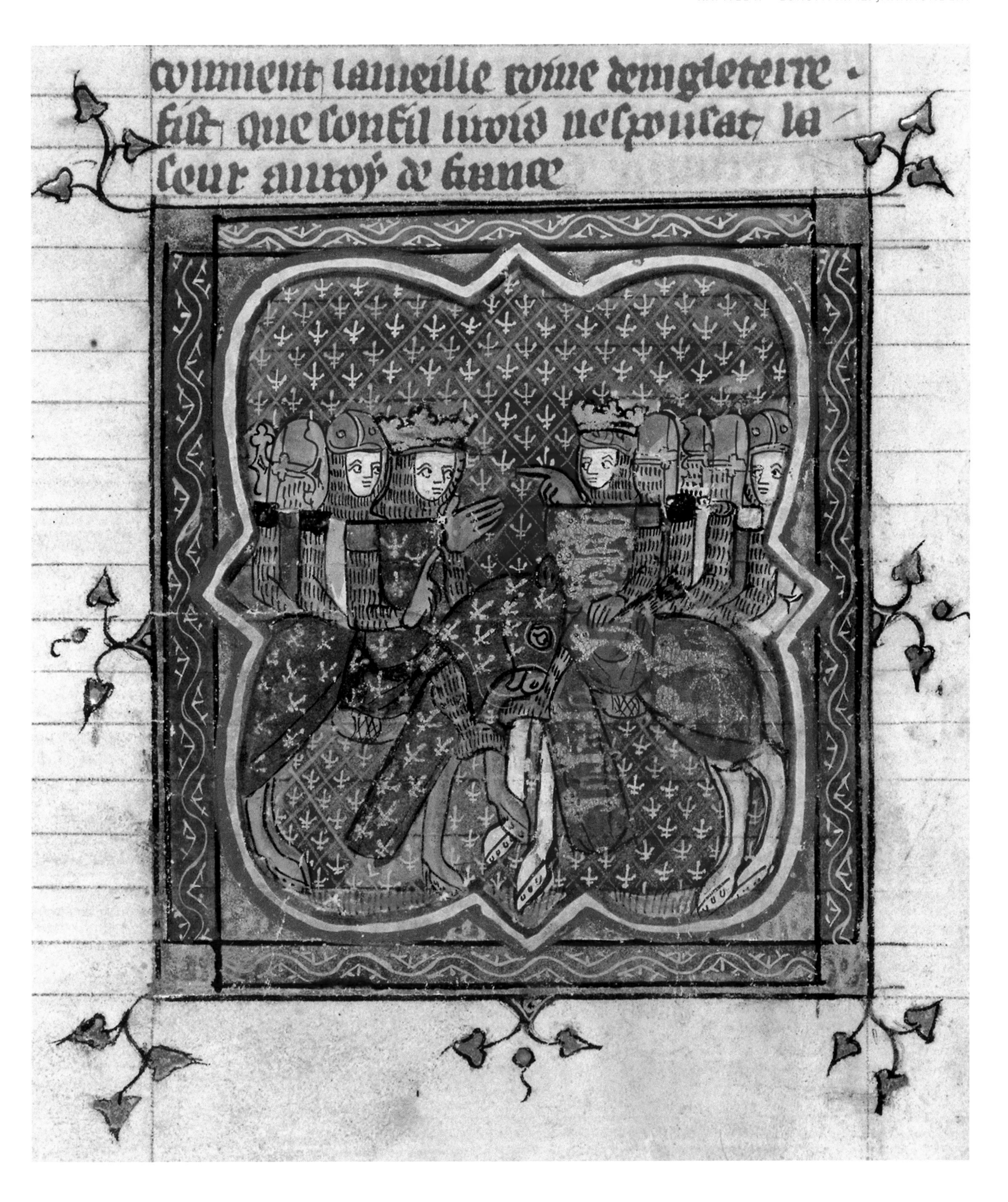

6 Das Angevinische Reich ▪ © Peter Palm, Berlin.

Lehensgerichtshofs, des *Parlement de Paris,* anerkannt. Als er im August Isabella von Angoulême heiratete (Abb. 7), die bereits Hugo IX. von Lusignan versprochen war, appellierten die Lusignans an Philipp II. Es kam zum Prozess, und Johanns Nichterscheinen vor Gericht führte Ende April 1202 automatisch zum Entzug aller Lehen der französischen Krone.

Die geplante Neuverteilung des angevinischen Festlandsbesitzes ließ sich jedoch nicht ohne Weiteres umsetzen. Arthur, der getrennt von Philipp vorgegangen war, geriet mit den Lusignans in Gefangenschaft. Bald kursierten Gerüchte, Johann würde seine Gefangenen schlecht behandeln – obwohl die Lusignans rasch wieder freikamen – und er hätte seinen Neffen ermordet. Tatsächlich kam Arthur unter ungeklärten Umständen um und das Verhältnis Johanns zu den Baronen war bald von Misstrauen geprägt. In der Folge konnte Philipp II. Augustus 1204 und 1205 nach und nach die Normandie und das Anjou erobern. Johann behauptete immerhin durch einen erfolgreichen Feldzug 1206 den südwestfranzösischen Besitz seines Hauses, der bis 1453 in englischer Hand verblieb. Das war dennoch das Ende des Angevinischen Reiches. Johann und sein Erbe, Heinrich III., planten mehrmals die Rückeroberung der verlorenen Gebiete, doch Heinrich musste 1259 im *Vertrag von Paris* endgültig auf die kontinentalen Besitzungen seiner Familie verzichten. Die erneute, unter Heinrich V. begonnene Eroberung der Normandie und Frankreichs nördlich der Loire scheiterte endgültig im Sommer 1450.

Q.: Ralph von Diceto, Ymagines Historiarum (RerBrit 68,1–2).

Lit.: Berg 2007 ▪ Gillingham 2001a ▪ Harper-Bill/Vincent 2007 ▪ Le Patourel 1984 ▪ Sarnowsky 2012 ▪ Turner 1995 ▪ Turner 2000 ▪ Turner 2009 ▪ Warren 2000 ▪ Weiler 2015.

7 Grabfigur Isabellas von Angoulême, Johanns zweiter Ehefrau, in der Abtei Fontevraud ▪ © De Agostini Picture Library / S. Vannini / Bridgeman Images.

# Heinrich II. Plantagenêt

Christoph Mauntel

1 Heinrich II. in der *Genealogical Roll of the Kings of England*, England, vor 1308 ▪ London, The British Library, Royal MS 14 B VI, Membrane 6 (Detail).

Als Heinrich I., König von England und Herzog der Normandie 1135 ohne männlichen Erben starb, sollte seine Tochter Mathilde den Thron erben (vgl. Beitrag Mauntel, Heinrich I. und seine Tochter Mathilde). Gegen sie und ihren Ehemann Gottfried, Graf von Anjou, erhob sich jedoch eine Opposition, die Stephan von Blois zum englischen König erhob. Es folgte ein Bürgerkrieg zwischen beiden Parteien, der erst 1153 beigelegt werden konnte. In diese Situation wurde Heinrich als Sohn Mathildes und Gottfrieds am 5. März 1133 hineingeboren. Über seine Eltern hatte er nicht nur Anspruch auf das Herzogtum Normandie und die Grafschaft Anjou, sondern auch auf den englischen Thron (Abb. 1). Durch seine Ehe mit Eleonore von Aquitanien – sie heirateten im Mai 1152, nur wenige Wochen, nachdem sie von Ludwig VII. von Frankreich geschieden worden war – gebot er zudem über die Touraine, Aquitanien und die Gascogne – und war damit der mächtigste Fürst Frankreichs. Hier lagen auch seine Wurzeln: Er sprach vor allem Französisch, kaum aber Englisch.

In den englischen Bürgerkrieg konnte er aufgrund seiner Jugend erst spät persönlich eingreifen, als Mathilde – durch ihre in englischen Quellen geschilderte Hochmütigkeit – längst jede Chance auf ihre eigene Thronbesteigung verspielt hatte. Da die Barone kriegsmüde waren und der älteste Sohn König Stephans kurz zuvor gestorben war, lag eine Verhandlungslösung nahe: Im 1153 geschlossenen *Vertrag von Winchester* erkannte Heinrich Stephan als König an und wurde gleichzeitig von diesem als sein Nachfolger eingesetzt. Stephan, bereits gesundheitlich angeschlagen, starb kurz darauf im Oktober 1154 und Heinrich II. wurde im Dezember in Westminster (mit 22 Jahren) zum König von England gekrönt. Dies war der Beginn des sogenannten Angevinischen Reichs, womit der den Ärmelkanal übergreifende Besitz des Hauses Plantagenêt in England und Frankreich bezeichnet wird.

Das allgegenwärtige Bedürfnis nach Ruhe und Ordnung machte es Heinrich II. leicht, seine Position zu festigen, wobei er stets auf die Einbeziehung von Klerus und Adel achtete. Der Sehnsucht nach Frieden kam er nach, indem er flämische Söldner des Landes verweisen und zahlreiche während des Bürgerkriegs neuerrichtete Festungen zerstören ließ. Gleichzeitig versuchte er, den königlichen Landbesitz wiederherzustellen. Nach Jahren des Bürgerkriegs ging es vor allem um die Wiederherstellung alter Rechte und Heinrich II. reiste dazu unentwegt durch sein Land. Darüber hinaus bemühte er sich, die verschiedenen Konflikte um seine französischen Ländereien mit Ludwig VII. zu lösen, kämpfte aber zugleich weiter gegen seinen jüngeren Bruder Gottfried um die Grafschaft Anjou. Im Süden griff Heinrich sogar bis nach Toulouse aus, was erneute Konflikte mit dem französischen König heraufbeschwor.

Auch in den englischen Randgebieten musste Heinrich II. sich erst durchsetzen: In Schottland und Wales hatten verschiedene Fürsten den Bürgerkrieg genutzt, um Territorien an sich zu bringen. Ab 1157 versuchte Heinrich nun, diese zurückzugewinnen: In Schottland gelang es ihm, die Grenze zu sichern, in Wales gestaltete sich dies deutlich schwieriger. Auch in Irland führte Heinrich Krieg, wo nicht nur Iren gegen Engländer kämpften, sondern gerade die englischen Fürsten zu eigenständig gegenüber der Krone zu werden drohten. Auch hier setzte Heinrich die Anerkennung seiner Herrschaft durch.

Die zahllosen Heerzüge Heinrichs waren jedoch kostspielig und machten eine effektive Verwaltung notwendig. Dies führte dazu, dass Heinrich sowohl die königliche Finanzverwaltung als auch die Rechtsprechung reformierte – was in beiden Fällen eine Ausweitung ihrer Befugnisse bedeutete. Die Steuerkontrolle wurde verstärkt und neue Steuern erlassen. Mit den *Assisen von Clarendon* (1166) zog Heinrich viele Streitigkeiten vor königliche Gerichte, für die nun Reiserichter zuständig waren.

2 Heinrich II. auf seinem Thron im Streit mit Thomas Becket, dem Erzbischof von Canterbury. Anfang 14. Jahrhundert ▪ London, The British Library, Royal MS 20 A II, fol. 7v (Detail).

Zudem versuchte er, die weltliche Gerichtsbarkeit auch auf den Klerus auszuweiten (*Konstitutionen von Clarendon*, 1164).

Gerade letzteres beschwor einen Konflikt mit dem vormaligen Kanzler Heinrichs und nunmehrigen Erzbischof von Canterbury, Thomas Becket, herauf. Nachdem der Papst die *Konstitutionen* verurteilt hatte, lehnte auch Becket sie offen ab und musste daraufhin ins Exil gehen. Der Konflikt zwischen den beiden schwelte aber weiter (Abb. 2). Thomas Becket sah etwa die (Krönungs-)Rechte seines Erzbistums verletzt, als Heinrich II. 1170 seinen Sohn Heinrich durch den Erzbischof von York zum Mitkönig erheben ließ. Bei seiner Rückkehr aus dem Exil im selben Jahr verurteilte Thomas Becket dies offiziell und exkommunizierte die Beteiligten. Als Heinrich II. davon erfuhr, soll er sich offen über den Erzbischof von Canterbury beklagt haben – was einige Ritter aus seiner Umgebung offenbar als Aufforderung verstanden, Thomas Becket am 29. Dezember 1170 in seiner Kathedrale zu ermorden. Das Attentat zog einen Aufschrei der Empörung nach sich. Auf Druck des Papstes musste Heinrich II. die *Konstitutionen von Clarendon* aufheben, seine Schuld bekennen und öffentlich am Grab des nunmehr als Märtyrer verehrten Thomas Becket Buße tun. Canterbury stieg binnen kurzem zu einem europaweit bekannten Wallfahrtsort auf.

Noch bevor dieser Konflikt mit der öffentlichen Geißelung Heinrichs II. in Canterbury 1174 befriedet war, forderte ein weiterer Streit den König heraus: 1173 rebellierten seine Söhne. Er hatte ihnen schon vor Jahren eigene Territorien in Aussicht gestellt, sie bisher aber nur den entsprechenden Titel führen lassen: Heinrich der Jüngere sollte das Anjou erben, Richard (später ›Löwenherz‹ genannt) Aquitanien, Gottfried die Bretagne; Johann (später ›Ohneland‹ genannt) war erst sieben Jahre alt und hatte an der Rebellion nicht teilgenommen. Rückhalt bekamen die jungen Fürsten sowohl von ihrer Mutter Eleonore als auch von ihrem ersten Mann, dem französischen König Ludwig VII. Diesem konnte es nur recht sein, wenn die gewaltigen Gebiete der Plantagenêts auf mehrere Köpfe verteilt wurden, denn Heinrich II. war nicht nur der mächtigste Fürst Frankreichs, er kontrollierte innerhalb des Landes auch mehr Territorien als der König selbst. Zwischenzeitlich konnte Heinrich II. sich behaupten; zudem starb 1183 sein Sohn Heinrich, 1186 dann Gottfried. 1189 aber wendete sich das Blatt und Richard gelang es mit Hilfe des neuen französischen Königs Philipp II., Heinrich II. zu besiegen. Dieser musste Richard als alleinigen Erben anerkennen – und starb zwei Tage später am 6. Juli 1189.

Mit seinem gigantischen Landbesitz war Heinrich II. einer der mächtigsten Fürsten seiner Zeit. Die Vereinigung der englischen Krone mit Besitz in Frankreich sollte bis zum Ende des Hundertjährigen Krieges Mitte des 15. Jahrhunderts andauern – und für stetige Konflikte mit der französischen Krone sorgen. Durch seine Justizreformen legte Heinrich II. zudem die Grundlage für das englische *Common Law*. Am Ende scheiterte er jedoch vor allem an seiner eigenen Familie.

Lit.: Aurell 2003 ▪ Barber 2001 ▪ Harper-Bill/Vincent 2007 ▪ Hosler 2007 ▪ Warren 1973.

# Eleonore von Aquitanien

Ursula Vones-Liebenstein

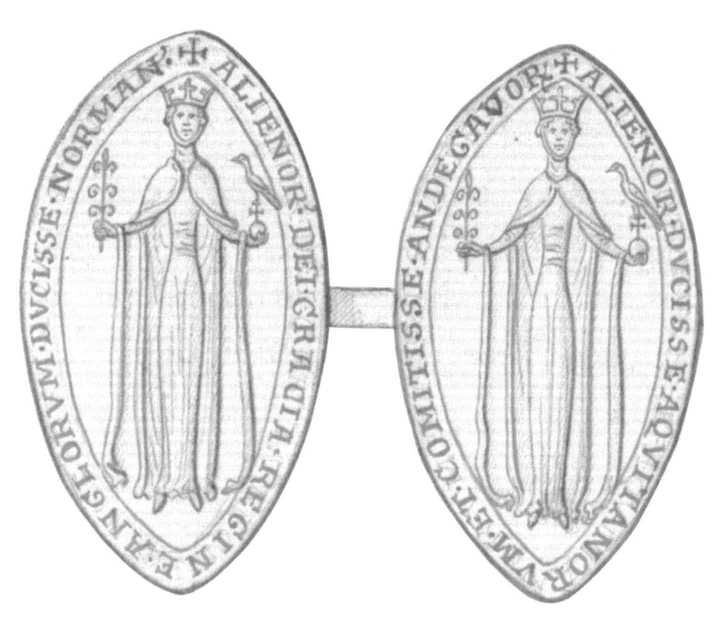


1 Zeichnung des Siegels der Eleonore von Aquitanien aus dem 18. Jahrhundert ▪ Paris, Bibliothèque nationale de France, Ms. lat. 5480(1), fol. 265r (Detail).

Eleonore von Aquitanien, die Mutter von Richard I. Löwenherz, kam 1122 als Tochter von Herzog Wilhelm X. von Aquitanien und der Aenor von Châtellerault zur Welt. Von ihren beiden jüngeren Geschwistern sollte der Bruder schon in frühester Kindheit sterben, die Schwester sie später an den französischen Königshof begleiten. Ihre Mutter starb früh, ihr Vater kehrte von einer Pilgerreise nach Santiago de Compostela nicht zurück und hinterließ der fünfzehnjährigen Eleonore mit dem Herzogtum Aquitanien ein Erbe, »das von Reichtümern aller Art überfloss, so dass es von alters her alle anderen Gegenden der westlichen Welt übertraf« (Ralph von Diceto, Ymagines Historiarum [RerBrit 68,1], S. 293).

Kein Wunder, dass sich der französische König Ludwig VI. beeilte, die verwaiste Erbtochter mit seinem Sohn und Erben Ludwig VII. zu vermählen und sich so den Besitz ihres Reiches zu sichern. Mit einem starken Heer eilte der Bräutigam nach Aquitanien, um Eleonore zu heiraten und etwaige Widerstände zu brechen. Die Hochzeit fand am 22. Juli 1137 in der Kathedrale Saint-André in Bordeaux statt, zwei Wochen später erfolgte in Poitiers die Krönung des Paares zum Herzog und zur Herzogin von Aquitanien. Da in der Zwischenzeit Ludwig VI. gestorben war, fand sich Eleonore als Königin von Frankreich wieder (Abb. 1).

Nicht ganz 15 Jahre sollte diese erste Ehe währen, in der sie ihrem Gatten zwei Töchter – Marie und Alice – schenkte und ihn auf einen Kreuzzug ins Heilige Land begleitete. Dort kam es in Antiochien zu einem so tiefgreifenden Zerwürfnis, dass selbst der Papst und die Geburt der zweiten Tochter die Ehe nicht mehr kitten konnten. Am 21. März 1152 sprachen französische Bischöfe die Scheidung wegen zu naher Verwandtschaft aus.

Kaum zwei Monate später heiratete Eleonore in Poitiers den elf Jahre jüngeren Grafen von Anjou, Heinrich Plantagenêt, der 1154 als Heinrich II. den englischen Thron besteigen und sich in Westminster mit Eleonore krönen lassen sollte. Ihm schenkte sie acht Kinder: fünf Söhne – Wilhelm, Heinrich den Jüngeren, Richard I. Löwenherz, Gottfried von der Bretagne und Johann Ohneland – und drei Töchter – Eleonore, Johanna und Mathilde. Der am 8. September 1157 in Oxford geborene Richard stand ihr wohl am nächsten, obwohl sie auch ihn wie üblich einer Amme anvertraute. Schon zwei Jahre nach seiner Geburt stand fest, dass er nach Erreichung der Volljährigkeit ihr Herzogtum Aquitanien erhalten sollte.

Bis zum Aufstand ihrer Söhne 1173, also in den ersten elf Jahren ihrer Ehe mit Heinrich II., unterstützte sie ihren Gatten, übernahm in seiner Abwesenheit die Regentschaft in England und hielt Hof in Bordeaux und Poitiers (Abb. 2). Als Heinrich jedoch die aus taktischen Gründen erfolgte Aufteilung seines Reiches unter seine Söhne wieder rückgängig machen wollte, empörten sich diese gegen ihn. Eleonore schloss sich ihrem Aufstand an. Als Mann verkleidet, versuchte sie an den Hof Ludwigs VII. in Paris zu fliehen, wurde aber verraten, gefangengenommen und mit anderen aufständischen Adligen nach England gebracht, wo sie die nächsten elf Jahre in der Burg von Salisbury festgesetzt wurde. Selbst wenn sich ihre Lage nach 1184 verbesserte, brachte ihr erst der Tod Heinrichs II. am 6. Juli 1189 die Freiheit zurück.

Sie war nun 67 Jahre alt, aber in der langen Zeit ihrer erzwungenen Ruhe hatte sie nichts von ihrer Energie verloren und die fünfzehn Lebensjahre, die noch vor ihr lagen, sollte sie vor allem darauf verwenden, ihren noch lebenden Söhnen ihr Erbe zu sichern.

Nachdem sie eine allgemeine Amnestie und die Freilassung aller Gefangenen in England verfügt hatte, berief sie den Adel nach London, wo Richard in ihrer Gegenwart am 3. September 1189 in Westminster zum König gekrönt wurde. Als er nur ein halbes Jahr später zu einem Kreuzzug ins Heilige Land aufbrach, zog sie sich in das Kloster Fontevraud (Dép. Maine-et-Loire) im

Anjou zurück. Doch noch sollte sie dort keine Ruhe finden: Zuerst führte sie Richard Berengaria, die Tochter des Königs von Navarra, als Braut bis ins ferne Messina zu. Dann suchte sie seine Stellung in England gegen die Machenschaften seines Bruders Johann Ohneland zu sichern, um sich schließlich auf die Nachricht von seiner Gefangennahme durch Herzog Leopold V. von Österreich daranzumachen, die riesige Summe von 100.000 Silbermark zusammenzubringen, die Kaiser Heinrich VI. als Lösegeld für ihn forderte. Sie begleitete das Geld nach Mainz und zog mit Richard über Köln und Antwerpen nach England zurück. Nach der erneuten symbolischen Krönungszeremonie in Winchester, die erfolgte, »um die Schmach der Gefangenschaft« abzuwaschen (Wilhelm von Newburgh, Historia rerum Anglicarum [RerBrit 82,2], S. 119) und der Aussöhnung der Brüder kehrte sie nach Fontevraud zurück.

Aber auch diesmal wurde sie wieder in der Welt gebraucht. Ein Pfeil traf Richard bei der Belagerung der Burg Châlus-Chabrol im Limousin. Eleonore war bei ihm, als er starb. Seinen Leichnam ließ sie nach Fontevraud überführen und ihn neben dem seines Vaters bestatten, den er im Leben so sehr gehasst hatte.

Nun aber galt es, ihrem jüngsten Sohn Johann Ohneland das Erbe der Plantagenêt zu sichern. Diesem machte ihr Enkel Arthur von der Bretagne, der Sohn ihres dritten, bereits verstorbenen Sohnes Gottfried, unterstützt vom französischen König die Nachfolge streitig. Durch eine geschickte Privilegierung von Adel und Städten in Aquitanien gelang es ihr, Johann das Herzogtum zu erhalten. Zur Absicherung des Friedens zwischen Kapetingern und Plantagenêt durch eine Heiratsverbindung beider Häuser machte sie sich ein Jahr später auf ihre letzte große Reise, um ihre Enkelin Blanka aus Kastilien nach Frankreich zu holen.

Der Friede sollte nicht lange währen. Erneut bemühte sich Arthur von der Bretagne seine Ansprüche durchzusetzen, diesmal durch die Gefangennahme Eleonores. Diese suchte Schutz in der nahegelegenen Burg Mirebeau im Anjou, wo sie von Johann Ohneland befreit wurde, der Arthur und viele seiner Anhänger gefangen nahm. In den folgenden Monaten müssen Eleonore Nachrichten vom Tod ihres Enkels und dem Verlust fast aller Festlandsbesitzungen der Plantagenêt einschließlich ihres Herzogtums erreicht haben. War ihr Herz voller Bitterkeit, als sie am 1. April 1204 im Kleid der Nonnen in Fontevraud starb? Ihre letzte Ruhe fand sie dort an der Seite ihres Gatten und ihres geliebten Sohnes Richard.

1 Heinrich II. von England und Eleonore: Stifterbild im Kreuzigungsfenster der Kathedrale von Poitiers, 12. Jahrhundert ▪ Poitiers, Kathedrale Saint-Pierre. Foto: © akg-images / Paul M. R. Maeyaert.

Ruhe? Ihre Gebeine wurden während der französischen Revolution zerstreut und sind seitdem verschwunden. Ihr Leben und Wirken aber findet erst in letzter Zeit eine adäquate wissenschaftliche Würdigung, nachdem ihre Gestalt seit dem 13. Jahrhundert immer wieder Gegenstand einer »schwarzen Legende« geworden war und dies auch heute in zahlreichen Romanen immer noch ist: als verführerische Amazone, inzestuöse Ehebrecherin oder eifersüchtige Ehefrau, die die Geliebte ihres Mannes vergiftet. Tatsache ist, dass sie eine Frau von ungewöhnlichem Mut und besonderer Tatkraft war, der die Interessen ihrer Kinder und ihres Hauses über alles gingen und für die sie sich auch über die Konventionen ihrer Zeit hinwegsetzte. Beharrlich in der Verfolgung ihrer Ziele, klug in der Auswahl ihrer Mittel, energisch in der Durchsetzung ihres Willens, so stellt sie sich uns dar.

Q.: Ralph von Diceto, Ymagines Historiarum (RerBrit 68,1–2) ▪ Wilhelm von Newburgh, Historia rerum Anglicarum (RerBrit 82,1–2).

Lit.: Aurell 2004 ▪ Aurell/Tonnerre 2006 ▪ Flori 2004 ▪ Laube 1984 ▪ Turner 2012 ▪ Vones-Liebenstein 2000 ▪ Wheeler/Parsons 2003.

declaire la glorieuse victoire du
bon roi phe au miex que nous
pourrons.

Ci cõmence la bataille de flãdres
qui fu au pont de bouuines
Cõment lemper' othon. & le cõte
ferrãt assemblerẽt grant ost. &

# Die ›Europäisierung‹ der Politik bis 1214

Jörg Peltzer

Am 27. Juli 1214 prallten in Bouvines die Heere des französischen Königs Philipp II. Augustus und des römisch-deutschen Kaisers Otto IV. aufeinander (Abb. 1). Es handelte sich um weit mehr als nur eine Schlacht zweier Herrscher, denn das Schicksal von gleich vier Königen stand auf dem Spiel. Der Kapetinger Philipp II. war mit dem Staufer Friedrich II. verbündet, der im Wettstreit mit Otto die Krone des Heiligen Römischen Reichs für sich beanspruchte. Otto hingegen war mit seinem Onkel, dem Angeviner König Johann von England, alliiert, der die 1204/06 an Philipp II. verloren gegangenen Herrschaften der Normandie und des Groß-Anjou (Anjou, Maine, Touraine) zurückerobern wollte. In Bouvines kulminierte ein Konflikt von europäischen Dimensionen. ›Europäisierung‹ der Politik meint in diesem Zusammenhang die sich in den Jahrzehnten vor Bouvines intensivierende Verflechtung politischen Handelns in Mittel- und Westeuropa. Der politische Raum verdichtete sich, politische Interdependenzen zwischen den einzelnen Reichen nahmen zu. Europäisierung bedeutet dabei weder, dass Vorstellungen von Europa das Denken der Handelnden beeinflussten, noch dass Bouvines das erstmalige Auftreten eines Konflikts von europäischer Dimension gewesen wäre – man muss sich diesbezüglich nur die Schlacht von Hastings aus dem Jahr 1066 vor Augen führen. Im Folgenden werden einige der Faktoren knapp skizziert, die zu dieser Europäisierung der Politik beitrugen.

Das Papsttum war ein Movens der Verdichtung nicht nur des politischen Raums in Mittel- und Westeuropa, sondern in der gesamten lateinischen Christenheit. In der zweiten Hälfte des 11. Jahrhunderts setzten sich die Päpste an die Spitze der Bemühungen, die Kirche zu reformieren und die Freiheit der Kirche (*libertas ecclesiae*) zu erreichen. Im Zuge dieser Bemühungen formulierten die Päpste, insbesondere Gregor VII., nachdrücklich den grundsätzlichen Führungsanspruch des Papstes in der lateinischen Christenheit.

1 Die Schlacht von Bouvines im Jahr 1214. *Grandes Chroniques de France*, Frankreich, 14. Jahrhundert ▪ Paris, Bibliothèque nationale de France, Ms. fr. 10135, fol. 301r (Detail).

Noch klaffte eine beachtliche Lücke zwischen Anspruch und politischer Wirklichkeit – für viele blieb der Papst eine weitgehend konturlose Figur hinter dem Horizont – doch begann sich diese Lücke seit der zweiten Hälfte des 12. Jahrhunderts mit zunehmender Dynamik zu schließen. Ein wesentlicher Grund dafür lag in der kirchlichen Rechtsprechung. Die Möglichkeit, an die päpstliche Kurie als die oberste Instanz der Rechtsprechung zu appellieren, wurde für Kirchenmänner selbst in den entferntesten Regionen des christlichen Abendlands immer attraktiver. Durch die Anrufung der Kurie konnten die Entscheidungen örtlicher Gerichte überworfen oder gleich ganz umgangen werden. Manchmal wandten sich auch Ortsbischöfe in strittigen Rechtsfragen an den Papst, um Instruktionen grundsätzlicher Art zu erhalten. Gerade in Frankreich und England, aber auch im römisch-deutschen Reich machten die Kirchenmänner von der Möglichkeit der Appellation oder der Nachfrage zunehmend Gebrauch. Diese lokalen Initiativen stärkten die universale Autorität des Papstes und brachten seine Ansichten in die Regionen der lateinischen Christenheit. Seinerseits sorgte das Papsttum für eine intensivere Kommunikation zwischen Rom und den Regionen durch die Entsendung von päpstlichen Legaten, die in den jeweiligen Reichen die päpstliche Autorität vertraten. Diese Entwicklungen führten dazu, dass die politische Bedeutung des Papstes, die noch Mitte des 11. Jahrhunderts weitestgehend auf Mittelitalien beschränkt gewesen war, um 1200 eine europaweite Wirkung entfalten konnte. Mit Innozenz III. bestieg 1198 ein Mann den Stuhl Petri, der selbstbewusst diese Handlungsspielräume nicht nur zu nutzen, sondern noch zu erweitern suchte. Mit großem Nachdruck vertrat er den Führungsanspruch und die Vollgewalt (*plenitudo potestatis*) des Papstes in allen Bereichen, den geistlichen wie den weltlichen. Grenzen seiner Autorität existierten aus seiner Sicht keine.

Die Rechtsprechung war nicht das einzige Feld, auf dem das Papsttum zur Verdichtung des politischen Raums in Mittel- und Westeuropa beitrug. Seit dem Aufruf Papst Urbans II. zum sogenannten Ersten Kreuzzug von 1096 schufen die Kreuzzüge zumindest kurzfristig einen Rahmen, in dem politisches Handeln über die Ebene einzelner Königreiche hinausgehen musste

2 Urban II. begibt sich nach Clermont und predigt den Kreuzzug. Wilhelm von Tyrus, *Historia (et Continuation)*, Frankreich, 14. Jahrhundert ▪ Paris, Bibliothèque nationale de France, Ms. fr. 22495, fol. 15r (Detail).

(Abb. 2). Die Sorge um das Heilige Land ging schließlich die gesamte Christenheit etwas an und je mehr Herrscher sich an den Kreuzzügen beteiligten, desto besser standen die Erfolgschancen. Das galt auch für den seit 1187 propagierten Dritten Kreuzzug. Mit Kaiser Friedrich I. Barbarossa, mit Heinrich II., König von England und Herrscher über das Angevinische Reich, und mit Philipp II. Augustus, König von Frankreich, sollten die bedeutendsten Herrscher Mittel- und Westeuropas gemeinsam die Rückeroberung des Heiligen Landes angehen (Abb. 3). Das Papsttum erhoffte sich davon nicht nur ein schlagkräftiges Aufgebot im Nahen Osten, sondern auch Frieden im Westen, denn zumindest für die Zeit des Kreuzzugs sollte der seit Jahrzehnten schwelende Konflikt zwischen den Kapetingern und den Angevinern ruhen. Doch anstatt Frieden zu stiften, sorgte der Dritte Kreuzzug für eine weitere Verschlechterung des angevinisch-kapetingischen Verhältnisses. Das lag in der Natur des gemeinsamen Vorhabens selbst. Der Kreuzzug schuf zwar einen Rahmen für gemeinsames Handeln der Könige und Fürsten verschiedener europäischer Reiche, doch ohne dass damit eine Rangordnung für die beteiligten Herrscher verknüpft gewesen wäre. Das Rangdenken aber und das Streben danach, den eigenen Rang zu bessern, ihn zumindest aber zu wahren, war für die Großen handlungsleitend. Es galt alles zu vermeiden, was die eigenen Ranganspruche gefährdete. Kraft seines Kaisertums hätte Friedrich Barbarossa möglicherweise eine von allen anerkannte Führungsrolle übernehmen können, aber mit seinem Tod durch Ertrinken im Fluss Saleph 1190 war diese Option dahin (Abb. 4). Unter den Königen gab es hingegen keine Rangordnung. Richard, der seinem Vater Heinrich 1189 auf den Thron gefolgt war, und Philipp mussten auf dem Kreuzzug unbedingt den Eindruck vermeiden, dass sich ein König dem anderen unterordnete. Ohne verbindliche Absprachen zwischen den

3 Philipp II. Augustus und Heinrich II. nehmen das Kreuz. *Les Grandes Chroniques de France*, Frankreich, zwischen 1332 und 1350 ▪ London, The British Library, Royal MS 16 G VI, fol. 344v (Detail).

beiden war deshalb der Konflikt geradezu vorprogrammiert, zumal Richard jede Gelegenheit nutzte, für sich den Vorrang zu beanspruchen (Abb. 5). Als Philipp den Kreuzzug vorzeitig abbrach und nach Frankreich zurückkehrte, lag dies nicht nur an der schweren Erkrankung, die er sich im Lauf des Unternehmens zugezogen hatte, sondern auch an dem letztlich unlösbaren Rangkonflikt mit Richard. Durch die Abreise entzog sich Philipp der Fortführung dieses Streits. Wieder in Frankreich nutzte er die durch Richards Gefangenschaft – selbst wiederum das Ergebnis eines Rangkonflikts zwischen dem Angeviner und Herzog Leopold V. von Österreich – verlängerte Abwesenheit des englischen Königs, um seine Ambitionen auf die Normandie mit Nachdruck voranzutreiben. Indirekte Unterstützung erfuhr er dabei durch Richards Bruder Johann. Dieser war mehr damit beschäftigt, in England seine eigenen Ambitionen auf den Thron zu verfolgen, als in der Normandie die Grenze zu verteidigen. Der von der Kirche anfangs so stark gemachte Rechtsgrundsatz, dass die Ländereien eines Kreuzfahrers während seiner Abwesenheit unantastbar waren, galt nicht mehr viel. Als Richard 1194 schließlich aus der Gefangenschaft nach England zurückkehrte und sich zum zweiten Mal zum englischen König krönen ließ, war allen Beteiligten klar, dass er sich umgehend an die Rückeroberung normannischer Gebiete machen würde. Im Westen stiftete der Dritte Kreuzzug nicht Frieden, sondern Krieg.

Um für seine Angriffe auf das Angevinische Reich freie Hand zu haben, suchte Philipp II. Augustus nach seiner Rückkehr vom Kreuzzug den Schulterschluss mit Heinrich VI., Sohn und Nachfolger Friedrich I. Barbarossas auf dem römisch-deutschen Königsthron. Vielleicht wurde sogar die Eheschließung Philipps mit Heinrichs Cousine Agnes erwogen, dem einzigen Kind Pfalzgraf Konrads bei Rhein. Umso ärgerlicher war es deshalb aus Philipps Perspektive, als Agnes um den Jahreswechsel 1193/94 den Welfen Heinrich, den ältesten Sohn Heinrichs des Löwen heiratete, denn die Welfen gehörten zu den Verbündeten der Angeviner. Philipps Pläne verweisen auf eine, neben dem Papsttum und dem Kreuzzug, dritte Ursache, die die Europäisierung der Politik in der zweiten Hälfte des 12. Jahrhunderts beförderte: die Ehe. Heiraten zwischen Angehörigen zweier Herrscherdynastien waren Optionen auf die Zukunft. Sie konnten die politischen Handlungen der jeweiligen Dynastien eng miteinander verflechten, sie mussten es aber nicht. Grundsätzlich galten diese Parameter nicht nur für das ausgehende 12. Jahrhundert. Ehen zwischen Herrscherfamilien gab es davor und danach. Insofern wäre es abwegig zu behaupten, dass Ehen in der zweiten Hälfte des 12. Jahrhunderts eine neue Rolle in der Gestaltung der Beziehungen zwischen zwei Reichen zugekommen wäre. Gleichwohl ist bemerkenswert, wie Angeviner, Kapetinger und Staufer versuchten, sich über Ehen Optionsräume mit herrschenden Dynastien anderer Reiche zu schaffen, mit denen zuvor keine besonders engen Beziehungen bestanden hatten. 1168 verheiratete Heinrich II. seine Tochter Mathilde mit dem Welfen Heinrich dem Löwen, Herzog von Bayern und Sachsen. Zwei Jahre später heiratete Mathildes Schwester Eleonore König Alfons VIII. von Kastilien, 1177 folgte die Ehe zwischen der jüngsten Tochter Heinrichs, Johanna, mit dem sizilischen König Wilhelm II., und 1191 heiratete Richard Löwenherz Berengaria, Tochter Königs Sanchos VI. von Navarra. Der Kapetinger Philipp heiratete 1193 die dänische Prinzessin Ingeborg und der Staufer Heinrich VI. die sizilische Prinzessin Konstanze, Tante und spätere Erbin Wilhelms II. Nicht jede dieser Ehen führte zu einer engen Verquickung der Geschicke der jeweiligen Familien bzw. ihrer Reiche, in manchen Fällen aber hatten sie weitreichende Folgen. Über Konstanze beispielsweise rechtfertigten die Staufer ihre Ansprüche auf Sizilien.

Die im Hinblick auf Bouvines bedeutendsten Konsequenzen aber hatte die Ehe zwischen Mathilde und Heinrich dem Löwen (Abb. 6). Sie begründete die angevinisch-welfische Allianz und führte in der nächsten Generation, der Generation König Richards, zu einer 1168 in ihrem Ausmaß wohl kaum intendierten wechselseitigen Abhängigkeit des Angevinischen und des römisch-deutschen Reiches. Eine entscheidende Rolle in dieser Entwicklung spielte das Exil Heinrichs des Löwen. Nach der Aberkennung seiner Herzogtümer Sachsen und Bayern und damit seines reichsfürstlichen Rangs durch Friedrich Barbarossa ging Heinrich 1182 mit seiner Familie zu seinem Schwiegervater König Heinrich II. nach England ins Exil. Während der Löwe und sein ältester Sohn Heinrich 1185 ins römisch-deutsche Reich zurückkehrten, blieben seine übrigen Kinder am Hof des königlichen Großvaters. Sie waren Teil der angevinischen Herrscherfamilie. Insbesondere der zweitälteste Sohn des Löwen, Otto, erfreute sich königlicher Förderung. Nachdem sein Onkel Richard 1189 den englischen Thron bestiegen hatte, versuchte er Otto beispielsweise zum Grafen von York zu machen (1190). Weiterhin plante der König ein auf die schottische Krone zielendes Heiratsprojekt für seinen Neffen. Beide Vorhaben scheiterten, doch das tat ihrem guten Verhältnis keinen Abbruch. Als wenig später der Gefangene Richard Kaiser Heinrich VI. Geiseln für seine Freilassung stellen musste, war Otto unter ihnen. Zwischen 1196 und 1198 schließlich folgte er Richard als Graf des Poitou und Herzog von Aquitanien nach. Er wurde damit zu einem der bedeutendsten Herren des Angevinischen

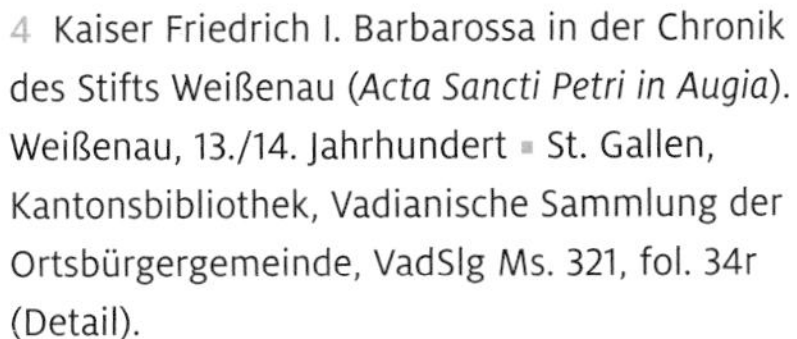

4 Kaiser Friedrich I. Barbarossa in der Chronik des Stifts Weißenau (*Acta Sancti Petri in Augia*). Weißenau, 13./14. Jahrhundert ▪ St. Gallen, Kantonsbibliothek, Vadianische Sammlung der Ortsbürgergemeinde, VadSlg Ms. 321, fol. 34r (Detail).

5 Philipp II. Augustus und Richard I. Löwenherz treffen sich auf dem Kreuzzug. Wilhelm von Tyrus, *L'Estoire d'outremer*, Frankreich, 13. Jahrhundert ▪ Paris, Bibliothèque nationale de France, Ms. fr. 2827, fol. 234r (Detail).

Reichs. Vor diesem Hintergrund wird klar: Als 1198 im römisch-deutschen Reich eine Gruppe von Fürsten Otto gegen Herzog Philipp von Schwaben zum König wählte, wählten sie sowohl ein Mitglied einer der prominentesten Familien des römisch-deutschen Reichs (den Welfen) als auch des vielleicht mächtigsten Königshauses in Mittel-und Westeuropa (den Angevinern). Richard und sein jüngerer Bruder Johann, der ihm 1199 auf den englischen Thron folgte, unterstützten den Kampf ihres Neffen um den Thron entsprechend großzügig.

Mit Ottos Wahl hatte der Streit um die römisch-deutsche Krone folglich europäische Dimensionen angenommen. Das galt umso mehr, als Philipp von Schwaben sich nun verstärkt um die Allianz mit König Philipp II. Augustus bemühte. Als die umstrittene Königswahl auch noch Papst Innozenz III. zur Entscheidung angetragen wurde, war der Streit endgültig Gegenstand der europäischen Politik. Aber auch die päpstliche Autorität konnte die nun eng miteinander verquickten Konflikte zwischen Philipp von Schwaben und Otto von Poitou bzw. zwischen Philipp von Frankreich und Johann von England nicht mehr lösen. Der päpstliche Anspruch auf die Ordnungsgewalt in der lateinischen Christenheit und damit auf reichsübergreifender, wenn man so will, auf europäischer Ebene, stieß in diesem Fall an seine Grenzen. Für Rangstreitigkeiten dieser Größenordnung und Komplexität waren die Chancen auf eine friedliche Lösung gering. Sie stiegen allerdings kurzfristig, als Philipp von Schwaben 1208 ermordet wurde (der dahinter stehende Konflikt hatte mit dem Thronstreit nichts zu tun), doch die Entzweiung Ottos mit Innozenz III. und die Wahl von Friedrich II., dem Sohn Heinrichs VI. und Neffen Philipps von Schwaben, zum König ließen die Hoffnungen auf einen friedlichen Ausgang

IMPERATRIX RICHENZE.
IMPERATOR LOTHARIUS
DUCISSA GERTRUDIS
DUX HEINRICUS.
DUX HEINRICUS.
DUCISSA. REGIS ANGLICI. REGINA.
MATHILDA FILIA HEINRICI. MATHILDA

7 Papst Innozenz III. verhängt den Kirchenbann über Kaiser Otto IV. (links) und Papst Honorius III. krönt Friedrich II. zum Kaiser (rechts). Vincent von Beauvais, *Le Miroir Historial*, Frankreich, 15. Jahrhundert ▪ Chantilly, Musée Condé, Ms. 722/1196, fol. 393r (Detail). Foto: © akg-images / Erich Lessing.

rasch sinken (Abb. 7). Es war schließlich Johanns Versuch, die Normandie und das Groß-Anjou zurückzuerobern, der eine Entscheidung forcierte. Im Jahr 1214 hieb das Schwert bei Bouvines diesen gordischen Knoten europäischer Politik entzwei. Das Angevinische Reich Richards gab es nicht mehr und in England spielte die Niederlage Ottos in Bouvines eine ganz wesentliche Rolle auf dem Weg zur *Magna Carta* von 1215. So ist das »Fundament der [englischen] Freiheit« (Vincent 2015) letztlich auch das Ergebnis der Verdichtung europäischer Politik in der zweiten Hälfte des 12. Jahrhunderts.

6 Das Herzogspaar Heinrich der Löwe und Mathilde im Krönungsbild aus dem *Evangeliar Heinrichs des Löwen*. Auch abgebildet sind Thomas Becket, Heinrich II. und seine Mutter Mathilde. Benediktinerkloster Helmarshausen, ca. 1188 ▪ Wolfenbüttel, Herzog August Bibliothek, Cod. Guelf. 105 Noviss. 2°, fol. 171v.

Lit.: Baldwin 1986 ▪ Briechle 2013 ▪ Ehlers 2008 ▪ Gillingham 1999a ▪ Görich 2003 ▪ Große 2005 ▪ Hucker 1990 ▪ Johrendt/Müller 2008 ▪ Johrendt/Müller 2012 ▪ Peltzer 2013 ▪ Power 2007 ▪ Vincent 2011 ▪ Vincent 2015a.

# Objekte

13

## Reliquienkreuz, sog. Kreuz von Valasse

Deutschland, 11./Anfang 12. Jahrhundert | Normandie, Ende 12. Jahrhundert (vor 1204), mit späteren Ergänzungen

Zisterzienserabtei Le Valasse (Normandie) | Sicherstellung vor Plünderungen während der Revolution. 1792 Übergabe an Jacques-François Begouën, nachdem dieser die Abtei gekauft hatte. 1843 Erwerb durch das Musée des Antiquités über Alphonse-Charles Poret als Mittelsmann. Kaufpreis: Restschulden der Familie Begouën gegenüber Poret.

Gold und Silber mit Filigranstruktur auf Holzkern, Saphire, Türkise, Karneole, Granate, Spinelle und Korallen | H. 46,5 cm, B. 33,0 cm, T. 5,0 cm

Rouen, Musée des Antiquités | 443 (A)

In dieses Reliquiar ist ein kleines Goldkreuz mit Edelsteinen eingearbeitet, das von einem älteren Objekt stammt, möglicherweise einem Pektorale mit Reliquien. Die perlförmigen und glatten Filigranstrukturen, die Geschmeidigkeit der verbundenen Palmetten, aber auch die Granulierungen machen aus diesem Kreuz ein Meisterwerk der Goldschmiedekunst des römisch-deutschen Reiches des 11. und des beginnenden 12. Jahrhunderts. Auf dem Hauptkreuz bilden die perlförmigen Filigrane Rosetten. Sie vermitteln bereits eine Vorstellung von den naturalistischeren Mustern der Gotik, die um 1180 aufkommen. Die große Schaufelform, die aus der Zeit der ottonischen Kaiser stammt, greift die Form des kleinen, älteren Kreuzes in der Mitte auf, auch wenn bereits Ende des 12. Jahrhunderts blütenförmige Enden und Doppelkerben häufig gemeinsam auftreten.

Das Kreuz kann nicht mit Sicherheit in den Archiven der Zisterzienserabtei Le Valasse nachgewiesen werden. Der Bericht von Jean-François Brianchon sowie die Archivaufzeichnungen im Zusammenhang mit dem Nachlass von Jacques-François Begouën lassen jedoch wenig Zweifel an seiner Herkunft. Die aufwendige Gestaltung des Objektes spricht für seine Verwendung durch die weißen Mönche, denn andere, nicht weniger prachtvolle zeitgenössische Kreuze stammen eindeutig von den Zisterziensern. Kaiserin Mathilde, Richards I. Löwenherz Großmutter väterlicherseits, war die Hauptgründerin der Zisterzienserabtei in Le Valasse. Nachdem sie 1142 ihrem Vetter Stephan von Blois im Nachfolgestreit um die englische Krone entkommen war, bekundete sie den Wunsch, eine Zisterziensereinrichtung zu gründen. Nach ihrer Heirat mit dem Salier Heinrich V., der 1111 mitten im Investiturstreit vom Papst zum Kaiser gekrönt wurde und 1125 verstarb, wurde sie 1127 in zweiter Ehe mit Gottfried Plantagenêt vermählt. Wie Robert de Thorigni und die Bestandsverzeichnisse der Abtei Notre-Dame-du-Bec belegen, stiftete sie zu diesem Anlass dem normannischen Klerus zahlreiche aus dem Kaiserreich mitgebrachte Schätze. Zu einer Zeit, als sich die entstehende zentralistische Machtausübung der Plantagenêt-Dynastie mit zahlreichen lokalen Autoritäten arrangieren musste, ist es sehr wahrscheinlich, dass Mathilde dazu beitrug, in der Normandie, in Maine und in England eine Vorstellung von Macht zu etablieren, die auf dem Grundsatz der *renovatio imperii romanorum*, der Wiederherstellung alter Rechte des römischen Imperiums, basierte. Mathilde wurde in der Abteikirche Notre-Dame-du-Bec beigesetzt und die Mönche huldigten hinfort dem Andenken ihrer Wohltäterin durch eine kostbare Schale, die sie ihnen großzügig vermacht hatte.

Im 12. Jahrhundert sind in der Normandie zahlreiche Personen nachweisbar, die eine Verbindung zum Kaiserreich hatten.

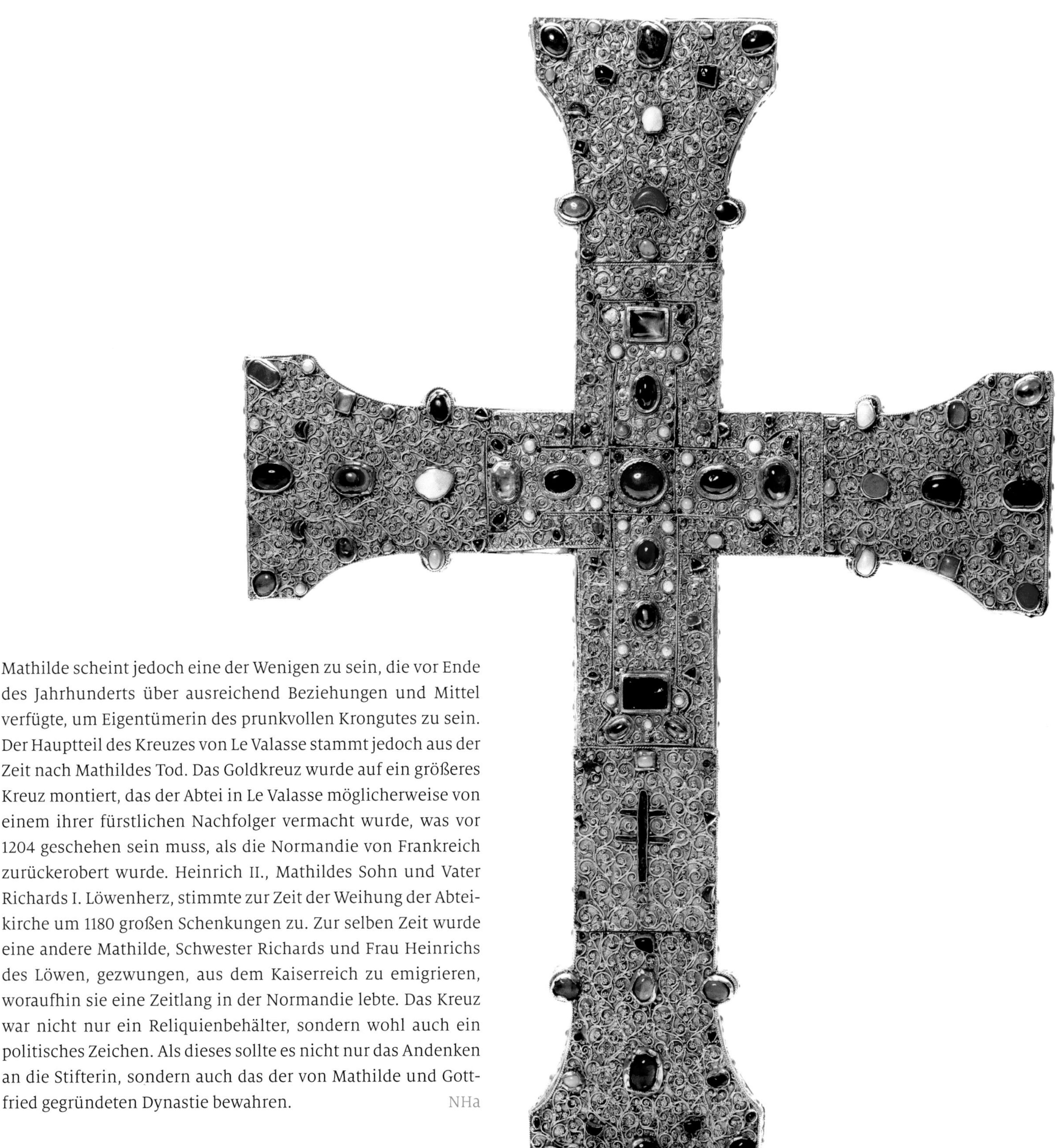

Mathilde scheint jedoch eine der Wenigen zu sein, die vor Ende des Jahrhunderts über ausreichend Beziehungen und Mittel verfügte, um Eigentümerin des prunkvollen Krongutes zu sein. Der Hauptteil des Kreuzes von Le Valasse stammt jedoch aus der Zeit nach Mathildes Tod. Das Goldkreuz wurde auf ein größeres Kreuz montiert, das der Abtei in Le Valasse möglicherweise von einem ihrer fürstlichen Nachfolger vermacht wurde, was vor 1204 geschehen sein muss, als die Normandie von Frankreich zurückerobert wurde. Heinrich II., Mathildes Sohn und Vater Richards I. Löwenherz, stimmte zur Zeit der Weihung der Abteikirche um 1180 großen Schenkungen zu. Zur selben Zeit wurde eine andere Mathilde, Schwester Richards und Frau Heinrichs des Löwen, gezwungen, aus dem Kaiserreich zu emigrieren, woraufhin sie eine Zeitlang in der Normandie lebte. Das Kreuz war nicht nur ein Reliquienbehälter, sondern wohl auch ein politisches Zeichen. Als dieses sollte es nicht nur das Andenken an die Stifterin, sondern auch das der von Mathilde und Gottfried gegründeten Dynastie bewahren. NHa

Lit.: Bourgarit et al. 2016 ▪ Brianchon 1879–1881 ▪ Chibnall 1991 ▪ Kat. New York 1970, S. 71–73, Nr. 78 (Konrad Hoffmann) ▪ Steenbock 1967.

14

## Kopf einer Statue, möglicherweise Wilhelm der Eroberer

Jumièges (Dép. Seine-Maritime) (?), 14. Jahrhundert

Steinskulptur | stellenweise stark beschädigt | H. 30,0 cm, B. 32,0 cm, T. 26,0 cm

Jumièges, Abbaye de Jumièges | JUM1946000059

Monument Historique (10/09/1920)

Die ehemalige Abteikirche Notre-Dame der nordfranzösischen Abtei Jumièges, die bis zu ihrer Zerstörung eines der größten Klöster Frankreichs war, zierte wohl eine spätmittelalterliche Statuengruppe einer Reihe von Herzögen der Normandie, deren als Förderer des Klosters gedacht wurde. Hierzu zählte auch dieser beschädigte Kopf einer gekrönten Figur, der sich aufgrund von Stil und naturalistischem Ausdruck in das 14. Jahrhundert datieren lässt. Ohne dass sich dies zweifelsfrei belegen ließe, wird der Kopf mit Wilhelm dem Eroberer in Verbindung gebracht, Herzog der Normandie und ab 1066 König von England. Nur ein Jahr später war der neue englische König auch bei der Weihe der Klosterkirche in Jumièges anwesend.

Wilhelm war ein illegitimer Sohn des normannischen Herzogs Robert I. und übernahm schon in jungen Jahren die Nachfolge seines Vaters in der Normandie. Seine Herrschaftszeit war zunächst geprägt von Konflikten mit dem normannischen Adel und umliegenden Fürsten, als er die Grenzen seines Herzogtums zu erweitern suchte. Nach dem Tod des angelsächsischen Königs Eduard des Bekenners, der in der Normandie aufgewachsen war und angeblich Wilhelm zu seinem Nachfolger designiert hatte, zog er mit Heeresmacht nach England und besiegte in der Schlacht von Hastings den Konkurrenten um den Thron Englands, Harald von Wessex. An Weihnachten 1066 wurde er in Westminster zum König von England gekrönt.

Die Folgen waren enorm. Normannen übernahmen langfristig nahezu alle Herrschaftspositionen im Land, das vom König verteilt und gänzlich auf ihn ausgerichtet war. Mit Burgen und Kathedralen wurde die Macht der neuen Herrschaftsschicht sichtbar gemacht und durchgesetzt. Folgenreich war auch die neue Verschränkung der Herrschaftsbereiche. England rückte an den Kontinent heran und die normannische Sprache und Kultur hielten Einzug auf der Insel. SZ

Lit.: Peltzer 2016.

15

## Kleine Ritterstatuette

Nordfrankreich (?), zweite Hälfte 12. Jahrhundert

gefunden 1895 in Amiens (Dép. Somme) beim Ausschachten eines Kellers in der Rue du Chapeau de Violettes 17

Walfischknochen | geschnitzt und graviert | beschädigt: vom Pferd fehlen der hintere Teil, die Beine und der vordere Teil des Kopfes, vom Reiter das linke Bein, die rechte Hand und die Lanze | H. 16,5 cm, B. 16,8 cm, T. 3,8 cm

Amiens, Musées d'Amiens – Musée de Picardie | M.P.3063.541

Dieser aus Walfischknochen gefertigte Reiter trägt eine vollständige Ausrüstung, die der eines berittenen Kriegers im 11. und 12. Jahrhundert entspricht. Er sitzt auf einem Sattel mit Rückenlehne und steht mit den Füßen in Steigbügeln. Links trägt er eine Scheide am Gurt, ursprünglich hielt er in der rechten Hand eine Lanze, die jedoch nicht erhalten ist. Ein Helm bedeckt den Kopf des Kriegers, er trägt einen Bart, sein Nacken ist rasiert. Sein Gesicht ist sehr schematisch ausgearbeitet: Zwei runde Löcher, eingefasst von einem Kreis, bilden die Augen, während Nase, Mund und Ohren durch Gravierungen angedeutet sind. Ein großer, mit kleinen Löchern und Rosetten verzierter Schild verbirgt die linke Seite des Reiters. Das Pferdegeschirr ist mit feinen sägezahnförmigen Motiven geschmückt.

Diese Stilisierung, gepaart mit bestimmten Einzelheiten der Ausrüstung, lässt darauf schließen, dass diese Figur in der zweiten Hälfte des 12. Jahrhunderts angefertigt wurde. Sie ist mit Schachfiguren aus Süditalien aus dem ausgehenden 11. Jahrhundert (Paris, Bibliothèque nationale de France, Münz- und Antikensammlung) oder aus Skandinavien aus dem ausgehenden 12. Jahrhundert (sog. Lewis-Chessmen, London, The British Museum, 1831.1101.78–159; Edinburgh, National Museum of Scotland, H.NS 19–29) vergleichbar. Wegen seiner Abmessungen eignet sich jedoch der in Amiens gefundene Reiter nicht als Schachfigur. Seine stilistischen Merkmale geben keinen eindeutigen Hinweis auf die Zugehörigkeit zu einem bestimmten Ort. Denkbar ist allerdings, dass er Bestandteil eines größeren Ganzen war, einer Votivgabe oder eines Spielzeugs.

Diese einzigartige Figur, von der man weder die Funktion, noch Herstellungsort und -zeit kennt, könnte ein lokales Kunstwerk sein. Diese Annahme wird durch die Umstände des Fundes gestärkt. Das Material, aus dem es besteht, wurde unter anderem im Norden des Großraums Paris bearbeitet. Der Maler und Sammler Albert Maignan kaufte es kurz nach dem Fund einem Antiquitätenhändler in Amiens ab und schenkte es dem Musée de Picardie. Eines ist sicher: Diese seltene dreidimensionale Darstellung eines bewaffneten Reiters belegt das kulturelle Ansehen des Rittertums in der ausgehenden Romanik. FS

16

## Reliquienschrein mit Darstellung der Ermordung Thomas Beckets

Limoges (Dép. Haute-Vienne), um 1200–1210

Kupfer, vergoldet, auf Eiche, Email (champlevé) | in gutem Zustand, einige Teile des Email und der Farbe fehlen, auf der Innenseite des Kästchens ist nur das Holz der Vorderseite und der Seiten in ursprünglichem Zustand erhalten | H. 23,0 cm, B. 20,0 cm, T. 8,0 cm

Utrecht, Museum Catharijneconvent | ABM m907

In einer bewegenden Szene auf der Vorderseite dieses Reliquienschreins wird die Ermordung des Erzbischofs von Canterbury, Thomas Becket, durch Ritter des englischen Königs Heinrich II. in der Kathedrale von Canterbury dargestellt. Der Erzbischof steht links vor einem Altar, auf dem ein Kelch steht, in seiner Hand hält er ein Prozessionskreuz. Von rechts kommen drei Angreifer auf ihn zu (die historischen Quellen sprechen von vier). Der vorderste Ritter tötet Becket mit einem Schwertstreich auf sein Haupt. Der Engel hinter Becket deutet dem Betrachter an, dass Gott auf der Seite Beckets steht. Auf der Vorderseite des Dachs tragen zwei Engel den betenden Becket zum Himmel. Neben ihnen stehen zwei unbekannte Heilige, vielleicht Apostel. Auf beiden Seiten des Kästchens ist jeweils ein weiterer unbekannter Heiliger zu sehen, dort dargestellt in einer Mandorla; beide halten ein Buch. Die Rückseite des Kästchens lässt sich mit einem Schlüssel öffnen, um den Blick auf die Reliquien im Inneren freizugeben.

Die Ermordung Thomas Beckets ereignete sich im Jahr 1170. Bereits im Jahr 1173 wurde Becket heiliggesprochen. Canterbury wurde zu einem wichtigen Wallfahrtsort und Becket in ganz Europa als Verteidiger des Glaubens sowie der kirchlichen Unabhängigkeit verehrt. Überall wurden Becket Kirchen und Altäre gewidmet und sein Märtyrertod in vielfältiger Weise dargestellt. Reliquien dieses Heiligen waren sehr begehrt. Die Emailwerkstätten von Limoges machten sich seine Popularität für ihre Produktionen zunutze. Wie viele der heute bekannten Reliquienschreine, die Beckets Ermordung zeigen, bewahrt auch das Exemplar im Museum Catharijneconvent keine Reliquien mehr. Welche Reliquien wurden darin wahrscheinlich aufbewahrt? Beckets Körper wurde in der Kathedrale von Canterbury beigesetzt, wo auch Fragmente seines Schädels und Blut vom Tatort aufbewahrt werden. In Flandern existierten verschiedene Reliquien dieses Heiligen, meist liturgische Gewänder. Weitverbreitet sind auch Tücher, die das Grab Beckets berührt haben. Drake Boehm legte kürzlich nahe, dass ein Großteil der Reliquienschreine wahrscheinlich gar keine Reliquien des auf ihnen abgebildeten heiligen Thomas Becket enthielten: »Es scheint, dass die Verzierung von kleinformatigen Reliquienkästchen aus Limoges die anziehendsten Erzählungen des Christentums abbilden und nicht zwangsläufig den Inhalt des Kästchens offenbaren sollte.« (Boehm 2011, S. 159). Auf diese Weise konnten diese Reliquienschreine für die Aufbewahrung von Reliquien fast aller Heiligen genutzt werden.

IS

Lit.: Bauer/Verschatse 2000, S. 96–111, 165–168 ▪ Boehm 2011, S. 159, 161, 183–188 ▪ Caudron 1975 ▪ Hartog 2014 ▪ Kat. Utrecht 1985, S. 110 f., Nr. 22 ▪ Os 2000.

17 + 18

## Fragmente von Kirchenfenstern

Canterbury, Kathedrale, 1180–1207

klares, farbiges und geflammtes Glas, mit eisenhaltiger Farbe aufgemalte Details | einige moderne Ergänzungen | a) H. 82,0 cm, B. 45,4 cm, T. 3,2 cm; b) H. 39,8 cm, B. 28,9 cm

London, Victoria and Albert Museum | a) C.2–1958, b) C. 854–1920

Diese zwei Buntglasscheiben (C.854–1920 und C.2–1958) stammen von Fenstern, die im 12. und 13. Jahrhundert in die Kathedrale von Canterbury eingebaut wurden. Der Chor der alten Kathedrale wurde seit 1174 neu errichtet und 1220 im Stil der Gotik vollendet.

Die Scheiben sind aus durchgefärbtem Glas zusammengesetzt (d. h. das Glas ist mit Metalloxiden vollständig grün, blau, gelb und violett gefärbt) und mit farblosem und geflammtem beziehungsweise gestreiftem rotem Glas verbunden. Details wie Haare etc. sind mit eisenbasierten Pigmenten nachträglich aufgemalt. Glasbilder hatten – wie andere Abbildungen auch – in Kirchen eine didaktische Funktion für den christlichen Glaubensalltag zu erfüllen. Das Kirchenrecht sah das Anbringen von Abbildungen vor, die Jesus Christus und seine Menschwerdung thematisieren sollten, wie auch die Heiligen, denen Altäre und Kapellen geweiht waren. Da die Mehrheit der Menschen im Mittelalter nicht lesen und schreiben konnte, wurde Wissen primär durch visuelle Quellen vermittelt.

Die originale Glasscheibe C.854–1920 zeigt den Kopf von Semei, einem der Vorfahren Christi. Der Chor der Kathedrale war ursprünglich mit Buntglasfenstern ausgestattet, welche eine Figurenreihe zeigten, die bis auf Adam zurückreichte und Abraham, Moses und andere Personen aus dem Geschlecht Jesu Christi umfasste, so wie es in den Evangelien nach Matthäus und Lukas aufgezählt wird. Diese Präsentation der Vorfahren Christi hatte eine didaktische Funktion. Sie sollte die Menschwerdung Jesu Christi und die Fleischwerdung Gottes betonen und die Erfüllung der Prophezeiung veranschaulichen, dass der Messias, Jesus Christus, ein Nachkomme König Davids ist, dessen Abstammung bis zu Adam, dem ersten Menschen, zurückverfolgt werden kann.

Bei der Verglasung des Altarraumes lassen sich zwei Zeitabschnitte feststellen, wobei die Figur des Semei wahrscheinlich 1180 fertiggestellt wurde. Die Verglasung wurde im 19. Jahrhundert restauriert, als es allgemein üblich war, beschädigtes Glas durch Kopien zu ersetzen. Der originale Kopf des Semei landete so im Antiquitätenhandel, wo er erworben und schließlich dem Victoria and Albert Museum übergeben wurde.

Die Randscheibe C.2–1958 war ursprünglich Teil einer Sequenz von Bildern, die Leben und Martyrium des heiligen Thomas Becket veranschaulichte. Sie wurden zwischen 1180 und 1207 in die Fenster des Chorumgangs der Trinity Chapel in Canterbury eingebaut. Das Originalfenster zeigte in mehreren Rondellen Ausschnitte aus dem Leben von Thomas Becket, während die Zwischenräume mit den hier gezeigten dekorativen Umrandungen gefüllt waren. Der heilige Thomas, der Erzbischof von Canterbury war, wurde 1170 in der Kathedrale ermordet. Nachdem ihm eine erstaunliche Anzahl von Wundern zugeschrieben worden war, wurde er am 21. Februar 1173 heiliggesprochen. Sein Grab wurde in der Folge zu einer bedeutenden Pilgerstätte. TB

Lit.: Caviness 1981 ▪ Michael 2009 ▪ Caviness/Weaver 2013 ▪ Williamson 2003.

## 19

## Zwei Medaillons mit höfischen Szenen

Limoges (Dép. Haute-Vienne), 1180–1225

1817 auf einer Kunstauktion erworben, zuvor Bestandteil der Sammlung des dänischen Sammlers Rötger Colsman

Kupfer, vergoldet, Email | die menschlichen Figuren sind durch vergoldetes und graviertes Kupfer betont, Köpfe gegossen, Hintergrund blau emailliert, mit verstreuten goldenen Punkten und golden eingefassten Scheiben in entweder weiß, hellblau, dunkelblau sowie rot oder gelb, grün und rot | Dm. 7,3 cm

Kopenhagen, Nationalmuseet, Sammlung Mittelalter und Renaissance | VII

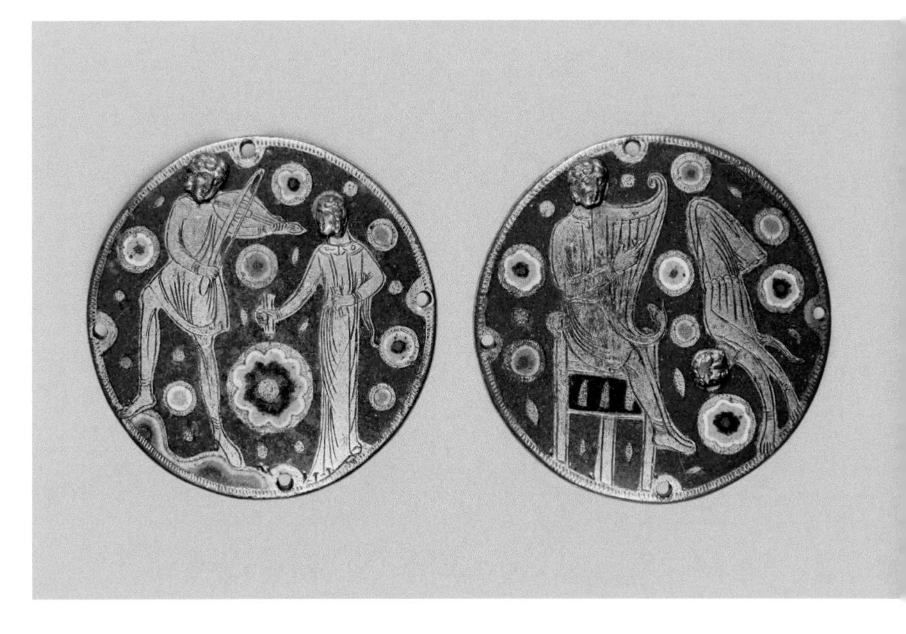

Die zwei Medaillons zeigen jeweils eine musizierende und eine tanzende Figur. Auf dem einen Stück sind dies ein stehender männlicher Geiger und eine stehende Frau mit Kastagnetten, auf dem anderen ein sitzender männlicher Harfner und eine weibliche Gauklerin, die einen Handstand vorführt. Beide Medaillons besitzen vier symmetrisch angeordnete Löcher zur Befestigung, wahrscheinlich waren sie zur Verzierung eines Kästchens vorgesehen. Sie sind hinsichtlich Größe, Technik, Farbgebung und Thema eng verwandt mit einem Medaillon im Musée Cluny in Paris (Cl. 14697), das einen Jäger zeigt, der einen Falken hält. Die dargestellten Szenen passen alle gut zur festlichen Atmosphäre des höfischen Lebens. Musiker und Tänzer waren im Mittelalter gesellschaftlich nicht besonders hoch angesehen, trotzdem waren ihre Künste sehr gefragt. Ähnliche Figuren, die nach den gleichen Vorlagen gefertigt wurden wie die dänischen Medaillons, finden sich auch auf weiteren Objekten, die in Limoges hergestellt wurden. Sie waren überwiegend, aber nicht ausschließlich, für weltliche Zwecke vorgesehen. Ein heute im Museum für Angewandte Kunst in Frankfurt am Main verwahrtes Gemellion, ein Wasserbehälter, der um das Jahr 1200 im Limoges hergestellt wurde, ist mit sechs kleinen Platten dekoriert, die Gott anbetende Engel darstellen, und einer zentralen Platte, die einen Geiger zeigt sowie einen Tänzer, der einen Handstand macht. Der Tänzer war eine durchaus mehrdeutige Figur, da der Handstand als sündig angesehen werden konnte – aber auch als Sinnbild für Demut. PGH

Lit.: Klamt 1997 ▪ Kat. New York 1970, Nr. 155 ▪ Liebgott 1986, S. 75–78 ▪ www.musee-moyenage.fr/collection/oeuvre.html (01.06.2017).

## 20

## Chansonnier provençal mit Miniaturen der Troubadoure

Venetien, Ende 13. Jahrhundert

Pergament | 78 Dichterminiaturen in historisierten Initialen und neun gemalte Initialen auf ziselierten Goldflächen | H. 35,0 cm, B. 24,5 cm, T. 7,0 cm; XIII + 188 Bll.

Paris, Bibliothèque nationale de France | Ms. fr. 12473, fol. 22r

Der in der französischen Nationalbibliothek in Paris aufbewahrte *Chansonnier provençal K* ist eine wohl gegen Ende des 13. Jahrhunderts in Venetien entstandene Sammelhandschrift mit provenzalischer beziehungsweise okzitanischer Troubadour-Lyrik, die vor allem wegen ihrer goldgefassten Initialen einige Berühmtheit genießt. Denn den ohnehin schon reich verzierten Text mit seinem in Rot und Blau gehaltenen Textschmuck schmücken rund 80 goldglänzende Initialen und zeigen eine dem jeweiligen Dichter zugeordnete Miniatur. Auf den Blättern 170 und 171 überliefert der Codex eines von zwei Richard Löwenherz zugeschriebenen Liedern: das politische Sirventes *Daufin, je'us vuoill derainier*, in dem Richard den Dauphin d'Auvergne sowie seinen Vetter Guy tadelt. Gefolgt wird der Text von der Antwort des Dauphins in Liedform sowie von einer *razo*, einer Schilderung der geschichtlichen Umstände des in den beiden Liedern ausgetragenen Konflikts. Auch andernorts hat Richard Spuren in diesem Codex hinterlassen, denn als Gönner und Beförderer provenzalischer Poesie trat Richard in die Fußstapfen seiner berühmten Mutter, Eleonore von Aquitanien. So findet er sich auch in mehreren der hier versammelten Lieder anderer Troubadoure besungen, als mehr oder weniger zahlungswilliger Mäzen, König und Kreuzfahrer. So wird er etwa vom Mönch von Montadon (Initiale fol. 121r) als freigebiger Gönner gepriesen, während Peire Vidal (Initiale fol. 27r) Richard als Grafen von Poitiers vor Gott und der Welt für seine schlechte Zahlungsmoral und einen nicht unternommenen Kreuzzug schilt.

PF

Lit.: Avril/Gousset 1984 ▪ Camps 2010 ▪ Lemaître/ Vielliard 2006.

## 21

## Greifenleuchter

Limoges (Dép. Haute-Vienne), drittes Viertel 12. Jahrhundert

Kupfer, vergoldet, Grubenschmelzemail | H. 19,8 cm, Dm. 7,5 cm

Mainz, Bischöfliches Dom- und Diözesanmuseum | S 052

Die auf stilisierten Tierfüßen stehende, konvex nach oben gewölbte Basis des Leuchters, der sich durch einen prachtvollen, buntfarbigen Grubenschmelz auszeichnet, zeigt in sechs Radialfeldern drei gegenläufig angeordnete Greifenpaare. Der darüber liegende Schaft, der von einem kugelförmigen, mit stilisierten Blüten bedeckten Nodus zweigeteilt wird, ist von dachziegelartig angeordneten Schuppen bedeckt. Der flache Rand der Traufschale ist mit stilisierten Ranken geschmückt.

Spätestens seit barocker Zeit, vielleicht aber auch schon im Mittelalter, diente der Kerzenleuchter nicht mehr seiner ursprünglichen Funktion, sondern als Reliquienträger für den sogenannten Stephanusstein. Wie die Kirchenrechnungen von St. Stephan in Mainz belegen, fasste im Jahre 1699/1700 »der Gold- und Silberschmied Georg Zinck […] den Stephansstein in Silber ein. […].« Bei dem hier erwähnten ›Stephanusstein‹ handelt es sich um eine in St. Stephan bis ins 20. Jahrhundert noch

erhaltene Reliquie, die der Scholaster Theobald von St. Stephan 1212, zusammen mit weiteren Reliquien, während einer Reise ins Heilige Land erstand. WW

Textfassung gekürzt, wiederabgedruckt aus:
Kat. Mainz 2004, S. 397 f., Nr. 61 (Winfried Wilhelmy).

22

## Einband des Lektionars aus dem Aegidienkloster zu Braunschweig

Niedersachsen, erstes Viertel 13. Jahrhundert; Limoges (Dép. Haute-Vienne), erstes Viertel 13. Jahrhundert, um 1195–1200 (Medaillons)

1707 durch Herzog Anton Ulrich von Braunschweig erworben und an die Abtei Corvey geschenkt, nach der Säkularisation 1803 an St. Nikolai, Höxter

Eichenholzkern, Bronze vergoldet, Kupfer graviert bzw. gepunzt und vergoldet, Grubenschmelz, Steine (Bergkristalle, daneben Amethystquarze, Glasflüsse, ein Kristall sowie ein Bandachat) sowie spätere Ergänzungen | Einband: H. 32,0 cm, B. 23,3 cm, T. 9 cm, Lektionar: Pergament, H. 32,0 cm, B. 23,5 cm, 32 Bll.

Paderborn, Erzbischöfliches Diözesanmuseum (Leihgabe der Pfarrei St. Nikolai, Höxter) | Pr 52

Bei einem Brand am 12. Mai 1278 wurden die Kirche und große Teile der übrigen Gebäude des von der letzten Brunonin, der Markgräfin Gertrud, im Jahr 1115 gestifteten Benediktinerklosters St. Aegidien zu Braunschweig nahezu vollständig zerstört. Auch bezüglich des Objektbestandes ist von großen Schäden auszugehen. Kirche und Kloster wurden innerhalb kurzer Zeit neu errichtet. Dass das Bemühen um eine rasche Wiederherstellung auch der Ausstattung des Klosters galt, darüber legt der hier gezeigte Einband Zeugnis ab: Er wurde aus ursprünglich nicht zusammengehörigen Teilen, die wohl von beim Brand beschädigten Bucheinbänden, Kästchen oder Reliquiaren stammen, montiert. Das Lektionar selbst wurde vermutlich in derselben Zeit wie der neu zusammengesetzte Einband für St. Aegidien geschaffen.

Unter einem dreifachen Bogenabschluss in der Mitte des Buchdeckels thront frontal die gekrönte Gottesmutter, Christus auf dem Schoß haltend. Die in vergoldetem Bronzeguss ausgeführte Madonna zeigt die Merkmale des späten Muldenfaltenstils und wird nach Niedersachsen lokalisiert. Die mit vegetabilen Gravuren geschmückten, vergoldeten und edelsteinbesetzten Kupferbleche des Einbandes tragen an den Ecken bronzegegossene und, mit Ausnahme des Engels, vollplastische Evangelistensymbole. Alle Figuren sind – obgleich nicht in derselben niedersächsischen Werkstatt produziert – Maué zufolge durch dieselbe Hand ziseliert worden.

Auf Beschlägen oberhalb und unterhalb der Gottesmutter findet sich je ein durchbrochen gearbeitetes Grubenschmelz-Medaillon. Beide zeigen den Kampf zwischen Mensch und Harpyie. Solche nahezu identischen, in ihrer Thematik dem höfischen Leben zuzuordnenden Medaillons finden sich unter anderem als Beschläge mittelalterlicher Kästchen. Sie entstanden zu Beginn des 13. Jahrhunderts, angefertigt in jenen Werkstätten in Limoges, die ihre Waren in ganz Europa verhandelten. Marie-Madeleine Gauthier verortet die sehr qualitätvoll gearbeiteten Medaillons – zu denen zwei direkte Parallelen im Victoria and Albert Museum in London existieren – in der Nähe der Werkstatt des Meisters Alpais, der, einer entsprechenden Inschrift zufolge, ein heute im Louvre bewahrtes Ziborium der Zeit um 1200 schuf. Sie sieht in ihnen zudem Exponenten eines durch das Haus Plantagenêt beförderten Stils. CR

Q.: Braunschweig, StadtA G II, 14, Nr. 1, S. 28 (Inventar Hofrat Rudemann) ▪ Münster, Westfälisches Staatsarchiv, Corvey Akten A V, Nr. 13, Bd. 4 (Register über die Praesenten, als Gemälde, guldene und silberne rare Medaillen, Kammerzierarten, und Bücher, so Ich[ro] D[ur]chl[aucht] Anton Ulrich Herzog zu Braunschw[eig] und Lüneb[urg] mir dem Herrn Fürsten Florentino vor und nach verehret haben [1714]).

Lit.: Gauthier/Antoine/Gaborit-Chopin 2011 ▪ Maué 1979 ▪ Kat. Paderborn 2014, S. 167–170, Nr. 43 ▪ Kat. Paris 1989, S. 257–259 ▪ Römer-Johannsen 1981 ▪ Römer-Johannsen/Maué 1978 ▪ Schneidmüller 1986 (vgl. zu der hier vorgeschlagenen Spätdatierung jedoch: Niedersächsisches Staatsarchiv Wolfenbüttel, 11, Alt Aegid. Fb 1, Nr. 1 (6), S. 28 von 1682).

23

## Thronender Christus (*Majestas Domini*)

Limoges (Dép. Haute-Vienne), erstes Drittel 13. Jahrhundert

Kupfer, graviert, vergoldet und emailliert, Kopf, Hände und Füße für sich gearbeitet und appliziert | Email stellenweise aufgebrochen, Vergoldung nur noch fragmentarisch erhalten, zahlreiche Löcher zur Befestigung an einem (heute verlorenen) Buchdeckel | H. 29,5 cm, B. 15,2 cm

Ludwigshafen am Rhein, Wilhelm-Hack-Museum | 457/4

Auf einem lapisblauen, reich ornamentierten Grund stellt diese Mitteltafel eines verlorenen Buchdeckels eine *Majestas Domini* dar: Umgeben von einer Mandorla thront mittig Jesus Christus, in einer Hand die Schrift haltend, die andere zum Segensgestus erhoben. Innerhalb der Mandorla wird er von verschiedenfarbigen Blüten umkreist, in den Ecken befinden sich die vier Evangelistensymbole. Engel (Matthäus), Löwe (Markus), Stier (Lukas) und Adler (Johannes) tragen jeweils Bücher respektive eine Schriftrolle bei sich als Symbol für das Wort Gottes. Diese Darstellungen gehen auf eine Vision des Propheten Ezechiel zurück (Hes 1,4–28), entscheidend ist aber vor allem ein Text des Bischofs Irenäus von Lyon, in dem von der »Viergestaltigkeit der Evangelien« die Rede ist und die vier Wesen mit den vier Evangelien gleichgesetzt werden.

Die Darstellungsform der *Majestas Domini* ist sehr häufig und taucht schon vor 500 n. Chr. in der Ostkirche auf. Sie ist ein beliebtes Motiv der Buchdeckelgestaltung, wie in diesem Fall, aber auch in der Sakralarchitektur, wo sie als Apsidialbild oder Tympanonmotiv Verwendung findet. Die Künstler im südwestfranzösischen Limoges, in deren Umfeld die *Maiestas Domini* entstanden ist, orientierten sich vermutlich an der französischen Kathedralplastik.

Die Stadt Limoges war im 12. und 13. Jahrhundert eine der wichtigsten Produktionsstätten für Emailarbeiten. Die Werkstätten führten sowohl Auftragsarbeiten von hoher künstlerischer Qualität aus als auch Serienproduktionen, die nach ganz Europa exportiert wurden. Markenzeichen der Limosiner Kunsthandwerker war das blaufarbene Email, das in beinahe alle Arbeiten eingesetzt wurde und ein Grund für die große Beliebtheit der Limosiner Arbeiten war. Das Material wurde für eine Vielzahl von unterschiedlichen Gegenständen verwendet, nicht allein für Buchdeckel, sondern auch für Kruzifixe oder Bischofsstäbe. Der Erfolg des Limosiner Handwerks lässt sich, neben der Qualität, auch durch die günstige Lage an bedeutenden Handelsstraßen begründen, die den einfachen Bezug von Rohstoffen ermöglichten und den Export förderten. Darüber hinaus lag Limoges im Herzen des Angevinischen Reiches und hatte daher im englischen Königshaus einen wichtigen Auftraggeber und Förderer. JN

Lit.: Kat. Köln 2003, S. 146 (Ulrich Bock) ▪ Kat. Ludwigshafen 1979, S. 26 (Christoph Brockhaus) ▪ Peter 2011, S. 10.

24

## Bischofsstab mit Mariä Verkündigung

Limoges (Dép. Haute-Vienne), zweites Viertel 13. Jahrhundert

Kupfer, graviert, vergoldet und im Grubenschmelzverfahren emailliert, Figurenschmuck teilweise appliziert | Email an vielen Stellen ausgebrochen | H. 29,0 cm, B. 16,0 cm

Ludwigshafen am Rhein, Wilhelm-Hack-Museum | 457/7

Wichtigstes Exportprodukt der Limosiner Werkstätten des 13. Jahrhunderts waren emaillierte, verzierte und meist mit einem Bildmotiv gestaltete Krümmen für Bischofsstäbe. Zu den häufigsten Themen gehörten der Kampf des hl. Michael mit dem Drachen, die Krönung Mariens durch Christus oder, wie bei der Krümme eines Bischofsstabes aus dem Wilhelm-Hack-Museum, Mariä Verkündigung. Solche freiplastischen Gestaltungen des Innenraums der Volute treten seit dem frühen 13. Jahrhundert in Limoges auf und verdrängen bis spätestens 1220 den bis dahin üblichen Typus einer Rankenspirale mit Blütenpalmette.

Im ausgesparten Kreis der Krümme steht Maria, von ihrem Sitz erhoben und die Schrift in der Hand, ihr gegenüber befindet sich der Erzengel Gabriel. In der Hand hält er ein Blütenzepter, das, ähnlich der Lilie, auf die jungfräuliche Geburt verweist. Die Krümme selbst ist als Schlangenleib gestaltet. Auch der Schaft ist mit vier applizierten Schlangen verziert, deren Köpfe nach unten weisen und die unterhalb des mit Punzen sowie Eidechsen verzierten Mittelknaufs kringelförmig enden. Schlangen waren ein beliebtes Verzierungselement der Limosiner Bischofsstäbe. So weisen auch die etwas älteren Krümmen aus den Gräbern Bischof Arnolds und Erzbischof Gerhards II. solche Verzierungen auf. Die marginalen Unterschiede zwischen diesen drei Limousiner Stäben machen die Beliebtheit dieses Typus deutlich und weisen auf die umfangreiche Produktion in Limoges hin. Zudem ist davon auszugehen, dass die kunsthandwerkliche Herstellung im frühen 13. Jahrhundert auf etablierte Modelle zurückgriff. Auch die Konstruktion der Limosiner Stäbe aus dieser Zeit verdeutlicht, dass es sich um Werke einer wertigen Serienproduktion handelt: Sie besteht aus drei separat gegossenen und später miteinander verbundenen Teilen, wodurch das Herstellungsverfahren vereinfacht wurde. Die Limosiner Krümmen des frühen 13. Jahrhunderts sind frühe Belege für den Wandel mittelalterlicher Werkstätten hin zu einer rationalisierten und vereinfachten Produktion. JN

Lit.: Kat. Ludwigshafen 1979, S. 32, Nr. 7 (Christoph Brockhaus) ▪ Peter 2011, S. 72 ▪ Taburet-Delahaye 1996, S. 36.

25

## Mittelplatte (wahrscheinlich eines Vortragekreuzes)

Limoges (Dép. Haute-Vienne), Anfang 13. Jahrhundert

Kupfer, graviert, emailliert und vergoldet | Teile des Emails ausgebrochen, Vergoldung nur noch fragmentarisch vorhanden, zahlreiche Lochbohrungen zur Montierung | H. 39,5 cm, B. 23,5 cm

Ludwigshafen am Rhein, Wilhelm-Hack-Museum | 457/3

Das gelb-grüne und durch die Ähnlichkeit mit Pflanzendarstellungen als ›Baum des Lebens‹ gekennzeichnete Kreuz hebt sich deutlich vom lapisblauen und mit zahlreichen verschiedenfarbigen Rosetten verzierten Grund ab. Der Corpus Christi mit leicht zur Seite geneigtem, aufgesetztem Kopf, nur wenig durchhängenden Armen und nebeneinander stehenden Füßen, ist im für die Romanik üblichen Viernageltypus dargestellt. Obwohl durch die Neigung des Kopfes und die geschlossenen Augen als bereits toter Christus dargestellt, ähnelt er der bis nach der Jahrtausendwende üblichen Darstellung des lebendigen, über Tod und Sünde triumphierenden Christus. Einziger Verweis auf die erlittenen Qualen sind die rot gefärbten Stigmata.

Dieses Fragment war vermutlich Teil eines Vortragekreuzes, wie es etwa für Prozessionen genutzt wurde, das aber auch, im Gegensatz zu den gotischen Hängekreuzen, im Zuge der sich verändernden Riten des Gottesdienstes, auf den Altar gestellt werden konnte. Dieser Typus eines kleinformatigen Kruzifixes mit eingravierten oder emaillierten Darstellungen des Gekreuzigten entstand zu Beginn des 12. Jahrhunderts in ganz Europa. In Limoges, einem wichtigen Zentrum ihrer Herstellung, gehörten solche Vortragekreuze bereits 100 Jahre zuvor zu den beliebtesten Exportprodukten. Die Vielfarbigkeit der Gestaltung zeugt von der Pracht der liturgischen Gebrauchsgegenstände aus der französischen Stadt (vgl. Kat.Nr. 60–62). JN

Lit.: Barriere 1996 ▪ Taburet-Delahaye 1996 ▪ Kat. Ludwigshafen 1979, S. 24, Nr. 3 (Christoph Brockhaus) ▪ Peter 2011.

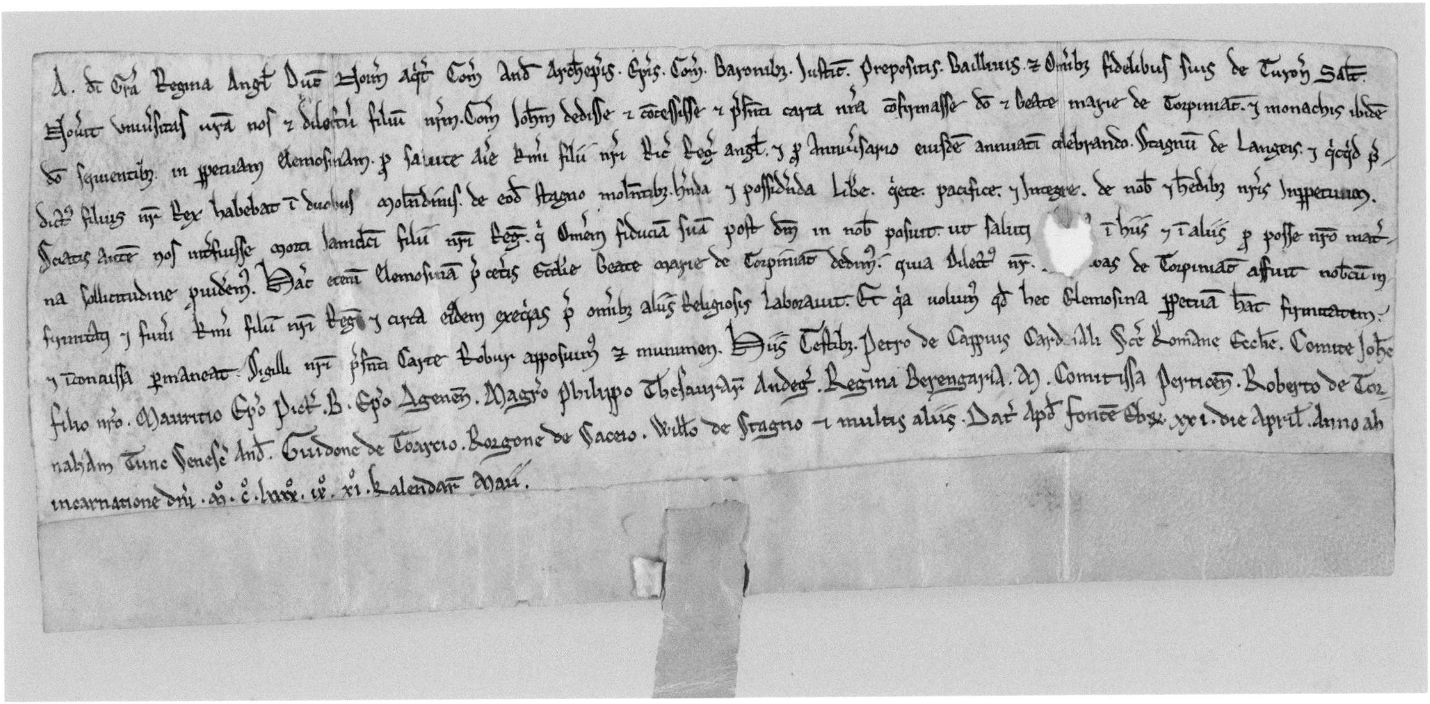

26

## Stiftung eines Jahrgedächtnisses für Richard I. Löwenherz

Frankreich, Abtei Fontevraud (Dép. Maine-et-Loire), 21. April 1199

Pergament | Reste eines angehängten Siegels auf Pergamentstreifen | H. 12,0 cm, B. 24,0 cm

Paris, Archives nationales | J//460, 489, Fondations, I, n°4

Eleonore, Königin von England, Herzogin der Normandie und Aquitaniens, Gräfin von Anjou und Mutter Richards I. Löwenherz, stiftete mit dieser Urkunde etwa zwei Wochen nach dem Tod ihres Sohnes ein Jahrgedächtnis für dessen Seelenheil. Zu diesem Zweck schenkte sie der Kirche der Heiligen Maria von Turpenay (Dép. Indre-et-Loire) und den dort lebenden Mönchen das Gewässer von Langeais (Dép. Indre-et-Loire) und zwei Mühlen samt ihrem Ertrag. Im Gegenzug schlossen die Mönche den verstorbenen König alljährlich zu seinem Todestag in ihre Gebete mit ein. Die *Memoria*, das Totengedenken, ging als soziale Praxis im Mittelalter weit über den religiösen oder liturgischen Bereich hinaus. Durch die *Memoria* blieben die Toten gegenwärtig und Teil der Gesellschaft. Besonders für den Adel war sie auch Ausdruck dynastischer Selbstdarstellung und politischer Programmatik und diente damit der Herrschaftslegitimierung und -sicherung.

Aus der Urkunde geht hervor, dass Eleonore beim Tod Richards in Châlus-Chabrol anwesend war. Richard erlag zehn Tage nachdem er von einem Armbrustbolzen getroffen worden war seiner Verletzung, es blieb ihr also noch Zeit, an sein Sterbebett zu eilen. Laut Urkundentext setzte der sterbende Richard all sein Vertrauen bezüglich der Sorge für sein Seelenheil – neben Gott – in die Fürsorge seiner Mutter. Außerdem findet sich in der Urkunde eine Erklärung dafür, warum gerade die Mönche von Tourpenay bedacht wurden: Der Abt der Gemeinschaft hatte gemeinsam mit Eleonore Sterben und Tod des Königs begleitet und sich bei den Trauerfeierlichkeiten vor allen anderen Geistlichen besonders hervorgetan.

Gemäß seinem eigenen Wunsch wurden die Eingeweide Richards I. Löwenherz in Charroux im Poitou beigesetzt, das Herz in der Kathedrale von Rouen und der restlicher Körper am 11. April in der Abtei Fontevraud bestattet.

Wir wissen nicht, wie eifrig die Mönche für Richards Seelenheil beteten, allerdings blieb das Gedenken an Richard I. Löwenherz wohl weniger durch frommes Gebet erhalten als durch die zahlreiche Mythen und Legenden, die sich um sein Leben und Sterben ranken.

ASN

Q.: www.siv.archives-nationales.culture.gouv.fr/siv/UD/FRAN_IR_000416/d_496 (24.06.2017).

Lit.: Berg 2007 ▪ Oexle 1995 ▪ Turner 2009b, S. 278.

27 ▸

### Gisant Heinrichs II. († 1189, Chinon)

letztes Viertel 12. Jahrhundert

Gips | L. 217,0 cm

Paris, Cité de l'architecture et du patrimoine | Musée des Monuments français | MOU.06376

28 ▸

### Gisant Eleonores von Aquitanien († 1204, Abtei Fontevraud)

erstes Viertel 13. Jahrhundert

Gips | L. 184,0 cm

Paris, Cité de l'architecture et du patrimoine | Musée des Monuments français | MOU.06378

29 ▸

### Gisant Richards I. Löwenherz († 1199, Châlus)

erstes Viertel 13. Jahrhundert

Gips | L. 209,0 cm

Paris, Cité de l'architecture et du patrimoine | Musée des Monuments français | MOU.06377

Gipsabgüsse nach den originalen, in situ erhaltenen Grabplatten aus farbig gefasstem Kalkstein, 1912 angefertigt durch die Gipswerkstatt des Musée de Sculpture comparée in Paris.

Das Musée des Monuments français in Paris beherbergt in seiner Sammlung die Gipsabgüsse von vier berühmten Grabfiguren aus der alten königlichen Abtei Fontevraud (Dep. Maine-et-Loire), die 1099 von Robert von Arbrissel gegründet wurde. Die Bildnisse zeigen Heinrich II. aus dem Hause Plantagenêt, seit 1154 König von England, seine Frau Eleonore von Aquitanien, ihren gemeinsamen Sohn König Richard I., genannt Löwenherz, und schließlich Isabella von Angoulême (nicht gezeigt, Ehefrau von Johann Ohneland). Vor der Französischen Revolution konnten außerdem noch die Bildnisse zweier weiterer Angehöriger des Königshauses Plantagenêt in Fontevraud besichtigt werden: Sie zeigten Johanna von England († 1199), Tochter Heinrichs II. und Eleonores von Aquitanien, und ihren Sohn, Raimund VII. von Toulouse († 1249). Die beschädigten Überreste des ruhenden Abbilds Raimunds wurden während einer archäologischen Ausgrabung entdeckt, die zwischen 1986 und 1988 im Nordarm des Querschiffs der Abtei durchgeführt wurde.

Die Grabfiguren sind überlebensgroß und tragen idealisierte Gesichtszüge. Heinrich II. und Richard Löwenherz sind mit den Zeichen der Königswürde ausgestattet: Krone, Zepter und Schwert. Eleonore von Aquitanien, die ebenfalls mit Krone dargestellt ist, hält ein Gebetbuch in ihrer Hand. Alle Figuren liegen wie feierlich aufgebahrt da, die Augenlider sind ganz oder halb geschlossen. Die Originale sind alle aus Kalkstein gearbeitet, mit Ausnahme der liegenden Figur Isabella von Angoulêmes, welche aus Holz gefertigt ist. Die farbige Fassung der Originalskulpturen stammt von massiven Übermalungen, welche überwiegend 1846 erfolgten (vgl. Beitrag Prigent, S. 348 f., Abb. 2). Aufgrund der historischen Bedeutung und des künstlerischen Wertes der Gisants erschien die Herstellung von Abgüssen in der ersten Hälfte des 19. Jahrhunderts gerechtfertigt. Diese Kopien wurden im Palast von Versailles in der Galerie der Grabmäler ausgestellt, neben anderen Abgüssen von Denkmälern und Bildnissen bedeutender Personen aus der Geschichte der Grande Nation. Die ruhenden Figuren von Fontevraud wurden mit Sicherheit auch im Musée de l'Histoire de France gezeigt, das 1832 durch König Louis-Philippe gegründet und »allen Herrlichkeiten Frankreichs« gewidmet war. Ein erneuter Abguss der Originalskulpturen war für 1879 geplant, im Zusammenhang mit der Organisation des Musée de Sculpture comparée, dem Vorgänger des Musée des Monuments français. Dieses Museum, das von dem Architekten und Wegbereiter der Restaurierung historischer Denkmäler in Frankreich, Eugène Viollet-le-Duc, gegründet wurde, beinhaltete seit seiner Eröffnung im Jahr 1882 Gipsabgüsse der wichtigsten mittelalterlichen Skulpturen. Es sollte jedoch noch drei Jahrzehnte dauern, bis 1912 die Figuren aus Fontevraud als Meisterwerke des französischen Kulturerbes abgegossen wurden.

JMH

Lit.: Erlande-Brandenburg 1964 ▪ Erlande-Brandenburg 1975b ▪ Finance 2010 ▪ Kat. Les Lucs-sur-Boulogne 2016 ▪ Panofsky 1992.

Kapitel III

# Richard I. Löwenherz

» Er war von großer Gestalt und anmutiger Erscheinung, mit rötlichen Haaren; seine Gliedmaßen waren gerade und gelenkig, seine Arme lang und unübertroffen in der Fähigkeit ein Schwert zu führen und mit ihm zuzuschlagen […]. «

RICHARD DE TEMPLO, *ITINERARIUM PEREGRINORUM ET GESTA REGIS RICARDI*

# Richard Löwenherz als Herrscher

John Gillingham

War Richard Löwenherz ein guter Herrscher? Um diese Frage zu beantworten, müssen wir zunächst einmal bestimmen, über wen er eigentlich herrschte. In den vergangenen 500 Jahren und auch heute noch wird Richard vornehmlich als Herrscher über die Engländer wahrgenommen, doch das Reich, das er 1189 erbte, hatte sein Vater Heinrich II. durch Erbschaft, Heirat und Krieg erheblich ausdehnen können (Abb. 1). Die Legende auf Richards Siegel lautet »*rex Anglorum, dux Normannorum et Aquitanorum et comes Andegavorum*«: Er herrschte nicht nur über die Engländer, sondern auch über die Normannen, Aquitanier und Angeviner und damit über einen Großteil von Nord- und Westfrankreich, und die Bewohner des gesamten Reichs waren an den großen Erfolgen und Misserfolgen seiner Herrschaft beteiligt oder von ihnen betroffen. Auf dem Dritten Kreuzzug kommandierten der Erzbischof von Auch und der Bischof von Bayonne Schiffe seiner Flotte; Simon d'Avranches, Aimeri de Thouars und die Bischöfe von Limoges und Saintes gehörten zu seinen zahlreichen Besuchern in Speyer. Untertanen aus dem gesamten Reich steuerten zu seinem Lösegeld bei. Zusätzlich kamen Wales, Irland und die Bretagne unter seinen Einfluss, denn der Herr über Irland war sein jüngerer Bruder Johann, während sein zweijähriger Neffe Arthur in der Bretagne von dessen Mutter Herzogin Konstanze vertreten wurde (Abb. 2). Durch die Kreuznahme im Jahr 1187 hatte Richard seine Bereitschaft gezeigt, sich auch in entlegeneren Gebieten politisch und militärisch zu engagieren, doch sein Kreuzzugsgelübde verhalf ihm auch zu der Erkenntnis, dass sich das Reich seines Vaters zumindest in einer Richtung zu weit ausdehnte.

Bevor ein König ins Heilige Land ziehen konnte, musste er Frieden mit seinen Nachbarn schließen. Auf den Britischen Inseln war das keineswegs einfach. Heinrich II. hatte seine Verweigerung der Kreuznahme 1185 mit der Notwendigkeit begründet, England vor den walisischen und schottischen Barbaren beschützen zu müssen. Dem anglo-walisischen Chronisten Gerald von Wales zufolge hofften die Waliser »beständig darauf, die ihnen von den Engländern fortgenommenen Ländereien zurückzugewinnen« (Gerald von Wales, De rebus a se gestis [RerBrit 21,1] S. 60). Und in der Tat: Auf die Nachricht von Heinrichs Tod hin griff Rhys ap Gruffydd, der mächtigste der walisischen Fürsten und Herrscher über das südwalisische Fürstentum Deheubarth, umgehend die englischen Machtzentren in Südwales an. Der von Richard als Friedensstifter entsandte Gerald bemühte sich umsonst: Rhys zog bis zu seinem Tod 1197 immer wieder gegen England zu Felde – wenn er nicht gerade gegen seine eigenen Söhne Krieg führte. Bei den anderen walisischen Fürsten hatte Richard mehr Erfolg. Drei Wochen nach seiner Krönung schloss er mit ihnen bei einem Treffen in Worcester ein Friedensabkommen, das sogar während der Zeit seiner Gefangenschaft standhielt. Da die Waliser und Schotten sonst keine Gelegenheit zum Überfall auf England ausließen, ist diese Zurückhaltung gegenüber Richards Gebieten 1193/94 bemerkenswert. König Wilhelm I. von Schottland steuerte sogar zu Richards Lösegeld bei, aber das mag wohl daran gelegen haben, dass Richard die Schotten 1189 gegen ein Handgeld von zehntausend Mark aus der englischen Oberherrschaft entlassen hatte, in die sein Vater sie einst zwang. Wunschlos zufrieden waren die Schotten indes nicht: Das 1157 von Heinrich II. eroberte Northumbrien bekamen sie nicht zurück. Dennoch reiste Wilhelm nach Winchester, um Richards Festkrönung nach seiner Rückkehr aus Deutschland beizuwohnen, und 1195 vereinbarten die beiden Herrscher die Ehe zwischen Richards Neffen Otto (dem späteren Kaiser Otto IV.) und Wilhelms Tochter, der voraussichtlichen Erbin des schottischen Thrones. Wie so viele diplomatische Bemühungen lief auch diese ins Leere, als Wilhelms Gemahlin später einen Sohn gebar, doch die Beziehungen zwischen den Königen blieben freundlich. Bis zum heutigen Tage ist Richard Löwenherz der einzige englische König des Mittelalters, dem schottische Nationalisten etwas abgewinnen können.

Mit seinem Reich erbte Richard einen ungewöhnlich hoch entwickelten Regierungsapparat. In den wichtigsten Provinzen kümmerten sich von ihm eingesetzte hohe Beamte um

1 Grabfigur Richards I. Löwenherz in der Abtei Fontevraud (Detail), um 1200 ▪ © akg-images / Erich Lessing.

2 Karte der Insel Großbritannien, Matthew Paris, *Abbreviatio chronicorum Angliae*, St. Albans, 13. Jahrhundert ▪ London, The British Library, Cotton MS Claudius D. VI, fol. 12v.

die Regierungsgeschäfte: In der Normandie, im Anjou und in Aquitanien war dies der *sénéchal*, in England die *justiciars*. Weitere Beamte waren auf lokaler Ebene tätig: *baillis, vicomtes* und *prévôts*; *sheriffs* und *reeves*. Um dieses System zu kontrollieren und zu koordinieren, waren Richard und sein Hof ständig unterwegs – von Bayonne und Bordeaux im Süden bis Nottingham und Northampton im Norden. Der jeweilige Aufenthaltsort des Königs wurde unweigerlich zum Zentrum einer regen Verwaltungstätigkeit, bei der es vor allem um die Auszahlung oder Erhebung von Geldern ging. Der gängige Verwaltungsbrief wog so wenig, dass ein Bote hunderte davon bei sich tragen konnte. Als Herrscher über die fruchtbaren Lande und wohlhabenden Hafenstädte am Ärmelkanal und der gesamten Atlantikküste nördlich der Pyrenäen konnte Richard – genau wie vor ihm sein Vater – über ein gewaltiges Steuer- und Zollaufkommen verfügen. So beschrieb ein österreichischer Geistlicher Richard auf dem Kreuzzug als »den Ersten und Vordersten der gesamten christlichen Ritterschaft, denn er übertraf alle anderen an Land und Reichtum« (Historia de expeditione Friderici imperatoris [MGH SS rer. Germ. N.S. 5], S. 98).

3 Vorderseite des ersten Königssiegels Richards I. Löwenherz ▪ Abdruck angefertigt nach einem Original der Archives nationales, Paris (Douet d'Arcq 10007). Foto: Carolin Breckle.

Das sogenannte Angevinische Reich war alles andere als einheitlich. Das Kerngebiet umfasste England, die Normandie, das Anjou und das Poitou; am Rande reihten sich die Gascogne und die Bretagne, Wales und Irland an. Jedes Gebiet blickte auf eine eigene Geschichte zurück, aus der eigene Institutionen und Gesetze hervorgegangen waren. Jeder Herrscher behauptete gerne von sich, dem lokalen Brauch zu folgen – besonders dann, wenn er gerade dabei war, diesen seinen eigenen Zwecken anzupassen. In der Praxis stellten sich die angesichts solcher Herausforderungen wie der Finanzierung eines Kreuzzugs getroffenen Verwaltungsmaßnahmen jedoch überall ähnlich dar. Die Erhebung des »Saladin-Zehnts« 1188 verlief zum Beispiel im gesamten Reich auf die gleiche Weise. Die Verwaltungsbürokratie war in England und in der Normandie am stärksten ausgeprägt und so stammt auch der Großteil der erhaltenen offiziellen Dokumente aus diesen beiden Gebieten (Abb. 3). In England hatten die normannischen Könige auf der Grundlage des angelsächsischen Finanzsystems das Schatzamt eingerichtet, dessen Aufzeichnungen von Abrechnungen des Exchequers beinahe lückenlos von 1155/56 bis 1832 erhalten sind. Der sich seiner Rolle als innovativer Autor sehr bewusste Richard von Ely († 1198) spricht in seinem *Dialog über das Schatzamt* (lat. *Dialogus de scaccario*) von den »eigenen Gesetzen« dieser Institution. »Überfluss oder Mangel an Mitteln senken oder steigern ja die Macht der Fürsten«, erklärt er und sieht die Schatzbeamten in der Verantwortung, in ihrem Pflichtgefühl niemals nachzulassen: »Vielmehr ziemt ihnen beim Sammeln, Verwahren und Verteilen Gewissenhaftigkeit und Hingabe, da sie gleichsam Rechenschaft abzulegen haben über den Zustand des Reiches, das mit Hilfe eben dieser Mittel unversehrt erhalten bleibt.« (Richard von Ely [hg. v. Siegrist], S. 4–7).

Bereits in den 1190er Jahren wurden Abschriften von Urkunden und anderen englischen Besitzrechtstiteln in der Schatzkammer von Westminster aufbewahrt. Ähnliche Verwaltungsstrukturen gab es in der Normandie – was kaum überrascht, denn viele Grundbesitzer besaßen auf beiden Seiten des Ärmelkanals Ländereien. Selbst aus der Gefangenschaft heraus konnte Richard dieses System kontrollieren, zumindest nachdem er im Juni 1193 den von Heinrich VI. gestellten Bedingungen zugestimmt hatte. Wer nun eine königliche Urkunde benötigte, musste nach Speyer oder Worms reisen, wobei der Wert der für England ausgestellten Dokumente nach 1204 sehr viel verlässlicher war als der von Urkunden für französische Bittsteller. 1193 gelang es Richard zudem, seinen bevorzugten Kandidaten für das Amt des Erzbischofs von Canterbury durchzusetzen, so dass sein treuer Kreuzzugsgefährte Hubert Walter »frei gewählt« wurde – trotz aller Versuche des rivalisierenden Savaric von Bath, durch seine Verwandtschaft mit dem Kaiser zu punkten.

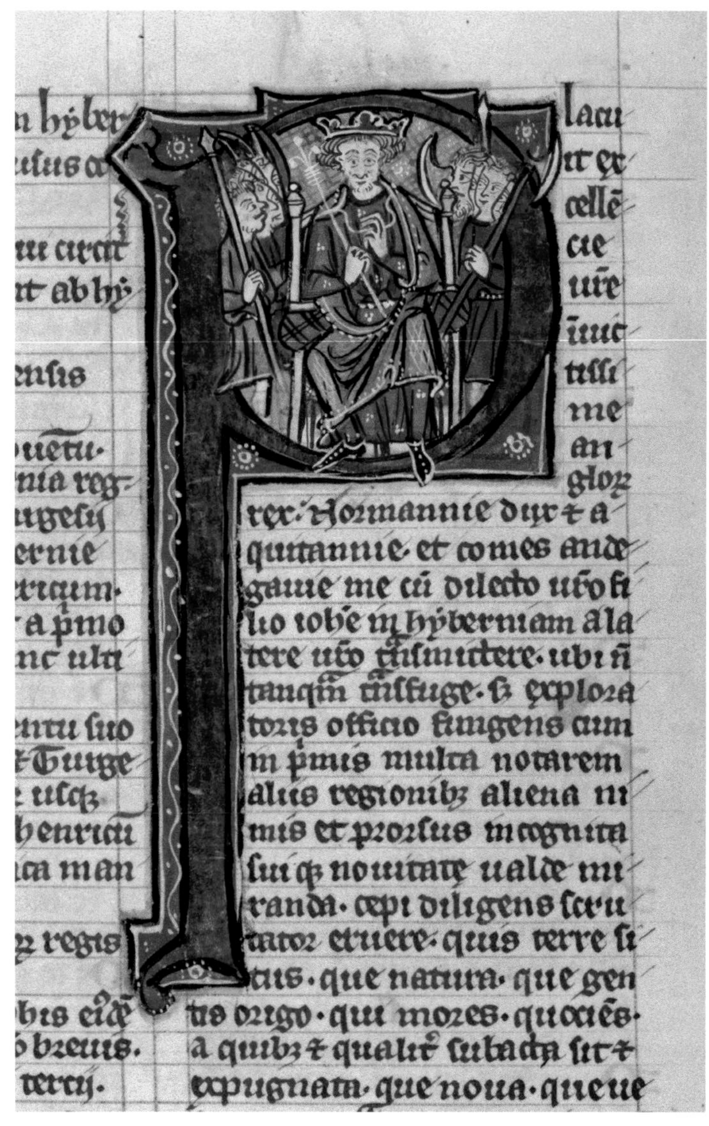

4 Der thronende Heinrich umgeben von seinen Soldaten, Gerald von Wales, *Topographia Hiberniae*, England, 1200–1500 ■ Cambridge, University Library, Ms. Ff.1.27, S. 262 (Detail).

Besonders englische Historiker neigen zu der Annahme, die angevinische Regierung sei in England stark, in der Normandie einigermaßen solide und zum Süden hin zunehmend schwach gewesen. Dennoch gibt es Anzeichen dafür, dass viele Menschen damals die Herrschaft der Bürokraten äußerst lästig fanden. Das Interesse der Schatzmeister am Landbesitz und an den Finanzquellen der Barone konnte auch als Form der Unterdrückung empfunden werden. So fand die Rebellion seiner Söhne gegen Heinrich II. 1173/74 in England sehr viel mehr Unterstützung als in der Normandie oder im Anjou und in Aquitanien (Abb. 4). In Frankreich war die Normandie das angevinische Gebiet mit der am stärksten ausgebauten Bürokratie, in der Gascogne war sie am schwächsten. Dennoch verlor Richards Nachfolger Johann 1203/04 die Normandie, während die Gascogne den Königen von England bis ins 15. Jahrhundert erhalten blieb.

Das Angevinische Reich war mehr als eine Gebietsansammlung; es war auch eine Seemacht, deren Zusammenhalt auf den gemeinsamen Interessen einer Reihe zunehmend voneinander abhängiger Wirtschaftsräume beruhte. Dabei waren Hafenstädte wie Bayonne, La Rochelle und Bordeaux als Zentren des Salz- und Weinhandels von besonderer Bedeutung. Als Richard 1189 den Thron bestieg, hatte er schon 15 Jahre Herrschaftserfahrung in Aquitanien (Poitou und Gascogne) hinter sich. Sein Kreuzzug zeigt zudem, dass ihm die Bedeutung der Herrschaft zur See durchaus bewusst war. Wenn die Eliten des Aunis und der Gascogne – Weinbauern, Händler und Seeleute – es als lohnenswert betrachteten, für den König von England zu kämpfen, dann auch, weil seine Herrschaft ihnen den Zugang zu den lukrativen Märkten Nordwesteuropas sicherte.

Politische Stabilität hing vor allem davon ab, ob ein Herrscher die Reichen und Mächtigen zu führen wusste – die Kaufleute und vor allem die adeligen Landbesitzer. Die Grundbesitzer in England und der Normandie waren Lehensmänner des Königs, ihre Witwen und minderjährigen Erben standen unter seinem ganz besonderen Schutz. Die Verwaltung führte daher genau Buch über das Hab und Gut der Witwen, Knaben und Mädchen in seiner Obhut. Als Richard die verwitwete Gräfin von Aumale zunächst seinem späteren Flottenkommandanten Guillaume de Forz (Herr von Fors im Poitou) und nach dessen Tod Baudouin de Béthune (einem seiner Gefährten während des Dritten Kreuzzugs) zur Gemahlin gab, machte er sie damit über Nacht zu Millionären. Die umfassende Kontrolle über die Erbschaften und Ehen der Reichen verlieh dem König als Schutzherrn zunächst einmal enorme Macht, doch wenn er diese ungeschickt ausspielte, machte er sich womöglich genau die Familien zu Feinden, auf deren Unterstützung er letztendlich angewiesen war. Der Prüfstein des Herrschens war, ob ein König die Spielregeln des Lehenssystems für sich zu nutzen wusste oder nicht. Letzteres war bei Richards jüngerem Bruder Johann der Fall (Abb. 5), und auch Richard machte einige Fehler, wobei keiner so fatal war wie seinerzeit die Ernennung von Thomas Becket zum Erzbischof von Canterbury durch Heinrich II. Insgesamt erwies sich Richard als talentierter Akteur, indem er zum Beispiel hoch angesehene Ritter wie William Marshal und André de Chauvigny belohnte. Ein zuverlässiger Beamter konnte ebenfalls mit Beförderung rechnen, wie etwa Magister Philipp von Poitou, der 1193 in Worms Briefe von entscheidender Bedeutung aufgesetzt hatte: Er wurde zum Bischof von Durham gewählt.

5 Grabfigur Johann Ohnelands aus dem Jahr 1232, Kathedrale von Worcester ▪ © Granger Historical Picture Archive / Alamy Stock Foto.

Wie sein Vater war auch Richard nicht unangreifbar. Das betraf vor allem die Gebiete an der unendlich langen Grenze zum Herrschaftsbereich des Königs von Frankreich: den Osten der Normandie, die Touraine, das Berry und das Limousin. Umgekehrt galt das Gleiche für den König von Frankreich, dessen Herrschaft besonders dort fragil war, wo sein sehr viel kleineres Reich an die angevinischen Gebiete grenzte. Theoretisch waren die Plantagenêts mit ihren Gebieten auf dem Festland zwar Vasallen des Königs von Frankreich, doch faktisch hatten sie die politischen – besonders finanzpolitischen – Hebel der Macht in ihrem Herrschaftsbereich so fest in der Hand, dass das offizielle Lehensverhältnis weder Heinrich II. noch Richard I. jemals merklich einschränkte. Tatsächlich war die Frage manchmal weniger, ob der französische König die Gebiete der Plantagenêts bedrohte, als vielmehr, ob nicht die reichen Plantagenêts das vergleichsweise arme französische Königreich schlucken würden. Allerdings kam es zu einer jähen Änderung der Machtverhältnisse, als Richard Herzog Leopold V. von Österreich in die Hände fiel. Philipp packte die Gelegenheit beim Schopfe, in die Normandie einzumarschieren. Mehrere Grenzfürsten wechselten zudem die Fronten, aber nicht ganz so viele, wie sich 1173/74 gegen Heinrich II. auf die Seite Ludwigs VII. geschlagen hatten. Offensichtlich wurde selbst ein gefangener Richard Löwenherz immer noch höher geachtet als damals sein Vater. Dennoch bedeuteten die während der Gefangenschaft erlittenen Verluste, besonders von Gisors und dem normannischen Teil des Vexin, dass er den Rest seines Lebens dem Kampf um die Rückgewinnung dieser Gebiete widmete. Château Gaillard weist ihn als geschickten Burgenbauer aus, die 1196 geschmiedeten Bündnisse mit den Grafen von Flandern und Toulouse, ebenso wie seine Maßnahmen zur Sicherung der Wahl seines Neffen Otto zum römisch-deutschen König 1198 (eine süße

Rache für die 1193/94 erlittene Demütigung) als nicht minder geschickten Diplomaten. Sein Tod in einer weiteren Grenzregion, dem Limousin, war der Preis für seine Überzeugung, der König müsse mit den Truppen an vorderster Front kämpfen, um ihre Moral zu stärken.

Zu Lebzeiten und über Jahrhunderte nach seinem Tod galt Richard I. als großer Herrscher (Abb. 6). Mochte auch so mancher englische Chronist über die von ihm erhobenen Steuern murren (wie auch Philipps Untertanen über die Ansprüche ihres Königs auf ihren Geldbeutel klagten), keiner zweifelte daran, dass Richard das viele Geld für gute Zwecke ausgab: den Kreuzzug, sein Lösegeld, die Rückgewinnung der 1193 verlorenen Gebiete. Aus diesem Grunde, und obwohl Richard seine Untertanen stärker besteuerte als zuvor Heinrich II., bemerkte William von Newburgh in den späten 1190er Jahren, »beklagen die Menschen sich nun weniger, da sie mit Skorpionen gestraft werden, als zuvor, wo sein Vater sie mit der Peitsche züchtigte.« (Wilhelm von Newburgh, Historia Rerum Anglicarum [RerBrit 82,1], S. 283). Wenige Jahre später bezeichnete ein Londoner Autor ihn als *stupor mundi* (BL Add MS 14252, ff 86–7, abgedruckt in Gillingham 2006b, S. 397–411). Dem englischen Chronisten des 14. Jahrhunderts Ranulf Higden zufolge bedeutete Richard den Engländern das Gleiche wie Alexander den Griechen, Augustus den Römern und Karl der Große den Franzosen (Ranulf Higden, Polychronicon [RerBrit 41,5], S. 336). Jean de Joinville legte in seiner Biografie von Philipps Enkel Ludwig dem Heiligen diesem die Worte in den Mund, Richard sei »li plus grans roys des Crestiens« gewesen (Johann von Joinville, Histoire [hg. v. Wailly], S. 199). Selbst eifrige Anhänger seiner größten Feinde konnten ihm viel abgewinnen. So schrieb Wilhelm der Bretone, der Verfasser einer Lobschrift auf Philipp, dass England sich keinen besseren König als Richard hätte wünschen können, wenn dieser nur gottesfürchtig gewesen wäre und dem König von Frankreich die Treue gehalten hätte (Wilhelm der Bretone, Philippidos [hg. v. Delisle], Bd. 2, Buch V, Z. 607–611). In den Augen der Biografen Saladins hingegen hatte sich Richard eher zu gottesfürchtig gezeigt, doch sie stimmten mit dem Urteil des islamischen Chronisten Ibn al-Athir überein, der Richard als »den hervorragenden Mann seiner Zeit im Hinblick auf Tapferkeit, Klugheit, Standhaftigkeit und Widerstandskraft« beschrieb (Ibn al-Athir, Al-Kamil Fi'l-Ta'rikh [hg. v. Richards], S. 387). Es ist eine Ironie der Geschichte, dass gerade Richards Verhalten auf dem Dritten Kreuzzug, als seine Herrschaftsmacht sehr viel geringer war als auf seinen Reisen im heimischen Gebiet, ihn auf den Höhepunkt seines Ruhms führte. Erst viele Jahrhunderte später, als die Historiker eines protestantischen Großbritannien den Kreuzzug als unsinniges Blutvergießen und sinnlose Geldverschwendung verurteilten, wurde Richard zu dem König, der England vernachlässigt hatte.

Q.: Gerald von Wales, De rebus a se gestis (RerBrit 21,1) ▪ Historia de expeditione Friderici imperatoris (MGH SS rer. Germ. N.S. 5) ▪ Ibn al-Athir, Al-Kamil Fi'l-Ta'rikh (hg. v. Richards) ▪ Johann von Joinville, Histoire (hg. v. Wailly) ▪ Ranulf Higden, Polychronicon (RerBrit 41,1–9) ▪ Richard von Ely (hg. v. Siegrist) ▪ Wilhelm der Bretone, Philippidos (hg. v. Delisle) ▪ Wilhelm von Newburgh, Historia Rerum Anglicarum (RerBrit 82,1).

Lit.: Gillingham 2006c.

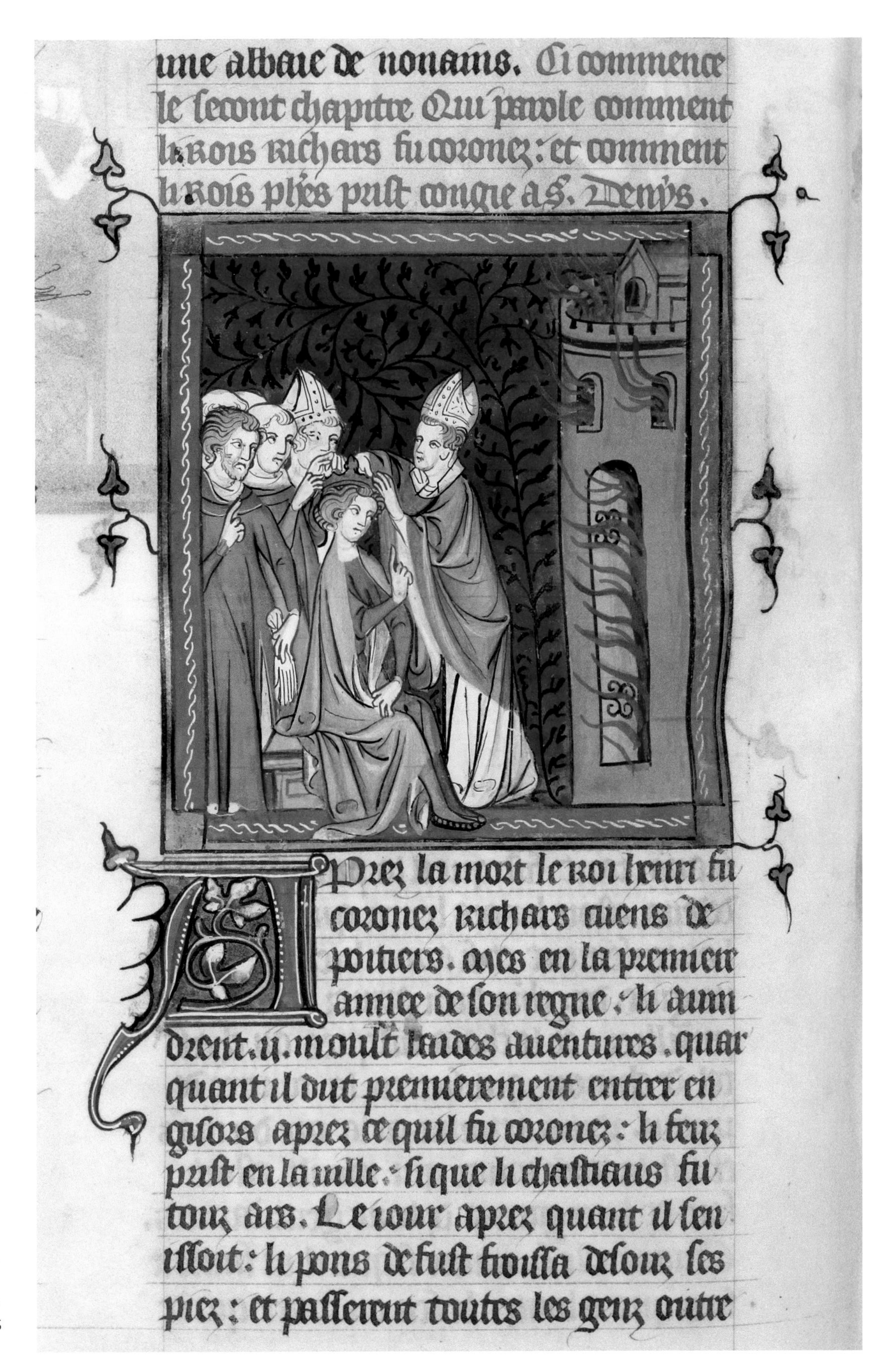

une abbaie de nonains. Ci commence
le secont chapitre Qui parole comment
li rois richars fu coronez: et comment
li rois phes prist congie a S. Denys.

Apres la mort le roi henri fu
coronez richars quens de
poitiers. ajes en la premier
annee de son regne: li auin
drent .ii. moult laides auentures. quar
quant il dut premierement entrer en
gisors apres ce quil fu coronez: li feuz
prist en la uille: si que li chastiaus fu
touz ars. Le iour apres quant il sen
issoit: li pons de fust froissa desouz ses
piez: et passerent toutes les genz outre

6 Eine Darstellung der Krönung Richards I. Löwenherz mit der brennenden Stadt Gisors im Hintergrund, *Les Grandes chroniques de France*, Frankreich, zwischen 1332 und 1350 ▪ London, The British Library, Royal MS 16 G VI, fol. 347v (Detail).

# Richard I. Löwenherz

Christoph Mauntel

1 Richard I. Löwenherz in der *Genealogical Roll of the Kings of England*, England, vor 1308 ▪ London, The British Library, Royal MS 14 B VI, Membrane 6 (Detail).

Richard wurde am 8. September 1157 als dritter von fünf Söhnen Heinrichs II. und Eleonores von Aquitanien geboren (Abb. 1). Über seine Jugend wissen wir nur wenig: Er wuchs vermutlich in der Umgebung seiner Mutter auf und wurde dort standesgemäß in Kriegskunst und ritterlichem Verhalten ausgebildet. Als Erbe hatte sein Vater ihm zunächst den Titel des Herzogs von Aquitanien vermacht – nicht aber die Macht über das Herzogtum selbst. Hier, im Süden des Angevinischen Reiches, sollte er zudem durch eine geplante, aber nicht realisierte Ehe die Bande der Plantagenêts mit den Grafen von Barcelona stärken.

Die nur nominelle Ausstattung der Söhne Heinrichs II. führte 1173 zu einer ersten Rebellion: Der älteste und schon zum Mitkönig gekrönte Sohn Heinrich begehrte gegen seinen Vater auf, die unter der Obhut von Eleonore stehenden Söhne Richard und Gottfried schlossen sich ihm an. Es gelang Heinrich II. zwar, diesen Aufstand niederzuschlagen, nicht aber, seine Söhne dauerhaft zufriedenzustellen. Mit dem Tod des Erstgeborenen, Heinrich, war die Frage der Thronfolge dann 1183 wieder offen. Heinrich II. äußerte sich hierzu nur ungenau und Richard fürchtete, dass sein Vater nun den jüngsten Sohn, Johann, ihm vorziehen würde – zumal er und sein Bruder seit Gottfrieds Tod 1186 die einzigen männlichen Nachkommen waren. Der französische König Philipp II. bot sich Richard nun als Alliierter an und dürfte ihn ermuntert haben, um sein Erbe zu kämpfen; sogar Johann schloss sich der Opposition an, die Söhne besiegten schließlich 1189 den Vater. Heinrich II. musste Richard als Thronfolger anerkennen und starb kurz darauf. Richard wurde daraufhin am 3. September 1189 in Westminster zum König gekrönt.

Bald nach seiner Krönung erfüllte Richard I. zusammen mit Philipp II. das Kreuzzugsgelübde, das er bereits 1187 nach der verheerenden Niederlage des christlichen Heeres bei Hattin gegen Ṣalāḥ ad-Dīn ibn Ayyūb, genannt Saladin, abgelegt hatte. Dies schien nun umso dringender, da im Oktober 1187 auch Jerusalem von den ayyubidischen Truppen Saladins erobert wurde. Der sogenannte Dritte Kreuzzug war jedoch ein Misserfolg: Kaiser Friedrich I. Barbarossa ertrank bereits auf dem Weg nach Palästina; Philipp II. und Richard Löwenherz setzen nach Sizilien über, von wo aus der französische König direkt ins Heilige Land segelte, während Richard auf Zypern landete und sich dort gegen den byzantinischen Herrscher Isaak Komnenos durchsetzen musste. Er eroberte die Insel und heiratete dort 1191 seine Verlobte Berengaria von Navarra. Dies verärgerte Philipp II., hatte dieser doch gehofft, Richard würde seine Schwester Alice heiraten. Richard segelte weiter und nahm im gleichen Jahr an der erfolgreichen Belagerung Akkons teil. Hier kam es nun zu Streit um Rang und Beute, in dessen Verlauf Richard das Banner Leopolds V. von Österreich in den Burggraben werfen ließ – eine folgenschwere Demütigung. Der französische König nutzte die Eroberung Akkons, um nach Frankreich zurückzukehren und sich Richards Bruder Johann anzunähern, der eigene Thronambitionen hegte. Richard dagegen blieb bis 1192 im Heiligen Land. Ihm gelangen zwar territoriale Eroberungen, aber Jerusalem blieb verloren. Letztlich schlossen Richard und Saladin einen Friedensvertrag und der englische König machte sich auf den Heimweg. Da Philipp II. ihm die Durchreise durch Frankreich verwehrte, zog Richard durch Österreich – wo er in der Nähe Wiens gefangen genommen wurde. Was als persönlicher Racheakt des gedemütigten österreichischen Herzogs Leopold erscheint, hatte tatsächlich weitere Implikationen. Kaiser Heinrich VI. dürfte davon gewusst haben (er zürnte Richard, weil dieser die welfische und normannische Opposition gegen ihn unterstützte), vermutlich auch Philipp II., dem der Kaiser stolz mitgeteilt haben soll, er habe »den Feind unseres und den Unruhestifter deines Reiches« nun festgesetzt (Roger von Howden,

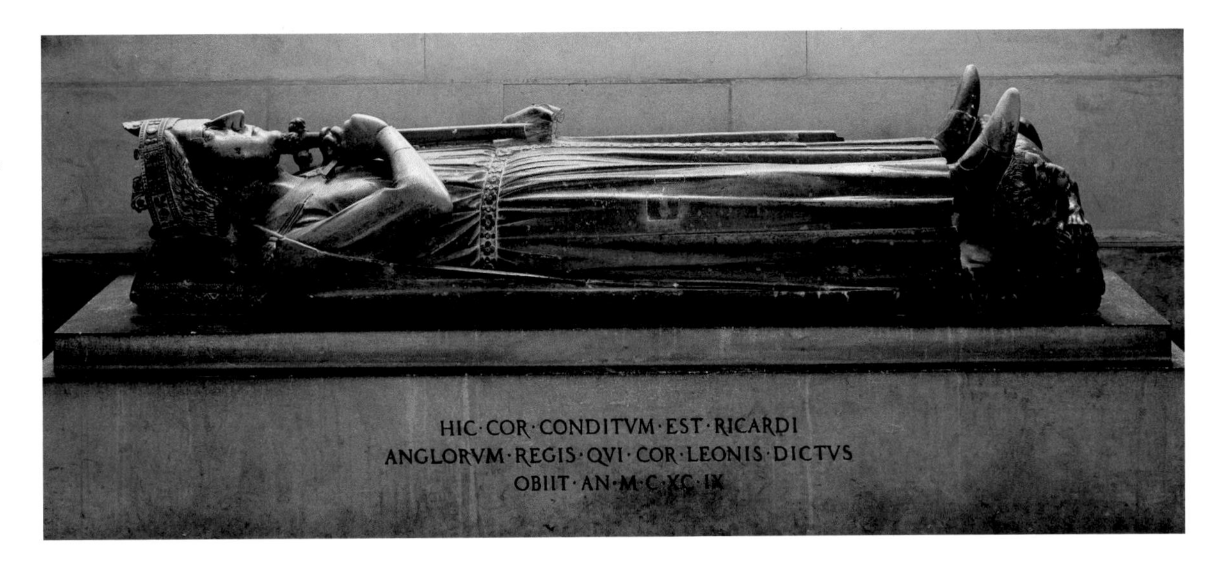


2 Grabmal Richards I. Löwenherz in der Kathedrale von Rouen. Während sein Leichnam in die Abtei Fontevraud überführt wurde, fand die Beisetzung seines Herzens in Rouen statt ▪ © Editions Gaud.

Chronica [RerBrit 51,3], S. 195). In der Tat wurde Richard schnell in die Gefangenschaft des Kaisers überführt. Dieser forderte nicht nur ein immenses Lösegeld, das etwa 23 Tonnen Silber entsprach, sondern auch Waffenhilfe gegen die ihn in Sizilien bedrängenden Normannen sowie ein Heiratsbündnis zwischen dem Sohn des Herzogs von Österreich und einer Nichte Richards (vgl. Beitrag Witowski, S. 282 f.). Um diese Erpressung formal zu legitimieren, klagte der Kaiser Richard am 22. März 1193 in Speyer offiziell an. Dies nutzte der englische König wiederum, um seine Sicht öffentlich zu verteidigen, was durchaus Eindruck auf die Reichsfürsten machte. Der Kaiser schwenkte daher um und bot nun an, einen Frieden zwischen Richard und Philipp II. zu vermitteln – für 23 Tonnen Silber. Richard musste diese »Vermittlungsgebühr« akzeptieren und wurde während der Verhandlungen zuerst auf der Reichsburg Trifels, dann in der Pfalz Hagenau inhaftiert. Ihm wurde dabei so viel Freiraum zugestanden, dass er seine Verbündeten in England informieren und um Hilfe bitten konnte: Sein Bruder Johann, der in der Normandie weilte, zögerte jedoch zu helfen.

Das Auftreiben des Lösegelds war eine enorme Herausforderung: Es wurde eine Sondersteuer von 25 % erlassen und königlicher Besitz verkauft, man konfiszierte sogar den Gewinn aus der Wollproduktion, den sonst die Zisterzienser erhielten. 1194 wurde Richard schließlich freigelassen und kehrte nach England zurück. Hier festigte er nun zunächst seine Herrschaft und tat neue Geldquellen auf: Die englischen Territorien Johanns und anderer Opponenten wurden beschlagnahmt, Geldstrafen verhängt und viele der Sheriff-Stellen im ganzen Land neu besetzt – gegen erneute Geldzahlungen. Schließlich versöhnte Richard sich mit seinem Bruder Johann und nahm dann den Krieg gegen Philipp II. auf, um die Gebiete zurückzuerobern, derer sich Philipp zwischenzeitlich bemächtigt hatte.

Dieses Unterfangen sollte ihn den Rest seiner Regentschaft und seines Lebens beschäftigen. 1196 gab ihm Philipp II. im *Vertrag von Louviers* einen Großteil der zwischenzeitlich annektierten Territorien zurück – aber das Angevinische Reich hatte bereits begonnen, zu schrumpfen. Richard setzte seine Kriegszüge fort und kämpfte nunmehr gegen aufständische Adlige in Aquitanien. Bei der Belagerung der Burg Châlus-Chabrol wurde er verwundet und starb am 6. April 1199 an den Folgen der Verletzung (Abb. 2).

Schon zu Lebzeiten war Richard bemüht, durch Zurschaustellung ritterlicher Tugenden zu glänzen und zur Legende zu werden. Nicht zuletzt aufgrund dessen tat er sich als Förderer der Dichtkunst und Geschichtsschreibung hervor. Die Chronisten dankten es ihm durch Werke, die den König zum tapferen Krieger stilisierten – ein Bild, das bis heute nachwirkt. Aus heutiger Sicht war seine Herrschaft für das Königreich England, in dem er nur wenige Monate weilte, vor allem wirtschaftlich desaströs. Die zeitgenössischen Chronisten aber legten andere Maßstäbe an: Sie lobten vor allem sein höfisches Auftreten (*curialitas*) und seine Freigiebigkeit (*largitas*), immer auch in der Hoffnung auf persönliche Förderung. Bei der Bewertung des Königs kommt es also auf die Kriterien an: Über die Frage, ob Richard ein guter oder ein schlechter König war, diskutiert die Geschichtswissenschaft seit Jahrhunderten.

Q.: Roger von Howden, Chronica (RerBrit 51,1–4).

Lit.: Berg 2007 ▪ Fischer 2006 ▪ Gillingham 1994 ▪ Gillingham 1999a.

# Geschichte(n) bewahren

## Englische Historiografie am Beispiel von Roger von Howden und Matthew Paris

Sebastian Zanke

Richard von Devizes, Gervasius von Canterbury, Ralph von Diceto, Wilhelm von Newburgh und der für Richard I. Löwenherz oftmals zitierte Roger von Howden: Mit Blick auf die Vielzahl und Vielfalt der Geschichtsschreiber in England im ausgehenden 12. Jahrhundert spricht die Forschung mit einiger Berechtigung von einem »golden age of historiography« (Gransden 1974, Bd. 2, S. 219). Die Gründe hierfür sind vielfältig und beispielsweise im hohen Grad an Schriftkultur sowie der Förderung der Autoren durch den englischen Hof zu suchen. Auch Richards I. Taten, insbesondere auf dem Kreuzzug, wurden aufmerksam notiert, wobei nicht nur dramatische Ereignisse Eingang in die Geschichte(n) fanden. So diskutierten die Autoren des 12. Jahrhunderts ebenso eifrig die Gegebenheiten am englischen Hof oder die Eigenheiten von Recht und Verwaltung. Genannt seien Richard FitzNeals *Dialogue of the Exchequer*, Ranulf von Glanvills Traktat über die Gesetze und Gewohnheiten Englands und nicht zuletzt Johannes von Salisburys *Policraticus*, eine moralisierende Auseinandersetzung mit der politischen Theorie und Praxis der Zeit. Gleichwohl ist zu beobachten, dass das Interesse an der Verwaltung mit dem Herrschaftsantritt Richards I. abnahm und sich die Geschichten wieder auf den König und seine Taten fokussierten.

Eines der wichtigsten Zeugnisse für das Leben Richards I. ist die zeitgenössische Chronik des Roger von Howden, die sich in einem Autograph erhalten hat (vgl. Kat.Nr. 31, enthält die Chronik der Jahre 1181 bis 1201). Über den Autor selbst ist wenig bekannt, wahrscheinlich ist, dass er sich für längere Zeit im Umfeld des Königs aufhielt und auch am Dritten Kreuzzug teilnahm. Er stand Zeit seines Lebens dem Hof nahe und war stellenweise auch im diplomatischen Auftrag der Krone tätig. Die Chronik zeigt sich entsprechend gut informiert, stellenweise minutiös beschreibt der Autor Richards I. Herrschaft und Werdegang und inseriert an geeigneter Stelle auch eine Reihe von Briefen – sowohl von Richard I. als auch von Kaiser Heinrich VI. und anderen – die nur in seinem Werk überliefert sind.

Während Roger von Howden und die Mehrzahl der zeitgenössischen Chronisten auf das geschriebene Wort bauten, gelang dem englischen Mönch und Autor Matthew Paris etwa 50 Jahre später eine beeindruckende Verbindung von Wort und Bild (Abb. 1). Sein Werk ist dabei in vielfacher Hinsicht bemerkenswert. Er war der Verfasser einer großen Chronik – *Chronica majora* – und mehrerer kleinerer Geschichtswerke, der *Historia Anglorum*, den *Abbreviatio Chronicorum* (vgl. Kat.Nr. 30) und den *Flores Historiarum*. Daneben zeigte er sich gleichermaßen an der Geschichte seiner Abtei St. Albans interessiert wie am Leben einer Reihe Heiliger.

Sein Hauptwerk, die *Chronica majora*, begann er etwa um 1240 und griff dabei auf die Arbeit von Roger von Wendover zurück, eines anderen Mönchs aus St. Albans. Es war eine durchaus übliche Methode, entsprechende Quellen heranzuziehen und in den eigenen Werken zu verarbeiten, auch Roger von Wendover verwendete andere Autoren wie Ralph von Diceto für seine Wiedergabe der Zeit Richards I. Oft werden die Chronisten erst mit der Niederschrift der Ereignisse der eigenen Lebzeit zu eigenständigen Autoren. Darüber hinaus wurden die nacherzählten Werke durchaus mit eigenen Positionen oder neuen Erkenntnissen angereichert und ergänzt.

Die in der Nähe von London gelegene Abtei St. Albans erwies sich als geeigneter Ort für eine gut informierte Geschichtsschreibung. Die Chronisten konnten auf die Informationen zahlreicher Gäste, auch aus dem Umfeld des Königs, hoffen und zugleich auf ein weitverzweigtes Netz eigener Zellen zurückgreifen. Matthew Paris berichtet nicht ohne Stolz, dass König Heinrich III. selbst ihm bei Treffen in St. Albans und London mit Nachrichten versorgte. Dabei war er ebenso wie Roger von Wendover kein Freund des Königtums, sondern ein Kritiker der königlichen Gewalt, wobei seine kritische Bewertung des Königs und seiner Berater gewissermaßen dem Zeitgeist entsprach.

Entsprechend bedeutsam und zum Teil auch einzigartig sind die in der *Chronica majora* enthaltenen Geschichten und beigefügten Dokumente. Die Bandbreite der Themen berücksichtigt sowohl englische als auch europäische Fragen und reicht von Geschichte bis hin zu Kunst und Architektur. Das künstlerische Interesse drückt sich in der Gestaltung der Chronik aus, sie ist zum Teil überaus kunstvoll illustriert. Die Miniaturen reichen von einfachen Wappenschildern bis hin zu Schlachtenszenen oder der detailreichen Wiedergabe des Elefanten, den der französische König Heinrich III. geschenkt hatte. Die Darstellung lässt vermuten, dass Matthew Paris das Tier auch persönlich zu Gesicht bekommen hatte.

1 Selbstbildnis des Matthew Paris, der *Historia Anglorum* vorangestellt. England, 1250–1259 ▪ London, The British Library, Royal MS 14 C VII, fol. 6r (Detail).

Die Zahl und Qualität der Illustrationen ist einzigartig in der englischen Historiographie der Zeit. Vereinzelt waren die Werke durchaus mit Miniaturen oder aufwendig gestalteten Initialen – Anfangsbuchstaben – versehen, aber nicht in der Vielzahl und Aufwendigkeit wie in den Chroniken von Matthew Paris. Im Gegensatz zur religiösen und liturgischen Buchmalerei, die gerade in dieser Zeit eine Reihe von herausragend illuminierten Repräsentationswerken hervorbrachte (vgl. Kat.Nr. 38, 39, 54), waren weltliche Schriften ungleich seltener ausgeschmückt. Reich bebilderte Ausnahmen stellen das *Liber ad honorem Augusti* des Petrus von Ebuli (Bern, Burgerbibliothek, Cod. 120 II), oder die Werke des Gerald von Wales dar (wie die *Topographia Hiberniae*). Hier illustrieren ebenso wie bei Matthew Paris Karten, Miniaturen und Initialen das Beschriebene.

Lit.: Gillingham 2006b ▪ Gransden 1974 ▪ Lewis 1987 ▪ Vaughan 1958.

pousa · & la mena a sun

du roi de france · su estoit pa

# Richard Löwenherz und seine Freundschaften

Klaus van Eickels

In den um 1260 entstandenen *Recits d'un Menestrel de Reims* wird beschrieben, wie der Sänger Blondel den in Österreich gefangengehaltenen Richard I. Löwenherz ausfindig macht. Der König hatte an seinem Hof einem Sänger (*menestrel*) namens Blondel lange Zeit Unterhalt gewährt. Nach der Gefangennahme Richards auf dem Rückweg vom Dritten Kreuzzug hat niemand Kenntnis über den Verbleib des Königs, Blondel jedoch entschließt sich, Richard in allen Ländern zu suchen. Schließlich erfährt er in Österreich von einer Burg, auf der seit vier Jahren ein vornehmer Gefangener bewacht wird. Er lässt sich vom Kastellan als Sänger anstellen. Nachdem er einen ganzen Winter auf der Burg verbracht hat, hilft ihm der Zufall herauszufinden, wer der Gefangene ist. Am Osterfest erblickt ihn Richard im Garten unterhalb des Turmes und stimmt die erste Strophe eines Liedes an, das Blondel und er einst gemeinsam gedichtet hatten und das außer ihnen beiden niemand kennt (Abb. 2). Blondel merkt, dass er seinen Herrn (*sire/seigneur*) gefunden hat und gibt sich ihm zu erkennen, indem er selbst mit der zweiten Strophe antwortet. Er erbittet vom Kastellan die Genehmigung zur Heimreise zu Pfingsten. Die englischen Großen sind hocherfreut ob der guten Kunde, weil sie ihren König aufgrund seiner Freigebigkeit über alles schätzen; sie schicken eine Gesandtschaft nach Österreich und erwirken die Freilassung Richards gegen ein hohes Lösegeld.

Die Erzählung hat erkennbar wenig mit der Realität zu tun, wie sie uns die Chronisten des späten 12. und frühen 13. Jahrhunderts überliefern. Die Dauer der Gefangenschaft in Österreich wird maßlos übertrieben, die Überstellung Richards an Kaiser Heinrich VI. wird nicht einmal erwähnt. Der Bericht ist auch in keiner Weise plausibel, denn der Herzog von Österreich konnte ja kein Interesse daran haben, die Gefangennahme Richards geheim zu halten, da er ein Lösegeld nur erreichen konnte, wenn er sie möglichst rasch bekanntmachte. Dennoch erlangte die Blondelsage schon bald eine gewisse Verbreitung, denn die *Recits d'un Menestrel de Reims* sind in der beachtlichen Zahl von zwölf Handschriften überliefert.

Der Stoff wurde im 18. Jahrhundert durch romanhafte Bearbeitungen und mehrere Opern allgemein bekannt. Dass die affektive Aufladung der Beziehung zwischen Blondel und seinem König über eine reine Freundschaftsbeziehung deutlich hinausging, ist in der Folge den Bearbeitern nicht entgangen. Eleanor Anne Porden präsentiert in ihrem 1822 erschienenen Epos *Cœur De Lion* Blondel als Richards Gemahlin Berengaria, die als Sänger verkleidet nach ihm sucht. Gore Vidal und Norah Lofts gaben in der Mitte des 20. Jahrhunderts der Geschichte eine homoerotische Deutung, kurz nachdem John Harvey in seinem rasch weite Verbreitung erlangenden Werk *The Plantagenets* als erster Historiker explizit die Auffassung vertreten hatte, »that Richard (the Lionheart) like many other warriors and also some most unwarlike men was the victim of homosexuality« (Harvey 1948, S. 33).

Solche Überlegungen lagen jedoch dem Verfasser der *Recits d'un menestrel de Reims* fern. In der gesamten Erzählung geht es ihm vor allem darum, den französischen König Philipp II. Augustus in einem günstigen Licht erscheinen zu lassen. Er macht daher entgegen den Tatsachen den französischen König zum eigentlichen Helden der Belagerung von Akkon, während von Richard nur gesagt wird, er habe sich, bevor er zum Kontingent Philipps hinzustieß, zunächst auf die Inseln begeben, um sich mit den Damen zu vergnügen, offensichtlich eine Anspielung auf die Eroberung Zyperns und die Eheschließung mit Berengaria von Navarra in Limassol (Abb. 3). Die vorzeitige Abreise Philipps aus dem Heiligen Land erklärt der Erzähler damit, dass Richard versucht habe, ihn zu vergiften.

In der Blondelerzählung verhält sich Richard selbst also seinem eigenen Lehensherrn gegenüber treulos, aber auch die englischen Barone versagen vollständig. Sie schätzen Richard

1 Richard I. und seine Schwester Johanna, Königin von Sizilien, werden von Philipp II. Augustus empfangen. Wilhelm von Tyrus, *Histoire d'Outremer*, Frankreich, 13. Jahrhundert ▪ London, The British Library, Yates Thompson MS 12, fol. 188v (Detail).

2 Der Sänger Blondel entdeckt den Aufenthaltsort des gefangenen Richard I. Löwenherz. Illustration von Gustave Doré (1832–1883) in der *Bibliothèque des Croisades* von Joseph-François Michaud, Paris 1877 ▪ Private Collection, Foto © Ken Welsh / Bridgeman Images.

zwar aufgrund seiner Großzügigkeit, aber ihre Zuneigung ist offenkundig nur erkauft. Wie im Alten Testament Deborah und Judith als starke Frauen das Volk Israel im Auftrag Gottes durch heroische Gewalttaten retten, als die dazu eigentlich berufenen Männer untätig bleiben, so werden in den *Recits d'un menestrel de Reims* die englischen Adligen durch die Tatkraft und Entschlossenheit eines einfachen Sängers französischer Herkunft beschämt.

Die Vorstellung einer von hingebungsvoller Liebe und unverbrüchlicher Treue getragenen Beziehung, die sich in guten wie in schlechten Tagen bewährt, erinnert in modernen Vorstellungen unmittelbar an die Ehe. Die seit der Mitte des 20. Jahrhunderts verbreitete Vermutung, dass ihr ein (homo)erotisches Begehren zugrunde liegen müsse, erscheint daher aus moderner Sicht mehr als plausibel. Der mittelalterliche Zuhörer war sich jedoch vollkommen bewusst, dass die Konzeption der Ehe ihrerseits als Bund der Liebe und Treue nach dem Modell der Lehensbindung gestaltet war. Das Verhältnis von Herr und Vasall wurde aufgefasst als Freundschaft unter Ungleichrangigen: Herr und Mann schulden sich (wie Mann und Frau in der Ehe) wechselseitige Liebe und Treue, der Mann seinem Herrn aber (wie die Ehefrau ihrem Gemahl) zusätzlich Gehorsam und Respekt. Die in der Ehe und in der Lehensbeziehung auf Dauer gestellte Liebe kann aber, da sie auf einem rechtlich bindenden Versprechen für die Zukunft beruht, kein Gefühl beschreiben, denn bestimmte Emotionen zu haben kann man sinnvoll nicht für die Zukunft versprechen. Gemeint ist vielmehr die wechselseitige Leistung von Hilfe und Beistand in jeder Notlage, die sich gerade auch im materiellen Einstehen füreinander erweist.

Ganz in diesem Sinne versteht das Richard Löwenherz zugeschriebene Gedicht *Rotrouenge du captif*, das meist mit den Anfangsworten *Ja nus hons pris* bezeichnet wird, unter ›Liebe‹ die wechselseitige Verpflichtung von Herr und Vasall sich nicht zu schaden, einander treu zu bleiben und im Fall einer Gefangennahme das Lösegeld für den anderen aufzubringen (vgl. Beitrag Jolie, S. 122 ff.). In der ersten Strophe des Liedes klagt der Gefangene, dass er schon »seit zwei Wintern« gefangen ist; tatsächlich verschlechterten sich Richards Haftbedingungen deutlich, als sich im Frühjahr 1193 die Verhandlungen über die exorbitant hohen Lösegeldforderungen Kaiser Heinrichs VI. in die Länge zogen. Es sei bekannt, dass er keinen »noch so armen Gefährten« (si povre conpaignon) habe, dass er ihn nicht im Fall einer Gefangennahme sogleich ausgelöst hätte, seine Vasallen nun aber nichts für ihn tun. Nun wisse er, dass ein Toter und ein Gefangener weder Freunde noch Verwandte haben, da man sie, um Gold und Silber zu sparen, im Stich lasse.

Der französische König Philipp II. Augustus wird als eidbrüchiger Lehensherr bezeichnet. Bei seinem vorzeitigen Aufbruch aus dem Heiligen Land hatte Philipp feierlich geschworen, Richards Länder und Leute in keiner Weise anzugreifen, sondern sie so zu schützen, wie er Paris im Falle eines Angriffs verteidigt wissen wolle. Nun aber stiftet er, statt seinem in Not geratenen Vasallen bei der Aufbringung des Lösegeldes zu helfen, Aufruhr in den Gebieten, die Richard von ihm zu Lehen hat.

Wenn die Blondelerzählung und der *Rotrouenge du captif* von Liebe und Treue sprechen, meinen sie ganz offensichtlich eine dauerhafte und rechtlich-moralisch bindende Beziehung, die auf Wechselseitigkeit beruht und sich in der Stunde der Not und Gefahr durch persönlichen Einsatz, falls erforderlich aber auch durch materielle Hilfeleistung bewährt. Die Beziehung gründet also nicht in den wandelbaren Gefühlen von Zu- und Abneigung, sondern in klaren gegenseitigen Verpflichtungen.

3 Detail der Grabfigur Berengarias von Navarra in der Abtei von Epau ▪ © Editions Gaud.

Sie bietet gleichwohl breiten Raum für emotionale Aufladung, jedoch nicht im affektiven oder erotischen Sinne, sondern als Gefühl der Dankbarkeit für besondere Pflichterfüllung oder als berechtigter Zorn auf diejenigen, die sich zwar Vorteile gewähren lassen, sich dann aber den Verpflichtungen entziehen, die aus der Annahme von Geschenken erwachsen. Diese Dimension muss berücksichtigt werden, wenn man die Bedeutung des Redens über Liebe und Treue in der politischen Auseinandersetzung zwischen Philipp II. Augustus und Richard I. Löwenherz verstehen will.

Philipp war einige Jahre jünger als Richard, ihm jedoch als Lehensherr im Rang übergeordnet (Abb. 1 und 4). Gleichwohl hatte Philipp während des gesamten Kreuzzugs im Schatten Richards gestanden. Dies zeigt die glanzvolle Einfahrt Richards in den Hafen von Messina im September 1191 ebenso wie seine militärische Rolle bei der Eroberung von Akkon. Richards Überlegenheit erklärt sich zum einen aus seinen unerschöpflich scheinenden finanziellen Ressourcen, die es ihm viel mehr als Philipp erlaubten, Adlige auch aus anderen Kontingenten an sich zu binden und ihm gegenüber seinem Gefolge eine wesentlich größere Autorität verlieh.

Während des Kreuzzuges konnte Philipp auf die zahlreichen Provokationen Richards kaum angemessen reagieren. Es erstaunt daher nicht, dass er bald nach der Eroberung Akkons aus dem Heiligen Land abreiste. Allerdings überließ er damit die Bühne des Handelns ganz Richard, der seinen Kreuzzug noch längere Zeit fortsetzte, ohne jedoch Jerusalem erobern zu können. Seine Verhandlungen um eine vollständige Wiederherstellung des Königreichs scheiterten. Philipp trug an diesem Misserfolg durch seine vorzeitige Abreise in den Augen der Zeitgenossen eine erhebliche Mitschuld.

Zur Wiederherstellung seiner eigenen Ehre setzte Philipp die Behauptung in Umlauf, Richard habe vor seiner Abreise die Ermordung des designierten Königs von Jerusalem, Konrad von Montferrat, beim islamischen Geheimbund der Assassinen in Auftrag gegeben, um dem von ihm präferierten Kandidaten

4 Philipp II. Augustus in den *Grandes Chroniques de France*, Frankreich, 14. Jahrhundert ▪ Cambrai, Bibliothèque municipale, ms. 0682, fol. 290v (Detail).

Guido von Lusignan zum Königtum zu verhelfen. Der Vorwurf der Konspiration mit den Sarazenen war nicht nur geeignet, den Ruf Richards als strahlender ritterlicher Held des Kreuzzuges zu beeinträchtigen, sondern auch den kirchenrechtlichen Schutz, den er als Kreuzfahrer genoss, verwirkt erscheinen zu lassen. Sie rechtfertigte sowohl die nach Kirchenrecht streng verbotene Gefangennahme eines heimkehrenden Kreuzfahrers, als auch die Angriffe Philipps auf die Normandie, die er als heimgefallenes Lehen betrachtete, und seinen Versuch, Richard durch seinen Bruder und Erben Johann Ohneland zu ersetzen. Erst als sich im November 1195 abzeichnete, dass Kaiser Heinrich VI. Frieden mit Richard schließen würde, fand Philipp einen gesichtswahrenden Ausweg, indem er vor seinem versammelten Hof ein mit Purpurtinte in den heiligen Sprachen Hebräisch, Lateinisch und Griechisch abgefasstes Schreiben des ›Alten vom Berge‹ vortragen ließ, in dem dieser der ganzen Christenheit mitteilte, er selbst habe aus eigenem Antrieb Konrad von Montferrat ermorden lassen, offensichtlich eine eigens für diesen Zweck angefertigte Fälschung. Der Aufwand, den Philipp treiben ließ, zeigt allerdings, wie wichtig ihm diese Rechtfertigung seines Handelns war.

Dem von Philipp verbreiteten Bild Richards als eines heimtückischen Verräters, der sogar vor Giftmord und Konspiration mit den Sarazenen nicht zurückschreckt, setzten die Anhänger Richards das Bild des in Liebe und Treue mit seinen Freunden und Gefolgsleuten verbundenen Königs entgegen (Abb. 5). Dies wird nicht nur in Worten, sondern auch in eindrucksvollen Gesten physischer Intimität gezeigt: So berichtet die *Histoire de Guillaume le Maréchal* wie Richard 1198 Hand in Hand mit Graf Rainald von Boulogne und Graf Balduin von Flandern, die kurz zuvor mit ihm ein Bündnis geschlossen und ihm das *homagium* geleistet hatten, zu Philipp II. kommt, der ihn zu Verhandlungen erwartet. Deutlicher noch schildert Roger von Howden die Freundschaftsgesten, mit denen Philipp Richard, damals noch Graf von Poitou und Thronfolger, bei seinem Besuch in Paris 1187 überhäuft hatte: Der junge französische König habe ihn »so sehr geehrt, dass sie jeden Tag am gleichen Tisch aus der gleichen Schüssel aßen und sie des nachts das Bett nicht trennte«, denn Philipp habe Richard geliebt »wie seine eigene Seele« (letzteres ein Zitat aus dem Alten Testament, wo gleiches über Jonathans Freundschaft mit David gesagt wird). So groß sei ihre Zuneigung zueinander gewesen, dass die »heftige Liebe« zwischen seinem Sohn und dem französischen König Heinrich II. in großes Erstaunen versetzte und er sich fragte, was dies zu bedeuten habe (Roger von Howden, Gesta [RerBrit 49,2], S. 7).

Die anschauliche Schilderung der Freundschaftsgesten Philipps hat bei Roger von Howden erkennbar die narrative Funktion, den nachfolgenden Verrat Philipps hervorzuheben, der ja in der Folge die Gefangennahme Richards auf dem Rückweg vom Kreuzzug mit dem Ziel seiner Absetzung betrieb. Das gemeinsame Schlafen in einem Bett als Zeichen der Freundschaft und des Vertrauens ist in vielen Quellen vom frühen Mittelalter bis in die Frühe Neuzeit hinein belegt. Noch heute existiert im Englischen die Redewendung »Politics make strange bedfellows«, die eigenartige Zweckbündnisse von Personen beschreibt, die ansonsten wenig miteinander verbindet. Konfrontiert mit der Diffamierungsstrategie des französischen Hofes, der Richard der Konspiration mit den Ungläubigen bezichtigte, drehte Roger von Howden den Spieß gleichsam um und stellte seinerseits Philipp als treulos im Gegensatz zum treu sein Wort haltenden Richard dar. Dass im mittelalterlichen Sprachgebrauch *infidelis* sowohl »ungläubig« als auch »untreu, treulos« bedeutet, hat ihm diese Gegenüberstellung sicherlich erleichtert.

Worte und Gesten der Liebe, Freundschaft und Nähe waren im Mittelalter religiös konnotiert (im Sinne der Liebe, die sich als Zeichen der Liebe Gottes zu den Menschen alle Christen

5 Ein Aufeinandertreffen der beiden Könige, Philipp II. Augustus und Richard I. Löwenherz, Wilhelm von Tyrus, *La Conquête de la Terre sainte*, Frankreich, 13. Jahrhundert ▪ Paris, Bibliothèque nationale de France, Ms. fr. 2754, fol. 198r (Detail).

wechselseitig schulden), zugleich aber auch rechtlich aufgeladen (im Sinne der auf Wechselseitigkeit beruhenden Treuebeziehung zwischen Herr und Vasall). Selbst in der Ehe trat nach außen vor allem die religiöse, rechtliche und soziale Dimension der Beziehung zwischen den Ehegatten hervor; die in vielen Fällen sicherlich auch gegebene emotionale Verbindung, die den Anlass zur Ehe gegeben hatte oder in langen Jahren des gemeinsamen Zusammenlebens gewachsen war, verschwindet dagegen in den Quellen weitestgehend hinter dieser Oberfläche. Kein Weg führt uns daher zu den persönlichen Freundschaften und affektiven Bindungen Richards zurück. Umso deutlicher aber wird an seinem Beispiel die Bedeutung der Sprache und der Gesten von Liebe und Freundschaft in der Politik des ausgehenden 12. Jahrhunderts.

Q.: Récits (hg. v. Wailly) ▪ Roger von Howden, Gesta (RerBrit 49,1–2).

Lit.: Eickels 2002 ▪ Eickels 2008 ▪ Gillingham 1992 ▪ Gillingham 1999a ▪ Harvey 1948 ▪ Schnell 2002.

sta e de loor de santa Maria.

Quantos me creueren

# Richard Löwenherz als gelehrter König

Martin Aurell

Der Sänger Blondel verlor langsam die Hoffnung, seinen Herrn Richard I. Löwenherz, der ihn gefördert hatte und dem er alles verdankte, eines Tages wiederzusehen. Er wusste, dass Richard an einem geheimen Ort Gefangener des Herzogs von Österreich war. Mit seiner Fidel auf dem Rücken machte er sich also auf die Suche. Im Laufe seiner Bemühungen erfuhr er von einem mysteriösen Gefangenen, der seit vier Jahren auf einer Burg festgehalten wurde. Dort klopfte er an, um seine Dienste anzubieten. Seine musikalischen Talente während eines langen Winters ließen ihn schließlich das Vertrauen des Burgherrn gewinnen. Im Frühling spazierte er dann durch einen Obstgarten. Der Gefangene aber, der niemand anderes als Richard war, erspähte ihn durch das kleine Fenster seiner Zelle und sang ein Lied, das die beiden einst zusammen komponiert hatten. Blondel erkannte es sofort. Er verabschiedete sich vom Burgherrn, der ihn mit einem Pferd und einer Robe für seine Dienste entlohnte. Zurück in England berichtete Blondel den englischen Baronen von dem Ort der Gefangenschaft, die daraufhin Boten zum Herzog von Österreich sandten, um über das enorme Lösegeld zu verhandeln.

Diese Anekdote wurde um 1260 vom Ménestrel von Reims, einem Spielmann am französischen Königshof, erzählt (vgl. Beitrag Eickels, S. 110 ff.). Die Erinnerung an ein Ereignis, das zu diesem Zeitpunkt bereits an die 70 Jahre zurücklag sowie die Lust am Erzählen verschleiern sicher die historische Realität. Vielleicht war hier auch das Lied des Minnesängers Blondel de Nesle von Einfluss, in dem er sich als Gefangener der Liebe zu seiner Dame beschreibt? Wie dem auch sei, Richard I. Löwenherz hat in der Tat eine *Rotrouenge* (ein Tanzlied in drei, vier oder fünf Strophen mit denselben Reimen und Melodien, jede gefolgt von einem Refrain von zwei Versen zu einer anderen Melodie) komponiert, in einem nordfranzösischen Dialekt, der Sprache seines Vaters. In dem Lied fordert er seine Befreiung aus den kaiserlichen Kerkern durch seine »Männer und Barone – Engländer, Normannen, Poiteviner und Gascogner« (vgl. Beitrag Jolie, S. 122 ff.). Zurück in seinen eigenen Landen sandte er ein zweites Gedicht, diesmal im Dialekt des Poitou geschrieben, an die Grafen der Auvergne und warf ihnen vor, in seiner Abwesenheit ihre Ländereien und insbesondere die Stadt Issoire nur halbherzig gegen den französischen König Philipp II. Augustus verteidigt zu haben.

Die zwei Kompositionen Richards gehören zur literarischen Gattung der *Sirventes*, (Protest-)Lieder, die propagandistisch auf ein spezifisches politisches Ergebnis zielen, etwa die Befreiung eines Gefangenen oder die Aufwiegelung Alliierter zum Kampf. Am Hof wurden die *Sirventes* an Vortragsabenden von zwei oder drei Dichtern vorgetragen, die sich im Versmaß stritten, oder aber vor einer Schlacht, wenn sich die Gegner durch abwechselnd vorgetragene Lieder verunglimpften. Nach dem Zeugnis des normannischen Sängers und Chronisten Ambroise, der sich mit Richard ins Heilige Land begab, hatte dieser als Antwort auf das Lied, mit dem Herzog Hugo III. von Burgund, ein Kreuzfahrer aus dem französischen Heer, ihn beleidigte, rasch mit der Komposition einiger bissiger Strophen geantwortet. Insgesamt war der englische König in der volkssprachlichen Dichtkunst gut ausgebildet worden. Die zwei bis heute von ihm überlieferten Lieder dürften wohl nur einen verschwindend kleinen Teil all der Werke darstellen, die er bei von ihm ausgerichteten Festen in seinem Palast oder am Lagerfeuer im Feld, wo er sich abends mit seinen Leuten ausruhte, gedichtet haben mag. Neben den *Sirventes* kreisten zweifellos andere seiner Lieder, die heute verloren sind, um das Thema der Liebe. Einige der prominentesten Minnesänger ihrer Zeit versammelten sich um Richard und widmeten ihm unter dem Titel des ›Grafen von Poitiers‹, des ›Herrn von Bordeaux‹ oder des ›Herrn von Oléron‹ ihre Werke. All diese Gebiete gehörten zu Aquitanien, dem Südwesten und Zentrum Frankreichs, wo Richard seit seinem 12. Lebensjahr die meiste Zeit verbracht hatte. Seine Mutter Eleonore führte ihn hier an die Regierung dieses gewaltigen Fürstentums heran, aber auch an die literarische Kultur der dortigen Höfe. Richard trat – vielleicht durch die Vermittlung

1 Zwei Musiker, ein Christ und ein Araber, beim gemeinsamen Lautenspiel. *Cantigas de Santa Maria*, Spanien, 13. Jahrhundert ▪ Madrid, Real Biblioteca del Monasterio de San Lorenzo de El Escorial, Ms B.I.2, Lied 120 (Detail). Foto: © akg-images / Album / Oronoz.

2 Der Troubadour Bertrand von Born in der Initiale eines seiner Lieder, *Chansonnier provençal*, 13. Jahrhundert ▪ Paris, Bibliothèque nationale de France, Ms. fr. 12473, fol. 160r (Detail).

Eleonores – in Kontakt mit Arnaut Daniel, Guiraut de Borneil, dem Mönch von Montaudon oder Peire Vidal. Ebenso berühmt ist Gaucelm Faidit, der Richards Tod später in einem *Planh* beweint, einer Trauerelegie zur Erinnerung an den »gelehrten und höfischen Mann, an seine reichen Höfe und schönen, großen Geschenke.« (Gaucelm Faidit, Les poèmes [hg. v. Mouzat], S. 415, Nr. 50, V. 16). Ein anderer Troubadour derselben Generation, der aus dem Limousin stammende Bertrand von Born, war ebenfalls für seine Kunst, *Sirventes* zu dichten, bekannt (Abb. 2). Zunächst kämpfte er gegen Richard, der 1183 schließlich sein Schloss Hautefort einnahm; besiegt kam Bertrand in Richards Lager und lobte ihn von nun an in seinen Liedern für seine Leistungen auf dem Kreuzzug und im Krieg gegen Philipp II. Augustus.

Der Urgroßvater Richards war niemand anderes als Wilhelm IX., Herzog von Aquitanien, der erste uns bekannte Troubadour überhaupt. Als unermüdlich Reisender begab er sich ins Heilige Land und auf die Iberische Halbinsel. Hier, an den Höfen der mit den Christen verbündeten Emire, hörte er arabische Musik, wenn nicht in seinen eigenen aquitanischen Territorien durch die Lieder seiner muslimischen Sklaven. Aus dieser Perspektive ist es nicht allzu überraschend, dass Richard selbst 1192 den Bruder Saladins, al-Adîl, der mit ihm über die Zukunft seiner Eroberung an der Küste Palästinas verhandelte, bat, einige lokale Lieder hören zu dürfen. Der Chronist Ibn al-Athîr berichtet, dass al-Athīr daraufhin eine Frau gerufen habe, die einige Lieder auf der Gitarre spielte, zur großen Freude des Königs (Abb. 1). Richard war zweifellos begeistert von den nord- (*langue d'oïl*) und südfranzösischen (*langue d'oc*) Literaturen, ebenso wie von der arabischen, die von der Liebe und vom Krieg sangen.

Die Kenntnis solch weltlicher Dinge schloss jedoch keineswegs ein Interesse für die lateinische, religiöse Kultur aus. Richard liebte liturgische Gesänge. Dem Zisterzienserabt Ralph von Coggeshall zufolge spazierte er während der Gottesdienste fröhlich zwischen den Chorsängern umher und ermunterte sie, lauter zu singen; er belohnte sie durch seinen Zuspruch und seine Geschenke. Er verhielt sich demnach wie sein Vorfahr Fulko II., genannt der Gute, Graf von Anjou, dessen Frömmigkeit und häufige Besuche bei Klerikern ihm sarkastische Bemerkungen des französischen Königs einbrachten. Fulko aber ließ sich nicht einschüchtern und antwortete: »Ein ungelehrter König ist wie ein gekrönter Esel!« (Johannes von Salisbury, Policraticus [hg. v. Keats-Rohan], Buch IV, S. 251). Dieser Ausspruch, den wir bei dem Engländer Johannes von Salisbury finden, dem wichtigsten Intellektuellen jener Epoche, wurde zu einem Leitspruch, dessen man sich am Hofe Richards, an dem man die Gelehrsamkeit über alles schätzte, häufig erinnerte. Dass Richard Latein beherrschte, ist unumstritten. Aus einem grammatischen Disput mit Hubert Walter, Erzbischof von Canterbury und höchster kirchlicher Würdenträger Englands, ging Richard siegreich hervor: Es ging um die Frage, ob auf die Präposition *coram* (»in Gegenwart von«) der Akkusativ oder der Ablativ folgt; die anwesenden Latinisten entschieden, dass Richards Ablativ richtiger sei.

Richard meisterte das Lateinische mit Leichtigkeit. Auf seinem Weg ins Heilige Land traf er im sizilianischen Messina auf Joachim von Fiore (Abb. 3). Dieser Eremit war berühmt für seine Prophezeiungen zur Gegenwart, die er auf seine Exegese der *Apokalypse* gründete, des letzten Buchs der Bibel. Dem Chronisten Roger von Howden zufolge, der bei dieser Gelegenheit den König begleitete, entspann sich ein lebhafter Dialog zwischen Richard und Joachim über die mögliche Anspielung auf Saladin als Vorläufer des Antichristen in Kapitel 12 der *Apokalypse*. Er würde durch den sechsten von sieben gekrönten Köpfen eines Drachen symbolisiert, der eine gebärende Mutter verfolgen würde, d. h. die Kirche (Abb. 4). Joachim meinte, Richard müsse auf seinem Kreuzzug nach göttlichem Willen Saladin besiegen, den sechsten großen Verfolger der Christenheit. Der König nahm diese Weissagungen mit Humor und antwortete ihm, der wahre Antichrist sei Papst Clemens III., den er nicht sehr möge. Diese Unterhaltung kann sich nur auf Latein zugetragen haben. Sie ist zutiefst theologisch und erlaubte es dem König, durch seine Ironie zu brillieren. Wenn es noch eines Beweises für seine Gelehrsamkeit bedarf, belegen die gelehrte Natur des Themas und Richards geistreiche Erwiderung, dass er die Sprache der Intellektuellen seiner Zeit beherrschte.

In seiner Kindheit erhielt Richard eine gründliche Ausbildung in der lateinischen Sprache. Sein Vater Heinrich II. übertrug die Erziehung seiner Söhne seinem Kanzler Thomas Becket, an dessen glanzvollem Hof zahlreiche kultivierte Geistliche die Kinder unterrichteten. Richard war besonders seiner Amme Hodierna und ihrem Sohn Alexander Neckham zugetan, der einer der brillantesten Enzyklopädisten seiner Zeit werden sollte (Abb. 5). Richards Milchbruder betonte die positive Wirkung der Buchkultur auf Könige und ihre Krieger: »Welche Feinde könnten einem Königreich widerstehen, das fähig ist, über die Wissenschaft zu triumphieren? Welche bösartigen Gegner würden sich nicht der subtilen Intelligenz derer ergeben, die der Wahrheit nachgejagt haben, die im Herzen der Natur selbst versteckt ist?« (Alexander Neckham, De naturis rerum [RerBrit 34], S. 308, II, 174). Ein anderer Priester am Hof Richards, Gerald von Wales, glaubte ebenfalls an die positive Wirkung der Bildung auf die Regierenden, die er mit den großen Eroberern der Antike personifizierte: »Je mehr die Fürsten belesen und gelehrt waren,« so schrieb er, »desto besser hielten sie sich über das Geschäft des Krieges auf dem Laufenden und desto mehr Mut zeigten sie, wie Alexander, der exzellente Anführer der Makedonier, wie Caesar für die Römer oder sein Neffe Octavius Augustus.« Gleichermaßen lobte er den Fürsten, der »die Waffen und die Toga, die Kampfkunst und die Bildung« miteinan-

3 Joachim von Fiore. Fresko in der Kathedrale Santa Severina, Kalabrien, 16. Jahrhundert ▪ Foto: Prof. Pino Barone.

4 Die große Hure Babylon reitet den Drachen mit sieben gekrönten Häuptern. Nach Joachim von Fiore soll einer der Köpfe Saladin darstellen. *Lambeth Apocalypse*, 13. Jahrhundert ▪ London, Lambeth Palace Library, Ms. 209, fol. 30r (Detail). Foto: © Lambeth Palace Library, London, UK / Bridgeman Images.

5 Kampf zwischen Hunden und Wölfen, *Isopet II de Paris* [anonyme Übersetzung von Alexander Neckhams *Novus Aesopus*], Frankreich, 14. Jahrhundert ▪ Paris, Bibliothèque nationale de France, Ms. fr. 15213, fol. 5v (Detail).

der verband (Gerald von Wales, De pricipis instructione [RerBrit 21,8], S. 7). Richard I. Löwenherz, König und Ritter, vereinigte tatsächlich Regierung und militärische Taten mit der gelehrten Kultur. Weit entfernt von dem überholten Bild eines blutrünstigen Rohlings, gerade gut genug um im Kampf zu brillieren, hat Richard die Wissenschaften kultiviert, sich der Poesie in der Sprache des Nordens und Südens gewidmet und an lateinischen Debatten teilgenommen.

Richards Gefangenschaft im römisch-deutschen Reich bildete den Anlass für eines der interessantesten Werke der mittelhochdeutschen Literatur. Ulrich von Zatzikhoven, Priester von Lommis, nahe des Bodensees gelegen, betont ausdrücklich, dass sein Artusroman *Lanzelet* die Adaption eines französischen Buchs (welschez Buoch) ist, das von einer der Geiseln für den gefangenen König mitgebracht wurde (vgl. Kat.Nr. 9, Abb. 6). Im Epilog nennt er sogar dessen Namen: Hugo von Morville (vgl. Beitrag Peltzer, S. 39). Hugo war ein anglonormannischer Baron, dessen Familie ursprünglich von der Halbinsel Cotentin in der Normandie stammte – die Region, aus der auch Walter von Coutances kam, Erzbischof von Rouen, der beauftragt war, mit Heinrich VI. die Zahlung des Lösegeldes und die Bedingungen von Richards Freilassung zu verhandeln. Ulrichs Roman bietet einen Rahmen, der ungewöhnlich für Lanzelot-Geschichten ist. Einige Details belegen seine Verbindung zu Hugo: Die Gefängniswärterin von Lancelot, ihm geneigt und bald seine Gefährtin, trägt den Namen Ada, dieser ist ansonsten in der Literatur unbekannt; allerdings hießen sowohl die Mutter als auch die Tochter von Hugo Ada. Einige Orte, an denen die Romanhandlung spielt, tragen aus dem Cotentin stammende Namen. Schließlich streute Ulrich zahlreiche französische Worte in sein Werk ein, die er dem anglonormannischen Dialekt entnahm: *buhurt, turnei, pavilun* oder *garzun*.

Alles in allem war die Vorliebe für Literatur am Hof des Königs von England weit verbreitet. Als Bewunderer der Künste gab Richard seinen Rittern ein Beispiel, dem sie bereitwillig folgten. Der König stand Modell für den *miles litteratus*, sowohl Ritter als auch Gelehrter. Er trug, nach einer populären Redensart an seinem Hof, »Waffen und Toga«. Mit seinen Kriegern verkörperte er so die alten Römer, ganz nach dem Geschmack der Renaissance des 12. Jahrhunderts, zu der er selbst so viel beigetragen hat.

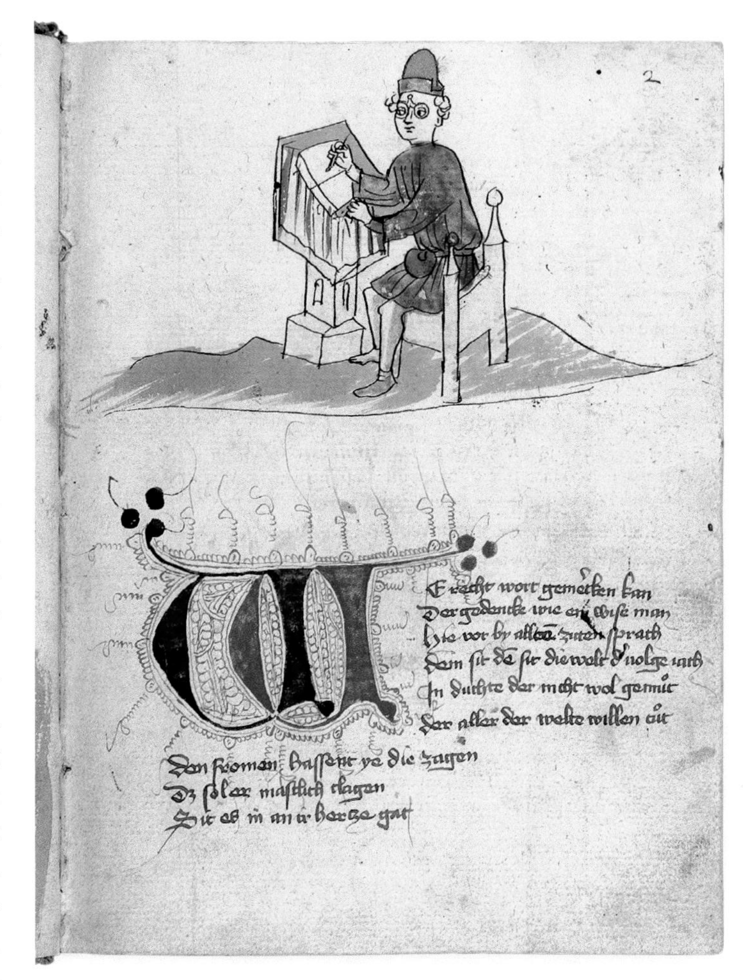

6 Ulrich von Zatzikhoven und die ersten Verse des *Lanzelet*, Straßburg, 1420 ▪ Heidelberg, Universitätsbibliothek, Cod. Pal. germ. 371, fol. 2r.

Q.: Alexander Neckham, De naturis rerum (RerBrit 34) ▪ Gaucelm Faidit, Les pòemes (hg. v. Mouzat) ▪ Gerald von Wales, De pricipis instructione (RerBrit 21,1–8). ▪ Johannes von Salisbury, Policraticus (hg. v. Keats-Rohan) ▪ Ralph von Coggeshall, Chronicon Anglicanum (RerBrit 66) ▪ Récits (hg. v. Wailly).

Lit.: Aurell 2007 ▪ Aurell 2016 ▪ Gillingham 2002.

# »Dauphin, ich möchte Euch zur Rede stellen ...«

## Die Lieder des Richard Löwenherz

Stephan Jolie

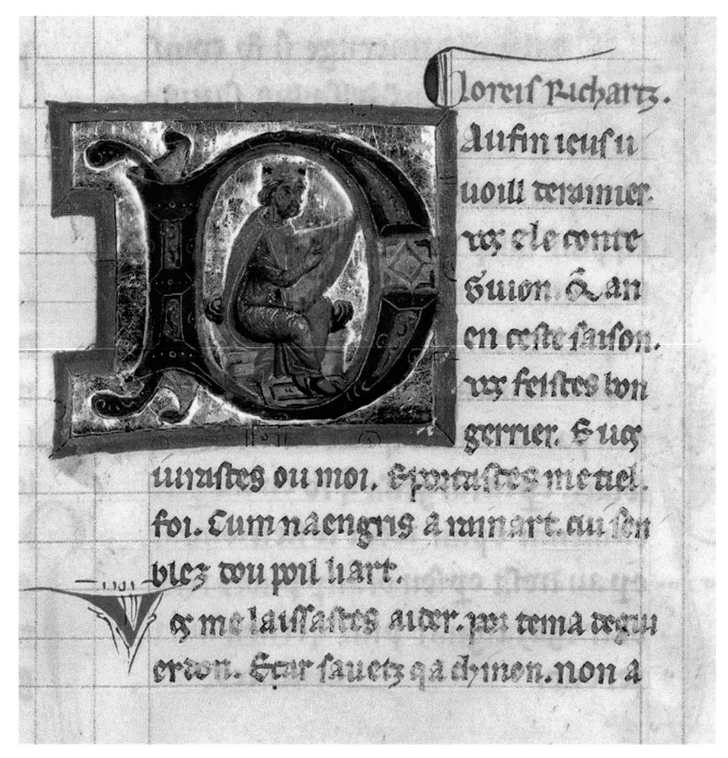

1 Initiale und Textbeginn des Liedes »Daufin, je'us vuoill derainier« von Richard I. Löwenherz in der *Handschrift A* ▪ Vatikanstadt, Biblioteca Apostolica Vaticana, Vat. lat. 5232, fol. 203r (Detail). Foto: © [2017] Biblioteca Apostolica Vaticana.

Von Richard I. Löwenherz sind zwei Lieder überliefert, wobei mit einigen Gründen vermutet werden kann, dass sein dichterisches Schaffen umfangreicher war. Eingang in mittelalterliche Handschriften haben aber nur zwei *Sirventes* gefunden, Dichtungen mit ausgesprochen persönlichem, politisch-moralisierendem Inhalt. Gattungstypisch inszenieren sie in einer wenig poetisch-bildreichen Sprache – aber rhetorisch geschickt und formal gekonnt – die gleichen Grundthemen: die Klage über mangelnde Loyalität und den Verfall höfischer Tugenden sowie den Aufruf zu ritterlichem Verhalten und feudaler Treue.

Den Anlass bietet jeweils eine historisch identifizierbare Konfliktsituation. In seinem Gefangenschaftslied *Ja nus hons pris ne dira* (Pillet/Carstens 1933, S. 379 f., Nr. 420,2) besingt Richard klagend und rügend seine Enttäuschung über das treulose Verhalten seiner Lehnsleute (Liedtext S. 123 und Abb. 2a/b). Wie die erste Strophe deutlich macht, muss es gegen Ende der Gefangenschaft, Ende 1193 oder Anfang 1194, entstanden sein. Die sechs Strophen, die mit formal und inhaltlich abgesetzten *tornadas* oder *envois* (Geleitstrophen) abgeschlossen werden, sind als *coblas doblas* ausgeführt, d. h. je zwei Strophen verwenden die gleichen Reimklänge. Die Verse haben darüber hinaus stets die gleiche Länge und pro Strophenpaar nur einen Reimklang, wobei jede Strophe wuchtig mit einem kürzeren Vers und dem programmatischen *pris* (»gefangen«, »Gefangener«) abschließt. Dies entspricht, in individueller Variation, der archaisierenden Form der altfranzösischen *Rotrouenge*, die überlieferte Melodie allerdings weist eine kanzonenartige Form ABAB CDE auf. Das Lied ist in der großen Zahl von zehn Manuskripten erhalten, was vor allem mit der Prominenz des Verfassers und seinem Schicksal als Gefangenem zu erklären sein wird. Eine Besonderheit besteht darin, dass es in zwei Sprachen überliefert ist: auf Altfranzösisch in sieben Manuskripten und auf Okzitanisch in drei Troubadour-Manuskripten. Aus Gründen des Reimes und der Metrik scheint sicher, dass die französische Fassung die primäre ist, zumal Französisch Richards Muttersprache war. Es spricht aber nichts gegen die Annahme, dass Richard selbst eine okzitanische Fassung herstellte, da er sicher auch diese Sprache beherrschte – und da es sichtlich die Intention des Liedes war, möglichst viele seiner Vasallen anzusprechen. Denn das Lied ist unverhohlen Propaganda in eigener Sache: Es ist eine offensiv in die Öffentlichkeit geschickte Botschaft an seine Vasallen, zu seinem Lösegeld beizutragen. In wirkungsvoller Repetition spricht Richard öffentlich die ihm zu Lehnstreue und Hilfe verpflichteten Mannen seiner Herrschaftsgebiete an: Er spannt den Bogen vom Norden zum Süden seines Reiches (Strophe II), fokussiert seine Kern-und Heimatgrafschaften Anjou und Touraine (Strophe V) und wendet sich an Vasallen im Herzogtum Normandie und der Perche (Strophe VI). Dies waren die strategisch wichtigen Grenzgebiete, die der französische König Philipp II. Augustus mit Angriffen überzog, kaum dass Richard gefangen war. »Mein Herr quält mein Land« (Strophe IV): Nachdrücklicher als durch dieses doppelte »mein« ist die Feindschaft Richards zu Philipp Augustus – der »sein« Lehnsherr war, was »seine« kontinentalen Besitzungen betraf – kaum formulierbar. Den französischen König bezichtigt er offen des Eidbruchs (Strophe IV; man kann bei dem angesprochenen Eid an das Pariser Zweckbündnis gegen Richards Vater Heinrich II. von 1187 denken oder an den Nicht-Angriffsschwur vor Philipps früher Rückreise aus

## Ja nus hons pris ne dira

| | |
|---|---|
| I<br>Ja nus hons pris ne dira sa raison<br>Adroitement, se dolantement non;<br>Mais par effort puet il faire chançon.<br>Mout ai amis, mais povre sont li don;<br>Honte i avront se por ma reançon<br>— — Sui ça deus yvers pris. | I<br>Niemals wird ein gefangener Mann für sein Geschick die rechten Worte finden,<br>vielmehr werden sie immer schmerzlich sein.<br>Aber mit Fleiß und Mühe kann er ein Lied machen!<br>Viele Freunde habe ich, doch wenig geben sie.<br>Schande werden sie davon haben, dass ich wegen Lösegeld<br>diese zwei Winter lang gefangen bin. |
| II<br>Ce sevent bien mi home et mi baron –<br>Ynglois, Normant, Poitevin et Gascon –<br>Que je n'ai nul si povre compaignon<br>Que je lessaisse por avoir en prison;<br>Je nou di mie por nule retraçon,<br>— — Mais encor sui [je] pris. | II<br>Dies wissen sie sehr gut, meine Männer und meine Barone –<br>Engländer, Normannen, Poiteviner und Gascogner –<br>dass ich niemals einen Gefolgsmann hatte, und sei er noch so gering,<br>den ich wegen Geld im Gefängnis gelassen hätte.<br>Ich sage das keineswegs als Vorwurf,<br>aber noch immer bin ich gefangen. |
| III<br>Or sai je bien de voir certeinnement<br>Que morz ne pris n'a ami ne parent,<br>Quant on me faut por or ne por argent.<br>Mout m'est de moi, mes plus m'est de ma gent,<br>Qu'aprés ma mort avront reprochement<br>— — Se longuement sui pris. | III<br>Nun weiß ich es genau und wahrlich sicher,<br>dass man, ob tot oder gefangen, weder Freunde noch Verwandte hat,<br>da man es an Gold oder Silber für mich fehlen lässt.<br>Es ist viel für mich – aber es bedrückt mich noch mehr wegen meiner Leute,<br>da sie nach meinem Tod Schande haben werden,<br>wenn ich so lange gefangen bin. |
| IV<br>N'est pas mervoille se j'ai le cuer dolant,<br>Quant mes sires met ma terre en torment.<br>S'il li membrast de nostre soirement<br>Que nos feïsmes andui communement,<br>Je sai de voir que ja trop longuement<br>— — Ne seroie ça pris. | IV<br>Es ist kein Wunder, dass es mich im Herzen schmerzt,<br>wenn mein Herr mein Land quält und unterdrückt.<br>Wenn er sich nur unseres Eides erinnern würde,<br>den wir beide uns gegenseitig geleistet haben,<br>ich weiß es genau, niemals würde ich so lange<br>gefangen sein. |
| V<br>Ce sevent bien Angevin et Torain –<br>Cil bacheler qui or sont riche et sain –<br>Qu'encombrez sui loing d'aus en autre main.<br>Forment m'amoient, mais or ne m'ainment grain.<br>De beles armes sont ore vuit li plain,<br>— — Por ce que je sui pris. | V<br>Dies wissen sie sehr gut, die Angeviner und Tourainer –<br>diese jungen Männer, denen es jetzt gut geht –<br>dass ich festgesetzt bin, fern von ihnen, in anderen Händen.<br>Sehr haben sie mich geliebt, doch nun lieben sie mich kein bisschen mehr.<br>Die Schlachtfelder sind nun leer von prächtigen Waffen,<br>weil ich gefangen bin. |
| VI<br>Mes compaignons que j'amoie et que j'ain –<br>Ces de Cahen et ces de Percherain –<br>Di lor, chançon, qu'il ne sunt pas certain,<br>C'onques vers aus ne oi faus cuer ne vain;<br>S'il me guerroient, il feront que vilain<br>— — Tant com je serai pris. | VI<br>Meine Gefolgsleute, die ich liebte und die ich liebe –<br>die aus Caen und die aus der Perche –<br>sag ihnen, Lied, dass sie nicht vertrauenswürdig sind,<br>denn ihnen gegenüber war mein Herz nie falsch oder gleichgültig.<br>Wenn sie mich bekriegen, dann handeln sie wie gemeine Rüpel,<br>so lange wie ich gefangen sein werde. |
| VII<br>Contesse suer, vostre pris soverain<br>Vos saut et gart cil a cui je m'en clain<br>— — Et por cui je sui pris. | VII<br>Gräfin Schwester, Euren hohen Wert und Ruhm<br>bewahre und beschütze der, den ich anrufe<br>und um dessentwillen ich gefangen bin! |
| VIII<br>Je ne di mie a cele de Chartain,<br>— — La mere Loëÿs. | VIII<br>Ich sage kein Wort zu der von Chartres,<br>der Mutter von Louis. |

Text nach *Handschrift O* = Paris, Bibliothèque nationale de France, Ms. fr. 846, fol. 62v–63r, Ende 13. Jahrhundert, hg. v. Rosenberg/Tischler 1995, S. 380–382. – Übersetzung: Stephan Jolie.

2a/2b Das Lied »Ja nus hons pris ne dira« von Richard I. Löwenherz in der *Handschrift O* ▪ Paris, Bibliothèque nationale de France, Ms. fr. 846, fol. 62v und 63r.

## Daufin, je'us vuoill derainier

| I | I |
| --- | --- |
| Daufin, je'us vuoill derainier, | Dauphin, ich möchte Euch zur Rede stellen, |
| Vos e le conte Guion, | Euch und den Grafen Guido, |
| Qe an en ceste saison | denn Ihr habt euch früher einmal |
| Vos feistes bon gerrier | wie tapfere Krieger benommen |
| E vos jurastes ou moi | und mir geschworen – |
| E portastes me tiel foi, | und mir dann aber solche Treue gezeigt |
| Cum N'Aengris a Rainart, | wie Herr Isegrim, dem Ihr dem grauen Haar |
| Cui senblez dou poil liart. | nach gleicht, dem Reinecke Fuchs. |
| II | II |
| Vos me leissastes aidier, | Ihr habt aufgehört mir beizustehen, |
| Por tema de guierdon, | aus Angst um Euren Lohn, |
| E car savetz q'a Chinon | und weil Ihr wisst, dass es in Chinon |
| Non a argen ni denier. | kein Geld, keinen Heller mehr gibt. |
| E vos voletz riche roi, | Und Ihr wollt einen reichen König, |
| Bon d'armes, qui vos port foi, | gewaltig an Waffen, der Euch in Treue verbunden ist – |
| E je sui chiche, coart, | aber ich bin ja geizig und feige, |
| Si'us viretz de l'autre part. | und da wendet Ihr Euch der anderen Seite zu. |
| III | III |
| Encor vos voill demandier | Außerdem will ich Euch noch |
| D'Ussoires, s'il vos sot bon, | nach Issoire fragen, ob Euch das gefallen hat |
| Ni si'n prendretz vengeison, | und ob Ihr dafür nicht Rache nehmen wollt |
| Ni loarez soudadier. | und Soldritter aufbieten? |
| Mas una ren vos outroi, | Eines verspreche ich Euch, |
| Si be'm fausastes la loi, | auch wenn Ihr Euren Treueschwur gebrochen habt: |
| Bon gerrier a l'estendart | Als starken Krieger, die Standarte in der Hand, |
| Trovaretz le roi Richart. | werdet Ihr König Richard finden! |
| IV | IV |
| Je vos vi au comenssier | Ich habe Euch anfangs großzügig gesehen, |
| Large, de gran mession, | von großer Freigebigkeit; |
| Mes puis trovez ocheison | aber seither findet Ihr manch Vorwand, |
| Qe, por forz chasteuz levier, | dass Ihr, um starke Burgen zu errichten, |
| Leissastes don e dompnoi | das Schenken und das Ritterleben |
| E corz e segre tornoi; | und die Hoffeste und das Turnieren sein lasst. |
| Mes no's chaut avoir regart, | Aber Ihr braucht keine Furcht zu haben, |
| Que François son Logovart. | denn die Franzosen sind feige wie die Lombarden. |
| V | V |
| Va, sirventes, je t'envoi | Geh, Sirventes, ich sende Dich |
| En Alvernge, e di moi | in die Auvergne, und richte |
| As dos contes de ma part, | den beiden Grafen von mir aus: |
| S'uimeis font pais, Dies los gart. | Wenn sie ab jetzt Frieden wahren, soll Gott sie behüten! |
| VI | VI |
| Que chaut si garz ment sa foi, | Was kümmert's, wenn ein gemeiner Bursche sein Wort bricht, |
| Qu'escuers n'a point de loi? | wenn ein Knappe keinen Funken Treue hat? |
| Mes des or avan se gart | Aber von nun an soll er sich in Acht nehmen, |
| Que n'ait en peior sa part. | dass seine Sache nicht noch schlimmer wird! |

Text nach *Handschrift A* = Vatikanstadt, Biblioteca Apostolica Vaticana, Vat. lat. 5232, fol. 203r–203v, 2. Hälfte 13. Jahrhundert, Lepage 1993, S. 892–910, hier S. 904–905. – Übersetzung: Stephan Jolie.

dem Heiligen Land Ende Juli 1191), seinen Lehnsleuten setzt er in ständig wechselnder Mischung aus Vorwürfen, Empörung, Androhung von Schande und Beschimpfung als *vilain*, als unhöfische »Dörfler« (Strophe VI), zu. Sich selbst inszeniert er dabei als vorbildlich großzügigen und kampfstarken Herrscher. Es ist der Gestus eines machtbewussten Herrschers und eloquenten Redners, der sich auch in der kalkuliert mitleidheischenden Eingangsfigur des Liedes findet – und mehr noch in den beiden Geleitstrophen, in denen er an seine beiden (Halb-)Schwestern huldvolle Ehrerbietung (an Marie, Gräfin der Champagne, Strophe VII) und beißende Verachtung (an Alice von Frankreich, Gattin des Grafen von Blois und Chartres, Strophe VIII) verteilt.

Das zweite Lied *Daufin, je'us vuoill derainier* (Pillet/Carstens 1933, S. 379, Nr. 420,1) – formal versiert in kanzonenförmigen *coblas unissonnans* (gleiche Reimklänge in allen Strophen) ausgeführt – ist ebenfalls ein politisches Gelegenheitslied vor dem Hintergrund der Auseinandersetzungen mit dem französischen König (Liedtext S. 126 und Abb. 1). Entstanden ist es nach Richards Freilassung, zwischen 1194 und 1199, als aufgrund der Lösegeldzahlungen selbst in Chinon (Strophe II), der bevorzugten festländischen Residenz schon seines Vaters, keine finanziellen Reserven mehr vorhanden waren. Bei den Angesprochenen handelt es sich um den als Troubadour bekannten Dalfin Robert I. d'Alvernha, Herrn der Dauphiné Auvergne (Abb. 3), und Guy II., den Grafen der Auvergne. Richard hatte 1196 die Hoheitsrechte an der Auvergne, die seit alters her vasallistisch an die Herzöge von Aquitanien gebunden waren, an Philipp II. abgetreten. Die beiden Betroffenen riefen ihn daraufhin um Beistand an, da ihre eigenen Verteidigungs- und Fortifikationsbemühungen (Strophe VI) nicht gegen die aggressive Besetzungspolitik des übermächtigen neuen Lehnsherrn ausreichten. Philipp hatte etwa sogleich das Städchen Issoire, ca. 30 km südlich von Clermont, besetzt (Strophe III). Richard lehnte eine Hilfestellung ab, forderte aber, als sein kurzer Frieden mit Philipp zerbrach, seinerseits wieder die Loyalität der auvergnischen Herren ein. Wie im ersten Lied erhebt Richard auch hier in machtbewusstem Gestus und mit paternalisierender Rhetorik schwere Vorwürfe: Verrat am Verbündeten – wofür der im 12. Jahrhundert literarisch bekannte Fabelwolf Isegrim steht –, Lehnstreue aus bloßer Geldgier, Vernachlässigung des höfisch-repräsentativen Lebens

3 Der Dauphin der Auvergne in Rüstung und zu Pferd in einer provenzalischen Liederhandschrift, Norditalien, 2. Hälfte 13. Jahrhundert ▪ Paris, Bibliothèque nationale de France, Ms. fr. 854, fol. 186r (Detail).

und Furcht vor den französischen Königsleuten, die als feige und hinterlistige *longobardi* abgetan werden (Strophe IV). Letzteres geschah wohl in Anspielung auf die so bezeichneten normannischen Sizilianer, mit denen Richard auf dem Weg ins Heilige Land in Messina 1190 aus seiner Sicht entsprechende Erfahrungen gemacht hatte. Dalfin d'Alvernha hat Richard scharfzüngig mit einem Lied geantwortet (*Reis pus vos de mi chantatz*, Pillet/Carstens 1933, S. 105 f., Nr. 119,8) und in allen sechs, rein okzitanischen Handschriften sind beide Lieder zusammen überliefert (begleitet von einer langen, erläuternden *Razo;* Boutière/Schutz 1964, S. 294–298). Mit diesem Überlieferungskontext ist auch die eigentümliche Sprache von Richards Lied zu erklären: Es handelt sich um eine poitevinische Varietät, das südlichste Französisch nahe der okzitanischen Sprachgrenze, das auch den okzitanischsprachigen Adressaten verständlich war.

Lit.: Boutière/Schutz 1964 ▪ Lee 2015 ▪ Lepage 1993 ▪ Pillet/Carstens 1933.

# Welche Sprachen sprach der König?

## Ein Engländer mit Migrationshintergrund

Annette Kehnel

Sprachen sind schwer. So viele Vokabeln lernen, so viel Grammatik pauken, so viele Hausaufgaben erledigen.

Wenn wir uns die Frage stellen, wieviele und welche Sprachen ein mittelalterlicher König sprach, dann denken wir unwillkürlich an teure Internate wie Eaton. Wir denken daran, wie schwer es ist, neben der Muttersprache eine zweite, dritte oder gar vierte Fremdsprache zu erlernen. Und wenn uns Menschen begegnen, die mehr als drei Sprachen sprechen, dann werden wir ein bisschen neidisch: Ein solches Sprachgenie muss wohl eine Ausbildung auf einer Eliteschule genossen haben; vielleicht handelt es sich um ein Diplomatenkind, einen Akademikersprössling oder einen Königssohn? Auf jeden Fall sprechen wir von Menschen, die Polo spielen, einen Segelschein haben und Karriere machen – reich, gebildet und elitär.

Dabei muss Mehrsprachigkeit doch gar nicht elitär und teuer sein. Ich denke an die Kindergartenfreunde unserer Jüngsten aus der Vorschule: Halime, Simko und Beriwan. Der Vater ist iranischer Kurde, die Mutter kommt aus der Türkei. Die Kinder sprechen Türkisch, Kurdisch und Persisch – und Deutsch natürlich, genauer gesagt Pfälzisch in einer ganz eigenen Sprachvariante.

Der ersten Form der Mehrsprachigkeit zollen wir Bewunderung. Sie klingt nach Bildung, Zukunft und Elite. Die zweite Form der Mehrsprachigkeit veranlasst zu Bedenken: Wie sollen diese Kinder je in der Schule zurechtkommen, mit diesem Sprachmischmasch in ihren Köpfen? Werden sie je eine der vielen Sprachen, die sie kennen, wirklich richtig zu beherrschen lernen? Wissen sie überhaupt, was ihre ›Muttersprache‹ ist? Schadet das nicht dem Deutscherwerb?

Nun, die Welt in der Richard I. Löwenherz lebte, war vermutlich der Welt von Halime, Simko und Beriwan viel näher als der des Eaton-Absolventen. Richard Löwenherz wuchs in einer Welt auf, in der Mehrsprachigkeit die Norm war. Multikulturalität und Multilingualismus werden als charakteristische Merkmale Englands im 12. Jahrhundert betrachtet: »one of this society's most productive characteristics, as I see it, is to be found in its multi-culturalism and its concommitant multi-lingualism«, urteilte der Sprachhistoriker Ian Short im Jahr 1991 (Short 1991, S. 230). Was genau heißt das? Zum einen, dass viele Sprachen gleichzeitig und in vielen regionalen Varianten gesprochen wurden: Französisch, Englisch, Latein, Provenzalisch, Walisisch, Gälisch, Nordisch und vermutlich noch andere Sprachen, deren Spuren sich im Laufe der Geschichte verloren haben. Das bedeutete natürlich nicht, dass alle Menschen damals mehrsprachige Polyglots waren, sondern vielmehr, dass der Umgang mit verschiedenen Sprachen, auch mit Sprachen, die man selbst nicht beherrschte, zu den Selbstverständlichkeiten des Alltags zählte. Auch war es – für die, die schreiben konnten – selbstverständlich, in einer anderen Sprache zu schreiben als zu reden. Man sprach Englisch oder Französisch, man schrieb Latein (Abb. 1).

Richard wuchs also in einem multikulturellen und mehrsprachigen Umfeld auf. Doch welche Sprachen konnte er tatsächlich sprechen, welche lesen, welche verstehen? Was war seine Muttersprache? Wie sprach er mit seinen Geschwistern und mit seiner südfranzösischen Mutter? Welche Sprache nutzte er in Poitiers, als er im Juni 1172 als Herzog von Aquitanien eingesetzt wurde? Wie verständigte er sich mit seinem deutschen Schwager Heinrich dem Löwen, ehemals Herzog von Bayern und Sachsen, beim Hoftag in Caen an Weihnachten 1182? Wie sprach König Richard, der Anglonormanne, mit König Tankred von Lecce, dem sizilianischen Normannen, als er 1190 in Messina seine Schwester aus der Gefangenschaft befreite? Sprach er baskisch mit Berengaria, seiner Frau aus Navarra im heutigen Nordspanien?

Natürlich lassen sich solche Fragen heute nicht mehr beantworten. Doch plausible Vermutungen sind möglich und dazu sollen im Folgenden die prägenden Spracherfahrungen der Kindheit des Königs rekapituliert werden. Grundlegend sind dazu die einschlägigen Forschungen von John Gillingham.

Die Frage nach Richards Muttersprache klingt einfach, ist aber schwierig zu beanworten. Englisch war es jedenfalls nicht, denn die Sprache seiner Mutter war Provenzalisch. Richard wurde zwar in England geboren – er kam am 8. September 1157 in Oxford zur Welt – aber nicht als Engländer. Wenn überhaupt, müssen wir ihn einen Engländer mit Migrationshintergrund nennen. Genau genommen mit Invasionshintergrund. Er war als Enkel des normannischen Grafen Gottfried von Anjou und als Sohn der Erbtochter eines südfranzösischen Herzogtums durch und durch das, was wir heute einen ›Franzosen‹ nennen würden.

John Gillingham hat darauf hingewiesen, dass lediglich die Urgroßmutter Richards, Mathilde, die Frau seines Urgroßvaters mütterlicherseits, eine Angelsächsin gewesen sei. Und genau das haben schon die zeitgenössischen Historiker des 12. Jahrhunderts – allen voran Ralph von Diceto – recherchiert und konnten so beweisen, dass Richard auch von den Angelsachsen abstamme und folglich ein legitimer englischer König sei. Doch bekanntlich reicht eine englische Urgroßmutter nicht aus, um die englische Sprache auch sprechen zu können – eine englische Amme vielleicht schon eher. Richard hatte eine Amme. Wir wissen das, weil er kurz nach seiner Amtseinführung als König von England seiner Amme Hodierna eine großzügige Pension verlieh. Freilich können wir nur vermuten, dass diese Hodierna, eine Engländerin aus der Umgebung von Oxford, auch Englisch mit ihrem Zögling gesprochen hat. Beweisen lässt sich das heute, fast 900 Jahre später, nicht mehr. Aber wohl begründet ist diese Vermutung durchaus. Und die Amme war – jedenfalls für die frühe Sprachentwicklung des Kleinkindes – offenbar viel wichtiger als die Eltern, deren Aufgabe damals nicht darin bestand, Zeit mit ihren Kindern zu verbringen. Da die Mutter im königlichen Haushalt in Oxford sicherlich präsenter war als der Vater, hat sie ihren Kindern vermutlich Provenzalisch als ›Muttersprache‹ mitgegeben. Die Möglichkeiten, mit dem Vater Französisch zu reden, waren eher begrenzt. Nach Gillinghams Rekonstruktionen der frühen Jugend Richards führte der Junge sein erstes »Gespräch« mit dem Vater, König Heinrich II., im Jahr 1163, als der König nach viereinhalb Jahren erstmals wieder in den englischen Teil seines Reiches kam. Der Junge war sieben Jahre alt und hatte seinen Vater zum letzten Mal mit zweieinhalb gesehen, da der König immer auf Reisen in seinem Reich unterwegs war, das von Schottland im Norden bis in die Pyrenäen ganz im Süden reichte. Das erste Vater-Sohn-Gespräch im Jahre 1163 führten sie sicher in französischer Sprache, genauer gesagt in jenem nordfranzösischen Dialekt, den die Normannen in England als Elitesprache eingebürgert hatten und dessen Reinform Richard zwei Jahre später vor Ort kennenlernte, als er gemeinsam mit seiner Mutter und seiner älteren Schwester zum ersten Mal in die Normandie reiste. Damals war er neun Jahre alt. Wir wissen nicht, wo genau er die Jahre seiner Kindheit und Jugend verbrachte. Gesichert ist, dass er seit 1171 mit seiner Mutter im Süden Frankreichs unterwegs war. John Gillingham vermutet, dass er in dieser Zeit die Sprache und Musik Aquitaniens kennen und lieben lernte. Auch zwei Troubadourlieder werden ihm zugesprochen (vgl. Beitrag Jolie, S. 122 ff.). Doch scheint es sehr wahrscheinlich, dass Richard bei seiner Einsetzung als Herzog von Aquitanien im Sommer 1172 in Poitiers die Sprache seines Herzogtums verstand und selbst sprechen konnte.

Was also können wir sagen über Richards Sprachkompetenzen? Am häufigsten sprach er sicherlich Französisch, jenes

1 Der *Psalter Ludwigs des Heiligen* aus dem 12. Jahrhundert verdankt seinen Namen der hier gezeigten lateinischen Inschrift aus dem 14. Jahrhundert, die vermerkt, dass Ludwig IX. von Frankreich, wie für Kinder seines Standes zu dieser Zeit üblich, das Lesen mit Hilfe dieser religiösen Schrift gelernt haben soll ▪ Leiden, Universitaire Bibliotheken, Hs. BPL 76 A, fol. 30v.

Nordfranzösisch, das Sprachforscher heute Anglonormannisch nennen. Latein konnte er lesen und verstehen. Englisch, die Sprache seiner Amme und seiner Kindheit, hat er vermutlich nie vergessen, aber wohl eher selten benutzt. Provenzalisch, die Sprache seiner Mutter und seiner Grafschaft Aquitanien, war möglicherweise die Sprache seines Herzens, die Sprache, die ihn mit seiner Mutter und seinem Herzogtum verband, die Sprache, die er wohl auch mit seiner Frau Berengaria teilte.

Lit.: Gillingham 2002 ▪ Jefferson/Putter 2013 ▪ Short 1991.

Hen: secundus
Iohes Rex
Henricus III
BRITISH MUSEUM

# Objekte

30

## Matthew Paris, *Abbreviatio chronicorum*

Matthew Paris († 1259), England, Benediktinerabtei St. Albans (Hertfordshire)

Pergament | farbige Miniaturen | H. 32,2 cm, B. 21, 6 cm, T. 5,0 cm, 221 Bll.

London, The British Library | Cotton MS Claudius D. VI, fol. 9v

Matthaeus Parisiensis, auch Matthew Paris, Mönch in St. Albans, gilt als einer der bedeutendsten Chronisten Englands im 13. Jahrhundert. Seine Schriften verbinden scharfsinnige Beobachtung mit anekdotischer Erzählung und vermitteln so auf unterhaltsame Weise ein lebendiges Bild der damaligen Zeit. Von Matthew Paris sind zumeist eigenhändige Schriften oder unter seiner Anleitung verfasste Kopien erhalten, so dass sich die ursprüngliche Anlage der Werke durch den Autor noch heute gut erkennen lässt. Das Verhältnis zwischen Inhalt und Gestaltung ist bei Matthew Paris besonders eng, finden sich doch zwischen den Texten zahlreiche Illustrationen, oftmals von seiner eigenen Hand. Bei der vorliegenden Handschrift handelt es sich um Matthew Paris' *Abbreviatio compendiosa chronicorum Anglie* (Kurzer Abriss der Chroniken von England), die den Zeitraum von 1000 bis 1255 umfasst. Sie besteht aus Auszügen seiner *Historia Anglorum*, die selbst eine Kurzfassung der *Chronica majora* darstellt. Der Text an sich ist weniger bemerkenswert als bei Matthew Paris' anderen Werken; die Bekanntheit des Buches beruht vielmehr auf den einzigartigen einleitenden Blättern (fol. 5v–12v).

Am Anfang der Handschrift steht ein Porträt des angelsächsischen Königs Offa von Mercien († 796), der als Gründer der Abtei von St. Albans verehrt wurde. Daneben befindet sich eine Abbildung mit Erläuterung der angelsächsischen Heptarchie (fol. 5v). Ausgangspunkt des Buches ist damit – wie bei fast allen Werken von Matthew Paris – sein Heimatkloster, die Abtei von St. Albans. Matthew verfügte über gute Beziehungen in höhere Kreise – sogar zu König Heinrich III. –, doch obwohl einige hochrangige Persönlichkeiten reges Interesse an Matthew Paris' Schriften zeigten, scheint er nicht an eine weitere Verbreitung seiner Werke gedacht zu haben, sondern verfasste sie vornehmlich zum Gebrauch im Kloster. Die Abtei von St. Albans war eines der bedeutendsten Klöster Englands und widmete sich in besonderem Maße der Geschichtsschreibung. Matthew zählte jedoch nicht zu den berühmten Chronisten seiner Zeit. Seine heutige Bekanntheit verdankt er vielmehr dem rein zufälligen Interesse neuzeitlicher Gelehrter an seinen Werken, welche daher bereits im 16. Jahrhundert in gedruckter Ausgabe erschienen.

Die Einleitung zu Matthew Paris' *Abbreviatio* fährt mit einer Reihe von Miniaturen der Könige von England (fol. 6r–9v) fort, die heute zu den vertrautesten mittelalterlichen Darstellungen dieser Persönlichkeiten gehören. Am Anfang steht Brutus, der legendäre Urenkel des Äneas und angeblich erste König Britanniens, den Schluss bilden Heinrich II., Richard I., Johann Ohneland und der zum Zeitpunkt von Matthew Paris' Tod herrschende Heinrich III. Jeder König wird mit seinen typischen Attributen gezeigt: Die drei Löwen auf Richards Schild veranschaulichen seinen Beinamen; Johanns schief sitzende Krone verweist auf seine turbulente Regierungszeit. Auf die Darstellungen folgen ein Stammbaum der englischen Könige von Alfred dem Großen bis Heinrich III. (fol. 10v–12r) und eine Karte Britanniens (fol. 12v, vgl. Beitrag Gillingham, Abb. 2). Bei dieser handelt es sich um einen der frühesten erhaltenen Versuche, die britischen Inseln nicht schematisch, sondern geografisch darzustellen. Insgesamt verschafft das einleitende Material dem Leser einen hervorragenden Einstieg in die darauf folgende Chronik.

Nach Matthew Paris' Tod verblieb die Handschrift in der Abtei von St. Albans. Im Zuge der Auflösung des Klosters 1539 könnte sie in den Besitz des Historiografen John Stowe gelangt sein, der jedenfalls um 1575 Auszüge daraus niederschrieb. Eine Inschrift nennt den Richter Sir Richard Hutton († 1639), von dem Sir Robert Bruce Cotton († 1631) die Chronik wahrscheinlich erwarb; Cottons Bibliothek ging als eine der ersten in der Sammlung des British Museum auf, als dieses 1753 gegründet wurde.

AD

Lit.: Lewis 1987, S. 143–158, 468 f. ▪ Morgan 1982–1988, Bd. 1, S. 144 f., Nr. 93 ▪ Vaughan 1958.

31 ▶

## Roger von Howden, *Chronica, Band II*

Roger von Howden († 1201 od. 1202), England, 1199–1201 oder 1202

Pergament | Pergamenteinband frühes 17. Jahrhundert | H. 33,0–34,1 cm, B. 23,8–24,4 cm, iv + II + 204 + i Bll.

Oxford, Bodleian Libraries | MS. Laud Misc. 582, fol. 123v–124r

Da es sich bei Roger von Howden um einen Zeitgenossen von Richard I. Löwenherz handelt, ist seine *Chronica* ein bedeutendes Zeugnis für die Ereignisse und Dokumente von Richards Herrschaft. Die spärlichen Nachweise seiner eigenen Existenz lassen vermuten – vorausgesetzt, die vereinzelten Erwähnungen beziehen sich tatsächlich allesamt auf ein und dieselbe Person –, dass der Chronist zunächst als Schreiber am Hofe von Richards Vater Heinrich II. tätig war und während des Dritten Kreuzzugs mit in das Heilige Land reiste. Seine Beziehungen zu mehreren aufeinanderfolgenden Bischöfen von Durham – so war er als Geistlicher in Howden (East Riding, Yorkshire) tätig und auch in anderen Angelegenheiten handelte er in ihrem Namen – gewährten ihm wohl tiefgehende Einblicke in die Geschehnisse seiner Zeit. Roger beabsichtigte, mit seiner *Chronica* die Geschichte Englands abzubilden, von Beda im 8. Jahrhundert bis hinein in seine eigene Zeit. Das Manuskript ist nicht nur ein Teil der ältesten bekannten Abschrift dieses Texts, sondern nachweislich auch eine Handschrift des Autors selbst, an der er zum Zeitpunkt seines Todes im Jahr 1201 oder 1202 noch gearbeitet hatte. Es handelt sich dabei um den zweiten von zwei zusammengehörenden Bänden, die im 16. oder im frühen 17. Jahrhundert voneinander getrennt wurden. Der erste Band beinhaltet die historischen Einträge von 732 bis 1180/81 und befindet sich heute im Besitz der British Library in London (Royal MS. 14 C. II). Das Dokument ist eine etwa 1199 von einem professionellen Schreiber angefertigte und mit Korrekturen des Autors versehene Reinschrift eines früheren Entwurfs, begonnen wohl 1192 oder 1193. Der zweite, hier vorliegende Band wurde im gleichen Format von demselben Schreiber begonnen, dann aber von anderen Händen fortgesetzt. Je weiter sich die jährlichen Aufzeichnungen, beginnend im Jahr 1181, der Gegenwart des Autors nähern, desto stärker häufen sich Anmerkungen und ganze Passagen in seiner Handschrift, wodurch der Band immer mehr den Charakter der Reinschrift verliert und zu einem Arbeitsentwurf wird. Der Aufbau des Werks entspricht dem der Annalen – Jahr für Jahr fortgeführt, in die an geeigneter Stelle immer wieder ganze Dokumente eingefügt wurden. Dies ist der Kontext der annähernd zeitgenössischen Abschrift (fol. 123v–124r, nicht in Rogers Handschrift) eines in Latein verfassten Briefes vom 19. April 1193, den König Richard aus seiner Gefangenschaft in Deutschland an seine Mutter, Königin Eleonore, die *justiciare* und die Engländer adressiert hatte. Richard beschreibt hier die Bedingungen für seine Freilassung und nennt die Summe des mit dem römisch-deutschen Kaiser vereinbarten Lösegeldes, bittet seine treuen Untertanen, alle Anstrengungen zu unternehmen, diese Gelder aufzubringen und verspricht deren Rückzahlung. Der Abschrift Richards eigener Worte folgt ein kurzer beschreibender Absatz (fol. 124r, Sp. II, ebenfalls kein Autograph), der mit einem »N(ot) a«-Vermerk gekennzeichnet und mit der seitlichen Rubrik »De auxilio ad Redemp(t)ionem Regis statuto« versehen ist. In diesem beschreibt der Chronist, wie Königin Eleonore und die Justitiare die Anweisungen des Königs in die Praxis umsetzten, indem sie eine Steuer von 25 % auf die jährlichen Erträge aller Kleriker und Laien erhoben. Und auch auf Zahlungen aus feudalen Leistungen, das Gold und Silber der Kirchen und sogar die jährliche Wollernte bestimmter Klöster wurden Ansprüche geltend gemacht.

Im 14. bzw. 15. Jahrhundert wurde dieser Band möglicherweise in Carlisle im Nordwesten Englands aufbewahrt, da zu dieser Zeit auf seinen Vorsatzblättern Abschriften von vier verschiedenen Dokumenten mit inhaltlichem Bezug zu dieser Stadt und zu Schottland eingefügt wurden. 1636 gelangte er, von seinem ersten Band getrennt, in den Besitz der Universität Oxford, gestiftet von William Laud, Erzbischof von Canterbury und *Chancellor* (formeller Vorsteher) der Universität. BBB

Q.: Laudian Manuscripts (hg. v. Coxe), S. 572 ▪ Roger von Howden, Chronica (RerBrit 51,1–4).

Lit.: Corner 1983 ▪ Corner 2004 ▪ Gransden 1974, Bd. 1, S. 225–230 ▪ Stenton 1953.

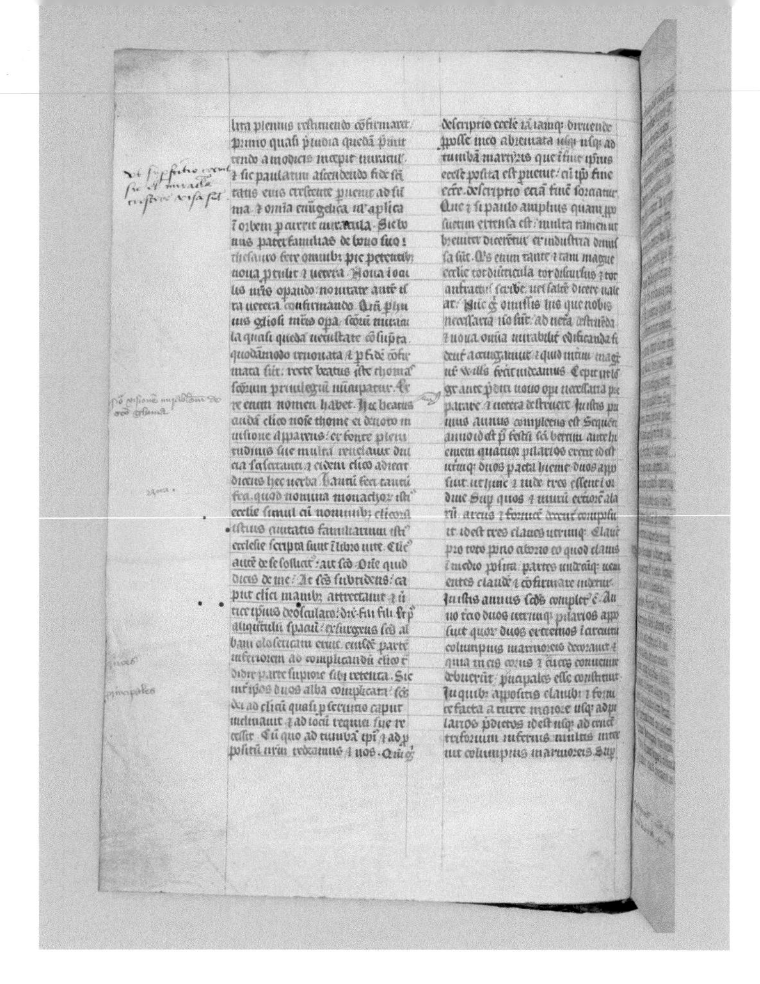

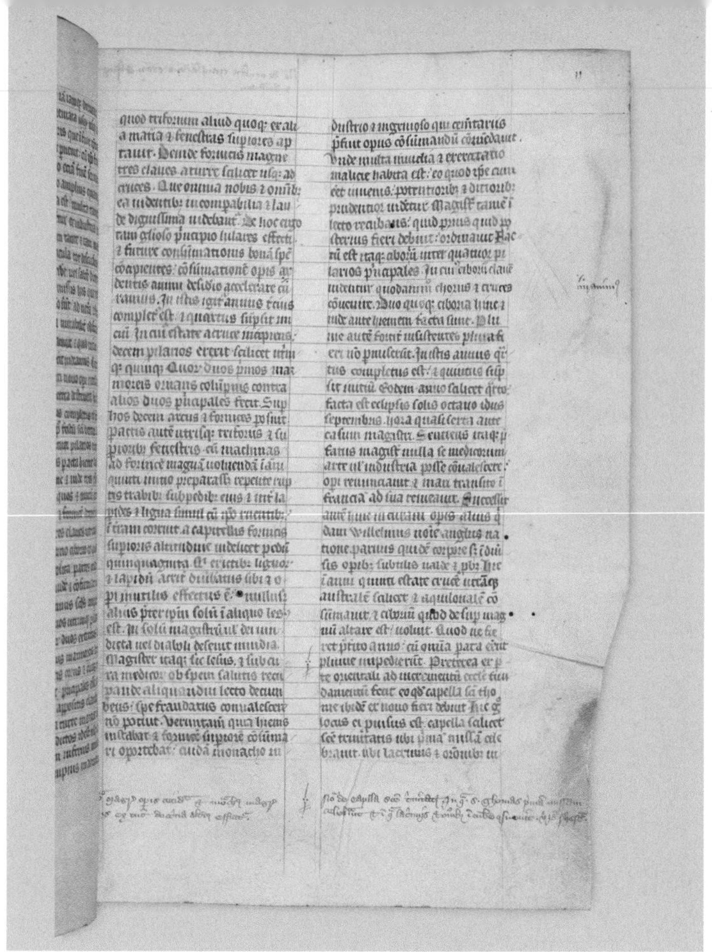

32

## Gervasius von Canterbury, *Chronik*

Gervasius von Canterbury, England, Canterbury, Christ Church, spätes 13. oder 14. Jahrhundert

Pergament (Vellum) | zweispaltig mit je 38 Zeilen, Initialen in blau und rot | H. 33,0 cm, B. 20,0 cm, 365 Bll.

Cambridge, Master and Fellows of Trinity College Library | R.4.11, S. 10–11

Gervasius von Canterbury war seit 1163 Mönch im Kloster Christ Church in Canterbury und schrieb hier vermutlich seit 1188 seine *Chronik* und weitere, kürzere Werke. Über sein Leben ist kaum etwas bekannt. Anlass seiner Schreibtätigkeit war ein langlebiger Streit seines Konvents mit Erzbischof Balduin von Canterbury. Nachdem er zunächst zwei Traktate über den Konflikt verfasst hatte, begann Gervasius, die Geschichte seines Klosters seit 1100 zu studieren und niederzuschreiben. Seine Arbeit diente auch dazu, die Ansprüche des Konvents zu bekräftigen und für die Zukunft abzusichern. Daher konzentriert sich die *Chronik* auf die lokale Geschichte des Klosters, bettet die Ereignisse aber auch immer wieder in größere politische Zusammenhänge ein. Dabei stützte sich Gervasius größtenteils auf Archivalien und verschiedene Geschichtswerke. Insgesamt enthält die *Chronik* wenig eigenständige Berichte, auch zu den zeitgenössischen Ereignissen bis 1199. Neben den Werken Gervasius' von Canterbury entstand in den letzten Jahrzehnten des 12. Jahrhunderts eine große Anzahl historiografischer Werke, so dass man von einem »goldenen Zeitalter« der Geschichtsschreibung in England sprechen kann, das auch der besonderen Förderung Heinrichs II. und Richards I. Löwenherz zu verdanken ist.

Bei der Handschrift, die sich heute in der Trinity College Library in Cambridge befindet, handelt es sich um die Abschrift eines Manuskripts aus der zweiten Hälfte des 13. Jahrhunderts (London, British Library, Cotton MS. Vespasian B. 19), das ebenfalls in Canterbury entstand. Auslassungen und Fehler, die dieses Manuskript aufweist, wurden übernommen. Allerdings finden sich am Rand zeitgenössische Verbesserungen in Kursive.

Die *Chronik* enthält einen ausführlichen Bericht über die Festkrönung Richards I. Löwenherz im April 1194 in Winchester. Gervasius verweist mehrmals auf die unverhoffte Freilassung des Königs und betont, dass die feierliche Krönung die »Schmach der Gefangenschaft« beseitigt und Richard zum »wahren König« gemacht habe (Historical Works [hg. v. Stubbs], Bd. 1, S. 525 f.).

ASN

Q.: Historical Works (hg. v. Stubbs).

Lit.: Berg 2007, S. 215 f. ▪ Gransden 1974, S. 253–260.

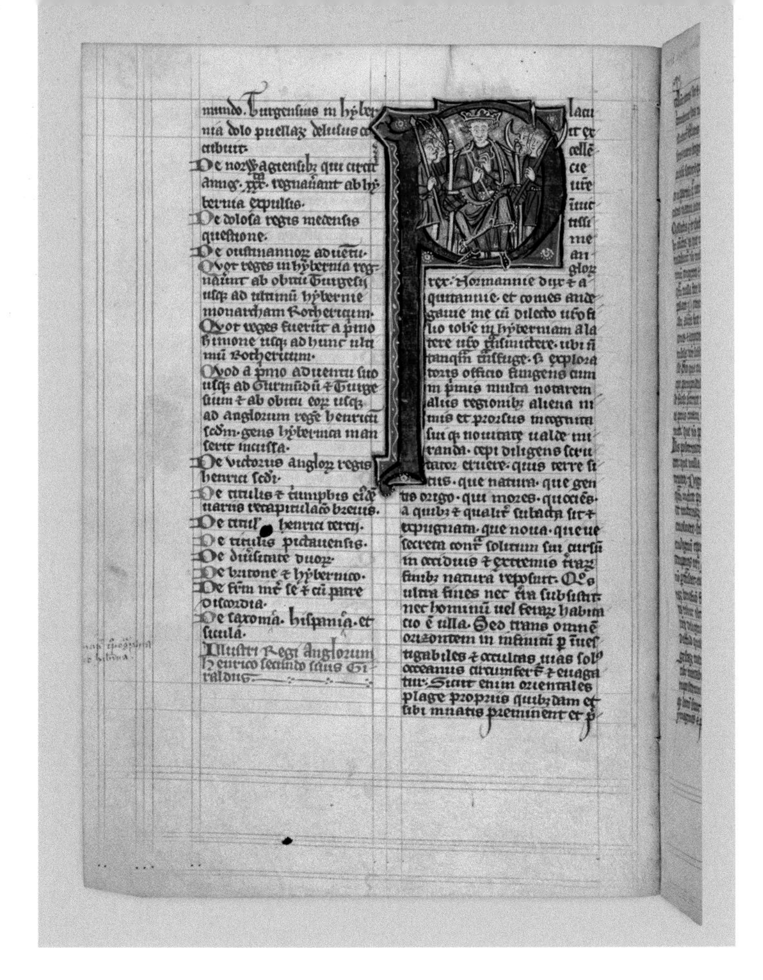
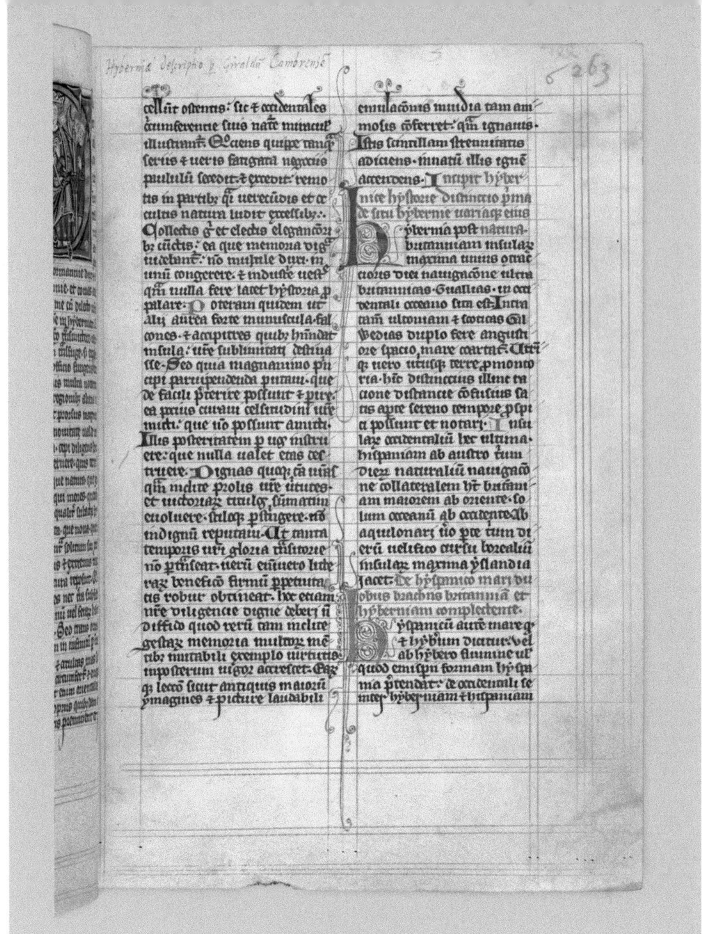

33

## Sammelband mit historiografischen Texten, u. a. *Topographia Hiberniae*

Verschiedene Autoren, hier Gerald von Wales (1146–1226), England, 1186/87

England, Bury St. Edmunds, drittes Viertel 13. Jahrhundert

Pergament | (betrifft ausschließlich die *Topographia Hiberniae*) Bas-de-page-Malerei und Randzeichnungen mit Tier-, Mensch- und Hybridfiguren in Tusche und blauer, grüner, brauner, roter und rosa Farbe, fünf- bis achtzehnzeilige historisierte Initialen in poliertem Gold auf blauem und rosafarbenem Grund oder in Rosa und Weiß auf poliertem Goldgrund, elf- bis zwanzigzeilige Rankeninitialen in Blau, Rosa und poliertem Gold, zweizeilige Kapitelinitialen in Rot oder Blau mit kontrastierender Auszeichnung und Schnörkeln in Feder in Blau oder Rot, einzeilige einfache Initialen in Rot oder Blau, Rubriken in Rot | Zustand gut, geringfügige Fehler in der für das Pergament verwendeten Tierhaut, Einband aus rot gefärbtem Ziegenleder von Douglas Cockerell & Son, Grantchester, 1967, moderne Nummerierung in Bleistift | H. 29,5 cm, B. 20,5 cm

Cambridge, The Syndics of Cambridge University Library | MS Ff.1.27, S. 262–263

Aus einer großen historisierten Initiale blickt uns hier König Heinrich II. entgegen. Mit der Krone auf dem Haupt und dem Zepter in der rechten Hand thront der Vater Richards I. inmitten bewaffneter Männer. Alle Augen sind auf ihn gerichtet: Die Männer warten auf seine Befehle. Die über den Rand der Initiale herausragenden Bögen, Lanzen und Streitäxte erwecken den Eindruck unmittelbar bevorstehenden Aufbruchs und großer Hektik.

Die Darstellung ist kein Porträt im eigentlichen Sinn, sondern eine Textmarkierung am Anfang des zweiten Prologs zur *Topographia Hiberniae* des Gerald von Wales. Dieser verfasste die *Topographia* 1186/87, also während seiner Zeit im Dienste des Königs. Nachdem er Heinrich Anfang 1185 in Clarendon begegnet war, wurde er – wie er im Prolog berichtet – noch im selben Jahr im Gefolge von Heinrichs jüngstem Sohn Johann Ohneland nach Irland gesandt. Dort beobachtete und studierte er neben Land und Leuten sowie Sitten und Gebräuchen auch die Wunder, die am Rande der bekannten Welt zu entdecken waren. Alles Bemerkenswerte beschrieb er in seinem Bericht. Am Schluss dieses Heinrich II. gewidmeten ethnografischen Werks finden sich eine Beschreibung der Eroberung der Insel, Vergleiche zwischen den Siegen Heinrichs II. und jenen Alexanders des Großen sowie ein rhetorisch vollendetes Lob auf Heinrichs königliche Tugenden.

Die *Topographia* steht in dieser Handschrift neben anderen Werken des Gerald von Wales: der *Expugnatio Hiberniae* und dem *Itinerarium Cambriae*. Bei allen dreien handelt es sich um

Abschriften aus der heute in der British Library aufbewahrten Handschrift Royal MS 13 B.viii. Die Randbemerkungen in dieser Handschrift wurden bei MS Ff.1.27 in den Text einbezogen. Auch für die Bas-de-page-Malereien und Randzeichnungen diente die Handschrift in der British Library als Vorlage. Der Teil von MS Ff.1.27, der die *Topographia* enthält, gehörte ursprünglich zu einer Gruppe mehrerer Texte, die auf diesen Band und eine andere Handschrift – Cambridge, Corpus Christi College, MS 66A – aufgeteilt worden waren. Diese Texte waren im dritten Viertel des 13. Jahrhunderts im Kloster Bury St. Edmunds entstanden. Die Illuminationen in der Handschrift Corpus Christi MS 66A und entsprechend auch die aus Bury stammenden Teile von MS Ff.1.27 weisen stilistische Ähnlichkeiten mit einem um 1250–1260 entstandenen Psalter aus dem Kloster Carrow in Norwich auf (Baltimore, Walters Art Gallery, MS W.34).

Über die Herkunft der anderen Texte in diesem Band gehen die Meinungen in der Wissenschaft auseinander. Ebenso wie die heute im MS 66 des Corpus Christi College eingebundenen Texte wurden sie aufgrund eines Exlibris in der Corpus-Handschrift dem Kloster Sawley zugeschrieben. Allerdings spricht eine Reihe überzeugender paläografischer, textlicher und thematischer Argumente für die Herkunft aus der Priorei der Kathedrale von Durham. Die Texte könnten auch unabhängig voneinander erstellt, aber schon früh in einem Sammelband zusammengeführt worden sein.

Die Anordnung dieser Sammelbände geht auf Matthew Parker (1504–1575), Erzbischof von Canterbury, zurück. Indem er die aus dem 13. Jahrhundert stammende Handschrift von Bury St. Edmunds und die im 12. Jahrhundert entstandene Durham/Sawley-Handschrift auflöste und die Texte neu zusammenfügte, schuf Parker zwei thematisch zusammenhängende Sammelhandschriften. Ff.1.27 enthält Texte zur Geschichte Irlands und Britanniens, darunter Nennius, Beda, Wilhelm von Malmesbury und Gerald von Wales; mehrere dieser Schriften nehmen insbesondere Bezug auf Durham. Die Corpus-Handschrift (die heute auf beide Bände MS 66 und 66A aufgeteilt ist) enthält neben der *Imago mundi* kosmografische Texte und etliche Berichte über Reisen in den Osten und das Heilige Land sowie über die Wunder, die dort zu finden waren (Jacques de Vitry, Willelmus de Rubruk, »Priesterkönig Johannes«, Auszüge aus Beda über Jerusalem und den Ort der Himmelfahrt Christi usw.). MS Ff.1.27 gehörte zu den 25 Handschriften, die Matthew Parker 1574 der Universitätsbibliothek Cambridge schenkte. Eine Liste dieser Werke erscheint am Ende einiger gedruckter Ausgaben von Parkers *De antiquitate Britannicae ecclesiae & priuilegis ecclesiae Cantuariensis, cum Archiepiscopus eiusdem 70* (Excusum Londini: in ædibus Iohannis Daij, An. Dom. 1572–74); die Handschrift wird hier an 21. Stelle angeführt. JF

Q.: https://cudl.lib.cam.ac.uk/view/MS-FF-00001-00027/1 (10.07.2017).

Lit.: Bheaglaoi 2013 ▪ Binski/Zutshi 2011, S. 71–73, Nr. 78 ▪ Dumville 1980 ▪ Kauffmann 1975, S. 88 ▪ Meehan 1994.

**34** ▸

## Richard von Devizes, *Chronicon de rebus gestis Riccardi primi*

Richard von Devizes, England, Winchester, Abtei St. Swithun, 1193/94

Pergament | H. 21,8 cm, B. 17,0 cm

Cambridge, Corpus Christi College, Parker Library, The Master and Fellows of Corpus Christi College | MS 339, fol. 25v–26r

Richard von Devizes noch zu Lebzeiten von Richard Löwenherz entstandene Chronik vereint zwei Erzählungen: Einerseits die Schilderung von König Richards Kreuzzug im Stil eines Heldenepos nach klassischen Vorbildern, andererseits eine zynisch-satirische Beschreibung der sich stetig verschlechternden politischen Lage in England.

Die Schilderung des Kreuzzugs widmet sich vor allem der Anfangsphase dieses Unterfangens, den Rivalitäten zwischen Richard und dem König von Frankreich sowie den Kämpfen in und um Messina. Spätere Ereignisse werden stark gekürzt, ohne sinnvolle Reihenfolge oder überhaupt nicht dargestellt – der berühmte Sieg bei Arsuf (1191) etwa wird gänzlich verschwiegen. Die Chronik endet mit Richards Weigerung, am Heiligen Grab zu beten, da er nicht »als Privileg von den Heiden erhalten wollte, was ihm nicht als Gabe Gottes zuteil wurde«. In der Chronik finden sich zwar Hinweise auf seine Gefangenschaft, doch da weder die Freilassung noch sein späterer Besuch des Klosters von Winchester Erwähnung finden, hat der Verfasser diese Ereignisse vermutlich nicht mehr erlebt.

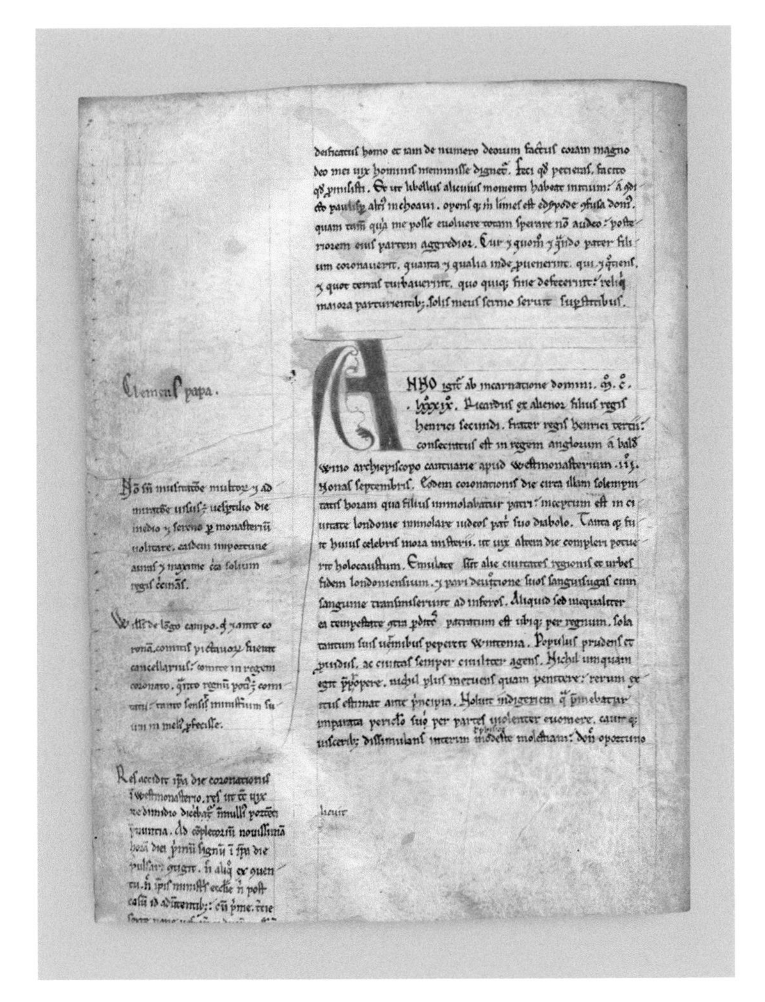

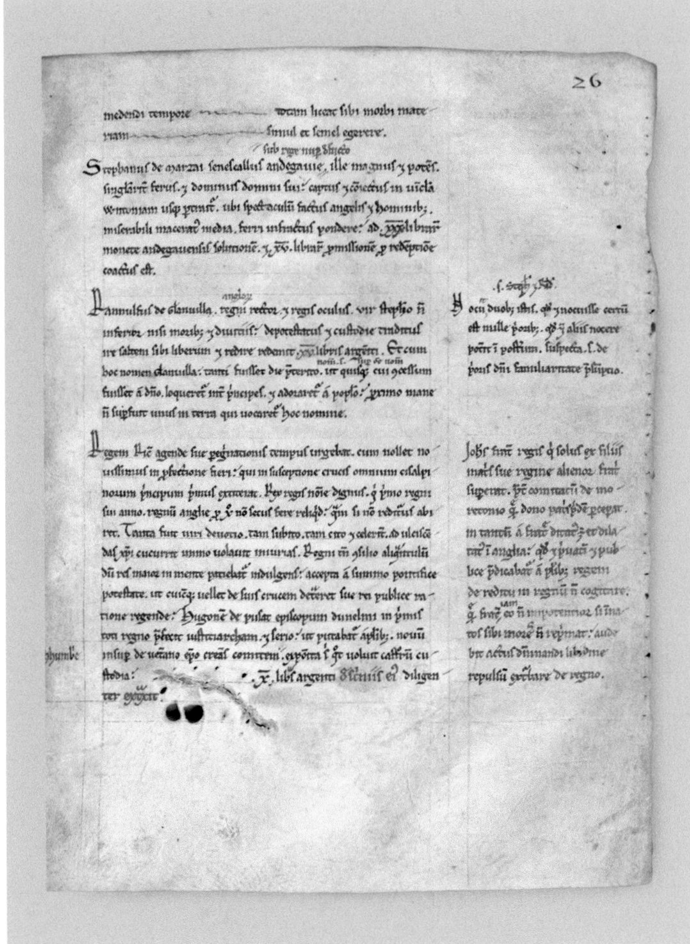

König Richard tritt uns in der Chronik als entscheidungsfreudiger, kämpferischer, tatkräftiger – kurz: als weltlicher – Held entgegen. Seine Rolle als Christ und Kreuzfahrer rückt dagegen in den Hintergrund, das Motiv der Ehrenverteidigung wiegt oft genauso schwer wie der eigentliche Kreuzzug. Anstatt der Bibel wendet sich der Chronist den lateinischen Klassikern als Inspirationsquelle zu, wobei die *Pharsalia* des Lukan das literarische Vorbild stellt. Besonders bemerkenswert ist in diesem Zusammenhang die rhetorisch ausgefeilte Ansprache, mit der Richard Löwenherz seine Männer gegen die Sizilier in die Schlacht schickt, ist sie doch direkt an die Rede angelehnt, die Lukans Cäsar vor dem Überschreiten des Rubikon an seine Legionen richtet. Durch die wiederholte Bezeichnung als »König von England« und seiner Gefolgsleute als »Engländer« wird Richard zudem als nationaler Held dargestellt.

Bei dieser Handschrift handelt es sich um eine eigenhändige Kopie mit zahlreichen Korrekturen und Ergänzungen. Von diesem Werk ist nur eine weitere Version erhalten, eine Kopie von Richards Originalhandschrift aus dem frühen 13. Jahrhundert.

JD

Q.: Appleby 1963.

Lit.: Partner 1977, S. 143–177.

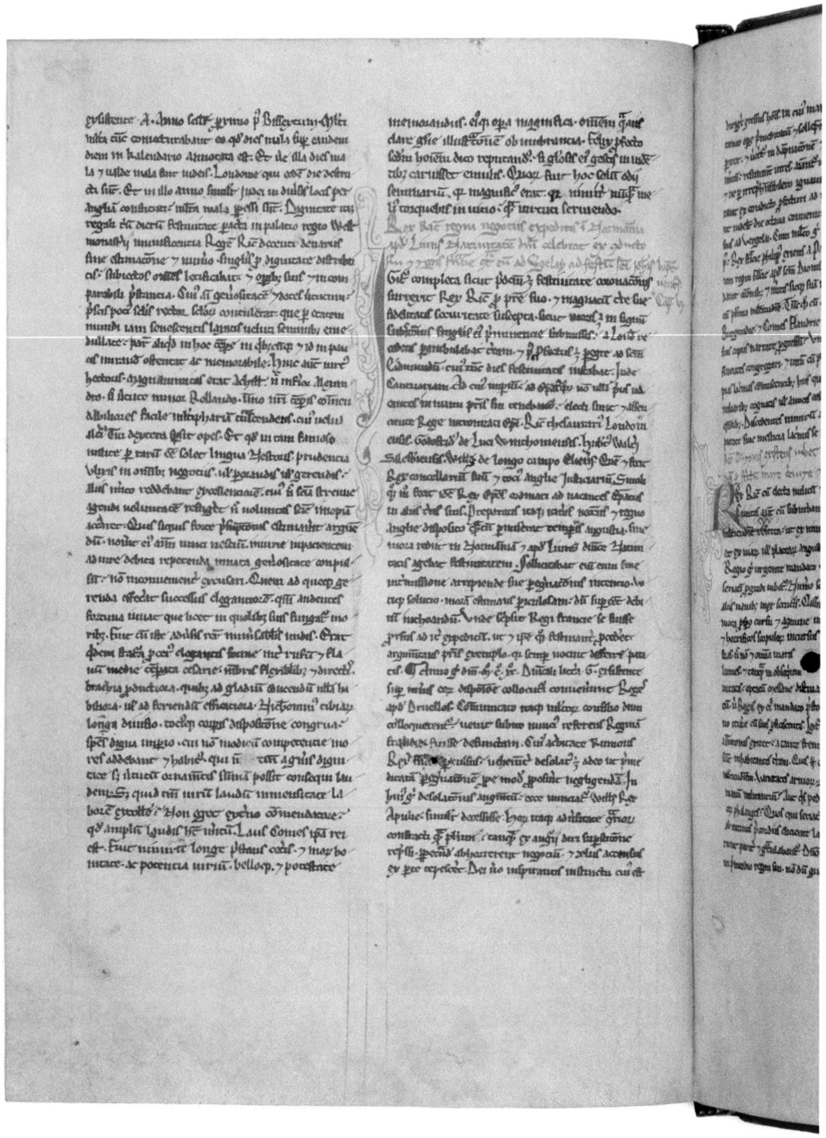

35

**Richard de Templo, *Itinerarium peregrinorum et gesta regis Ricardi***

Richard de Templo, England, erstes Viertel 13. Jahrhundert (vor 1222)

Pergament | zweizeilige Kapitelinitialen in Rot oder Grün mit kontrastierender blauer oder roter (fol. 69r–71r auch brauner) Auszeichnung, Rubriken in roter Tinte von anderer Hand als der Haupttext | einige Blätter mit Rissen, Löchern oder ungleichmäßiger Form, das Pergament von fol. 27 ist fehlerhaft, die Rückseite wurde leer belassen, Einband aus braunem Kalbsleder auf Karton | H. 27,0 cm, B. 19,0 cm, ix + 71 + ix ff.; 237–375 von Parker mit rotem Stift paginiert, moderne Paginierung in Bleistift (fol. 1–71)

Cambridge, The Syndics of Cambridge University Library | MS Ff.1.25.4, fol. 19v

Das *Itinerarium peregrinorum et gesta regis Ricardi* besteht aus zwei unabhängigen Texten über den Dritten Kreuzzug (1189–1192). Der erste Text stellt eine Art Materialsammlung dar, die auf Aussagen über Saladins Eroberung des Königreichs Jerusalem im Jahr 1187, einer Beschreibung des Kreuzzugs Friedrich Barbarossas (1189–90) und einem Augenzeugenbericht eines (möglicherweise englischen) Kreuzfahrers über die Belagerung Akkons von August 1189 bis November 1190 beruht. Seine Entstehungszeit liegt vermutlich vor September 1192. Den zweiten Teil bildet eine erweiterte lateinische Prosaübersetzung der französischen Versdichtung *Estoire de la guerre sainte*, die der normannische Chronist Ambroise im ersten Viertel des 13. Jahrhunderts verfasste. Mit dem *Itinerarium* vertraute mittelalterliche Autoren wie Nicholas Trivet oder der namentlich nicht bekannte Verfasser der Schrift *De expugnatione terrae sanctae per Saladinum* schrieben das Werk einem Kanoniker des Augustinerklosters der Heiligen Dreifaltigkeit in London zu. Von der modernen Forschung wird dieses Urteil bestätigt: Als Autor des *Itinerarium* gilt Richard de Templo, der von 1222 bis 1250 Prior des Klosters und zudem Kaplan von Stephen Langton, dem Erzbischof von Canterbury, war. Ob Richard de Templo selbst am Dritten Kreuzzug beteiligt war, ist nicht eindeutig belegt, zumal sein Werk sich im Wesentlichen an ältere Schilderungen anlehnt, ohne deren Fehler zu korrigieren. Ebenso wenig ist die von einem Augenzeugen zu erwartende genaue Kenntnis des Templerordens zu erkennen.

Der hier gezeigte Teil des *Itinerarium* erwähnt zunächst die Feierlichkeiten anlässlich der Krönung Richards I. von England und schildert dann die Gestalt und den Charakter des neuen Königs: seinen hohen Wuchs, die langen Gliedmaßen und die elegante Statur sowie sein ausgeglichenes Temperament, seine Großzügigkeit und seinen Sinn für Recht und Gerechtigkeit. Der Autor vergleicht ihn mit den Heldenfiguren der antiken und mittelalterlichen Literatur, insbesondere mit den großen Kriegern und Feldherrn: So sei Richard »wie ein zweiter Titus«, »tapfer wie Hektor, großmütig wie Achill, und sein Heldenmut [stehe] jenem Alexanders des Großen oder Rolands in nichts nach«. Das im Rolandslied geschilderte Heldentum im Kampf gegen die Heiden war für die Beschreibung eines erfolgreichen Kreuzfahrerkönigs von besonderer Bedeutung. Auch besaß Richard »die Zunge eines Nestor und die Weisheit eines Odysseus«, was »bei einem so berühmten Krieger sehr seltene« Eigenschaften seien. Mit seinen langen Armen konnte er das Schwert im Kampf besonders gut führen. Abschließend bemerkt der Autor: »Auch die langen Beine passten zu seinem Körperbau und gaben ihm eine Gestalt, die eines Herrschers würdig war; hinzu kamen sein umfangreiches Wissen, seine hohe Sittlichkeit und sein guter Charakter.« Die Begriffe *congrua, competentia* und *dignum* verweisen auf Harmonie, Ausgewogenheit und Angemessenheit und bestätigen im Einklang mit der Galen'schen Lehre vom Gleichgewicht der Körpersäfte Richards uneingeschränkte Eignung zum Herrscher.

In dieser Beschreibung des Königs spiegeln sich die Prioritäten einer späteren Kreuzfahrergeneration wider. Der zur Zeit des Fünften Kreuzzugs (1213–1221) entstandene Bericht verherrlichte wohl ganz bewusst einen König, der für seine Siege im Heiligen Land berühmt war, um so dem erneuten Eroberungsversuch Schlagkraft zu geben. Ein weiterer möglicher Beweggrund für das Verfassen dieser Schrift könnte die damalige Lage in England selbst gewesen sein. Die desaströse Herrschaft von Johann Ohneland (1199–1216) und die Nachfolge seines von 1217 bis 1222 noch minderjährigen Sohnes Heinrich III. hatten eine politische Instabilität mit sich gebracht, angesichts derer man sich gerne auf Richard als idealen König und Inbegriff eines tatkräftigen und gerechten Herrschers berief, der dem jungen Monarchen als Vorbild und den politischen Lagern als gemeinsame Identifikationsfigur dienen sollte.

MS Ff.1.25.4 gehört zu einer durch Matthew Parker (1504–1575), Erzbischof von Canterbury, zusammengestellten Sammelhandschrift, die 1862 in fünf Bände aufgeteilt wurde. Auch die anderen vier Bände enthalten historiografische Texte in lateinischer Prosa: eine vollständige und eine fragmentarische Abschrift von Wilhelm von Malmesburys *Gesta pontificum Anglorum* (Cambridge University Library, Ff.1.25.1 und Ff.1.25.2), die *Historia novella* desselben Verfassers (Cambridge University Library, Ff. 1.25.3) sowie die *Historia regum Britanniae* des Geoffrey von Monmouth (Cambridge University Library, Ff. 1.25.5). Die Sammelhandschrift gehörte zu den 25 Handschriften, die Parker 1574 der Universitätsbibliothek Cambridge schenkte. Eine Liste der Werke erscheint am Ende einiger gedruckter Ausgaben von Parkers *De antiquitate Britannicae ecclesiae & priuilegis ecclesiae Cantuariensis, cum Archiepiscopus eiusdem 70 (Excusum Londini: in ædibus Iohannis Daij, An. Dom. 1572–74)*; die Sammelhandschrift mit dem Itinerarium wird hier an 22. Stelle angeführt. JF

Q.: Itinerarium peregrinorum (RerBrit 38,1) ▪ Nicholson 2005 ▪ https://cudl.lib.cam.ac.uk/view/MS-FF-00001-00025-00004/1 (10.07.2017).

Lit.: Bulst-Thiele 1964 ▪ Meyer 1962 ▪ Möhring 1982 ▪ Vieillard 2005.

36

## Reliquienschrein der hl. Valeria

Limoges, um 1225

Eichenholzkern erneuert, mit Kupferblech beschlagen, farbiger Grubenschmelz, Köpfe gegossen und aufgesetzt | H. 19,0 cm, B. 21,2 cm, T. 8,5 cm

Minden, Dompfarrei St. Gorgonius und Petrus Ap.

In der Tradition blauer Emailarbeiten gefertigt, zeigt der Reliquienschrein das Martyrium der hl. Valeria von Limoges, die ihr abgeschlagenes Haupt dem hl. Martial (wohl 3. Jahrhundert), dem ersten Bischof von Limoges, überreicht.

Ein Engel geleitet die im Zentrum der Darstellung stehende Heilige, hinter der mit erhobenem Schwert ihr Henker steht. Auf einem Faldistorium sitzt im linken Bildfeld ein als heidnischer Herzog Stephan anzusprechender Mann, Valerias Verlobter, der zugleich ihre Ermordung beauftragt haben soll. Das rechte Bildfeld zeigt einen Altar mit Hostie, Kelch und Kreuz, was auf die Feier der hl. Eucharistie hinweist. Im Bildfeld des Satteldaches ist die Grablegung der hl. Valeria zu sehen, zwei Heilige schmücken die Schmalseiten. Die Rückseite ist ornamental gestaltet.

Die hl. Valeria war für die Herzöge von Aquitanien von großer Bedeutung. Um die besondere Verbindung von Herzog, Stadt und Herzogtum zum Ausdruck zu bringen, wurde dem künftigen Herzog von Aquitanien während der Krönungszeremonie der Ring der hl. Valeria angesteckt, dies überliefert beispielsweise der *Ordo ad benedicendum ducem Aquitaniae.* So erhielt wohl auch Richard Löwenherz 1172 dieses Zeichen herzoglicher Würde. SH

Q.: Histoire des comtes de Poictou et ducs de Guyrenne (hg. v. Besly).

Lit.: Kat. Braunschweig 1995, Bd. 1, S. 305, Nr. D101 (Markus Müller) ▪ Kat. Minden 1961, S. 28 f., Nr. 10 ▪ Kat. Paris/New York 1996.

37

## Bischofsstab

Poitiers (Dép. Vienne), 12. Jahrhundert, Guillaume Tempier (1185–1197) zugeschrieben

Kupfer, Gold, Email | H. 24,2 cm, Dm. 5,85 cm

Poitiers, Trésor de la cathédrale Saint-Pierre de Poitiers

Monument Historique (17/06/1901)

Der Krummstab besteht aus einer zylindrischen Tülle, einem abgeflachten, massiven Knauf und einer Schnecke, die mit einem hakenbesetzten Grat versehen und in der Mitte mit einer stilisierten Palmettenblume verziert ist. Auf der Tülle wechseln sich in versetzten Rauten Adler und Drachen mit Blüten ab. Der Knauf ist mit Darstellungen der vier Evangelisten verziert; die Körper sind eingraviert, die Köpfe reliefartig herausgearbeitet. Die Krümme besteht aus einer kantig geformten Schnecke. Die Palmette in der Mitte ähnelt wegen der eng stehenden Blütenblätter eher einem Weinblatt als einer Blume. Darin unterscheidet sie sich von der aufgeblühten Blume, wie man sie auf dem Krummstab im Pariser Musée Cluny sehen kann. Diesen fand man 1859 bei Restaurierungsarbeiten in einem nicht zugeordneten Grab unter dem Chor der Basilika Saint-Nazaire in Carcassonne (Dép. Aude). Er wurde im selben Zeitraum, etwa zwischen 1190 und 1200, in den Emailwerkstätten in Limoges angefertigt.

Laut Überlieferung wurde der Krummstab aus Poitiers im Grab von Guillaume Tempier gefunden. Dieser war von 1185 bis 1197 Bischof von Poitiers und führte durch Frömmigkeit und untadelige Sitten ein heiligmäßiges Leben. Das Grab des Heiligen befand sich in der Kirche Saint-Cyprien-les-Poitiers am Eingang einer nach ihm benannten Kapelle. 1665 ließen die Ordensbrüder das Grab anlässlich einer kanonischen Visitation des Klosters öffnen. Das Protokoll erwähnt außer den Knochen »einen Krummstab aus Holz, dessen vergoldetes Ende in drei Stücke zerbrochen war [...], sowie eine kleine Bleitafel, in der folgende Wörter und Buchstaben eingraviert waren: HIC. JACET. W EPS PICT. III« (Poitiers, Archiv des Départements Vienne, Serie H1, Faszikel 52), was dem hier gezeigten Krummstab aus dem Kirchenschatz der Kathedrale Saint-Pierre in Poitiers entspricht.

1690 baten die Mönche von Saint-Cyprien, die soeben ihre in den Religionskriegen zerstörte Kirche wieder aufgebaut hatten, den Bischof von Poitiers, Monsignore Baglion de Saillant, um Erlaubnis, die Reliquien des hl. Guillaume Tempier in die diesem geweihte Kapelle überführen zu dürfen. Das Protokoll der Graböffnung erwähnt erneut »einen blau-goldenen Krummstab aus Kupfer [...] sowie eine kleine Bleitafel, in der folgende Wörter und Buchstaben eingraviert waren: HIC. JACET. W EPS PICT. III« (Poitiers, Archiv des Départements Vienne, Serie H1, Faszikel 52).

Während der Revolution rettete der Mönch Dom Mazet 1793 den Krummstab vor der Zerstörung aus der Kirche Saint-Cyprien, nahm ihn an sich und gab ihn 1812 der Kathedrale zurück. Vorausgesetzt, dass der Stab zu dieser Zeit nicht ausgetauscht wurde, spricht alles dafür, dass er Guillaume Tempier zuzuschreiben ist. Dessen für 1197 belegter Tod liefert uns einen *terminus ante quem* für die Datierung des Bischofsstabes. ML

Lit.: Collon 1903.

38

Prachtpsalter, sog. Kopenhagen-Psalter

England, 1175–1200

Pergament, Deckfarbenmalerei | H. 28,6 cm, B. 19,8 cm, 199 Bll., 25 Quaternionen, letztes Blatt der ersten Lage verloren

Kopenhagen, Det Kongelige Bibliotek | MS Thott 143 2°, fol. 11v–12r

Der sog. Kopenhagen-Psalter beeindruckt besonders durch die hervorragende Illuminierung, zu der eine Folge von 16 ganzseitigen Darstellungen (fol. 8r–15v) mit Szenen aus dem Leben Jesu von der Verkündigung bis hin zu den Drei Frauen am Grab und einer Majestas Domini gehört. Im Anschluss findet sich eine reich geschmückte Beatus-Seite (fol. 17r); sämtliche Psalmen, Cantica und Nebentexte sind mit verzierten und historisierten Initialen versehen (fol. 17v–194r).

Die Illuminierung und die Auswahl der im Kalendarium (fol. 2r–7v) und der Litanei (fol. 190v–193r) genannten Heiligen bezeugen den englischen Ursprung des sog. Kopenhagen-Psalters; der Auftraggeber ist jedoch unklar. Eine unbekannte Hand vermerkte in der Zeile für den 27. Mai des Kalendariums den Tod Erichs – Herzog von Süderjütland, Sohn des dänischen Königs Abel – im Jahr 1272. Eine weitere Ergänzung – zum Gedenken an die Elftausend Jungfrauen – findet sich in der Zeile für den 21. Oktober. Eine Reliquie der Elftausend Jungfrauen wird zudem in der Reliquienliste (fol. 1r) der Handschrift genannt. Der Name des Besitzers der Reliquie stand ebenfalls in der Liste, ist aber nicht mehr zu entziffern.

Auf dem leeren Blatt fol. 18v gegenüber der Beatus-Seite wurde ein Weihegebet einer namentlich nicht genannten Frau hinzugefügt, die offensichtlich einem Orden angehörte. Da es ein Gebet für die Seele Birger Jarls umfasst, identifizieren einige Wissenschaftler die Frau mit Mechthild von Holstein, der Witwe König Abels und Mutter Herzog Erichs, die später den Jarl von Schweden ehelichte. Letztendlich bleibt die Identität der Frau jedoch ebenso ungeklärt wie die Frage, in wessen Besitz sich der sog. Kopenhagen-Psalter im Mittelalter befand.

Der erste namentlich bekannte Besitzer des Manuskripts in der Neuzeit war der Hamburger Lehrer Rudolf Capell (1635–1684). Im darauffolgenden Jahrhundert gelangte es in die Sammlung des dänischen Grafen Otto Thott. Nach dessen Ableben im Jahr 1785 ging der sog. Kopenhagen-Psalter als Teil des Nachlasses sämtlicher Handschriften in Thotts Besitz an die Dänische Königliche Bibliothek.

EP

Lit.: Hamel 2016, S. 280–239 ▪ Mackeprang/Madsen/Petersen 1921, S. 32–42 ▪ Norton 2013 ▪ Petersen 2011 ▪ Stirnemann 1976 ▪ Stirnemann 1999.

39

Saint-Louis-Psalter

Nordengland, um 1190–1200

Pergament, Littera textualis, Buchmalerei in Deckfarben mit Gold | Kalender (fol. 1–6), 23 ganzseitige Miniaturen (fol. 7–29), Psalmen und Cantica, Symbolum Athanasium, Litanei, Gebete (fol. 30–185) | H. 24,2 cm, B. 17,5 cm, 185 Bll.

Leiden, Universitaire Bibliotheken Leiden | Hs. BPL 76 A, fol. 8v–9r

Diese Handschrift wurde wahrscheinlich – wegen des Nachtrags im Kalender am 7. Juli: »obitus Henrici, regis Angl[orum], patris domini G. Eboracensis archiepiscopi« –für Gottfried Plantagenêt angefertigt. Dieser uneheliche Sohn König Heinrichs II. wurde 1191 mit Hilfe von Richard Löwenherz zum Erzbischof von York ernannt.

Im frühen 13. Jahrhundert gelangte der Psalter in den Besitz der französischen Königsfamilie. Unklar ist, ob Gottfried das Buch selbst in die Normandie mitnahm, als er 1207 nach einem Streit mit König Johann Ohneland aus England vertrieben wurde oder ob der französische Kronprinz Ludwig VIII. es erwarb, als er 1216/17 im Streit um das Angevinische Reich mit einer Armee den Kanal überquerte.

Die Handschrift verdankt ihren Namen dem Nachtrag auf fol. 30v: »Cist psaultiers fuit mon seigneur saint looys qui fu roys de france, ouquel il aprist en s'enfance«. König Ludwig IX., genannt »der Heilige«, war bekannt für seine Frömmigkeit und Rechtschaffenheit. Er ging zweimal auf Kreuzzug und starb in Tunis, 1297 wurde er heiliggesprochen.

Dass Ludwig der Heilige als Jugendlicher mit diesem Psalter lesen gelernt hatte, macht die Handschrift zum Prestigeobjekt, zu einer Art Reliquie. Später gelangte die Handschrift über Philipp II. den Kühnen in die burgundische Bibliothek. 1741 tauchte sie in Leiden auf, als der Bürgermeister Jan van den Bergh sie der Universitätsbibliothek schenkte.

In einer Reihe von blattfüllenden Doppelminiaturen werden die Hauptmomente der Heilsgeschichte dargestellt. Auf fol. 8v–9r wird der Sündenfall und die Vertreibung von Adam und Eva aus dem Paradies gezeigt. AB

Lit.: Christe 2014 ▪ Kat. London 2011, S. 29 ▪ Kat. Petersberg 2009, Nr. 101 ▪ Wijsman 2006.

**40**

## Urkunde Richards I. zugunsten des Erzbischofs von Rouen und der Kirche der Normandie

Chinon, 1. März 1190

Pergament mit Wachssiegel (dunkelgrün, anhängend) | H. 23,0, B. 19,7 cm, Dm. (Siegel) 10,5 cm

Rouen, Archives départementales de Seine-Maritime | G4484

Bevor Richard I. Löwenherz im Juni 1190 zum Dritten Kreuzzug aufbrach, nutze er eine Reise durch die kontinentalen Besitzungen, um herrschaftsrechtliche Vorkehrungen für die Zeit seiner Abwesenheit zu treffen. Hierzu zählt auch eine in Chinon ausgefertigte Bestätigung einer Reihe von Bestimmungen hinsichtlich der Jurisdiktion in Fällen von Tötungsdelikten, die während Waffenruhen und Gottesfrieden begangen werden.

Besiegelt ist die Urkunde mit dem sog. ersten Siegel Richards I., welches sich in einem außergewöhnlich guten Erhaltungszustand befindet. Neben einem kleinen Privatsiegel sind zwei große Siegel bekannt, die Richard als König nutzte und die von seinem Kanzler verwahrt wurden. Das erste Siegel, das von 1189 bis 1198 belegt ist, zeigt den thronenden Herrscher mit Schwert und Zepter auf der Vorderseite sowie den König als Ritter zu Pferd mit Schwert und Schild auf der Rückseite. Auf dem Schild findet sich ein Löwe als Wappentier – bei dem sog. zweiten großen Siegel, das in seinen letzten beiden Lebensjahren Verwendung fand, wurden hieraus die drei englischen Löwen (heraldische Leoparden). Das Siegel führte der König immer mit sich, in Abwesenheit des Kanzlers befand es sich in der Obhut eines Siegelbewahrers. Der Chronist Roger von Howden berichtet, dass das erste Siegel ersetzt werden musste, nachdem es während eines Schiffbruchs verloren gegangen war. Gleichwohl dauerte es noch einige Jahre, bis das zweite Siegel in Gebrauch kam.

SZ

Q.: Acta (hg. v. Vincent), Nr. 195.

Lit.: Ailes 2015.

41

## Bleikästchen für das Herz von Richard I. Löwenherz

Normandie (?), 1199

Kasten aus sechs ehemals verzinnten Bleiplatten, Innenseite des Deckels: eingraviertes Kreuz, gefolgt von der Inschrift HIC IACET/COR RICAR/ DI REGIS/ANGLORVM (»Hier liegt das Herz von Richard, König von England«) | H. 13,0 cm (mit Deckel), B. 16,5 cm, T. 23,0 cm

Rouen, Trésor de la Cathédrale Notre Dame de Rouen | Monument Historique (04/07/1903)

Geschichtlicher Abriss: 1199 Beisetzung von Richards Herz im Chor der Kathedrale; 1250 sollen einige Silberteile aus dem Grab verkauft worden sein, damit das Lösegeld für den in Mansura gefangen genommenen Ludwig IX. von Frankreich gezahlt werden konnte; die heutige Liegefigur wurde vermutlich kurz danach gestaltet. 1734 wurde das Grab, das bislang »rechts vom Hochaltar« zu sehen war, anlässlich der Umgestaltung des Chors durch die Stiftsherren entfernt; damals verschwanden mehrere Gräber, auch das von Richard Löwenherz. 1838 entdeckte Achille Deville bei Grabungen die Liegefigur und einen großen Bleikasten (L. 45,0 cm, B. 30,0 cm, H. 16,0 cm), in dem sich das hier gezeigte Kästchen fand, das als Sarg für das zu Staub zerfallene Herz und die Einbalsamierungsmittel diente. 1848 übergab Achille Deville dem Musée des Antiquités einen Teil der sterblichen Überreste, die im folgenden Jahr unter der Inventarnummer 658 registriert wurden. Zwischen 1867 und 1875 händigte er dem Musée des Antiquités einen weiteren, 1848 noch nicht überlassenen Teil der Staubpartikel aus. 1869 erfolgte die Errichtung einer neuen Grabstätte im südlichen Chorumgang. Hier lag in einem neuen Behälter das zu Staub zerfallene Herz Richards, auf dem Grab wurde die restaurierte Liegefigur angebracht. Ein Teil der Staubpartikel verblieb im Besitz des Museums, der Sarg selbst in dem der Kirchenverwaltung. 1944 wurde der Bleikasten, in dem sich der Herzsarg befand, bei den Bombenangriffen auf die Stadt Rouen zerstört. Der Sarg selbst blieb erhalten, da er ins Schloss Niort ausgelagert worden war. 1956 wurde bei Aufräumarbeiten nach dem Krieg der Kasten aus dem 19. Jahrhundert, in dem sich der Staub von Richards Herz befindet, in den neuen Sockel eingelassen, auf dem die Liegefigur heute ruht.

Der Chronist Roger von Wendover legt dar, warum sich Richard für eine Aufteilung seines Körpers (*dilaceratio corporis*) und eine getrennte Bestattung entschied. Als der König 1199 bei der Belagerung von Châlus-Chabrol (Dép. Haute-Vienne) die Verletzung erlitt, an der er kurz darauf starb, beschloss er, seinen Leichnam der Abtei Fontevraud (Dép. Maine-et-Loire) zu hinterlassen, wo auch sein Vater Heinrich II. beigesetzt worden war. Sein Herz vermachte er der Kathedrale von Rouen (Dép. Seine-Maritime), dessen Einwohner ihm stets treu geblieben waren. Der abtrünnigen Stadt Châlus hingegen hinterließ er lediglich seine Eingeweide.

Die Inschrift auf dem inneren Bleikasten, deren paläografische Merkmale zu der Zeit von Richards Tods passen, ermöglichte die Identifizierung seines Inhalts, war jedoch, wie die Beschreibung Devilles bestätigt, ursprünglich in die Innenseite des Deckels eingraviert. Die obere Platte weist wie die Oberkanten der Seitenteile, auf denen sie ruht, Löcher und Spuren von Eisenoxid auf, was auf ein behelfsmäßiges Verschlusssystem mit Nägeln schließen lässt. Die übrigen Seitenteile waren vermutlich durch Schweißpunkte miteinander verbunden, auch wenn zum Zeitpunkt der Entdeckung keine Spuren von Lötmaterial mehr vorhanden waren. Die Innenwände waren 1838 noch mit einer dünnen Zinnfolie bedeckt (die zunächst für Silber gehalten wurde); Spuren derselben Beschichtung fanden sich auf der Außenseite. Im Vergleich zu den Herzsärgen von Karl V., Philipp dem Guten oder Karl VIII. weist dieser Kasten typische Merkmale der mittelalterlichen Praxis auf, auch wenn gelegentlich Gold oder Silber verwendet wurden.

Bei seiner Entdeckung bestand der Inhalt des Kastens aus einer gelblichen pulverförmigen Masse, die mit weißlichen Bestandteilen und Stofffragmenten durchsetzt war (Abb. 1, nicht ausgestellt). 2012 analysierte Philippe Charlier die im Musée des Antiquités erhaltenen Staubpartikel. Das Ergebnis ließ keinen Zweifel an deren Authentizität zu, denn die Fragmente des

1 Organische Überreste des Herzens von Richard I. Löwenherz, übergeben im Jahr 1848 durch Achille Deville. Das zu Staub zerfallene Herz ist nicht Teil der Ausstellung ▪ Rouen, Musée des Antiquités, 658. Foto: © Yohann Deslandes, Réunion des Musées Métropolitains.

nachgewiesen (die letzten beiden Elemente sind für Einbalsamierungen im Mittelalter dokumentiert), aber auch Antimon und Wismut, die in mittelalterlichen Bleimischungen häufig vorkommen. Durch Desorption konnten die für Kreosot (Teeröl) und Weihrauch typischen Moleküle bestimmt werden. Eine Pollenanalyse lieferte hingegen weniger eindeutige Ergebnisse, da die Pollen aus der Einbalsamierung nur schwer von denen durch äußere Kontamination eingeschleppten unterschieden werden können.

Im Abendland scheint der Brauch der Aufteilung des Körpers bis zu dem 877 verstorbenen Karl dem Kahlen zurückzureichen. Im römisch-deutschen Reich wurde sie seit Otto I. im Jahr 973 praktiziert und später im 12. Jahrhundert unter den Plantagenêts auch im Angevinischen Reich. So wurden 1135 das Gehirn und die Eingeweide von Heinrich I., Richards Urgroßvater väterlicherseits, in der Kirche des Priorats Notre-Dame-du-Per beigesetzt, während sein Körper der Abtei Reading übergeben wurde. Bei den Kapetingern ist die Aufteilung erst seit 1226 für Ludwig VIII. belegt. Diese Praxis wurde zeitweise vom Papst verdammt, jedoch ohne Erfolg.

Da Richard Löwenherz gut 100 km von der Abtei Fontevraud entfernt verstarb, hatte die Aufteilung seines Körpers vor allem praktische Gründe, da eine Einbalsamierung vonnöten war, um dessen Zersetzung zu verlangsamen und so den Transport und die feierliche Aufbahrung zu ermöglichen. Über die schlichte Konservierung hinaus machte diese Aufteilung nicht nur eine Multiplikation der Fürbitten rund um die verschiedenen Teile des Leichnams möglich, sondern war auch einem politischen Willen geschuldet. Als König von England, Herzog von Aquitanien und der Normandie hatte Richard Löwenherz vorrangig auf dem Festland gelebt. Mit der Beisetzung seines Herzens in der Kathedrale von Rouen sollte der englische Herrschaftsanspruch im Herzogtum Normandie verankert werden.

Im 12. Jahrhundert stieg das Herz im Wettbewerb mit dem Gehirn zum edelsten Organ auf. Dies führte zu einer Vielzahl von Herzbestattungen wie der von Robert von Arbrissel, dem Gründer der Abtei Fontevraud oder Heinrich dem Jüngeren, Richards Bruder. Richards Herzbestattung war darüber hinaus eine direkte Verkörperung der Wertschätzung des Fürsten, dessen Beiname »Löwenherz« zur selben Zeit in einem Bernard Itier zugeschriebenen Nachruf erschien.

NHa, SL

Q.: Geoffroy de Vigeois, Chronica (hg. v. Labbe), S. 317 ▪ Roger von Wendover, Chronica (RerBrit 84,1–3), Bd. 1, S. 282–284 ▪ Rouen, Archiv des Departements Seine-Maritime, Schreiben ▪ Rouen, Archiv des Musée des Antiquités, Schreiben ▪ Rouen, Diözesanarchiv, Protokoll der Beisetzung ▪ Rouen, Diözesanarchiv, Protokoll der Entdeckung der Liegefigur ▪ Rouen, Diözesanarchiv, Schreiben.

Lit.: Bande 2009 ▪ Charlier et al. 2013 ▪ Cochet 1862 ▪ Deville 1833, S. 153–161 ▪ Deville 1838 ▪ Erlande-Brandenburg 1975a ▪ Farin 1738, S. 11 f. ▪ Gaude-Ferragu 2014 ▪ Lanfry 1953/59 ▪ Letronne 1844, S. 197–200 ▪ Montfaucon 1730, S. 114 ▪ Plessis 1740, S. 27–28 ▪ Pommeraye 1686, S. 61–63 ▪ Séance 1869a ▪ Séance 1869b.

RICHARD I
CŒUR DE LION
1189 - 1199

Kapitel IV

# Könige und Königtum

» Ich glaube, meiner Treu,
dass keiner von ihnen
(der großen Helden) zu ihrer Zeit
jemals so gewaltige Taten in
erbittertem Kampf und von so
großer Kühnheit vollbrachte,
wie König Richard [...]. «

MITTELENGLISCHER VERSROMAN
*KYNG RYCHARD COER DE LYOUN*

# Das französische Königtum und die Schlachten von Fréteval und Bouvines

Jean-Marie Moeglin

Am 5. Juli 1194 wird der französische König Philipp II. Augustus bei Fréteval (Dép. Loir-et-Cher), nicht weit von Vendôme, überraschend von Richard I. Löwenherz angegriffen (Abb. 1 und 2). Nur eine schnelle Flucht rettet ihn; er verliert jedoch Männer, Pferde, Geld, Ausrüstung und sogar sein Siegel und das königliche Archiv. Vier Jahre später, im Sommer 1198, leitet Philipp einen Feldzug durch das Vexin, als er erneut von Richard angegriffen wird. Während er versucht, die sichere Burg von Gisors zu erreichen, bricht die Brücke über die Epte zusammen, die die schwer bewaffneten Ritter auf dem Weg dorthin passieren müssen. Zwanzig von ihnen ertrinken, der König selbst muss aus dem Wasser gerettet werden, Hunderte seiner Ritter werden gefangen genommen. Richard scheint unbesiegbar zu sein. Dennoch erobert Philipp wenige Jahre später einen großen Teil des englischen Besitzes in Frankreich und triumphiert am 27. Juli 1214 in der Schlacht bei Bouvines über den englischen König Johann: Wie konnte aus dem Verlierer von Fréteval der Sieger von Bouvines hervorgehen?

Philipp II. Augustus wurde am 21. August 1165 als Sohn König Ludwigs VII. und seiner dritten Frau, Adela von Champagne, geboren. Die unverhoffte Geburt des Thronfolgers – Ludwig hatte bisher nur Töchter gezeugt und war deshalb bereits in Sorge – wurde groß gefeiert und der Sprössling bekam den Beinamen *Dieudonné* (der von Gott Gegebene). Noch vor dem Tod seines schwerkranken Vaters wurde er am 1. November 1179 zum König gekrönt (Abb. 3).

Ludwig VII. war kein herausragender König; dennoch erfolgte unter seiner Herrschaft eine nicht unbedeutende Stärkung der königlichen Macht. In seine Regierungszeit lassen sich die Anfänge eines französischen »Staates« datieren, der innerhalb eines feudalen Systems auf vasallischen Beziehungen basiert, an deren Spitze der König steht, der wiederum niemandem untergeben ist. In den königsnahen Klöstern, vor allem in Saint-Denis, stellte man den französischen König in die Nachfolge Karls des Großen. So setzte sich z. B. unter Philipp II. Augustus die Idee durch, dass die *Oriflamme*, das rote Kirchenbanner von Saint-Denis, das die französischen Könige seit dem 12. Jahrhundert in der Schlacht vorantragen ließen, schon von Karl dem Großen mitgeführt worden sei. Als Unterstützer Papst Alexanders III. und des umstrittenen Bischofs von Canterbury, Thomas Becket, verdiente sich Ludwig VII. den Beinamen *très chrétien*. Darüber hinaus war er der erste Kapetinger, der außerhalb der Krondomäne – die zu dieser Zeit lediglich die Île-de-France umfasste – in Burgund, in der Auvergne und in Südfrankreich eingriff; 1155 verkündete er in Soissons einen zehnjährigen Landfrieden. Seine Königsmacht sah Ludwig einerseits durch die Grafen von Flandern und der Champagne, vor allem aber durch Heinrich II., König von England und Herr eines großen Teils von Westfrankreich, herausgefordert. Indem er eine geordnete Verwaltung errichtete und bei der Ritterschaft Ansehen erlangte, stabilisierte Heinrich seine Herrschaft auf dem Festland. Ludwig bestand indes auf seinen königlichen Titel und nutzte die innerfamiliären Konflikte der Plantagênet, um seinen Rivalen in Schach zu halten. Eine Politik, die sein Sohn Philipp weiterführen sollte.

In den ersten zehn Jahren seiner Herrschaft orientierte sich Philipp am Vorbild seines Vaters. Wie dieser ließ er seine Krondomäne durch Beamte von niedrigem Rang, den *prévôts* (Vögten), verwalten. Er selbst war ständig unterwegs: Nach einem harten Kampf mit Philipp von Elsass, dem mächtigen Grafen von Flandern, sicherte er sich durch den *Vertrag von Boves* im Juli 1185 das Vermandois sowie die Grafschaften Amiens und Artois. Dagegen erreichte er in dem zehn Jahre andauernden Konflikt mit Heinrich II. und Richard I. nur wenig: Die umkämpfte Region des Vexin blieb fest in den Händen seiner Rivalen.

1 Statue von Philipp II. Augustus, ursprünglich aus der Kathedrale von Reims, heute im Palais du Tau, 13. Jahrhundert ▪ © Pascal Lemaître / Centre des monuments nationaux.

2 Die Ruinen der Burg von Fréteval ▪ © Daniel Jolivet.

Bevor Philipp im Juli 1190 zum Dritten Kreuzzug aufbricht, erlässt er eine *ordinatio*, eine Verordnung, die einem neuen Regierungssystem den Weg öffnet. Diesen Kurs führt er nach der Rückkehr vom Kreuzzug konsequent weiter: Der König befiehlt seinem Kleriker Adam, alle nach Paris gebrachten Einnahmen der Krondomäne dreimal pro Jahr zu registrieren. Dies ist der Anfang einer zentralen Finanzkontrolle des Königreichs. Die Vögte der Krondomäne werden einem neuen königlichen Beamten, dem *Bailli*, untergeordnet. Philipp ersetzt zudem seine während des Kreuzzugs gestorbenen adligen Berater durch neue, jüngere Untergebene von niedrigerem Rang. Vier von ihnen werden eine entscheidende Rolle in der Regierung spielen: der Kämmerer Gautier der Jüngere, die Ritter Barthélmy von Roye, der künftige *grand chambrier*, und Henrí Clement, Marschall, sowie Bruder Guérin, Johanniter und künftiger Bischof von Senlis, der die Kanzlei führt, aber auch für die Finanzen und die Justiz zuständig ist.

Verwaltungsdokumente werden seit 1194 in einem königlichen Archiv in Paris verwahrt. Damit wird Paris zur administrativen Hauptstadt des Königreichs. Insgesamt fördert Philipp die Stadt durch zahlreiche Maßnahmen: Er selbst residiert oft in der alten Königspfalz, dem Palais de la Cité, die unter ihm herrschaftlich ausgebaut wird. Mit dem Bau der Burg des Louvre und einer neuen Stadtmauer verstärkt er zudem die Befestigung der Stadt (Abb. 4). Auch die neu entstandene Universität von Paris erfährt durch Philipp eine großzügige Förderung.

Der erste überlieferte finanzielle Etat des Königreiches von 1202/03 belegt die Fortschritte der königlichen Verwaltung: Mit

3 Die Krönung von Philipp II. Augustus, *Grandes Chroniques de France*, Frankreich, 14. Jahrhundert ▪ Paris, Bibliothèque nationale de France, Ms. fr. 2813, fol. 223v (Detail).

einem Betrag von 115.000 Pfund an regulären Einnahmen – dazu kommen noch außerordentliche Einkünfte wie z. B. die 36.000 Pfund, die ihm Johann Ohneland schuldet, als dieser 1200 die französischen Besitzungen seines verstorbenen Bruders Richard erbt – kann das Königtum mühelos seine Ausgaben finanzieren und erwirtschaftet einen beträchtlichen Überschuss, der die Finanzierung der kriegerischen Auseinandersetzungen ermöglicht.

Philipp II. Augustus achtet auch sorgfältig darauf, dass die Großen seines Reiches die gerichtliche Oberhoheit des Hofgerichts anerkennen; so akzeptiert Balduin von Flandern 1196 ausdrücklich, dass er sich im Falle eines Konflikts vor dem Gericht der *curia regis* zu verantworten habe (Abb. 5). Der König verleiht auch Privilegien an verschiedene städtische Gemeinschaften, was ihm finanzielle und militärische Vorteile verschafft. Darüber hinaus knüpft er Verbindungen zu den Bürgern von innerhalb wie außerhalb der Krondomäne gelegenen Städten. Auch zu den Bischöfen der sogenannten königlichen Bistümer weiß der König gute Beziehungen herzustellen, indem er diesen Bistümern die Wahlfreiheit garantiert. Diese Politik bewährt sich, als der Papst 1200 das Königreich unter Interdikt stellt. Der König hatte seine Frau, die dänischen Prinzessin Ingeborg, bereits kurz nach der Hochzeit verstoßen, weil sie einer Scheidung nicht zustimmen wollte. Die Mehrheit der Bischöfe der königlichen Bistümer ignorierte das päpstliche Edikt, eine Ausnahme bildet der Bischof von Paris, Odo von Sully.

Militärisch und politisch scheint Philipp aber erfolglos zu bleiben. Am 27. Dezember 1191 vom Dritten Kreuzzug zurück-

4 Ein Teil der Stadtmauer am rechten Ufer der Seine, mit der Philipp II. Augustus Paris befestigen ließ ▪ © guichaoua / Alamy Stock Foto.

gekehrt, nutzt er im Norden des Reichs den Tod des Grafen Philipp von Flandern, der ohne direkten Erben gestorben war, um seine Krondomäne zu vergrößern. In der Normandie versucht er, von der Gefangenschaft Richards I. Löwenherz zu profitieren. Richard kommt jedoch im Mai 1194 nach England zurück und unternimmt sofort Anstrengungen, seine verlorenen Festlandsbesitzungen zurückzugewinnen. Der Krieg der beiden Könige wird mit Erbitterung geführt. Ihre finanziellen Mittel erlauben es beiden Herrschern, mächtige Burgen zu bauen: So beginnt Richard 1196 mit dem Bau von Château Gaillard, um den Zugang zur Normandie über das Seinetal zu sperren, während Philipp in Paris den Bau des Louvre initiiert (vgl. Beitrag Hayot, S. 340 ff.). Richard gelingt es besser als Philipp, Allianzen mit mächtigen Herren zu schließen, so verbündet er sich mit dem Grafen von Boulogne, Renaud von Dammartin und dem Grafen Baldwin von Flandern und Hennegau. Militärisch ist Philipp dagegen zunächst nicht sehr erfolgreich. So muss er einen durch die Vermittlung des päpstlichen Legaten Peter von Capua verhandelten Waffenstillstand zwischen Philipp und Richard für fünf Jahre akzeptieren (Abb. 6). Von seinen anfänglichen Eroberungen in Nordfrankreich bleibt Philipp II. Augustus nur Gisors. Als Richard am 6. April 1199 vor der Burg Châlus-Chabrol im Limousin stirbt, folgt ihm sein Bruder auf den Thron, der wankelmütige und unzuverlässige Johann Ohneland, dessen Legitimität außerdem umstritten war. Philipps II. Augustus Stunde ist nun gekommen. Er spielt zunächst seinen Neffen Arthur von Bretagne gegen Johann aus, lässt dann jedoch Arthur im Gegenzug für einen vorteilhaften Vertrag mit Johann fallen: Der *Frieden von Le Goulet* im Mai 1200 beendet vorläufig den Machtkampf zwischen Philipp und Johann. Eine Heirat zwischen der Nichte Johanns, Blanka von Kastilien, und Philipps Sohn Ludwig bekräftigt das Bündnis. Schließlich nutzt er den von Johann durch den »Raub« der Isabella von Angoulême verursachten Skandal: Johann hatte die Tochter des Grafen von Angoulême überraschend geheiratet,

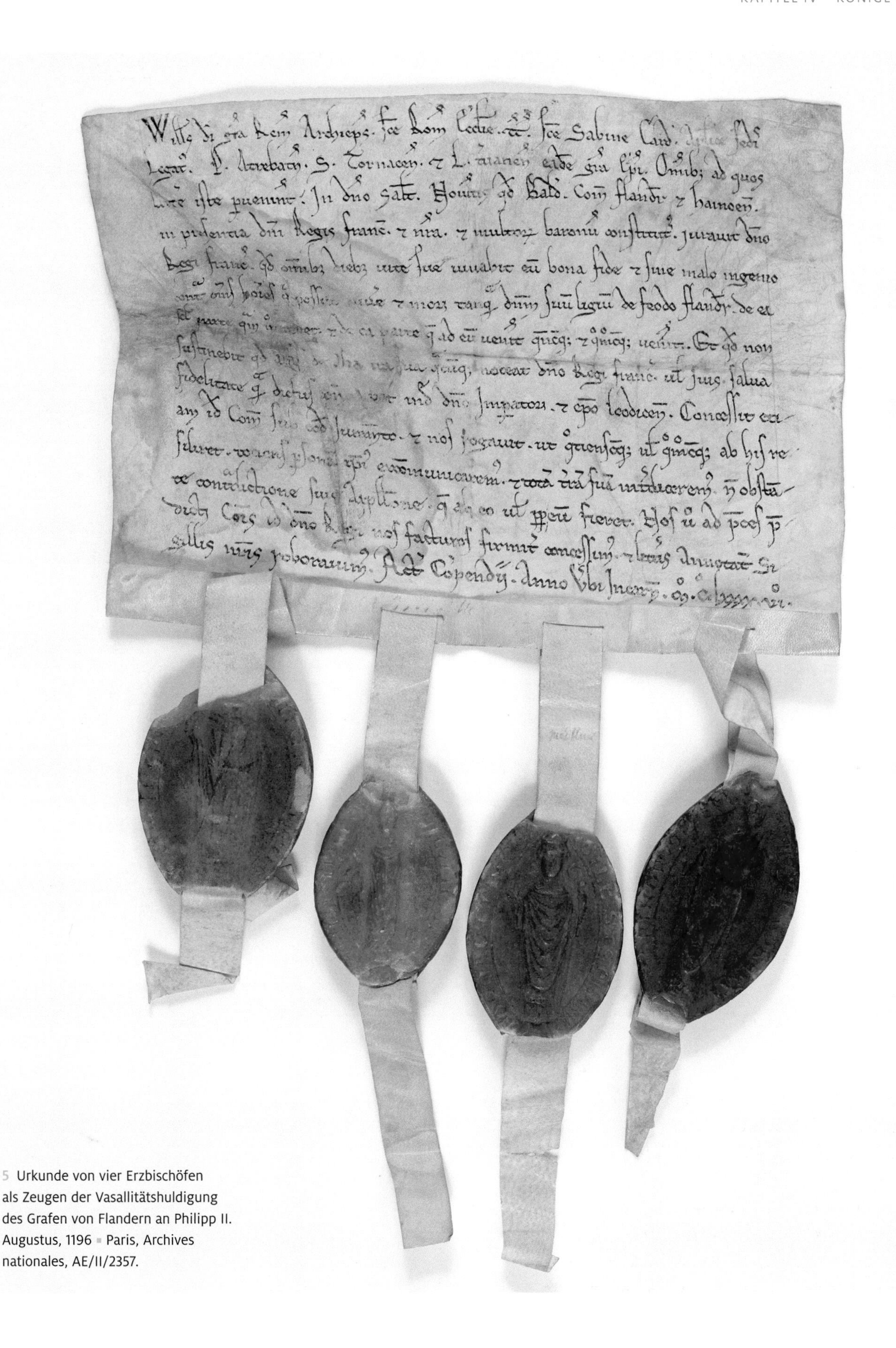

5 Urkunde von vier Erzbischöfen als Zeugen der Vasallitätshuldigung des Grafen von Flandern an Philipp II. Augustus, 1196 ▪ Paris, Archives nationales, AE/II/2357.

6 Der päpstliche Legat Peter von Capua vermittelt zwischen Richard I. Löwenherz und dem französischen König Philipp II. Augustus, *Les Grandes Chroniques de France*, Frankreich, zwischen 1332 und 1350 ▪ London, The British Library, Royal MS 16 G VI, fol. 361r (Detail).

obwohl sie bereits Hugo von Lusignan, dem Grafen von La Marche, versprochen gewesen war. Der geschasste Verlobte reichte Klage bei der *curia regis* ein; dieses Vorgehen zeigt den Zuwachs des königlichen Prestiges im Frankreich des 12. Jahrhunderts. Johann wird im April 1202 vor das Hofgericht zitiert, erscheint jedoch nicht und wird schließlich mit dem Verlust seiner Lehen bestraft; auch diese Entscheidung zeugt von der neuen Macht des Königs. Der Erlass musste aber erst noch in Kraft treten.

Im August erringt Johann einen Erfolg, als er bei Mirebeau seinen Neffen Arthur – Philipps Verbündeten – zusammen mit zahlreichen anderen Adligen gefangen setzen kann. Statt den Sieg für sich zu nutzen, überwirft er sich jedoch mit dem mächtigen angevinischen Seneschall Wilhelm des Roches, der ihn bisher unterstützt hatte. Der Mord an seinem Neffen Arthur – den höchstwahrscheinlich Johann selbst in Auftrag gab – erweist sich als erneuter, schwerwiegender Fehler. Die Bluttat führt dazu, dass sich fast der ganze Adel Westfrankreichs von Johann abwendet und stattdessen Philipp anschließt. Philipp zwingt schließlich die Besatzung von Château Gaillard nach einer langen Belagerung, die vom September 1203 bis zum 6. März 1204 andauert, zur Kapitulation. Die Festungen der Normandie kapitulieren daraufhin schnell, unter ihnen die Hauptstadt Rouen am 24. Juni 1204. Papst Innozenz III. hatte erfolglos versucht, den französischen König zur Einstellung seines Generalangriffs zu zwingen. Philipp kann noch im August 1204 Poitiers erobern, Loches und Chinon folgen im Sommer 1205. Schließlich wird in Thouars ein Waffenstillstand geschlossen, der im Oktober 1206 in Kraft tritt.

Philipp kann nun von seinen Reformen profitieren, die das Königreich stärkten. Sein Erfolg wird aber auch von einer besonderen politischen Konjunktur in den Jahren 1202–1205 begünstigt. Keiner der großen Barone des Angevinischen Reiches ist in der Lage, zu Gunsten Johanns in den Kampf einzugreifen: Graf Theobald von Champagne war 1201 verstorben; seine junge Witwe brauchte dringend die Unterstützung des Königs gegen ihre Feinde. Graf Balduin von Flandern und Hennegau war 1202 zum Kreuzzug aufgebrochen und wurde Kaiser von Konstantinopel. 1205 verschwand er jedoch spurlos nach einer verlorenen Schlacht und hinterließ zwei kleine Töchter, die unter der Obhut des Königs standen. Der Herzog von Burgund war ein treuer Verbündeter Philipps. Was die Bretagne betrifft, verheiratete Philipp die letzte Erbin der Grafschaft mit seinem Verwandten Pierre Mauclerc. Der Graf von Toulouse war im Süden mit dem Problem der zunehmenden Verbreitung des Katharismus (Albigenser) beschäftigt und wurde noch dazu von seinen mächtigen Vasallen viel zu sehr bedrängt, um im Norden des Reichs einzugreifen. Der Welfe Otto schließlich hatte genug mit seinem Rivalen um den Thron, Philipp von Schwaben, einem Verbündeten Philipps II., zu tun, um seinem Onkel Johann zur Seite zu stehen.

Johann war also besiegt. Den Chronisten zufolge hatte er jedoch geschworen, seinen Besitz auf dem Kontinent zurückzuerobern. An einen offenen Angriff gegen die Normandie war allerdings erst einmal nicht zu denken; Philipp II. Augustus hatte das Land fest im Griff und die fortgeschrittenen Verwaltungsstrukturen des Herzogtums zum Nutzen seiner Herrschaft übernommen. Johann brauchte zehn Jahre, um eine ernstzunehmende Koalition gegen Philipp zu schmieden. Sie bestand vor allem aus dem neuen Grafen von Flandern, Ferdinand, den sein erzwungener Verzicht auf die Städte Aire und Saint-Omer verbittert hatte, dem ehemaligen Grafen von Boulogne, Rainald von Dammartin, und Kaiser Otto IV., der in dem seinen Gegenspieler, den Staufer Friedrich II., unterstützenden König Philipp einen seiner Hauptfeinde sah.

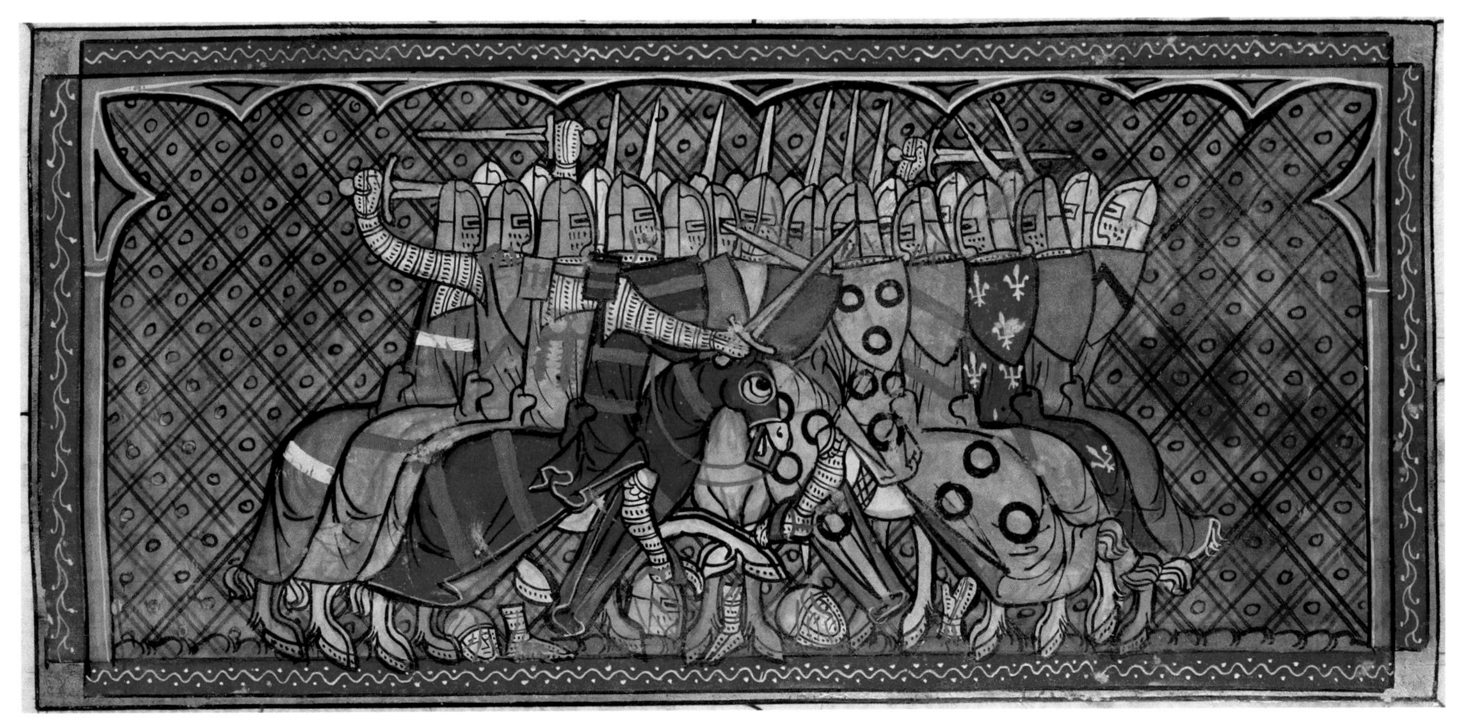

7 Reiterkampf in der Schlacht von Bouvines, *Les Grandes Chroniques de France*, Frankreich, zwischen 1332 und 1350 ▪ London, The British Library, Royal MS 16 G VI, fol. 379r (Detail).

Die Kampfhandlungen begannen 1213, die Entscheidung fiel im Juli 1214 auf zwei verschiedenen Schlachtfeldern: Johann selbst, der im Poitou die Burg La Roche-aux-Moines belagerte, ergriff die Flucht, als er am 2. Juli 1214 die Nachricht von der Ankunft von 800 Rittern des Kronprinzen Ludwig erhielt. Schließlich stießen am Sonntag den 27. Juli 1214 bei Bouvines, zwischen Lille und Tournai, die etwa 1.200 Ritter Philipps II. Augustus mit einer unbekannten Zahl von Fußkämpfern auf das sicherlich mindestens ebenso starke, aber wenig kohärente Heer der Alliierten (Abb. 7). Am Abend der Schlacht konnte sich Otto durch seine Flucht nur knapp retten, Ferdinand von Flandern und Rainald von Dammartin wurden gefangengenommen. Der französische König Philipp II. Augustus hatte seinen größten Triumph errungen.

Lit.: Baldwin 1986 ▪ Barthélmy 2012 ▪ Cartellieri 1899–1922.

# Philipp II. Augustus

Christoph Mauntel

1 Erstes Königssiegel Philipps II. Augustus (Avers) ▪ Abdruck angefertigt nach einem Original der Archives nationales, Paris (Douet d'Arcq 38). Foto: Carolin Breckle.

Unter König Philipp II. Augustus vollzog sich ein für die Geschichte Frankreichs bedeutender Wandel: Der französische König stieg zum mächtigsten Fürsten in seinem eigenen Reich auf (Abb. 1). Noch unter Philipps Vater, Ludwig VII., geboten die englischen Könige des Hauses Plantagenêt über die Normandie, das Anjou, Aquitanien und die Gascogne, während die französische Krondomäne auf die Île-de-France, Bourges und Orléans beschränkt war. Philipp II. gelang es, diesen für ihn bedrohlichen angevinischen Machtkomplex zu zerschlagen und weitgehend unter seine Kontrolle zu bringen. Damit legte er den Grundstein für den weiteren Aufstieg der kapetingischen Monarchie – wofür ihn schon die Zeitgenossen priesen: Sein Biograph Rigord etwa schrieb ihm den imperialen Titel *Augustus* (Mehrer des Reiches) zu (Rigord, Gesta Philippi Augusti [hg. v. Bouquet/Brial/Delisle], Bd. 17, S. 4–62, hier S. 3).

Geboren 1165, wurde Philipp 1179 zum Mitkönig erhoben (Abb. 2). Dies war ein typisches Mittel der Machtsicherung, das sich auch in diesem Fall bewährte. Als Ludwig VII. 1180 starb, folgte Philipp ihm unangefochten nach. Da er mit 15 Jahren noch als unmündig galt, wurde ihm zunächst ein Regentschaftsrat zur Seite gestellt. Gegen diesen Rat, dem auch seine Mutter, Adela von Champagne, angehörte, setzte sich Philipp jedoch in wechselnden Koalitionen zunächst mit Flandern, dann mit Heinrich II. von England zur Wehr.

Das Bündnis zwischen Heinrich II. und Philipp II. sollte jedoch nicht von Dauer sein. Geschickt nutzte Philipp den Unmut von Heinrichs Söhnen für sein Ziel, das Angevinische Reich zu spalten. Er half erst dem Ältesten, Heinrich, dann dem drittgeborenen Gottfried; beide starben jedoch früh. Schließlich unterstützte Philipp die Opposition Richards gegen dessen Vater Heinrich II. Geschickt spielte Philipp seine Stellung als oberster Lehnsherr aus und ließ sich von Richard für zahlreiche angevinische Territorien in Frankreich huldigen, darunter die Normandie, das Poitou und das Anjou. Damit gelang es ihm, den Festlandsbesitz der Angevinen (zeitweise) in andere Hände als die des englischen Königs zu legen. Heinrich II. akzeptierte dies natürlich nicht, unterlag jedoch militärisch und musste der neuen Machtverteilung kurz vor seinem Tod im Juli 1189 zustimmen.

Mit dem nunmehr zum englischen König aufgestiegenen Richard brach Philipp gemeinsam zum Dritten Kreuzzug auf, den beide nach der Eroberung Jerusalems durch Ṣalāḥ ad-Dīn ibn Ayyūb, kurz Saladin genannt, gelobt hatten. Den Kreuzfahrern gelang 1191 die Eroberung Akkons, Jerusalem aber blieb verloren. Philipp nutzte den Erfolg in Akkon, um sogleich nach Frankreich zurückzukehren, während Richard in Palästina verblieb. Die Abwesenheit und baldige Gefangennahme seines Konkurrenten in Österreich kam Philipp gelegen. Trotz Protests der französischen Barone, die nicht die Ländereien eines Kreuzfahrers angreifen wollten, konnte Philipp den Nordosten der Normandie einnehmen. Zudem verbündete er sich mit Richards jüngerem Bruder Johann, der aufgrund der Gefangenschaft Richards eigene Thronambitionen hegte.

Richard, 1194 freigelassen, nahm nach der schnellen Unterwerfung Johanns sogleich den Kampf gegen Philipp auf und konnte zunächst – im wahrsten Sinne des Wortes – Boden gut machen. Die Könige kämpften zeitgleich in der Normandie und in der Touraine, dann wieder in der Bretagne. Hier lebte Arthur, Richards Neffe und möglicher Erbe, den Konstanze, Herzogin der Bretagne und die Frau seines Bruders Gottfried, jedoch von 1196 bis 1199 an den französischen Hof übersandte. 1198 musste Philipp dann in der Schlacht von Gisors in der Normandie eine herbe Niederlage gegen Richard hinnehmen. Der daraufhin geschlossene Friedensvertrag wäre für Philipps Politik desaströs gewesen, wenn Richard nicht schon im April 1199 gestorben wäre. Damit war die Situation wieder offen.

In England setzte sich Johann als Nachfolger durch, während Philipp vorgab, die Rechte Arthurs zu vertreten. Im Mai 1200 kam es mit dem *Vertrag von Le Goulet* zu einem ersten Ausgleich: Philipp erkannte Johann als König an, Johann wiederum huldigte Philipp für seine Besitzungen in Frankreich und trat einige von ihnen (darunter das Vexin und das Berry) an Philipp ab.

Gleichzeitig setzte ein Konflikt mit Papst Innozenz III. Philipp unter Druck: 1199 war das Interdikt über Frankreich verhängt worden. Hintergrund dafür war, dass Philipp seine zweite Ehefrau, Ingeborg von Dänemark, kurz nach der Hochzeit 1193 verstoßen hatte – und ohne formelle Annullierung der Ehe Agnes-Maria von Andechs-Meranien geheiratet hatte. Nach dem *Frieden von Le Goulet* konnte Philipp sich 1201 auch mit dem Papst aussöhnen, als er Ingeborg nach dem Tod von Agnes wieder aufnahm.

Erneut nutzte Philipp nun einen Rechtsprozess, um sich Zugriffsmöglichkeiten zu verschaffen. Im Rahmen eines Familienprozesses der Lusignan wurde König Johann vor das Pariser Hofgericht geladen. Dass Johann hier nicht erschien, gab Philipp die Möglichkeit, 1202 ein Versäumnisurteil gegen ihn zu erwirken und ihm alle französischen Lehen abzuerkennen. Sogleich ging Philipp daran, das Urteil militärisch durchzusetzen. Im *Vertrag von Thouars* musste Johann 1206 schließlich alle Territorien nördlich der Loire abtreten. Die effektive Verwaltungsstruktur der Krondomäne wurde nun auch auf die Normandie ausgedehnt.

Mit der zwiespältigen Wahl im römisch-deutschen Reich 1198 und dem sich daraus entwickelnden Thronstreit fand der englisch-französische Konflikt einen weiteren Schauplatz: Während die Plantagenêts mit Otto IV. einen Welfen unterstützten, hielten die Kapetinger zu dem Staufer Philipp von Schwaben. Durch den Mord an Philipp von Schwaben 1208 bekamen die Welfen die Oberhand. Otto IV. aber überwarf sich bald mit dem Papst, so dass dieser den jungen Staufer und König Siziliens Friedrich (später Friedrich II.) zu fördern begann. Dieser zog 1211 über die Alpen und ließ sich zum König krönen. Die kapetingisch-staufische Allianz wurde erneuert, während Otto IV. und Johann Ohneland einen gemeinsamen Angriff auf Frankreich planten. Aus der Schlacht bei Bouvines am 27. Juli 1214 ging der französische König Philipp II. als Sieger hervor.

2 Die Geburt Philipps II. Augustus, genannt ›Gottesgabe‹ (Dieudonné). *Grandes chroniques de France,* Abtei von Saint-Denis, 13. Jahrhundert ▪ Paris, Bibliothèque Sainte-Geneviève, Ms. 782, fol. 280r (Detail).

Das Ergebnis dieser Schlacht hatte weitreichende Folgen: Otto IV. musste sich zurückziehen, Friedrich II. setzte sich als König im römisch-deutschen Reich durch. Johann musste auf weitere Territorien an der Loire verzichten und sah sich zudem einer Rebellion der englischen Barone gegenüber, die ihm die *Magna Carta* (vgl. Kat.Nr. 179) abrangen. Philipp dagegen wurde von der hofnahen Geschichtsschreibung zum *Augustus* erhoben, zum *rex fortunatissimus*. Er selbst widmete sich nach der Schlacht von Bouvines der Sicherung und dem Ausbau des Erreichten – und wollte im Rahmen des von Innozenz III. initiierten Albigenserkreuzzugs ab 1208 auch nach Südfrankreich vorstoßen. Während er hier zunächst nur indirekt Einfluss nehmen konnte, plante er 1222 einen Kriegszug in den Süden. Dazu sollte es jedoch nicht mehr kommen: Philipp II. starb am 14. Juli 1223 in der Normandie.

Q.: Rigord, Gesta Philippi Augusti (hg. v. Bouquet/Brial/Delisle).

Lit.: Baldwin 1986 ▪ Bradbury 1998 ▪ Cartellieri 1899–1922 ▪ Gauthier 2002 ▪ Sivéry 1993.

# Konzepte von Herrschaft und Königtum

Sebastian Zanke

»Ich bin Euer König!«
»Ich habe Euch nicht gewählt.«
»Könige werden nicht gewählt.«
»Wie seid Ihr dann König geworden?«
Monty Python and the Holy Grail, 1975

Mit großem Pomp trat Richard I. Löwenherz am 3. September 1189 die Nachfolge seines Vaters, Heinrichs II., als König von England an. Nahezu alle Großen des Landes, Geistliche wie Laien, und zahlreiche Würdenträger aus allen Teilen des Angevinischen Reiches waren zusammengekommen, um der prächtigen Krönung in Westminster beizuwohnen. Denn durch ihren Rat und ihre Zustimmung sollte Richard gekrönt sowie geweiht werden, entsprechend eingebunden wurden sie auch in die symbolisch aufgeladene und bis ins Detail choreografierte Zeremonie. Die Barone und Grafen trugen in einer Prozession die Insignien der Herrschaft – Schwert, Sporen, Zepter und mehr –, die Bischöfe und Äbte die Kreuze und liturgisches Beiwerk wie heiliges Öl, Kerzen und Weihrauch (Abb. 2 u. 3). Vor dem Altar leistete Richard den Eid, die Rechte der Kirche zu wahren, Recht zu sprechen und Unrecht abzuschaffen. Daraufhin salbte ihn der Erzbischof von Canterbury an Kopf, Brust und Armen, was Ruhm, Mut und Weisheit symbolisierte, und krönte ihn mit einer massiven goldenen Krone, die Richard zuvor selbst vom Altar genommen und dem Erzbischof übergeben hatte. Ausgestattet mit Zepter und Stab verfolgte der neue König die nachfolgende Messe vom Thron aus. Das strenge Zeremoniell fand seine Fortsetzung beim anschließenden Festbankett. Die Grafen und Barone übernahmen Aufgaben entsprechend ihrer Hofämter und Bürger aus London und Winchester dienten im Keller und in der Küche. Begleitet wurde dies von einem großen Fest auf den Straßen Londons, das jedoch von Übergriffen gegen die jüdische Bevölkerung der Stadt überschattet wurde.

1 Die Krönungszeremonie für Queen Elizabeth II. am 2. Juni 1953 in Westminster Abbey stand in der gleichen Tradition wie die Richards I. fast 800 Jahre zuvor ▪ © Hulton Archive / Freier Fotograf.

Ganz gleich ob in London, Reims oder Aachen, in Krönungszeremonien wie diesen waren Ritual und Symbol, Politik und Religion auf das Engste miteinander verwoben. Sowohl Amt als auch Funktion sollten deutlich sichtbar werden (Abb. 1). Das Königtum war die zentrale politische Institution des mittelalterlichen Europas. Die Könige standen an der Spitze der politischen und sozialen Hierarchie. In der Terminologie des Mittelalters war der König der Kopf des politischen Körpers. Gleichwohl war es kein starres oder autokratisches Konzept. Es war verschiedenen räumlichen wie zeitlichen Ausprägungen unterworfen und Bestandteil eines komplexen Systems. Kein König herrschte alleine. Hof und Magnaten nahmen wichtige Aufgaben im Umfeld der Krone wahr, sie dienten als Rat und Korrektiv. Die Könige in der Zeit Richards I. Löwenherz waren keine Monarchen im eigentlichen, absoluten Sinne. Viel hing von ihrer Fähigkeit ab, den Konsens mit den Großen ihrer Reiche zu suchen und zu finden. Dies begann bereits vor ihrem Amtsantritt.

## Wie man König wird

Die Throne der hochmittelalterlichen Königreiche wurden von einigen wenigen Dynastien besetzt, wie den Saliern, Staufern und Welfen im deutschen Reich, den Anjou-Plantagenêt in England oder den Kapetingern in Frankreich. In den beiden westeuropäischen Reichen war die dynastische Kontinuität wesentlich ausgeprägter als im Reich, wo Versuche, eine dauerhafte Erbfolge zu begründen, durch konkurrierende Ansprüche und die Besonderheit des Königswahlrechts verhindert wurden.

Dort war es ein zunächst weiter Kreis von Fürsten, der sich im 12. Jahrhundert bei den Königswahlen zusammenfand. Erst später bildeten sich aus diesem Kreis die Kurfürsten heraus – die Erzbischöfe von Köln, Mainz und Trier, der Pfalzgraf bei Rhein, der Herzog von Sachsen und der Markgraf von Brandenburg. Später trat der König von Böhmen hinzu. Kodifiziert wurden Königswahl und Kurfürstenkolleg schließlich in der Goldenen Bulle (1356). Bis zu diesem Punkt war es indes ein weiter Weg,

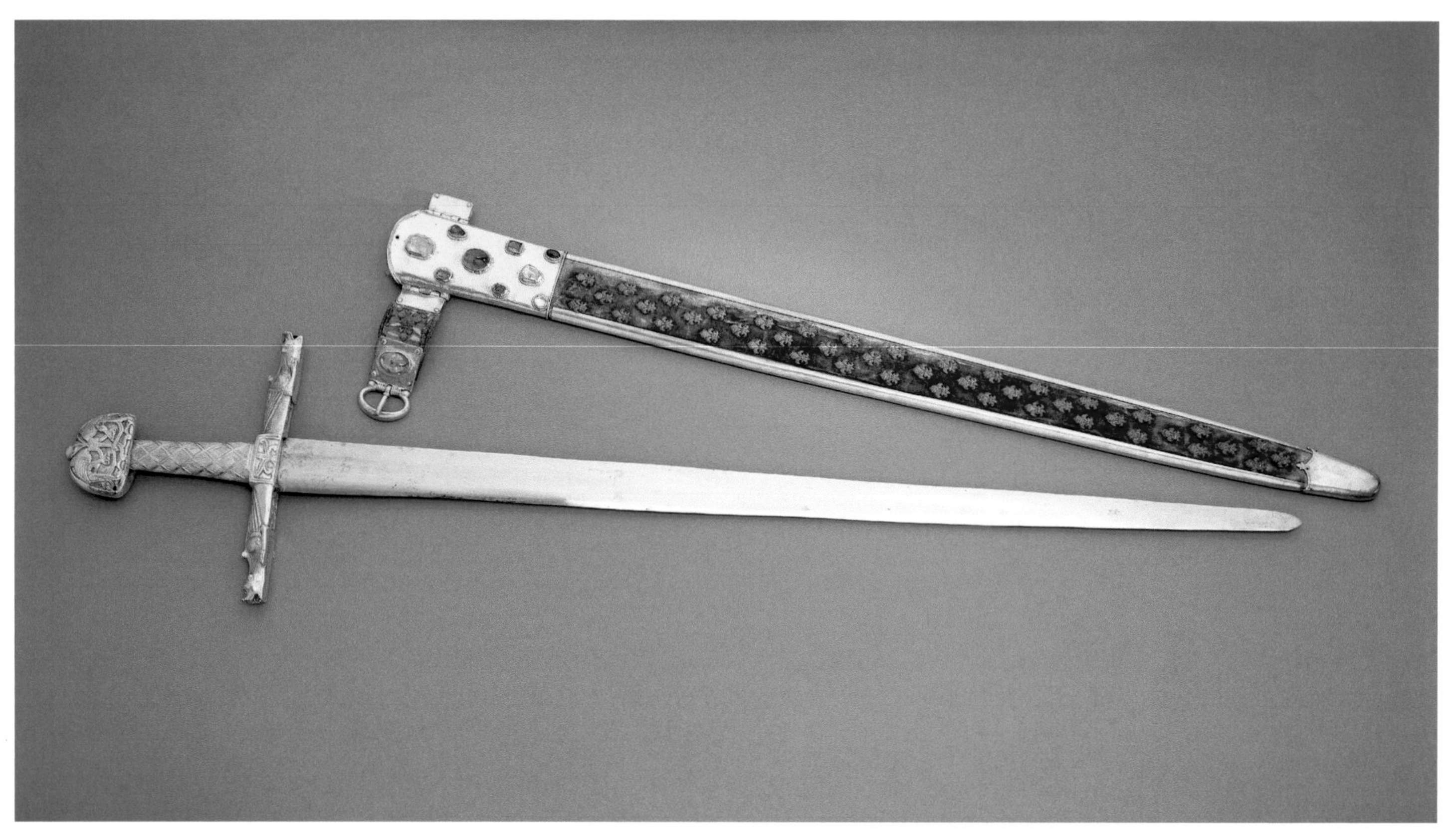

2 Das Heilige Schwert der französischen Könige, auch *Joyeuse* genannt, Frankreich, 9. – Anfang 14. Jahrhundert ▪ Paris, Musée du Louvre, MS84;D934.

der nicht selten zu konfliktreichen Doppelwahlen führte, wie derjenigen von 1198, als die Lager der Staufer und Welfen jeweils ihren eigenen Kandidaten durchzusetzen suchten.

In Frankreich und England herrschte dagegen ein dynastisch orientiertes Prinzip. Dennoch kam es auch hier durchaus zu Nachfolgestreitigkeiten, da dieses keiner klar definierten Regelung, wie der Primogenitur, unterlag. Nach dem Tod Richards I. musste sich sein Bruder Johann gegen die Ansprüche seines Neffen Arthur behaupten und der noch minderjährige Heinrich III. sah sich sogar dem französischen Kronprinzen gegenüber, den Teile der englischen Barone als König auf dem englischen Thron sehen wollten. Vor diesem Hintergrund wird deutlich, welch hohe Bedeutung einerseits der symbolisch aufgeladenen Krönung, die das Ende der königlosen Zeit markierte, und andererseits der Fähigkeit des neuen Monarchen, die Herrschaft faktisch durchzusetzen, zukam.

## Herrschen und Delegieren

Die Könige des Mittelalters waren unentwegt auf Reisen. Die ersten Jahre seiner Herrschaft führten Richard I. bis ins Heilige Land und über das Reich wieder zurück nach England, die zweite Hälfte verbrachte er durchweg in seinen französischen Besitzungen, meist im Krieg mit seinem französischen Rivalen Philipp II. Augustus. Aufschluss über seinen Weg durch Europa geben die Urkunden, die zahlreich entlang seines Weges, in Rouen, Messina oder auch Speyer, ausgefertigt wurden. So haben sich königliche Bestätigungen erhalten, die im August 1193, während Richards einjähriger Gefangenschaft, in Worms im Beisein seines Kanzlers William Longchamp ausgestellt wurden (vgl. Kat.Nr. 113 bis 115). Auch ein gefangener König war des Regierens mächtig.

Dass eine erfolgreiche Herrschaft auch in Abwesenheit des Königs gewährleistet wurde, war vornehmlich der vergleichsweise weit entwickelten englischen Verwaltung im heimatlichen London und den königlichen Amtsträgern zu verdanken.

3 Goldener Ring geschmückt mit einem Edelstein. Möglicherweise der persönliche Siegelring Richards I. Löwenherz, England, 12. Jahrhundert ▪ London, The British Museum, 1962,1101.1.

4 Der *Exchequer* erhielt seinen Namen von diesem Tuch mit Schachbrettmuster. Es bedeckte den Tisch, auf dem der Schatzmeister die Aufstellungen der *sheriffs* inspizierte. 15. Jahrhundert (als Faksimile erhalten) ▪ Kew, The National Archives, Facsimiles of Irish Manuscripts Vol.III plate xxxvii.

Schon unter Heinrich I. hatte sich eine separate Finanzverwaltung als eigenes Schatzamt herausgebildet, der sogenannte *Exchequer* (Abb. 4), verbunden mit einer ausdifferenzierten Buchhaltung (vgl. Kat.Nr. 118). Im Schatzamt wurden die Einnahmen der Sheriffs entgegengenommen, auf Kerbhölzern quittiert (vgl. Kat.Nr. 119) und alle Beträge auf Pergament niedergeschrieben. Als *Pipe Rolls* (vgl. Kat.Nr. 120) zusammengenäht, wurden diese Belege gleichsam Teil des Archivs und reichen von 1155/56 nahezu durchgehend bis in die Neuzeit. Die zunehmende Verwendung von Schrift in Herrschafts- und Verwaltungsprozessen, die sogenannte pragmatische Schriftlichkeit, betraf auch die Kanzlei, die ab 1199 mit der Archivierung der ausgehenden Korrespondenz und Urkunden begann. Gleichwohl war dies kein rein englisches Phänomen.

Unter Philipp II. Augustus nahm auch in Frankreich die Bedeutung von Schriftlichkeit und Verwaltung vor der Jahrhundertwende immens zu. So war ausgerechnet die Niederlage gegen seinen englischen Rivalen im Juli 1194 bei Fréteval – die den Verlust des reisenden Kronarchivs an den englischen König zur Folge hatte – der Grund für die Errichtung des *Trésor de Chartes* (vgl. Beitrag Moeglin). Spätestens ab 1204 wurden auch Abschriften des auslaufenden Schriftguts in Registern festgehalten. Eine vergleichbare Praxis wurde auch an der päpstlichen Kurie gepflegt.

In England ist die Entwicklung der Verwaltung mit der Person Hubert Walters verbunden, dessen Werdegang prototypisch für den loyalen Amtsträger und Diener der Krone war. Er besetzte bereits früh hohe Ämter, insbesondere im Schatzamt, erlangte unter Richard I. den Bischofsstuhl von Salisbury und begleitete den englischen König auf dem Dritten Kreuzzug. Zurück in England wurde er zum Erzbischof von Canterbury gewählt, organisierte das Aufbringen des Lösegelds und übernahm als Justitiar die Regentschaft in England. Dies war neben dem Kanzler die wichtigste Position im Land, galt es doch, die Herrschaft in Abwesenheit des Königs durchzusetzen und sich der Opponenten zu erwehren, die ihre Chance auf Machtzuwachs witterten. Auch der Bruder des Königs, Johann Ohneland, zählte hierzu. Dieser Konfrontation ungeachtet stieg Hubert Walter unter sei-

5 Edward III. leistet Philipp VI. das *homagium*, *Grandes Chroniques de France*, Frankreich, 14. Jahrhundert ▪ Paris, Bibliothèque nationale de France, Ms. fr. 2813, fol. 357v (Detail).

ner Herrschaft sogar zum Kanzler auf. Fähige Männer waren an der Seite der Krone stets gefragt.

Auch die Magnaten nahmen eine wichtige Rolle ein; durch Rat und Tat eingebunden in die Herrschaft und verpflichtet zu zahlreichen Abgaben, was wiederum ein großes Konfliktpotential barg. Etwa 165 Barone lassen sich für das ausgehende 12. Jahrhundert festhalten, mit bis zu 14 Earls (Grafen) an der Spitze des Adelssystems. Aufgrund der Besonderheiten des Angevinischen Reiches im Hinblick auf die geografische Verteilung der Besitzungen, hatten einige der Barone Rechte und Ländereien zu beiden Seiten des Kanals inne. Dies konnte zu Loyalitätskonflikten führen, falls der kontinentale Besitz im Einflussbereich des französischen Königs lag.

Dies betraf ebenso den englischen König, da dieser für den französischen Teil des Angevinischen Reiches nominell dem französischen König lehenspflichtig war. Obwohl der eigentliche Zugriff Frankreichs eher gering war, bot die Verschränkung der Herrschaftsbereiche im Konfliktfall eine höchst spannungsreiche Konstellation (Abb. 5). Denn dank dieser konnte der französische König unter dem Deckmantel des Lehnrechts agieren und gegen den englischen König vorgehen. Dementsprechend hatte Philipp II. Augustus für unzufriedene, konkurrierende und klagende englische Barone stets ein offenes Ohr. Sogar entsprechende Bündnisse der Söhne Heinrichs II. gegen ihren Vater waren keineswegs selten und auch Johann Ohneland wandte sich hilfesuchend nach Paris. Gleichwohl gab es diese Konstellation auch andernorts, wie auf der Britischen Insel selbst, wo die Könige von Schottland dem englischen König für Ländereien in England huldigen mussten, während dieser bisweilen seinen Herrschaftsanspruch auf Schottland selbst ausdehnte.

## Der ungerechte König

Die Königsherrschaft war sowohl Phänomen als auch Konzept und in theoretischer wie praktischer Hinsicht dem Wandel der Zeit unterworfen. Gedanken über das Königtum machte man sich zu allen Zeiten, wobei sich im 12. Jahrhundert eine zunehmend theoretische Debatte beobachten lässt, die auch durch das praktische Unvermögen des jeweils amtierenden Monarchen befeuert wurde.

Die politische Theorie beschäftigte sich mit der Frage, was einen guten König ausmache und wie man unrechtes herrschaftliches Handeln sanktionieren könne. Das war für die Zeitgenossen eine durchaus problematische Frage. Die Herrschaftskonzeption war eng mit der Bedeutung des Rechts verknüpft, das als übergeordnetes Gut hochgehalten wurde. Ob ein König ein Tyrann war, hing auch damit zusammen, ob er nach dem Recht oder nach eigenem Willen herrschte. Das Recht wiederum wurde im Zusammenspiel mit den Großen des Reiches geschaffen und bewahrt, obwohl das Handeln des Königs an sich Gesetzeskraft hatte. Differenziert wurde also zwischen dem König, der zum Wohl seiner Untertanen nach dem Recht regierte, und dem Tyrannen, der seinen eigenen Interessen folgte und das Recht missachtete. Johannes von Salisbury, der im 12. Jahrhundert eine Theorie des Staatswesens seiner Zeit ausformulierte – den *Policraticus* – sah hier ein klares Widerstandsrecht. Der Tyrann müsse beseitigt und sogar getötet werden. Gleichwohl warf er einschränkend ein, müsse ein Tyrann zunächst als Strafe Gottes erduldet werden und gänzlich ausgeschlossen vom Mord waren diejenigen, die dem König durch Eide verbunden waren, was somit alle Vasallen umfasste. Damit war das Widerstandsrecht in der Praxis äußerst beschränkt. Ein ungerecht handelnder König war somit ein Tyrann, doch gegen ihn direkt und persönlich vorzugehen war problematisch. Die *Magna Carta* war ein erster praktischer Schritt hin zu regulierter Herrschaft (vgl. Kat.Nr. 179). Doch das darin verankerte Widerstandsrecht, das vorsah, dass ein Gremium die Verpflichtung habe, gegen den König vorzugehen, wenn dieser sich gegen das Recht stellen würde, überlebte die erneute Verbriefung nach 1215 nicht. Gleichwohl versuchte man in der Folgezeit mehrfach, das Mitspracherecht der Magnaten zu fixieren, meist mit Blick auf eine Zustimmungspflicht bei der Besetzung von Ämtern oder Erhebung von Steuern.

## Der gute und der schlechte König

Johann Ohneland war unmittelbar von der Kritik der Barone an der Herrschaft des Königs betroffen und sah sich schließlich sogar einer Revolte gegenüber. Sein politisches Agieren mag man sicherlich als wenig glücklich charakterisieren, doch er war auch nicht der ungerechte König, der nur zum eigenen Nutzen regierte. Viele der zeitgenössischen Beschwerden hatten ihren Ursprung in der Zeit seines Vorgängers, insbesondere, was die finanzielle Belastung des Königreichs anging. Gleichwohl erfuhr die Herrschaft Richards I. – ungeachtet dessen fortwährender Abwesenheit, der finanziellen Forderungen und der Kriege in Frankreich – nicht im selben Umfang Kritik wie die Herrschaft seines Bruders. Das mag auch darin begründet gewesen sein, dass er es nicht nur verstand, das Reich durch eine loyale Klientel und die Delegierung von Herrschaft zu regieren, sondern dass er durch seine lange Abwesenheit paradoxerweise auch kaum greifbar für Kritik war (Abb. 6). Im Gegenteil, denn als bereits zu Lebzeiten von den Chronisten und Troubadouren glorifizierter Held auf dem Schlachtfeld bot er das ideale Abbild eines Herrschers, der weise regierte und energisch agierte. Damit wurde er zur Projektionsfläche idealer Vorstellungen: Der König kämpfte auf dem Kreuzzug, während sein Bruder das Land veruntreute. Und Johann war wiederum sehr präsent im Königreich.

6 Vorderseite des zweiten Königssiegels Richards I. Löwenherz ▪ Abdruck angefertigt nach einem Original der National Archives, Kew (DL 10/47). Foto: © Crown Copyright – mit freundlicher Genehmigung der National Archives.

So überrascht es kaum, dass Richard I. im 13. Jahrhundert zum »model king« erhoben wurde und auch heutige Historiker zeigen sich durchaus angetan von der Herrschaftsbilanz Richards. Doch dem war nicht immer so. Während Richard I. – beziehungsweise das Bild Richards I. – in der Öffentlichkeit große Sympathien genoss, übten die Historiker des 19. Jahrhunderts große Kritik an seinem Königtum. Er habe das Land vernachlässigt und für seine Kriegszüge ausgebeutet, so das Verdikt. Erst in den vergangenen Jahren gelang es der Forschung, ein differenzierteres Bild zu entwickeln, indem der Blick auf die Gesamtheit des Angevinischen Reiches gerichtet wurde. Vor diesem Hintergrund machte er seine Sache als König nicht schlecht.

Q.: Roger von Howden, Chronica (RerBrit 51,1–4).

Lit.: Bartlett 2000 ▪ Clanchy 2013 ▪ Ottmann 2004 ▪ Valente 2003.

Miles famosus rex Ricardus generosus.
Non homine metuit tantus ad arma fuit.

Predolor o mortis nimio pressio fortis.
Cui non magnatum vis parcere nec bonitatum.
Mors deliquisti que Ricardum rapuisti.
Regem vincentem nec victum plebe caventem.
En vultu lenis fuit et fortis quoque facetus.
Rolandi Seymonis dictus inde leonis.
Scotia Wallia Neustria Gallia contacuerit.
Arma britannica que leonina visa fuerunt
Utro montanum Tisti Saculi que paganum.

# Das ›Schweigen‹ der deutschen Chronisten

## Die deutsche und englische Historiografie im Hochmittelalter

Grischa Vercamer

*Vivum vel mortuum* (tot oder lebendig) sollte Richard I. Löwenherz gefasst werden, wenn er durch das römisch-deutsche Reich nach Hause ziehen sollte – so wollte es Kaiser Heinrich VI. nach dem Zeugnis eines englischen Chronisten (Richard von Devizes, Gestis Ricardi Primi [RerBrit 82,3], S. 450). Wenn diese dramatische Formulierung auch etwas übertrieben scheint und sich durch Quellen aus dem Reich nicht bestätigen lässt, so steht außer Frage, dass Heinrich VI. Richard Ende 1192 als Feind ansah: *inimicus imperii nostri* (der Feind unseres Reichs) – so steht es in einem kaiserlichen Brief an den französischen König Philipp II. Augustus vom 28. Dezember 1192 (Roger von Howden, Chronica [RerBrit 51,3], S. 195). Richard war kurz zuvor, am 21. Dezember 1192, in Österreich gefangen genommen worden und sollte bis zum 4. Februar 1194 – zunächst in Österreich und ab dem 21. März 1193 in Deutschland – in Gefangenschaft bleiben. Dieses Vorgehen barg außen- und innenpolitische Sprengkraft sowohl für den österreichischen Herzog Leopold V. als auch für den Kaiser, da der englische König immerhin von einem Kreuzzug zurückkehrte und als Kreuzritter kirchenrechtlich ausdrücklich das Recht auf freie Rückreise in sein Heimatland hatte. Trotz seiner misslichen Lage als Gefangener vermochte es Richard, die Interessen der beteiligten Protagonisten und Fraktionen während seiner 13 Monate dauernden Gefangenschaft derart für sich zu nutzen, dass er am Ende als freier Mann nach England ziehen konnte und zudem seine Krone nicht verlor (Abb. 1).

1 Richard auf seinem Thron. Links und rechts von ihm finden sich jeweils drei Köpfe, die als Christen auf der einen Seite und Sarazenen auf der anderen interpretiert werden. England, Anfang 14. Jahrhundert ▪ London, The British Library, Royal MS 20 A II, fol. 8r (Detail).

Vor diesem Hintergrund ist es verständlich, dass die zeitgenössischen englischen Geschichtsschreiber (genannt werden müssen hier vor allem Ralph von Coggeshall, Roger von Howden, Gervasius von Canterbury, Ralph von Diceto und Wilhelm von Newburgh) dem Thema mehr Beachtung schenkten als die deutschen, österreichischen oder französischen Chronisten – ging es für sie doch um das Schicksal ihres Königs. Auch zeigten sich die Hauptbeteiligten auf deutscher Seite, also Kaiser Heinrich VI. (Abb. 2) und Herzog Leopold V., im Verlaufe der Gefangenschaft des Engländers nicht unbedingt von ihrer besten Seite. Es fällt schwer, Heinrich VI. anders zu sehen, als in der Rolle eines kaltblütigen »Erpressers« (Kessler 1995, S. 303). Zumindest seit dem 22. März 1193 – drei Monate nach der Festnahme – hätte Richard als freier Mann nach Hause ziehen müssen, da er durch ein Fürstengericht unter Vorsitz des Kaisers in Speyer von allen Anklagepunkten, derentwegen man ihn ursprünglich (angeblich!) festgesetzt hatte, freigesprochen wurde. Fast ein Jahr noch musste der englische König allerdings darauf warten. Der Kaiser begründete die Verzögerung damit, dass er sich entschlossen hatte, als Vermittler zwischen dem englischen und dem französischen König Frieden zu stiften. Dafür müsse ihm natürlich auch ein Lohn zustehen – dieser entsprach der immensen, bereits früher als Lösegeld ausgemachten Summe von 100.000 Mark Silber (vgl. Beitrag Witowski, S. 282 f.). Die Argumentation war fadenscheinig, vordergründig bestimmten offensichtlich politisches Kalkül und Geldgier die Handlung des Kaisers. Leopold V. muss in dem gleichen Licht gesehen werden. Zudem hatte er den Kreuzfahrer Richard I. Löwenherz persönlich festgenommen, wofür er vom Papst 1194 folgerichtig exkommuniziert wurde. Leopolds Tod am 31. Dezember 1194 durch einen unglücklichen Sturz seines Pferdes musste von den Zeitgenossen fast zwangsläufig als göttliche Strafe für seine sündige Tat gesehen werden.

2 Heinrich VI. in der *Großen Heidelberger Liederhandschrift (Codex Manesse)*, Zürich, 14. Jahrhundert ▪ Heidelberg, Universitätsbibliothek, Cod. Pal. germ. 848, fol. 6r.

Wie sollten sich nun die wenigen deutschen Geschichtsschreiber der Zeit hierzu verhalten? Die nur mühsam bemäntelte Macht- und Erpressungspolitik des Kaisers ließ sich schwer vermitteln. Als altbewährtes Mittel bot sich an, die Ereignisse zu verschweigen. Die Brisanz der ganzen Angelegenheit, die sicherlich in den Jahren 1192–1194 in aller Munde war und weithin in Europa wahrgenommen wurde, verpflichtete allerdings zu einer wie auch immer gearteten Stellungnahme. So spricht der Leopold V. nahestehende Chronist Ansbert davon, dass Richard im Heiligen Land Verbrechen begangen habe und dass dessen Hochmut gegenüber dem Herzog von Österreich völlig unangebracht war, daher sei Richard durch »göttliche Gerechtigkeit« nun in die Hände des Österreichers gefallen (Historia de expeditione Friderici imperatoris [MGH SS rer. Germ. N.S. 5], S. 114). Die Gefangennahme wurde also hier nicht nur als gerecht, sondern auch geradezu als rechtlich legitim dargestellt.

Das ›Schweigen der deutschen Quellen‹ bzw. die ›Beredsamkeit der englischen Quellen‹ sind aber auch durch (herrschafts-)strukturelle Faktoren bedingt. England wurde besonders unter dem Vater Richards, Heinrich II., zu einer äußerst effizienten, zentral ausgerichteten Herrschaft mit London als größter Stadt und Mittelpunkt ausgebaut. Institutionen wie der *Exchequer* (die Finanzverwaltung), die zentral funktionierende Kanzlei- und Justizverwaltung sowie die regional wohlgeordnete Sheriffverfassung machten England zum modernsten Land Europas im Hochmittelalter. Die schnelle Steigerung der zentralen Einnahmen aufgrund der Lösegeldforderung für Richard I. Löwenherz ist das beste Beispiel für die Effizienz des Systems. In den *Pipe Rolls* (vgl. Kat.Nr. 120) – den Steuerunterlagen des Königtums – sind für das Jahr 1192 noch 9.857 £ und für das Jahr 1194 bereits 25.292 £ verzeichnet (Abb. 3). Die Könige hatten in England mit Abstand am meisten Macht und den meisten Besitz inne, konnten also Reformen ungehindert zentral umsetzen. Besonders der hohe Grad an ›pragmatischer‹ Schriftlichkeit unterstreicht dieses Vorgehen – sämtliche Verwaltungsvorgänge wurden schriftlich niedergelegt. Unter den Erzbischöfen Lanfranc und Anselm von Canterbury waren schon im 11. Jahrhundert Bischofskirchen vielfach zu Klöstern umstrukturiert worden. Auch entwickelten sich parallel zu den Universitäten in Paris und Bologna in den englischen Bischofsstädten wie Canterbury, Exeter oder Lincoln Schulen. Die Akkulturationsstrategien der normannischen Eliten in England führten zudem im 12. Jahrhundert zu einer Blüte der Geschichtsschreibung, die oftmals zur Aufgabe hatte, die angelsächsische Vergangenheit mit der normannischen Gegenwart sinnvoll zu verbinden. Die schiere Masse an historiografischen Werken und Chroniken in England im 12./13. Jahrhundert (berühmte Beispiele sind Aelred von Rievaulx, Wilhelm von Malmesbury, Geoffrey von Monmouth, Heinrich von Huntingdon, Roger von Howden, Roger von Wendover, Matthew Paris u. a.) lässt den Rest Europas förmlich verblassen. Bis auf wenige Ausnahmen war die Geschichtsschreibung dabei auf das Königshaus hin ausgerichtet. Viele der Chronisten hatten eine Weile als Kanzlisten oder Diplomaten am Hof verbracht und konnten den Hof daher gut einschätzen. Ein Spezifikum der englischen Geschichtsschreibung war dabei, dass viele Chronisten sich durchaus differenziert und kritisch über ihre Könige äußerten, Roger von Howdens Bild von Richard I. Löwenherz ist dafür ein gutes Beispiel.

Das römisch-deutsche Reich hingegen war komplexer angelegt. Die alten Stammesfürsten waren mächtige Konkurrenten für die Kaiser, vor allem vor dem Hintergrund, dass das Reich eben ein Wahlkönigtum darstellte, prinzipiell also jede Dynastie mit dem Tod eines Vertreters abgewählt werden konnte. Auch gehörte (Nord-)Italien seit den Karolingern zum Reich dazu (*regnum Italicum*) – eine faktische Herrschaft über dieses große, reiche Gebiet musste aber von den deutschen Königen immer wieder aufs Neue durchgesetzt werden. Gerade der Vater Heinrichs VI., Friedrich I. Barbarossa, hatte genau das im Kampf mit den norditalienischen Städten über Jahrzehnte versucht und war letztlich gescheitert. Um in allen Regionen diesseits und jenseits der Alpen die nötige Präsenz zu zeigen, war der deutsche König oder Kaiser also ständig auf Reisen. Die Einrichtung zentraler Institutionen oder eine zentral gelenkte Politik wie in England war daher schlicht unmöglich. Andererseits hatten die deutschen Fürsten ihre regionalen Herrschaften im 12. Jahrhundert noch nicht so weit entwickelt, dass man von voll ausgeprägten, fast schon eigenständig funktionierenden Territorialherrschaften sprechen könnte.

Die anhaltenden Konflikte zwischen Papst und Kaiser hier beiseite lassend, kann man sich vorstellen, dass die genannten Faktoren den römisch-deutschen Kaisern die meiste Zeit eine rein reagierende Politik abverlangten, welche wenig aktive Gestaltungsfreiheit ließ. Die Modernisierung im Reich wurde als »gehemmt« (Boshof 2007, S. 269) bezeichnet – man kann aber auch einfach von Rückständigkeit sprechen: Im nordalpinen Reich entstanden im Hochmittelalter keine Universitäten wie in Frankreich oder England, die vorhandenen Klosterschulen konservierten eine monastische Tradition (man spricht vom ›Symbolismus‹, berühmte Vertreter sind Rupert von Deutz oder Gerhoch von Reichersberg). Diese Faktoren wirkten sich auch auf die Entwicklung der ›deutschen‹ Geschichtsschreibung aus. Allerorts in Europa entstanden im 12. Jahrhundert ›nationale‹ Chroniken, während im Reich nach wie vor die Weltchronistik das Feld beherrschte (Sigebert von Gembloux, Frutolf von Michelsberg, Ekkehard von Aura, Kaiserchronik, Otto von Freising, Gottfried von Viterbo u. a.). Universalgeschichten also, die traditionell bei Adam und Eva begannen. Eine regionale Geschichtsschreibung, die auf einzelne Fürstentümer ausgerichtet war, hatte sich noch kaum entwickelt – als Ausnahmen können die *Historia Welforum* (vgl. Kat.Nr. 97, Abb. 4) oder das *Chronicon Hanoniense* des Giselbert von Mons gesehen werden. In den Klöstern und Bischofsstädten kann man zusätzlich noch

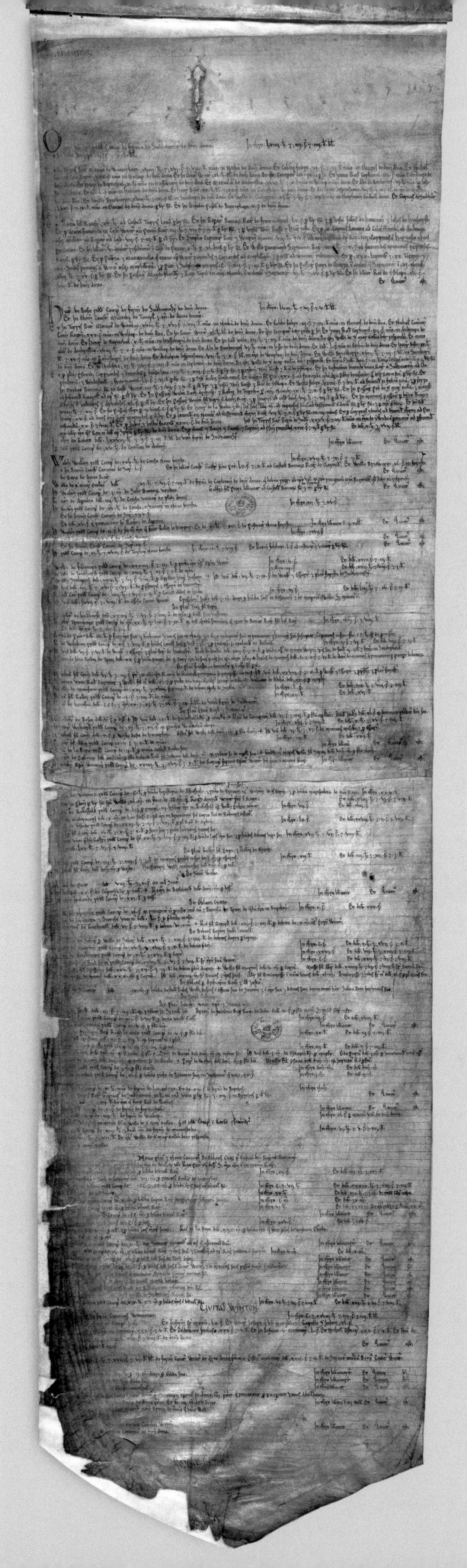

3 Auszug aus der *Pipe Roll* von 1193/94 ▪ Kew, The National Archives, E 372/40, Rotuli 15, membrane 1,2 (vgl. Kat.Nr. 120).

4 Welfenstammbaum aus der *Weingartner Welfenchronik*, Weingarten, zwischen 1185 und 1191 ▪ Fulda, Hochschul- und Landesbibliothek, D11, fol. 13v (vgl. Kat.Nr. 97).

Annalen vorfinden, die teilweise wertvolle Informationen liefern. Ihre eigentliche Funktion beruhte aber darauf, wichtige Nachrichten kurz festzuhalten – mit einiger Vorsicht könnte man es mit dem heutigen ›twittern‹ vergleichen. In den Annalen sind also nur bedingt längere, reflektierende Ausführungen anzutreffen, wie es der komplizierte Hergang der Gefangenschaft Richards von England bedürfte. Für die Zeit seit Friedrich I. Barbarossa – also seit der zweiten Hälfte des 12. Jahrhunderts – spricht man von einer »staufischen Geschichtsschreibung« (Wattenbach/Schmale 1976, S. 86). Darunter werden seit Otto von Freisings *Historia de duabus civitatibus* (1143–1146) und den *Gesta Friderici* (1157–1160) Chronisten verstanden, die besonders stauferfreundlich schrieben: Gottfried von Viterbo, Gunther von Pairis, die Verfasser der *Marbacher Annalen* und der *Chronica regia coloniensis* sowie einige andere mehr. Eingeschränkt können auch die Chroniken Ottos von St. Blasien und Burchard von Ursberg hinzugezählt werden – diese beiden werden allerdings von der Forschung als ›königsfern‹ beschrieben, da sie in ihren Klöstern nur begrenzten Informationszufluss hatten. Schon allein von der potentiellen Anzahl ausgehend lassen sich am Ende des 12. Jahrhunderts nur wenige Werke finden, die überhaupt über Richards Gefangenschaft hätten berichten können. Zu nennen sind hier Ansbert, Magnus von Reichersberg, die *Marbacher Annalen*, die *Salzburger Annalen*, Petrus von Eboli (Abb. 5), Giselbert von Mons, die *Chronica regia coloniensis* und eben Otto von St. Blasien.

Derjenige, der am detailliertesten aus deutscher Sicht über die Umstände der Gefangenschaft Richards berichtet, ist Otto von St. Blasien. Über sein Leben ist nur wenig bekannt, er wirkte in einem entlegenen Benediktinerkloster im Schwarzwald entweder als Abt oder Mönch und gibt in seiner Chronik die Ereignisse im Reich bis zum Jahr 1209 wieder. Otto setzt mit der Vorgeschichte zur Gefangenschaft Richards in Akkon ein. Erinnert sei an dieser Stelle daran, dass Richard im Heiligen Land das Banner des österreichischen Herzogs Leopold, welches dieser nach der gemeinsamen Eroberung Akkons am 12. Juli 1191 auf einem erhöhten Punkt in der Stadt aufpflanzen ließ, herunterriss und den Herzog somit entehrte. Die meisten englischen Chronisten (Gervasius von Canterbury, Ralph von Coggeshall, Richard von Devizes) verschweigen die Handlung Richards nicht, sie erscheint aber bei ihnen sehr kurz und mehr spontan ausgeführt. So schreibt Gervasius von Canterbury: »Der König sah dieses [das Aufstellen der Fahne] und missgönnte [dem Herzog das], mithilfe einer starken Truppe an Rittern entfernte er die Fahne« (Gervasius von Canterbury, Chronica [MGH SS 27], S. 306). Bei Otto klingt die Geschichte ganz anders: »Als also die Stadt [Akkon] eingenommen war, befahl der König der Engländer, Zeichen des Sieges seines Heeres an die Türme zu heften, und den Siegestitel, ziemlich arrogant, ganz und gar sich selbst zuzuschreiben. Als er die Stadt durchstreifte, sah er eine Fahne des Herzogs Leopold, die an dem Turm, den dieser mit den Seinen selbst eingenommen hatte, angebracht war, und erkannte, daß sie nicht die Seine sei; er forschte, wessen sie sei. Als er die Antwort bekam, daß sie dem Herzog Leopold von Österreich gehöre, und erfuhr, daß er einen Teil der Stadt eingenommen habe, wurde er von größtem Mißfallen erfüllt und gab den Befehl, die Fahne herabzureißen und in den Staub zu treten; außerdem schmähte er den Herzog ohne Grund mit schimpflichen Worten.« (Otto von St. Blasien, Chronik [AQ 18a], S. 105). Später erfahren wir noch, dass Richard die Beute aus Akkon nur unter den englischen Truppen verteilte und dabei die Deutschen und Italiener ignorierte. Die Deutschen unter Führung Leopolds, »die englische Perfidie verfluchend« (Otto von St. Blasien, Chronik [AQ 18a], S. 106), stiegen in ihre Boote und segelten sofort ab. Otto verschweigt, dass Leopold mit Philipp II. erst einen Monat nach der Eroberung Akkons nach Hause reiste. Der Leser muss hier also davon ausgehen, dass die Reaktion prompt und durch das Verhalten Richards mehr als gerechtfertigt erfolgte. Insgesamt kann man hier sehen, wie aus einer eventuell unüberlegten, impulsiven Handlung Richards bei den englischen Geschichtsschreibern eine geplante, reflektierte und bösartige Aktion bei den deutschen Geschichtsschreibern wird, die viel über die Arroganz und die Selbstherrlichkeit des englischen Königs verraten soll.

Wie geht es weiter? Interessanterweise werden die Umstände von Richards Gefangennahme narrativ länger ausgebaut als die eigentliche Gefangenschaft, die nur mit einigen Sätzen erwähnt wird. Mit Herzog Leopold treffen wir Richard in einer »kleinen Absteige« bei einer »dienenden Tätigkeit« (*servile opere* – bei dem Braten eines Huhnes) an. Nur durch einen königlich »erhabenen Ring« konnte er enttarnt werden. Der Herzog lachte den König ob einer solchen Situation aus (Otto von St. Blasien, Chronik [AQ 18a], S. 110 f.). Der süddeutsche Chronist, der den Babenbergern persönlich nicht verpflichtet war, spricht noch über die Sünde, die Leopold beging, indem er einen Kreuzfahrer festnahm; obgleich Richard – wie der Chronist auch bemerkt – durch sein Handeln in Akkon selbst daran schuld sei. Gleich im Anschluss folgt eine doch verblüffende Raffung der Ereignisse: Otto verschweigt die Anklage Richards durch den Kaiser am 22. März 1193 in Speyer gänzlich, geht kurz darauf ein, dass Richard »gefesselt nach Worms« gebracht wurde und man sich dort auf das Lösegeld – »viele Hunderttausende

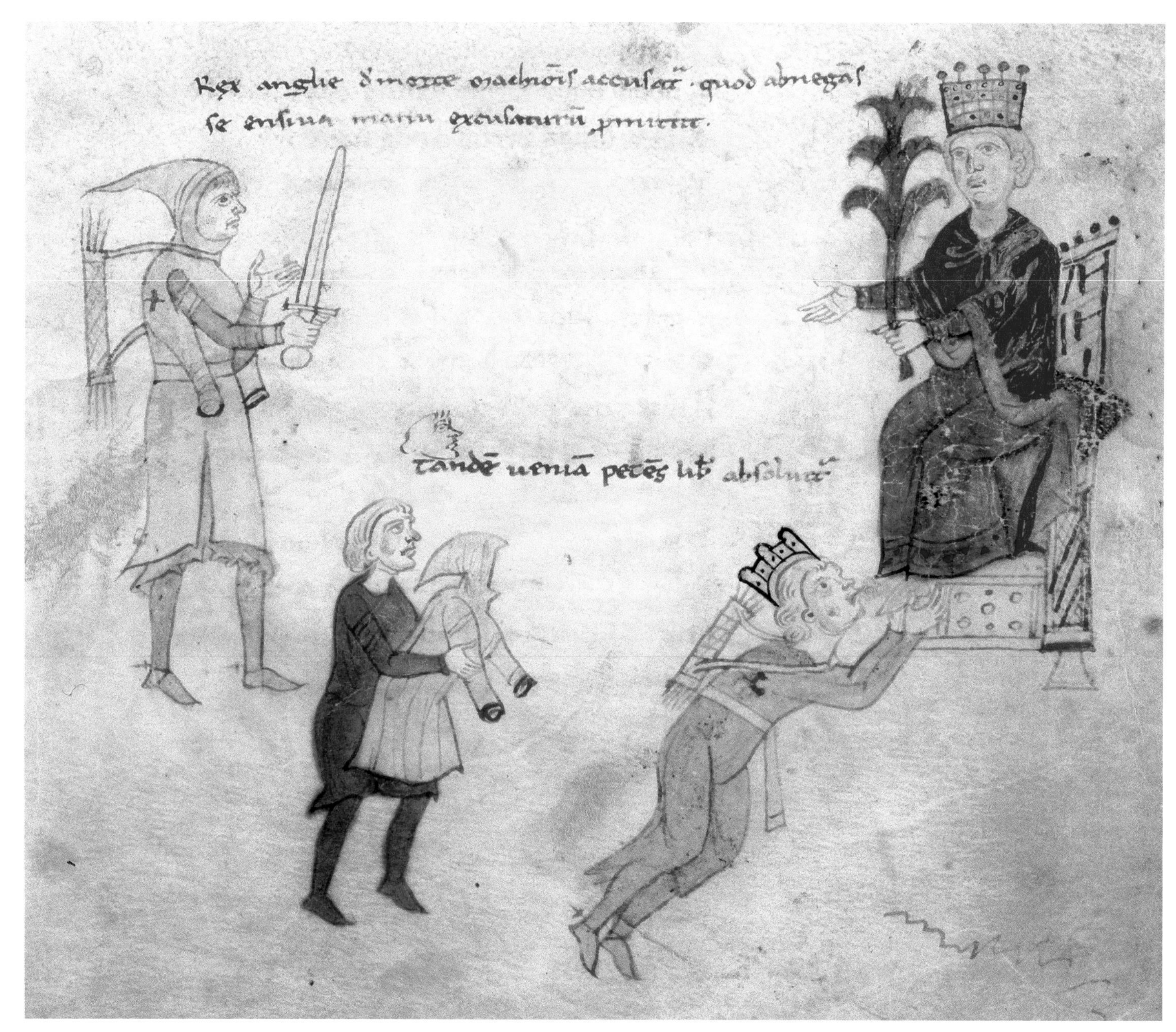

5 Richard I. Löwenherz kniend vor Heinrich VI., Petrus de Ebulo, *Liber ad honorem Augusti sive de rebus Siculis*, Sizilien, Ende 12. Jahrhundert ▪ Bern, Burgerbibliothek, Cod. 120 II, fol. 129r (Detail).

an Gold und Silber« (Otto von St. Blasien, Chronik [AQ 18a], S. 112 f.) – einigte. Danach sicherte Richard »ihnen« – also wohl Heinrich VI. und Leopold V. – *pax et reconciliatio* (»Frieden und Versöhnung«) zu und kehrte in sein Land zurück. Das nächste, was wir bei dem Chronisten über Richard erfahren, ist erst dessen Tod am 6. April 1199.

Was darf man daraus schließen? In Kenntnis nur dieser Quelle müsste ein Leser eigentlich glauben, dass Richard innerhalb weniger Tage nach der Gefangennahme freikam und dass weder Leopold noch Heinrich sonderlich falsch gehandelt haben. Schon oben klang an, dass es zum Repertoire der Geschichtsschreiber gehörte, Dinge auszulassen oder stark zu verkürzen, wenn es ins Konzept passte – dies wird hier sehr konkret sichtbar. Otto von St. Blasien schrieb grundsätzlich königsfreundlich, hatte also einen guten Grund, die Rolle Heinrichs VI. in der Angelegenheit nicht allzu detailliert darzustellen. Hinzu kommt, dass der Chronist seine Chronik irgendwann nach 1209 schrieb, d. h., die Ereignisse um die Gefangenschaft Richards lagen schon über 15 Jahre zurück. Wir wissen, dass Otto vieles aus der für ihn jüngst zurückliegenden Geschichte nur vom Hörensagen kannte. Teilweise konnte er sicher auch auf eigene Erinnerungen zurückgreifen, hatte aber wohl kein schriftliches Material über die Vorgänge zur Verfügung. Ganz anders also als die englischen Chronisten, welche die Möglichkeit hatten, Schriftverkehr zentral am Hofe einzusehen und nachzuprüfen (Abb. 6).

Es lassen sich also zwei Antworten darauf geben, warum über die lange Gefangenschaft Richards im Reich nicht breiter berichtet wurde: Zum einen war die reine Anzahl der möglichen ›deutschen‹ Historiografen, die über die Gefangenschaft Richards hätten berichten können, im Vergleich zu den englischen Geschichtsschreibern verschwindend gering. Zudem glänzte die englische Geschichtsschreibung durch gegenwartsbezogene, detaillierte Berichterstattung, die sich schon im Umfang der Werke merkbar niederschlug. Daher können die Chroniken von Otto von St. Blasien oder Burchard von Ursberg rein vom Umfang keinesfalls mit beispielsweise der Chronik von Roger von Howden konkurrieren. Insgesamt scheinen die deutschen Quellen etwas allgemeiner gehalten zu sein. Zum anderen hatten die spätstaufischen Geschichtsschreiber aufgrund des unrühmlichen Vorgehens Heinrichs VI. und Leopolds V. im Laufe der Gefangenschaft Richards wenig Grund, ins Detail zu gehen.

6 Hochmittelalterlicher Maler und Schreiber. Sammelhandschrift für den Unterricht (sog. *Reiner Musterbuch*), Rein, 1208–1213 ▪ Wien, Österreichische Nationalbibliothek, Cod. 507 Han, fol. 2v (Detail).

Q.: Gervasius von Canterbury, Chronica (MGH SS 27), S. 294–315 ▪ Historia de expeditione Friderici imperatoris (MGH SS rer. Germ. N.S. 5) ▪ Otto von St. Blasien, Chronik (AQ 18a) ▪ Richard von Devizes, Gestis Ricardi Primi (RerBrit 82,3) ▪ Roger von Howden, Chronica (RerBrit 51,1–4).

Lit.: Barlow 1979 ▪ Berg 2007 ▪ Boshof 2007 ▪ Gillingham 1994 ▪ Gillingham 1999b ▪ Gillingham 2008 ▪ Goetz 1999 ▪ Gransden 1974 ▪ Kersken 1995 ▪ Kersken/Vercamer 2013 ▪ Kessler 1995 ▪ Partner 1977 ▪ Szabó 1971 ▪ Toeche 1867 ▪ Wattenbach/Schmale 1976.

# Die Welfen und das englische Königshaus

Simone Heimann

»Um diese Zeit schickte Herzog Heinrich von Bayern und Sachsen Gesandte nach England, und sie brachten die Tochter des Königs von England mit Gold und Silber und großen Schätzen heim, und der Herzog nahm sie zur Frau.«

(Helmold von Bosau, Slawenchronik (AQ 19), S. 369)

Am 1. Februar des Jahres 1168 heiratete der sächsische Herzog Heinrich der Löwe die junge englische Prinzessin Mathilde, Tochter Heinrichs II. von England und Eleonores von Aquitanien, Schwester Richards I. Löwenherz, und somit ein in eine schillernde, machtvolle Familie von hohem Adel und mit großer Strahlkraft (Abb. 1). Diese Heirat ließ zugleich ein Bündnis zwischen zwei Dynastien entstehen, das Europas Machtgefüge in den kommenden Jahrzehnten prägen sollte. Dem vorausgegangen war eine kaiserliche Gesandtschaft unter Führung des Kölner Erzbischofs Rainald von Dassel, der in Rouen mit Heinrich II. gleich zwei Ehebündnisse verhandelte: Zugleich sollte Mathildes jüngere Schwester Eleonore mit Friedrich, dem Sohn Kaiser Friedrichs I. Barbarossa vermählt werden, was jedoch aufgrund des baldigen Todes des kleinen Prinzen nicht verwirklicht werden konnte.

Heinrich der Löwe und Friedrich Barbarossa verband nicht nur ihre Verwandtschaft – sie waren über Barbarossas Mutter Judith Vettern ersten Grades – sondern bis zum Sturz Heinrichs des Löwen 1180 darüber hinaus eine enge »Männerfreundschaft« (Schneidmüller 2000, S. 190). Die Heirat seiner Tochter Mathilde mit dem Sachsenherzog bedeutete somit auch eine bewusste Entscheidung des englischen Königs für das Lager des Stauferkaisers. Wie wirkmächtig und tragfähig diese neue welfisch-englische Verbindung jedoch werden sollte, das war zu diesem Zeitpunkt von keinem der Protagonisten abzusehen. Kaiser und Herzog arbeiteten bis dato eng zusammen und »die Macht des Herzogs [wuchs] höher als die aller seiner Vorgänger, er wurde Fürst der Fürsten des Landes und beugte den Nacken der Aufrührer, er brach ihre Burgen, vertilgte die Wegelagerer, machte Frieden im Lande, erbaute die stärksten Festen und hatte ungeheures Eigengut in Besitz.« (Helmold von Bosau, Slawenchronik [AQ 19], S. 357). Heinrich der Löwe und Mathilde gestalteten ihre Herrschaft königsgleich und bauten Braunschweig zu einer prächtigen Residenz aus, taten sich zudem als Kunstmäzene hervor. Mathilde gebar zwischen 1172 und 1177 vier Kinder, von denen vor allem der jüngste Sohn Otto auf das engste mit seinem kinderlos gebliebenen Onkel Richard I. Löwenherz in Verbindung zu bringen ist und von diesem möglicherweise als sein Nachfolger aufgebaut werden sollte.

1180 jedoch kam es zum Bruch zwischen Kaiser und Herzog; die Macht Heinrichs des Löwen war auf dem Tiefpunkt, sein politischer Einfluss gleich Null und zwei Jahre darauf mussten der Herzog und seine Familie ins englische Exil gehen. Mit Unterstützung seines Schwiegervaters Heinrich II. arbeitete er unverzüglich mit den »Waffen der Diplomatie« (Ahlers 1987, S. 103) an seiner Rückkehr und so konnte die herzogliche Familie bereits im Frühjahr 1185 nach Braunschweig zurückkehren. Doch das Vertrauen zwischen Kaiser und Herzog war unwiederbringlich zerstört und als Friedrich Barbarossa das Kreuz nahm und zum Dritten Kreuzzug aufbrach, musste Heinrich der Löwe erneut ins Exil nach England gehen. Mathilde jedoch blieb in Braunschweig, wo sie wenig später verstarb. Die deutschen Chronisten verloren weitestgehend das Interesse am weiteren Schicksal des entmachteten Herzogs im englischen Exil und auch die Geschichtsschreiber auf der Insel interessierten sich weit mehr für die Kinder des herzoglichen Paares. Etwas aber erregte dann doch die Aufmerksamkeit der englischen Historiografen: die hohen Kosten für die herzogliche Hofhaltung, die der königlichen Hof übernahm!

Für die Welfenkinder war die Heimat ihrer Mutter in den Jahren des Exils auch zu ihrer eigenen geworden, seit 1182 hatten Heinrich von Braunschweig, Otto IV., Wilhelm von Lüneburg – er wurde erst 1184 in Winchester geboren – und Richenza/Mathilde überwiegend am angevinischen Hof gelebt und waren dort erzogen und entscheidend geprägt worden. Otto IV. und Wilhelm kehrten wohl erst 1193 nach Deutschland zurück – als hochrangige politische Geiseln, die für die Zahlung des Lösegeldes für ihren Onkel Richard I. Löwenherz garantieren sollten. Nachweislich ist zumindest Otto IV. in der zweiten Jahreshälfte des darauffolgenden Jahres wieder in England anzutreffen. Ihre Schwester Richenza/Mathilde wurde zum Gegenstand angevinischer Heiratspolitik, allein der Älteste, Heinrich von Braunschweig, war Welfe genug, um nach Sachsen zurückzukehren und dort das Haus zu führen.

Otto – jener Welfe, der im Deutschen Thronstreit seinem staufischen Widersacher Philipp von Schwaben kurzfristig überlegen sein sollte und als Kaiser Otto IV. ebenso kurzfristig dem alten Adelsgeschlecht neuen Glanz verlieh – war vor

1 Das Herzogspaar Heinrich der Löwe und Mathilde dargestellt im Widmungsbild des *Evangeliars Heinrichs des Löwen*, Benediktinerkloster Helmarshausen, ca. 1188 ▪ Wolfenbüttel, Herzog August Bibliothek, Cod. Guelf. 105 Noviss. 2°, fol. 19r (Detail).

seiner Wahl zum deutschen König im Jahr 1198 Graf von Poitou geworden und trug zugleich den Titel des Herzogs von Aquitanien. Richard I. Löwenherz hatte ihn zwei Jahre zuvor mit den Ämtern belehnt, ihn zum Ritter geschlagen und ihn nach seinem Tod mit einem großen Vermögen ausgestattet – den jungen Adligen nahm man in England als von »außergewöhnlicher Tüchtigkeit und feiner Leibesgestalt« (Ralph von Coggeshall, Chronicon Anglicanum [RerBrit 66], S. 88, hier zitiert nach Hucker 2009, S. 20) wahr, er galt als großer Kämpfer und Ritter. Mit Richard Löwenherz aber starb der mächtigste Befürworter und Vertraute Ottos IV. Zwar unterstützte auch Johann Ohneland weiterhin seinen Neffen, doch hatte er im eigenen Land selbst genug Sorgen. Der Deutsche Thronstreit war mitnichten eine deutsche Angelegenheit und sowohl Johann Ohneland als auch Otto IV. kehrten vom Schlachtfeld von Bouvines 1214 als Verlierer in ihre Reiche zurück. Bis zu seinem Tod im Jahr 1218 auf der Harzburg war Ottos Aktionsradius weitestgehend auf den welfischen Stammsitz rund um Braunschweig begrenzt, die große Weltbühne war für die Welfen vorerst verloren gegangen.

Q.: Helmold von Bosau, Slawenchronik (AQ 19) ▪
Ralph von Coggeshall, Chronicon Anglicanum (RerBrit 66).

Lit.: Ahlers 1987 ▪ Hucker 2009, S. 19–26 ▪ Müller 1995 ▪
Röhrkasten 2009 ▪ Schneidmüller 2000.

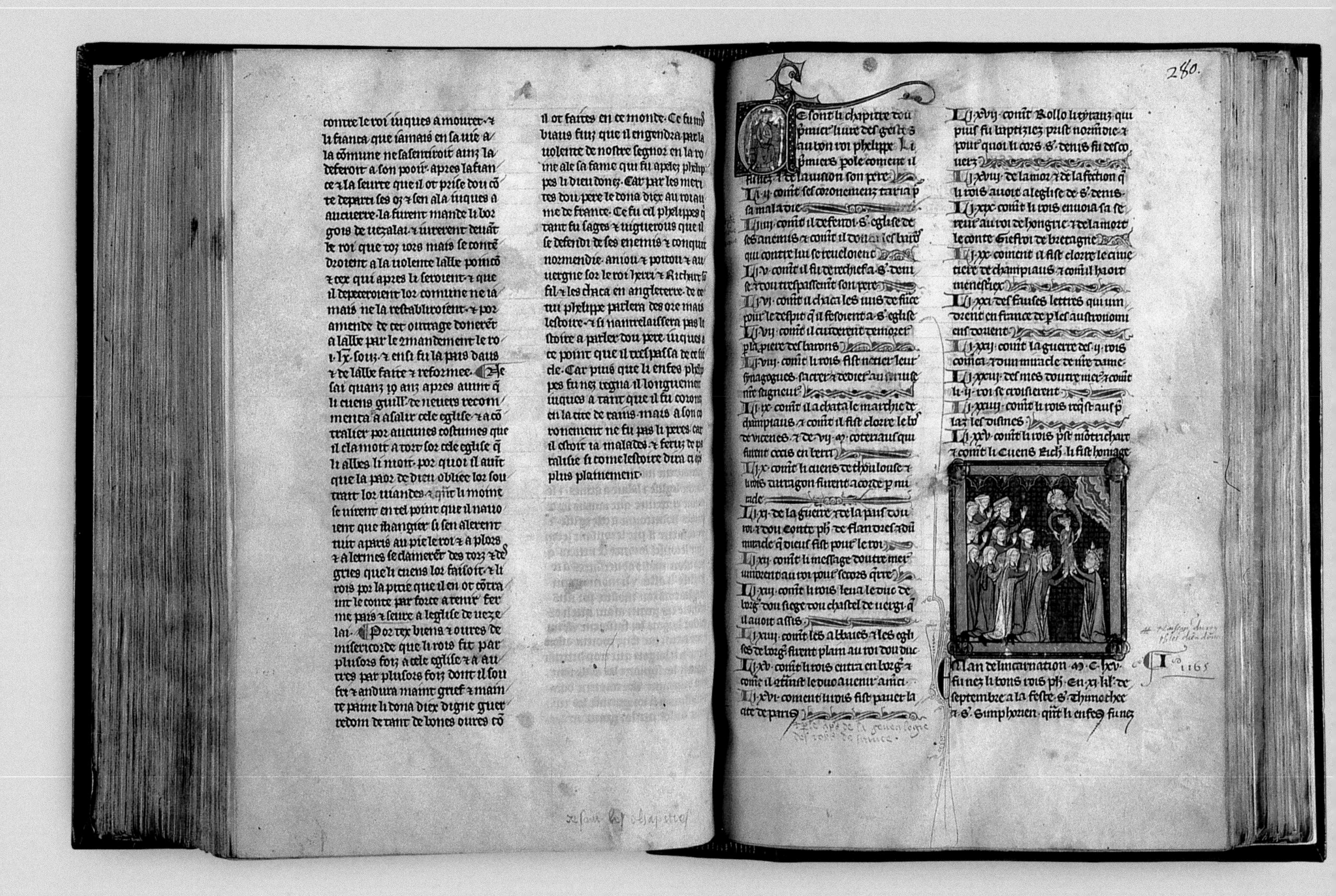

contre le roi iusques a mourer. & li fianca que iamais en sa vie a la comune ne sasentiroit ainz la deferoit a son pooir. apres la fiance & la seurte que il ot prise dou conte departi ses oz & sen ala iusques a aucuerre. la furent mande li borgois de vezalai & vinrent devant le roi que toz iors mais se contendroient a la volente labbe pontico & cex qui apres li seroient. & que il deperceroient lor comune ne iamais ne la restabliroient. & por amende de cet outrage doneront a labbe par le comandement le roi .i. lx. souz. & ensi fu la pais dams & de labbe faite & reformee. Ne sai quanz io anz apres avint que li cuens guill. de nevers recommenca a asalir cele eglise. & a contralier por aucunes costumes que il clamoit a tort sor cele eglise que li abbes li niot. por quoi il avint que la paor de dieu obliee lor soustrait lor viandes. & quant li moine se virent en tel point que il navoient que mangier si sen alerent tuit a paris au pie le roi & a plors & a lermes se clamerent des torz & des griefs que li cuens lor faisoit. & li rois por la pitie que il en ot contraint le conte par force a tenir ferme pais & seurte a leglise de vezelai. Por tex biens & oevres de misericorde que li rois fit par plusors foiz a cele eglise & a autres par plusors foiz dont il soufri & andura maint grief & mainte paine li dona diex digne guerredom de tant de bones oevres com il ot faites en ce monde. Ce fu uns biaus fiuz que il engendra par la volente de nostre segnor en la roine ale sa fame qui fu apelez phelippes li dieu donez. Car par les merites dou pere le dona diex au roiaume de france. Ce fu cil phelippes qui tant fu sages & vigueurous que il se defendi de ses enemis & conquist normendie. aniou & poitou & auvergne sor le roi henri & richart son fil & les chaca en angleterre. de cestui phelippe parlera des ore mais lestoire. & si nan relaissera pas lestoire a parler dou pere iusques a ce point que il trespassa de ce siecle. Car puis que li enfes phelippes fu nez regna il longuement iusques a tant que il fu coronnez en la cite de rains. mais a son coronement ne fu pas li peres car il estoit ia malades & feruz de paralisie si come lestoire dira ci apres plus plainement.

Ce sont li chapitre dou premier livre des gestes au bon roi phelippe. Li premiers parole coment il fu nez & de la vision son pere.

Li .ii. coment ses coronemenz tarja par sa maladie.

Li .iiii. coment il defendi s. eglise de ses anemis & coment il donta les barons qui contre lui se reveloient.

Li .v. coment il fu derechief a s. denise & dou trespassement son pere.

Li .vi. coment il chaca les iuis de france pour le despit que il fesoient a s. eglise.

Li .vii. coment il eurent demorer par la priere des barons.

Li .viii. coment li rois fist netier leur synagogues sacrer & dedier au servise nostre saigneur.

Li .ix. coment il achata le marchie de champiaus & coment il fist clorre le bois de viecnes. & de .vii. m. coteriaus qui furent occis en berri.

Li .x. coment li cuens de thoulouse & li rois darragon furent acorde par mi...

Li .xi. de la guerre & de la pais dou roi & dou conte ph. de flandres & dou miracle que dieus fist pour le roi.

Li .xii. coment li message doutre mer vinrent au roi pour secors querre.

Li .xiii. coment li rois leva le duc de borg. dou siege dou chastel de verzi que il avoit assis.

Li .xiiii. coment les abbaies & les eglises de borg. furent plain au roi dou duc.

Li .xv. coment li rois entra en borg. & coment il contraint le duc a venir a merci.

Li .xvi. coment li rois fist paver la cite de paris.

Li .xvii. coment Rollo li tyranz qui puis fu baptiziez prist normendie & pour quoi li cors s. denis fu descouverz.

Li .xviii. de lamor & de la fiction que li rois avoit a leglise de s. denis.

Li .xix. coment li rois envoia sa sereur au roi de hongrie & de la mort le conte Giefroi de bretagne.

Li .xx. coment il fist clorre le cimetiere de champiaus & coment il haoit menestriex.

Li .xxi. des fauses lettres qui vindrent en france de par les astronomiens dou orient.

Li .xxii. coment la guerre des .ii. rois comenca & dun miracle de nostre dame.

Li .xxiii. des mes doutre mer & coment li .ii. roi se croisierent.

Li .xxiiii. coment li rois requist aus prelaz les disnes.

Li .xxv. coment li rois prist mont richart & coment li cuens Rich. li fist homage.

En lan de lincarnation .m. c. lxv. fu nez li bons rois ph. en .xi. kl. de septembre a la feste s. Thimothee & s. Simphorien. quant li enfes fu nez

1165

# Objekte

42

## Chronik von Saint-Denis

Paris, Abtei Saint-Denis, 1275–1280

Pergament | farbige Zierbuchstaben und Miniaturen | H. 32,0 cm, B. 22,0 cm, 374 Bll. in 2 Spalten mit je 40 Zeilen

Paris, Bibliothèque Sainte-Geneviève | Ms 782, fol. 279v–280r

Bei dieser Chronik handelt es sich um eine französischsprachige Übersetzung lateinischer Chroniken. Primat, ein Mönch des Klosters Saint-Denis, widmete sie um 1274 dem französischen König Philipp III. Diese Handschrift ist Grundlage und Ausgangspunkt einer Reihe von Überarbeitungen und Ergänzungen bis ins 15. Jahrhundert und bildet mit ihnen den Textkorpus der *Grandes Chroniques de France*. Die *Grandes Chroniques* erzählen die Geschichte des Königreichs Frankreich von den (legendären) trojanischen Ursprüngen der Franken bis ins 15. Jahrhundert. Als offiziöse Historiographie formten sie das Bild des französischen Königtums maßgeblich und können als Manifestation kapetingischen Selbstverständnisses gelesen werden.

Diese erste Fassung der Chronik endet mit dem Tod König Philipps II. Augustus und enthält mit den biographischen Texten Rigords und Wilhelms des Bretonen zentrale Zeugnisse zu seiner Person und Regierungszeit. Darüber hinaus wird sein Leben durch Miniaturen illustriert. Im Gegensatz zu den lateinischen Originalen enthalten die meisten Kopien der *Grandes Chroniques* zahlreiche, aufwendig gestaltete Miniaturen.

Auf fol. 280 zeigt die erste Miniatur zu Philipps Leben seine Heiligkeit und wundersame Geburt (vgl. Beitrag Mauntel, Philipp II. Augustus, Abb. 2). Christus reicht den jungen gekrönten König aus dem Himmel an seine Eltern, König Ludwig VII. und Adela von Champagne, hinab, die im Gebet knien. Mit ihnen betet das gesamte Königreich, im Bild repräsentiert durch eine Gruppe Geistlicher und Laien. Die Darstellung spielt auf den Beinamen Philipps II. Augustus an: *Dieudonné* (Gottesgabe). Philipp wurde am 21. August 1165 als erster Sohn Ludwigs VII. geboren. Sein Vater regierte das Land zu diesem Zeitpunkt bereits über ein Vierteljahrhundert und befand sich in dritter Ehe. Die Erleichterung war also groß, als endlich durch den ersehnten Thronfolger die Kontinuität der Dynastie der Kapetinger gesichert war.

Anders als die Darstellung als gekrönter König suggeriert, wurde Philipp erst mit 14 Jahren zum Mitkönig erhoben. Sie bezieht sich auf den Text, der vom inständigen Wunsch Ludwigs VII. nach einem Sohn und Lenker des Königreichs berichtet und betont darüber hinaus den göttlichen Ursprung des französischen Königtums. ASN

Q.: http://gallica.bnf.fr/ark:/12148/btv1b60012814/f1.item (24.06.2017).

Lit.: Bradbury 1998 ▪ Hedemann 1991.

43

## Chronik von Saint-Denis

Paris, erstes Viertel 14. Jahrhundert, Kapitelverzeichnis am Anfang der Handschrift Anfang des 15. Jahrhunderts hinzugefügt, Einband 19. Jahrhundert

Pergament | Malereien und Vergoldungen, gotische Minuskel, zweispaltig mit je 42 Zeilen | Einband, Lammleder auf Kartondeckeln mit Prägung des Stadtwappens von Cambrai (*örtliche Werkstatt*) | H. 34,5 cm, B. 24,6 cm, Vorsatzblatt aus Papier + ff. A, B, C + 397 ff. + Vorsatzblatt aus Papier, 41 Hefte

frühere Besitzer: »Mons. de Cambry« (Band A); Raoul le Prêtre (1372 [?]–1443), Archidiakon in Cambrai, Bücherliebhaber, Neffe und Mitarbeiter des Bischofs Pierre d'Ailly; Bibliothek der Kathedrale Cambrai

Cambrai, Médiathèque d'Agglomération de Cambrai | Ms. C 682, fol. 290v

Die Chronik von Saint-Denis wurde ursprünglich von Philipp III. in der Abtei Saint-Denis in Auftrag gegeben. Von der ursprünglichen Handschrift, die um 1274 fertiggestellt wurde und noch erhalten ist, wurden zwei große Gruppen kostbarer Kopien angefertigt: die für den König und seine engste Umgebung und die für den Adel, die in den Pariser Skriptorien kopiert wurde. Die Kopien der letzteren Gruppe waren auf den Fortbestand der Dynastie und des königlichen Stammbaums ausgerichtet. Die Anfang des 14. Jahrhunderts angefertigte Handschrift aus Cambrai gehört zu dieser zweiten Gruppe. Das feine Pergament, die Sorgfalt in Schrift und Verzierungen zeugen von einer Handschrift, die für den Adel im unmittelbaren Umfeld des Hofes bestimmt war.

Der Text wird durch die Initialen gegliedert. Dort thront stets ein König mit den königlichen Insignien: Krone, Mantel, Zepter oder Schwert. Lediglich Karl der Große, der auf fol. 140v eine Kaiserkrone und einen Reichsapfel mit Kreuz trägt, bildet eine Ausnahme. Auch wenn es sich um stereotype Darstellungen handelt, so stützt doch eine derartige Reihenfolge den Mythos des ununterbrochenen Fortbestandes der Dynastie der Kapetinger und bestätigt damit die Legitimation der königlichen Familie.

Die Buchmalerei kennzeichnet den Beginn der Herrschaft von König Philipp II. Augustus von Frankreich, dem Richard I. Löwenherz huldigte. Er wird sitzend in einem blauen Gewand unter einem rosa Mantel dargestellt. Er trägt weiße Handschuhe, fordert mit seinem mahnend erhobenen rechten Zeigefinger Stille und Aufmerksamkeit und hält in seiner linken Hand ein Schwert (vgl. Beitrag Eickels, Abb. 4).

Die Geschichte dieser Handschrift ist noch nicht völlig geklärt. Dies ist vor allem auf die Änderung des Einbandes um 1831 zurückzuführen. Dort stand ein Vermerk Raoul le Prêtres, der offenbar vor seinem Tod 1443 seine Bücher dem Ordenskapitel vermachte. Die Handschrift trägt nämlich noch die Standortkennzeichnungen der Kapitelbibliothek vom Ende des 15. Jahrhunderts und die im 18. Jahrhundert eingetragene Signatur 365 (fol. 1). Was den stark verwischten Vermerk »Mons. de Cambry« (fol. A) betrifft, so kann dieser noch nicht zugeordnet werden. Daher kann der Weg der Handschrift von ihrer Anfertigung in Paris bis zu ihrer Ankunft in Cambrai noch nicht genauer nachvollzogen werden. FL

44

## Kanzleiregister C König Philipps II. Augustus

angelegt 1212, Ergänzungen bis 1220

Pergament | H. 29,0 cm, B. 21,0 cm, 146 Bll.

Paris, Archives nationales | JJ 7, fol. 78r

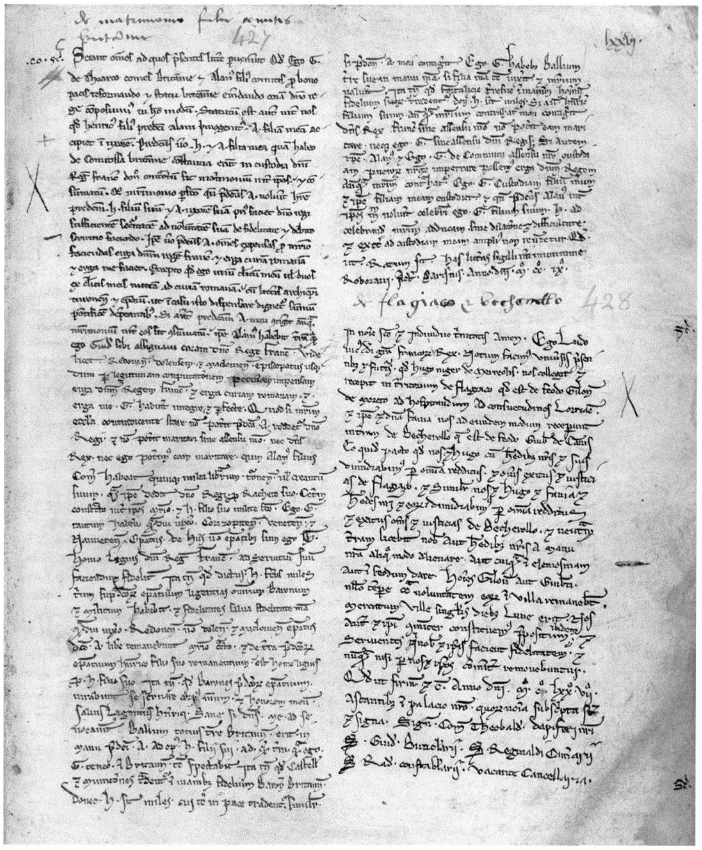

Das Register C aus der Kanzlei König Philipps II. Augustus gehört zu den frühen königlichen Kanzleiregistern des lateinischen Mittelalters, die herausragende Bedeutung für die Rationalisierung monarchischen Verwaltungshandelns erlangten. Während die Päpste schon früher Verzeichnisse ausgehender Urkunden erstellen ließen, verzeichneten die Könige von England oder Frankreich erst im Hochmittelalter ihre Gunsterweise und Rechte in Registern, die in der Kanzlei verblieben. Die römisch-deutschen Könige folgten ihnen dann sogar erst mehrere Generationen später.

Nach dem Verlust seines Archivs in der Schlacht von Fréteval (Dép. Loir-et-Cher) 1194 an Richard I. Löwenherz sorgte König Philipp II. als erster französischer Herrscher für die Etablierung eines Archivs in der Hauptstadt Paris (*trésor des chartes*). Die drei Register, die seine Kanzlei seit der Eroberung der Normandie anlegte, gehören zum Grundstock der französischen Archives nationales. Ein erstes Verzeichnis wurde 1204/5 kompiliert und bis 1212 ergänzt (heute Vatikanstadt, Biblioteca Apostolica Vaticana, Ott. lat. 2796). 1212 kopierten Kanzleischreiber diese Sammlung A in das hier gezeigte Register C. Dieses älteste in Frankreich überlieferte königliche Kanzleiregister wurde bis 1220 ergänzt und dann in das Register E übertragen, dem bis 1276 Nachträge zugefügt wurden (Paris, Archives nationales, JJ 26) und dem zahlreiche spätmittelalterliche Register folgten.

Die Anlage des Registers C entzieht sich moderner Rationalität. Die Kanzleischreiber des frühen 13. Jahrhunderts stellten nach ihren eigenen Ordnungsprinzipien Urkunden, Dienste, Sicherheiten, Befragungen, Almosen oder Rechnungen von Belang für die königliche Rechtewahrung zusammen. Hinzu kamen Betreffe im Hinblick auf Adlige, Städte, Kirchen oder Vasallen sowie Listen von Amtsträgern. Der historischen Memorierung wie Orientierung dienten Namenlisten der fränkisch-französischen Könige aus trojanischer Wurzel von Pharamond bis zum jetzt regierenden Philipp II. Daneben stand die Reihe der römischen Kaiser von Julius Caesar bis zum 813 verstorbenen Basileus Michael I. Hier ist die Translation des römischen Reichs auf die Könige der Franken, konkret auf Karl den Großen, vermerkt.

Aufgeschlagen ist Blatt 78r mit der Urkunde König Philipps II. zum Friedensvertrag von Le Goulet (Dép. Eure) am 22. Mai 1200 mit König Johann von England (Actes de Philippe Auguste [hg. v. Delaborde/Petit-Dutaillis], S. 178–185, Nr. 633). Darin sicherte sich der französische Herrscher seine Eroberungen aus der Zeit der Gefangenschaft Richards Löwenherz und von 1199. BS

Q.: ▪ Actes de Philippe Auguste (hg. v. Delaborde/Petit-Dutaillis ▪ Registres de Philippe Auguste (hg. v. Baldwin) ▪ http://www.culture.gouv.fr/Wave/image/archim/JJ/PG/jj007-001.htm (07.06.2017).

Lit.: Baldwin 1986 ▪ Bautier 1982 ▪ Ehlers 2000, S. 128–158 ▪ Schneidmüller 1998.

45

## Kopf eines bärtigen Mannes, sog. »Kopf von Senlis«

Herkunft unbekannt, 13. Jahrhundert

Kalkstein | Salzausblühungen | H. 33,0 cm, B. 20,0 cm, T. 18,5 cm

Senlis, Musée d'Art et d'Archéologie | A.2005.0.11.1

Die Herkunft dieses als »Kopf von Senlis« bekannten, besonders elegant und lebensecht geformten steinernen Kopfes aus dem ersten Viertel des 13. Jahrhunderts konnte bisher nicht abschließend geklärt werden. Er wurde im 19. Jahrhundert in der Nähe der Kathedrale von Senlis (Dép. Oise) gefunden und war möglicherweise einmal farbig gefasst. Am wahrscheinlichsten stammt die Skulptur von einer der inzwischen nicht mehr existenten Kirchenbauten von Senlis. Doch auch eine Zugehörigkeit des Kopfes zur Kathedrale Notre-Dame von Senlis wurde bereits diskutiert. Dabei wurde zunächst die These aufgestellt, die Skulptur gehöre zu einer der Statuen am Westportal der Kathedrale, später aber eine Zugehörigkeit zur Statue des Beau Dieu (Christusbildes) vorgeschlagen, Teil eines Tympanon eines nicht mehr existierenden Portals aus dem 13. Jahrhundert. Insbesondere die erste These, das heißt eine Verbindung des Kopfes mit der Westfassade der Kathedrale, wäre äußerst interessant, da das auf dieser Seite um 1170 geschaffene Marienportal eines der ersten Beispiele für den gotischen Marienkult darstellt und das Senliser Vorbild in der Folge stilprägend werden sollte. Die Kathedrale von Senlis gehört zu den bedeutendsten Bauwerken des Hochmittelalters und spielte aufgrund der Nähe von Senlis zum französischen Königtum eine wichtige Rolle in der Entwicklung der Gotik im 12. Jahrhundert. Der Bau, der 1150 begonnen und 1191 geweiht wurde, griff die fortschrittlichsten Elemente der Architektur seiner Zeit auf, die man aus Bauwerken wie der Basilika von Saint-Denis in Paris kennt. Zugleich nahm er einige Charakteristika der Pariser Architektur der zweiten Hälfte des 12. Jahrhunderts voraus, die heute vor allem von Bauwerken wie der Kathedrale Notre-Dame in Paris bekannt sind. JK

Lit.: Kat. Senlis 1987 ▪ Pradié-Ottinger 2012 ▪ http://www.culture.gouv.fr/documentation/joconde/fr/ (27.06.2017).

46

## Bischofskrümme des Bischofs Guérin

Limousin, letztes Viertel 12. Jahrhundert

aufgefunden 1865 in Chaâlis (Dép. Oise), Chor der Abteikirche

vergoldete Bronze | H. 29,0 cm, B. 11,6 cm, T. 6,0 cm

Senlis, Musée d'Art et d'Archéologie | 2005.0.1.1

Dieser Bischofsstab wurde aus vergoldeter Bronze im Limousin gefertigt und 1865 im Chor der Abteikirche von Chaâlis entdeckt. Dieser Ort diente bis zum 15. Jahrhundert als Grabstätte für die Bischöfe von Senlis. Der Bischofsstab wurde dem Hospitaliter Frère Guérin, von 1213 bis zu seinem Tod 1227 Bischof von Senlis, zugeschrieben. Guérin war einer der einflussreichsten Ratgeber des französischen Königs Philipp II. Augustus und leistete einen großen strategischen Beitrag zu dessen entscheidendem Sieg in der Schlacht von Bouvines. Guérin war aber nicht nur eine der Schlüsselfiguren von Bouvines, er war bereits zu dieser Zeit auch einer der zentralen Akteure in der königlichen Administration und nahm großen Einfluss auf deren Organisation. Ab 1190 war er Mitglied im königlichen Rat Philipps II., später Siegelbewahrer und maßgeblich beteiligt am Aufbau des königlichen Archivs in Paris. Bereits unter Philipp II. Augustus trug er die Verantwortung für die Ausfertigung der königlichen Urkunden, unter König Ludwig VIII. stieg er schließlich auch offiziell zum Kanzler auf. In dieser Funktion führte er Untersuchungen durch, hatte die Aufsicht über die Finanzverwaltung, das Heer-, Festungs- und Ausrüstungswesen und fungierte damit im Prinzip als ein erster Minister. Als einer der großen Männer hinter Philipp II. Augustus repräsentiert Guérin die unter diesem König angestoßenen Reformen in Verwaltung und Justiz, die letztendlich den Weg für den weiteren Aufstieg Frankreichs ebneten.

JK

Lit.: Bautier 1999 ▪ Kat. Senlis 1987 ▪ Lalou 1999 ▪ Pradié-Ottinger 2012 ▪ http://www.culture.gouv.fr/documentation/joconde/fr/ (27.06.2017).

**47–52**

## Sechs mit heraldischen Lilien verzierte Bodenfliesen

Commelles (Dép. Oise), 13. Jahrhundert

aufgefunden bei Grabungen auf dem Gelände der ehemaligen Ziegelei, durchgeführt von Ernest Depuis und Gustave Macon im Jahr 1903

glasierte Terrakotta | größtenteils in einem guten Erhaltungszustand, teilweise Spuren von Kalk | a) H. 7,0 cm, B. 7,0 cm, T. 1,8 cm; b) H. 10,5 cm, B. 10,4 cm, T. 3,1 cm; c) H. 12,7 cm, B. 12,8 cm, T. 2,5 cm; d) H. 12,8 cm, B. 13,0 cm, T. 2,5 cm; e) H. 8,0 cm, B. 8,7 cm, T. 2,3 cm; f) H. 5,2 cm, B. 5,0 cm, T. 3,1 cm.

Senlis, Musée d'Art et d'Archéologie | a) A.2007.0.4.13, b) A.2007.0.4.18, c) A.2007.0.4.20, d) A.2007.0.4.23, e) A.2007.0.4.62, f) A.2007.0.4.77

Die Ziegelei, in der diese Bodenfliesen hergestellt wurden, gehörte zur Domäne der Zisterzienserabtei von Chaâlis, lange Zeit Grablege der Bischöfe von Senlis. Die Verzierungen zeigen stilisierte Blumen, die als sogenannte »heraldische Lilien« seit dem 12. Jahrhundert ein klassisches Element in der Heraldik sind und im Hochmittelalter zunehmend zum Symbol königlicher Herrschaft wurden. Die französische Variation dieser heraldischen Lilie, die *Fleur de Lys*, wurde dabei insbesondere zu einem Symbol für das französische Königtum. So hält auch Philipp II. Augustus auf seinem ersten Königssiegel deutlich sichtbar eine *Fleur de Lys* in seiner rechten Hand (vgl. Beitrag Mauntel, Philipp II. Augustus, Abb. 1). Doch die heraldische Lilie lässt sich an vielen Orten der Welt antreffen und wurde auch schon vor ihrer Entdeckung durch die französischen Könige des Mittelalters in anderen Zusammenhängen, häufig einfach zu dekorativen Zwecken, verwendet. So ist es auch diese Form, die in unterschiedlichen Varianten zu den am meistverbreiteten Motiven auf mittelalterlichen Bodenfliesen gehört. Bodenfliesen waren eine Innovation des Mittelalters und zu dieser Zeit vor allem in Kirchen, später auch in den großen Herrschaftssitzen in ganz Europa, aber insbesondere in England und Frankreich verbreitet. Dass man gerade in Kirchen so häufig dieses Element antrifft, dürfte neben dekorativen Vorlieben sicher auch eine religiöse Komponente gehabt haben – schließlich assoziierte man Lilien mit der hl. Jungfrau Maria und in späteren Jahrhunderten auch mit der Trinität. Neben diesen diversen möglichen religiösen wie royalen Assoziationen geben die eher unscheinbaren Fliesen aber auch einen Eindruck von dem Aufwand, mit dem Kirchen und repräsentative Gebäude geschmückt waren.

JK

Lit.: Kat. Senlis 1987 ▪ Norton 1992 ▪ Pradié-Ottinger 2012 ▪ Salet 1992 ▪ Wight 1975 ▪ http://www.culture.gouv.fr/documentation/joconde/fr/ (18.05.2017).

53

## Stadtwappen von Bordeaux unter den Königen von England

Bordeaux (Dép. Gironde), Rue des Augustins,
Ende 14./Anfang 15. Jahrhundert

Kalkstein | Halbrelief | H. 80,0 cm, B. 60,0 cm, T. 17,0 cm, Gew. 117 kg

Bordeaux, Musée d'Aquitaine | 11757

Der rechteckige Stein ist auf beiden Seiten als Halbrelief gearbeitet. Es handelt sich um die erste bekannte Darstellung des Stadtwappens von Bordeaux, wie es zwischen Ende des 14. und Anfang des 15. Jahrhunderts verwendet wurde. Die Rückseite ist lediglich eine plumpe Nachbildung aus dem 19. Jahrhundert. Interessant ist jedoch die Vorderseite mit dem Schild, in dem das Stadtwappen von Bordeaux und das Wappen von England vereint sind. So wird symbolträchtig die städtische Befehlsgewalt gemeinsam mit der königlichen Hoheit der Herzöge von Bordeaux dargestellt. Das Stadtwappen von Bordeaux zeigt oben als gemeine Figur die drei Leoparden von England, die Richard Löwenherz 1198 übernahm, als der Leopard der Region Guyenne mit denen von England und der Normandie vereint wurde. Stolz und anmutig thronen sie über der stilisierten Darstellung des ehemaligen Glockenturms des Rathauses, allgemein *La Grosse Cloche* (Große Glocke) genannt und Symbol für die *Jurade*, den Stadtrat von Bordeaux. Die Macht der Stadt wird trefflich durch die Betonung bestimmter militärischer Gebäudemerkmale versinnbildlicht, wie die hohen Seitentürme, die Stärke der perspektivisch dargestellten Mauern sowie die Reihe von Pechnasen über dem Tor und an den mit Zinnen geschmückten Türmen. Im unteren Teil stehen stilisierte Wellen für die starke Strömung des Flusses Garonne, dem Bordeaux seine wirtschaftliche Blüte verdankte. Dafür steht auch der Halbmond, der die Bedeutung des *Port de la Lune* (Mondhafen) symbolisiert. Seinen Namen, den der Hafen seit der Zeit des Staatsbeamten und Dichters Ausonius (4. Jahrhundert n. Chr.) trägt, verdankt er den Mäandern vor der Stadt.

Das Ganze wird von drei kleinen rundgesichtigen Engeln gehalten, die am unteren Ende der Schildachse beziehungsweise an den beiden oberen Ecken des Schildes zu sehen sind.

Nach dem Sieg des Königs von Frankreich 1453 wird das Stadtwappen von Bordeaux geändert. Statt der Leoparden von England sind nun drei Lilien zu sehen sowie der Wahlspruch *Lilia sola regunt lunam unda castra leonem* (Lilien allein beherrschen den Mond, die Wellen, die Festung und den Löwen). CB

Lit.: Lapouyade 1913.

## Sog. Psalter Heinrichs des Löwen

Helmarshausen, zwischen 1168–1189

Pergament | Deckfarbenmalerei | H. 21,0 cm, B. 13,0 cm, 12 Kalenderseiten

London, The British Library | Lansdowne MS 381/1, fol. 10v

Im Februar 1168 ehelichte Heinrich der Löwe, Herzog von Sachsen und Bayern, im Dom zu Minden die damals erst zwölfjährige Prinzessin Mathilde von England. Die Ehe verschaffte Heinrich wichtige politische Beziehungen, denn Mathilde war das dritte Kind und die älteste Tochter von König Heinrich II. von England und Eleonore von Aquitanien. Einer ihrer vier Brüder war Richard Löwenherz. Das herzogliche Paar bekam fünf Kinder; der jüngste Sohn wurde in England geboren und ist daher im englischen Sprachraum als William von Winchester bekannt, während man ihn in der deutschen Geschichtsschreibung als Wilhelm von Lüneburg kennt. Da Mathilde wenige Tage vor ihrem Vater im Sommer 1189 starb, erlebte sie nicht mehr, wie zwei ihrer Brüder König von England wurden, zuerst Richard I. Löwenherz und später Johann Ohneland. Mathildes Nachfahren wurden ebenfalls Könige und Kaiser: Die heutige englische Königsfamilie stammt durch das herzogliche Haus Braunschweig und Lüneburg und das königliche Haus Windsor von Wilhelm von Lüneburg ab.

Eine Darstellung von Heinrich und Mathilde findet sich auf einem Blatt, das ursprünglich Teil eines opulent gestalteten Psalters war. Das herzogliche Paar erscheint unterhalb einer Kreuzigungsszene; gegenüber befindet sich eine Darstellung der Auferstehung. Über den Köpfen der Dargestellten stehen jeweils Name und Titel, links *Henricu[s] dux* (Herzog Heinrich), rechts *Mathilt[a] ducissa* (Herzogin Mathilde). Beide halten ein Schriftband mit einem zur Kreuzigungsszene passenden Text aus der Liturgie zum Fest der Kreuzerhöhung (*Inventio Crucis*) in den Händen. Auf Heinrichs Schriftband heißt es *Adoram[us] te xre [Christe] et benedicim[us] tibi* (Wir beten Dich an, Christus, und wir preisen Dich), bei Mathilde *Salva nos xre [Christe] salvator p[er] virtute[m] crucis* (Errette uns, Christus, Erlöser, durch die Kraft des Kreuzes).

Von dem kleinen lateinischen Psalter sind nur elf Blätter erhalten, die aber eine gute Vorstellung von der ursprünglichen Pracht der Handschrift vermitteln. Ein Psalter enthält nicht nur das Buch der Psalmen, sondern auch weitere Texte für Andachtsübungen sowie ein Kalendarium mit den Festen der Heiligen und anderen kirchlichen Feiertagen. Aus dem sog. Psalter Heinrichs des Löwen sind sechs Monate des Kalendariums mit den Festen der Heiligen von Juni bis Dezember erhalten. In den meisten Psaltern folgen auf das Buch der Psalmen die *Cantica* sowie persönliche Gebete und Litaneien, doch diese gehören nicht zu den erhaltenen Blättern des sog. Psalters Heinrichs des Löwen.

So prächtig gestaltete Psalter wie dieser umfassten auch ganzseitige Andachtsbilder, die normalerweise vor den Psalmen angeordnet waren und von denen hier die *Verkündigung* (fol. 7v) und die *Darstellung im Tempel* (fol. 8r) erhalten sind. Als ungewöhnliches Detail enthielt der Psalter auch mehrere ganzseitige Bilder zwischen bedeutenden Abschnitten des Buchs der Psalmen. So lässt sich aus den Textstellen auf der Rückseite der *Kreuzigungsszene* (fol. 10v) und der *Verkündigung* schließen, dass die Miniatur des Herzogpaares vor Psalm 101 erschien, also zwischen zweien der Gruppen von je 50 Psalmen, in die das Buch der Psalmen oft gegliedert wird. An dieser Stelle war ein Stifterbild nicht unüblich.

Bei der hochwertigen Ausstattung und Illuminierung des Psalters kamen kostbare Materialien zum Einsatz. Die Anfänge der Psalmen 1 und 101 sind zudem mit Goldtinte auf purpurgefärbtem oder bemaltem Grund geschrieben. Die Farbe Purpur ist mit zahlreichen weltlichen und geistlichen Konnotationen besetzt: Im alten Rom war das Tragen purpurner Gewänder bekanntlich den Kaisern vorbehalten, und auf purpurgefärbtem Pergament geschriebene Bücher waren wertvolle Statussymbole. Im Christentum kann die Farbe Purpur auch das Blut Christi versinnbildlichen, während Gold und Silber für die Kostbarkeit des heiligen Wortes steht. Nicht zuletzt unterstreicht die reiche Illuminierung den hohen Rang des Besitzers einer solchen Handschrift.

KD

Lit.: Garzmann 1989 ▪ Jansen 1933, S. 9, 38, 61, 79 f., 88, 95 f., 101, 104, 106 f., 124, 127, 136, 146, 149, Abb. 23 ▪ Jordan 1979 ▪ Kat. Braunschweig 1995, Bd. 1, S. 294–296, Nr. D 93 (Janet Backhouse), Bd. 2, S. 214, Abb. 111 ▪ Kötzsche 1989 ▪ http://www.bl.uk/manuscripts/FullDisplay.aspx?index=22&ref=Lansdowne_MS_381/1 (30.06.2017).

ADORAM9 TE XPE. ET BENEDICIM9 TIBI
SALVA NOS XPE SALVATOR P VIRTUTE CRUCIS

## 55

## Sog. Kreuz Heinrichs des Löwen

Hildesheim, letztes Viertel 12. Jahrhundert

Hildesheim (?), Stiftskirche Zum Heiligen Kreuz

Holzkern, Silber, vergoldet, Filigran, Steinbesatz | Kantenbeschläge des Kreuzes sowie Schaft und Sockel des Kreuzfußes neuzeitlich, auf der Vorderseite am unteren Längsbalken ein silber-vergoldetes Kreuz aus dem frühen 16. Jahrhundert | H. 40,5 cm, B. 32,5 cm

Hildesheim, Dommuseum (Dauerleihgabe der Kath. Pfarrgemeinde St. Godehard) | DS L 112

Das Kreuz gilt als ein Geschenk Heinrichs des Löwen an das Hildesheimer Kreuzstift. Fest steht, dass der Herzog dem Stift eine Kreuzreliquie schenkte. Dies belegt eine im Zweiten Weltkrieg verloren gegangene Urkunde in der Heinrich noch als Herzog von Bayern und Sachsen (*dux Bawarie et Saxonie*) bezeichnet wird (vgl. UB Hildesheim, Bd. 1, Nr. 359), das heißt, sie muss vor seiner Entmachtung durch Kaiser Friedrich Barbarossa und dem Beginn seines Exils in England ab 1181 ausgestellt worden sein. Wahrscheinlich ist ein Zusammenhang mit einer Pilgerfahrt nach Jerusalem im Jahr 1172, von der Heinrich Anfang des Folgejahres zurückkehrte und die Reliquie mitgebracht haben dürfte. Dazu passt auch, dass das anhängende Reitersiegel zwischen 1161 und 1174 in Gebrauch war.

Die Reliquie ist auf der Vorderseite des Kreuzes unter der annähernd quadratischen Bergkristallplatte angebracht. In der Urkunde wird sie als *de ipsa dominici ligni substantia crucem* beschrieben.

Die Grundform des Kreuzes mit den quadratischen Erweiterungen an den Enden kann mittelbar auf das ottonische Reichskreuz in der Wiener Schatzkammer (Kunsthistorisches Museum Wien, Schatzkammer, WS XIII 21) zurückgeführt werden. In Hildesheim hatte diese Form in der zweiten Hälfte des 12. Jahrhunderts eine längere Tradition: So folgten bereits das Hezilokreuz aus dem dritten Viertel des 11. Jahrhunderts (Dommuseum Hildesheim, DS L 113) sowie das Große Bernwardkreuz von ca. 1150 (Dommuseum Hildesheim, DS L 109) diesem Grundtypus.

Stilgeschichtlich passt das Kreuz Heinrichs des Löwen gut zur Hildesheimer Kunstproduktion im letzten Viertel des 12. Jahrhunderts. Ähnlichkeiten zeigt beispielsweise die Königsfolge am Oswaldreliquiar (Dommuseum Hildesheim, DS 23), das auf Grund des Bildprogramms ebenfalls mit Heinrich dem Löwen in Verbindung zu bringen ist. Es wird in die Jahre nach der Rückkehr Heinrichs aus dem Exil 1185–1189 datiert. Die Engel der rückseitigen Kreuzenden wiederum wurden mit derselben Pressform gefertigt, wie die des Einbands des kostbaren Evangeliars des hl. Bernward (Dommuseum Hildesheim, DS 18), dessen Entstehung man im Zusammenhang mit der Heiligsprechung Bernwards in den 1190er Jahre sieht. Möglich erscheint deshalb sowohl eine Herstellung nach der Stiftung der Reliquie durch Herzog Heinrich ab 1172, aber auch eine nachträgliche Anfertigung zum Beispiel in den 1180er Jahren zeitgleich zum Oswaldreliquiar.

GL

Q.: UB Hildesheim (hg. v. Janicke).

Lit.: Kat. Berlin 2010a, S. 94, Nr. 41 (Lothar Lambacher) ▪ Kat. Hildesheim 2001, S. 191, Nr. 4.26 (Michael Brandt) ▪ Kat. Hildesheim 2013, S. 86, Nr. 30 (Barbara Drake Boehm) ▪ Kat. Hildesheim 2015, S. 102 f., Nr. 48 (Claudia Höhl) ▪ Peter 2007/08.

56

## Kästchen mit Darstellungen der Freien Künste *(Artes Liberales)*

vermutlich England, ca. 1190–1200

Kupferplatten mit Grubenschmelzemail, teilweise vergoldet | H. 6,9 cm, B. 10,4 cm, T. 6,0 cm

London, Victoria and Albert Museum | 7955–1862

Das Kästchen stellt eines der hochwertigsten erhaltenen Stücke der Emailkunst des 12. Jahrhunderts dar. Obwohl ein erheblicher Teil der Emaillierung fehlt, ist das Kästchen ansonsten in einem relativ kompletten Zustand erhalten und somit ein seltenes Zeugnis dieser Epoche. Es ist mit Personifikationen der »Freien Künste« verziert, die so bezeichnet wurden, weil sie als wesentliche Bestandteile der Erziehung eines freien Menschen galten. Die sieben Figuren verkörpern die Fächer, die an mittelalterlichen Klosterschulen gelehrt wurden. Die Einbeziehung der allegorischen Figuren der Philosophie und der Natur ist dabei ungewöhnlich. Über den Besitzer oder Hersteller des Kästchens ist nichts bekannt, aber es könnte von Bedeutung sein, dass die Darstellung der Grammatik besonders hervorgehoben wurde. Anders als die übrigen Personifikationen der Künste, welche paarweise auftreten, erscheint sie alleine in einem Rondell auf der Vorderseite. Die Figuren waren ursprünglich vergoldet, wobei Details wie die Faltenwürfe der Kleidung durch Emaillierung betont wurden. Ein ähnlicher figürlicher Stil und vergleichbare Techniken finden sich auch auf einem etwas größeren Kästchen in der Sammlung des Museum August Kestner (WM XXIa 9, vgl. Kat.Nr. 57). Dieses Stück unterscheidet sich jedoch von dem Exemplar aus dem Victoria and Albert Museum durch die Darstellung erzählerischer Szenen, welche das Urteil des Salomon zeigen. Die Bilder auf dem Kästchen erinnern an Zeichnungen in englischen Handschriften, besonders jenen, die in St. Albans hergestellt wurden. Dies hat zu der Schlussfolgerung geführt, dass das Kästchen wahrscheinlich eine englische Arbeit ist. Allerdings ist auch vermutet worden, dass die Schatulle tatsächlich rheinischen oder maasländischen Ursprungs sein könnte. So war zum Beispiel die bevorzugte Verwendung von grünen und blauen Farben typisch für rheinische Emailarbeiten. Dass ähnliche Stilmerkmale in beiden Regionen auftreten, lässt vermuten, dass das englische Metall-Kunsthandwerk sich stark an Entwicklungen auf dem Kontinent orientierte.

AJ

Lit.: Campbell 1983, S. 28, Taf. 21 ▪ Chamot 1930, S. 9 f., 33 f. ▪ Cleaver 2007 ▪ Gauthier 1972, S. 13 f. ▪ Kat. London 1984, S. 270 f. (Neil Stratford) ▪ Lasko 1972, S. 239.

57

## Reliquienkästchen

Niedersachsen, um 1220/30, Rhein-Maas-Gebiet, zweite Hälfte 12. Jahrhundert

Lüneburg, St. Michaeliskirche

Holzkern, Kupfer, getrieben, ziseliert, vergoldet, Gruben- und Zellenschmelz, Braunfirnis, Bronzeguss | Deckplatten original nicht zusammengehörig, zahlreiche kleine Fehlstellen im Email, Umarbeitungen an Schließe | H. 9,4 cm, B. 15,7 cm, T. 7,5 cm

Hannover, Museum August Kestner | WM XXIa 9

Das quaderförmige Reliquienkästchen mit gewalmtem Deckel vereint mehrere Traditionen der mittelalterlichen Goldschmiedekunst. Die einzeln mit Stiften auf einem Holzkern befestigten Kupferplatten lassen aufgrund der Unterschiede in Technik, Bildthemen und Qualität keine ursprüngliche Zusammengehörigkeit annehmen. Neben den in Braunfirnis gearbeiteten Teilen der Rückseite und den rahmenden Wandungsleisten, für die ein niedersächsischer Ursprung im 13. Jahrhundert zu vermuten ist, ist das Kästchen mit vier Emailplatten geschmückt. In der handwerklichen und künstlerischen Ausführung meisterhaft ist das Email des Deckels. Die mit lebendig bewegten Vogeldarstellungen und zierlichen Ornamentmustern geschmückte Platte verweist nach allen künstlerischen und handwerklichen Kriterien der Forschung auf eine Goldschmiedewerkstatt des rhein-maasländischen Gebiets aus der zweiten Hälfte des 12. Jahrhunderts. Ähnlich in Alter und Herkunft einzuschätzen ist die Platte der rechten Schmalseite mit der Darstellung eines bartlosen Heiligen an einem Altartisch. Eine andere Gruppe bilden zwei weitere, sich stilistisch ähnelnde Platten des Kästchens: diejenige an der Schauseite mit dem Urteil Salomos und diejenige auf der linken Schmalseite mit einer thronenden Märtyrerin mit Palmzweig und Krone in einem Kreis aus Efeublättern. Die Entstehungszeit dieser beiden Platten dürfte im ersten Drittel des 13. Jahrhunderts liegen. Schon seit Langem wird in der Literatur besonders für die thronende Heilige eine stilistische Ähnlichkeit zum *Artes Liberales*-Kästchen (London, Victoria and Albert Museum, 7955–1862, vgl. Kat.Nr. 56) betont. Auf welche Art hierbei ein Wissens- oder auch Materialtransfer erfolgte, lässt sich nur mutmaßen. Denkbar sind Wanderungen von Handwerkern, der Export von Emailplatten oder auch von künstlerischen Vorlagen. Politische Grundlage für die engen niedersächsisch-englischen Beziehungen war die dynastische Verbindung der Welfen mit den Plantagenêts nach der Heirat Heinrichs des Löwen und der englischen Königstochter Mathilde im Jahre 1168. Im Zuge einer der belegten Stiftungen Kaiser Ottos IV. oder seines Neffen Ottos von Lüneburg könnte das Kästchen in der ersten Hälfte des 13. Jahrhunderts schließlich in das Lüneburger Benediktinerkloster St. Michael gekommen sein. JH

Lit.: Kat. Braunschweig 1995, Bd. 1, S. 250 f., Nr. D 63 (Birgit Bänsch) ▪ Marth 1994, S. 11 f., Nr. 5 ▪ Stuttmann 1937, S. 74 ff., Nr. 10 ▪ Swarzenski 1932, S. 241 ff., 360 f.

# Kapitel V

# Der Dritte Kreuzzug

»Die Nachricht von Richards Ankunft verbreitete großen Schrecken. Er brachte 25 Galeeren mit sich, voll mit Männern, Waffen und Material. Die Franken waren so voller Freude über seine Ankunft, dass sie große Freudenfeuer in ihrem Lager entzündeten.«

BAHĀ' AL-DĪN,
*THE LIFE OF SALADIN*

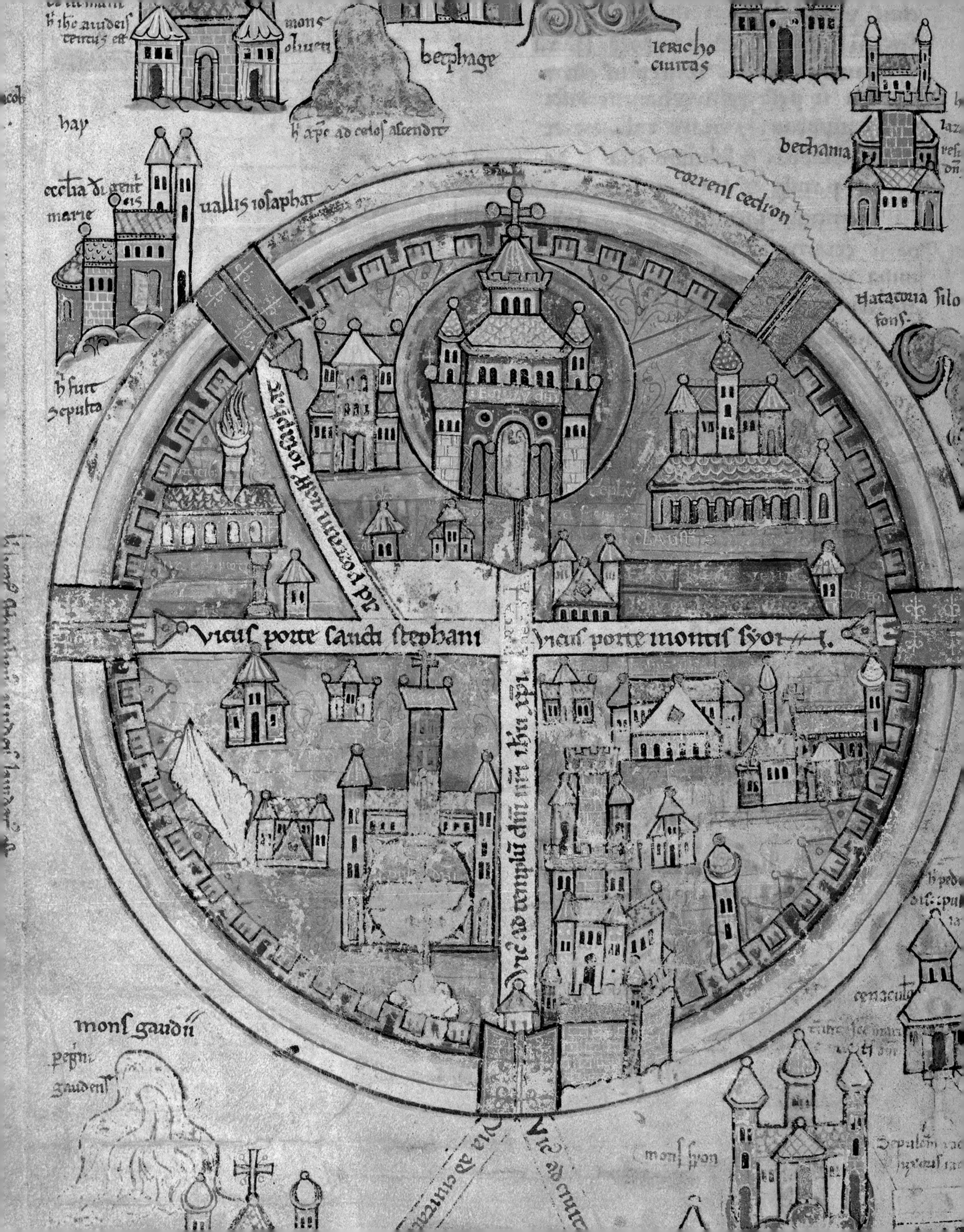

mons oliueti
bethphage
iericho ciuitas
hay
bethania
uallis iosaphat
torrens cedron
natatoria silo fons
hic fuit sepulta
vicus porte sancti stephani
vicus porte montis syon
mons gaudii
mons syon

# Der Dritte Kreuzzug

## Mythos – Verlauf – Folgen

Nikolas Jaspert

Kein historisches Ereignis ist enger mit König Richard I. von England verknüpft als der sogenannte Dritte Kreuzzug. Dabei war im Jahre 1187, als Papst Gregor VIII. die Christen zum Kriegszug gegen Saladin aufrief, noch nicht vorherzusehen, dass der angevinische Prinz eine führende Rolle darin einnehmen würde. Hierzu sollte nicht unwesentlich der biologische Zufall beitragen. Denn die beiden mächtigsten Herrscher ihrer Zeit, König Heinrich II. von England und Kaiser Friedrich I. Barbarossa, starben, bevor sie zum Kreuzzug aufbrechen bzw. Palästina erreichen konnten (Abb. 1). Da der französische König Philipp II. Augustus bereits wenige Monate später den Kreuzzug abbrach und nach Europa zurückkehrte, sollte in der Folge vor allem Richard mit dem Unternehmen assoziiert werden. Hierfür sind über die erwähnten Zufälle hinaus mindestens vier weitere Gründe verantwortlich. Zum einen hat die zu jener Zeit besonders aktive anglonormannische Chronistik eine Vielzahl lebendiger Schilderungen hervorgebracht, die von dem Ereignis berichten. Der erste Teil des *Itinerarium Peregrinorum et Gesta Regis Ricardi* (vgl. Kat.Nr. 35), die *Estoire de la Guerre Sainte* des Ambroise, die Chronik des hofnahen Klerikers Roger von Howden (vgl. Kat.Nr. 31) und viele andere Schriften schildern den Kriegszug. Zum anderen ist dessen militärischer Ausgang anzuführen: Aus christlicher Sicht kann er durchaus als ein Erfolg bezeichnet werden, gelang doch die Wiedergewinnung wichtiger Städte – allen voran die der bedeutenden Hafenstadt Akkon – und die Sicherung eines ausgedehnten Territoriums für die Christen. Des Weiteren ist die spektakuläre Gefangennahme des englischen Königs während seiner Rückfahrt von Palästina nach England zu nennen, von der in vielen Ländern und in zahlreichen Schriften erzählt wurde. Und schließlich darf nicht übersehen werden, dass Richards früher Tod die wenigen Jahre seiner Herrschaftszeit, und hier insbesondere den Kreuzzug, in besonders grellem Licht erscheinen ließ.

Unzweifelhaft wurde Richard I. Löwenherz der größte Held des Unternehmens auf christlicher Seite. Ihm stand ein ebenbürtiger Widersacher gegenüber: Ṣalāḥ ad-Dīn ibn Ayyūb, in christlichen Quellen als Saladin bekannt. Auch über ihn liegt eine außerordentliche Überlieferung vor. Saladin war ein kurdischstämmiger General, der – nachdem sein Onkel den letzten Fatimidenherrscher al-ʿĀḍid li-Dīn Allāh (Al-Adid) gestürzt hatte – in Ägypten an die Macht gelangte und bald darauf in Syrien die Nachfolge seines früheren Oberherrn, Sultan Nūr ad-Dīn, antrat. Die umstrittene Legitimität seiner Regierungsgewalt dürfte ein Motiv dafür gewesen sein, den neuen Herrscher als Kämpfer und Verbreiter des Islam zu feiern. Aber es gab auch andere gute Gründe, denn Saladin gelang es durch diplomatisches und militärisches Geschick, ein Großreich zu errichten, das als Ayyubidenreich (nach seinem Vater Nadschmuddin Ayyub) in die Geschichte eingehen sollte. Die Kriege gegen die Christen, auch der Kreuzzug, waren ein wichtiger Bestandteil dieser Expansionspolitik. Hofnahe ayyubidische Autoren wie ‹Imad al-Din al-Isfahani oder Baha al-Din Ibn Shaddad sangen das Lob ihres Herrn und hinterließen lebendige Darstellungen des Kriegsgeschehens, die vor allem der Erhöhung Saladins dienten. Das bedeutet, dass sowohl auf christlicher wie auf islamischer Seite der sogenannte Dritte Kreuzzug als bedeutendes historisches Ereignis wahrgenommen, aber auch historiografisch konstruiert wurde – mit Folgen, die bis in die Gegenwart andauern.

### Der Verlauf des Dritten Kreuzzugs

Die Ereignisgeschichte des Dritten Kreuzzugs ist schnell resümiert. Sein Ausgangspunkt lässt sich auf den Tag genau bestimmen: Am 4. Juli 1187 wurde das Heer des Königreichs Jerusalem mitsamt weiterer christlicher Kontingente aus dem Fürsten-

1 Karte von Jerusalem und Umgebung, Robertus Monachus, *Historia Hierosolymitana*, England oder Nordfrankreich, 12. Jahrhundert ▪ Uppsala, Universitätsbibliothek, C 691, fol. 39v.

2 Der Verlust des Wahren Kreuzes in der Schlacht von Hattin im Jahr 1187, Matthew Paris, *Chronica Maiora*, St Albans, 13. Jahrhundert ▪ Cambridge, Corpus Christi College, MS 26, fol. 140r (Detail).

tum Antiochien und der Grafschaft Tripolis vernichtend von einer muslimischen Armee unter dem Befehl Sultan Saladins geschlagen. Tausende christliche Kämpfer wurden getötet, verwundet oder gerieten in Gefangenschaft. Auch die wichtigste Reliquie des Königreichs Jerusalem, ein großes Fragment des Wahren Kreuzes, ging den Christen verloren und wurde als Beutestück von Saladin weggeführt. Die nach dem Ort des Geschehens – einer etwa acht Kilometer westlich des Sees Genezareth gelegenen Hochebene – als Schlacht von Hattin bezeichnete christliche Niederlage beraubte die bedeutendste Kreuzfahrerherrschaft mit einem Schlag eines Großteils ihrer kampffähigen Ritter (Abb. 2). In wenigen Wochen nahm Saladin die meisten Städte und Dörfer des Königreichs ein, die Hauptstadt Jerusalem ergab sich nach zweiwöchiger Belagerung am 2. Oktober 1187.

Die verzweifelten lateinischen Christen der Kreuzfahrerherrschaften schickten die Nachricht von der Niederlage, dem Vorrücken Saladins und dem Verlust Jerusalems mit Briefen in die lateinischen Königreiche. Papst Gregor VIII. rief seinerseits die Christenheit in einem dramatischen Schreiben (*Audita Tremendi*) zum Kreuzzug auf. Während einige Kreuzfahrer erst untereinander Frieden schließen mussten – darunter Philipp II. von Frankreich und Heinrich II. von England –, brachen andere Kontingente – etwa eine Flotte König Wilhelms von Sizilien – bereits früher nach Palästina auf, wo sie die bedeutende Hafenstadt Akkon belagerten. Das Ringen um Akkon markiert die erste Phase des von 1189–1192 andauernden, großen und von drei Königen angeführten Kriegszugs, der als Dritter Kreuzzug in die Geschichte einging.

Dabei war weder die Kreuzzugsbulle *Audita Tremendi* der dritte Kreuzzugsaufruf eines Papstes, noch war die durch ihn ausgelöste Expedition der dritte von Christen nach Palästina unternommene Kreuzzug. Im Verlauf des 12. Jahrhunderts waren eine Reihe von – teils erfolgreichen – Unternehmungen durchgeführt worden, die aber von der Geschichtsschreibung nicht mit einer Ordnungszahl versehen worden sind (Abb. 3). Der Zug von 1189–1192 sticht jedoch in der Tat unter diesen Kriegszügen heraus, weil er von bedeutenden Monarchen angeführt wurde und aus gleich drei großen Heeren bestand. Die erste Armee brach unter Führung Friedrichs I. Barbarossa im Mai 1189 auf, zog entlang der Donau in Richtung Konstantinopel, wurde unterwegs von ungarischen Einheiten unter Prinz Géza ergänzt und überquerte im Frühjahr 1190 den Bosporus. Nach einem Sieg über die Seldschuken bei Konya (Ikonion)

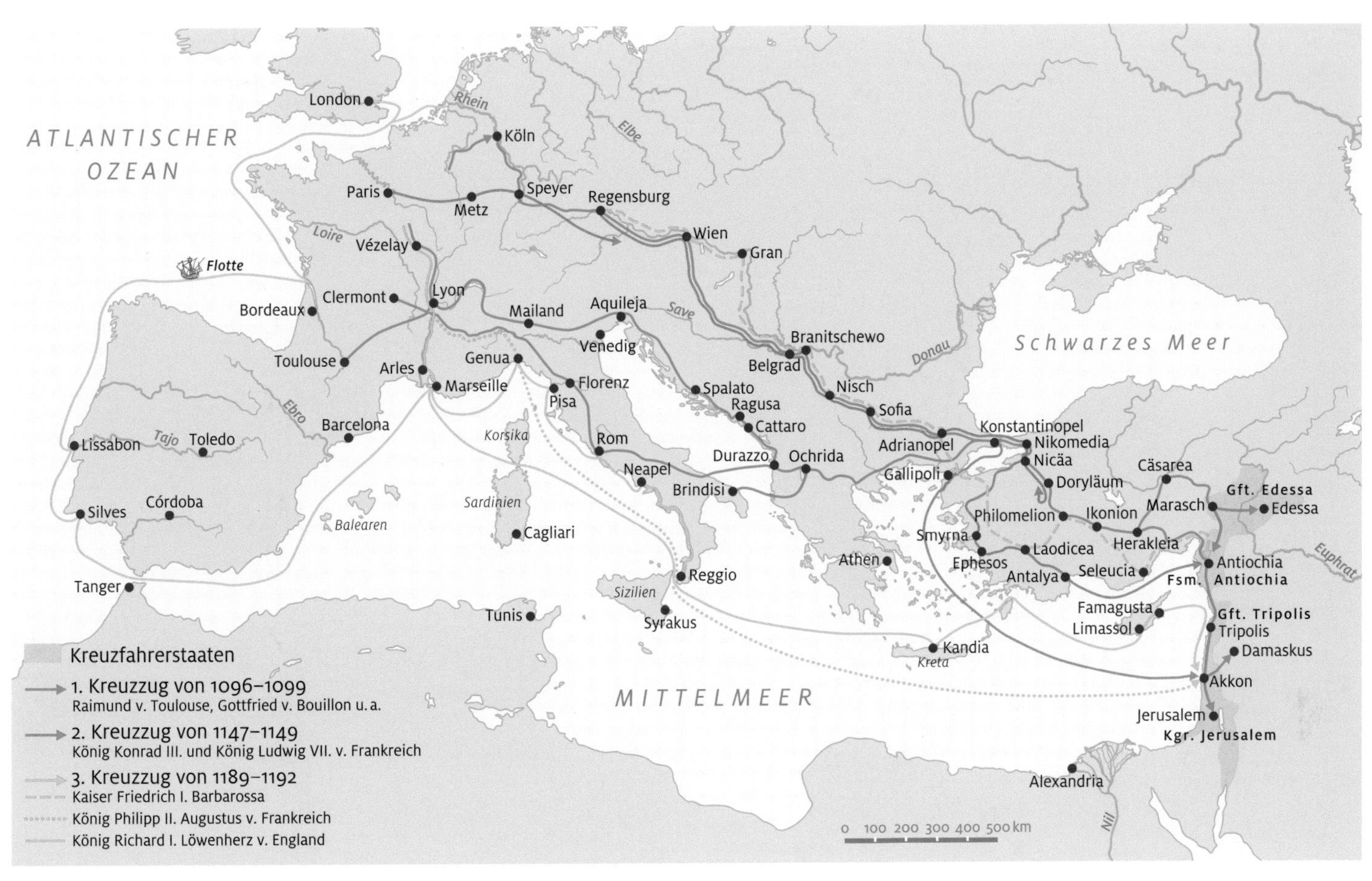


3 Die Routen der Kreuzzüge zwischen 1096 und 1192 ▪ © Peter Palm, Berlin.

ertrank allerdings der Anführer des Zuges, Kaiser Friedrich I. Barbarossa, bei der Überquerung des Flusses Göksu (dt. Saleph) am 10. Juni 1190. Während der größte Teil seines Heeres in die Heimat zurückkehrte, zog ein Kontingent unter Führung seines Sohnes Friedrich nach Akkon, wo es sich den dort bereits befindlichen christlichen Belagerern anschloss.

Die anderen beiden Hauptheere standen unter der Führung König Philipps II. von Frankreich und Richards I. Löwenherz. Dieser hatte unmittelbar nach dem Kreuzzugsaufruf Gregors VIII. das Kreuz genommen und war offenbar persönlich von der Kreuzzugsbewegung ergriffen. Zugleich verbanden ihn auch familiäre und feudale Beziehungen mit dem Geschick der Kreuzfahrerherrschaften: Seine Mutter, Eleonore von Aquitanien, hatte am sogenannten Zweiten Kreuzzug von 1147–1149 teilgenommen, die Herrschaftsdynastie in Jerusalem stammte von Richards Urgroßvater ab, und der regierende König von Jerusalem, Guido von Lusignan, war ein Lehensmann Richards. Der französische König wiederum stand ebenfalls in einer gewissen Familientradition, weil sein Vater Ludwig VII. den erwähnten Kriegszug von 1147–1149 angeführt hatte. Beide überwanden leidlich ihre aufgrund konkurrierender Interessen in Nordfrankreich schwelenden Animositäten und einigten sich darauf, den Zug gemeinsam zu unternehmen und ihre Beute zu teilen.

Die Fahrt der beiden Könige nach Palästina verlief vor allem für Richard ereignisreich. Auf Sizilien ergriff er in den Nachfolgestreitigkeiten nach dem Tod König Wilhelms II. von Sizilien aufseiten seiner jüngeren Schwester Johanna gegen den Thronprätendenten Tankred von Lecce Partei. Dies und die lange Anwesenheit seines Heeres auf der Insel führten zu Konflikten und offenen Kampfhandlungen, die in der Eroberung Messinas durch anglonormannische Truppen gipfelten. Nach Beilegung des Konflikts stachen Philipp II. und Richard I. erneut in See. Doch während Philipp direkt nach Palästina segelte (Abb. 4), unternahm Richard einen Zug gegen die byzantinisch beherrschte Insel Zypern, die er unter dem Vorwand angriff, der örtliche Herrscher habe englische Kreuzfahrer gefangen genommen. Nicht zuletzt aufgrund der Unbeliebtheit dieses selbst-

4 Philipp II. Augustus erreicht das Heilige Land, *Les Grandes Chroniques de France*, Frankreich, zwischen 1332 und 1350 ▪ London, The British Library, Royal MS 16 G VI, fol. 350v (Detail).

erklärten byzantinischen Kaisers Isaak Komnenos gelang den Anglonormannen unter Richard in kurzer Zeit die Eroberung der gesamten Insel. Als Richards Flotte im Juni 1191 in Akkon eintraf, hatte der englische König damit gleich mehrfach in die zentral- und ostmediterrane Politik eingegriffen.

Die schon seit vielen Monaten belagerte Hafenstadt Akkon kapitulierte am 12. Juli (Abb. 5 und 6). Mehrere Tausend Verteidiger wurden als Geiseln zurückgehalten, um die Umsetzung der Kapitulationsvereinbarung – Herausgabe der Reliquie des Wahren Kreuzes, Zahlung eines hohen Lösegeldes und Befreiung christlicher Gefangener – zu garantieren. Der englische und der französische König – der Sohn Kaiser Friedrichs I., der nach dem Tod seines Vaters das deutsche Kontingent angeführt hatte, war mittlerweile ebenfalls verstorben – beanspruchten die Beute und den Ruhm der Eroberung für sich, was einige Kreuzzugsteilnehmer, nicht zuletzt Herzog Leopold V. von Österreich, brüskierte. Kurze Zeit später kehrte Philipp II. Augustus in seiner Heimat zurück. Ob er dies wegen der konstanten Konflikte mit dem englischen König, aus Sorge um seinen erkrankten Sohn Ludwig, aus Angst vor Vergiftung oder mit dem Ziel tat, Richards Besitzungen in Nordfrankreich anzugreifen, ist nicht genau zu bestimmen. Der englische König hingegen blieb im Heiligen Land und war nun der unumstrittene Anführer des Kreuzzugs. Als die Kapitulationsvereinbarungen nicht erfüllt wurden, ließ er kurzerhand die rund 3.000 muslimischen Geiseln hinrichten – auch dies eine von den Zeitgenossen und späteren Historikern kontrovers beurteilte und oftmals verurteilte Handlung (Abb. 7).

Die zweite Phase des Dritten Kreuzzugs umfasste das Jahr zwischen September 1191 und September 1192. Innenpolitisch führte sie zur Klärung der Jerusalemer Thronfolge: Nach der Ermordung des Thronanwärters Konrad von Montferrat durch Assassinen im April 1192 stimmte Richard einer Kompromisslösung zu, wonach Graf Heinrich von der Champagne die Witwe des Ermordeten heiratete und zum neuen König gewählt wurde. Der ehemalige, aber umstrittene König Guido von Lusignan hingegen übernahm die Herrschaft auf Zypern. In militärischer Hinsicht brachte das Jahr 1191/92 den Christen bedeutende Gewinne: In dieser Zeit gelang es dem Kreuzfahrerheer, erfolgreich durch Feindesland nach Süden zu ziehen und mehrere Städte – darunter Jaffa und Askalon – einzunehmen, muslimische Heere am 7. September 1191 bei Arsuf und Anfang August 1192 vor Jaffa zu schlagen und mehrere, letztlich jedoch erfolglose Angriffe auf Jerusalem zu unternehmen (Abb. 8). In Anbe-

5 Überreste der Stadtmauer von Akkon aus der Zeit der Kreuzfahrer ▪ © eFesenko / Alamy Stock Foto.

6 Luftbildaufnahme der Altstadt von Akkon im heutigen Israel ▪ © akg-images / Albatross / Duby Tal.

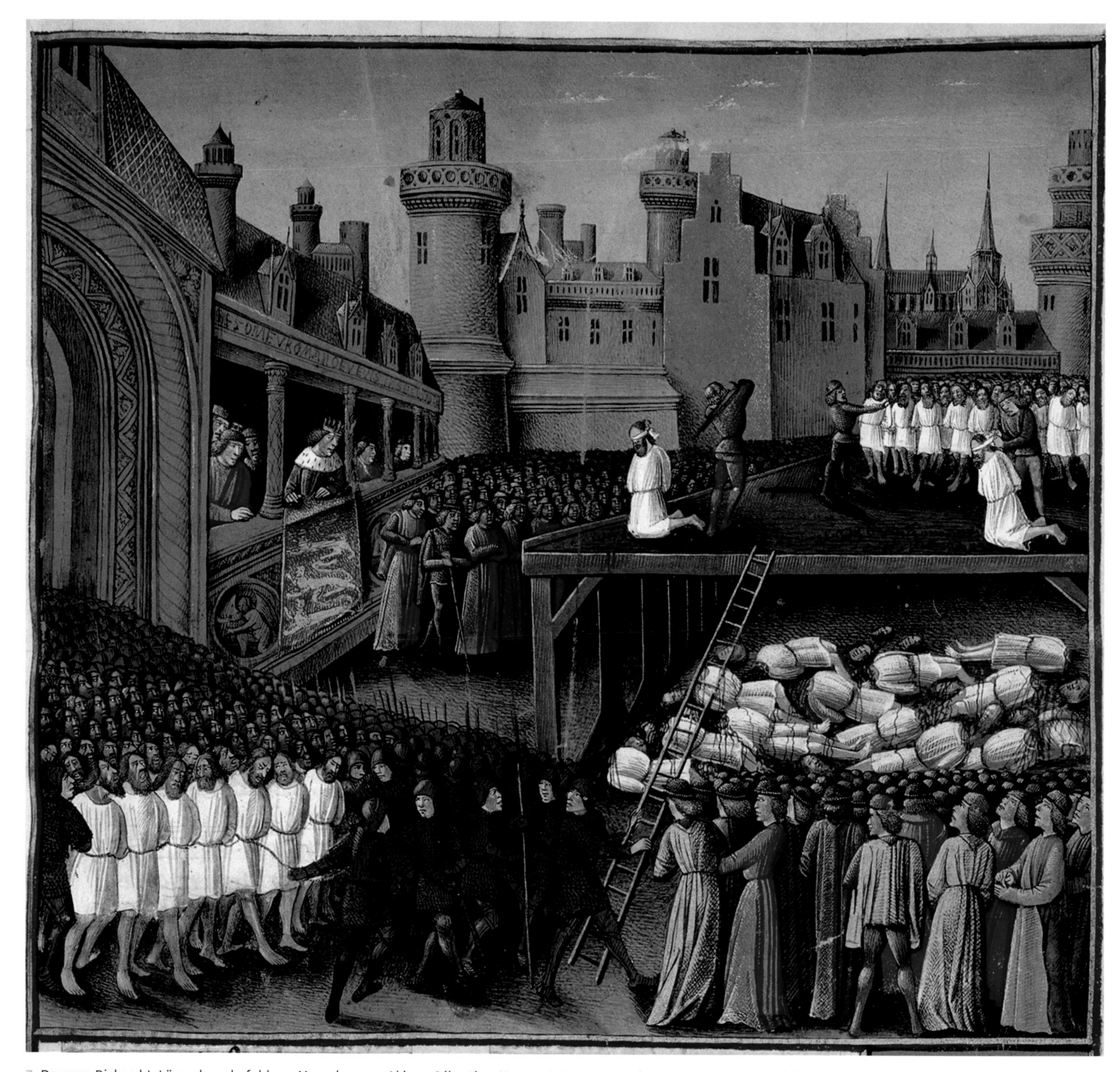

7 Das von Richard I. Löwenherz befohlene Massaker von Akkon, Sébastien Mamerot, *Passages Oultre Mer*, Bourges, 15. Jahrhundert ▪ Paris, Bibliothèque nationale de France, Ms. fr. 5594, fol. 213r.

tracht der örtlichen Machtverhältnisse, aber auch aus Sorge vor Gebietsverlusten in Nordfrankreich schloss Richard mit Saladin am 2. September 1192 in Jaffa einen Vertrag, der einen dreijährigen Waffenstillstand sowie die Rückgabe Askalons, Darums und Gazas an die Muslime vorsah. Die Christen behielten im Gegenzug Jaffa, sie erlangten Handelsfreiheiten und freien Zugang zum Heiligen Grab in Jerusalem. Nachdem auf dieser Grundlage mehrere Kreuzzugsteilnehmer, nicht jedoch König Richard, die Heilige Stadt besucht hatten, kehrten die letzten Teilnehmer des Dritten Kreuzzuges im Herbst 1192 in ihre Heimat zurück.

8 Kampfszene zwischen einem christlichen und einem muslimischen Ritter. Die blaue Gesichtsfarbe der Figur rechts kennzeichnet sie als den Feind. Sog. *Luttrell Psalter*, England, zweites Viertel 14. Jahrhundert ▪ London, The British Library, Add. MS 42130, fol. 82r (Detail).

## Die Folgen des Dritten Kreuzzugs

Der Kriegszug von 1189–1192 zeitigte auf mehreren Ebenen beträchtliche Folgen. Für die Kreuzfahrerherrschaften in der Levante brachte er eine entscheidende Stabilisierung. Er schuf die Grundlage für deren Fortbestehen bis zum Ende des 13. Jahrhunderts und klärte in einer schweren Krisenzeit die Thronfolge. Für das Machtgefüge im östlichen Mittelmeerraum war er bedeutend, weil mit Zypern ein wichtiger Brückenkopf der Lateiner im östlichen Mittelmeerraum geschaffen wurde. Dort etablierte sich mit den Lusignan eine neue Dynastie im örtlichen Kräftespiel. Für die Anführer des Kreuzzugs waren die Folgen nicht weniger einschneidend. Das Zerwürfnis zwischen dem englischen und dem französischen König war nach den Streitigkeiten in Palästina nicht mehr zu kitten und sollte für das Verhältnis beider Herrscher und mittelbar beider Königreiche schwere Konsequenzen haben. Aus muslimischer Sicht brachten die Ereignisse jener Jahre die Einsicht, dass die militärische Macht Saladins nicht unbeschränkt war. In jenen Monaten wurde der Nimbus des Sultans beschädigt, der kurz darauf verstarb. Die im September 1192 gefundene diplomatische Einigung zwischen beiden Seiten wiederum bildete ein Modell für spätere Verträge, etwa den *Vertrag von Jaffa* des Jahres 1229. Nicht zuletzt war der Kreuzzug auch literarisch folgenreich, bereitete er doch den Boden für spätere Mythenbildungen um König Richard I. als archetypischen Kreuzfahrerkönig.

Q.: Ambroise, History (hg. v. Ailes/Barber) ▪ Bahā' al-Dīn Ibn Shaddād, History (hg. v. Richards) ▪ Edbury 2007 ▪ L'estoire de la guerre sainte (hg. v. Croizy-Naquet) ▪ Nicholson 2005.

Lit.: Ambrisco 1999 ▪ Asbridge 2013 ▪ Beihammer 2011 ▪ Cordery 2002 ▪ Croizy-Naquet 2001 ▪ Eddé-Terrasse 2008 ▪ Flori 2006 ▪ Gillingham 1999a ▪ Gillingham 2003 ▪ Gillingham 2015 ▪ Gust 2012 ▪ Hillenbrand 1999 ▪ Kedar 2015 ▪ Malcolm/Jackson 1982 ▪ Mayer 1962 ▪ Mayer 1977 ▪ Möhring 1980 ▪ Nelson 1992 ▪ Nicolle 2006 ▪ Richter-Bernburg 1998 ▪ Schmitt 2010.

# Sultan Saladin

Hannes Möhring

Ṣalāḥ ad-Dīn ibn Ayyūb, von den Europäern kurz Saladin genannt, wurde 1138 in Tikrit am Tigris geboren, wuchs jedoch in der syrischen Stadt Baalbek auf und erhielt seine ersten Posten in Aleppo und Damaskus. Er war kurdischer Abstammung und gehörte der sunnitischen, d.h. orthodoxen, Glaubensrichtung des Islam an. Abgesehen von seiner militärischen Ausbildung und dem von seinesgleichen als reiterliche Übung mit Eifer betriebenen Polospiel, soll er Kenntnisse in Theologie und Rechtsprechung besessen und sich auch in der Genealogie, Geschichte und arabischen Poesie ausgekannt haben (Abb. 1). Sein Vater Ayyūb und dessen Bruder Šīrkūh waren politische Abenteurer, die aus Armenien in den Irak gekommen waren und später ihr Glück in Syrien suchten. Mehrmals wechselten sie den Herrn und standen schließlich in den Diensten Nūr ad-Dīns, des Sultans von Aleppo und Damaskus: Ayyūb als Gouverneur von Damaskus und Šīrkūh als Feldherr.

Saladins rasanter Aufstieg begann in Ägypten, weshalb er auf muslimischer wie christlicher Seite mit dem auch aus dem Koran bekannten Joseph des Alten Testaments verglichen wurde. Im Auftrag Nūr ad-Dīns und im Wettlauf mit den Truppen König Amalrichs I. von Jerusalem nahm er unter dem Kommando seines Onkels Šīrkūh 1164, 1167 und 1169 an drei Feldzügen nach Ägypten teil, an deren Ende Nūr ad-Dīns Truppen das Land am Nil dauerhaft besetzen konnten und Šīrkūh Wesir des fatimidischen Kalifen in Kairo wurde.

Nach dem Tod seines Onkels im März 1169 wurde Saladin dessen Nachfolger als Oberbefehlshaber der Truppen Nūr ad-Dīns und Wesir des fatimidischen Kalifen. Auf Befehl Nūr ad-Dīns setzte er 1171 der aus sunnitischer Sicht ketzerischen, nämlich ismailitisch-schiitischen, Dynastie der Fatimiden ein Ende, die 200 Jahre lang als Rivalen der abbasidischen Kalifen von Bagdad in Ägypten regiert hatten. Indem das Freitagsgebet fortan wieder in deren Namen gehalten wurde, kehrte Ägypten zur Sunna, d.h. zur islamischen Orthodoxie, zurück – die Mehrheit der ägyptischen Muslime war allerdings auch unter fatimidischer Herrschaft sunnitisch geblieben. Je mehr Saladin seine Stellung in Ägypten durch eine Fülle von Reformen und personellen Veränderungen festigte, desto größer wurde das Misstrauen seines Oberherrn Nūr ad-Dīn. Doch der Tod Nūr ad-Dīns am 15. Mai 1174 verhinderte einen Angriff auf Ägypten.

Noch im selben Jahr konnte Saladin in Damaskus einziehen und wurde damit zum eigentlichen Erben Nūr ad-Dīns. Die Herrschaft über Aleppo errang er allerdings erst 1183, nachdem dort Nūr ad-Dīns einziger Sohn gestorben war. 1186 musste sich ihm auch Mossul beugen und seine Oberherrschaft anerkennen. Damit war die Macht der Zankiden, d.h. der Familie Nūr ad-Dīns, endgültig gebrochen. Bereits 1175 hatte der abbasidische Kalif in Bagdad Saladin als Herrscher anerkannt und ihm eine Urkunde überbringen lassen, worin er ihm die Herrschaft sowohl über Ägypten und den Jemen als auch – mit Ausnahme Aleppos – über Syrien übertrug.

Neben den Auseinandersetzungen um das Erbe Nūr ad-Dīns führte Saladin auch gegen die in der Folge des Ersten Kreuzzuges gegründeten Kreuzfahrerstaaten in Syrien und Palästina Krieg, vor allem gegen das Königreich Jerusalem. Dabei war er nicht immer erfolgreich. Der entscheidende Sieg gelang ihm am 3. und 4. Juli 1187 in der zweitägigen Schlacht von Hattin, westlich des Sees Genezareth. Da die Christen zur Verstärkung ihres Heeres bereits den *arrière-ban* und damit die letzten verfügbaren Reserven aufgeboten hatten, fehlte es ihnen nach der schweren Niederlage an der zur Verteidigung ihrer Städte und Burgen nötigen Zahl waffenfähiger Männer. Deshalb gelang es Saladin innerhalb weniger Monate, den größten Teil des Königreiches Jerusalem zu erobern. Bereits am 10. Juli konnten seine Truppen in Akkon, der bedeutendsten Hafenstadt der Kreuzfahrerstaaten, einziehen und am 2. Oktober auch in die für Juden, Christen und Muslimen heilige Stadt Jerusalem (Abb. 2). Seine Angriffe auf Tyros blieben allerdings erfolglos, so dass diese Hafenstadt zum Brückenkopf für die ersten aus Europa eintreffenden Kreuzfahrer wurde.

Die Erfolge Saladins lösten in Europa den Dritten Kreuzzug aus, der den Sultan zwar nicht unerwartet traf, ihn aber in seiner Wucht überraschte. Immerhin war an diesem größten aller Kreuzzüge fast ganz Europa beteiligt. Nachdem Kaiser Friedrich I. Barbarossa auf dem Weg ins Heilige Land im Fluss Saleph ertrunken war und die meisten deutschen Kreuzzugsteilnehmer daraufhin die Rückreise in ihre Heimat angetreten hatten, gelang es den verspätet aufgebrochenen und auf dem Seeweg ins Heilige Land gekommenen Königen von England und Frankreich, Richard I. Löwenherz und Philipp II. Augustus, die fast zweijährige Belagerung Akkons 1191 zu einem erfolgreichen Ende zu bringen. Richard I. Löwenherz, der mit höchstem persönlichem Einsatz mehrere Siege über Saladins Heer errang, drängte den Sultan in die Defensive, doch blieben seine beiden im Januar und Juni 1192 unternommenen Versuche, Jerusalem anzugreifen, ohne Erfolg. Infolgedessen kam es zu Verhand-

1 Das Fliesenensemble zeigt zwei Reiter, die als Richard Löwenherz und Saladin im Zweikampf interpretiert werden. Ursprünglich aus Chertsey Abbey in Surrey, 13. Jahrhundert ▪ London, The British Museum, 1885,1113.9051-9060; 1885,1113.9065-9070.

lungen. Auf diesem Feld erwies sich Saladin als dem englischen König überlegen. Der Sultan erklärte sich nur zu solchen Zugeständnissen bereit, die nicht die Herrschaft über Jerusalem betrafen. Richard Löwenherz dagegen nutzte seine beiden Vorstöße auf Jerusalem nicht zur Verbesserung seiner Verhandlungsposition, sondern knüpfte jeweils erst nach erfolgtem Rückzug wieder Verhandlungen mit Saladin an. Auch gelang es dem Gegner, Richard durch eine einfache Verzögerungstaktik wichtige Zugeständnisse abzuringen und eine Pattstellung zu erreichen.

In dem schließlich am 2. September 1192 zwischen Richard und Saladin auf drei Jahre und acht Monate geschlossenen Waffenstillstand wurde Jerusalem entgegen Richards Vorschlägen nicht zum Kondominium gemacht – also unter eine gemeinsame Herrschaft gestellt –, sondern blieb unter der alleinigen Kontrolle Saladins, der aber den christlichen Pilgern freien Zutritt versprach. Auch das von Richard heiß begehrte Heilige Kreuz verblieb in Saladins Hand. Zudem fiel die inzwischen von Richard eingenommene und als eventuelle Basis für einen Angriff auf Ägypten wichtige Hafenstadt Askalon wieder an Saladin, der allerdings die dort von Richard wiederhergestellten Befestigungen niederlegen lassen musste. Zwar beließ der Vertrag den Kreuzfahrern immerhin den von ihnen zwischen Akkon und Jaffa zurückeroberten Küstenstrich, aber das Hauptziel verfehlte der Dritte Kreuzzug trotz aller Anstrengungen und Erfolge: Saladin behauptete trotz mancher Rückschläge die Herrschaft über die Heilige Stadt. Als er ein halbes Jahr später am 4. März 1193 in Damaskus starb, war die Präsenz der Muslime in Palästina gesichert.

Saladin war ein Mann, der weniger durch einzelne Eigenschaften als durch deren Zusammenwirken beeindruckte, eine Persönlichkeit von offenbar hoher Integrationskraft, die auch im Augenblick der Niederlage ihre Größe bewahrte. Eher ein Asket, ließ er sich nur selten vom äußeren Schein blenden. Es ist bezeichnend, dass er keine Paläste baute und die Steine ägyptischer Pyramiden zum Bau der Zitadelle von Kairo verwendete.

Heutigen Muslimen gilt Saladin häufig als glorreicher Vorkämpfer gegen den europäischen Imperialismus. In das Geschichtsbild der Europäer ging Saladin dagegen als der edelmütige und tolerante Herrscher des Mittelalters schlechthin ein. Im 18. Jahrhundert wurde er sogar – nicht zuletzt in Lessings *Nathan der Weise* – zu einem Vorläufer der Aufklärung sti-

2 Saladins Truppen. Wilhelm von Tyrus, *Historia (et Continuation)*, Frankreich, 14. Jahrhundert ▪ Paris, Bibliothèque nationale de France, Ms. fr. 22495, fol. 229v (Detail).

lisiert. Dass Saladin indes kein Freigeist mit philosophischen Interessen war, zeigt schon das traurige Schicksal der großartigen Bibliothek, welche die von ihm als Ketzer angesehenen Fatimidenkalifen in Kairo aufgebaut hatten. Stück für Stück ließ er die wertvollen Bücher zu Schleuderpreisen verramschen. Für die antiken Wissenschaften hatte er offensichtlich keinen Sinn.

Gegenüber Muslimen nicht-sunnitischer Richtung nahm Saladin trotz der Ereignisse von 1171 eine vergleichsweise tolerante Haltung ein. Obwohl er die Rolle eines Vorkämpfers der orthodoxen Sunna einzunehmen versuchte, waren die Schiiten und Sufis (Mystiker) unter seiner Regierung keinen Verfolgungen ausgesetzt. Gleichwohl ließ Saladin mittels der *Ḥisba*, die als religiöse Institution ursprünglich vor allem über die öffentliche Moral, insbesondere über Sitten und Bräuche auf den Marktplätzen zu wachen hatte, alle etwaigen Umtriebe der Schiiten kontrollieren. Parallel dazu sorgte er nach dem Vorbild Nūr ad-Dīns durch den Bau von Moscheeschulen für die Festigung und Ausbreitung der islamischen Orthodoxie in Ägypten und Syrien.

Als Usurpator versuchte Saladin, seine Stellung dadurch zu legitimieren, dass er den *Dschihad* – den sogenannten Heiligen Krieg, oder besser: Heiligen Kampf – gegen die Christen zu seiner Hauptaufgabe erklärte. Allerdings bildete der *Dschihad* nicht das treibende Moment in seiner Politik. Zweifellos war Saladin wie Nūr ad-Dīn ein Mann von tiefer Religiosität, aber beide handhabten den *Dschihad*-Gedanken nicht etwa uneigennützig, sondern je nach Lage ihrer politischen Interessen. Wie schon Nūr ad-Dīn so hat auch Saladin nicht etwa den bedingungslosen Angriff gesucht, sondern mit den Kreuzfahrerstaaten immer wieder Waffenstillstände geschlossen, um den Rücken für den Krieg gegen muslimische Rivalen frei zu haben.

Das Ziel der Rückeroberung Jerusalems lieferte Saladin ein wesentliches Argument für die Erweiterung seiner Macht auf Kosten seiner muslimischen Nachbarn. In der Tat war es zur Vernichtung der Kreuzfahrerstaaten nötig, eine erhebliche Streitmacht aufzubauen. Trotzdem betrachtete Saladin die Rückeroberung Jerusalems offenbar nicht als Selbstzweck, sondern zielte letztlich auf die auch Jerusalem einschließende Wiederherstellung des islamischen Großreichs unter seiner Führung. Von welchem Gewicht dabei persönlicher Ehrgeiz und religiöse Überzeugung gewesen sind, lässt sich nicht entscheiden.

Die im Kampf gefangengenommenen Christen ließ Saladin zum Teil töten. Wer die Waffen gegen den Islam erhob, hatte nach islamischem Recht sein Leben verwirkt, konnte freilich auch als Sklave verkauft oder gegen muslimische Gefangene der Christen ausgetauscht werden (Abb. 3). Während des Dritten Kreuzzuges jedoch schonte Saladin das Leben der Kriegsgefangenen zunächst. Die Kreuzfahrer töteten nach der Einnahme Akkons entgegen den Kapitulationsbedingungen – und trotz des Vorschlags einer Übergangslösung durch Geiselstellung – mit Ausnahme der Vornehmen annähernd 3.000 Muslime, weil Saladin sich außerstande erklärte, das geforderte Lösegeld in der festgesetzten Zeit zu beschaffen. Richard I. Löwenherz sah darin den Versuch, Zeit zu gewinnen und ihn an weiteren Eroberungen zu hindern, doch Saladin vergalt nicht etwa Gleiches mit Gleichem: Zwar musste er manche gefangenen Kreuzfahrer dem Rachedurst seiner Leute opfern, doch wollte er offensichtlich den Großteil seiner Gefangenen als Trumpf in etwaigen Verhandlungen zurückbehalten.

Als die Bewohner der von Saladin belagerten christlichen Festungen und Städte 1187 und 1188 gegen die Zusicherung freien Geleits kapitulierten, brauchten sie weder Tod noch Versklavung zu befürchten. Diese Strategie Saladins entsprang aber keineswegs purer Großzügigkeit, sondern zielte auf die möglichst rasche Einnahme der Kreuzfahrerstaaten ohne zeitraubende Belagerungskämpfe.

Saladins Verhalten zeigt, dass er die Christen nicht zur Annahme des Islam zwingen wollte, so wie der *Dschihad* in der islamischen Geschichte offenbar auch niemals als Missionskrieg geführt wurde. Es wäre jedoch verfehlt, in Saladin einen Herrscher zu sehen, der bereits dem Toleranzideal der Aufklärung huldigte. Im Unterschied zur Botschaft der Ringparabel in Lessings *Nathan* dürfte er – wie andere Muslime auch – Judentum und Christentum als durch Muhammad überholte Formen

3 Saladin und die christlichen Gefangenen. Wilhelm von Tyrus, *Historia (et Continuation)*, Frankreich, 14. Jahrhundert ▪ Paris, Bibliothèque nationale de France, Ms. fr. 22495, fol. 215v (Detail).

der einen wahren Religion betrachtet haben. Allerdings hat er im Gegensatz zu vielen muslimischen Herrschern den Andersgläubigen seines Reiches genügend Freiraum gelassen. Obwohl die ältesten Berichte lateinischer Autoren – wie etwa des Zeitgenossen Wilhelm von Tyrus – wenig schmeichelhaft waren, machte die relativ unblutige Einnahme Jerusalems Eindruck auf viele christliche Geschichtsschreiber. Immerhin hatte Saladin den kapitulierenden Verteidigern gegen Zahlung eines gestaffelten Lösegeldes freien Abzug gewährt. Außerdem ließ er den Patriarchen samt seiner Schätze ziehen und verzichtete auf die unter seinen Ratgebern diskutierte Zerstörung der Grabeskirche. Sein hohes Ansehen im Abendland verdankt Saladin auch seiner Handlungsweise nach dem Waffenstillstand von 1192. Damals lehnte der Sultan die Forderung seiner Leute ab, an den friedlich nach Jerusalem pilgernden Kreuzfahrern Rache für die von Richard I. Löwenherz getöteten 3.000 Muslime zu nehmen. So konnte das Bild eines in Sieg und Niederlage gleichermaßen ritterlichen Mannes entstehen, der den Gedanken an Rache zu zügeln verstand und sein einmal gegebenes Wort unbedingt hielt.

Die Anerkennung ritterlicher Tugenden scheint allerdings nicht der einzige Grund für die positive Bewertung Saladins gewesen zu sein. Von Bedeutung war wohl auch das düstere Islambild der Europäer, vor dessen Hintergrund Saladin in besonders hellem Licht erschien. Nach abendländischer Vorstellung bildete nämlich rücksichtslose Gewalt, gepaart mit äußerster Grausamkeit, den Grundzug der islamischen Religion. Man wusste nicht oder wollte nicht wahrhaben, dass die islamische Herrschaft zwar auf die Unterwerfung aller Menschen zielte, nicht aber auf deren Bekehrung. Nach der im 12. Jahrhundert erfolgten Übersetzung vom Arabischen ins Lateinische kritisierte man scharf die im Koran enthaltenen Widersprüche, erkannte jedoch nicht, dass die islamische Herrschaft deshalb in der Praxis verschiedene Züge tragen konnte. Man kannte zwar den von Saladin beherzigten Satz des Koran: »In der Religion gibt es keinen Zwang« (Sure 2,256), hielt aber gegenteilige koranische Aussagen für ausschlaggebend.

Das maßgeblich durch Saladin geprägte Bild des ›edlen Heiden‹ vermochte nichts an dem düsteren Islambild der christlichen Theologen zu ändern. Zwar war Saladin unter den muslimischen Herrschern eine Ausnahmeerscheinung, aber man wollte nicht zugeben, dass seine Handlungsweise den Geboten und Verboten des Koran entsprach. Anstatt das negative Islambild – und damit womöglich die eigene theologische Position – in Frage zu stellen, war es aus christlicher Sicht entschieden bequemer, muslimische Herrscher, die nicht dem Klischee des Gewaltherrschers entsprachen, zu Anhängern des abendländischen Ritterideals oder gar zu heimlichen Christen zu erklären.

Lit.: Eddé 2008 ▪ Lev 1999 ▪ Möhring 2005.

# Das Mittelmeer

## Drehscheibe von Kultur und Wirtschaft

Lukas Clemens

1 Viersprachiger Grabstein für Anna, Mutter des Priesters Grisandus, Palermo, 1149 ▪ Palermo, Museo della Zisa, o. Inv.-Nr. Foto: Soprintendenza per i Beni culturali e ambientali di Palermo.

Seit der islamischen Expansion dominierten muslimische Herrschaften große Bereiche des Mittelmeerraums – nicht nur in der Levante und Nordafrika, sondern auch auf der Iberischen Halbinsel, den Balearen, auf Sizilien sowie zeitweilig auch auf Kreta – unter Zurückdrängung der griechisch-byzantinischen Kultur. Doch seit dem letzten Viertel des 11. Jahrhunderts begannen sich die politischen Verhältnisse grundsätzlich zu ändern: Die islamische Welt zerfiel zunehmend in kleinteiligere Herrschaftsbereiche. Südlich der Pyrenäen dehnten sich christliche Königreiche im Zuge der sogenannten Reconquista auf Kosten von Al-Andalus, dem muslimisch beherrschten Teil der Iberischen Halbinsel, aus. Diese Gebiete gehörten nun zu einem von den Berberdynastien der Almoraviden und dann den Almohaden beherrschten Reich, dessen Zentrum in Nordwest-Afrika lag. Flottenverbände aus Pisa und Genua verdrängten die arabischen Korsaren aus dem westlichen Mittelmeer. Die Normannen eroberten das zu rund zwei Dritteln von Arabern und Berbern bewohnte Sizilien. Nach der Erhebung ihrer Besitzungen in Süditalien und auf der Insel 1130 zum Königreich Sizilien unter päpstlicher Oberlehensherrschaft setzten sie sich sogar für rund eine Generation an der nordafrikanischen Küste mit ihren Hafenstädten Tunis und Tripolis fest. In Syrien und Palästina schließlich wurden vier Kreuzfahrerstaaten errichtet. Byzanz hingegen war stark geschwächt durch den Verlust Süditaliens an die Normannen und die Eroberungen der Rum-Seldschuken in Kleinasien. »La Méditerranée est devenue une mer latine« – so fasst Michel Balard den vorläufigen Abschluss dieser Entwicklungen um die Mitte des 12. Jahrhunderts prägnant zusammen (Balard 2006, S. 18). Viele Landschaften der Mittelmeerwelt lassen sich aber weiterhin als Kontakt- und Austauschzonen verschiedener Ethnien, Sprachen und Religionsgemeinschaften charakterisieren. Die kulturelle Hybridität ist überall mit Händen zu greifen: etwa in den von Mozarabern in Toledo erstellten Übersetzungen griechischer und arabischer Schriften aus dem Arabischen ins Lateinische oder in dem berühmten Beispiel einer um die Mitte des 12. Jahrhunderts in Palermo angefertigten, griechisch, arabisch, hebräisch und lateinisch verfassten Grabinschrift eines Klerikers für seine Mutter (Abb. 1). Auch die Levante zeichnete sich durch eine Vielfalt dort lebender ethnischer und religiöser Gemeinschaften aus. Zu einer Mehrzahl an sunnitischen Muslimen gesellten sich Angehörige der schiitischen Glaubensrichtung. Zudem gab es verschiedene alteingesessene christliche und jüdische Gemeinschaften. Mit der Etablierung der Kreuzfahrerstaaten kamen schließlich rund 100.000 lateinische Christen in den Nahen Osten.

Enger Informations- und Warenaustausch herrschte zwischen den jüdischen Niederlassungen um das Mittelmeer. Über die Größe einiger Gemeinden sind wir aus dem Bericht Benjamins von Tudela unterrichtet, der um 1170 von der Iberischen Halbinsel über Südfrankreich, Italien, Griechenland und Konstantinopel bis in den Nahen Osten reiste. Seinen Ausführungen zufolge lebten zu seiner Zeit etwa in Marseille 300, in Rom 200, in Salerno 600, in Palermo 1.500, in Theben 2.000 und in Konstantinopel 2.500 erwachsene männliche Juden. Unter den bevorzugten Gewerben überwog in den Gemeinden des zentralen und östlichen Mittelmeerraumes die Textilveredelung, insbesondere die Färberei.

Die herrschaftlichen Umbrüche in den mediterranen Anrainerstaaten hatten zur Folge, dass nun auch neue Akteure in die Seefahrt und den Seehandel drängten. Waren es zuvor vornehmlich arabische und die in den islamischen Reichen ansässigen jüdischen Kaufleute, deren weitverzweigte Netzwerke nicht nur das Mittelmeer dominierten, sondern auch Waren über die Seidenstraße, die Gewürzstraße, über den Persischen Golf und die Karawanenrouten aus dem Sudan bezogen und – wie wir aus Geschäftskorrespondenzen aus der Kairoer Geniza (einer Sammlung von nicht mehr gebrauchten jüdischen Schriften aus der Ben-Ezra-Synagoge) wissen – Handelsbeziehungen über das Rote Meer bis nach Indien unterhielten, so geht ihr Einfluss nun vor allem zugunsten christlicher Unternehmer und Händler zurück. Unter ihnen setzen sich im 12. Jahrhundert Kaufleute der italienischen Seerepubliken Genua, Pisa und Venedig durch, während die noch im 10. und 11. Jahrhundert bedeutsame Hafenstadt Amalfi mit ihren zahlreichen Handelsniederlassungen im östlichen Mittelmeer bis nach Konstantinopel und Ägypten unter normannische Herrschaft gelangte und 1135 sowie 1137 im Krieg mit Pisa zerstört wurde. Auch andere süditalienische Städte wie Gaeta, Neapel oder Bari verloren an Einfluss. Neu hinzu trat nun Marseille, das seit 1136 eine Niederlassung in Akkon unterhielt. Die Kaufleute dieser Stadt pflegten darüber hinaus enge Kontakte zu den nordafrikanischen und ostiberischen Küstenstädten sowie zu den Champagnemessen. Das westliche Mittelmeer mit den Inseln Sardinien und Korsika gelangte unter die Kontrolle von Genua und Pisa, während die Adria von Venedig beherrscht wurde, das sich 1204 auf Kreta festsetzte. Unverzichtbar wurden die Seerepubliken für die Kreuzfahrerstaaten, die gleichsam an ihrem Tropf hingen. In nahezu allen wichtigen Hafenstädten der Levante sicherten sie sich Stadtquartiere mit eigener Infrastruktur. Handelskontore (*fondachi*) unterhielten die Seerepubliken aber auch in muslimischen und byzantinischen Städten, allen voran in Konstantinopel, und bis in den Schwarzmeerraum.

Geldwirtschaftlich waren das Mittelmeer und die angrenzenden Räume in zwei Zonen geteilt: In weiten Bereichen des lateinischen Westens herrschten Silberwährungen vor, während in byzantinischen und islamischen Herrschaftsgebieten auch Gold ausgemünzt wurde. Die normannischen Herrscher prägten dann seit 1156 eine bereits zuvor in Süditalien und auf Sizilien umlaufende Goldmünze, den *Tarì*, und auch die christlichen Königreiche Kastilien und León übernahmen in den 80er Jahren des 12. Jahrhunderts die Goldwährung von ihren muslimischen Vorgängern. Das hierfür benötigte Edelmetall stammte zu großen Teilen aus dem Sudan.

Der mediterrane Seehandel war auf günstige Witterungsverhältnisse angewiesen, weshalb er im Winter weitgehend ruhte. 1160 ordnete ein pisanisches Seegesetz etwa den Stillstand der Schifffahrt für den Zeitraum vom 30. November bis 1. März an. Unter den Schiffstypen dominierten geruderte, rund 40 m lange Boote mit zusätzlichen Dreiecksegeln neben ausschließlich gesegelten Schiffen (Abb. 2). Fahrten wurden oftmals in Flottenverbänden organisiert. Grundlegend war der Export landwirtschaftlicher Erzeugnisse, beispielsweise der Getreideüberschüsse aus Süditalien, Sizilien und Sardinien nach Oberitalien. An kostbaren Waren wurden von der Iberischen Halbinsel Häute und Leder ausgeführt. Von dem indischen Subkontinent über die Levante bzw. aus dem Nahen Osten gelangten Gewürze, Weihrauch, Seide, Baumwolle, Färbeprodukte, Lacke, Edelsteine, Elfenbein, Gold und Rohrzucker, aber auch emailverzierte Hohlgläser in den Export. Umgekehrt landeten Schiffe mit Getreide, Holz, Eisen sowie Silber, aber auch Pferden und Waffen an den Küsten des östlichen Mittelmeeres. Ein lukratives Geschäft stellte schließlich im gesamten Mittelmeer der Sklavenhandel, vor allem von jeweils andersgläubigen Kriegsgefangenen und geraubten Personen, dar.

2 Galeere mit Dreiecksegel. Keramikteller des 12./13. Jahrhunderts aus Syrien ▪ Kairo, Museum für Islamische Kunst, 5379/25. Foto: © Philippe Maillard / akg-images.

Lit.: Abdellatif et al. 2012a ▪ Abdellatif et al. 2012b ▪ Abulafia 2003 ▪ Balard 2006 ▪ Jacoby 2005 ▪ Jansen/Nef/Picard 2000 ▪ Picard 2015.

# *De calamitatibus Cypri*

## Die Eroberung Zyperns durch Richard Löwenherz

Angel Nicolaou-Konnari

Die Eroberung Zyperns durch Richard I. Löwenherz im Mai 1191 dauerte kaum einen Monat, katapultierte die Insel jedoch in den Mittelpunkt internationaler Politik und stellt den Auftakt für das legendäre Wirken des englischen Königs während des Dritten Kreuzzuges dar (Abb. 1). Sie markiert zudem eine zeitliche Trennschwelle zwischen der byzantinischen und der lateinischen Periode in der Geschichte der Insel und ebenso die Anfänge eines weitreichenden politischen und sozialen Wandels. Der insularen Abgeschiedenheit zum Trotz ließ die geografische Lage in Verbindung mit den politischen Umbrüchen in benachbarten Regionen Zypern zu einem begehrten Gebiet werden. Seit dem Ersten Kreuzzug wird die Insel wiederholt als wichtiger Ort für die Versorgung der Kreuzfahrer wie auch als Zufluchtsort für Flüchtlinge vom Festland in den Quellen erwähnt.

Zahlreiche Quellen berichten aus unterschiedlicher Sicht über Richards Eroberung von Zypern. Die meisten dieser Quellen entstanden zeitnah zu den Ereignissen, einige davon können auf unmittelbare Augenzeugenberichte zurückgreifen.

Am 17. April 1191 zerstreute ein Sturm bei Kreta Richards Flotte, die in Geschwadern in Richtung des Heiligen Landes segelte. Starke Winde trieben drei der Schiffe nach Zypern, wo sie vor der Küste von Limassol Schiffbruch erlitten. Einige der Männer ertranken, andere wurden von den Griechen gefangen genommen. Am 1. Mai wurde auch jenes Schiff nach Limassol getrieben, welches die Verlobte des Königs, Berengaria von Navarra, sowie seine Schwester Johanna, die verwitwete Königin Siziliens, an Bord hatte. Der selbsternannte »Kaiser« Zyperns, Isaak Komnenos, der 1184 die Herrschaft über die Insel an sich gerissen hatte, versuchte die beiden Frauen dazu zu bewegen, an Land zu kommen. Sie lehnten diese arglistige Einladung ab, woraufhin ihnen Isaak die Einfahrt in den Hafen verwehrte ebenso wie Proviant und frisches Wasser. Die Ankunft von Richards Flotte am 6. Mai rettete die Damen aus ihrer misslichen Lage und setzte eine Reihe von Begebenheiten in Gang, die die gesamte Insel betrafen. Die westlichen Quellen stimmen im Großen und Ganzen in der Datierung der Ereignisse überein, was eine nahezu vollständige Rekonstruktion des zeitlichen Ablaufs der Eroberungskampagne Richards erlaubt. Uneins sind die Quellen allerdings in Bezug auf die Marschwege der englischen Streitmächte auf der Insel. Drei unterschiedliche Routen sind überliefert, doch ist es schwer, eine darunter als wahrscheinlicher zu bezeichnen, denn sie stimmen alle mit der tatsächlichen Geomorphologie der Insel überein (Abb. 2).

Gemäß der wichtigsten englischen Quellen führte die Verfolgung des fliehenden Isaak die Armee Richards aus der Umgebung Limassols nach Famagusta und Nikosia, daraufhin nach Kyrenia und zu den Burgen des naheliegenden Gebirgszuges; Roger von Howden ergänzt Paphos und die Spitze des Kaps Sankt Andreas. Gemäß den Quellen des lateinischen Ostens folgten die Engländer Isaak von Limassol in die Dörfer Kilani und Kolossi, nach Larnaka (das antike Kition), Tremithousa, Famagusta, Nikosia, Kyrenia und schließlich zur Festung Buffavento. Alle Quellen stimmen darin überein, dass Isaaks Tochter in der Burg von Kyrenia gefangen genommen und seine Schätze erbeutet wurden, woraufhin ihr Vater sich am 31. Mai oder 1. Juni ergab (Abb. 3). Richard gelang die Eroberung Zyperns mit Hilfe Guido von Lusignans, dem ehemaligen König von Jerusalem, der am 11. Mai mit einer Gruppe hochrangiger Kreuzfahrer auf Zypern gelandet war und Richard um Hilfe bei der Wiedererlangung des Königsthrons ersucht hatte. Die Lusignan waren – überaus schwierige – Lehensmänner Richards in dessen Grafschaft Poitou und das Eingreifen Guidos leitete die Beteiligung der Lusignan an den Geschicken der Insel ein.

Die englische Armee stieß kaum auf Widerstand und die Eroberung der Insel verlief unproblematisch. Schon die schiere Zahl der englischen Streitkräfte muss, gemessen an den lokalen Maßstäben, immens gewesen sein. Auch die Haltung der lokalen Bevölkerung trug sicherlich zu Richards Sieg bei. Alle wichtigen Quellen stimmen darin überein, dass sich die enttäuschte griechische Führungsschicht und Isaaks Männer –

1 Die Eroberung Zyperns durch Richard I. Löwenherz. *Wilhelm von Tyrus, Historia rerum in partibus transmarinis gestarum*, 14. Jahrhundert ▪ Florenz, Biblioteca Medicea Laurenziana, Ms. Plut. 61.10, fol. 292r (Detail).

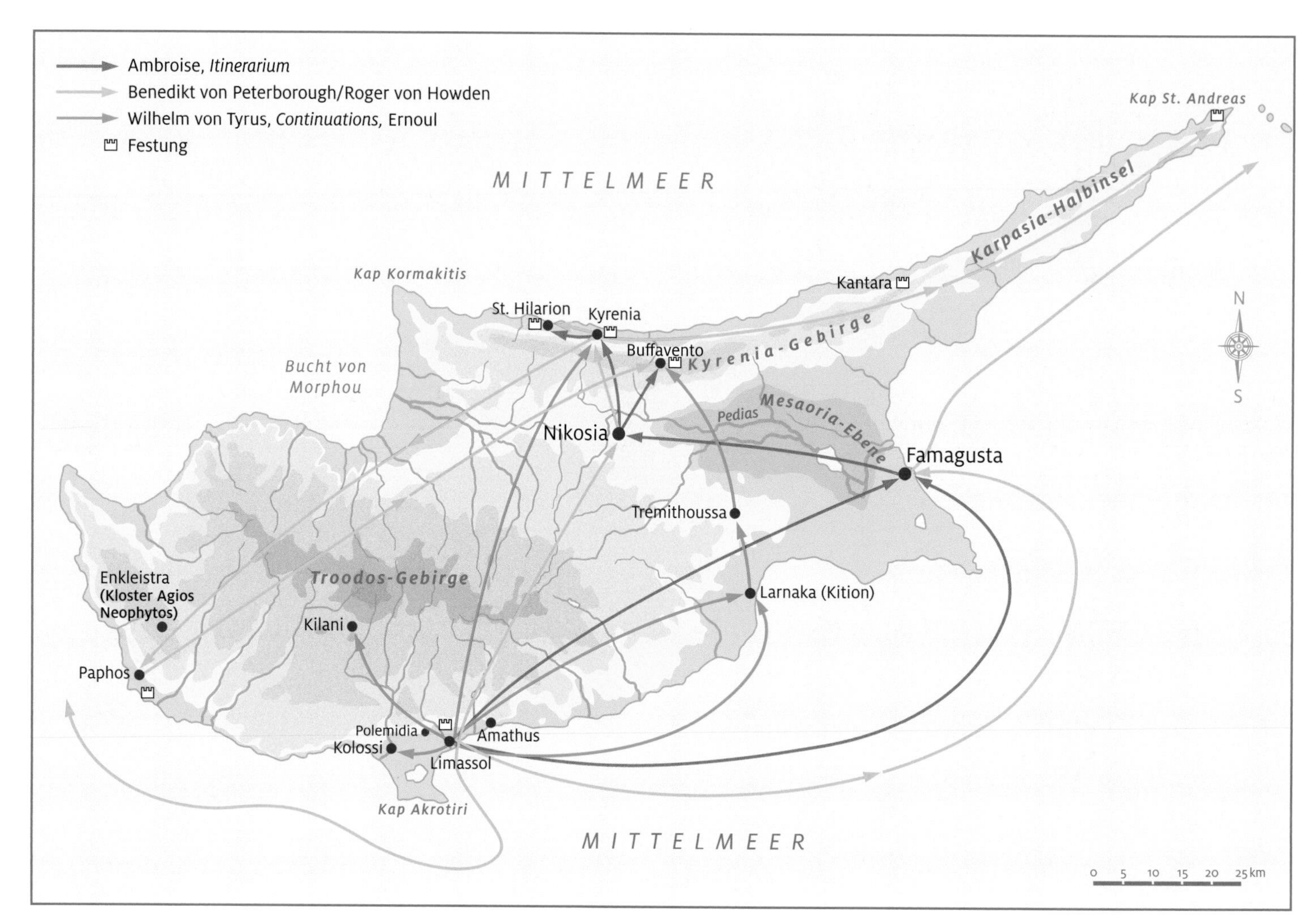


2 Die Routen, die Richard I. Löwenherz laut der folgenden Chronisten auf Zypern genommen hat. Rote Linie: Ambroise, *Itinerarium*; gelbe Linie: Benedikt von Peterborough/Roger von Howden; blaue Linie: Wilhelm von Tyrus, *Continuations*, Ernoul ▪ © Peter Palm, Berlin, nach Nicolaou-Konnari 2000, S. 48.

3 Die Festung Kyrenia. In dieser, über die Jahrhunderte mehrfach umgestalteten Burganlage wurde während der Eroberung Zyperns durch Richard I. Löwenherz die Tochter von Isaak Komnenos gefangen genommen ▪ © JOHN BRACEGIRDLE / Alamy Stock Foto.

4a Halber Tetarteron (?), Zypern, 1191, Kupfer. Die Münze, die auf Zypern für Richard I. Löwenherz geprägt wurde, zeigt auf dem Avers das gekrönte Brustbild von vorn, in den Händen Kreuzzepter und Reichsapfel haltend, auf dem Revers ein Kreuz, dessen Arme in den Buchstaben R-E-X enden ▪ Nikosia, Private Sammlung A. Pitsillides. Foto: © Andreas Pitsillides.

4b Aspron Trachy, Nikosia (?), 1184–1191, Elektron. Diese Münze wurde für den zypriotischen Herrscher Isaak Komnenos geprägt. Der Avers zeigt Christus mit Heiligenschein und Evangelium, der Revers die Muttergottes, ebenfalls mit Heiligenschein und links neben ihr Isaak Komnenos ▪ Nikosia, Bank of Cyprus Cultural Foundation, 1995-06-01. Foto: © Bank of Cyprus Cultural Foundation Collection.

4c Trachy, unbekannte Münzstätte, 1184–1191, Billon, geprägt für den zypriotischen Herrscher Isaak Komnenos. Der Avers zeigt den thronenden Christus im Segensgestus, der Revers den gekrönten Isaak Komnenos ▪ Nikosia, Bank of Cyprus Cultural Foundation, 1999-05-01. Foto: © Bank of Cyprus Cultural Foundation Collection.

4d Tetarteron, Nikosia (?), 1184–1191, Kupfer, geprägt für den zypriotischen Herrscher Isaak Komnenos. Der Avers zeigt den segnenden Christus mit Heiligenschein, der Revers Isaak Komnenos ▪ Nikosia, Bank of Cyprus Cultural Foundation, 1996-06-01. Foto: © Bank of Cyprus Cultural Foundation Collection.

befremdet von dessen Verhalten – nur zu gerne Richard in der Hoffnung unterwarfen, einen Teil ihrer zuvor verlorenen Privilegien zurückzugewinnen. Der Rest der Bevölkerung blieb eher passiv. Die Chronisten aus dem Westen wie auch die des lateinischen Ostens bemühen sich zu versichern, dass Richard die lokale Bevölkerung beschützte und all jenen Frieden zusicherte, die ihm nicht entgegentreten würden. Dennoch ist angesichts des Ausmaßes des Feldzuges davon auszugehen, dass sowohl die städtische wie auch die ländliche Bevölkerung unter den negativen Auswirkungen der Anwesenheit einer feindlichen Streitmacht zu leiden hatte. Die Aussage des heiligen Einsiedlers Neophytos, eines zeitgenössischen zyprischen Zeugen der Ereignisse, dass »der Engländer das Land schmerzlich verwüstet habe« (Neophytus, De calamitatibus Cypri [hg. v. Karpozilos], S. 405–408), bezieht sich allerdings eher auf die reiche Beute, die Richard anhäufte, als auf den Verlust von Menschenleben oder gewalttätige Auseinandersetzungen jenseits der eigentlichen Kämpfe. Tatsächlich haben die Chronisten große Freude daran, lange Listen der erbeuteten Güter zusammenzustellen – darunter Pferde und der vortreffliche zyprische Wein. Auch Münzen könnte Richard in seiner Zeit auf Zypern geprägt haben, wohl in einer in Limassol ansässigen Münzstätte (Abb. 4).

Während seines Feldzuges heiratete Richard am Sonntag, dem 12. Mai, seine Verlobte Berengaria in Limassol. Die Hochzeit fand in der Kapelle des hl. Georg (oder einem Kloster außerhalb von Limassol) statt und wurde von Feierlichkeiten begleitet. Könige aus dem Geschlecht der Plantagenêt heirateten gewöhnlich nicht in Limassol auf Zypern, auch wurden hier normalerweise keine englischen Königinnen gekrönt. Die außergewöhnlichen Umstände dieser Hochzeit weisen auf die diplomatische Bedeutung der Verbindung hin, die die Beziehungen zwischen der Gascogne, Kastilien und Navarra ebenso

5 Grabfigur der Berengaria von Navarra in der Abtei von Epau ▪ © akg-images / De Agostini Picture Lib. / G. Dagli Orti.

betrifft wie die Aufkündigung der 25 Jahre andauernden Verlobung Richards mit Alice, der Schwester König Philipps II. Augustus von Frankreich. Die Hochzeit war vermutlich früh im Jahr 1190 ausgehandelt worden. Im Februar 1191 brachte Richards Mutter, Eleonore von Aquitanien, Berengaria in aller Eile nach Messina zu ihrem Sohn. Die Schwester Richards, Johanna, geleitete die Braut in den Osten. Da die Fastenzeit eine Hochzeit in Sizilien verhinderte, war es die Absicht Richards, im Heiligen Land zu heiraten. Dies erklärt die große Zahl mitreisender Prälaten, die bei der Zeremonie in Zypern zugegen waren. Obgleich eine romantische Zuneigung nicht ausgeschlossen werden sollte, war Richards Hochzeit auf Zypern auch ein geistreicher diplomatischer Kunstgriff, der darauf abzielte, die heikle Situation einer Einladung Philipps zu umgehen. Zusätzlich diente die Hochzeit wohl dazu, das ritterliche Charakterbild Richards zu festigen. Die Festlegung eines Wittums für Berengaria, unterzeichnet in Limassol am Tag der Hochzeit, weist auf die Vorausplanung hin (Abb. 5 und 6).

Die Antwort auf die Frage, ob die Eroberung intendiert oder tatsächlich eine Folge zufälliger Ereignisse war, ist unter Historikern umstritten. Manche sehen in Richards Umweg über Zypern einen Akt höchsten politischen Scharfsinns im Sinne der Ziele der Kreuzzüge. Die Abtrünnigkeit Isaaks vom byzantinischen Reich gab dem Feldzug einen Anschein von Legitimität: Der englische König hatte nicht etwa byzantinisches Gebiet angegriffen, sondern lediglich seine Schwester und seine Verlobte aus den Händen eines Usurpators befreit. Richard tat dabei gut daran, jeglichen Vorsatz zu bestreiten, denn er war in ein christliches Land einmarschiert und hatte damit sein Eintreffen im Heiligen Land verzögert. Später in Akkon forderte Philipp die Hälfte Zyperns auf der Grundlage früherer Verträge – eines von Richards Argumenten für die Verweigerung dieses Anteils war, dass er nur durch Zufall in das christliche Land gelangt sei. Als Philipps Boten nach Zypern kamen, um sich über Richards Verspätung auf dem Weg nach Akkon zu beschweren, erklärte jener, die Insel sei von grundlegender Bedeutung und er würde sie nicht verlassen, bevor er nicht eine ständige Versorgung für das Gebiet Jerusalems eingerichtet habe.

Nur wenig ist über die Periode bekannt, die auf die Eroberung folgte. Welcher Art Richards Ziele waren ist nicht klar, doch wie er in der Folge mit der Zukunft der Insel verfuhr – dass er sie aufeinanderfolgend an zwei Interessenten verkaufte – spricht nicht dafür, dass er sie für sich selbst behalten wollte, sondern sie vielmehr für die Ziele der Kreuzzüge einzusetzen gedachte. Bezeichnenderweise wurden Berengaria in ihrem Wittum keine Ansprüche oder Titel zugedacht, die mit Zypern verbunden waren. Richard, von dessen Armee der Hauptteil für die Belagerung Akkons benötigt wurde, ließ zudem nur ein sehr kleines Aufgebot auf der Insel zurück und nutzte dann die enorme Beute aus Zypern, um seinen Feldzug im Heiligen Land zu bezahlen und zu verlängern. In der Folge eines mühelos niedergeschlagenen Aufstandes der lokalen Bevölkerung war Richard nur allzu gerne bereit, Zypern für 100.000 sarazenische Bezants an die Templer zu verkaufen – 40.000 wurden sofort gezahlt, der Rest sollte aus den Einkünften, die die Insel erwirtschaftete, bestritten werden. Die repressive Verwaltung der Insel durch die Templer verursachte am 5. April 1192, einem Ostersonntag, einen weiteren Aufstand, der in einem Massaker an den Griechen endete und den Orden letztlich dazu veranlasste, die Insel an Richard zurückzugeben.

Er traf umgehend Vorkehrungen für den Verkauf an Guido von Lusignan und löste damit zugleich die ungeklärte Nachfolge des Königreichs Jerusalem (Abb. 7). Die Verhandlungen waren am 5. Mai 1192 abgeschlossen, doch die Konditionen des Verkaufs sind nicht bekannt – wahrscheinlich übertrug Richard die zuvor mit den Templern geschlossene Abmachung auf Guido. Der verhältnismäßig geringe Preis weist auf Richards Eile hin, sich der Insel vor seiner Abreise in das Heilige Land wieder zu entledigen. Es ist unklar, ob er die Insel – durch Ausübung seines Rechtes als Eroberer – Guido nur zum Lehen auf Lebzeiten gab, oder ob dieser das Recht hatte, sie an seine Nachkommen zu vererben. Der erfolglose Versuch des Königs im Jahr 1194, die Insel nach dem Tod Guidos wieder für sich zu beanspruchen, bedeutet wahrscheinlich, dass seine rechtlichen Ansprüche erloschen waren. Zugleich unterstrich sein Vorgehen den Wunsch, die Insel weiter in den Dienst der Kreuzzüge zu stellen. Die Herrschaft der Lusignan-Dynastie auf Zypern war

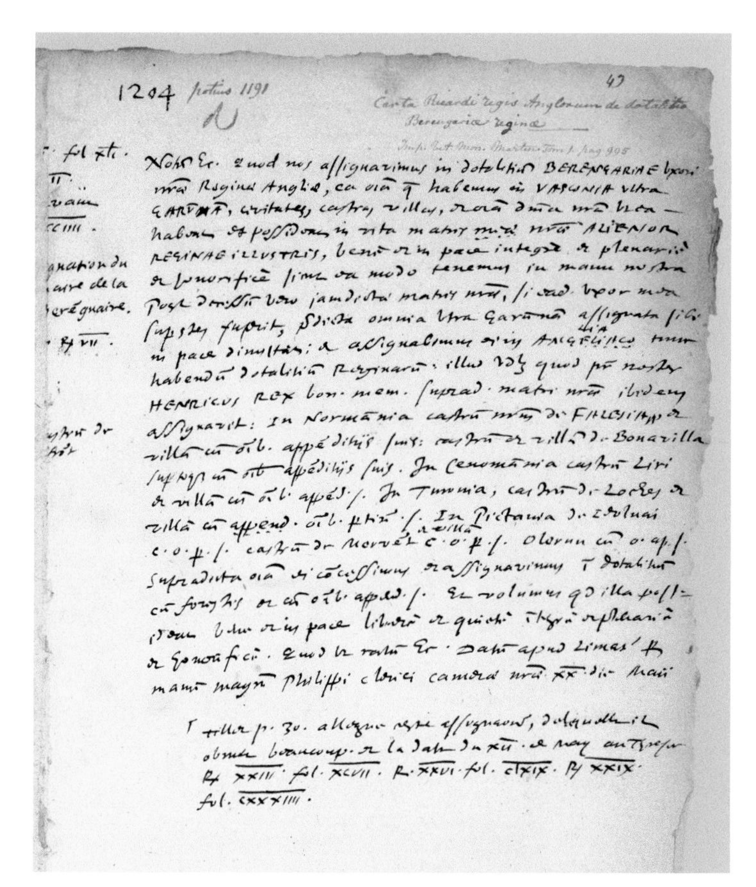

6 Festlegung eines Wittums für die Gemahlin Richards I. Löwenherz, Berengaria von Navarra (Abschrift aus dem 17. Jahrhundert) ▪ Paris, Bibliothèque nationale de France, MS Dupuy 804, I, fol. 43r.

7 Richard I. Löwenherz und Guido von Lusignan, Boccace, *De Casibus*, Frankreich, 15. Jahrhundert ▪ Paris, Bibliothèque nationale de France, Ms. fr. 232, fol. 328r.

fortan bekräftigt und gesichert. In den darauffolgenden Jahren machten die Könige Englands keine ernsthaften Versuche, ihren Anspruch auf die Oberhoheit über die Insel durchzusetzen, wodurch der Tribut Guidos an Richard ein rein persönlicher Gestus blieb.

Die Eroberung Zyperns verfolgte Richard sogar nach seiner Gefangennahme durch Herzog Leopold V. von Österreich am 20. Dezember 1192. Das Abkommen zwischen Leopold V. und Kaiser Heinrich VI., unterzeichnet am 14. Februar 1193 in Würzburg, sowie jenes mit Richard vom 29. Juni benennen die Tatsache, dass Isaak und seine Tochter immer noch vom König gefangen gehalten wurden, als einen der Gründe für Richards Gefangenschaft in Deutschland. Ihre sofortige Freilassung war eine der Bedingungen für den Wiedererhalt seiner eigenen Freiheit. Isaak verdankte dieses Eingreifen Familienbanden: Seine Mutter aus dem Geschlecht der Komnenen war eine Cousine ersten Grades von Leopolds Mutter und seine beiden Frauen waren mit Heinrichs Frau, Konstanze von Sizilien, verwandt. Richard akzeptierte diese und andere Bedingungen und wurde am 4. Februar 1194 freigelassen, Isaak und seine Tochter später im selben Jahr. Da Richard für England und die davon abhängigen Gebiete Heinrich VI. Lehenstreue zusichern musste, wurde Zypern gewissermaßen zum Afterlehen des deutschen Kaisers und Guido dessen Vasall. In jedem Falle wurde Amalrich von Lusignan im Jahr 1196 von Heinrich der Königstitel verliehen, damit wurde die Insel ein Königreich unter deutscher kaiserlicher Oberhoheit. Zypern sollte nie wieder Teil des Byzantinischen Reiches werden; zugleich überdauerte das Königreich der Lusignan weit länger als die anderen Kreuzfahrerstaaten und wurde damit zum letzten Vorposten der westlichen Christenheit gegen die arabischen und später osmanischen Vorstöße im östlichen Mittelmeer.

Q.: Neophytus, De calamitatibus Cypri (hg. v. Karpozilos).

Lit.: Bendall 2004 ▪ Metcalf 2009 ▪ Neocleous 2013 ▪ Nicolaou-Konnari 2000 ▪ Nicolaou-Konnari 2011 ▪ Nicolaou-Konnari/Schabel 2005 ▪ Nicolaou-Konnari/Schabel 2015 ▪ Papacostas 2012 ▪ Papadopoullos 1995–1996, 2005 ▪ Rogge/Grünbart 2015.

# Johanna von England

Melanie Herget

1 Zwei Teile einer Siegelmatrize der Johanna von England, Königin von Sizilien ■ London, The British Museum, 1897, 0508.1–1897, 0508.2.

Johanna von England wurde im Oktober 1165 als siebtes Kind und jüngste Tochter Heinrichs II. von England und seiner Gemahlin Eleonore von Aquitanien in Angers geboren. In den angevinischen Quellen blieb ihre Geburt weitgehend unerwähnt, auch über die Kindheit und Jugend der jungen Prinzessin, die sie in Winchester und Poitiers sowie im Kloster Fontevraud verbracht haben dürfte, ist nur wenig bekannt. Erst seit 1176 die Verhandlungen für ihre Ehe mit Wilhelm II. von Sizilien eröffnet wurden, wissen die Quellen mehr über Johanna zu berichten.

Das englische Parlament genehmigte die Verbindung der jungen Prinzessin mit dem König Siziliens im Mai 1176 und Johanna verließ England noch im August des gleichen Jahres. In Begleitung ihrer eindrucksvollen Eskorte – die ihren Status als angevinische Prinzessin unterstrich und zu der unter anderem die Erzbischöfe von Canterbury und Rouen gehörten – brach sie in Richtung Sizilien auf. Über die Normandie, Toulouse und St. Gilles am Mittelmeer, wo eine Abordnung Wilhelms mit 25 Schiffen ihre Ankunft erwartet hatte, erreichte sie im Januar 1177 schließlich ihre neue Heimat. Nur wenige Tage später, am 13. Februar 1177, wurde Johanna in der Kathedrale von Palermo mit Wilhelm vermählt und unmittelbar nach der Heiratszeremonie gesalbt und gekrönt. Die englische Prinzessin, die nun die Königin Siziliens war, zählte zu diesem Zeitpunkt 12 Jahre, ihr Gemahl war doppelt so alt (Abb. 1).

1181 soll den beiden ein Sohn namens Bohemond geboren worden sein, doch das Kind findet in den Quellen keine weitere Erwähnung und überlebte seine früheste Kindheit wohl nicht. Die Kinderlosigkeit des Paares führte 1184 auf dem Reichstag zu Troia zu einer Verpflichtung des sizilischen Adels, eine staufische Eventualnachfolge zu akzeptieren. Als Wilhelm 1189 völlig unerwartet im Alter von nur 36 Jahren verstarb, trat dieser Fall überraschend früh ein.

Wilhelms potentielle Erbin war seine Cousine Konstanze, eine Tochter Rogers II. und seit 1186 die Gemahlin Heinrichs VI., des Sohnes Kaiser Friedrichs I. Barbarossa. Doch unter den sizilischen Großen regte sich Widerstand gegen diese Nachfolge und Tankred von Lecce, ein Enkel Rogers II., der jedoch aus einer illegitimen Verbindung entstammte, wurde mit Unterstützung des Papstes im Januar 1190 zum König von Sizilien gekrönt (vgl. Beitrag Engl, S. 280 f.). In der Folge untersagte es Tankred der Witwe Wilhelms II., sich frei zu bewegen und über die ihr rechtmäßig zustehenden Güter zu verfügen: Er konfiszierte Johannas Wittum und setzte sie in Palermo gefangen.

Als Richard I. Löwenherz am 23. September 1190 auf seinem Weg in das Heilige Land in Sizilien eintraf, forderte er von Tankred umgehend die Freilassung seiner Schwester und die Rückgabe ihrer Güter. Tankred fügte sich und so trafen Bruder und Schwester am 28. September 1190 in Messina wieder zusammen. Als Entschädigung für Johannas Wittum erhielt Richard eine hohe Kompensationszahlung von Tankred, die er in der Folge zur Finanzierung des Dritten Kreuzzuges verwendete. Johanna erhielt im Gegenzug das Versprechen einer standesgemäßen Verheiratung und Mitgift nach ihrer Rückkehr.

Im Winterquartier der anglofranzösischen Kreuzfahrer traf Johanna nach langen Jahren der Trennung im Frühjahr 1191 erneut mit ihrer Mutter Eleonore von Aquitanien zusammen, die in Begleitung von Berengaria von Navarra, Tochter König Sanchos VI. und Blankas von Kastilien, nach Sizilien gereist war. Die junge Frau sollte Richards Gemahlin werden, doch die angebrochene Fastenzeit ließ eine rasche Vermählung der beiden nicht zu. Richard strebte daher eine Heirat im Heiligen Land an und übergab Berengaria nach der Abreise Eleonores in die Obhut Johannas.

Als Richard am 10. April 1191 mit seiner Flotte erneut in See stach, begleiteten ihn seine Schwester und seine junge Braut auf einem anderen Schiff. Doch die Reise währte nur kurz. In der Nähe Kretas gerieten sie in einen heftigen Sturm und das Schiff mit Johanna und Berengaria an Bord wurde zusammen mit zwei anderen Schiffen weit vom Kurs abgetrieben und strandete an der Küste Zyperns, das seinerzeit unter der Herrschaft des selbsternannten ›Kaisers‹ Isaak Komnenos stand. Die beiden Frauen blieben an Bord und entgingen so der Festsetzung durch den Herrscher. Richard traf nur wenige Tage später mit seiner Flotte in Limassol ein, nahm Isaak Komnenos in Gewahrsam und eroberte die Mittelmeerinsel (vgl. Beitrag Konnari, S. 204 ff.), die am 12. Mai 1191 auch zum Schauplatz seiner Hochzeit mit Berengaria wurde.

Nur wenig später setzte Richard mit seiner Kreuzfahrerflotte und in Begleitung der beiden Frauen die Reise ins Heilige Land fort und erreichte am 01. Juni 1191 die Hafenstadt Akkon (Abb. 2). Die Stadt ergab sich am 12. Juli 1191 und im Zuge der Friedensverhandlungen unterbreitete Richard seinem Gegenspieler Ṣalāḥ ad-Dīn ibn Ayyūb, kurz Saladin genannt, ein höchst ungewöhnliches Ansinnen. Er schlug dem Sultan eine Heiratsverbindung zwischen dessen Bruder Malik Al-Adîl und seiner Schwester Johanna vor. Als potentielle Mitgift wurden die Küstenstädte von Akkon bis Askalon genannt, Jerusalem sollte als Residenz des Paares fungieren. Sowohl Al-Adîl als auch Johanna lehnten eine entsprechende Verbindung jedoch wegen religiöser Differenzen ab. Da Johanna überdies als Witwe Wilhelms II. die Witwe eines Lehensmannes des Papstes war, hätte es für diese Verbindung eines kirchlichen Dispenses bedurft. Die Verhandlungen – über deren Ernsthaftigkeit zu diskutieren ist – fanden jedoch ein schnelles Ende und wurden nicht weiter verfolgt. Im September 1192 traten Johanna und Berengaria schließlich den Rückweg nach Europa an und gelangten über Rom, Pisa und Marseille zunächst nach Poitiers, wo sich ihre Wege vermutlich trennten.

Im Oktober 1196 löste Richard sein Versprechen ein, Johanna wurde in Rouen die vierte Ehefrau des Grafen Raimund VI. von Toulouse. Bereits im Juli 1197 gebar Johanna in Beaucaire einen Sohn, der den Namen seines Vaters erhielt und ihm als Raimund VII. nachfolgen sollte. 1199 – Johanna war erneut schwanger – sah sie sich in Abwesenheit ihres Mannes dem Aufstand eines Vasallen gegenüber. Sie behauptete ihre Stellung, führte selbst die Truppen gegen die Rebellen an und belagerte die Burg des Aufständischen. Doch ihre eigenen Leute übten Verrat und so musste Johanna fliehen. Sie hatte wohl die Absicht, ihren Bruder Richard um Hilfe zu bitten, doch dazu sollte es nicht mehr kommen. Zusammen mit ihrer Mutter Eleonore betrauerte Johanna den Tod ihres Bruders an seinem Grab in Fontevraud. Johanna blieb mehrere Monate in der Abtei, bevor sie für ein Treffen mit ihrem Bruder Johann nach Rouen reiste. Dort fühlte sie sich krank und äußerte gegenüber Hubert Walter, dem Erzbischof von Canterbury, den Wunsch, ihre Tage als Nonne in Fontevraud zu beschließen und den Schleier nehmen zu dürfen. Für eine verheiratete und noch dazu hochschwangere Frau war dies eine mehr als außergewöhnliche Bitte, doch der Erzbischof kam ihrem Wunsch nach. Johanna kam am 23. September 1199 nieder, kurz darauf verstarb sie in Rouen. Ihr Sohn lebte gerade lange genug, um getauft zu werden und in der Kathedrale von Rouen bestattet zu werden. Johanna fand ihre letzte Ruhestätte auf eigenen Wunsch in Fontevraud, wo sie »inter velatas«, zwischen den Nonnen, bestattet wurde. Der Gisant, der möglicherweise einst ihr Grab überdeckte, sowie das Grab selbst sind heute nicht mehr erhalten (vgl. Beitrag Prigent, S. 348 f.).

2 Richard I. Löwenherz mit seiner Ehefrau Berengaria und seiner Schwester Johanna auf See. Wilhelm von Tyrus, *Historia (et continuation)*, Frankreich, 14. Jahrhundert ▪ Paris, Bibliothèque nationale de France, Ms. fr. 22495, fol. 245v (Detail).

Lit.: Bowie 2014 ▪ Häuptli 2005 ▪ Hiestand 1993.

# Objekte

58 ▶

## Pilgerpaar

Ende 12. Jahrhundert

Kreuzgang des Klosters Belval in Portieux (Dép. Vosges)

Kalksandstein | Restaurierung 1994 | H. 111,0 cm, B. 40,0 cm, T. 30,0 cm

Nancy, Musée Lorrain – Palais des ducs de Lorraine | D.2004.0.2

Monument Historique (05/12/1908)

Die freistehende Skulptur, ursprünglich aus dem Kreuzgang des Klosters Belval, zeigt einen bärtigen Mann und eine Frau, die sich eng aneinander schmiegen. Der Mann trägt einen Mantel über einer Tunika, in der rechten Hand einen Pilgerstab und einen am Gürtel befestigten Beutel. Er kann so als Kreuzfahrer identifiziert werden – interessant ist dabei allerdings, dass ihn diese Attribute nicht als Ritter, sondern als einen christlichen Pilger ausweisen. Die Skulptur verdeutlicht damit zum einen, dass es bei den Kreuzzügen nicht nur um kriegerische Feldzüge mit religiöser Dimension ging. Der Aufbruch nach Palästina wurde immer auch als Pilgerfahrt zu den Heiligen Stätten der Christenheit verstanden. Zum anderen geben die beiden Figuren einen einzigartigen alltagsgeschichtlichen Einblick in das Kreuzzugsgeschehen. Kreuzfahrer, die sich oft für viele Jahre ins Heilige Land aufmachten, ließen in der Heimat Familien und Freunde zurück, die sie vielleicht nie wieder sehen würden. Auch den Angehörigen blieb in den Jahren der räumlichen Trennung oft nicht mehr als zu warten und für eine Rückkehr dieser Männer und Frauen zu beten. Auf dieser sehr privaten Ebene spielten nicht nur machtpolitische Überlegungen und religiöse Überzeugungen eine Rolle, sondern auch andere, zutiefst menschliche Regungen wie Abschiedsschmerz, Verlustängste, zugleich aber auch Wiedersehensfreude und zwischenmenschliche Zuneigung. Die dargestellte Szene wird in der Literatur sowohl als Aufbruch eines Kreuzfahrers als auch als Heimkehr eines solchen interpretiert. Für den Aufbruch spricht das Kreuz, das an die Kleidung des Kreuzfahrers angeheftet ist. Dieses durfte dem Brauch nach erst nach der Rückkehr aus Palästina, das heißt nach Erfüllen des Kreuzzugsgelübdes, wieder abgenommen werden. Für die Heimkehr spricht wiederum eine 1935 von dem Historiker Michel François veröffentlichte Interpretation der Skulptur als eine Darstellung Hugos I. von Vaudémont mit seiner Frau Adeline, die sich, viele Jahre nachdem der Ehemann zum Zweiten Kreuzzug (1147–1149) aufgebrochen war, endlich in der Heimat wiedersehen.

JK

Lit.: Kat. Mainz 2004, S. 324f., Nr. 9 (Brigitte Klein) ▪ www.musee-lorrain.nancy.fr (07.06.2017).

# Das Wahre Kreuz Christi

Wer zum Kreuzzug aufbrach, nahm das Kreuz, Symbol für den Kreuzestod Christi und bis heute sichtbar getragenes Zeichen der Zugehörigkeit zur Christenheit. Der Legende nach wurde das *lignum domini* bei Ausgrabungen unter einem Tempel in Jerusalem gefunden, die Kaiserin Helena, die Mutter Kaiser Konstantins des Großen, veranlasst hatte – zwei Berichte des späten 4. Jahrhunderts künden davon.

Im Jahre 614 eroberten die Perser die Heilige Stadt und erbeuteten die verehrte Kreuzreliquie. Zwar gelang die Rückführung des Heiltums, doch musste das Kreuzholz vor den Arabern kurz darauf nach Konstantinopel in Sicherheit gebracht werden, für die westliche Welt schien die Herrenreliquie verloren.

Den Kreuzfahrern des Ersten Kreuzzuges jedoch sollte nach langen Kämpfen 1099 die Eroberung Jerusalems gelingen – an den Heiligen Stätten suchten und fanden sie schließlich was nicht mehr für möglich gehalten wurde: ein Partikel vom Kreuz Christi. SH

Lit.: Heussler 2006 ▪ Toussaint 2010.

59 ▸

## Kreuzreliquiar, sog. Mettlacher Staurothek

Trier, zweites Viertel 13. Jahrhundert, Korpus 15. Jahrhundert

ehem. Benediktinerabtei St. Peter und Maria, Mettlach

Holzkern, Silber, Kupfer vergoldet, Filigran, Email, Steine, Perlen | H. 38,0 cm, B. 29,0 cm (geschlossen), B. 58,0 cm (geöffnet), T. 6,5 cm

Mettlach, Kath. Kirchengemeinde St. Lutwinus

Das Mettlacher Kreuzreliquiar ist als verschließbares Triptychon gestaltet, das im geschlossenen Zustand rundum graviert ist. Szenen der Epiphanie Christi schmücken die Außenseiten: Verkündigung an Maria und Anbetung der Könige auf der Vorderseite, eine Majestas Domini mit den vier Wesen auf der Rückseite, die die vier Evangelisten symbolisieren. Geistliche und weltliche Wohltäter der Abtei sind paarweise am oberen und unteren Rand dargestellt und bezeichnet.

In dem kleinen Viertelkreis zu Füßen des thronenden Christus wird auf den Inhalt des Kreuzreliquiars und damit auf den heilsgeschichtlichen Kern der Christusoffenbarung verwiesen:

Zwei Kleriker – wohl die Stifter der Reliquie oder des Reliquiars – halten Christus ein doppelarmiges Kreuz entgegen.

Ein solches herausnehmbares, edelsteinverziertes Doppelkreuz zur Aufnahme einer heute verlorenen Kreuzreliquie ungeklärter Herkunft bildet im geöffneten Zustand das Zentrum der Mitteltafel, die wohl nach dem Vorbild der Limburger Staurothek 20 heute leere Reliquienkammern mit Türchen aus Grubenschmelzemail aufweist. Auf den Seitenflügeln sind links der Apostel Petrus als Klosterpatron sowie der hl. Lutwinus als Gründungsheiliger der Abtei in Treibarbeit dargestellt.

Die Mettlacher Staurothek lässt sich einer Gruppe von in Trier zu Beginn des 13. Jahrhunderts entstandenen Goldschmiedearbeiten zuordnen. Engste Parallelen bestehen zur zeitlich etwas später anzusetzenden Reliquientafel aus Trier, St. Matthias, auch wenn diese eine andere künstlerische Handschrift erkennen lässt. Beide beziehen das Klostergut und seine Stifter in den Schutz des Heiltums mit ein. Unter Bezugnahme auf das Vorbild der byzantinischen Staurothek von Kloster Stuben (heute Limburg) stellen beide Tafeln künstlerisch eigenständige und inhaltlich innovative Lösungen dar. MGM

Q.: Inschriften Trier (bearb. v. Fuchs), Bd. 2,1, A. 18, S. 628–633; Bd. 2,2, S. 137, Abb. 467a–d.

Lit.: Henze 1988 ▪ Kat. Köln 2014, S. 198f., Nr. III 4 (Leonie Becks) ▪ Kat. Limburg 2009, S. 199, Nr. V.1 (Matthias Theodor Kloft) ▪ Kat. Stuttgart 1977, Bd. 1, S. 431 f., Nr. 565; Bd. 2, Abb. 367 f. (Dietrich Kötzsche) ▪ Klein 2004, S. 258–266 ▪ Sauer 1993, S. 299–314, Abb. 66–68.

60–62

## Emailplatten eines typologischen Kreuzes

Maasland, um 1160/70

Kupfer, Email, Gruben- und Zellenschmelz | graviert, vergoldet | Email sowie Befestigungslöcher teils ausgebrochen, Vergoldung teils abgerieben, Platten leicht gewölbt | H. 24,0 cm, B. 7,5 cm (1975-26 a); H. 15,1 cm, B. 7,5 cm (1975-26 b); H. 7,4 cm, B. 7,4 cm (1996-439); Maße (gesamt) H. 46,6 cm, B. 37,4 cm

Stuttgart, Landesmuseum Württemberg | 1975-26 a und b, 1996-439

Die Emailplatten gehörten zu einem um 1160/70 im Maasland entstandenen monumentalen Vortragekreuz. Zwar ist das Kreuz in Einzelteile zerlegt, doch kann sein komplexes Bildprogramm anhand der heute in Paris, Nantes, Stuttgart und Köln bewahrten Fragmente rekonstruiert werden. Die acht länglichen und zwei quadratischen Platten waren ursprünglich so auf einen Holzkern montiert, dass das Kreuz beidseitig jeweils zehn emaillierte Bildfelder aufwies. In dem ungewöhnlich prächtigen Kreuz, das durch seine hohe künstlerische Qualität und das vielschichtige Programm besticht, liegt ein eindrucksvolles Zeugnis der hochmittelalterlichen Frömmigkeit und geistlichen Repräsentation vor.

Das Bildprogramm kreist um das Kreuz Christi, ohne eine Kreuzigungsszene oder einen Kruzifixus zu zeigen, sondern durch die Kombination von Szenen des Alten Testaments und der Kreuzlegende. Im Zentrum steht jeweils ein quadratisches Bildfeld mit der Halbfigur Christi als Pantokrator (Allherrscher). Die Vorderseite (nicht ausgestellt) fokussiert durch die von Christus vorgewiesenen Worte PAX VOB[IS] (Friede sei mit euch) sowie die umgebenden alttestamentlichen Szenen den Opfertod Christi und stellt einen Bezug zur Messliturgie her. Auf der Rückseite (hier ausgestellt die Platten des senkrechten Kreuzarms mit der Vierung), auf der Christus im zentralen Bildfeld ein Schriftband mit SIGNA TAV (Zeichne bzw. Zeichen Tau) hält, wird das Kreuz als lebenspendendes und siegendes Zeichen gezeigt. In direktem Bezug zur Inschrift des Mittelfelds steht die Darstellung des Propheten Ezechiel auf dem unteren Kreuzesarm, der ein ›T‹ (griechisch *Tau*) auf die Stirn der Gerechten zeichnet, um sie durch das Kreuzzeichen vor dem Untergang zu bewahren. In der Szene des Quellwunders Mose, die auf dem oberen Kreuzesarm dargestellt ist, klingt ebenfalls die Rettung durch das Kreuzesopfer an. Die drei Episoden aus der Kreuzlegende thematisieren die Rückeroberung des Wahren Kreuzes Christi für die Christenheit durch Heraklius. Damit wurde auf die ungebrochene Wirkmacht dieser Reliquie verwiesen und gleichzeitig eine Verbindung zu den zeitgenössischen Kämpfen im Heiligen Land hergestellt. ISH

Lit.: Kat. Stuttgart 1977, Bd. 1, S. 414–417, Nr. 550 (Dietrich Kötzsche) ▪ Kat. Stuttgart 2000.

A ω
SIGNA TAV
1
AN DNI
MOI SES
2
HI EZECHIEL
ERACLIVS
MI CHA H EL
3

2
1
3

63

## Reliquiar des Wahren Kreuzes

Limoges, 1176–1198

Holzkern, Kupfer und Grubenschmelzemail | graviert, ziseliert und vergoldet | Schlüsselloch, Nagel, Träger und Basis aus dem 16. Jahrhundert | H. 12,9 cm, B. 29,2 cm, T. 14,0 cm

Toulouse, Trésor de la basilique Saint-Sernin de Toulouse, Musée Saint-Raymond | SSTM 2

Monument Historique (30/12/1897)

Der Kupfergrund dieses Reliquiars ist durch das Grubenschmelzverfahren mit mehrfarbigen Motiven geschmückt, die applizierten Köpfe der Figuren sind antikisierend gestaltet. Dies ist charakteristisch für die Werkstätten von Limoges um 1200.

Die einzelnen Szenen an den Seiten und auf dem Deckel des Kästchens sind durch Inschriften identifiziert. Auf der Vorderseite des Deckels ist die Deesis dargestellt: Christus in der Mandorla wird von Maria und Johannes dem Täufer flankiert, die ihrerseits von zwei Engeln begleitet werden. Auf dem linken Giebel ist die Verkündigung an Maria durch den Erzengel Gabriel, auf der rechten Giebelseite zwei Engel zu sehen. Einer der Engel hebt seine Hand: Zeigt er auf ein Kreuz, das an der Spitze des Reliquiars stand, oder handelt es sich um eine Anspielung auf die zweite Wiederkunft? Auf der Rückseite des Deckels weist ein Engel die beiden Frauen auf das leere Grab Christi hin (Mk 16, 1–7 und Mt 28, 1–8).

Auf dem Korpus des Reliquiars wird die Auffindung und Translation einer Partikel des Wahren Kreuzes geschildert. Auf der rechten Schmalseite ist die Auffindung des Kreuzes durch die hl. Helena zu sehen, auf der Rückseite übergibt der Abt des Josaphat-Klosters die Reliquie an Raimundus Botardelli, der damit ein Schiff besteigt. Die linke Schmalseite zeigt die Übergabe der Reliquie an Pons de Montpezat, den Abt von Saint-Sernin. Auf der Vorderseite schließlich sieht man den inmitten der Gemeinschaft der Kanoniker knienden Abt, der die Reliquie an den mit bischöflichen Insignien ausgestatteten hl. Saturninus übergibt. Die Präsenz des Schutzpatrons der Stadt und der Basilika weist dem historischen Ereignis eine symbolische und geistliche Dimension zu.

Raimundus Botardelli war ein Gelehrter aus Toulouse, der wohl ins Heilige Land gesandt wurde, um den Reliquienschatz von Saint-Sernin zu vergrößern. Der Schrein, nach seiner Rückkehr von Abt Pons de Montpezat in Auftrag gegeben, reiht sich ein in die Verehrung des Wahren Kreuzes in Saint-Sernin in der 2. Hälfte des 12. Jahrhunderts: Dazu zählen auch die Stiftung einer Bruderschaft und der Wandbilderzyklus der Passion im nördlichen Querschiff.

Das Bildprogramm des Kästchens beeindruckt durch seine inhaltliche Tiefe und bestätigt so für den Betrachter die Authentizität der Reliquie. Das Reliquiar ist ein Zeugnis der geistlichen Netzwerke und des Austausches von Objekten zwischen religiösen Institutionen beiderseits des Mittelmeers. Die Einnahme von Jerusalem 1187 durch Saladin und die Zerstörung des Klosters von Josaphat hatten allerdings das Versiegen der Kreuzreliquien aus Jerusalem zur Folge. LEQ

Lit.: Gauthier/Antoine/Gaborit-Chopin 2011, S. 84–87 ▪ Kat. Cleveland/Baltimore/London 2011, S. 122 f., Nr. 62 (Martina Bagnoli) ▪ Kat. Cluny 2014, S. 69, Nr. 46 (Anaïs Alchus) ▪ Kat. New York 2016, S. 58–61, Nr. 25e (Barbara Drake Boehm) ▪ Kat. Paris/New York 1995, S. 165–167, Nr. 40 (Barbara Drake Boehm, hier Bibliographie) ▪ Watin-Grandchamp et al. 2007.

64

### Modell eines hochmittelalterlichen Schiffs

Stefan Wilhelm, 1950/1965

Holz, Metall, Textil | H. 61,0 cm, B. 71,0 cm, T. 27,0 cm | Maßstab 1:50

Mannheim, TECHNOSEUM – Landesmuseum für Technik und Arbeit in Mannheim | EVZ: 1989/1499

Auf dem Dritten Kreuzzug charterte Richard Löwenherz in Marseille »zehn große Schiffe und zwanzig gut ausgerüstete Galeeren«, wie der Chronist Roger von Howden zu berichten weiß (Roger von Howden, Chronica [RerBrit 51,2], S. 143). Der Schiffstypus des normannischen Nefs – das große Übereinstimmungen mit dem gezeigten Schiffsmodell aufweist – war als Transport- und Frachtschiff im Hochmittelalter weit verbreitet. Kennzeichnend für hochmittelalterliche Schiffe sind das große Rahsegel wie auch die beiden Kastellane zur Verteidigung. Derartige Schiffe segelten sowohl auf Rhein und Donau als möglicherweise auch auf dem Mittelmeer, sie waren langsam, konnten aber enorme Lasten befördern. »Nef« ist die allgemeine französische Bezeichnung für ein einmastiges Frachtschiff des 11. bis 16. Jahrhunderts. SH

Q.: Roger von Howden, Chronica (RerBrit 51,1–4).

Lit.: Dudszus/Köpcke 1995 ▪ Kat. Mannheim 2016, S. 72 f. (Hartmut Knittel).

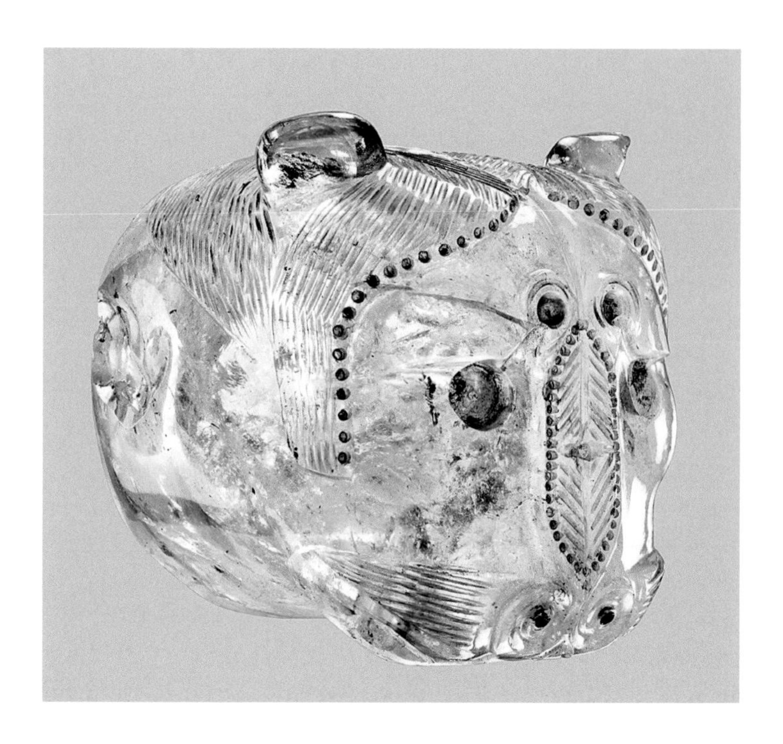

65

### Wasserspeier in Form eines Löwenkopfes

Sizilien (siculo-arabisch), um 1180

Bergkristall | geschnitten, durchbohrt | geringfügige Abstoßungen am Kopf, Reliefierungen teilweise ausgebrochen | H. 15,0 cm, B. 13,5 cm, T. 21,0 cm, Gew. 5,68 kg

Karlsruhe, Badisches Landesmuseum | C 5959

Im Mittelalter erlebt der kulturelle Austausch zwischen Orient und Okzident eine neue Blütezeit, die sich in Kunst und Architektur, in der Gartenkunst und der Einführung neuer Bewässerungssysteme auf Sizilien manifestiert. Verdanken die Handelsstädte Unteritaliens seit dem 10. Jahrhundert zunächst Zugezogenen aus Ägypten, Syrien, Mesopotamien oder aus dem maurischen Spanien Anregungen aus der islamischen Welt, so arbeiten bald Handwerker unterschiedlicher Konfessionen zusammen. Neue Formen, Materialien und Techniken werden erprobt und Fremdes mit eigenen künstlerischen Ausdrucksformen verwoben. In diesen Zusammenhang gehört der Löwenkopf, aus dessen Maul sich einst das Wasser in das Bassin eines normannischen Adelshauses ergoss.

Der aus einem Bergkristallstück blockartig geschnittene Kopf gehört zu den bedeutendsten Kristallarbeiten des 12. Jahrhunderts. Bohrungen im Gesicht des Löwen verweisen auf die einstige Füllung mit Edel- oder Halbedelsteinen. Rückseitig in eine Zylinderform übergehend, entwächst dem Kopf ein Rohrstutzen, der bis zum Maul reicht und sich in mehrere Kanäle verästelt. Sie unterstreichen die einstige Funktion des Löwenkopfs als Brunnenkopf oder Wasserspeier.

Gefäße und Ziergeräte aus Bergkristall – dem magische Qualitäten zugesprochen wurden und der auch in der Mariensymbolik eine wichtige Rolle spielte – waren begehrte Luxusartikel und sowohl in europäischen Kirchenschätzen als auch in fürstlichen Sammlungen vertreten. So gehörte der Löwenkopf zunächst zur sachsen-lauenburgischen Kunstkammer im böhmischen Schlackenwerth, bevor er als Heiratsgut der Markgräfin Sibylla Augusta von Baden nach Rastatt gelangte und schließlich in die Karlsruher »Türkenbeute« einging.

Lange Zeit wurde der Löwenkopf jener berühmten Gruppe von Bergkristallarbeiten zugerechnet, die zur Zeit der Fatimiden in Ägypten entstanden. Doch stilistische Übereinstimmungen mit den Löwen auf dem Krönungsmantel des Normannenkönigs Roger II. (Kunsthistorisches Museum Wien, Schatzkammer, WS XIII 14) und des Porphyr-Löwen vom Grab Friedrichs II. in der Kathedrale von Palermo verweisen auf eine süditalienische Provenienz.

Zweifellos standen islamische Vorbilder Pate für den Löwen. Dass er in Palermo als Brunnenfigur in der Sommerresidenz *La Zisa* wie in dem Palast *La Favara* anzutreffen war, darauf verweist schon der Dichter Abd al-Rahman von Butera in seiner Lobschrift auf Roger II. Es ist anzunehmen, dass Richard I. des orientalisch inspirierten Wasserspiels ansichtig wurde, als er auf dem Weg zum Dritten Kreuzzug in Messina Zwischenhalt machte, seine Schwester Johanna aus den Fängen Tankreds von Lecce befreite und sich nunmehr als Richard Löwenherz Respekt bei den Sizilianern verschaffte. SM

Lit.: Kat. Karlsruhe 1959, S. 66f., Nr. 31 (Ernst Petrasch) ▪ Kat. Karlsruhe 1968, Nr. J92 ▪ Kat. Karlsruhe 1991, S. 388 f., Nr. 321 (Eva Zimmermann) ▪ Kat. Mannheim 2010/2011, Bd. 2, S. 77f., Nr. III.C.7 (Julia Gonnella) ▪ Shalem 1999, S. 359–366.

66

## Ostensorium, sog. Hedwigsbecher

Byzanz oder Naher Osten (?), um 1000 (?), zweites Viertel 13. Jahrhundert

Glasschnitt (rauchfarben, schwach rosa), Silberfassung, vergoldet | H. Glas 9,8 cm, Dm. 8,5 cm, H. 28,5 cm (gesamt)

Minden, Dompfarrei St. Gorgonius und Petrus Ap.

Bei den sog. Hedwigsbechern handelt es sich um eine kleinere Gruppe ungewöhnlich dickwandig geblasener, annähernd farbloser mittelalterlicher Schnittgläser. Als Motive finden sich häufig die heraldischen Tiere Löwe, Adler und Greif sowie Ornamente.

Das Mindener Glas zeigt ein dreiteiliges Dekor in Hohlschnitt, Adler und Löwe blicken zum Bild des (Lebens-)Baumes. Wohl im zweiten Viertel des 13. Jahrhunderts entstand die Fassung aus dünnem vergoldetem Silberblech. Die fünf Kerben im Fußring des Glases lassen indes vermuten, dass die heutige lose Fassung eine ältere ersetzt. Der sog. Hedwigsbecher ist seit unbestimmter Zeit Teil des Mindener Domschatzes und wurde noch 1810 als Reliquienbecher verwendet.

Die – soweit denn bekannten – Überlieferungsgeschichten der Gläser wie auch aus archäologischem Kontext bekannte Becherfragmente lassen erkennen, dass es sich vor allem um Luxusgüter handelt, die im Besitz des Adels waren oder sich in Kirchenschätzen befanden. Die Provenienz der Hedwigsbecher ist nicht abschließend geklärt, neben Byzanz werden auch Ägypten und Iran in Betracht gezogen, daneben Syrien bzw. die Kreuzfahrerstaaten oder auch byzantinisch-islamisch beeinflusste Gebiete Italiens.

Bereits seit dem ausgehenden 19. Jahrhundert spricht man diese Gläser als Hedwigsgläser an, benannt nach der hl. Hedwig von Schlesien (1174–1243, kanonisiert 1267). Der Legende nach habe sich in ihrem Trinkbecher Wasser in Wein verwandelt. 20 hochmittelalterliche Gläser oder Fragmente sind bis heute bekannt und werden der Gruppe der Hedwigsbecher zugerechnet. SH

Lit.: Kat. Bonn/Basel 1988, S. 93–95, Nr. 39 ▪ Kat. Minden 1961, S. 20 f., Nr. 6 ▪ Kat. Oldenburg 2008, S. 399 f., Nr. VI.17 (Rosemarie Lierke) ▪ Wedepol 2005.
Herzlichen Dank an Ulrike Frey M.A. (Paderborn) für die umfangreichen Informationen.

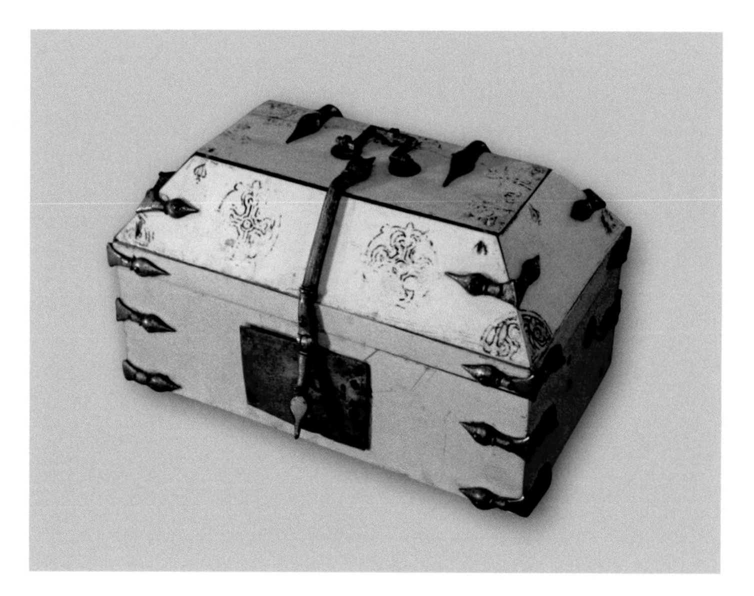

67

## Sizilianisch-arabisches Elfenbeinkästchen

Süditalien, um 1200

Elfenbein, vergoldete Bronze- oder Messingbeschläge, Bemalung | die alte textile Auskleidung und die Füße heute verloren | H. 10,0 cm, B. 19,3 cm, T. 11,5 cm

Solingen, Bergisches Museum Schloss Burg an der Wupper | K/El 6

Das aus nur wenige Millimeter starken Elfenbeinplatten zusammengefügte kleine Kästchen wird durch elfenbeinerne Dübel und charakteristische metallene Beschläge zusammengehalten und wurde mit dunklen grafischen Motiven verziert. Zwei in eine Ornamentform eingeschriebene, sich gegenüberstehende Kraniche auf der Rückseite des Deckels sind mit Tierdarstellungen und höfischen Jagdszenen auf ähnlichen Kästchen vergleichbar, die als arabisch-islamische Darstellungsform gelten. Die Kreuzornamente auf der Vorderseite des Deckels verweisen hingegen auf einen christlichen Kontext und kommen ebenso auf anderen Objekten dieser Gruppe vor, wurden solche Kästchen doch auch als Reliquienbehältnisse in Altären christlicher Kirchen verwendet (wie jüngst in Marienstatt im Westerwald aufgefunden). Diese technischen und motivischen Details wie auch das häufige Vorkommen der Objekte in Süditalien legen eine Herstellung im Königreich Sizilien nahe. Arabische Inschriften auf solchen Kästchen weisen sie mit hoher Wahrscheinlichkeit als Produkte dort ansässiger islamischer Handwerker aus. Schon früh wurde die Gestaltung dieser Gruppe von Elfenbeinarbeiten mit Motiven und Formen in der Ausstattung der Capella Palatina in Palermo verglichen, zu deren Schatz solche Kästchen auch heute noch gehören. In verschiedenen Kirchenschätzen und Museen haben sich weitere Objekte erhalten, die ursprünglich religiösen, aber auch höfischen Zwecken dienten. Manche Kästchen und Dosen enthielten dabei weltliche Luxusgüter oder Urkunden, andere Reliquien oder waren als Pyxiden zur Aufbewahrung des Allerheiligsten in Gebrauch. In der Tat befand sich auch dieses Kästchen vor 1939 im Benediktinerinnenkloster St. Kosmas und Damian in Tagliacozzo östlich von Rom und wurde vermutlich als Reliquienbehältnis genutzt. Die weite Verbreitung der Objekte lässt auf eine große Nachfrage schließen, die mit der Kostbarkeit des Materials und der Besonderheit der Erscheinung sicherlich den sozialen Status des weltlichen Adels wie auch des geistlichen Besitzers nachdrücklich herausstellte.

NG

Lit.: Cott 1939, Nr. 49, Taf. 26 ▪ Gliesmann 2012 ▪ Kat. Herne 2010, S. 445, Nr. K15 (Brunhilde Leenen) ▪ Kat. Oldenburg 2008, S. 405 f., Nr. VI.21 (Eva Troelenberg); S. 408, Nr. VI.25 (Julia Gonnella); S. 415 f., Nr. VI.33 (Eva Troelenberg); S. 416, Nr. VI.34 (Klaus Gereon Beuckers); S. 417, Nr. VI.35 (Marion Boschka) ▪ Knipp 2011 ▪ Troelenberg 2007.

68–69 ▶

## Zwei Pyxiden

Sizilien, 12. Jahrhundert

a) Elfenbein, Metall | geritzte Ränder, Boden- und Deckelplatte eingesetzt, Scharnier, Drachenverschluss und Deckelgriff aus vergoldetem Kupfer original | mehrere Risse, zahlreiche Krater, linker Nagel im oberen Teil der Schließe fehlt | H. 8,0 cm, Dm. 8,0 cm

b) Elfenbein, Metall | geritzte Ränder, Boden- und Deckelplatte eingesetzt und durch Metallappliken mit dem Zylinder verbunden, vergoldete Kupferappliken original | Unterteil leicht oval verzogen, Stück der Schließe fehlt, Kratzer, verschmutzt | H. 7,5 cm, Dm. 9,5 cm

Ludwigshafen am Rhein, Wilhelm-Hack-Museum | a) 457/9b, b) 457/9c

Die zylinderförmigen und mit Metallbeschlägen verzierten Elfenbein-Pyxiden wurden im 12. Jahrhundert von arabischen Handwerkern auf Sizilien geschaffen und im 13. Jahrhundert von Goldschmieden des Maasgebietes überarbeitet. Die Werkstätten in Palermo, denen die Pyxiden entstammen, fertigten neben solchen zylinderförmigen und mit Metallbeschlägen versehenen Behältern auch andere, oft bemalte Gefäße aus Elfenbein. Die bildliche Darstellung religiöser Themen ist dabei äußerst rar, weswegen eine vorwiegend profane Verwendung der Behältnisse anzunehmen ist.

Pyxiden, also zylinderförmige Behälter mit Deckel, existierten schon seit der Antike. Ursprünglich aus Holz gefertigt, wur-

den sie auch aus zahlreichen anderen Materialien hergestellt, insbesondere aus Elfenbein. Die Gefäße dienten sowohl profanen Zwecken, wie etwa der Aufbewahrung und dem Transport von Schmuck, als auch der religiösen Praxis, indem Hostien, Weihrauch oder Reliquien darin gelagert wurden. Häufig wechselte der Gebrauchszweck. Innerhalb des muslimisch geprägten Kulturkreises, aus dem diese Behälter stammten, fungierten sie häufig als Brautgeschenke und dienten in der Folge als Schmuckkästchen. Gelangten sie in kirchlich-christlichen Besitz, wurden sie in der Regel umfunktioniert, etwa zu Reliquienbehältern.

Das kostbare Material der Pyxiden belegt den Luxus, der an sizilianischen Adelshöfen herrschte. Darüber hinaus verdeutlichen sie als von arabischen Handwerkern gefertigte Gegenstände die wichtige Vermittlerrolle Siziliens zwischen Orient und Okzident. Im 11. Jahrhundert von den Normannen erobert, war die Kultur auf der Mittelmeerinsel von einer Durchdringung islamischer und christlicher Kulturen geprägt. Auch wenn die Pyxiden vermutlich nicht für den Export nach Westeuropa produziert wurden, so kam Sizilien dennoch eine Brückenfunktion zu. Außerdem war die Insel eine wichtige Zwischenstation der Kreuzfahrer auf dem Weg ins Heilige Land. JN

Lit.: Culter 2011, S. 31–34 ▪ Kat. Ludwigshafen 1979, S. 40 (Christoph Brockhaus) ▪ Legner 1995, S. 274 ▪ Schubert 2004.

70

## Olifant

Sizilien oder Süditalien, um 1200

Elfenbein mit Schnitzdekor | L. 48,0 cm, Dm. max. 16,0 cm, Gew. 1,3 kg

Paris, Musée de l'Armée | P 575

Die aus den Stoßzähnen von Elefanten geschaffenen Olifanten gehörten zu den begehrten Luxusgegenständen des Adels. Die prestigeträchtigen Signalhörner waren vor allem zur Zeit der Kreuzzüge bei der Jagd oder in der Schlacht populär, wobei der repräsentative Aspekt den praktischen Charakter wohl häufig überwog. Das bekannteste und zugleich gattungsbezeichnende Vorbild war der Olifant, mit dem Roland im altfranzösischen Rolandslied Hilfe gegen die Invasion der arabischen Streitkräfte herbeirief.

Der Olifant aus dem Musée de l'Armée ist reich mit Schnitzereien in flachem Relief vor glattem Hintergrund verziert. Wie bei den meisten Olifanten ist die Dekoration in drei Zonen eingeteilt, die voneinander durch schmale rankenverzierte Streifen getrennt sind. Die eingetieften glatten Streifen dazwischen dienten zur Aufnahme von Metallreifen, an denen die Tragriemen für das Instrument befestigt waren. Auf dem Mundstück des Horns sind ein Vogel und ein Löwe dargestellt, letzterer ist allerdings nur noch fragmentarisch erhalten. Die Haupt-

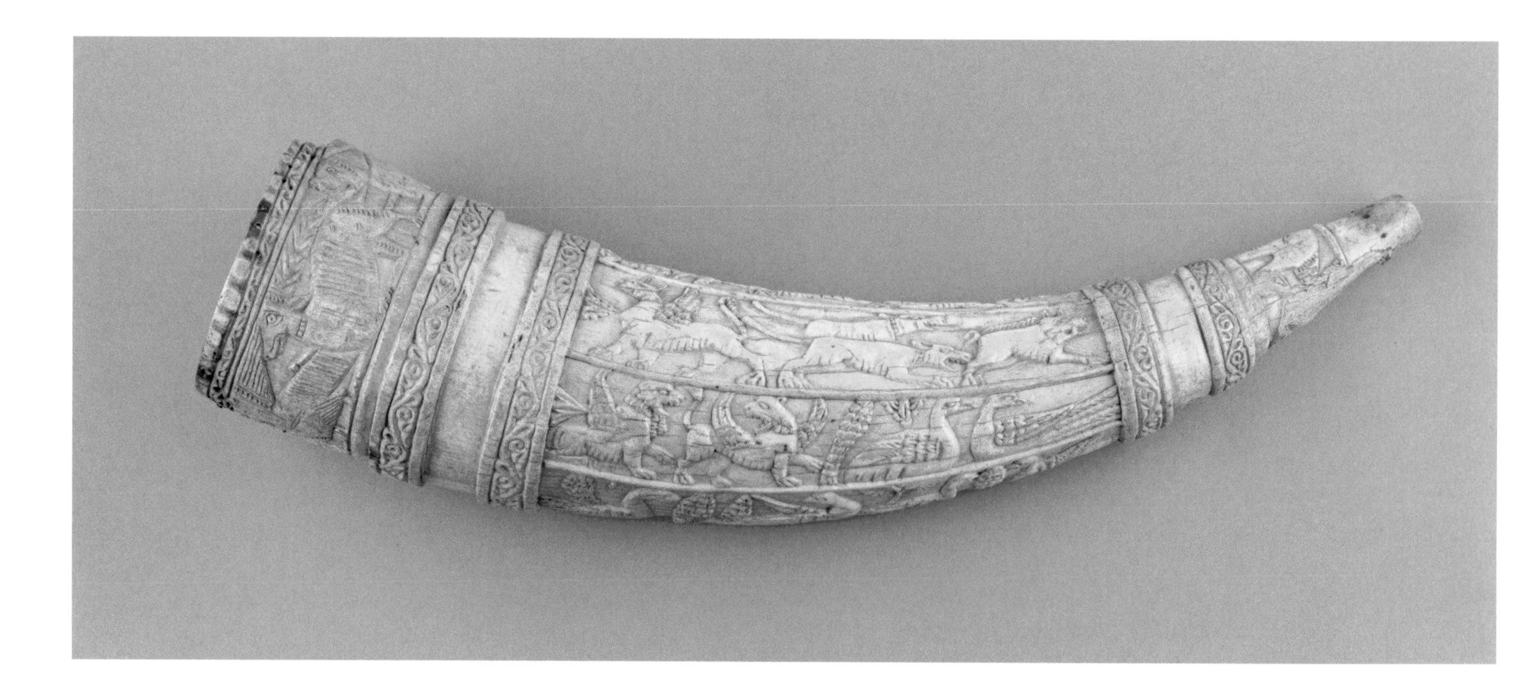

zone ist in sechs etwa gleich breite Streifen unterteilt, die Jagd- und Tierkampfszenen zeigen: Ein Jäger mit Schild und Schwert kämpft mit einem Löwen, ein geflügelter Löwe greift eine Gazelle an, ein Löwe jagt einen Hasen, zwei Hunde hetzen ein Wildschwein. Dazwischen sind Vögel, Pflanzen und weitere Löwen sowie ein Greif wiedergegeben. Das Schallstück ist mit fünf dicht aufeinander folgenden Tieren geschmückt: ein Elefant mit Schabracke, ein Vogel, ein Steinbock, ein Löwe und ein gehörnter Vierbeiner, vermutlich eine Antilope. Die Verzierung des Pariser Olifanten folgt laut Shalem zwei unterschiedlichen stilistischen Traditionen: Während das Mund- und das Schallstück einer fatimidisch geprägten Gruppe nahestehen, zeigt die Hauptzone spätantike Einflüsse. Dies lässt auf ein vielfältiges, von intensiven Handelsbeziehungen zwischen Orient und Okzident geprägtes Umfeld schließen, wie es in Süditalien und auf Sizilien im 11. und 12. Jahrhundert gegeben war. SKa

Kat. Berlin 2014, S. 346, Nr. C 1 ▪ Shalem 2004, S. 64, 69, Taf. XIII, XIV, Abb. 35 ▪ http://www.musee-armee.fr/collections/base-de-donnees-des-collections/objet/olifant.html (19.6.2017).

71 

## Pyxis

Sizilien oder Xanten, 12. Jahrhundert
erworben 1892 in Xanten
Elfenbein, Bronze, vergoldet | H. 7,3 cm, B. 7,6 cm, T. 7,0 cm
Nürnberg, Germanisches Nationalmuseum | KG 718

Die aus einem Elfenbeinstück gefertigte Pyxis in Form eines Zentralbaus mit Apsiden ist mit Ornamenten geschmückt. Die Ornamentstreifen weisen zwischen doppelten Linien konzentrische Kreise mit Punkt in der Mitte auf; diese Ornamentik ist im Bereich der Apsiden einfacher ausgeführt. Das sogenannte Doppelkreispunktmotiv kommt bereits in der Elfenbeinkunst des Frühmittelalters auf und weist wohl auf den islamischen Kunstkreis hin.

Mit einem ungewöhnlichen Schloss kann die Pyxis verriegelt werden: Eine Stange muss dazu durch eine an der Apsis befindliche Röhre geschoben und an deren unteren Ende befestigt werden. Alle Scharniere sowie die Schlossbestandteile sind aus vergoldeter Bronze gefertigt. Aufgrund von Vergleichsbeispielen und der geringen Größe ist eine Verwendung als Reliquiar oder Hostienbehältnis denkbar. SH

Lit.: Kat. Berlin 1989, Bd. 1, S. 552 f., Nr. 4/17, Abb. 643 (Regine Marth) ▪ Kat. Nürnberg 2007, S. 396, Nr. 90, Abb. 371.

72

Fragment eines Grabmonuments

Zypern, zweite Hälfte 14. Jahrhundert

gefunden im Basar von Nikosia 1896

Marmor | H. 56,0 cm, B. 39,0 cm, T. 12,0 cm

Paris, Musée du Louvre – Département des Sculptures
(don Camille Enlart) | RF 1219

Das Relief zeigt einen knienden, nach rechts gewandten, jungen Mann in langärmligem Untergewand und ärmellosem Überrock, die Hände zum Gebet erhoben. Auf dem Haupt mit halblangen Haaren ruht eine Krone, an seiner linken Seite trägt er ein Schwert, von dem nur der Griff zu sehen ist. Der Dargestellte kniet unter einem mit Krabben besetzten Dreipassbogen, dessen linke Seite abgearbeitet ist. Vor ihm ist ein Wappenschild mit einem steigenden Löwen dargestellt.

Das in Nikosia auf Zypern aufgefundene Fragment gehörte ursprünglich wohl zu einem Grabmonument oder einem Sarkophag und wird in die zweite Hälfte des 14. Jahrhunderts datiert. Die Vermutung liegt nahe, dass ein so vergleichsweise aufwendiges Grabmal für einen Angehörigen der fränkischen Oberschicht Zyperns aus der Familie der Lusignan geschaffen wurde. In diese Richtung deuten auch die Krone und das Wappenschild, auch wenn dem Wappen die charakteristischen Balken der Lusignan fehlen – möglicherweise waren diese einst aufgemalt. Eine genaue Identifizierung mit einem König oder Prinzen der Lusignan ist jedoch nicht möglich.

Sollten diese Vermutungen zutreffen, stellt das Relief eines der seltenen plastischen Zeugnisse des Wirkens der Dynastie der Lusignan im mittelalterlichen Zypern dar. Die Eroberung des für die Kreuzfahrerstaaten wichtigen strategischen Stützpunktes Zypern war der nachhaltigste Erfolg, den Richard I. Löwenherz im Zusammenhang mit dem Dritten Kreuzzug erringen konnte. Auf dem Weg von Sizilien ins Heilige Land strandete ein Teil der englischen Flotte, darunter das Schiff mit seiner Verlobten Berengaria von Navarra sowie seiner Schwester Johanna, an der Küste Zyperns und wurde vom zypriotischen Herrscher Isaak Komnenos bedroht. Richard I. Löwenherz, der mit dem Rest der Flotte herbeieilte, eroberte in wenigen Tagen die gesamte Insel, ließ Isaak Komnenos in Ketten legen und heiratete am 12. Mai 1191 in Limassol Berengaria, die im Anschluss zur Königin gekrönt wurde. 1192 verkaufte Richard die Insel zunächst an die Templer (vgl. Beitrag Konnari, S. 204 ff.) und schließlich an den Titularkönig von Jerusalem, Guido von Lusignan. Über ihn kam Zypern in den Besitz der bedeutenden westfranzösischen Dynastie, wo die Insel bis 1489 blieb. SKa

Lit.: Aubert 1950 ▪ Kat. Paris 2012, S. 254, Nr. 133 (Pierre-Yves Le Pogam).

73 ▸

### Schüssel mit Schilddarstellung

Sankt Simeon, Provinz Hatay, Türkei, um 1200 bis 1268

Irdenware | fragmentiert, mit weißem Tonüberzug und geritzten Verzierungen, farbige Glasur | H. 8,0 cm, B. 22,0 cm, Dm. 18,0 cm

London, Victoria and Albert Museum | C.302–1937

74 ▸

### Schüssel mit geritzter Verzierung

Sankt Simeon, Provinz Hatay, Türkei, um 1200–1268

Irdenware | fragmentiert, mit weißem Tonüberzug und geritzten Verzierungen, farbige Glasur | H. 7,5 cm, B. 14,0 cm, Dm. 24,0 cm

London, Victoria and Albert Museum | C.309d–1937

75 ▸

### Schüssel mit geritztem Kreuz

Zypern, 13. oder 14. Jahrhundert

Irdenware | geritzte Verzierung | H. 8,8 cm, Dm. 17,5 cm

London, Victoria and Albert Museum | C.22–1936

76 ▸

### Schüssel mit Paardarstellung

Zypern, etwa 1275–1325

Irdenware | geritzte Verzierung | H. 8,8 cm, Dm. 16,5 cm

London, Victoria and Albert Museum | C.83–1933

77 ▸

### Schüssel mit der Darstellung eines Mannes

Zypern, um 1275–1325

gekauft vom Sammler Henry Walis

Irdenware | geritzte Verzierung | H. 9,6 cm, Dm. 14,2 cm

London, Victoria and Albert Museum | 1389–1901

Diese Keramikschalen sind Beispiele für eine Technik, die auch als *Sgrafitto* bezeichnet wird. Dieses dekorative Verfahren war im Mittelalter in den Ländern, die an das östliche Mittelmeer angrenzten, allgemein verbreitet. Der Scherben dieser Keramik ist rötlich und mit einer weißen Ton-Engobe überzogen. Die Verzierung wurde durch die Engobe hindurch eingeritzt und häufig noch mit Mineraloxid-Farben betont. Die verzierte Schale wurde dann ganz oder teilweise mit einer klaren Bleiglasur überzogen. Dies steigerte nicht nur den ästhetischen Gesamteindruck, es diente auch dazu, die glasierten Stellen wasserundurchlässig zu machen.

Ein großer Teil des keramischen Materials aus mittelalterlichen Ausgrabungen besteht aus Schalen unterschiedlicher Formen. Dieses Spektrum spiegelt die vorherrschenden Ernährungsgewohnheiten der Zeit wider, welche hauptsächlich eintopfartige Zubereitungen umfasste. Die Schalen C.302–1937 (Kat. Nr. 73) und C.309d–1937 (Kat.Nr. 74) wurden in einer Gegend in der südlichen Türkei hergestellt, die in westlichen Quellen als »Sankt Simeon« bezeichnet wurde. Sankt Simeon war der Hafen des Fürstentums Antiochia, eines 1098 gegründeten Kreuzfahrerstaates.

Die Schilde, die in Schale C.302–1937 (Kat.Nr. 73) als Ornament eingeritzt wurden, entsprechen dem Typ, der im 13. Jahrhundert in Europa allgemein verwendet wurde. Das Schildmotiv kann hier vielleicht eher als allgemeines Zeichen für einen ritterlichen Rang gelesen werden, weniger als Hinweis auf eine konkrete waffentragende Person, aber es lässt sicherlich auf einen höheren Status des ehemaligen Nutzers schließen.

Zypern wurde 1191, in den frühen Jahren des Dritten Kreuzzuges, von Richard I. Löwenherz erobert. Die Insel war seit dieser Zeit ein wichtiger Stützpunkt für den Nachschub der Kreuzfahrerstaaten im Morgenland. Eine typische Schalenform, die hier im 13. Jahrhundert hergestellt wurde, weist eine steile Wand auf, wie sie bei C.22-1936 (Kat.Nr. 75) zu sehen ist. In die Vertiefung der Schale ist das Bild eines Tatzenkreuzes eingeritzt. Dieses könnte sowohl ein heraldisches Kreuz darstellen als auch ein eher allgemeines christliches Symbol.

In einer weiteren engobierten *Sgrafitto*-Schale aus Zypern (C.83–1933, Kat.Nr. 76) sieht man die Darstellung einer Frau und eines Mannes, die an der Brust verbunden sind. Das »verbundene Paar« ist ein typisches Motiv auf Keramikgefäßen zypriotischer Herkunft. Das Motiv stammt höchstwahrscheinlich von einem armenischen Brauch her, bei welchem Verträge dadurch besiegelt wurden, dass die Beteiligten ihre Oberkörper aneinander pressten.

Eine weitere Schale (1389–1901, Kat.Nr. 77) zeigt einen Mann in einer wadenlangen Tunika, der zwischen zwei stilisierten Palmwedeln steht. Dieses Motiv taucht bereits in der Mitte des 13. Jahrhunderts auf einer süditalienischen Majolika-Schüssel auf. Es ist gut möglich, dass es sich um ein importiertes Ornament handelt, da nachgewiesen ist, dass solche Schüsseln auf italienischen Handelsschiffen in die Kreuzfahrerstaaten transportiert wurden. TB

Lit.: Blackman/Redford 2005 ▪ Boas 1994 ▪ Frierman 1967 ▪ Gelichi 1991 ▪ Redford 2014 ▪ Rogge/Grunbart 2015.

73

74

75

77

76

**78**

## Sechsseitiger Tisch

Syrien, Raqqa, 13. Jahrhundert

Frittenware | Flachrelief, opake, türkisgrüne Glasur | H. 32,0 cm, Dm. 29,5 cm

Kopenhagen, Davids Samling | 21/1982

Möbelstücke galten, wenn man ihren Stellenwert mit dem in Europa vergleicht, im islamischen Kulturkreis nie als zentrale Elemente der Wohnkultur. Der Grund dafür mag sein, dass viele der Völker, die solche Moden maßgeblich beeinflussten, historisch im Nomadentum verwurzelt waren. So waren Stühle beispielsweise nahezu unbekannt; die Menschen saßen auf Kissen und prachtvoll gewebten Teppichen.

Kleine, vieleckige Tische kannte man dagegen schon im frühen Mittelalter. Ein solches Exemplar aus bemaltem und gedrechseltem Holz, das aus Afghanistan stammt und sich in das 11. oder 12. Jahrhunderts datieren lässt, ist Bestandteil der Davids Samling in Kopenhagen. Stücke wie dieses sind aufgrund der Fragilität ihres Materials außergewöhnlich selten. Es existieren allerdings einige Beispiele, die zwar den hölzernen Tischen nachempfunden, stattdessen aber aus Keramik hergestellt wurden.

Die Herstellung solcher Tische war vergleichsweise einfach: Alle sechs Seiten wurden in derselben Form gegossen und anschließend durch die hexagonale Tischplatte miteinander verbunden. Dann formte man die einzelnen Tischbeine, bevor das Stück als Ganzes glasiert und anschließend gebrannt wurde – wobei allerdings immer das Risiko bestand, dass sich der Tisch ein wenig verzog. Es haben sich mehrere identische Tische dieser Art erhalten, dies kann als klares Anzeichen dafür gewertet werden, dass sie in großer Stückzahl produziert wurden.

Häufig ähneln die Tische kleinen Pavillons oder Kiosken und enthalten architektonische Elemente wie Säulen und Fenster, in denen manchmal sogar menschliche Figuren zu sehen sind. Die Inschrift, die auf diesem Tisch über den Bogenfenstern zu lesen ist – *al-sa'ada,* Zufriedenheit –, ist eine positive Anrufung, die in der ornamentalen Kunst dieser Zeit regelmäßig verwendet wurde.

Ähnliche Tische wurden auch aus Metall gefertigt, und um das Jahr 1900 fanden späte Nachfolgemodelle ihren Weg in die Rauchsalons in ganz Europa.

Tische wie dieser konnten natürlich ihrer eigentlichen Bestimmung entsprechend verwendet werden. Doch da die Oberflächen solcher Tische oft uneben waren, dienten sie wahrscheinlich als Sockel, auf denen große metallene Tabletts abgestellt wurden, die ebenfalls zahlreich erhalten sind. Selbst eine Verwendung als Sitzhocker wurde bereits als möglich erachtet, ist angesichts des verwendeten Materials und der oft empfindlichen Struktur aber doch unwahrscheinlich. KvF

Lit.: Folsach 2003 ▪ Folsach/Lundbæk/Mortensen 1996, Nr. 124 ▪ Graves 2012, Abb. 5, 16 ▪ Watson 2010.

79

## Schale mit Harpyie

Syrien, 12. Jahrhundert

Frittenware | transparente Glasur und Lüsterbemalung, sog. Tell Minis-Gruppe | H. 11,0 cm, Dm. 29,0 cm

Kopenhagen, Davids Samling | Isl. 199

Bei dem Motiv der Schale handelt es sich um eine Harpyie – einen Vogel mit dem Kopf eines Menschen. Die Palmetten im Hintergrund sind typisch für diese Epoche. Auf ihrem Kopf, vermutlich dem einer Frau, trägt die Harpyie eine Krone. Fabelwesen wie dieses sind im Westen wie im Osten aus vorislamischer Zeit bekannt und können kontextabhängig unterschiedliche Eigenschaften und Bedeutungen in sich vereinen. Es weist jedoch vieles darauf hin, dass konkrete ikonographische Deutungen in islamischer Zeit weniger üblich waren und es sich bei diesen Wesen – wie auch bei Sphinxen, Greifen, Adlern, Falken, Löwen, Panthern und anderen Raubtieren – um eine Form von Relikten handelte, die ganz allgemein als schmückende Elemente im Kontext der Hofkultur und der fürstlichen Macht gesehen werden sollten. Vor allem in Kunstwerken, die im 12. und 13. Jahrhundert in Ägypten, Syrien, Irak, Anatolien und im Iran entstanden, findet man sie im Überfluss. Als Wappentiere waren diese Fabelwesen und Räuber auch charakteristisch für die europäische Kunst dieser Epoche und somit auch für die der Kreuzfahrer.

Mit ihrer geschwungenen, konvexen Form ist diese große, grobe Schale ein eher untypisches Exemplar der Gruppe syrischer Keramiken des 12. Jahrhunderts, die als Tell Minis-Gruppe bezeichnet werden. Der Name leitet sich von einem zwischen Hama und Aleppo gelegenen Hügel ab, wo im Jahr 1959 etwa 100 Gefäße dieser Art gefunden wurden. Bei den meisten dieser Keramiken handelt es sich um dünnwandige Schalen aus transparent glasierter Frittenware, bei einigen anderen aber auch um Tongeschirr mit einer Zinnglasur oder um Frittenware, die mit einer opaken Glasur überzogen ist. Viele der Stücke wurden zudem mit Lüsterfarbe bemalt. Sie entstammen damit einer experimentellen Epoche in der Geschichte des syrisch-islamischen Töpferhandwerks, und es ist recht überzeugend argumentiert worden, dass diese Stücke von Töpfern hergestellt wurden, die aus dem ägyptischen Fatimidenreich emigriert waren. Die vergleichsweise naturalistischen Motive, die für viele der Verzierungen typisch sind, lassen sich zweifellos auf den Einfluss ähnlicher, in Ägypten produzierter Werke zurückführen, und auch die Verwendung von Frittenware wurde zu dieser Zeit in den Gebieten am Nil entwickelt. Gefäße der Tell Minis-Gruppe sind an mehreren Ausgrabungsstätten in Syrien gefunden worden, doch bis heute konnte keine Produktionsstätte identifiziert werden.

Eine weitere Tell Minis-Schale, die eng mit diesem Stück verwandt ist, befindet sich im Victoria and Albert Museum in London.

KvF

Lit.: Baer 1965, S. 29–48 ▪ Gladiss 2006, S. 51 ▪ Philon 1980, S. 219, Abb. 462, Taf. XX ▪ Porter/Watson 1967, Abb. A6, A8.

**80**

## Schale mit einem Löwen

Syrien, 12. Jahrhundert

Frittenware | transparente Glasur und Lüsterbemalung, sog. Tell Minis-Gruppe | H. 6,2 cm, Dm. 19,5 cm

Kopenhagen, Davids Samling | D74/1986

Mit ihrem dünnen Körper, den geraden Seiten und dem abgeschrägten, kreisförmigen Fuß kann diese Schale als typisches Exemplar der syrischen Keramik gelten, die zur Tell Minis-Gruppe gezählt wird (zur Tell Minis-Gruppe allgemein vgl. Kat. Nr. 79).

Für praktisch alle Kulturen gilt, dass insbesondere die Löwen – darüber hinaus aber auch andere große Raubkatzen wie Panther und Tiger – mit dem Adel assoziiert wurden. Löwen zieren auch unzählige Metall- und Keramikkunstwerke des Mittelalters, auch im islamischen Kulturkreis. Man findet sie auf Oberflächen aus Elfenbein und Glas, in Holz geschnitzt und in Stein gemeißelt. Sie schmücken Stoffe, Manuskripte und sogar Münzen, die in der islamischen Welt ansonsten meist keine symbolischen Elemente aufweisen. Kein anderes Tier – vielleicht mit Ausnahme des Adlers und des Falken – wird so sehr mit der Macht des Königtums gleichgesetzt. In Tierkampfmotiven symbolisiert der Löwe das Recht des Herrschers, über die restliche Gesellschaft zu gebieten.

Kunstwerke aus dem ägyptischen Fatimidenreich stellen Tiere und menschliche Figuren meist eher naturalistisch, dabei aber auch vergleichsweise statisch dar. Das trifft allerdings nicht auf diese Abbildung eines Löwen zu: Dieser Löwe hingegen blickt uns streitlustig an, während er auf den Hinterbeinen steht und die Vorderpfoten fast wie zum Boxkampf erhebt. Es scheint sich dabei bereits um einen Vorläufer der dynamischeren Tierdarstellungen zu handeln, wie sie für die etwas jüngere Raqqa-Keramik aus Syrien im 13. Jahrhundert typisch sind.

Mit Lüsterbemalung dekorierte Stücke wie dieses zählten zu den kostspieligsten Haushaltswaren, da die Technik ihrer Herstellung zwei Brennvorgänge statt nur einem erforderte. KvF

Lit.: Folsach 2001, Abb. 193 (siehe auch Abb. 126, 140–142, 164, 165, 307, 396, 399, 458, 471, 494, 583, 623, 633, 675) ▪ Gladiss 2006, S. 52 ▪ Porter/Watson 1967, Abb. A9, A10, A15.

**81**

## Schale mit Reiterdarstellung

Syrien, angeblich aus Raqqa, Ende 12.–13. Jahrhundert

Geschenk von Herbert M. Gutmann (1926) | Keramik (Fayence) mit weißem Scherben und weißer Engobe, schwarzem, dunkelblauem und rotbraunem Dekor unter farbloser bis leicht bläulicher Glasur | 2017 restauriert | H. 8,0 cm, Dm. 27,0 cm

Berlin, Staatliche Museen zu Berlin – Museum für Islamische Kunst | I. 4843

Die Innenseite der Schale zeigt einen Reiter auf einem Pferd, der sich mit erhobenem Schwert nach hinten wendet, um ein angreifendes Raubtier (Leopard?) abzuwehren, das die Hinterhand des Pferdes attackiert. Unter dem Pferd läuft ein Hase in die gleiche Richtung wie das Pferd. Schwert und Schild des Reiters sind europäischer Art, vor allem der Schild wird meist als normannisch bezeichnet. Der aus Gabelblättern gebildete Nimbus um den Kopf des Mannes, sein Turban, sowie das runde Gesicht mit schmalen Augen entsprechen den Darstellungen orientalischer Männer auf persischen Minai- und Lüsterfayencen des 12. Jahrhunderts. Der Reiter ist umgeben von floralen Ranken und Tulpen, die das Feld bis zum oberen Rand der Wandung ausfüllen. Der davon abgesetzte Rand der Schale ist mit sich wiederholenden kufi-ähnlichen Buchstaben (*mim* und *lam*) verziert, die keinen lesbaren Text ergeben.

Trotz der europäischen Waffen – zeitgenössisch als »fränkisch« bezeichnet – wird der Reiter oft als Muslim interpretiert, da die Übernahme gegnerischer Waffen in der Zeit der Auseinandersetzungen zwischen Kreuzfahrern und den Muslimen unter der Herrschaft der Ayyubiden nicht ungewöhnlich war. Es kann sich aber auch um einen »fränkischen« Ritter handeln, der sich orientalisch kleidet und dessen »orientalische« Gesichtszüge der künstlerischen Konvention geschuldet sind. In der Epoche der Kreuzzüge und kurz danach gibt es für beide Möglichkeiten Beispiele.

Die Schale ist ein Geschenk des Bankiers Herbert M. Gutmann (1879–1942), der islamische Kunst sammelte und auch externer Sachverständiger der Islamischen Abteilung des Kaiser-Friedrich-Museums war, des heutigen Berliner Museums für Islamische Kunst.

TT

Lit.: Hobson 1932, S. 20 f. ▪ Kat. Berlin 1979, Nr. 385, Abb. 8 (Johanna Zick-Nissen) ▪ Kat. Berlin 1995, S. 72 f., Nr. 85 (Gisela Helmecke) ▪ Lane 1947, S. 44 f., Abb. 78A ▪ Sarre 1927 ▪ Tunsch 2004.

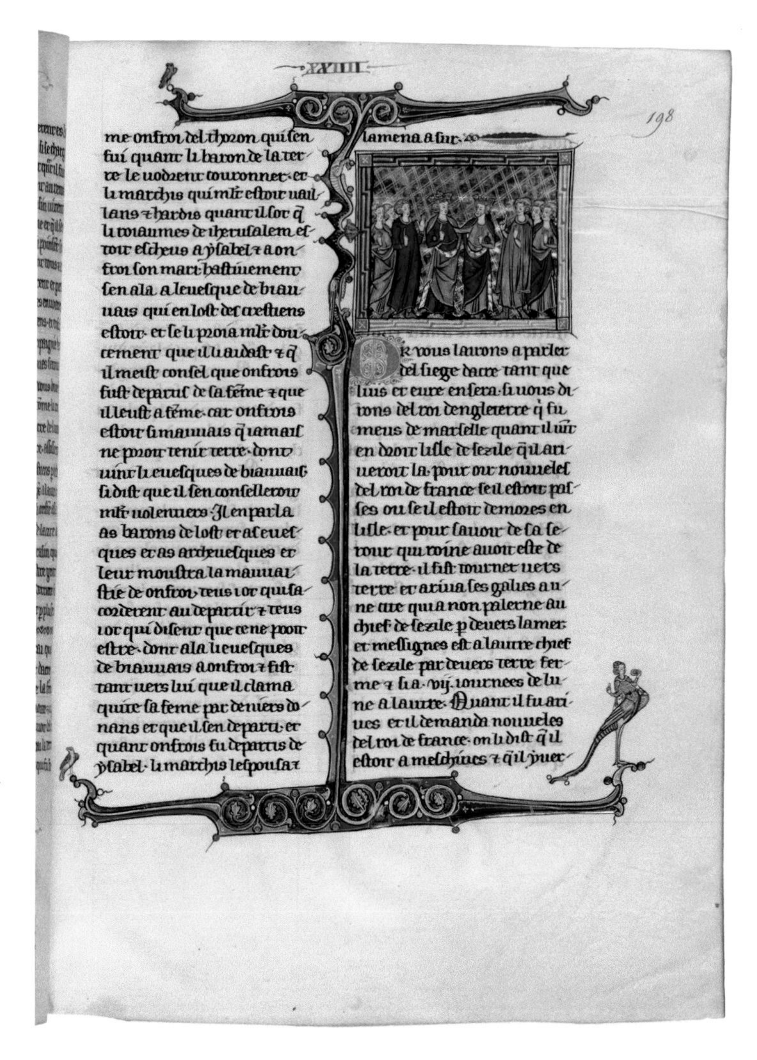

82

*L'estoire de Eracles*
(nach der lateinischen Chronik/Historia Wilhelms von Tyrus)

anon. Übersetzer u. Continuator d. Wilhelm von Tyrus, Burgund/Île-de-France/Flandern (?), um 1300

Pergament | zweispaltiger Textkörper, 10 eingerahmte farbige Miniaturen (H. 7,0 cm, B. 7,0 cm) | H. 25,0 cm, B. 18,0 cm, 248 Bll.

Paris, Bibliothèque nationale de France | Ms. fr. 2754, fol. 198r

BnF Ms. fr. 2754 repräsentiert eine der vielen altfranzösischen Über- und Fortsetzungen der lateinischen Chronik Erzbischof Wilhelms II. von Tyrus (1130[?]–1186), des historiografischen Hauptwerks zur frühen Kreuzzugsepoche des 11. und 12. Jahrhunderts. Die offiziöse Darstellung des studierten Prälaten und Kanzlers des Königreichs Jerusalem erfreute sich bis weit ins Spätmittelalter hinein nachhaltiger Beliebtheit, die mit neun Handschriften nach heutigem Kenntnisstand jedoch nicht annähernd an die Popularität von über 50 Bearbeitungen im Vernakular der Langues d'oïl heranreichte. Das Ungleichgewicht in der Rezeption erklärt sich mit einem zunehmend frankophonen Interesse an Vergangenheit und Gegenwart Outremers, welches im Verlauf des 13. Jahrhunderts immer stärker durch eine adlige Elite aus Zentral- und Nordfrankreich geprägt wurde.

Die Umstände jenes literarischen Transfers sind oftmals unbekannt, Entstehungskontext und Gebrauch vieler romanischer Textzeugen häufig ungeklärt. Zu unterscheiden ist zwischen divergierenden Textvarianten, die das 1184 endende Narrativ ihrer Vorlage bis 1197, 1232 oder 1262 fortführen, meist aber wie das Original mit dem byzantinischen Kaiser Heraklius einsetzen und daher unter dem Titel *L'estoire de Eracles* geführt werden. BnF Ms. fr. 2754 greift die Erzählung indes erst beim Tod Fulkos von Jerusalem 1143 auf und endet 1232. Die übliche Datierung des Codex auf die Zeit um 1300 und dessen vage geografische Zuweisung nach Nordfrankreich/Flandern sind wenig befriedigend, Entstehungszeit und Provenienz kaum genauer zu bestimmen.

Die Miniaturen aus BnF Ms. fr. 2754 dienen der Illustration der Handlung und, da sie den Beginn ausgewählter *livres* der Historia markieren, der Gliederung des Textflusses. Gemäß den gängigen Konventionen der bebilderten Kreuzzugschroniken zeigen sie Schlachten jener Ära, die Häupter des Königreichs Jerusalem sowie auf fol. 198r die Könige Philipp II. Augustus von Frankreich und Richard I. Löwenherz von England. Als Vorschau auf das 24. Buch, das namentlich von der *siege d'Acre* (1189–1191) handeln sollte und damit auch den Kreuzzug der beiden westeuropäischen Herrscher thematisiert, werden diese auf goldenem Grund, gekrönt und in einträchtiger Pose abgebildet, was unter Umständen auf ihren Friedensschluss im Vorfeld des Unternehmens verwies und auf dessen Erfolg hindeutete.

WZ

Lit.: Edbury 2014 ▪ Folda 1968 ▪ Handyside 2015 ▪ Morgan 1973 ▪ Weiss/Mahoney 2004.

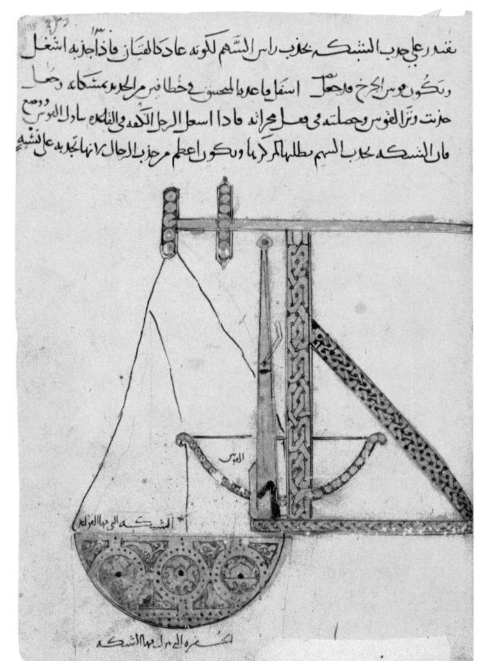
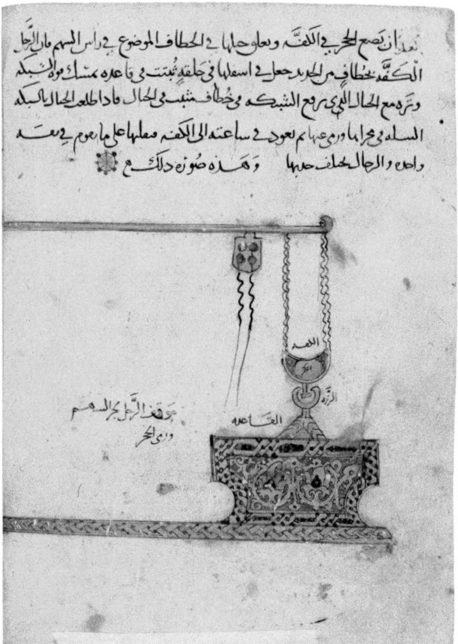
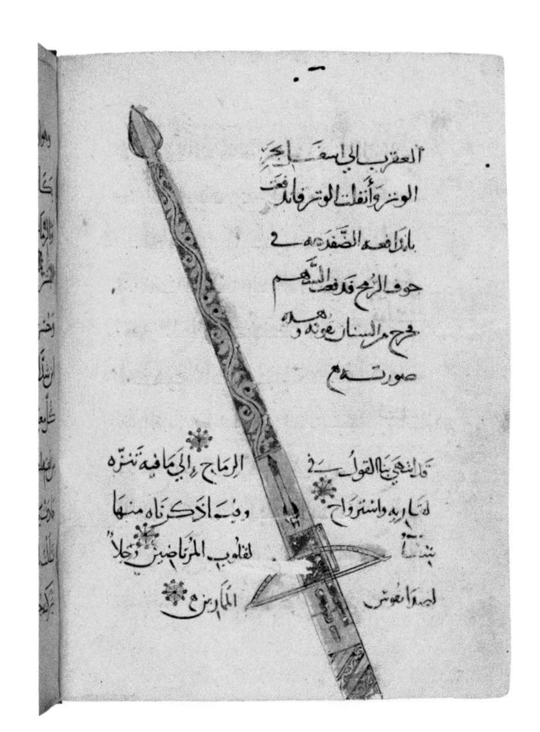

**83**

## Traktat über die Waffenkunde (Saladin gewidmet), Kitāb al-Tabṣirah fī l-ḥurūb

Text und Abschrift von Marḍī ibn ʿAlī ibn Marḍī al-Ṭarsūsī († 1193), Ägypten oder Syrien, wahrscheinlich vor 1187

arabische Handschrift auf Papier | an einigen Stellen restauriert, Ränder beschnitten, Einband aus dem 20. Jahrhundert aus lederbezogenem Holz mit geklebten Applikationen eines ledernen orientalischen Schmuckeinbands aus dem 15. oder 16. Jahrhundert | H. 25,5 cm, B. 18,5 cm, T. 4,9 cm, iv + 200 + iii Bll.

Oxford, Bodleian Libraries | MS. Huntington 264, fol. 134b, 135a, 102b

Am Freitag, den 20. des Monats Rajan im Jahr 583 der Hedschra (d. h. am 25. September 1187) verlegte al-Malik al-Nāṣir Abūl-Muẓaffar Yūsuf ibn Ayyūb (meist Ṣalāḥ al-Dīn ibn Ayyūb genannt und im Westen als Saladin bekannt) seine Truppen nach fünf Belagerungstagen vom Westen Jerusalems in den Norden der Stadt, wo er die Zelte aufschlagen und die großen, Mangonellen genannten Katapulte aufstellen ließ, um die Stadtmauern unter Beschuss zu nehmen. Ein Chronist aus jener Zeit vergleicht die Mangonellen mit »vom Wahnsinn befallenen Männern, die Felsbrocken um die Wette werfen«. Nach weiteren sieben Tagen der Belagerung war die Mauer durchbrochen und die Stadt konnte erobert werden: Die Mangonellen hatten die Schlacht entschieden.

Das hier gezeigte Exemplar eines Traktats über die Kriegskunst wurde wahrscheinlich noch vor der Belagerung Jerusalems von einem gewissen Marḍī ibn ʿAlī aus Tarsus für Saladins Schatzkammer angefertigt. Der Text befasst sich mit Schwertern und der Kunst, diese zu Schmieden – auch in der sogenannten Damasziertechnik – sowie mit Speeren, Schilden und Belagerungsmaschinen wie Katapulten und Ballisten. Abgeschlossen wird das Werk durch eine detaillierte mathematische Besprechung von Brennspiegeln, deren Einsatz als Waffe auf das antike Griechenland zurückgeht.

Über Marḍī von Tarsus ist wenig bekannt. Wir wissen lediglich, dass er wie Saladin im Jahr 1193 starb und bei einem Meister der Kriegskunst im ägyptischen Alexandria studiert hatte. In der Einleitung seines Werks lobt der Verfasser den großen heiligen Krieger (*Mujāhid*) Saladin und gibt sich als aufrichtiger Verehrer dieses Herrschers zu erkennen: Es sei sein größter Wunsch, sich als treuer Freund und Verbündeter dessen Hof anschließen zu dürfen.

Mit seiner Darstellung der mittelalterlichen Waffentechnik auf dem damaligen Höchststand ihrer Entwicklung könnte Al-Ṭarsūsīs Werk zum Ausgang einer der berühmtesten Schlachten des Mittelalters beigetragen haben.

AW

Lit.: Boudot-Lamotte 1968 ▪ Cahen 1948 ▪ Ṣādir 1998 ▪ Sezgin 2004.

84

## Helm

Syrien oder Ägypten, Ende 12. oder 13. Jahrhundert

Stahl mit Goldauflagen | H. 15,5 cm

Vaduz, Furusiyya Art Foundation

Nur wenige Helme haben sich aus dem islamischen Kulturkreis zur Zeit der Kreuzzüge erhalten, was diesen Helm zu einem besonderen Exemplar macht. Er ist aus einem Stück in Form einer Halbkugel gefertigt und mit einer reichen Dekoration aus einer dünnen Goldauflage verziert. Die obere Hälfte weist ein kompliziertes geometrisches Flechtwerkmuster auf, darunter verläuft ein schmaler Streifen aus runden Medaillons und Blätterranken. Der untere Teil ist mit einer breiten Inschrift in *thuluth* geschmückt, die bislang nicht entziffert werden konnte. Die Lochreihe entlang des unteren Randes diente zur Befestigung eines Helmfutters, eines Nackenschutzes oder einer Kettenkapuze, die unter dem Helm getragen wurde. Zeitgenössische Illustrationen zeigen, dass im Vorderen Orient unterschiedliche Helmformen zeitgleich in Gebrauch waren; Helme dieser schlichten Grundform waren allerdings sowohl im Orient auch in Europa bekannt (vgl. Beitrag Jaspert, Abb. 4). Auffällig ist, dass Helme aus dem islamischen Kulturkreis offenbar im Interesse eines ungehinderten Sichtfeldes selten einen Gesichts- oder Nasenschutz aufweisen, wie er bei zeitgenössischen europäischen Helmen (vgl. Kat.Nr. 87) zunehmend Verbreitung fand.

SKa

Lit.: Kat. Halle/Oldenburg/Mannheim 2005, S. 417 f., Nr. D4 (Julia Gonnella) ▪ Kat. Paris 2002, S. 170, Nr. 133 (Bashir Mohamed).

85 ▶

## Dolch und Scheide

Syrien, 12.–13. Jahrhundert

Klinge: Stahl; Griff und Scheide: nielliertes Silber | L. Klinge: 23,0 cm, L. Griff: 15,5 cm

Vaduz, Furusiyya Art Foundation | R–937

Heft, Parierstange, Knauf und Scheide des Dolchs sind mit Ausnahme der Rückseite der Scheide reich in Niellotechnik graviert. Die Enden der Parierstange sind herabgebogen und enden in stilisierten Drachenköpfen. Die doppelschneidige, leicht gekrümmte Klinge ist stark korrodiert. Der Knauf ist auf einer Seite mit einem geflügelten Greifen, auf der anderen mit einem aus stilisierten Lilien gebildeten kreuzförmigen Motiv verziert. Auf dem Heft sind Blütenmotive und Swastika in rautenförmigen Feldern dargestellt.

Besonders reich ist die Scheide verziert, die durch Querbänder in vier Abschnitte unterteilt wird; die Spitze endet in einer turbanartigen Verdickung. Auf den oberen Rand ist eine umlaufende Inschrift in *thuluth*, einem kursiven Schreibstil der arabischen Kalligraphie eingraviert, die mit »ewiger Ruhm, wachsender Wohlstand, allumfassende Macht und anhaltendes Glück« übersetzt werden kann. Darunter kämpft ein nimbierter berittener Krieger gegen einen Drachen – sehr wahrscheinlich eine Darstellung des hl. Georg. Der Kopf des Drachen ist ganz ähnlich den Drachenköpfen der Parierstange gebildet, der dünne, schlangenartige Körper zu einem Knoten geschlungen. In der oberen rechten Ecke ist die Hand Gottes zu sehen, die auf den Ritter deutet. Auf dem mittleren Abschnitt schwebt ein Greifvogel – vermutlich ein Adler – mit ausgebreiteten Schwingen über einem Hirsch. Auf dem langgestreckten unteren Teil verfolgen

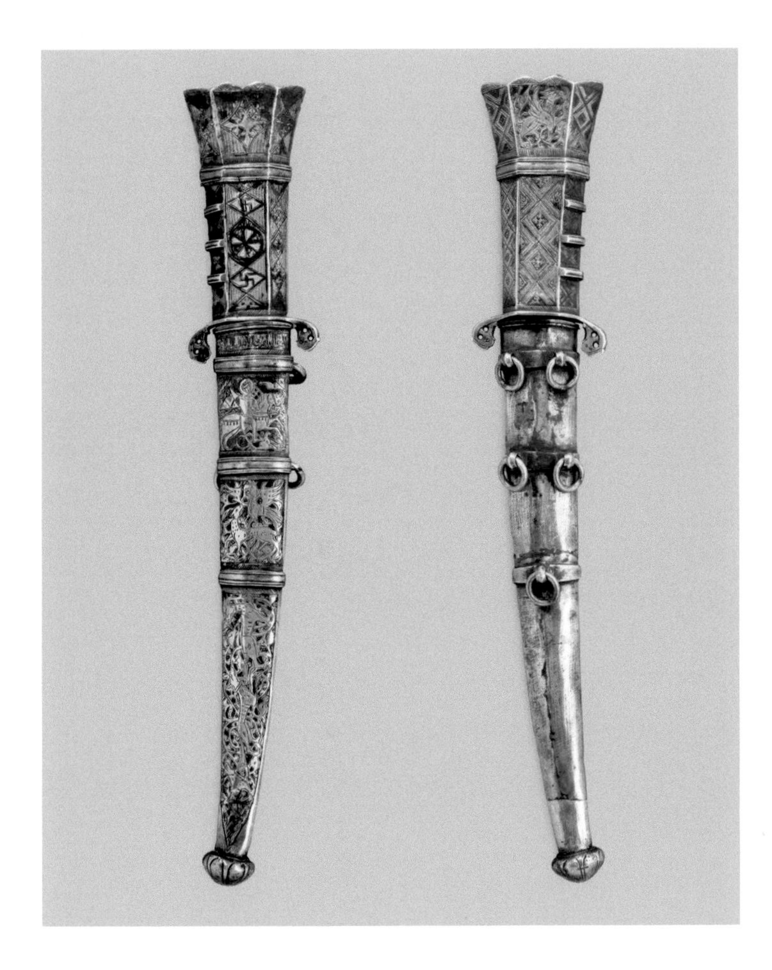

eine Raubkatze und ein Jagdhund mit Halsband ein drittes Tier, möglicherweise einen Hasen, vor einem Hintergrund aus spiraligen Ranken. Die Rückseite der Scheide ist unverziert und weist fünf Ringe zur Befestigung der wertvollen Waffe an einem Gürtel auf.

Direkte Parallelen zu diesem einzigartigen Stück sind nicht bekannt, auch wenn sich Kombinationen von Motiven aus dem islamischen und christlichen Kulturkreis im Kunsthandwerk des östlichen Mittelmeerraumes häufiger finden lassen. Die arabische Inschrift lässt annehmen, dass der Dolch von einem arabischen Kunsthandwerker geschaffen wurde, das Motiv des nimbierten Drachentöters spricht für einen christlichen Empfänger oder aber einen muslimischen Auftraggeber, der die repräsentative Waffe als Geschenk für einen hochrangigen Christen anfertigen ließ. Ob der Dolch tatsächlich ein Geschenk Saladins an Richard Löwenherz gewesen sein könnte, wie in der Literatur verschiedentlich angedeutet wird, muss jedoch völlig offen bleiben.

SKa

Lit.: Mohamed 2008, S. 155f., Nr. 148 ▪ Kat. Paris 2002, S. 118f., Nr. 57 (David Williams/Bashir Mohamed).

# Bewaffnung und Kampfesweise um 1200

Der Dritte Kreuzzug hat sein eigentliches militärisches Ziel nie erreicht. Jerusalem wurde nicht zurückerobert. Gegner und Beobachter staunten dennoch über die Teilerfolge der abendländischen Heere, die trotz unterlegener Anzahl, feindlichem Umfeld und schwieriger Führungssituation erfochten wurden. Die beachtliche Kampfkraft der Kreuzfahrer war dabei das Resultat einer langen Entwicklung auf psychologischem wie materiellem Gebiet.

Die verbreitete Ansicht, dass die Europäer des Mittelalters stark durch die Kreuzzüge beeinflusst wurden ist nicht falsch, muss aber in Bezug auf militärische Aspekte eingeschränkt werden. Die abendländische Bewaffnung und Kampfesweise stellte bereits zuvor ein effizientes System dar. Eine Anpassung der Ausrüstung erfolgte nur zum Teil, wo Klima, Belagerungen oder gegnerische Fernwaffen Schwächen aufzeigten.

Die entscheidenden psychologischen Komponenten – hohe Aggressivität, unbedingter Einsatzwille sowie ein manchmal recht irrational wirkendes Berufsethos – blieben jedoch weitgehend unverändert. Diese Ideologie des Rittertums war allerdings untrennbar mit Mängeln bei Kooperation und Strategie verbunden. Die materielle Ausstattung der Ritter und ihrer Gefolge veränderte sich um 1200 durch Erfahrung, Mode und verbesserte technische Möglichkeiten langsam, aber mit erkennbaren Tendenzen.

Kampf im Mittelalter beinhaltete intensive Gewalt und eine direkte Konfrontation der Gegner. Viel Sorgfalt wurde deshalb auf die Panzerung der Kämpfer verwendet. Diese bestand im frühen und hohen Mittelalter aus Kettengeflecht, welches aus eisernen Ringen hergestellt wurde. Zur Zeit der Kreuzzüge umfasste die volle Panzerung ein Kettenhemd (vgl. Kat.Nr. 90), das Torso, Oberschenkel und Arme schützte (oft mit Haube und Fäustlingen versehen), sowie separate Beinteile, die meist nur von Berittenen getragen wurden. Kettengeflecht bot einen guten flächigen Schutz gegen Schnitte und Pfeile. Es passte sich Körper und Bewegungen des Trägers an, Gewicht und Masse waren allerdings hinderlich, wenn man das Tragen von Panzerung nicht übte. Gegen Lanzenstöße und Wuchtwaffen war Kettengeflecht weniger effektiv. Schutz und Tragekomfort wurden verbessert, wenn man ein gepolstertes Gewand (meist aus Leinen) unter den Kettenteilen trug. Es verhinderte Brüche,

1 Darstellung von Rüstungsbestandteilen in Heinrich von Veldekes *Eneit*, einer Handschrift aus der Zeit um 1200 ▪ Berlin, Staatsbibliothek zu Berlin – PK, Ms. germ. fol. 282, fol. 34v (Detail).

bremste Pfeile und saugte Rost, Schweiß und Schmutz auf. Es konnte als billigere Schutzkleidung auch allein getragen werden (vgl. Kat.Nr. 167). Da die Herstellung von Kettenpanzerung zeitraubend und teuer war, blieb die Ausrüstung größerer Kontingente schwierig, sicher ein Faktor, der die starke Position von Berufskriegern bedingte.

Die besondere Verwundbarkeit von Kopf und Gesicht im Kampf machte eine zusätzliche Panzerung durch Helme nötig. Vor dem Ende des 12. Jahrhunderts war die verbreitetste Helmform eine konische oder gerundete Haube, an die oft ein Nasenschutz (Nasal) angefügt war. Solche Helme konnten aus Blechen zusammengenietet (vgl. Kat.Nr. 89) oder aus einem Stück Eisen getrieben werden (vgl. Kat.Nr. 87). Die Sicht war gut, aber die Augenpartie blieb anfällig für Stiche oder Beschuss.

Das Hinzufügen einer Gesichtsplatte bot eine Verbesserung. Sowohl diese Form als auch die Nasalhelme traten um 1200 auch mit oben abgeflachter Kalotte auf. Dieser Typ entwickelte sich dann durch Ergänzung weiterer Platten zum Topfhelm weiter (vgl. Abb. 1). All diese Helmtypen wurden zur Zeit des Dritten Kreuzzuges nebeneinander verwendet, offenbar je nach persönlicher Vorliebe oder vorhandenen Mitteln. Die Helme mit Gesichtsschutz waren gut geeignet für berittene Kämpfe mit der Lanze und gegen Pfeilbeschuss, wegen der eingeschränkten Sicht jedoch weniger für den Kampf zu Fuß.

Durch das Anfügen einer eisernen Krempe an eine einfache gerundete Helmhaube entstand in dieser Zeit auch der Eisenhut, ein Helm, der Fußsoldaten gegen Hiebe und Geschosse von oben schützte, etwa bei Kämpfen gegen Reiter oder bei Belagerungen (vgl. Kat.Nr. 86).

Ein unverzichtbarer Teil der Kampfausrüstung zur Zeit des Dritten Kreuzzuges war der Schild. Er wurde passiv als Deckung eingesetzt und aktiv zum Blockieren von Angriffen und Wegschieben des Gegners. Seine Konstruktion war ein Kompromiss zwischen Gewicht, Fläche und Stabilität. Um 1200 entwickelte sich der europäische Schild von einer hohen Form, die einem umgekehrten Tropfen ähnelte und den ganzen Körper deckte, hin zu kürzeren und mehr dreieckigen Formen. Diese bildeten viele Varianten aus, oft mit abgerundeten Ecken (vgl. Kat.Nr. 167, Abb. 1).

Diese kleineren Schilde wurden vor allem von Reitern getragen, die den geringeren Schutz mit dem Topfhelm ausglichen. Diese verbargen allerdings das Gesicht, so dass die Reiter nun nicht mehr persönlich erkennbar waren. Die Bemalung von Schildflächen und Helmen mit eindeutigen Farben und Zeichen bot Abhilfe. Aus ihr entwickelte sich das Wappenwesen. Dessen Ansätze sind auch in den Siegeln erkennbar, die Richard Löwenherz verwendete (vgl. Beitrag Sarnowsky, Abb. 3 und Beitrag Keupp, Abb. 4). Hier erkennt man die allmähliche Ausbildung des heutigen englischen Wappens.

Die taktisch entscheidende Angriffswaffe des Ritters war die Lanze, ein langer und schwerer Speer. Sie wurde beim Angriff fest unter die Achsel geklemmt und konzentrierte Geschwindigkeit und Gewicht von Reiter und Pferd auf ihre Spitze. Diese Wucht und die Reichweite waren entscheidende Vorteile gegenüber Gegnern zu Fuß. Bei berittenen Feinden hielt man die Waffe diagonal nach links und ritt aneinander vorbei, um die für beide verheerende Wucht eines frontalen Zusammenpralls zu vermeiden. Die Lanzen waren um 1200 noch nicht zu den monströsen spezialisierten Formen entwickelt, die man im Spätmittelalter antrifft (Abb. 1), sie besaßen einen geraden Schaft von etwa 3 m Länge und konnten noch zu Fuß eingesetzt werden.

Die charakteristische Waffe europäischer Ritter war das zweischneidige Schwert. Um 1200 setzte sich dessen klassische Form durch: Sie war für Hieb und Stich geeignet, mit langer gerader Parierstange, kurzem einhändigen Griff und scheibenförmigem Knauf (vgl. Kat.Nr. 88). Daneben traten häufig noch ältere Knauftypen auf, die sich aus frühmittelalterlichen Vorläufern entwickelt hatten (vgl. Kat.Nr. 91). Da die Lanze oft im Angriff zerbrach, war das Schwert die bevorzugte Waffe des Reiterkriegers. Sie kam im Handgemenge, zu Fuß oder im Zweikampf zum Einsatz und erlaubte das Austeilen von Hieben und Stichen oder das Parieren gegnerischer Angriffe. Das Schwert war auch ein Statussymbol, und in der Zeit der Kreuzzüge wurde es zunehmend als Kreuz interpretiert, das der christliche Kämpfer bei sich trug, oft auch mit religiöser Ornamentik verziert (vgl. Kat. Nr. 92).

Neben dem Schwert kamen im Nahkampf auch keulenartige Waffen zum Einsatz. Sie ermöglichten die Betäubung und Gefangennahme des Gegners und verursachten gefährliche Brüche. Hämmer, Äxte und Pickel wurden um 1200 nur vereinzelt verwendet, während das Tragen von Dolchen oder Messern allgemein vorausgesetzt werden kann.

Obwohl Fußsoldaten unverzichtbar waren, um den elitären Reiterkriegern eine Rückzugs- und Sammelmöglichkeit zu bieten, werden sie in den Quellen eher nebenbei behandelt. Abbildungen von Belagerungen oder Lagerszenen zeigen die Infanterie wie sie schanzt, schießt, klettert und wacht. Meist waren dies professionelle Kriegsknechte, die sich um 1200 noch wenig von den berittenen Kriegern unterschieden, allenfalls im Umfang der Kettenpanzerung und der Qualität der Waffen. Häufig wurden auch abgesessene Reiter als schwere Infanterie eingesetzt.

In der Zeit des Dritten Kreuzzuges war der Einsatz von Fernwaffen ein selbstverständlicher, wenn auch untergeordneter Teil der Kampfesweise europäischer Heere. Die Ausschaltung des Gegners auf Distanz passte nicht zum Selbstverständnis der berittenen Elite. Trotzdem zeigen Abbildungen regelmäßig den Einsatz von Bogen und Armbrust bei Belagerungen. Sie wurden überwiegend von spezialisierten und geübten Kriegsknechten verwendet. Bögen konnten entweder aus einem Stück Holz oder aus einer Schichtung von Materialien hergestellt werden und ihre Stärke konnte ausreichen um Kettenpanzer zu durchschlagen. Der Einsatz von Armbrüsten blieb im Mittelalter lange umstritten, da sie gespannt bereitgehalten werden konnten, was einen Einsatz im Hinterhalt ermöglichte. Tatsächlich zeigen Abbildungen von Belagerungen oft Armbruster als »Scharfschützen« auf beiden Seiten (vgl. Kat.Nr. 167). Wie gefährlich sie waren, zeigt nicht zuletzt der Tod von Richard Löwenherz, als ein Armbrustschütze die einmalige Gelegenheit nutzte und den feindlichen Anführer ungepanzert erwischte. MB

86

### Eisenhut

wohl 12./13. Jahrhundert

Burg Wilnsdorf

Eisen | geschmiedet, getrieben | H. 20,0 cm

Wilnsdorf, Museum Wilnsdorf | 100–005

Die Burg Wilnsdorf wurde 1233 nach Beschluss eines Ketzergerichts zerstört. In den Ruinen der heute überbauten Anlage wurde dieser eiserne Helm gefunden, der vielleicht bei Kampfhandlung oder beim Abbruch in den Boden gekommen war. Es handelt sich um eine einfache und frühe Form eines Helmtyps, der eine lange Entwicklungsgeschichte aufweist. Mit der an eine Kalotte angefügten Krempe ähnelte er einem Hut. Zweck war der Schutz des Kopfes vor Angriffen, vor allem vor solchen, die von oben geführt wurden. Der Eisenhut war deshalb beliebt bei Fußsoldaten, die sich gegen Reiter oder bei Belagerungen gegen herabgeschleuderte Projektile verteidigen mussten. Nebenbei schützte die Hutform den Soldaten auch ein wenig gegen Sonne und Regen. Bei den Kreuzfahrern bewährte sich dieser Helmtyp, wie häufige Darstellungen belegen. MB

Lit.: Kat. Herne 2010, S. 427, Nr. 110 (Dirk Breiding).

87

### Konischer Nasalhelm

11.–12. Jahrhundert

Augsburg, Hinter dem Schwalbeneck 5–9

Eisen | geschmiedet, getrieben | H. 27,5 cm, B. 21,3 cm, Dm. 24,0 cm

Augsburg, Kunstsammlungen und Museen – Römisches Museum | 1998, 5958

Der Helm besteht aus einer spitzkonischen, aus einem Stück getriebenen Haube. Ihre Unterkante ist mit Löchern versehen, die wohl zur Befestigung eines Helmfutters oder Nackenschutzes aus Kettengeflecht dienten. Der Nasenschutz (oder Nasal) an der Vorderseite ist aus demselben Material geschmiedet. Er ist nach unten verbreitert und verdickt und schützte damit auch die Mundpartie. An der Unterkante sitzt ein kleiner Haken, der wohl zum Befestigen eines Latzes aus Kettengeflecht benutzt wurde, der weiteren Schutz für das Gesicht bot. Gefunden wurde der Helm in der Verfüllung einer Vorratsgrube. Vielleicht war er im Zuge kriegerischer Handlungen hierher geraten, die Augsburg im 11. und 12. Jahrhundert in Händel der Reichsaristokratie verwickelten. Dieser langlebige Helmtyp gehörte zur Zeit des Dritten Kreuzzugs noch zur kriegerischen Standardausrüstung. MB

Lit.: Bakker 1999, S. 103f. ▪ Kat. Schallaburg 2007, S. 206, Nr. 08.18 (Lothar Bakker) ▪ Kat. Speyer 2011, S. 268, Nr. 229 (Manfred Hahn).

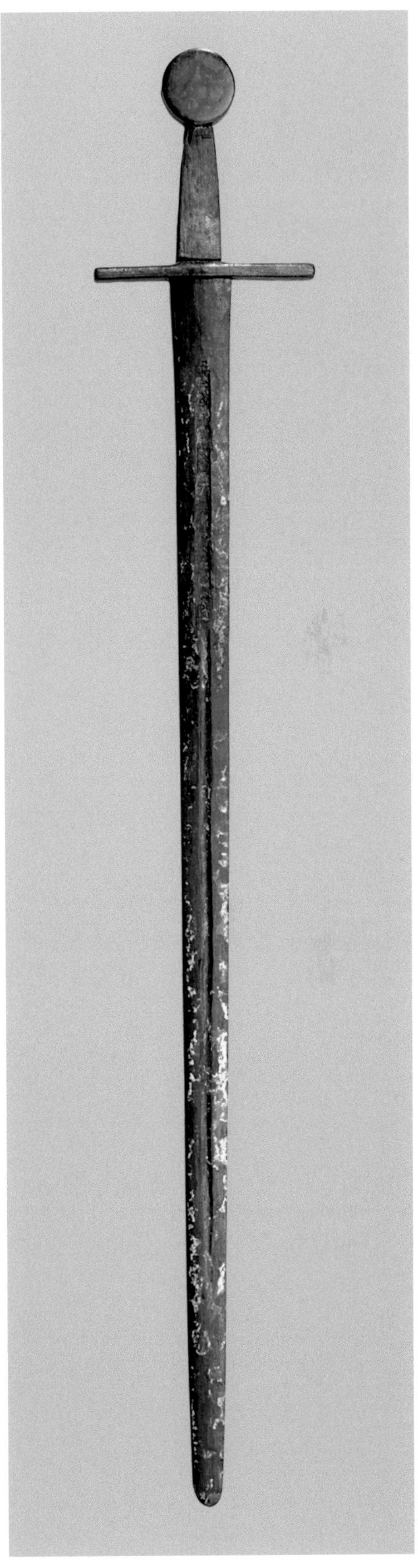

**88**

## Schwert mit Scheibenknauf

12. Jahrhundert (?)

Eisen | geschmiedet, gehärtet | L. 110,0 cm

Herne, LWL-Museum für Archäologie – Westfälisches Landesmuseum

Diese Waffe ist ein Vertreter des klassischen hochmittelalterlichen Ritterschwertes. Dieses hat einen kurzen Griff für nur eine Hand, einen scheibenförmigem Knauf sowie eine gerade Parierstange. Die Klinge ist relativ lang und läuft zur Spitze hin allmählich zu. Sie war damit für Hieb und auch Stich einsetzbar. Die Kehlung der Klinge ist mit einer eingelegten Inschrift verziert, sie lautet INOMINEDOMINI (= IN NOMINE DOMINI / Im Namen des Herrn).Die gezeigte Waffe entspricht am ehesten Oakeshotts Typ XI. Sie steht in einer langen Entwicklungslinie zweischneidiger Schwerter. Diese reicht von frühmittelalterlichen Typen mit geraden Knaufplatten und Parierstücken über Typen mit paranussförmigem Knauf hin zu solchen mit Scheibenknäufen. Diese Tendenz zur Abrundung kommt wohl daher, dass beim Fechten zunehmend mit abgewinkeltem Handgelenk Stiche ausgeführt wurden. MB

Lit.: Geibig 1991 ▪ Oakeshott 1964.

**89**

### Spangen- oder Kalottenhelm

12. Jahrhundert

Chamoson (Kanton Wallis), Schweiz

Eisen, Messing | geschmiedet | H. 17,5 cm, B. 20,0 cm, T. 18,0 cm, Gew. 1,465 kg

Zürich, Schweizerisches Nationalmuseum | LM 17483

Der Helm wurde 1927 bei Chamoson ausgegraben. Er besteht aus einer kugeligen Kalotte oder Haube, die aus einem Stück Eisen getrieben wurde. Am unteren Rand wurde mit kugelköpfigen Nieten ein mit gepunzten Ranken verzierter Stirnreif aus Messing angefügt. Dieser besitzt Löcher am unteren Rand, die wohl zur Befestigung eines Helmfutters oder Nackenschutzes dienten. Über die Kalotte wurden außerdem kreuzweise zwei Messingbänder gelegt. Diese Spangen dienten nur der Verzierung. Bei älteren Spangenhelmen, die aus mehreren Platten zusammengefügt wurden, hatten solche Spangen noch die Funktion, die Nähte zu verdecken. Diese »antiquierte« Verzierung und zeitgenössische Abbildungen erlauben es, den Helm in das 12. Jahrhundert zu datieren. MB

Lit.: Gessler 1928 ▪ Schneider 1953, S. 6 u. Abb. 1.

**90** ▶

### Kettenhemd

mittelalterlich

Eisen, Messing, Leder, Ringgeflecht, Lederriemen und Schnallen | Gew. ca. 8,0 kg

Linz, Oberösterreichisches Landesmuseum | C 1637

Der Saum des langärmligen Kettenhemdes reicht bis etwa zur Oberschenkelmitte. Ein angearbeiteter Kragen schützt den Hals. Die vordere Öffnung ist mit vier Schnallen und Riemen zu verschließen. Das ist zwar praktisch zum schnellen Anlegen, schwächt aber die Brustpartie. Dieses Merkmal kam deshalb erst im späteren Mittelalter auf, als zusätzliche Plattenpanzer über der Brust getragen wurden. Auch die Rosettennieten der Schnallen und die Messingringe am unteren Saum deuten eher auf eine spätere Datierung hin. Es ist jedoch möglich, dass diese Merkmale durch Änderungen an einem älteren, hochmittelalterlichen Stück entstanden. Das Kettenhemd gibt in Dimensionen und allgemeiner Erscheinung einen Eindruck, wie das Panzerhemd zur Zeit des Dritten Kreuzzuges aussah. MB

Lit.: Capwell 2007, S. 14 ▪ Kat. Berlin 2010 b, S. 149 f., Nr. 7.4 (Sven Lüken) ▪ Kat. Mainz 2004, S. 97 ff. (David Nicolle).

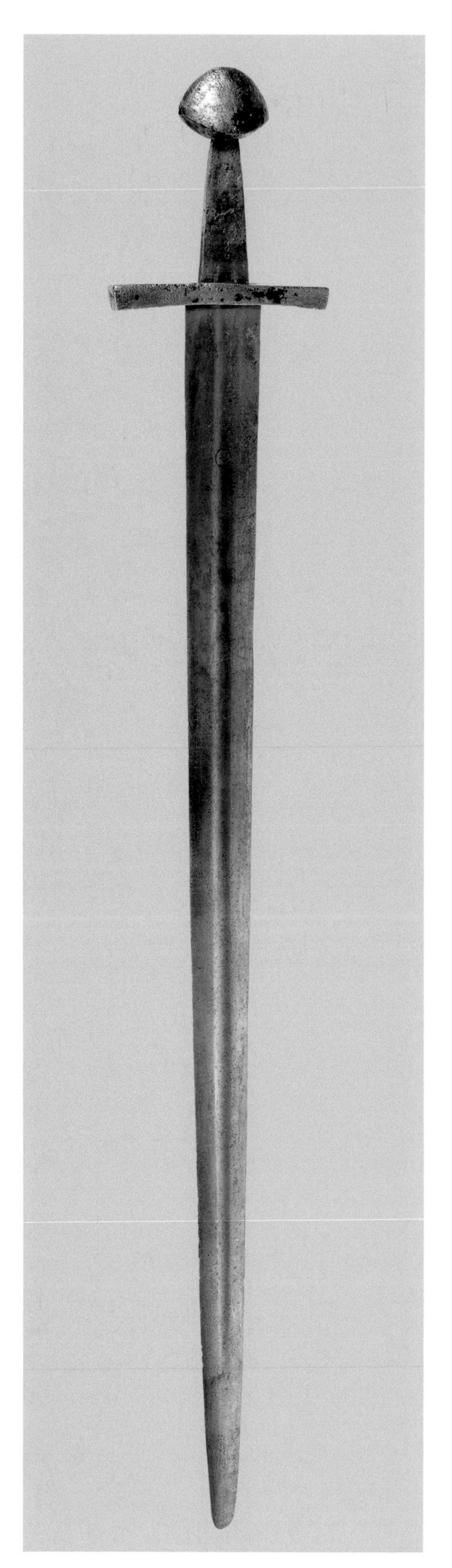

◀ 91

## Schwert Chadelohs I. von Falkenstein

Bayern (?), viertes Viertel 12. Jahrhundert

1892 in der Gruft von Burg Falkenstein bei Altenhof i. M., Österreich, 1944 übernommen aus der Sammlung Pachinger

Eisen | geschmiedet, gehärtet – Gold | tauschiert | L. 99,7 cm

Linz, Oberösterreichisches Landesmuseum | C 2185

Die Waffe wurde nach ihrer Auffindung in der Gruft der Burg Falkenstein Chadeloh I. zugeschrieben (um 1173–1190). Diese Datierung an das Ende des 12. Jahrhunderts wird durch ihre Form bestätigt. Die Klinge ist recht schlank, mit zulaufenden Schneiden, die in einem abgerundeten Ort (Ende der Klinge) enden, und einer langen Hohlkehle (entspricht am ehesten Oakeshotts Typ XI). Der Griff ist einhändig, mit breiter Griffangel. Die Parierstange ist gerade, der Knauf paranussförmig. Auf der Klinge sind beidseitig Zeichen eingeschlagen: Ein Kreuz im Kreis (auch Weihe- oder Sühnekreuz) sowie ein Kreuz mit Balkenenden (Krucken- oder Jerusalemkreuz). Ob die Waffe für eine Kreuzzugsteilnahme Chadelohs gefertigt wurde oder als Statussymbol diente, ist unsicher. MB

Lit.: Kat. Nürnberg 2010, S. 113, Nr. 3.40 (Kathrin Vogelsang) ▪ Kat. Schallaburg 2007, S. 199, Nr. 06.11 (Ute Streitt).

92

## Schwert mit Paranussknauf

um 1150–1260

Yverdon (Kanton Waadt), Schweiz

Eisen | geschmiedet, gehärtet – Messing | tauschiert | L. 94,4 cm, B. 15,4 cm

Zürich, Schweizerisches Nationalmuseum | LM10116

Dieses Schwert ist eine typische Waffe der Zeit um 1200. Sein Knauf hat die Form einer Paranuss, die Parierstange ist gerade und die zweischneidige Klinge lang, mit gleichmäßiger Verjüngung und spitzem Ort. Der kreuzförmige Umriss war zwar primär funktional bedingt, die Symbolik von den Benutzern aber durchaus erwünscht. Diese Mischung von kriegerischer Funktion und christlichem Bekenntnis führte auch zur Verzierung von Klingen mit verschiedenen Symbolen und Bildern. Oft waren dies Kreuze, aber im vorliegenden Fall ist die Verzierung sehr viel reicher. Die tauschierten religiösen Symbole und Bilder bedeckten einst beidseitig die Mitte der Klinge. Wahrscheinlich mahnten sie den Träger an den ewigen Kampf von Gut und Böse. MB

Lit.: Kat. Paris 2011, S. 21 (hier jedoch mit falscher Beschriftung) ▪ Wegeli 1902–1905, S. 221–223.

# Kapitel VI
# Die Gefangenschaft

» In einer kleinen Absteige in der Nähe von Wien kehrte er ein, die Gefährten entließ er bis auf wenige. Bei einer dienenden Tätigkeit – damit er nicht erkannt werde –, bei der Zubereitung der Zukost durch ihn selbst war er daher beschäftigt; er briet ein Huhn, das auf ein Holz gesteckt war, wendete es mit eigener Hand und hatte einen erhabenen Ring am Finger vergessen. «

OTTO VON ST. BLASIEN, *CHRONIK*

# Gefangennahme und Gefangenschaft Richards I. Löwenherz

Knut Görich

Glaubt man Roger von Howden, einem gut informierten und hofnahen englischen Chronisten, dann dauerte die Gefangenschaft Richards I. Löwenherz ein Jahr, sechs Wochen und drei Tage (Roger von Howden, Chronica [RerBrit 51,3], S. 234). Wenige Tage vor Weihnachten 1192 wurde der König von Männern Herzog Leopolds V. von Österreich in Erdberg bei Wien gefangen genommen (Abb. 2). Die Zeit bis zu seiner Auslieferung an Stauferkaiser Heinrich VI. verbrachte er auf Burg Dürnstein an der Donau. Dort befand er sich in der Obhut Hadmars II. von Kuenring, einem der mächtigsten Ministerialen des Herzogs (Abb. 3). Erstmals begegnete Richard dem Staufer dann Anfang Januar 1193 in Regensburg, wo zunächst vergeblich über die Bedingungen verhandelt wurde, unter denen Richard in den Gewahrsam des Kaisers überstellt werden sollte. Am 14. Februar einigten sich Heinrich und Leopold in Würzburg. Der Herzog ließ sich vom Kaiser Geiseln für die 50.000 Mark Silber stellen, die er als seinen Anteil am Lösegeld für den König einforderte; insgesamt sollten im Angevinischen Reich 100.000 Mark aufgebracht werden. Zwischenzeitlich war in England, wo man von Mitte November bis Mitte Januar nichts über den Verbleib des Herrschers erfahren hatte, durch einen Brief Heinrichs VI. bekannt geworden, dass Richard gefangen genommen worden war. Eine Versammlung in Oxford entsandte daraufhin zwei Zisterzienseräbte nach Deutschland, die den König im März 1193 in Ochsenfurt am Main im Gefolge Leopolds antrafen. Der Herzog war auf dem Weg zum Hoftag nach Speyer, wo Heinrich VI. am 22. März über verschiedene Vorwürfe verhandeln ließ, die er gegen den englischen König erhob: Unterstützung König Tankreds, der ihm das Erbe seiner Gemahlin Konstanze – das Königreich Sizilien – vorenthielt; Absetzung und Gefangennahme seines Verwandten, des Kaisers Isaak Komnenos von Zypern; Ermordung seines Lehnsmannes, des Markgrafen Konrad von Montferrat, der 1192 zum König von Jerusalem erhoben worden war; Schmähung der Fahne seines Verwandten, Herzog Leopolds V. von Österreich, während der Eroberung von Akkon (Ralph von Coggeshall, Chronicon Anglicanum [RerBrit 66], S. 58 f.). Richard konnte die Vorwürfe zwar entkräften, jedoch blieb er Gefangener des Kaisers, nachdem ihn Leopold am 23. März formell dessen Obhut unterstellt hatte. Bis Mitte April wurde er auf der Burg Trifels festgesetzt, dann hielt er sich, offenbar nach persönlicher Intervention des englischen Kanzlers William Longchamp, im Gefolge des Kaisers auf, zunächst in der Pfalz im elsässischen Hagenau. Am 4. Februar 1194 endete Richards Gefangenschaft auf dem Hoftag in Mainz, wo ihn die Erzbischöfe von Köln und Mainz seiner Mutter Eleonore von Aquitanien übergaben; sie war mit Richards vertrautesten Beratern, Erzbischof Walter von Rouen und Kanzler William Longchamp, am Hof des Kaisers erschienen, um die Modalitäten der Freilassung zu regeln.

Die Hoftage von Speyer und Mainz markieren die zeitlichen Eckpunkte, zwischen denen die Konditionen der Freilassung Richards – als Folge der ihrerseits wechselnden politischen Konstellationen – mehrfach wechselten. In Deutschland sah sich Heinrich VI. seit der ihm zur Last gelegten Ermordung Alberts von Brabant, eines Kandidaten für den Lütticher Bischofsstuhl, mit einer starken niederrheinischen Fürstenopposition konfrontiert. Deren wirtschaftliche Verbindungen nach England ermöglichten Richard eine vermittelnde Einflussnahme, die im Frühsommer zur Beilegung des Konflikts mit dem Staufer führte. Unterdessen nutzte der französische König Philipp II. Augustus die Gefangenschaft Richards, um den seit langem schwelenden Konflikt um Teile der Normandie zu seinen Gunsten zu lösen. Bereits im Januar 1193 hatte er Richards Bruder Johann mit der Normandie belehnt. Während Johann in England das Königtum für sich beanspruchte, schürte Philipp in Aquitanien und in der Normandie Unruhen, knüpfte Verbindungen zu unzufriedenen

1 Gefangennahme des als Pilger verkleideten Richard I., Petrus de Ebulo, *Liber ad honorem Augusti sive de rebus Siculis*, Sizilien, Ende 12. Jahrhundert ▪ Bern, Burgerbibliothek, Cod. 120 II, fol. 129r (Detail).

2 Gedenktafel zur Erinnerung an die Gefangennahme Richards I. in Erdberg/Wien ▪ Foto: Hedwig Abraham.

Adligen der Region und setzte sich in den Besitz mancher wichtiger Orte und Burgen. Von einem Bündnis Philipps mit Heinrich VI. wäre eine ernste Gefahr für Richards Herrschaft ausgegangen. Jedoch vermittelte Richard einen Ausgleich zwischen Heinrich VI. und der deutschen Fürstenopposition; dieser Erfolg wendete die Gefahr ab, die für ihn von einem ursprünglich für Juni geplanten Treffen des Kaisers mit dem französischen König ausgegangen wäre. Stattdessen wurde erneut über die Lösegeldzahlung verhandelt und am 29. Juni in Worms die Würzburger Vereinbarung revidiert: Richard sollte freigelassen werden, sobald 100.000 Mark Silber aufgebracht und Geiseln für weitere 50.000 Mark gestellt seien, die allerdings bei Erfüllung eines – bis heute unklaren – Versprechens hinsichtlich Heinrichs des Löwen erlassen werden sollten. Auch entfielen die Verpflichtungen Richards zur Unterstützung des nächsten Sizilienfeldzugs des Kaisers; in Würzburg war noch eine persönliche Teilnahme Richards vereinbart worden, die dann schon in Speyer zugunsten einer materiellen Unterstützung in Höhe von 50 Schiffen und 200 Rittern modifiziert worden war. Diese kostspieligen Dienstverpflichtungen wurden in Worms durch einen markant erhöhten, einmaligen Geldbetrag abgelöst. Das war offenkundig auch ein Versuch, Richards persönliche Verpflichtung gegenüber dem Kaiser – und damit den Eindruck seiner Abhängigkeit – zu verringern. Auf die Nachricht von dieser Einigung soll Philipp Richards Bruder Johann gewarnt haben, er möge sich vorsehen, denn der Teufel sei nunmehr befreit (Roger von Howden, Chronica [RerBrit 51,3], S. 216 f.).

Aber erst gegen Weihnachten 1193 war so viel Geld am staufischen Hof eingetroffen, dass Richards Freilassung auf den 17. Januar 1194 festgesetzt wurde. Außerdem war geplant, ihn am 24. Januar zum König von Burgund zu krönen – einem Herrschaftsgebiet, das zwar nominell zum Reich gehörte, in dem der Kaiser aber, wie Roger von Howden ausdrücklich notierte, keine tatsächliche Herrschaft ausübte (Roger von Howden, Chronica [RerBrit 51,3], S. 226). Wäre dieser Plan zur Ausführung gekommen, so hätte dies Richards Position gegenüber dem französischen König nochmals aufgewertet. Für Philipp II. Augustus und Johann waren die Aussichten auf Richards Rückkehr so nachteilig, dass sie im Januar versuchten, Heinrich in letzter Minute durch weitreichende finanzielle Zusagen von seinem Vorhaben abzubringen: Für jeden weiteren Monat von Richards Gefangenschaft sollte er 1.000 Mark erhalten, oder 80.000, wenn er ihn noch bis Mitte November festsetze, oder 150.000, wenn er den König ausliefere oder noch ein weiteres Jahr gefangen halte (Roger von Howden, Chronica [RerBrit 51,3], S. 229). Als Richard davon erfuhr, soll er an den Aussichten auf seine Freilassung verzweifelt sein, zumal das Angebot für Heinrich verlockend genug war, auf einem für Anfang Februar angesetzten Hoftag in Mainz die neue Lage zu erörtern. Jene Fürsten aber, die als Bürgen der früheren Abmachungen fungiert hatten – darunter Heinrichs eigener Bruder Konrad, der Herzog von Schwaben –, bestanden auf einer Freilassung des Königs; sie legten den Kaiser unter Vorwürfen hinsichtlich seiner Geldgier darauf fest, die gemachten Zusagen einzuhalten. Weil 100.000 Mark Silber bereits an Heinrich bezahlt und außerdem Geiseln für die noch ausstehenden, weiteren 50.000 Mark gestellt wurden – unter ihnen zwei Söhne Heinrichs des Löwen, Wilhelm und Otto, der spätere Kaiser Otto IV. –, endete die Gefangenschaft des englischen Königs am 4. Februar 1194 in Mainz. Allerdings musste Richard sein eigenes Reich aus den Händen des Kaisers als Lehen nehmen (Abb. 4); mangels genauerer Nachrichten sowohl über das Geschehen selbst wie auch über seine etwaigen Folgen ist die rechtliche Qualität der Lehensnahme bis heute ungewiss: Sollte sie ein Versprechen zur Friedenswahrung sein, sollte sie nur Richard persönlich für die Dauer seiner Herrschaft an das Reich binden – oder auch seine Nachfolger?

Während die hofnahe englische Überlieferung recht detailliert über die Vorgänge während Richards Gefangenschaft berichtet und, nur allzu verständlich, ein wenig vorteilhaftes

3 Hadmar II. von Kuenring im Kuenringer-Stammbaum (unterstes Register, zweites Medaillon von rechts), *Stifterbuch des Klosters Zwettl (sog. Bärenhaut)*, Zwettl, 14. Jahrhundert ▪ Zwettl, Zisterzienserstift Zwettl, StiAZ 2/1, fol. 8r.

4 Die zum Herrschaftsgebiet Heinrichs VI. gehörenden Länder, darunter im unteren Bildteil auch »Anglia«. Petrus de Ebulo, *Liber ad honorem Augusti sive de rebus Siculis*, Sizilien, Ende 12. Jahrhundert ▪ Bern, Burgerbibliothek, Cod. 120 II, fol. 142r.

5 Stationen der Gefangenschaft Richards I. ▪ 1. Wien Erdberg | 20.12.1192, Gefangennahme durch Männer des Herzogs von Österreich ▪ 2. Dürnstein | ab etwa 22.12.1192 ▪ 3. Regensburg | 6.1.1193, Zusammentreffen mit dem Kaiser ▪ 4. Ochsenfurt am Main | Februar–März 1193, erneutes Treffen mit dem Kaiser am 21.3.1193 ▪ 5. Speyer | 22.3.1193, Anklage in Speyer ▪ 6. Burg Trifels | 1.4.1193, Richard wird auf den Trifels gebracht ▪ 7. Hagenau | 5.4.1193, Zusammentreffen mit dem Kaiser in Hagenau ▪ 8. Worms | ab 28.5.1193, Zusammentreffen mit dem Kaiser am 25.6.1193 ▪ 9. Speyer | ab 22.12.1193, Weihnachten in Speyer ▪ 10. Worms | 29.1.1194, Richard urkundet in Worms ▪ 11. Mainz | ab 2.2.1194, Freilassung am 4.2.1194 ▪ © Peter Palm, Berlin.

Bild des Kaisers vermittelt, schweigen die deutschen Quellen zu den Ereignissen zwischen Gefangennahme und Freilassung so gut wie vollständig (vgl. Beitrag Vercamer). Vielleicht ist dieses Schweigen ein Zeichen dafür, dass man im deutschen Reichsteil das Lavieren des Staufers, der zudem ungeachtet aller allgemeiner Schutzzusagen einen Kreuzfahrer gefangen hielt, als unwürdig und als Beschädigung der eigenen Ehre verstand (Gillingham 2013, S. 72–74). Aber hätte dann nicht das Agieren Herzog Leopolds V. eine ähnliche Reaktion herausfordern müssen – was nicht der Fall war? Oder liegt das Schweigen der deutschen Quellen einfach darin begründet, dass es, anders als auf der englischen Seite, keine vergleichbar hofnahen Chronisten gab – also die Ereignisse deshalb keinen schriftlichen Niederschlag fanden, weil den zeitgenössischen deutschen Chronisten der Einblick in das Geschehen am staufischen Hof verwehrt war?

Unstrittig ist aber, dass sowohl die deutschen als auch die englischen Quellen in ihren Erzählungen Rücksicht auf die Ehre der beteiligten Personen nahmen. Ehre und Ehrgefühl standen im Zentrum des adeligen Ethos und der adeligen Mentalität, entsprechend deutlich bestimmte Ehre die Wahrnehmung und auch das Handeln der Zeitgenossen. Ehre ist in diesem Zusammenhang keine moralische Kategorie, kein innerer Wert, sondern bezeichnet den Respekt, der einer Person aufgrund ihres Rangs und ihrer sozialen Stellung geschuldet ist. Die eigene Ehre unverletzt zu wahren, hieß im 12. Jahrhundert vor allem, den beanspruchten Status verteidigen zu können. Üblich war, eine erlittene Ehrverletzung zu rächen. So war denn auch der eigentliche Anlass für Richards Gefangennahme eine Beleidigung, die Herzog Leopold V. noch während des Kreuzzuges 1191 in Akkon erlitten hatte und für die der englische König verantwortlich war. Was sich genau abgespielt hat, lässt sich angesichts der widersprüchlichen Überlieferung nicht mehr klären. Jedoch stimmen die Berichte darin überein, dass Leopold seine Fahne an markanter Stelle der eroberten Stadt aufgepflanzt hatte – wahrscheinlich, um damit seinen Anspruch auf einen Anteil an der Beute zu demonstrieren –, sie dann aber auf Richards Befehl oder wenigstens mit seiner Duldung heruntergerissen und in den Dreck getreten worden sei (Görich 2003, S. 70–73). Dass sowohl englische wie auch deutsche Quellen diese Beleidigung im Kern übereinstimmend für den Anlass der Gefangennahme des Königs hielten, und zwar ohne dem Herzog besondere Empfindlichkeit vorzuwerfen, weist unmissverständlich darauf hin, dass die Zeitgenossen in der Schmähung der Fahne einen hinreichend verständlichen Grund für Leopolds spätere Reaktion erblickten. Auch Richard war sich der Gefahr bewusst, die ihm drohte, als ihn auf seiner Rückreise vom Kreuzzug der direkte Rückzug verwehrt war und ihn Schiffbruch und Zufall in Leopolds Herrschaftsbereich geführt hatten. Er gab sich alle Mühe, seine wahre Identität durch Verkleidung zu verbergen (Abb. 1). Englische Quellen akzentuieren die Niedertracht seiner Verfolger, indem sie behaupten, einer von Richards Dienern habe dessen Identität erst unter der Folter preisgegeben (Ralph von Coggeshall, Chronicon Anglicanum [RerBrit 66], S. 56). Deutsche Chronisten wiederum hielten Richards ununterdrückbares Repräsentationsbedürfnis für die Ursache seiner Entdeckung – er habe vergessen, einen wertvollen Ring vom Finger zu ziehen, als er wie ein einfacher Knecht ein Huhn gebraten habe (Otto von St. Blasien, Chronik [AQ 18a], S. 110).

Auch in der Schilderung der eigentlichen Gefangennahme widersprechen sich deutsche und englische Quellen gründlich, denn über die Gefangennahme zu berichten hieß gleichzeitig, ein Urteil über den König selbst abgeben zu können. In der Schlacht wurde der Statuswechsel vom Krieger zum Gefangenen üblicherweise durch eine symbolische Handlung demonstriert: Der Unterlegene übergab sein Schwert oder seinen Handschuh demjenigen, der ihn gefangen nahm und damit auch für seine Sicherheit garantierte; Übergabe und Annahme der Zeichen begründeten eine gegenseitige Verpflichtung (Walter-Bogedain 2015, S. 149–152). An diesem Modell ritterlichen Handelns orientierten sich die englischen Chronisten, wenn sie behaupten, Richard habe sich mit dem Schwert verteidigen wollen, er sei im Schlaf überrascht worden, er habe sich von der Übermacht der Bewaffneten des Herzogs nicht abschrecken lassen – oder aber, er habe sich nur vom Herzog persönlich gefangen nehmen lassen, dem er sein Schwert überreicht habe (Görich 2003, S. 67). Zwar konnten auch die englischen Quellen nicht verschweigen, dass sich der König verkleidet hatte; das war aber nicht an sich unwürdig, sondern nur eine List, die erlaubt war und die, wäre sie erfolgreich gewesen, Anlass dazu geboten hätte, seinen Einfallsreichtum zu loben. Aber dass Leopold den verkleideten König wegen seiner unstandesgemäßen Tätigkeit erst lauthals ausgelacht und damit öffentlich gedemütigt haben soll – diese Schmähung der Nachwelt überliefern zu wollen, blieb wiederum einem deutschen Chronisten vorbehalten, Otto von St. Blasien.

Englische Quellen hingegen behaupten, Richard habe nach seiner Gefangennahme in Österreich zunächst barfuß in einem dreckigen Haus verweilen müssen, beleidigt von den Wächtern jener Gegend, deren Menschenschlag mehr an wilde Tiere als an Menschen erinnere (Ralph von Diceto, Opera Historica [RerBrit 68,1], S. 106). Mit seinen späteren Wächtern soll der König gescherzt, gerungen und getrunken haben, jedoch hätten sie ihn bei Tag und Nacht mit gezücktem Schwert überallhin begleitet und keinem der Männer aus seinem Gefolge erlaubt, bei ihm in seinem Bett zu schlafen (Ralph von Coggeshall, Chronicon Anglicanum [RerBrit 66], S. 58). Was zuweilen als Hinweis auf Richards Homosexualität missverstanden wurde (Eickels 2016), ist indessen eine Aussage über damals übliche Schlafgewohnheiten – und über den Versuch, dem Gefangenen nicht zu erlauben, Bindungen durch persönliche Nähe herzustellen (vgl. Beitrag Eickels, S. 110 ff.). Ähnliche Haftbedingungen galten auch für König Enzo, den Sohn Kaiser Friedrichs II., der zwischen 1249 und 1272 in Bologna gefangen gehalten wurde. Richard selbst soll gesagt haben, er sei aus Respekt vor seiner königlichen Person in der Haft milde behandelt und mit der ihm gebührenden Ehre bewacht worden (Gillingham 2001b, S. 63 f.). Dass er vorübergehend so viele Fesseln habe tragen müssen, wie ein Pferd oder Esel kaum habe schleppen können, sei Folge des Besuchs eines Gesandten des französischen Königs gewesen (Wilhelm von Newburgh, Historia rerum Anglicarum [RerBrit 82,1], S. 493 f.) – und war vielleicht auch Bestandteil seiner vorübergehenden Haft auf dem Trifels, dessen Ruf als abgelegene und stark befestigte Kerkerburg offenbar dazu dienen sollte, die Zahlung des Lösegelds als besonders dringlich erscheinen zu lassen (Abb. 5). Die vielen Besuche höchster englischer Würdenträger bei Richard lassen jedenfalls erkennen, dass der König auch als Gefangener Herrschaft ausüben konnte.

Gerade weil die Chronisten je nach ihrer Parteinahme ein Interesse daran hatten, durch charakteristische Details entweder Ehrerweisung oder aber Ehrverletzung zu betonen, ist es heute so gut wie unmöglich, zu rekonstruieren, was tatsächlich geschehen ist. Gewiss ist nur, dass eine Gefangenschaft für das Ansehen eines Königs eine heikle Angelegenheit war. Nicht umsonst bemerkte der Chronist Gervasius von Canterbury, dass die zweite Krönung Richards in Winchester nach seiner Rückkehr wegen der vorausgegangenen Schmach seiner Gefangenschaft besonders feierlich gewesen sei (Gervasius von Canterbury, Opera Historica [RerBrit 73,1], S. 526).

Q.: Gervasius von Canterbury, Opera Historica (RerBrit 73,1–2) ▪ Otto von St. Blasien, Chronik (AQ 18a) ▪ Ralph von Coggeshall, Chronicon Anglicanum (RerBrit 66) ▪ Ralph von Diceto, Opera Historica (RerBrit 68,1–2) ▪ Roger von Howden, Chronica (RerBrit 51,1–4) ▪ Wilhelm von Newburgh, Historia rerum Anglicarum (RerBrit 82,1).

Lit.: Berg 2007 ▪ Eickels 2016 ▪ Gillingham 1999a ▪ Gillingham 2001b ▪ Gillingham 2013 ▪ Görich 2003 ▪ Kessler 1995 ▪ Walter-Bogedain 2015.

# Roger von Howden

Der Chronist Roger von Howden überliefert in seiner Chronik auch eine Reihe von Briefen, die er wörtlich in sein Werk inseriert. Roger von Howden war nicht nur ein Zeitgenosse Richards I. Löwenherz, sondern gilt im Allgemeinen als hofnaher Geschichtsschreiber, der über die Geschehnisse gut informiert ist. Obgleich sich keiner der von ihm zitierten Briefe an anderer Stelle erhalten hat, ist es durchaus denkbar, dass ihm die Schreiben zur Abschrift vorlagen.

## Brief Kaiser Heinrichs VI. an den französischen König Philipp II. Augustus über die Gefangennahme Richards I. Löwenherz. Reinhausen oder Redwitz, 28.12.1192.

Epistola Henrici Romanorum imperatoris ad Philippum regem Franciae de captione Ricardi regis Angliae.

Henricus Dei gratia Romanorum imperator, et semper Augustus, dilecto et speciali amico suo Philippo, illustri Francorum regi, salutem, et sincerae dilectionis affectum. Quoniam imperatoria celsitudo non dubitat regalem magnificentiam tuam laetiorem effici de universis quibus omnipotentia Creatoris nostri nos ipsos et Romanum imperium honoraverit et exaltaverit; nobilitati tuae praesentium tenore declarare duximus, quod inimicus imperii nostri, et turbator regni tui, rex Angliae, cum esset in transeundo mare, ad partes suas reversurus, accidit ut ventus, rupta navi sua in qua ipse erat, duceret eam versus partes Histriae, ad locum qui est inter Aquileiam et Venetias, ubi ipse rex Dei permissione passus naufragium, cum paucis evasit. Quidam itaque fidelis noster comes Mainardus de Gorzte, et populus regionis illius, audito quod in terra erat, et considerato diligentius qualem nominatus rex, in terra promissionis, proditionem et traditionem et perditionis suae cumulum exercuerat, insecuti sunt, intendentes eum captivare. Ipso autem rege in fugam converso ceperunt de suis octo milites. Postmodum processit rex ad burgum in archiepiscopatu Salzeburgensi, qui vocatur Frisorum, ubi Fridericus de Betesowe, rege cum tribus tantum versus Austriam properante noctu, sex milites de suis cepit. Dilectus autem consanguineus noster Limpoldus, dux Austriae, oberservata strata, impositis ubique custodibus, saepedictum regem juxta Wenam, in villa viciniori, in domo despecta captivavit. Cum itaque in nostra nunc habeatur potestate, et ipse semper tuae molestiae et turbationibus operam praestiterit; ea, quae praemisimus, nobilitati tuae insinuare curavimus, scientes ea dilectioni tuae beneplacita existere, et animo tuo uberrimam importare laetitiam. Datum apud Rithiencie, v kalendas Januarii.

Brief Heinrichs, des Kaisers der Römer, an König Philipp von Frankreich über die Gefangennahme König Richards von England

Heinrich von Gottes Gnaden Kaiser der Römer und ewiger Augustus entbietet seinem geliebten und besonderen Freund Philipp, dem berühmten König der Franzosen, einen Gruß und den Ausdruck aufrichtiger Liebe. Weil ja die kaiserliche Hoheit nicht bezweifelt, dass deine königliche Machtentfaltung ziemlich weit einwirkt auf alles, wodurch sie die Allmacht unseres Schöpfers, uns selbst und das römische Kaisertum verehrt und erhöht; ich meinte, dass ich deinem Adel den Grundzug des Gegenwärtigen dartue: dass der Feind unseres Kaisertums und der Verwüster deines Königtums, nämlich der König von England, als er das Mittelmeer überquerte, um in seine Ländereien zurückzukehren, geschah es, dass ein Sturm, sein Schiff auf dem er selbst sich befand, zerbrach und es Richtung Istrien hinweg führte, an einen Ort, der zwischen Aquileia und Venetien liegt, wo der König selbst durch den Ratschluss Gottes Schiffbruch erlitt und mit Wenigen entrann. Daher verfolgten einer unserer Getreuen, der Graf Meinhard von Görz und das Volk jener Gegend ihn – nachdem sie gehört hatten, was in ihrem Land passiert war und nachdem sie sehr sorgfältig beraten hatten, welchen Verrat und welche Auslieferung und welchen Gipfel des Verlustes der genannte König im gelobten Land verübt hatte – und versuchten ihn zu fangen. Aber sie ergriffen, nachdem derselbe König sich zur Flucht gewandt hatte, acht seiner Ritter. Bald darauf erschien der König bei einer Burg im Erzbistum Salzburg, die Friesach genannt wird, wo Friedrich von Pettau sechs von dessen Rittern ergriff, als der König sich eilends mit nur Dreien nächtens gen Österreich begab. Unser geliebter und blutsverwandter Leopold, Herzog von Österreich, nahm – indem die Straße überwacht und überall Wachen aufgestellt worden waren – den oft genannten König bei Wien, in einem ziemlich nahe gelegenen Gehöft, in einem verachteten Haus gefangen. Und weil er nun in unserer Macht gehalten ist und weil er selbst immer beitrug zu deinem Ungemach und deiner Verwirrung; war es uns angelegen, dass das, was wir vorangeschickt haben, deinem Adel bekannt sei und dass es, wie wir wissen, das Einverständnis deines Wohlwollens hat und deiner Seele überschäumende Freude bereitet. Gegeben bei Rithiencie, am 5. Tag vor den Kalenden des Januar.

Q.: Roger von Howden, Chronica (RerBrit 51,3), S. 195 f. – Übersetzung: Philipp Gey.

Im Dezember 1192 wurde Richard I. Löwenherz von den Schergen Leopolds V. von Österreich nahe Wien gefangen genommen. Der Herzog wandte sich sogleich an Kaiser Heinrich VI., der wiederum in einem von Roger von Howden überlieferten Schreiben den König von Frankreich über die Gefangennahme des englischen Königs informierte, den er als Feind seines Reiches bezeichnete. Richard I. hatte sich den Stauferkaiser aufgrund seiner Sizilienpolitik zum Feind gemacht, den Herzog von Österreich aufgrund einer Ehrverletzung vor Akkon. In dem Schreiben an Philipp II. Augustus schildert Heinrich VI. den Schiffbruch im Mittelmeer und die vergebliche Flucht des englischen Königs durch Österreich sowie dessen Ergreifung in einer schäbigen Behausung.

# *Castro Tyernstein iuxta Danubium*

## Die Burg Dürnstein in Niederösterreich

Joachim Zeune

Ihre Berühmtheit verdankt die zerklüftete Burgruine nicht allein jenen Sagen, die sich um den einstmals hier inhaftierten König Richard I. Löwenherz ranken, sondern auch ihrer waghalsigen Lage auf einem Felssporn hoch über der Donau. 1904 schrieb der große deutsche Burgenforscher Otto Piper im dritten Band seiner Buchreihe *Österreichische Burgen*, es hätten »die Ufer der Donau kaum einen zweiten Punkt, an welchem sich Natur und Bauwerke zu einem so besonders malerischen Bilde vereinten wie bei Dürnstein« (Piper 1904, S. 8). Tatsächlich hat die Stadt Dürnstein mit ihrer Kunigundenkirche, ihrer Stadtbefestigung, dem Schüttkasten, ihren Bürgerhäusern und dem Augustiner-Chorherrenstift ihr hoch- und spätmittelalterlich geprägtes Erscheinungsbild bewahren können, eindrucksvoll verstärkt durch die 100 m über der Stadt thronenden Mauerzähne der Burgruine mit den beiden zur Stadt hinablaufenden Schenkelmauern (Abb. 1).

Trotz ihres enormen Bekanntheitsgrades erfuhr die Burg erst zu Beginn des 21. Jahrhunderts eingehende bauhistorische Untersuchungen auf Basis der Methoden der modernen Burgenforschung. Davor waren leider undokumentierte Sanierungsmaßnahmen durchgeführt worden und hatten den Altbestand verunklärt. Nichtsdestotrotz ließen die aktuellen Untersuchungen einen höchst komplexen Wachstumsprozess zwischen dem 11. Jahrhundert und dem Jahr 1645 erkennen, als die bereits 1625 als baufällig beschriebene Burg von den Schweden gesprengt wurde (Abb. 2 und 3). Ohne archäologische Forschungen nicht zu klären ist das wahre Alter einer zweiten, wohl spätmittelalterlichen Burganlage, 1476 Tabor (*teber*) genannt, die sich 300 m über der Burgruine auf einem steilen Felsgrat erhob und offenbar durch einen Weg sowie einen Mauerzug mit dieser verbunden war.

Die exponierte Lage auf einem schroffen Felssporn bedingte einen mühseligen Aufstieg über einen steilen Fußsteig, der in eine weitläufige Vorburg mündete, die durch mehrere Türme auf Felsklötzen bewehrt war (Abb. 4). An die Vorburg schließt die sogenannte Unterburg (1) an, die sich am Fuß der eigentlichen Kernburg Richtung Süden erstreckt. In ihr haben sich die Fragmente zweier früher, ineinandergreifender Gebäude aus der zweiten Hälfte des 12. Jahrhunderts (2) und dem frühen 13. Jahrhundert erhalten.

Von der Unterburg führt eine Rampe zur etwa 23 x 28 m großen, über mehrere Felsniveaus verteilten Oberburg (4) hinauf, wobei sich der originale Eingang (5) mit großer Wahrscheinlichkeit zwischen Palas und Kapelle in der einstigen Südwand öffnete. Die leicht längsrechteckige Oberburg gehört der ersten größeren Ausbauphase um 1160 an und umfasste damals an ihrer gesamten Westseite einen Hallenbau (7) sowie am Südosteck eine kleine Kapelle mit integrierter Rundapsis (8). Mittig an der Nordseite befindet sich das typische Merkmal bedeutender mitteleuropäischer Burgen zwischen 1060 und 1160, der fast quadratische, leider nur in geringen Resten nachweisbare Wohnturm (6) von etwa 9,5 × 11 m Gesamtgröße. Die mauerbündig ins Südosteck gestellte und dem hl. Johannes geweihte Burgkapelle (8) maß insgesamt 4,8 × 9 m, wobei ein Triumphbogen eine schmale Halbrundapsis im Osten abtrennte. Spätere Überformungen haben alle originalen Baudetails eliminiert, doch lässt sich noch eine einst flächige Bemalung aus der zweiten Hälfte des 13. Jahrhunderts an Putzfragmenten ablesen.

Der repräsentative Wohntrakt (7) belegte die gesamte Westseite und war in seinem Untergeschoss ursprünglich zweigeteilt. Auch ihm fehlen – analog zur Kapelle – aufgrund späterer Veränderungen und in Ermangelung bauzeitlicher Obergeschosse zeitgenössische Baudetails. Seine Einbindung in die Ummauerung, sein Mauerwerk aus kleinen, grob behauenen Sandsteinquadern und die Striche im Fugenmörtel (*pietra rasa*) weisen ihn dennoch als Bauwerk der Mitte des 12. Jahrhunderts aus. In den Jahren unmittelbar vor der Gefangensetzung König Richards überbaute man das Nordwesteck (9) und die Südseite (11) des Burghofs mit kleinen Gebäuden und erweiterte die Kernburg um die Unterburg, die aus einem ummauerten Hof (1) mit einem mauerbündigen Gebäude (2) im Südeck bestand.

In dieser kleinen, aber hochwertigen Burganlage hat man den Inhaftierungsort von König Richard I. Löwenherz in den Jahren 1192 und 1193 zu suchen.

In der Folgezeit unterlagen alle Burgteile intensiven Aus- und Umbauten, wobei sich die Bebauung kontinuierlich verdichtete (Abb. 5). Um 1240 erfuhr die Kernburg eine starke Überformung, indem man den westlichen Hallenbau neu aufmauerte und einen zweiten Palas an der Südseite errichtete. Insbesondere in der ersten Hälfte des 15. Jahrhunderts befestigte man die ange-

1 Donauseitige Ansicht von Burg und Stadt Dürnstein ▪ © Robert Zehetmayer / Alamy Stock Foto.

2 (rechts) Stadt und Burg Dürnstein auf dem Wappenbrief Kaiser Friedrichs III. von 1476. Im Hintergrund ist die Burg Tabor zu sehen. Umzeichnung des Originals ▪ Zeichnung nach Piper 1904, Fig. 18.

sichts der immer effizienter werdenden Feuerwaffen nunmehr erheblich gefährdete Westseite ebenso wie den Zugang zur Stadt durch etliche Türme und Zwinger.

Die Burg wird erst 1192 als *castro Tyernstein iuxta Danubium* erwähnt, muss aber, um als Verwahrungsort eines Königs in Frage zu kommen, schon eine gewisse Bedeutung, d.h. ein höheres Alter besessen haben. Tatsächlich gibt es schwache bauliche Hinweise auf eine wesentlich ältere Burganlage, die jenen hohen Felskopf besetzte, der um 1160 durch den Wohnturm der Kernburg ummantelt wurde. Hier verweisen Felsbearbeitungsspuren auf einstige hölzerne Bauten sowie – unter Vorbehalt – einen kleinen gemauerten Rundturm (12) von nur 5 m Außendurchmesser. Dies ist allerdings in burgenkundlicher Hinsicht eher fragwürdig.

3 Ansicht der Burgruine Dürnstein von Nordosten ▪ Zeichnung nach Piper 1904, Fig. 19.

Gegründet wurde die Burg durch das bedeutende Geschlecht der Kuenringer, das bis Mitte des 12. Jahrhunderts seinen Einfluss in der Wachau merklich gestärkt hatte und mit der Burg Dürnstein einen wichtigen Sitz innehatte. Die exponierte Lage dieser Burg bezeugt gemeinsam mit dem symbolträchtigen Burgnamen, der einen Felsdorn umschreibt, eine unübersehbare Machtdemonstration, derentwegen man bereitwillig wehr-, wohn- und verwaltungstechnische Nachteile in Kauf nahm. 1231 zerstörte der Babenberger Herzog Friedrich II. während seines Kriegszugs gegen die aufrührerischen Kuenringer neben der benachbarten Burg Aggstein auch die Burg Dürnstein. Damals dürfte der große Wohnturm der Kernburg niedergerissen worden sein. Dieser Zerstörung folgte ein Wiederaufbau der Burg ab 1240, die fortan einem eigenständigen Zweig der Kuenringer als Stammsitz diente. Unmittelbar nach dem Aussterben der Kuenringer erwarb Herzog Albrecht II. von Österreich 1356

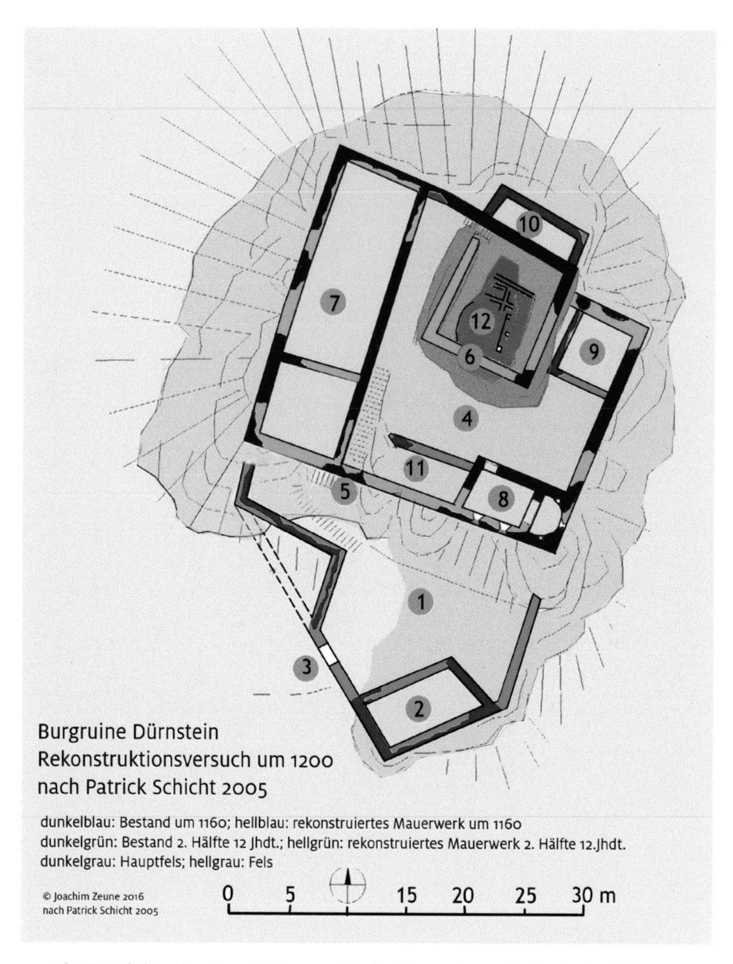


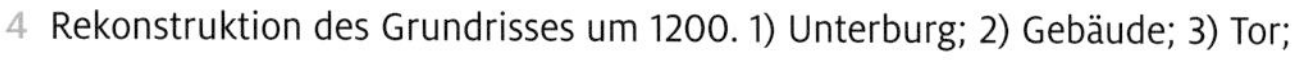

4 Rekonstruktion des Grundrisses um 1200. 1) Unterburg; 2) Gebäude; 3) Tor; 4) Oberburg/Kernburg; 5) Tor (?); 6) großer Wohnturm; 7) Hallenbau/Palas; 8) Kapelle; 9) Gebäude; 10) Gebäude; 11) Standort ältere Burg mit Turmfundamentierung (?) ▪ © Joachim Zeune, nach Schicht 2005, Bauphasenplan, S. 63.

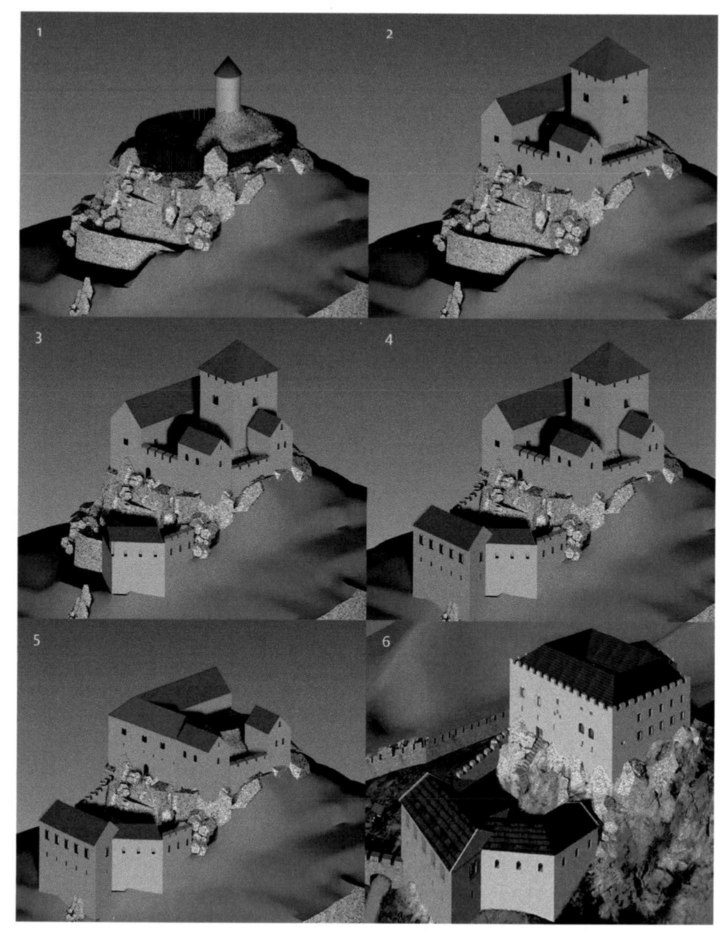


5 Virtuelle Rekonstruktionsversuche der wichtigsten Bauphasen der Burg. 1) eine frühe Anlage; 2) um 1160; 3) um 1190; 4) um 1230; 5) nach 1240; 6) um 1476 ▪ © Friedrich Prasek/Barbara Schedl.

die Burg, die 1428 und 1432 von den Hussiten attackiert wurde. Ob die Artilleriefortifikationen damals schon existierten oder erst im direkten Nachgang dieser Kriegsereignisse entstanden, ist nicht überliefert. Die weitere Geschichte der Burg ist vom allmählichen Niedergang geprägt, lediglich 1586 kam es nochmals zu Instandsetzungsmaßnahmen.

Wo in der Burg war aber nun König Richard I. Löwenherz inhaftiert? Ein derart hochrangiger Gefangener wird aller Wahrscheinlichkeit nach nicht in einem Verlies, sondern vielmehr in einem ansehnlichen, wohnlichen, auch beheizbaren Gemach geweilt haben. Hierzu bietet sich der 1231 zerstörte Wohnturm (6) der Kernburg an, der sicherlich mehrere Geschosse besaß und als herausragendes Machtsymbol dementsprechend repräsentativ ausgestaltet worden war.

Lit.: Büttner 1977 ▪ Piper 1904 ▪ Reichhalter 2001 ▪ Schicht 2005 ▪ Schicht/Schedl 2005.

# Die Pfalz Hagenau

Thomas Biller

Mittelalterliche Könige und Kaiser übten ihre Herrschaft als »Reiseherrschaft« aus, d. h., sie reisten mit ihrem Gefolge durch das Reich und residierten an wechselnden Orten, etwa in großen Klöstern, Städten oder in königlichen ›Pfalzen‹ (*palatium* = königlicher Palast). In einer dieser Pfalzen, in Hagenau im Unterelsass, hielt sich zeitweise auch Richard I. Löwenherz als Gefangener des Kaisers auf.

Die Lage von Burg und Stadt Hagenau – im menschenleeren ›Heiligen Forst‹, am Übergang der Straße von Straßburg nach Speyer über die Moder, einen Nebenfluss des Rheins – spricht dafür, dass hier zunächst eine Burg entstand.[1] Sie ist 1142 durch eine Urkunde Friedrichs II., Herzog von Schwaben, belegt; der Freiheitsbrief Friedrichs I. Barbarossa für die Stadt (1164, vgl. Kat.Nr. 103) bestätigt, der Herzog habe »den Ort Hagenau unter Kaiser Heinrich gegründet«. Das ergibt, da Friedrich II. seit 1105 regierte und Heinrich V. 1125 starb, eine Gründung der Burg im ersten Viertel des 12. Jahrhunderts, und da Friedrich damals jenen Feldzug unternahm, auf dem er – nach Otto von Freisings Darstellung – viele Burgen baute, könnte Hagenau zu diesen gehört haben. 1143 gründete Herzog Friedrich im *castellum* Hagenau eine Pfarrkirche; damit dürfte er, da die Georgskirche in der Altstadt steht, bereits die Stadt gemeint haben.

Aufenthalte Friedrichs I. in Hagenau sind für die Jahre 1158, 1166, 1174, 1179, 1184, 1187 und 1189 belegt und können für 1168 und 1178 angenommen werden. Der Historiograph Gottfried von Viterbo besang die Pfalz um 1183/84, ohne aber Genaues über ihre Architektur zu vermitteln. Der Ausbau der Burg zur Pfalz dürfte ab etwa 1174 stattgefunden haben; der Geschichtsschreiber Rahewin nennt in seiner 1170 abgeschlossenen Liste der Bauten Friedrichs I. die Pfalz Hagenau noch nicht, dagegen bezeichnete sie Gottfried als »neu« (*nova res*). Auch die häufigeren Kaiseraufenthalte ab 1174 und die dendrochronologische Untersuchung eines Gründungspfahls der Kapelle – der auf den Zeitraum von 1172 +/- 6 (= zwischen 1166 und 1178) verweist – bestätigen die Entstehungszeit. Auch die Formen der Spolien passen dazu, wie Robert Will belegte.

Die Vermutung, die Reichskleinodien seien 1153–1209 ununterbrochen in Hagenau verwahrt worden, ist allerdings überholt; dass im Spätmittelalter der Raum über der Kapelle als ihr

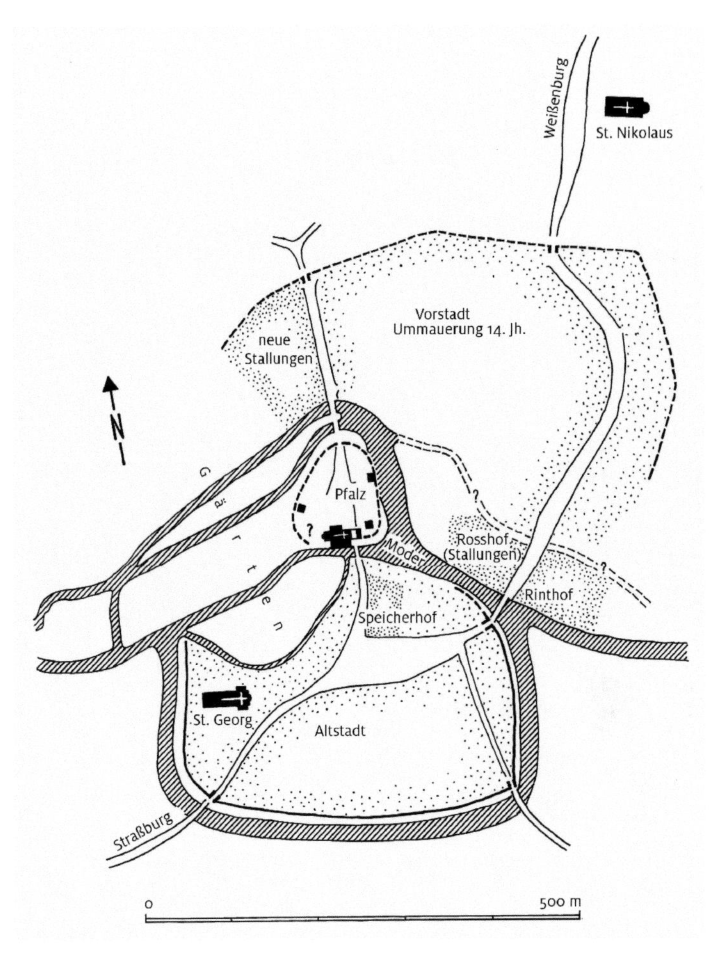


1 Hagenau, wie es gegen Mitte des 14. Jahrhunderts ausgesehen haben dürfte. Ältester Teil war die Burg und spätere Pfalz, die auf einer Moderinsel nahe dem Übergang der Fernstraße Straßburg-Weißenburg-Speyer lag. Südlich von ihr entstand seit der Mitte des 12. Jahrhunderts die Altstadt, während die nördliche Vorstadt erst in der ersten Hälfte des 14. Jahrhunderts sicher fassbar wird ▪ © Thomas Biller.

Aufbewahrungsort gezeigt wurde, ist wohl nur auf Herrscherbesuche zurückzuführen, bei denen sie mitgeführt wurden.

Auch der Sohn und Nachfolger Friedrichs I., Kaiser Heinrich VI., hielt sich verschiedentlich in Hagenau auf, und bei einer dieser Gelegenheiten empfing er dort (*apud Hagenou*) auch Richard I., der zuvor auf dem Trifels gefangen gewesen war; von hier schrieb der König einen Brief nach England, in dem er um das Einsammeln des Lösegeldes für seine Freilassung bat (vgl. S. 259).

Auch Friedrich II. und sein Sohn Heinrich (VII.) hielten sich noch häufig in Hagenau auf, ebenso der Habsburger Rudolf I. 1285 ist die Pfalz als Sitz des Landvogtes Otto von Ochsenstein belegt, als die Bürger ihn aus ihr vertrieben. Etwas später wurde die Stadt nördlich erweitert – die neue Mauer ist ab 1324 belegt –,

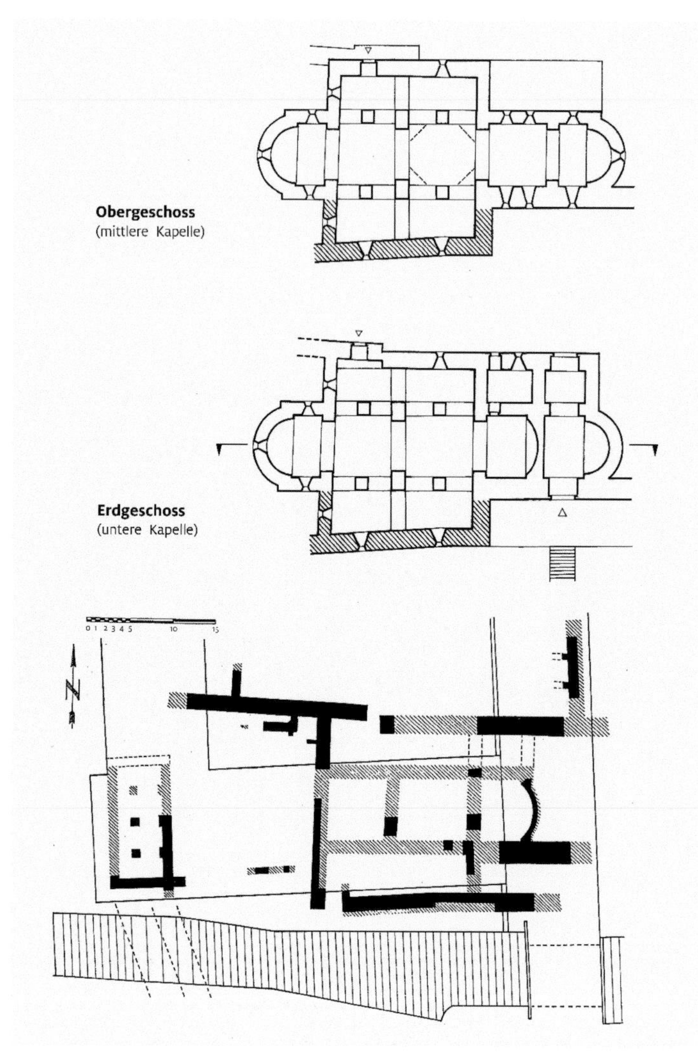


2 Hagenau, die Pfalzkapelle, Rekonstruktionsversuch der Grundrisse; die Schraffur bezeichnet die Teile, die wahrscheinlich 1503 bereits abgerissen waren. Von unten nach oben:
- die ergrabenen Fundamente
- Grundriss der Unterkapelle
- Grundriss der Oberkapelle (die Wendeltreppe beim Choreingang ist nicht dargestellt, weil jede Lokalisierung spekulativ wäre) ▪ Abbildung der Fundamente nach Will 1965/70, S. 89; Grundrisse von Unter- und Oberkapelle nach Biller 2009, S. 25, Abb. 5.

wodurch die Pfalz nun in der Stadtmitte lag. Spätestens in der ersten Hälfte des 14. Jahrhunderts wohnten daher in der ›Burg‹ auch Bürger, die das Burgtor aushängten; eben dagegen klagte Kaiser Karl IV. 1352, wohl erfolglos. Nach 1383 wurde zudem der städtische Werkhof in der Burg eingerichtet. Dennoch blieb sie bis zum 17. Jahrhundert Sitz des Reichslandvogtes im Elsass, der anfangs sicherlich die kaiserlichen Räume nutzte. Erst die Pfalzgrafen, die die Landvogtei 1408–1504 als Reichspfand besaßen, erwarben dafür vier Burgmannenhöfe im Nordwesten der Burg; um 1575 wurde dieser Gebäudekomplex erneuert.

1676 ging Hagenau vertragsgemäß an Frankreich über. Ludwig XIV. ließ die ohnehin reduzierte Bevölkerung aus Hagenau vertreiben; die Stadt wurde eingeäschert, den Bürgern erst danach die Rückkehr erlaubt. 1687 wurden die Ruinen der Pfalz abgetragen, um die Steine für die Festung Fort-Louis, 19 km östlich von Hagenau, zu verwenden.

Seit dem 17. Jahrhundert ist die Pfalz Hagenau also verschwunden; ihr Gelände wurde vom 18. Jahrhundert an bis in jüngste Zeit überbaut. Die einzige Anschauung der Pfalz, die man heute vor Ort noch gewinnen kann, bieten romanische Spolien, die Ende des 19. Jahrhunderts aus den Ruinen von Fort-Louis zurückgewonnen wurden und im Historischen Museum der Stadt Hagenau ausgestellt werden (vgl. Kat.Nr. 104 bis 108); es ist allerdings nicht auszuschließen, dass einige dieser Spolien von anderen romanischen Bauten stammen.

Im Zentrum der späteren Stadt Hagenau bildeten zwei Arme der Moder eine über 300 m lange, schmale Insel, die heute unkenntlich ist, weil die Flussarme überdeckt sind. Die Pfalz, die nord-südlich etwas über 100 m lang gewesen sein muss, ostwestlich etwa 80 m, lag auf dem Ostende dieser Insel (Abb. 1). Wenn wir trotz der Zerstörung heute noch eine Vorstellung von ihrem Aussehen haben, so verdanken wir dies primär Plänen des späten 17. Jahrhunderts, ferner einigen Dokumenten, die Pfalzbauten am Rande berühren, schließlich Ausgrabungen, die 1952–1973 die Pfalzkapelle betrafen (Abb. 2, unten). Daraus erarbeitete, nach vielen Spekulationen, erst Robert Will erste seriöse Rekonstruktionsversuche (1955–1984); eine neuere Rekonstruktion durch Thomas Biller (Abb. 2, 3) ergab allerdings ein weitaus reicheres Bild des verschwundenen Baus.

Die Pläne des 17. Jahrhunderts zeigen die Ringmauer nicht mehr, archäologisch konnte sie an drei Stellen gefasst werden; im Westen besaß sie einen Backsteinkern mit Buckelquaderverkleidung und leichtem Anzug. Unter der Burgkapelle lag ein Südtor zur Stadt, das Nordtor führte anfangs in die freie Landschaft. Die Bebauung der Pfalz gruppierte sich um einen dreieckigen Hof, dessen Südseite die Kapelle bildete; dort muss man auch den Saal und die königlichen Wohnräume vermuten. Die Parzellierung an der West- und Ostseite des Platzes, wie sie seit etwa 1400 aussah, hat Will u. a. aufgrund von Kaufverträgen rekonstruiert. Demzufolge hat man hier mindestens sechs Burgmannensitze anzunehmen, zu denen drei oder vier quadratische Türme gehörten.

Neben der Pfalz lagen im Westen der Burginsel noch im 17. Jahrhundert ein Garten und östlich von ihr landwirtschaft-

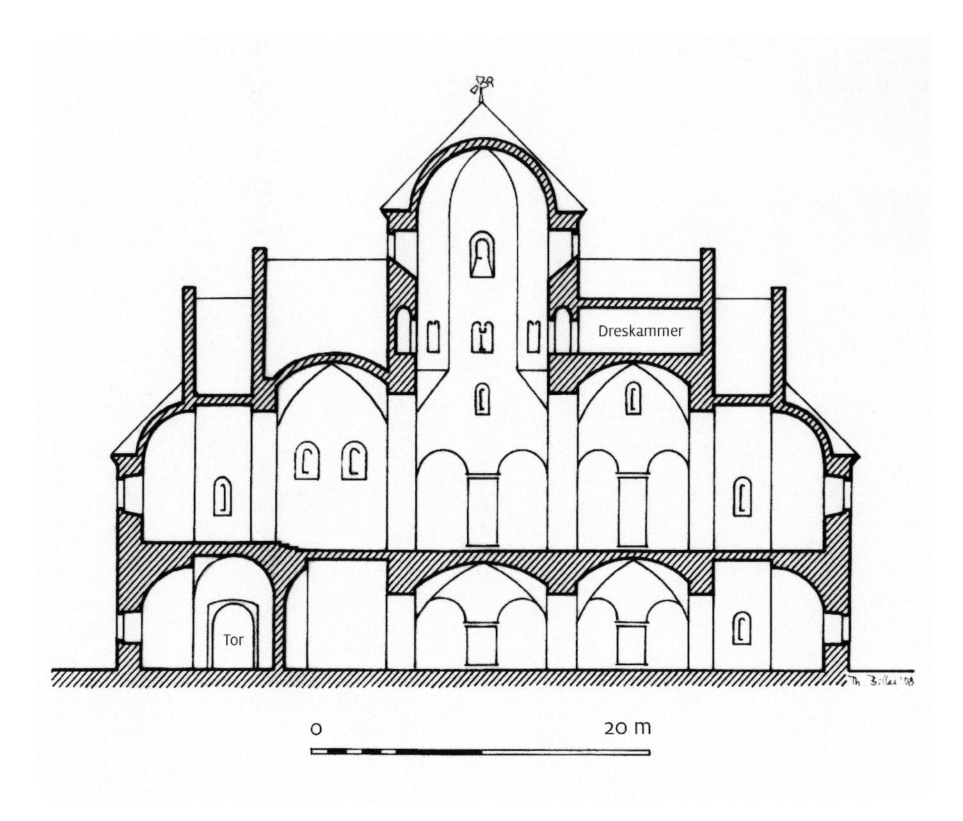


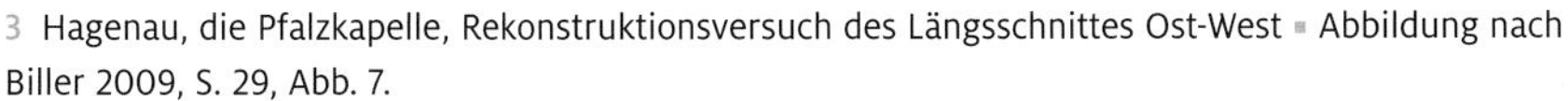

3 Hagenau, die Pfalzkapelle, Rekonstruktionsversuch des Längsschnittes Ost-West ▪ Abbildung nach Biller 2009, S. 29, Abb. 7.

4 Hagenau, die Pfalzkapelle von Nordosten, 1671, Kopie einer verschollenen Zeichnung der Stadtbibliothek Straßburg ▪ Abbildung nach Will 1950/55, Fig. 8.

liche Gebäude, an die die Namen ›Speicherhof‹, ›Rosshof‹ und ›Rindhof‹ erinnerten (Abb. 1).

Die in Schriftquellen ab dem 14. Jahrhundert erwähnte Pfalzkapelle – seit der frühen Neuzeit die ›Burg‹ schlechthin – bestand, u. a. nach einer Beschreibung von 1528, aus einer unteren Johannes- und einer oberen Ulrichskapelle, die nicht durch eine Öffnung verbunden waren. Darüber lag, über eine Wendeltreppe erreichbar, noch eine Schatzkammer (1580: ›Dreskammer‹), die in staufischer Zeit die Reichskleinodien bewahrt haben soll; alle Geschosse besaßen Backsteingewölbe. Da die Pfalzkapelle, vor 1468 an die Stadt übergegangen, mit der Pfarrkirche St. Georg verwaltet wurde, kennt man aus deren Rechnungen weitere Details. Die Ostapsis der Unterkapelle grenzte an das Südtor der Pfalz, und die Oberkapelle, deren Chor über das Tor hinüber reichte, war über eine Außentreppe zu erreichen. Graphische Darstellungen des 17. Jahrhunderts (Abb. 4) bestätigen zudem, dass ein Achteckturm mit Dachreiter die Kapelle mittig überragte.

Es ist schwer, den Bau aus so begrenzten Angaben zu rekonstruieren, obwohl die Grabungen der 1950er Jahre unter dem Jesuitenkolleg (1729–1739), trotz allzu knapper Dokumentation, weitere Informationen erbrachten (Abb. 2, 3). Sie deuten auf eine dreischiffige, zweijochige Anlage mit kurzem Chorjoch im Osten, hinter dem gewiss die Torpassage lag. Der achteckige Turm dürfte sich vor dem Chor über dem Ostjoch des Mittelschiffes erhoben haben. Der über der Torpassage liegende, daher längere Chor der Oberkapelle wurde nach einer Zeichnung von 1671 in gotischer Zeit mit neuen Fenstern versehen. Eine andere Darstellung des 17. Jahrhunderts deutet außerdem an, dass es Reste eines Westchores mit runder Apsis gab. Insgesamt ergibt sich so das Bild eines zweigeschossigen Baues mit kurzem, basilikalem Schiff sowie Ost- und Westchor, der strukturelle Ähnlichkeiten mit der wenig älteren bischöflich kölnischen Kapelle in Schwarzrheindorf bei Bonn aufwies (Abb. 2, 3).

Anm. 1: Der nachfolgende Text ist ein Auszug aus dem Kapitel, das Bernhard Metz und der Verfasser für den Band I des Werkes »Die Burgen des Elsass« verfasst haben (erscheint Herbst 2017).

Lit.: Biller 2009 ▪ Gauert 1965 ▪ Nilles/Metz 2008 ▪ Schlag 1942 ▪ Schnitzler 2004 ▪ Will 1950/55 ▪ Will 1965/70 ▪ Will 1974 ▪ Will 1984.

## Brief Richards I. Löwenherz an seine Mutter, geschrieben während der Gefangenschaft. Hagenau, 19.04.1193.

Epistola Ricardi regis Angliae ad Alienor reginam matrem suam, et ad justitiarios suos Angliae.

Ricardus Dei gratia rex Angliæ, dux Normanniæ et Aquitanniæ, et comes Andegaviæ, Alienor eadem gratia reginæ Angliæ, carissimæ matri suæ, et justitiis suis, et omnibus fidelibus suis per Angliam constitutis, salutem. Notum sit universitati vestræ, quod postquam recesserunt a nobis dilecti nostri, Hubertus venerabilis episcopus Saresbiriensis, et Willelmus de Sanctæ Mariæ Ecclesia prothonotarius noster, venit ad nos carissimus cancellarius noster Willelmus Eliensis episcopus; et eo inter dominum imperatorem et nos fideliter interloquente, eo usque res pervenit, quod de castello de Trivellis, in quo detinebamur, obviam venimus imperatori apud Hagenou, ubi honorifice ab ipso imperatore et tota curia recepti fuimus. Ibique dominus imperator et domina imperatrix nos magnis et variis muneribus honoraverunt; et, quod præcipuum est, mutuum fœdus amoris et indissolubile inter dominum imperatorem contractum est et nos, ita quod uterque nostrum alterum contra omnes viventes, in jure suo obtinendo et retinendo, juvare debet. Honeste autem circa ipsum imperatorem moram facimus, donec ipsius et nostra quædam negotia perficiantur, et donec ei septuaginta millia marcas argenti solverimus. Quare vos rogamus, et in fide, qua nobis tenemini, adjuramus, quatenus in hac pecunia perquirenda solliciti sitis; et vos justitiarii nostri, qui aliis in regno nostro præestis, exemplum aliis præbeatis: ut ita honorifice et magnifice de proprio nobis subveniatis, et etiam de his quæ de aliis mutuo accipere poteritis, ut aliis fidelibus nostris exemplum detis similia faciendi. Universum autem aurum et argentum ecclesiarum diligenti observatione, et scripti testimonio, ab ipsarum ecclesiarum prælatis accipiatis; eisque per sacramentum vestrum, et aliorum baronum nostrorum, quos volueritis, affirmetis, quod eis plenarie restituentur. Universorum etiam baronum nostrorum obsides recipiatis, ut cum fidelissimus cancellarius noster, quam cito peractis in Alemannia negotiis nostris, in Angliam venerit, eosdem obsides penes carissimam matrem nostram reginam reperiat, ut eos, de quibus inter nos et dominum imperatorem convenit, expedite possit ad nos transmittere; ne liberatio nostra per absentiam obsidum et negligentiam vestram moram patiatur. Pecunia autem collecta similiter matri meæ, et illis quibus ipsa voluerit, tradatur. Quem autem in necessitate nostra promptum inveniemus, in suis necessitatibus amicum nos reperiet et remuneratorem; gratiusque nobis erit, si quis in absentia nostra in aliquo nobis subveniat, quam si in præsentia nostra in duplo quis nobis subveniret. Volumus autem ut singulorum magnatum nomina, et subventiones quæ præsentialiter fient, per sigillum matris nostræ nobis significentur, ut sciamus quantum unicuique in gratiarum actionibus teneamur. Sciatis pro certo quod si in Anglia in libera potestate nostra essemus constituti, tantam vel majorem pecuniam domino imperatori daremus, quam modo damus pro pactionibus consequendis, quas per Dei gratiam consecuti sumus; et si etiam pecuniam non præ manibus haberemus, proprium corpus nostrum imperatori traderemus, donec pecunia solveretur; antequam quod factum est relinqueretur imperfectum. In bulla autem domini imperatoris aurea fert vobis cancellarius noster prædictam testificationem. Testibus nobis ipsis apud Hagenou, xiii. kalendas Maii.

Brief König Richards von England an seine Mutter Königin Eleonore und an seine *justiciars* in England

Richard von Gottes Gnaden König von England, Herzog der Normandie und Aquitaniens, Graf von Anjou, begrüßt eben diese Eleonore, von Gottes Gnaden Königin von England, seine sehr geliebte Mutter, und seine *justiciars* und alle seine für England eingesetzten Getreuen.
Es mag eurer Gemeinschaft bekannt sein, dass, nachdem die von Uns auserwählten, nämlich der verehrungswürdige Bischof von Salisbury Hubert und Unser Protonotar Wilhelm von der Kirche der heiligen Maria zu uns zurückgekehrt waren, Unser sehr geliebter Kanzler Wilhelm der Bischof von Ely zu Uns kam; und während dieser zwischen dem Herrn Kaiser und Uns getreulich vermittelte, kam er auch zu der Angelegenheit, dass wir von der Burg Trifels, in der Wir festgehalten wurden, dem Kaiser bei Hagenau entgegen kamen, wo Wir ehrenhaft vom Kaiser selbst und dem gesamten Gefolge empfangen wurden. Und dort ehrten Uns der Herr Kaiser und die Herrin Kaiserin durch bedeutende und verschiedene Geschenke; und, was außerordentlich ist, es wurde ein gegenseitiger und unlösbarer Liebesvertrag zwischen dem Herrn Kaiser und Uns geschlossen, so dass jeder von Uns beiden schwören muss, den anderen gegen alle Lebenden in seinem Recht zu verteidigen und dieses zu erhalten. Zur Ehre gereichend aber verweilen Wir in der Nähe des Kaisers, solange bis seine und Unsere Aufgabe vollzogen wird, und bis wir ihm 70.000 Silbermark gezahlt haben werden. Deshalb fragen Wir euch und beschwören euch bei der Treue, die euch bindet, wie sehr ihr besorgt seid, nach diesem Geld zu forschen. Und ihr unsere *justiciars*, die ihr den anderen in Unserem Königreich voransteht, sollt den anderen ein Beispiel geben: damit, wie ihr Uns ehrenwert und großzügig mit eurem Gut zu Hilfe kommt, und ihr werdet auch von diesen dies und von anderen leihweise etwas empfangen können, damit ihr unseren anderen Getreuen ein Beispiel gebt, Ähnliches zu tun. Das gesamte Gold und Silber der Kirchen sollt ihr zur sorgsamen Verwahrung und mit der Bezeugung eines Schriftstückes von den Kirchen selbst bekommen. Ihr werdet ihnen durch euren Eid und den Eid unserer anderen Barone, die ihr auswählt, bestätigen, dass es ihnen vollständig zurückerstattet werden wird. Ihr werdet auch Geiseln aller unserer Barone empfangen, damit unser aller treuester Kanzler, wenn er unsere Aufträge in Deutschland erfüllt hat, so schnell wie möglich nach England kommt, ebendiese Geiseln – über die wir und der Herr Kaiser übereingekommen sind – im Besitze Unserer sehr geliebten Mutter findet und sie ungehindert an uns senden kann. Unsere Befreiung soll nicht durch die Abwesenheit der Geiseln und eure Nachlässigkeit leiden. Das gesammelte Geld aber soll in ebendieser Weise meiner Mutter und jenen, die sie selbst auswählt, übergeben werden. Wen wir aber in unserer Notlage entschlossen finden, der wird uns in seinen Angelegenheiten freundlich und gewogen finden. Er wird uns umso willkommener sein, wenn er uns in unserer Abwesenheit in irgendeiner Angelegenheit zu Hilfe kommt, als wenn irgendjemand Uns in Unserer Anwesenheit das Doppelte hülfe. Wir wollen auch, dass die Namen der einzelnen Magnaten und die Unterstützung, die sie persönlich gewähren, uns durch das Siegel Unserer Mutter bezeichnet werden, damit wir wissen, wie viel einem jeden wir an Dankbezeugungen verpflichtet sind. Seid gewiss, dass, wenn wir eingesetzt wären in freier Machtausübung in England, wir so viel oder auch bei weitem das Gros des Geldes unserem Herrn Kaiser gäben, wie wir auch für den nachfolgenden Vertrag geben, den wir durch Gottes Gnade befolgen; und wenn Wir auch das Geld nicht frühzeitig in Händen hätten, übergäben Wir Unseren eigenen Leib dem Kaiser, solange bis das Geld gezahlt wird. Ehe dies geschehen ist, bleibt es unvollständig. In der goldenen Bulle des Herrn Kaisers aber überbringt euch Unser Kanzler die oben genannte Bezeugung. Mit uns als Zeugen bei Hagenau, am 13. Tag vor den Kalenden des Mai.

Im April 1193 wandte sich Richard I. an seine Mutter Eleonore und die Justitiare in England, die Regenten in seiner Abwesenheit. Das Schreiben enthielt genaue Anweisungen hinsichtlich des für die Freilassung aufzubringenden Lösegeldanteils und bot zugleich einen seltenen Einblick in die Umstände seiner Haft. So konnten Richard I. sowohl Hubert Walter als auch sein Kanzler, William Longchamp, in der Gefangenschaft aufsuchen, die ihn zunächst auf den Trifels und später nach Hagenau führte, wo er standesgemäß in großen Ehren vom Kaiser empfangen wurde. Englische Chronisten beklagten dagegen die harten und unwürdigen Haftbedingungen ihres Königs.

Q.: Roger von Howden, Chronica (RerBrit 51,3), S. 208–210 – Übersetzung: Philipp Gey.

## Brief Kaiser Heinrichs VI. an die englischen Fürsten. Hagenau, 19.04.1193.

Epistola Henrici Romanorum imperatoris ad magnates Angliæ pro Ricardo rege Angliæ.

Henricus Dei gratia Romanorum imperator, et semper Augustus, dilectis sibi archiepiscopis, episcopis, comitibus, baronibus, nobilibus, et omnibus ad quos præsens pagina pervenerit, in Anglia constitutis, salutem et bonam voluntatem.
Dignum judicavimus, et nostræ celsitudini gloriosum, si universitatem vestram sollicitius inducamus ad ea modis omnibus quibus potestis agenda, quæ ad honorem carissimi nostri illustris regis Ricardi, domini vestri, debeantur; ne devotionis vestra constantia et meritum fidei circa ipsius commoda appareat mortuum, sed in suis et in regni sui obsequiis vivere videatur. Sane omnibus, quorum devotio prædicto regi absenti sincera extiterit et pura, uberes referemus gratiarum actiones; ad universitatis vestræ notitiam devenire volentes, quod imperatoria sublimitas cum regia ipsius nobilitate in concordia et bona pace consistit. Unde quæcunque ipsi irrogata fuerint contraria, pariter cum eo nobis parient molestiam et gravamen. Quare ad devotorum suorum et fidelium honorem et profectum, et turbatorum suorum damnationem et exterminium, operam præstabimus semper efficacem, et quia corde et animo uniti sumus, facta regis vestri, specialiter nostri et imperii nostri penitus reputabimus; et gravamina ejus nobis et coronæ imperiali illata censemus; nec ea, Deo concedente, sine ultione, et eorum, qui ea intulerint, gravi damno et destructione, transibimus. Datum apud Hagenou, xiii. kalendas Maii.

Brief Heinrichs des Kaisers der Römer an die Magnaten von England über Richard den König von England

Heinrich von Gottes Gnaden Kaiser der Römer und ewiger Augustus, sendet den von ihm geliebten Erzbischöfen, Bischöfen, Grafen, Baronen, Edlen und allen in England eingesetzten, zu denen dieses Schreiben gelangt, seinen Gruß und sein Wohlwollen.
Wir hielten es für würdig und unserer Erhabenheit ruhmreich, wenn wir sehr bekümmert euch alle veranlassen, mit allen Mitteln alles zu tun, was ihr könnt, was zur Ehre unseres vielgeliebten und edlen Königs Richard, eures Herrn, getan werden muss; damit nicht die Standhaftigkeit eurer Ergebenheit und das Verdienst eurer Treue zu ihm selbst leicht dahingeschieden erscheinen mögen, sondern sie mögen in seiner Gefolgschaft und seinem Königreich lebendig scheinen. Gewiss bringen wir allen, deren vorgenanntes Gelübde sich dem abwesenden König aufrichtig und rein zeigt, fruchtbare Taten der Gnade; es will euch allen zur Kenntnis gelangen, was die kaiserliche Erhabenheit mit der königlichen Hoheit desselben in Eintracht und gutem Frieden beschlossen hat. Und was auch immer ihm selbst an Widrigkeiten auferlegt sein wird, wird zu gleichen Teilen mit ihm uns Last und Beschwerlichkeit bereiten. Deshalb werden wir uns immer wirksame Mühe geben zur Ehre und zum Wohlergehen seiner Ergebenen und Getreuen und zur Verdammung und Vertreibung seiner Aufwiegler, und weil wir im Herzen und in der Seele vereint sind, werden wir die Angelegenheiten eures Königs mit allen Kräften bei uns selbst und bei unserem Kaiserreich durch und durch erwägen; und wir werden seine an uns und unsere kaiserliche Krone herangetragenen Beschwerlichkeiten einschätzen; und wir werden dies, so Gott will, nicht ohne Strafe übergehen und diejenigen von denen dies auferlegt wurde, nicht ohne schwere Verdammnis und Zerstörung übergehen. Gegeben bei Hagenau, am 13. Tag vor den Kalenden des Mai.

Zeitgleich mit dem Schreiben Richards I. an seine Mutter wandte sich Kaiser Heinrich VI. an die englische Öffentlichkeit. Er warb gewissermaßen um Verständnis und appellierte an sie, die Ehre des Königs zu bewahren. Die Worte des Kaisers untermauerten den Schein, dass das Abkommen mit dem englischen König in Eintracht und gutem Einvernehmen geschlossen worden wäre. Nach dem Hoftag von Speyer, bei dem sich Richard I. den Anklagen des Kaisers erwehren konnte, hatte man sich darum bemüht, die Geiselhaft umzudeuten und das Lösegeld als eine freiwillige Zahlung für Freundschaftsdienste, insbesondere die kaiserliche Vermittlung im Konflikt zwischen England und Frankreich, darzustellen.

Q.: Roger von Howden, Chronica (RerBrit 51,3), S. 211 – Übersetzung: Philipp Gey.

# Die Burg Trifels zur Zeit der Gefangenschaft von Richard Löwenherz

Angela Kaiser-Lahme

Immer wieder fragen Besucher von Burgen nach dem Burgverlies. Offensichtlich ist die Vorstellung von der Burg als Gefängnis weit verbreitet und ein fester Topos. Dabei haben die meisten Burgen gar kein solches Verlies und auch auf der Burg Trifels, oberhalb von Annweiler in der Südpfalz gelegen (Abb. 1), wird man vergeblich nach einem Verlies suchen. Bekannt ist indessen, dass auf ihr zu unterschiedlichen Zeiten prominente Gefangene inhaftiert waren. Der berühmteste ist der englische König Richard I. Löwenherz. Wie wir uns seine Gefangenschaft genau vorstellen müssen, dazu schweigen die Quellen weitestgehend, ebenso ist die Suche nach dem genauen Ort seiner Inhaftierung auf dem Trifels schwierig. Denn nur ein Teil der heutigen Burganlage kann in die Zeit um 1193 datiert werden und blieb auch in späterer Zeit unverändert.

Die ältesten Bereiche der Burg stammen aus dem 11. Jahrhundert, 1081 wird sie als Besitz eines Diemar von Trifels erwähnt, seit Beginn des 12. Jahrhunderts darf sie als Reichsburg gelten. Ihre herausgehobene Stellung unter den salischen und später auch staufischen Herrschern zeigt sich vor allem darin, dass sie über 150 Jahre hinweg immer wieder als Aufbewahrungsort der Reichsinsignien diente. 1125 beauftragte Kaiser Heinrich V. auf seinem Sterbebett den Stauferherzog Friedrich II. von Schwaben damit, diese auf »der besonders festen Burg, die Trifels genannt wird, aufzubewahren.« (Ekkehard von Aura, Chronicon [MGH SS 6], S. 374). Ganz offensichtlich war sie in seinen Augen eine der sichersten Burgen im Reich.

Unter den Staufern wurde die bestehende Burganlage um 1190 weiter ausgebaut. Richard Löwenherz dürfte daher in einer der ›modernsten‹ Burganlagen seiner Zeit untergebracht worden sein. Die Maßnahmen unterstützten vor allem die Aspekte Repräsentation und Sicherheit. Mit Blick auf die repräsentative Wirkung der Anlage wurde besonderes Augenmerk auf den heute noch sichtbaren Hauptturm gelegt, der wohl schon unmittelbar nach seiner Fertigstellung wieder umgestaltet wurde und ursprünglich frei stehen sollte. Er gilt als ein programmatischer Bau im Kerngebiet staufischer Herrschaft und besaß damals drei Stockwerke. Seine Verkleidung mit kunstvoll gearbeiteten Buckelquadern steigert seine mächtige Wirkung.

1 Die Reichsburg Trifels ▪ © Ulrich Pfeuffer, GDKE.

2 Außenaufnahme der Ostfassade mit Kapellenerker ▪ © Ulrich Pfeuffer, GDKE.

Hauptschauseite ist die reich gegliederte Ostfassade mit dem Kapellenerker (Abb. 2). Im Inneren fallen die beiden Treppen auf, die von einem zweiräumigen Untergeschoss in die oberen Geschosse führen, wobei die eine wohl erst nachträglich eingefügt wurde.

Im zweiten Geschoss wurde eine Kapelle mit Vorraum geschaffen. Beleuchtet wird der verwinkelte Raum durch ein kleines Rundbogenfenster in der Ostwand. Bemerkenswert sind die vier Zugänge zu diesem Raum, der damit so etwas wie eine Schaltzelle des Turms darstellt. In ihm befindet sich noch sichtbar ein Kamin, der auf eine Heizstelle verweist.

Die mit einer umlaufenden Sitzbank ausgestattete Kapelle zählt zu den kunsthistorisch bedeutendsten Teilen der Anlage. Der Raum zeichnet sich durch ein hohes Kreuzrippengewölbe, eine halbrunde Apsis und ein großes Rundbogenfenster in der Westwand aus. Die Nordwand ist mit zwei Blendbögen versehen. Besonders hervorzuheben ist das Kreuzrippengewölbe. Es ruhte in staufischer Zeit auf vier Ecksäulen. Die Rippen liefen auf einen Schlussstein zu, der ursprünglich wohl eine zentrale Öffnung besaß und somit einen Durchlass zu dem darüber liegenden Wohnraum schuf (Abb. 3 u. 4).

Im dritten Stockwerk befindet sich eben dieser Wohnraum, der ursprünglich die gesamte Fläche einnahm. Seine Größe, seine exponierte Lage und ein Kamin lassen die Deutung als Wohnraum des Königs zu. Solche repräsentativen Wohnräume sind aus der Salierzeit etwa für die Pfalz in Wimpfen bekannt. Es spricht einiges dafür, dass dieser Raum als Aufenthaltsraum für den königlichen Gefangenen gedient haben könnte, zumal es bauzeitlich nur einen Zugang gab. Zwar weist der Kamin keinerlei Brandspuren auf, doch hätte der Raum in der kalten Jahreszeit – in der sich Richard auf dem Trifels befand – auch über Kohlebecken beheizt werden können. Letztendlich muss die Frage nach seinem genauen Aufenthaltsort unbeantwortet bleiben, da große Teile der staufischen Burg heute nicht mehr erhalten sind.

So ist der heutige *Palas*, der repräsentative Saalbau der Burg, bis auf seine Grundmauern eine komplette Neuschöpfung des 20. Jahrhunderts. An seiner Südostseite befindet sich allerdings noch ein Aborterker aus staufischer Zeit. Am Ende des 12. Jahrhunderts stellte er ein Novum in der Burgenarchitektur dar. Typisch für diese Bauphase sind zudem die formale und technische Ausgestaltung im Detail, die sich vor allem im Bauschmuck ausdrückt, sowie die auf eine ästhetische Wirkung der Gesamtanlage ausgerichtete Architektur. Besonders gut kommt die Gestaltung mit Buckelquadern beim um 1230 entstandenen Brunnenturm zur Geltung. Er schützte einen der sehr seltenen Tiefbrunnen dieser Zeit.

Genauso viel Wert wie auf die repräsentative Gestaltung legten die Baumeister auf die Wehrhaftigkeit der Anlage. Die noch im Westhang verborgenen Reste der salischen Burganlage entziehen sich heute dem Blick des Besuchers. Auch auf der Ostseite sind noch Reste einer romanischen Ringmauer vorhanden. Weitere Teile der stauferzeitlichen Ringmauer befinden sich unterhalb des Kastellangebäudes I und entlang des heutigen Aufstieges vom Kassenhaus zur Oberburg. Zumindest auf der Westseite kann man demnach um 1193 von einer doppelten Ringmauer ausgehen, die das Erscheinungsbild der staufischen Burg prägte. Der Trifels war somit optimal gegen Angriffe von dieser Seite gesichert.

Zusätzliche Sicherheit bot die Einbindung in einen Verteidigungsring aus mehreren Burgen, der um 1193 den Trifels umgab.

3 Die Kapelle der Reichsburg Trifels ▪ © Ulrich Pfeuffer, GDKE.

4 Das Kreuzrippengewölbe in der Kapelle der Reichsburg Trifels ▪ © Ulrich Pfeuffer, GDKE.

Hierzu gehörten die nahegelegenen Burgen Anebos und Scharfenberg, genannt »Münz«, Burgwarten auf den fünf sogenannten Münzfelsen sowie die Burgen Alt-Scharfeneck, Meistersel und Neukastel. Sie sicherten den staufischen Besitz in der Südpfalz und die wichtige Handelsstraße, die von Kaiserslautern an den Rhein führte und konnten sich gegenseitig Schutz bieten. Umgekehrt musste sich unter solchen Bedingungen jeder Ausbruchs- bzw. Befreiungsversuch eines Gefangenen sehr schwierig gestalten. Auch in dieser Hinsicht war also der Trifels einer der sichersten Orte des Reiches.

Als Aufbewahrungsort der Reichsinsignien gewann der Trifels in der zweiten Hälfte des 13. Jahrhunderts seine größte Bedeutung. 1330 an die Pfalzgrafen bei Rhein verpfändet, 1410 an Pfalz-Zweibrücken vererbt, war der Trifels seit dem 16. Jahrhundert verlassen und verfiel. Ein Blitzeinschlag 1602 und ein damit verbundener Brand zerstörten ihn noch weiter; in den folgenden Jahrhunderten wurde er als Steinbruch benutzt.

Mit der Burgenromantik des 19. Jahrhunderts gelangte der Trifels in den Blick von Architekten und aufkommender Denkmalpflege. Zahlreiche Restaurierungsmaßnahmen und zuletzt sein Wiederaufbau ab 1938 im Sinne einer Neuschöpfung durch Rudolf Esterer führten zu seiner heute bekannten Gestalt, die Bauperioden vom 11. bis zum 20. Jahrhundert miteinander vereint.

Q.: Ekkehard von Aura, Chronicon (MGH SS 6).

Lit.: Backes/Straeter 2003 ▪ Biller 1998 ▪ Großmann 2013 ▪ Meyer 2001 ▪ Meyer 2004 ▪ Schmidt 2006 ▪ Thon/Meyer 2007.

# Der Speyerer Hoftag und seine Folgen

## Die verzögerte Auslieferung von Richard I. Löwenherz

Caspar Ehlers

Der König kniete vor seinen Gegnern, die ihn seit Monaten in Haft hielten. Und er sprach: über die Ereignisse, die zu seiner Gefangenschaft geführt hatten und über die Vorwürfe, die ihm gemacht wurden. Unter seinen Zuhörern war auch der Kaiser. Dieser unterbrach ihn nach einiger Zeit, trat auf den König zu, half ihm beim Aufstehen und gab ihm den Friedenskuss. Der Kaiser sei durch das ritterliche und selbstbewusste Auftreten des fast zehn Jahre älteren Königs tief beeindruckt und bewegt gewesen, berichten die englischen Quellen, die berühmte Zeichnung aus dem *Liber ad honorem Augusti* des Petrus von Eboli hat die Szene verewigt (Abb. 3 und 4).

An diesem Mittwoch vor Ostern, dem 24. März 1193, wurde so der öffentliche Anschein erweckt, Richard I. Löwenherz und Kaiser Heinrich VI. hätten sich ausgesöhnt. Am Gründonnerstag wurde dann ein Vertrag geschlossen, der die hohen Entschädigungsleistungen des Engländers der staufischen Partei gegenüber regeln sollte. Die Vereinbarung sah jedoch nicht die Entlassung aus der Haft vor, die Richard nun auf dem nahegelegenen Trifels fortsetzen musste. Trotz geheimer Vorverhandlungen zwischen Unterhändlern der staufischen und der englischen Seiten konnte in Speyer keine endgültige Lösung herbeigeführt werden. Zu groß waren die politischen Dimensionen dieser Angelegenheit, in die auch der französische König und die welfische Partei verwickelt waren.

### Die Vorgeschichte

Dass sich Richard I. Löwenherz mit seinem Auftreten während des Dritten Kreuzzuges viele Freunde in der Christenheit gemacht hätte, kann nicht gesagt werden. Doch die Ausgangslage für die Verhandlungen in Speyer (Abb. 1) war weit mehr als nur der Eklat von Akkon. Es ging vor allem um die Position Heinrichs VI. im Konzert der europäischen Mächte. Auch innerhalb des Reiches war der Kaiser bedroht, der staufisch-welfische Konflikt gefährdete die Balance zwischen den weltlichen und kirchlichen Reichsfürsten und die Rolle Siziliens im staufischen Reich bedurfte ebenfalls einer Lösung. Die Auseinandersetzung berührte die Interessen Frankreichs und jene der Plantagenêts, immerhin waren Philipp II. Augustus und Richard I. Löwenherz zu Beginn des Kreuzzuges als Verbündete aufgetreten, dies hatte sich nun geändert. In England entwickelte Richards Bruder Johann Ohneland eine dem Königtum abträgliche Dynamik, indem er versuchte, die Herrschaft an sich zu bringen; ein Eingreifen des Königs war dringend erforderlich.

Dies war auch der Grund, warum Richard Löwenherz inkognito auf dem Landweg in sein Reich zurückkehren wollte. Der Plan war, unbeschadet Bayern und damit das Einflussgebiet des Welfen Heinrichs des Löwen zu erreichen, was bekanntlich bei Wien scheiterte und die Karten neu mischte, als der Engländer durch seinen Intimfeind Herzog Leopold V. von Österreich an den Staufer ausgeliefert wurde (Abb. 2). Der Kaiser eröffnete Ende Dezember 1192 dem französischen König Philipp II. Augustus mit großer Freude die Nachricht. Nun begannen die Vorbereitungen der Parteien, möglichst viel Gewinn – beziehungsweise wenig Schaden – aus der neuen Situation ziehen zu können.

So kam es am 6. Januar 1193 im bayerischen Regensburg zu einer ersten Zusammenkunft zwischen dem Babenberger Leopold V. von Österreich und Heinrich VI., um die Auslieferung des gleichfalls anwesenden Richard an das Reich zu besprechen. Dies nahm viel Zeit in Anspruch, daher hatte Leopold den englischen König wieder in sein Herzogtum zurückbringen lassen, um einer Entführung durch die Staufer vorzubeugen. So konnte erst bei einem weiteren Hoftag am 14. Februar 1193 in Würzburg eine Einigung erzielt werden. Im Nachgang dieser Verhandlungen im Fränkischen konnten aber englische Gesandte im Auftrag einer Adelsversammlung – zwei Äbte der Zisterzienser – am Palmsonntag mit ihrem König in Ochsenfurt am Main zusam-

1 Der genaue Schauplatz des Hoftages in Speyer ist nicht überliefert, aber ein Ort rund um den Dom zu Speyer kann angenommen werden ▪ © Nürnberg Luftbild, Hajo Dietz.

2 Halbfigur Herzog Leopolds V. im *Stifterbuch des Klosters Zwettl (sog. Bärenhaut)*, Zwettl, 14. Jahrhundert ▪ Zwettl, Zisterzienserstift Zwettl, StiAZ 2/1, fol. 19r.

mentreffen. In Würzburg war vermutlich das politische Ergebnis des für die Karwoche in Speyer angesetzten Hoftages festgelegt worden, das als Voraussetzung für die Freilassung 100.000 Mark in Silber aus England vorsah, die zwischen dem Herzog und dem Kaiser geteilt werden sollten. Heinrich VI. hatte darüber hinaus weitergehende Forderungen erhoben, denn er wollte von Richard, der an den Würzburger Verhandlungen freilich nicht beteiligt war, auch 50 mit Soldaten ausgerüstete Kriegsschiffe für seine Unternehmungen im Mittelmeer. Leopold und Heinrich handelten alles unter sich aus und sicherten mit Geiselgestellungen ihre Beschlüsse ab. Ob hier schon der Plan erörtert wurde, dass Richard England vom Kaiser zu Lehen nehmen sollte, ist nicht ganz klar, wie die folgende Rekonstruktion des Verlaufs der Speyerer Versammlung zeigen wird.

## Der Speyerer Hoftag 1193

König Richard wurde, nachdem Leopold ihn in Würzburg Heinrich VI. übergeben hatte, über Ochsenfurt nach Speyer gebracht, wo der Kaiser wahrscheinlich schon zu einem früheren Zeitpunkt einen Hoftag in der Karwoche angesetzt hatte. Er wollte dort auch das Osterfest begehen, was sicherlich nicht ohne aufwendige Vorbereitungen seitens des Bischofs und der Ministerialität zu realisieren war. Durch historiografische Quellen und Zeugenlisten in Heinrichs Urkunden aus diesen Tagen sind wir über viele vornehme Teilnehmer namentlich unterrichtet, was ebenfalls für eine ausgeklügelte Logistik spricht (Liste 1).

Der Dienstag war, den Berichten der Quellen nach zu urteilen, auch für geheime Verhandlungen zwischen Unterhändlern des Reiches und Richards reserviert. Der König habe signalisiert, so berichtet der Zeitgenosse Roger von Howden in seiner Chronik, auf in den Vorverhandlungen gestellte Bedingungen nicht eingehen, sondern lieber sterben zu wollen. Dies kann jedoch nicht die schon in Würzburg formulierten betroffen haben, denn die werden schließlich akzeptiert. Das alles belegt wiederum, dass Richard noch am Dienstag, dem 23. März 1193, über die Aspekte der geheimen Konsultationen unterrichtet wurde und seine Haltung dazu rechtzeitig kundtun konnte. Da dies auch für Heinrich VI. gelten dürfte, kann man davon ausgehen, dass der Verlauf des öffentlichen Teils am Mittwoch bereits am Abend oder in der Nacht davor anhand der erreichten Ergebnisse vorbereitet werden konnte.

Allerdings nennt keine Quelle den Inhalt dieser umstrittenen Forderung, so dass hier die Forschung spekuliert. Theodor Toeche vermutete, dass es um Heinrich den Löwen und die welfisch-englische Verbindung gegangen sein könnte; Knut Görich erwähnt diese Möglichkeit nicht, sondern weist auf entehrende öffentliche Handlungen im Rahmen einer Unterwerfungszeremonie vor dem Hoftag hin, die man von Richard gefordert haben soll. Darauf wird abschließend nochmals einzugehen sein, in jedem Fall spiegeln beide Theorien den geschichtswissenschaftlichen Trend ihrer Entstehungszeit, die politische Verfassungsgeschichte des 19. beziehungsweise die sich auf die rituellen Handlungen bei der Konfliktregelung im Mittelalter konzentrierende des ausgehenden 20. Jahrhunderts.

Am 24. März 1193, dem Mittwoch, kam es dann zu der ›öffentlichen Anhörung‹ Richards vor dem Hoftag in Speyer, die eingangs schon skizziert wurde (Abb. 3 und 4). Sie brachte als visualisiertes Ergebnis die vom Kaiser ausgehende Versöhnung mit dem König und folgte damit dem von der Forschung seit längerem erkannten hochmittelalterlichen Muster der öffentlichen Streitbeilegung. Auch hier ist der Bericht Rogers von Howden die wichtigste Quelle, Ergänzendes liefert der ebenfalls zeitgenössisch schreibende Wilhelm der Bretone, Historiograph des französischen Königs: Zuerst seien die Anklagevorwürfe durch den Kaiser zu Gehör gebracht worden. Sie betrafen Richards Verhalten, das der eigenen Bereicherung diene und gegen die staufischen Interessen und gerechtfertigte Ansprüche in Apu-

## Anwesende in Speyer im März 1193

- Kaiser Heinrich VI.
- Erzbischof Johannes I. von Trier
- Bischof Wolfger von Passau
- Bischof Otto II. von Speyer
- Bischof Heinrich I. von Worms
- Bischof Otto II. von Freising
- Bischof Walther von Troia/Catania
- Bischof Berthold II. von (Naumburg-)Zeitz
- Abt Manegold von Tegernsee
- Protonotar Sigelus
- Propst Konrad von Goslar
- Herzog Leopold V. von Österreich
- Leopold, Sohn des Herzogs von Österreich
- Herzog Konrad von Schwaben
- Pfalzgraf Otto von Burgund
- Pfalzgraf Hugo von Hohentübingen
- Pfalzgraf Konrad bei Rhein
- Pfalzgraf Rudolf von Tübingen
- Graf Adolf von Berg (Propst zu Köln)
- Graf Ludwig von Ottingen
- Graf Theoderich von Hochstaden
- Graf Hermann von Ravensberg
- Graf Moritz von Altenburg
- Graf Emicho von Leiningen
- Graf Sigbert von Wörth
- Graf Siegfried von Mörlen
- Graf Albert von Eberstein
- Graf Rapoto von Ortenberg
- Graf Albert von Bogen
- Graf Poppo von Wertheim
- Graf Gebhard von Tolenstein
- Graf Friedrich von Zollern
- Graf Burchard von Zollern
- Graf Friedrich von Hohenburg
- Kuno von Münzenberg
- Robert von Turnham
- Gottfried von Winnenden
- Gottfried von Vaihingen
- Truchsess Marquard von Annweiler
- Marschall Heinrich von Kalden
- Mundschenk Heinrich von Kaiserslautern
- Kämmerer Konrad von Staufen
- Rapoto von Ortenburg aus Österreich
- Otto von Ramersberg
- Hademar von Kuenring
- Wichard von Seefeld
- Wicherd von Zöbing
- Herrand von Wildon

Liste 1 Die Anwesenden werden anhand der Quellen aufgeführt bei RI IV/3 (neubearb. v. Baaken), Nr. 283, 285, 286.

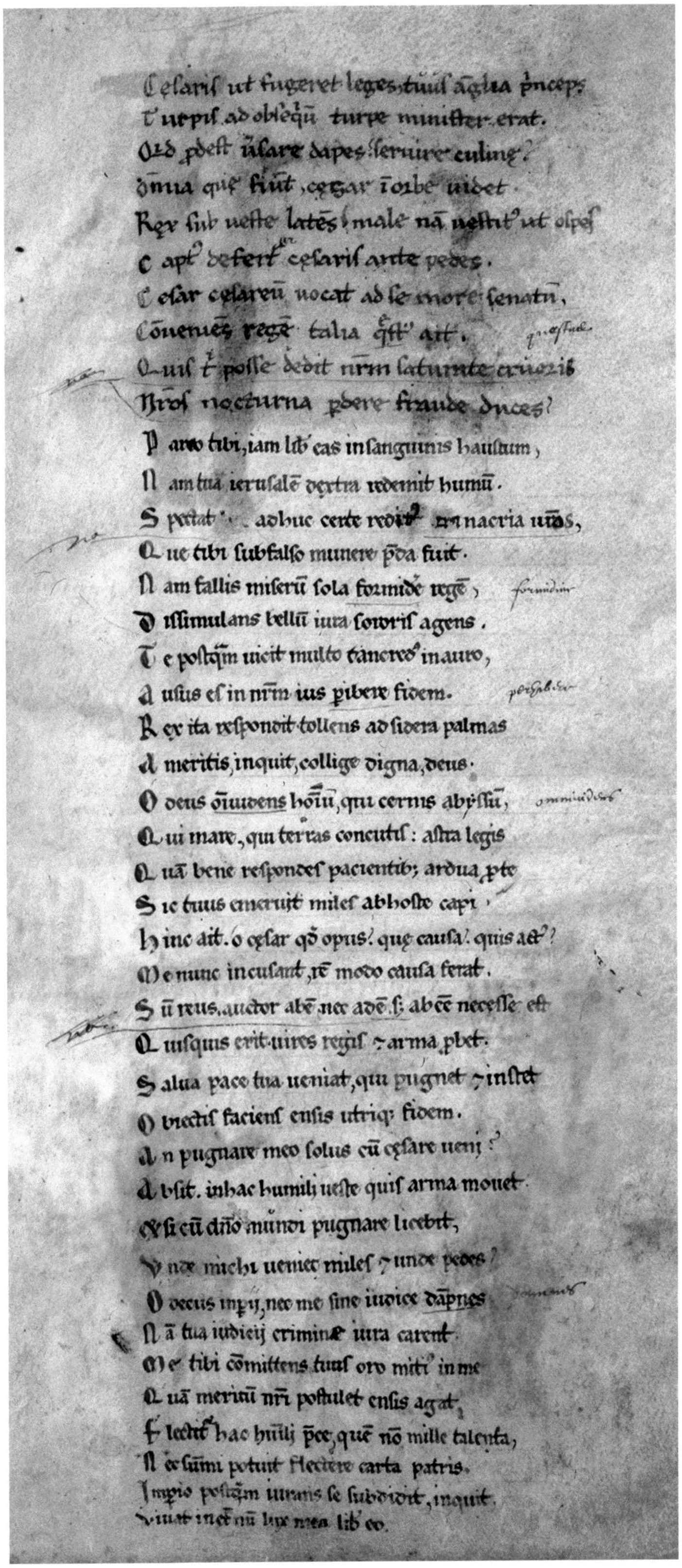

3 Schilderung der Gefangennahme und Freilassung von Richard I. Löwenherz. Petrus de Ebulo, *Liber ad honorem Augusti sive de rebus Siculis*, Sizilien, Ende 12. Jahrhundert ▪ Bern, Burgerbibliothek, Cod. 120 II, fol. 128v.

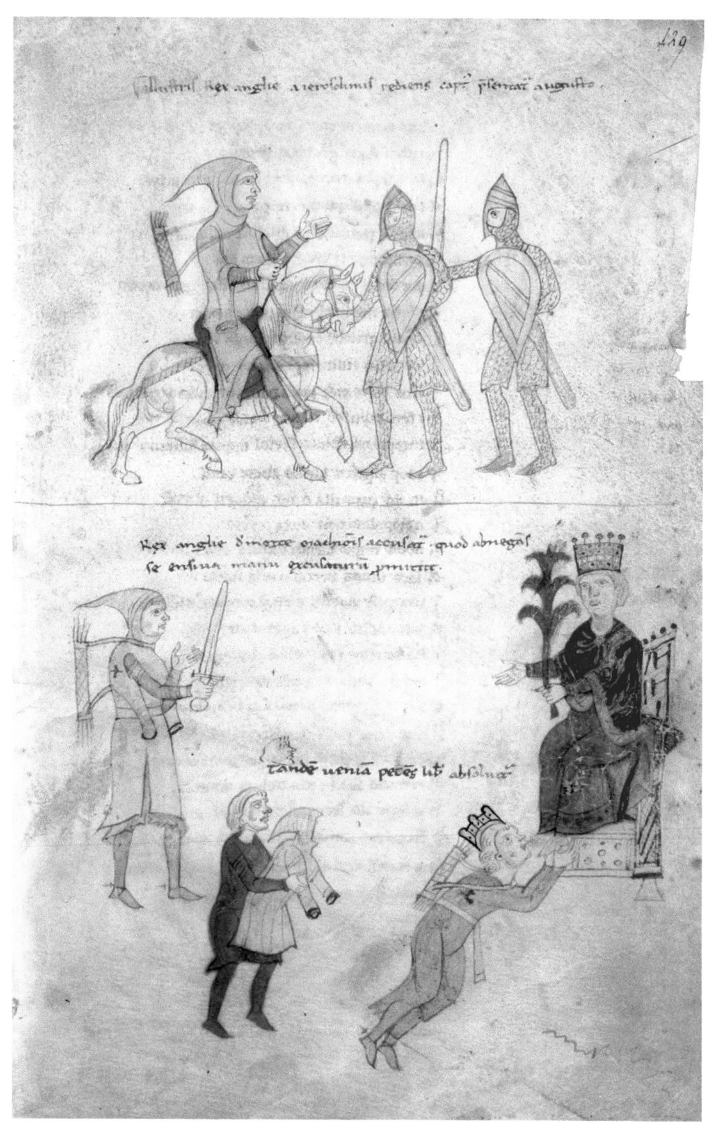

4 Gefangennahme und Freilassung des englischen Königs. Petrus de Ebulo, *Liber ad honorem Augusti sive de rebus Siculis*, Sizilien, Ende 12. Jahrhundert ▪ Bern, Burgerbibliothek, Cod. 120 II, fol. 129r.

lien, Sizilien und Zypern gerichtet sei sowie die Anstiftung zum Mord am Lehnsmann des Reiches, dem Grafen Konrad von Montferrat. Richard sei auch illoyal gegenüber seinem Lehnsherrn auf dem Kontinent, dem König von Frankreich, gewesen und habe darüber hinaus den Herzog von Österreich als Führer des deutschen Kontingentes auf dem Kreuzzug nach dem Tode Friedrichs I. Barbarossa in seiner Ehre öffentlich gedemütigt und wirtschaftlich hintergangen. Richard hingegen habe darauf mit dem Selbstbewusstsein des englischen Königs geantwortet. Er könne und müsse zu diesen, ja auch schwierig zu beweisenden, Vorwürfen hier kaum Rechtfertigung ablegen, da er kaiserlichem Recht – oder vielmehr staufischen Rechtsvorstellungen – nicht unterliege. Aber dennoch sei er Gefangener des Kaisers und nur dieser Situation habe er sich zu beugen (Abb. 5a und 5b). Den von ihm angebotenen gerichtlichen Zweikampf habe niemand annehmen wollen, berichtet Petrus von Eboli. Dieter Berg wertet diesen Ausgang des Hoftages als Teilerfolg für Richard, unterschätzt aber wohl die Bedeutung der Vorverhandlungen, die ja seit Monaten geführt wurden.

Am 25. März 1193 – Gründonnerstag – unterfertigte Heinrich VI. den Vertrag mit dem englischen König, das Datum wird von Roger von Howden glaubwürdig überliefert. Richard Löwenherz musste die Geldzahlungen leisten, die er in Speyer anerkannt hatte und für ein Jahr die Kriegsschiffe und Mannschaften für Heinrich VI. stellen. Darüber hinaus wurde für das kommende Weihnachtsfest, der damaligen Zählung nach schon im Jahr 1194, erneut ein Hoftag in Speyer zur Freilassung Richards angesetzt, was inserierte Briefe in Rogers Chronik belegen. Die beiden englischen Gesandten trafen nach Ostern 1193 wieder in ihrer Heimat ein und berichteten von dem Speyerer Vertrag.

Die ›stillen Tage‹ – Karfreitag und Karsamstag – waren dann dem religiösen Gedenken an Leiden, Tod und Auferstehung Christi gewidmet. So scheint es zumindest, denn politische Aktivitäten werden für diese Zeitspanne nicht überliefert. Ob sich Richard noch am Hofe befand oder schon auf dem Weg zur Haft auf dem Trifels war, kann nicht gesagt werden, die *causa* jedenfalls war rechtzeitig mit der publikumswirksamen Inszenierung am Mittwoch und dem Vertrag vor dem Abendmahlsgottesdienst am Donnerstag beigelegt worden.

Am Ostersonntag kehrte der Kaiser zu den Reichsgeschäften zurück und urkundete für die Bischofskirche St. Stephan zu Passau, der er die Abtei St. Maria ebendort schenkte, und dann am Montag, den 29. März 1193, noch für ein durch Kuno I. von Münzenberg errichtetes Hospital in Sachsenhausen (Frankfurt am Main), das noch zu dessen Lebzeiten an den Deutschen Orden übergeben wurde. Da der Ritterorden um 1190 in Akkon gegründet wurde, ergibt sich hier ein Bezug zum Kreuzzug und der in Speyer thematisierten Belagerung der Stadt.

So hatten die Speyerer Verhandlungen über das Geschick Richards ein Ende gefunden, das ganz den Regeln der Streitschlichtung zu entsprechen scheint. Nun ging es vordergründig nur noch um die formelle Erfüllung der Bedingungen bis zur avisierten Freilassung des englischen Königs an Weihnachten aus der rechtlich zweifelhaften »Verwahrung« durch den Kaiser und seine Partei. Richard Löwenherz ging wohl selbst davon aus, bald frei zu sein, denn er bereitete schriftlich die Erfüllung der Bedingungen vor. Doch es sollte anders kommen.

5 a+b Glasfenster von Auguste Schuler aus Straßburg nach Entwürfen von Léo Schnug, um 1904. Die Fenster zeigen eine fiktive Szene, in der Heinrich VI. in Hagenau ein Urteil über Richard I. Löwenherz spricht. Eigentlich dürfte sich diese Szene beim Hoftag in Speyer abgespielt haben ▪ Hagenau, Musée historique de Haguenau.

## Die Folgen des Speyerer Hoftags

Seit dem 5. April 1193 ist Heinrich VI. in Hagenau nachzuweisen (RI IV/3 [neubearb. v. Baaken], Nr. 288 und 289). Von dort schrieb er am 19. April 1193 einen Brief an die Magnaten Englands (vgl. S. 260): Er teilte ihnen mit, dass er sich mit ihrem König ausgesöhnt habe, wie Roger von Howden berichtet. Dieser erzählt auch, dass sich Kaiser und König am 25. Juni 1193 in Worms getroffen, einige Tage verhandelt hätten (RI IV/3 [neubearb. v. Baaken], Nr. 302a) und dann am 29. Juni einen weiteren Vertrag geschlossen hätten, der die in Speyer vereinbarten Regelungen erweiterte. Diese neue Vereinbarung brachte nun auch den staufisch-welfischen Konflikt ins Spiel, denn Richard sollte bei Einhaltung seiner nicht näher beschriebenen Versprechen dem Kaiser gegenüber von der Zahlung einer beträchtlichen Summe befreit werden. Das kann nur so gedeutet werden, dass der Staufer den englischen König als Verbündeten der welfischen Opposition zur Neutralität verpflichten wollte. Darüber hinaus wurde die Ehe der Nichte Richards mit dem Sohn des Herzogs von Österreich vereinbart.

Am 20. Dezember 1193, also kurz vor dem vereinbarten Termin für die Freilassung Richards in Speyer, schrieb Heinrich VI. aus Gelnhausen an die Großen Englands, dass die Freilassung ihres Königs in der zweiten Woche nach Weihnachten in Speyer oder Worms stattfinden werde (vgl. S. 279). Das Datum der ursprünglichen Vereinbarung verschob sich also um zwei Wochen. Vielleicht hat Heinrich VI. bei diesem Anlass Richard auch die bei Roger von Howden überlieferte Zusicherung der »Provence, Vienne und von Viennois, Marseille, Narbonne, Arles, Lyon oberhalb der Rhone bis zu den Alpen und alles, was der Kaiser in Burgund besitze, sowie die Vasallitäten des Königs von Aragon, des Grafen von Die und des Grafen von St. Gilles« in Aussicht gestellt (RI IV/3 [neubearb. v. Baaken], Nr. 329). Spätestens hier zeichnet sich eine Abwendung Heinrichs VI. von Philipp II. Augustus ab.

Der geplante Hoftag in Speyer – oder Worms – für Dezember 1193 beziehungsweise Januar 1194 wurde jedenfalls verschoben, Richard Löwenherz verbrachte das Weihnachtsfest 1193 nach dem Zeugnis Rogers von Howden in Speyer, während Heinrich VI. entweder noch in Gelnhausen (20. Dezember 1193) oder schon in Würzburg (2. bis 29. Januar 1994) weilte. Diese Verzögerung ergab sich aus den Versuchen Philipps II. von Frankreich, den Kaiser zu bewegen, Richard nicht aus der Haft zu entlassen. Der französische König bot Heinrich VI. an, das vereinbarte Lösegeld zu kompensieren und durch seine Eheschließung mit Agnes, der Tochter des Pfalzgrafen bei Rhein, ein staufisch-kapetingisches Bündnis zu schaffen. Dass dies auf einem weiteren Hoftag zu Speyer noch im Januar besprochen wurde, wird in der Literatur erwogen, aber nicht in den Quellen erwähnt. Allerdings heiratete die junge Stauferin schon Anfang des Jahres 1194 Heinrich von Braunschweig, den Sohn Heinrichs des Löwen – noch bevor sie der französische »Heiratsantrag« erreichte. Mit der raschen Anerkennung dieser Verbindung durch den Kaiser war dem Konflikt zwischen Welfen und Staufern der Boden entzogen. Nun stand der Freilassung Richards nichts mehr im Wege. Die Bündnisse Heinrichs VI. waren damit situativ neu gestaltet, diesmal zu Ungunsten Frankreichs.

Erst am 2. Februar 1194 fand in Mainz der von Richard seit fast einem Jahr ersehnte Hoftag statt, auf dem er seine Freiheit zurück erlangte (RI IV/3 [neubearb. v. Baaken], Nr. 332a und 333). Heinrich VI. schrieb nach der Freilassung des englischen Königs am 4. Februar im Namen aller Großen seines Reiches an den König von Frankreich und forderte ihn und Richards Bruder Johann auf, alle eroberten Gebiete aus Richards Besitz wieder freizugeben. Am 13. März 1194 landete Richard in England.

### Die Gründe für die verzögerte Freilassung Richards

Bei den Verhandlungen über die Freilassung Richards wird der Konflikt der Staufer mit den Welfen als aktueller machtpolitischer Hintergrund meist ausgeblendet, um Rituale und deren Implikationen in den Vordergrund zu stellen. Doch in der Auseinandersetzung zwischen den beiden Herrscherdynastien gibt es einen weiteren Aspekt, den man in Hinblick auf die familiären Verflechtungen mit den Plantagenêt nicht außer Acht lassen sollte. Der Kern des Problems war möglicherweise die durch eine Verlobung schon vorbereitete Ehe zwischen Heinrich von Braunschweig und der Staufertochter Agnes. Richard I. Löwenherz gehörte zu den engsten Vertrauten der Welfen und war ein Onkel Heinrichs von Braunschweig. Heinrich VI. könnte daher mit Blick auf ein 1192/93 greifbar erscheinendes Bündnis mit Philipp II. Augustus bei den Vorverhandlungen in Speyer im März 1193 tatsächlich von Richard verlangt haben, die aus der Ehe seiner Schwester Mathilde resultierende Verbindung zu Heinrich dem Löwen sowie die durch seinen Vater begründete und während des zweiten englischen Exils des Welfen nach dem Tode Heinrichs II. von England auf Richard übertragene Treue zu beenden. Damit wäre der vereinbarte ›rheinpfälzische‹ Ehebund zwischen Welfen und Staufern verhindert worden. Das langsame Sondieren politischer Optionen durch Heinrich VI., das zwischen dem Speyerer Hoftag vom März 1193 und dem dort vereinbarten Termin der Freilassung Richards stattfand, wäre demnach der Grund für die Verzögerung der Beschlüsse von Gründonnerstag 1193 gewesen: der Perspektivenwechsel des Staufers von den Kapetingern hin zu den Welfen. Am Sonntag von Bouvines 1214 wurden die Karten dann wieder neu gemischt, aber das ist eine andere Geschichte.

Q.: Annales angevines (hg. v. Halphen) ▪ Marbacher Annalen (MGH SS rer. Germ. [9]) ▪ Otto von St. Blasien, Chronik (MGH SS rer. Germ. 47) ▪ Petrus von Eboli, Liber ad honorem Augusti (hg. v. Kölzer/Stähli) ▪ Ralph von Coggeshall, Chronicon Anglicanum (RerBrit 66) ▪ Ralph von Diceto, Ymagines Historiarum (RerBrit 68,1–2) ▪ RI IV/3 (neubearb. v. Baaken) ▪ Roger von Howden, Chronica (RerBrit 51,1–4) ▪ Stumpf-Brentano 1865–1881 ▪ Wilhelm der Bretone, Philippidos (hg. v. Delisle) ▪ Wilhelm von Newburgh, Historia rerum Anglicarum (RerBrit 82,1).

Lit.: Albrecht 1994 ▪ Berg 2007 ▪ Caro 1906 ▪ Csendes 1993 ▪ Ehlers 1996 ▪ Ehlers 2008 ▪ Falck 1994 ▪ Gillingham 1999a ▪ Gillingham 2006a ▪ Görich 2003 ▪ Görich 2006 ▪ Jericke 2008 ▪ Kessler 2004 ▪ Nicholson 2000 ▪ Pfaffenbichler/Sternthal 2007 ▪ Pfeiffer 1937 ▪ Toeche 1867 ▪ Weill 2004.

## Vertrag zwischen Kaiser Heinrich VI. und König Richard I. über die Lösegeldsumme. Worms, 29.06.1193.

### Forma compositionis factæ inter Henricum Romanorum imperatorem et Ricardum regem Angliæ.

In nomine Patris, et Filii, et Spiritus Sancti. Amen. Hæc est forma compositionis inter dominum imperatorem, semper Augustum, et dominum Ricardum, illustrem regem Angliæ. Dominus imperator mittet nuncios suos cum nunciis domini regis, qui Londonias ibunt, et ibi recipient centum millia marcarum puri argenti ad pondus Coloniæ. Quæ pecunia a nunciis imperatoris accepta, et ponderata, sigillabitur in præsentia nunciorum ipsius, et in conductu regis per regni sui terminos ducetur: ita ut si eam in regno suo perdi contigerit, periculo regis perdatur. Postquam vero ad terminos imperii venerit dicta pecunia, per nuncios regis nunciis domini imperatoris præsentabitur, qui eam illico ibi recipient, et si forte in partibus imperii eam perdi contigerit, periculo imperatoris perdetur, et rex in ea non tenebitur, nec obsides sui. Alia quoque quinquaginta millia marcarum argenti dabit rex imperatori et duci Austriæ, et pro illis ponet obsides: scilicet, domino imperatori pro triginta millibus marcis sexaginta obsides; duci vero Austriæ septem obsides pro viginti millibus marcis. Solutis ergo centum millibus marcis, et datis obsidibus, rex libere recedet. Si autem dominus rex solverit promissionem, quam domino imperatori de Henrico quondam duce Saxoniæ fecerit, imperator de quinquaginta millibus marcis regem liberum dimittens et absolutum, pro ipso rege solvet duci Augustriæ viginti millia marcarum, et rex non tenebitur dare duci Austriæ septem obsides, nec imperatori sexaginta. Cum igitur rex prædictam promissionem de Henrico quondam duce Saxoniæ impleverit, et centum millia marcarum solverit, libere recedet. Præterea rex fecit jurare in animam suam, quod neptem suam, filiam comitis Britanniæ, tradet nuptui filio ducis Austriæ, infra septem menses postquam liberatus fuerit, et in terram suam redierit; et eam transmittet usque ad introitum imperii, si eam recipere voluerint; et si noluerint, erit absolutus. Item si promissio de Henrico quondam duce Saxoniæ completa non fuerit, quinquaginta millia marcarum, quæ residua sunt, solventur infra septem menses postquam dominus rex in terram suam redierit. Cum autem rex liberatus fuerit, et redire voluerit, imperator dabit ei conductum per terram suam usque ad fines imperii sui, et in portu illo, ubi mare intrabit, quamdiu ibi stabit, donec prospero vento recedat. Præterea ea omnia, quæ tam in his quam in aliis familiaribus litteris sigillatis sigillis imperatoris et regis, super contractibus qui inter eos ordinati sunt, uterque pro parte sua rata et firma habebit, et bona fide observabit.

### Fassung der Einigung zwischen Heinrich dem Kaiser der Römer und Richard dem König von England

Im Namen des Vater und des Sohnes und des Heiligen Geistes. Amen. Dies ist die Fassung der Einigung zwischen dem Herrn Kaiser ewiger Augustus und dem Herrn Richard, dem berühmten König von England. Der Herr Kaiser wird seine Boten schicken gemeinsam mit den Boten des Herrn Königs, die nach London gehen werden und dort werden sie einhunderttausend reine Silbermark nach dem Maß Kölns entgegennehmen. Nachdem dieses Geld von den Boten des Kaisers entgegengenommen und ausgewogen worden ist, wird es im Beisein der Boten desselben versiegelt werden und in Begleitung des Königs durch die Gebiete seines Reiches geführt werden: so dass wenn es geschieht, dass dies in seinem Reich verloren geht, es auf Risiko des Königs verloren ginge. Nachdem aber das besagte Geld zu den Grenzen des Kaiserreiches gekommen ist, wird es von den Boten des Königs den Boten des Herrn Kaisers vorgewiesen werden, die es sogleich dort entgegennehmen, und wenn es vielleicht in den Teilen des Kaiserreichs geschieht, dass es verloren geht, wird es auf Risiko des Kaisers verloren gehen. Auch die anderen fünfzigtausend Silbermark wird der König dem Kaiser und dem Herzog von Österreich geben und hierfür wird er Geiseln stellen: und zwar dem Herrn Kaiser für dreißigtausend Mark sechzig Geiseln; dem Herzog von Österreich aber sieben Geiseln für zwanzigtausend Mark. Sobald also einhunderttausend Mark gezahlt und Geiseln gestellt worden sind, mag der König sich frei entfernen. Wenn aber der Herr König sein Versprechen eingelöst hat, das er dem Herrn Kaiser bezüglich Heinrichs, dereinst Herzog von Sachsen, gegeben hat, entlässt der Kaiser den König von den 50.000 Mark frei und freigekauft, und ebenso spricht er den König davon frei dem Herzog von Österreich 20.000 Mark zu zahlen, und der König wird nicht gehalten sein dem Herzog von Österreich sieben Geiseln, noch dem Kaiser 60 zu stellen. Wenn also der König das genannte Versprechen bezüglich Heinrichs, dereinst Herzog von Sachsen, erfüllt und des Weiteren auch einhunderttausend Mark abbezahlt hat, mag er sich frei entfernen. Außerdem schwor der König bei seiner Seele, dass er seine Nichte, die Tochter des Grafen von der Bretagne, dem Sohn des Herzogs von Österreich zur Frau geben würde, innerhalb von sieben Monaten nachdem er frei und in sein Reich zurückgekehrt ist; und er wird sie überführen bis zum Eingang des Reiches, wenn sie sie aufnehmen wollen; und wenn sie nicht wollen, wird er vollkommen schuldenfrei sein. Ebenso sollen, wenn das Versprechen bezüglich Heinrichs, dereinst Herzog von Sachsen, nicht erfüllt ist, abbezahlt werden die fünfzigtausend Mark, die übrig sind, innerhalb von sieben Monaten nachdem der Herr König in sein Land zurückgekehrt ist. Wenn aber der König frei ist und zurückkehren will, wird der Kaiser ihm Geleit durch sein Land geben bis zur Grenze seines Kaiserreiches, und in jenem Hafen, wo er das Meer betreten wird, wird er solange warten, bis jener sich mit einem günstigen Wind entfernt. Außerdem wird jeder von beiden für seinen Teil all das, was sowohl in diesen wie in anderen vertraulichen Briefen, die mit den Siegeln des Kaisers und des Königs versiegelt worden sind, über die Vereinbarungen, die zwischen diesen abgefasst worden sind, rechtskräftig und verbindlich halten und nach bestem Wissen befolgen.

Q.: Roger von Howden, Chronica (RerBrit 51,3), S. 215 f. –
Übersetzung: Philipp Gey

Das von Roger von Howden überlieferte Abkommen von Worms zwischen Richard I. und Heinrich VI. regelte die genauen Zahlungsmodalitäten und die der Freilassung folgenden Schritte. So wurde das Lösegeld auf 150.000 Silbermark erhöht, wovon zunächst 100.000 Silbermark zu zahlen und für die verbliebene Summe Geiseln, 60 an den Kaiser und sieben an den Herzog von Österreich, zu stellen waren. Hinzu kam eine Heiratsverabredung zwischen einer Nichte Richards, Eleonore von der Bretagne, und einem Sohn Leopolds V. Unklar ist die Bedeutung der »Welfenklausel« im Abkommen, ein Erlass von 50.000 Silbermark, falls Richard I. ein nicht näher beschriebenes Versprechen hinsichtlich Heinrichs des Löwen erfüllen sollte. Für die Zahlung wurden kaiserliche Gesandte bestimmt, die eigens nach London reisen, das Gewicht prüfen und die Transportbehältnisse versiegeln sollten. Die Haftung für einen Verlust des Silbers auf seinem Weg durch die Königreiche sollte beim jeweiligen Herrscher liegen.

# Speyer, Mainz und Worms um 1200

Gerold Bönnen

Zentrale Ereignisse um den knapp einjährigen Zwangsaufenthalt des englischen Königs Richard Löwenherz am Oberrhein verbinden sich mit den drei Kathedralstädten am Rhein, die als urbane Zentren weit über die Region hinaus – und untereinander vielfältig verbunden – ihre Strahlkraft seit dem 11. und 12. Jahrhundert entfalteten: Speyer, Mainz und Worms. In Speyer erfolgte Ende März 1193 im Rahmen eines Hoftags vor Heinrich VI. die Auslieferung des Gefangenen, im Laufe des Jahres fanden dann in Worms vertragliche Verhandlungen um die mögliche Freilassung und die dazu nötigen Konditionen im Beisein auch hoher englischer Gesandter statt und die Freilassung Richards wurde wiederum im Rahmen eines Hoftags Anfang Februar 1194 in Mainz vollzogen.

Die drei Kathedralstädte waren um 1200 gleichermaßen als Sitze von Bischöfen beziehungsweise des Erzbischofs (Mainz), als wirtschaftlich vernetzte und höchst leistungsfähige Kommunen und als wesentliche Stützpunkte der staufischen Königsherrschaft – besonders für Heinrich VI. – von Bedeutung.

Geprägt werden die drei Bischofssitze von einer Vielzahl religiöser Institutionen, an der Spitze der Dom als Sitz von Domkapitel und geistlichem Kirchen- wie Stadtherrn. Die Stifte und Klöster verfügen als Grundbesitzer, Zentren einer weit in das Umland ausstrahlenden Grundherrschaft, als vielfältig vernetzte Personenverbände und kulturelle Zentren über eine prägende Kraft in den Städten; hinzu kommen Pfarrkirchen, Kapellen und bald auch die ersten Stadthöfe von Konventen des Umlandes. Die Pfarreien bleiben langfristig wichtige Elemente der Organisation der rechtlich noch lange heterogenen Bewohnerschaft in den Städten, dazu kommen Bruderschaften und andere Sondergruppierungen.

Der Klerus in den Stiften und Klöstern war und blieb auf das Engste mit den staufischen Herrschern verbunden, die Bischöfe sind vor allem in den sehr königsnahen Städten Speyer und Worms vielfältig in die Herrschaftsausübung Heinrichs VI. einbezogen und stehen im Reichsdienst als Berater, Diplomaten und machtvolle Stützen der Reichsherrschaft. Schon von daher muss Heinrich VI. ein besonderes Interesse an der gedeihlichen Fortentwicklung der wirtschaftlich seit langem blühenden, wachsenden, überregional über den Handel auf dem Rhein verflochtenen Zentren haben.

1 Blick von Nordosten auf den Wormser Dom, 1968. Heute ist die nähere Umgebung des Domes bebaut ▪ Worms, Stadtarchiv, StadtAWo Fotoabt. Neg.-Nr. M 11891_1. Foto: Stadtarchiv Worms, Fotoabteilung.

Baulicher Ausdruck der Symbiose von bischöflicher Stadtherrschaft, zunehmend selbstbewussten und leistungsfähigen Bürgern und dem Königtum mit seinem personellen Umfeld sind die Dombauten der drei Städte. Erst 1181 war mit dem Wormser Dom, der – im Gegensatz zu seinem 1689 und danach zerstörten baulichen Umfeld – in seiner romanischen Gestalt bis heute weitgehend erhalten geblieben ist, der letzte der drei ›Kaiserdome‹ fertiggestellt worden – eine bis heute äußerst beeindruckende Gemeinschaftsleistung der gesamten Stadt, ihrer Bewohnerschaft und ihres in vieler Hinsicht (vor allem durch Klima und Fruchtbarkeit) bevorzugten Umlandes (Abb. 1). Gegen Ende des 12. Jahrhunderts fanden auch am Mainzer Dom wieder Bauarbeiten statt: Um 1200 wurden Langhausaußenwände und Gewölbe erneuert und im Wesentlichen vollendet. Das bemerkenswerte, bis heute bestehende Marktportal konnte um 1210 neu gefasst werden (Abb. 2); die weiteren Arbeiten an der Kathedralkirche dauerten dann noch bis zur Schlussweihe 1239 an. Mainz avancierte während des langen Pontifikats Erzbischof Konrads von Wittelsbach erneut zu einem der herausragenden Zentren der Reichsherrschaft und wurde zum Schauplatz vieler Hoftage während der Herrschaft Heinrichs VI.

Im Übrigen sind die drei Kathedralkirchen nicht nur Zeugnisse religiöser Blüte und politischer Macht der Könige, sie fungierten auch – ausgehend von dem berühmten, über dem Portal angebrachten Privileg Kaiser Heinrichs V. von 1111 für die Bürger von Speyer – über das Mittelalter hinaus als inschriftlich dokumentierte Rechts-, Identifikations- und Versammlungsorte der Stadtbewohner.

Fundament für die noch bis weit in das 13. Jahrhundert ungebrochene Aufwärtsentwicklung der drei Bischofsstädte und ihre Leistungsfähigkeit, auch und gerade im Dienst der

2 Marktportal am Mainzer Dom, um 1210 ▪ © Tim Clark / Alamy Stock Foto.

3 Stifterinschrift der Wormser Mikwe, 1185/86, unweit der Synagoge ▪ Stadtarchiv Worms, Fotoabteilung.

staufischen Herrscher in einer Zeit stetig wachsender Bedeutung der Geldwirtschaft, war ihre wirtschaftliche Kraft. Ein besonderes Indiz dafür sind die in allen drei Städten (zunächst in Mainz schon vor 1000, dann um 1010/25 in Worms und ab 1084 auch in Speyer nachgewiesen) früh blühenden jüdischen Gemeinden, die einen erheblichen Anteil an Geldwirtschaft, überregionaler Vernetzung und Handelsverkehr hatten und sich im Laufe des 12. Jahrhunderts mit bis heute beeindruckenden Sakralbauten und Friedhöfen eigene Orte des Kultes und der Gemeinschaft schufen (Abb. 3). Die Zeit um 1200 markiert für die seit dem Ende des 11. Jahrhunderts unter dem besonderen Schutz des Kaisers stehenden, durch Privilegien geförderten Juden als stets gefährdeter religiöser Minderheit eine Verdichtung ihrer traditionellen Verbindungen untereinander, die sich kurz nach 1200 zu einem regelrechten Gemeindebund weiterentwickelt haben (SchUM). Beachtlich ist das Ausmaß innerer gemeindlicher Autonomie der jüdischen Gemeinden in einer um 1200 von Gewalt und offenem Antijudaismus weitgehend freien Phase.

Die 1190er Jahre bringen in Speyer und Worms nachweisbar (und das ist bald auch in dem größeren Mainz zu belegen) erstmals Organisationsformen städtischer beziehungsweise bürgerlicher Führungsgremien in Gestalt von Stadträten hervor; diese sind in beiden Städten für das Jahr 1198 sicher bezeugt. Die Herrschaftsjahre Heinrichs VI. markieren hierbei gleichsam eine Art ›Inkubationszeit‹, in der die sich herausbildenden städtischen Führungsgruppen eigenständig, wenngleich stets im Konsens mit Bischof und Herrscher, die immer komplexer werdenden Fragen des Zusammenlebens in den Städten aktiv gestalten. In Fragen der in Speyer 1182 und Worms 1184 durch die Staufer erheblich verbesserten Bürgerrechte, der Verwaltung der Stadt und der Rechtsprechung beanspruchen die jetzt nach innen und außen handlungsfähig werdenden Bürger, vor allem hervorgegangen aus der Dienstmannschaft der Bischöfe (unter ihnen Münzmeister, grundbesitzende Kaufleute und Händler), eigene Mitwirkung, zumal die Bischöfe als formelle Inhaber der Stadtherrschaft vielfältig durch den Reichsdienst absorbiert werden. Dieser Anspruch unter Rückgriff auf religiöse Gemeinschaftssymbolik findet bald auch in den Stadtsiegeln einen beeindruckenden Ausdruck, in Mainz bereits 1143/53 nach Kölner Vorbild, vor 1198 in Worms, spätestens 1208 auch in Speyer (Abb. 4). Dabei wurde auch schon in Erwägung gezogen, ob das bekannte Privileg König Philipps von Schwaben über das Recht und die Freiheit zur Einsetzung eines zwölfköpfigen Rates in

4 Stadtsiegel Worms, erstmals bezeugt 1198, erster erhaltener Abdruck 1249 ▪ Worms, Stadtarchiv, StadtAWo Abt. 1 A II Nr. 13a. Foto: Stadtarchiv Worms, Fotoabteilung.

Speyer schon einen Vorläufer unter Heinrich VI. gehabt haben könnte. Bereits 1193 hatte dieser in einer Urkunde von »seinen getreuen Speyerer Bürgern« gesprochen.

Vermehrte Anstrengungen waren ab 1200 auch für die jetzt punktuell in den Quellen fassbare städtische Verteidigung und den Ausbau der Stadtbefestigungen nötig. Schon um 1155 hatte der Chronist Otto von Freising Mainz, das mit seinen etwa 100 Hektar ummauerter Fläche so groß wie Worms und Speyer zusammen war, als »dicht bebaut und bevölkert« beschrieben; er rühmte die starken Mauern und Türme der Stadt und ihre Lage in einer von Weinbergen gesäumten, überaus fruchtbaren Landschaft (Otto von Freising, Gesta Friderici [MGH SS rer. Germ. 46], S. 28).

Anstrengungen, das Stadtgebiet gleichsam umfassend zu befestigen, sind um 1200 in allen drei Zentren auszumachen und setzen sich deutlich verstärkt im Laufe des 13. Jahrhunderts fort. Die hierzu nötigen finanziellen und logistischen Anstrengungen erforderten und schufen neue Betätigungsfelder für die städtischen Organe und ebneten den Weg für städtische Steuern und Abgaben, zwangen zu neuartigen Organisationsformen in den Städten.

Die hier angedeutete Verdichtung und das Wachstum findet sich auch im Umland der Städte. Nicht zuletzt die seit den 1190er Jahren erheblich steigende Zahl verfügbarer Quellen (ein Indiz für eine rasant wachsende Schriftlichkeit) gibt vermehrt Hinweise auf handlungsfähige Landgemeinden, ein Phänomen, das entscheidend von der für die Region zwischen Mainz und Speyer prägenden Sonderkultur des Weinbaues gefördert wurde.

Die hier deutlich werdende Leistungsfähigkeit der Region in Verbindung mit der nicht hoch genug zu veranschlagenden Rolle des Rheins als zentraler Verkehrs- und Kommunikationsachse war wiederum Voraussetzung dafür, dass insbesondere die drei Kathedralstädte als Stützpfeiler der staufischen Herrschaft die aufwendigen Aufenthalte des Hofes und seines Gefolges möglich machen, dass gerade hier wichtige zeremonielle, rechtliche und liturgisch-kirchliche Akte der Herrschaftsausübung stattfinden konnten und man hier bevorzugt zu Hoftagen zusammenkommen konnte. Dies erklärt auch das traditionell starke direkte Einwirken der Könige und Kaiser in die städtischen Fragen und Rechtsverhältnisse, auch durch das erwähnte, rechtlich abgesicherte Nahverhältnis der Staufer zu den städtisch fundierten Juden vor allem in Speyer und Worms.

Gerade die in den drei Kathedralstädten seit dem 10./11. Jahrhundert begründeten und mit Grundbesitz ausgestatteten Kollegiatstifte waren dabei für die Staufer vor allem als Personalreservoir für vielfältige Aufgaben in Verwaltung und Kanzleiwesen unerlässliche Pfeiler herrscherlicher Machtausübung. Besonders gut lässt sich das für die Bischöfe von Worms nachweisen: Nach dem Tod des engen königlichen Vertrauten und Dombauherrn Bischof Konrad II. 1192 erfolgte die Neuwahl ungewöhnlich schnell und unter direktem Einfluss Kaiser Heinrichs VI.: Sein über Jahre in einem engen Vertrauensverhältnis zum Hof stehender Protonotar Magister Heinrich von Maastricht wurde das neue Oberhaupt der Wormser Diözese. Selbstverständlich blieb er auch als solcher unablässig am Hof nachweisbar und war beim Hoftag in Mainz im Februar 1194 zugegen, als die Freilassung von Richard Löwenherz vollzogen wurde. In ihm hatte Heinrich einen gerade in italienischen Angelegenheiten kundigen und erfahrenen Diplomaten zur Seite. Heinrich VI. honorierte die Leistungen seines geistlichen Gefolgsmanns und Ausrichters von vier Hoftagen (zwei 1192, 1193, 1195) mit zwei Privilegien. Das außergewöhnlich enge Nahverhältnis setzte sich auch unter Magister Heinrichs Nachfolger Bischof Lupold von Scheinfeld ab 1196 fort.

5 Blick auf den Mainzer Dom ■ © akg / Bildarchiv Steffens.

Von den drei Städten nahm die erzbischöfliche Metropole Mainz mit ihren im 12. Jahrhundert insgesamt elf Klöstern und Stiften (an der Spitze die dem hl. Martin geweihte Domkirche als Mittelpunkt einer Kirchengruppe unter anderem mit dem Stift Mariengraden) auch reichsweit eine im Vergleich zu anderen Städten unbestreitbare Spitzenposition ein (Abb. 5). Überhaupt müssen wir uns die heute vor allem in Worms und Speyer freistehenden Dome seinerzeit in einen ganzen Kranz von Kapellen, Pfalzbauten und anderen Einrichtungen zur Versorgung, Verwaltung und Unterbringung eingebettet vorstellen.

Worms hatte seine dagegen weitaus später und schwächer einsetzende Ausbauphase unter Bischof Burchard (1000–1025) mit Domneubau, Ummauerung, Ausbau beziehungsweise Neugründung von Stiften erlebt. Hier konnten schon die salischen Herrscher am Ende des 11. Jahrhunderts auf Kosten schwacher Bischöfe faktisch die Stadtherrschaft übernehmen; in staufischer Epoche blieben die Bischöfe und ihr personelles Umfeld ungewöhnlich eng an die Könige und Kaiser gebunden, die sich seit Friedrich I. Barbarossa überaus häufig in der Stadt beziehungsweise dem Bischofshof neben dem dem hl. Petrus geweihten Dom aufhielten und die Stadt nachhaltig förderten.

Noch prägendere Beziehungen bestanden seit der Salierzeit mit dem bis dahin kaum nennenswerten Speyer, das seine rasante und ungeheuer zielgerichtet erfolgte Ausbauphase maßgeblich den salischen Herrschern verdankte. Der der hl. Maria geweihte Dom als königliche Stiftergrablege und Ort der familiären Memoria unter faktisch kompletter Neuanlage der Stadt mit der beeindruckenden, auf die Kathedralkirche hinführenden *Via triumphalis* (heutige Maximilianstraße) als Prozessions-, Einzugs- und Marktstraße lässt neben dem radialen Straßensystem bis heute im Stadtbild diese Prägung des 11. und frühen 12. Jahrhunderts ablesen (Abb. 6). Das annähernd drei-

6 Der Speyerer Dom von Westen aus gesehen ▪ © akg-images / euroluftbild.de / bsf swissphoto.

eckige Stadtgebiet des 12. Jahrhunderts umfasste etwa 50 Hektar ummauerte Stadtfläche. Nicht zu übersehen ist allerdings, dass Speyer und Worms, deren Stadtbilder durch Stiftskomplexe geprägt waren und die sich in ihrer Ausstattung und vielen Aspekten ihrer Stadtgeschichte auch nach 1200 gleichsam als Zwillingsstädte durch eine Vielzahl von Parallelen auszeichnen, die urbane Kraft von Mainz nicht zu erreichen vermochten. Für die Staufer und die Reichsherrschaft allerdings waren diese beiden Stützpunkte und die hier konzentrierten Ressourcen umso wichtiger.

Angesichts dieser herausgehobenen Bedeutung der drei Städte, die Richard I. Löwenherz und sein engeres Umfeld unfreiwillig kennenlernen durften, ist es also nicht verwunderlich, dass sich wesentliche Etappen im Umgang mit seiner Person und allen an seine Gefangenschaft geknüpften Fragen hier abgespielt haben.

Q.: Otto von Freising, Gesta Friderici (MGH SS rer. Germ. 46).

Lit.: Bönnen 2013a ▪ Bönnen 2013b ▪ Bönnen 2015 ▪ Dreyer/Rogge 2009 ▪ Voltmer/Rund/Schineller 1999.

## Brief Heinrichs VI. an die englischen Fürsten über die Festlegung der Freilassung ihres Königs am 17.01.1194 in Speyer oder Worms. Gelnhausen, 20.12.1193.

### Epistola Henrici Romanorum imperatoris ad magnates Angliæ, de liberatione Ricardi regis Angliæ.

Henricus Dei gratia Romanorum imperator, et semper Augustus, dilectis suis archiepiscopis, episcopis, comitibus, baronibus, militibus, et universis aliis fidelibus Ricardi illustris regis Angliæ, gratiam suam, et omne bonum.
Universitati vestræ duximus intimandum, quod dilecto amico nostro Ricardo, illustri regi Anglorum, domino vestro, certum diem liberationis suæ statuimus, a secunda feria post diem Nativitatis Domini in tres septimanas, apud Spiram, sive apud Wermaciam; et inde in septem dies posuimus ei diem coronationis suæ de regno Provenciæ, quod ei promisimus; et hoc certum habeatis et indubitatum. Nostri siquidem propositi est et voluntatis, præfatum dominum vestrum sicut amicum nostrum specialem promovere, et magnificentius honorare. Datum apud Gheallusam, vigilia beati Thomæ Apostoli.

### Brief Heinrichs des Kaisers der Römer an die Magnaten Englands über die Befreiung König Richards von England

Heinrich von Gottes Gnaden Kaiser der Römer und ewiger Augustus entbietet seinen geliebten Erzbischöfen, Bischöfen, Grafen, Baronen, Rittern und allen anderen Getreuen des berühmten Königs Richard von England seinen Dank und alles Gute.
Wir hielten es für nötig, eurer Gesamtheit anzuzeigen, dass wir unserem geliebten Freund, dem berühmten König der Engländer, eurem Herrn, einen bestimmten Tag seiner Befreiung festgesetzt haben, vom zweiten Feiertag nach der Geburt des Herrn in drei Wochen, bei Speyer oder bei Worms; und hierauf in sieben Tagen setzten wir ihm den Tag seiner Krönung über das Königreich der Provence fest, was wir ihm versprochen haben; dies sollt ihr für sicher und unzweifelhaft halten. Denn es ist Kennzeichen meines Vorsatzes und Willens, euren vorher genannten Herrn wie unseren besonderen Freund zu fördern und mit äußerster Pracht zu ehren. Gegeben zu Gelnhausen, am Vorabend des heiligen Apostels Thomas.

Obgleich der König von Frankreich zu intervenieren versuchte, legte der Kaiser zum Jahreswechsel 1193/94 einen Termin für die Freilassung des englischen Königs fest, worüber er in einem Schreiben auch die englischen Untertanen informierte. Roger von Howden überliefert hierbei auch den Plan Heinrichs VI., Richard I. mit dem Königreich Burgund (Provence) zu belehnen und damit nominell zu einem Reichsfürsten zu machen. Die Realisierung dieses Planes hätte indes zu großen Spannungen in der Region geführt. Das Vorhaben wurde letztlich niemals umgesetzt.

Q.: Roger von Howden, Chronica (RerBrit 51,3), S. 227 – Übersetzung: Philipp Gey.

## Brief König Richards I. Löwenherz an den Erzbischof von Canterbury über seine Freilassung. Speyer, 22.12.1193.

### Epistola Ricardi regis Angliæ ad Hubertum Cantuariensem archiepiscopum de liberatione sua.

Ricardus Dei gratia rex Angliæ, dux Normanniæ et Aquitanniæ, et comes Andegaviæ, venerabili patri in Christo, et amico carissimo Huberto, eadem gratia Cantuariensi archiepiscopo, salutem, et sinceræ dilectionis plenitudinem. Quoniam certi sumus, quod liberationem nostram plurimum desideratis, et quod liberatio nostra admodum vos lætificat; idcirco volumus quod lætitiæ nostræ particeps sitis. Inde est, quod dilectioni vestræ dignum duximus significare, dominum imperatorem certum diem liberationis nostræ nobis præfixisse in diem Lunæ proximam post vicesimam diem Natalis Domini: et die Dominica proximo sequenti coronabimur de regno Provenciæ quod nobis dedit. Unde mittimus in Angliam litteras domini imperatoris super his patentes vobis, et cæteris amicis nostris et benivolis; vos autem interim pro omni posse vestro, quos scitis nos diligere, consolari velitis, et quos scitis promotionem nostram desiderare. Teste meipso apud Spiram, vicesimo secundo die Decembris.

### Brief König Richards von England an den Erzbischof Hubert von Canterbury über seine Befreiung

Richard von Gottes Gnaden König von England, Herzog der Normandie und Aquitaniens und Graf von Anjou, übersendet dem ehrwürdigen Vater in Christo und dem allerliebsten Freund Hubert durch ebenjene Gnade Erzbischof von Canterbury Gruß und Fülle der aufrichtigen Liebe. Weil wir gewiss sind, dass ihr unsere Befreiung sehnlichst wünscht und dass unsere Befreiung euch ungemein erfreut; deshalb wollen wir, dass ihr unserer Freude teilhaftig sein sollt. Daher halten wir für sicher, was wir für würdig erachten eurer Liebe anzuzeigen, dass der Herr Kaiser uns einen bestimmten Tag unserer Befreiung festgesetzt hat, und zwar am nächsten Montag nach dem zwanzigsten Tag der Geburt des Herrn: und wir werden gekrönt werden zum Herrscher über das Königreich der Provence, das er uns gab, am nächstfolgenden Sonntag. Deshalb schicken wir euch und unseren übrigen Freunden und unseren Wohltätern hierüber die offenen Schreiben des Herrn Kaisers nach England; ihr aber wollet inzwischen Trost finden für euch alle, von denen ihr wisst, dass wir sie lieben und dass sie unsere Ehrenstellung ersehnen. Von mir selbst bei Speyer bezeugt am 22. Tag des Dezembers.

Von seiner Gefangenschaft aus hatte Richard I. das Vorhaben forciert, seinen loyalen Vertrauten Hubert Walter zum Erzbischof von Canterbury wählen zu lassen. Huber Walter war es auch, der in England zusammen mit Eleonore von Aquitanien das Lösegeld organisierte und als Justitiar die Herrschaft Richards in Abwesenheit sicherstellte. Von Speyer aus, wo Richard I. das Weihnachtsfest 1193 feierte, berichtete er dem Erzbischof von Canterbury von der auf den 17. Januar 1194 festgesetzten Freilassung. Dies sollte sich indes um wenige Wochen verzögern. Erst am 4. Februar 1194 wurde der englische König in Mainz in die Freiheit entlassen.

Q.: Roger von Howden, Chronica (RerBrit 51,3), S. 226 f. – Übersetzung: Philipp Gey

# Mit dem Lösegeld finanziert

## Kaiser Heinrich VI. erobert das Königreich Sizilien

Richard Engl

Das romantische Bild Richards I. Löwenherz ruft uns einen im Kerker schmachtenden, zuletzt glücklich befreiten ritterlichen König vor Augen. Allerdings hatte Richards berühmte Gefangenschaft vor allem auch handfeste politische Konsequenzen: In den Verwicklungen um den englischen König liefen die Interessen zahlreicher europäischer Herrschaftsträger zusammen. Eine der folgenreichsten Auswirkungen der erpresserischen Festsetzung und Auslösung Richards war sicherlich die Eroberung des Königreichs Sizilien durch den römisch-deutschen Kaiser Heinrich VI.

Das Königreich Sizilien, bestehend aus der gleichnamigen Insel und dem unteritalienischen Festland, war 1130 von Nachfahren eroberungsfreudiger normannischer Zuwanderer in einer politisch umstrittenen Region begründet worden. Unter anderem beanspruchten die römisch-deutschen Kaiser traditionell Herrschaftsrechte über ganz Italien. So war das das normannische Königreich den Kaisern seit seiner Gründung ein steter Stein des Anstoßes gewesen. Doch war die Durchsetzung ihrer Ansprüche aus der Ferne wiederholt gescheitert. Dementsprechend hatte der Stauferkaiser Friedrich I. Barbarossa einen Politikwechsel eingeleitet: 1186 hatte er seinen ältesten Sohn Heinrich VI. mit Konstanze, der Erbtochter des Normannenreiches, verheiratet. Drei Jahre später war der Erbfall tatsächlich eingetreten: Der letzte legitime Normannenherrscher war in jungen Jahren ohne männlichen Thronfolger verstorben. So schien die Gelegenheit gekommen, die alte kaiserliche Herrschaftsambition bis Sizilien zu verwirklichen. Doch war vielen Großen des südlichen Königreichs der angeheiratete Landfremde nicht genehm, da sie eine Verschiebung der Machtverhältnisse zu ihrem Nachteil befürchteten. An Heinrichs und Konstanzes statt erhoben sie den illegitimen normannischen Königssohn Tankred von Lecce zum Herrscher.

Hier nun betrat Richard Löwenherz die sizilische Bühne. Auf der Anreise zum Dritten Kreuzzug überwinterte er 1190 auf der verkehrsgünstig gelegenen Insel. Gegen hohe Geldzahlungen fand er sich zu einem Abkommen mit Tankred bereit, das dessen Königtum zu stabilisieren half. Das Nachsehen hatte Heinrich VI., der sich auf bewaffnetes Vorgehen verlegte und 1191 einen ersten Versuch zur Eroberung des sizilischen Reiches unternahm. Nach vielversprechenden Anfangserfolgen scheiterte das Unternehmen jedoch katastrophal vor Neapel. Im Heer brach eine Seuche aus, viele Fürsten und Kriegsleute starben, beinahe ereilte dieses Schicksal auch Heinrich VI. selbst; seine Gemahlin Konstanze fiel zeitweise Tankred in die Hände. Der Staufer musste den Rückzug über die Alpen antreten, wo sich zudem eine Fürstenopposition gegen ihn formierte, die bis Ende 1192 bedrohliche Ausmaße annahm. Angeblich war die Erhebung eines Gegenkönigs geplant.

In dieser prekären Situation, als die Verwirklichung der süditalienischen Herrschaft in weite Ferne gerückt schien, fiel Richard I. Löwenherz Ende 1192 auf der Rückreise vom Kreuzzug seinen Feinden in die Hände: zuerst Herzog Leopold V. von Österreich, dessen Fahne er im Heiligen Land geschmäht hatte, dann dem Kaiser selbst, an den Leopold seinen hohen Gefangenen schnellstmöglich gewinnbringend abtrat. Für Heinrich VI. war dies ein willkommener Glücksfall. Erstens verfügte Richard Löwenherz über gute Verbindungen zur norddeutschen Fürstenopposition, die nun um Richards Freilassung willen zur Mäßigung gegenüber Heinrich bewegt werden konnte. Zweitens trotzte der Kaiser dem englischen König wertvolle Unterstützung für einen erneuten Sizilienfeldzug ab: In einem ersten Abkommen über Richards Herausgabe vom Februar 1193 wurde der prominente Gefangene zu direkter Militärhilfe bei der Eroberung Siziliens verpflichtet; 50 Kriegsschiffe mit 100 Rittern und 50 Armbrustschützen an Bord sollte er stellen, sowie noch einmal dieselbe Zahl an Rittern und Schützen dem Kaiser zu Land zuführen. Der Wunsch nach Schiffen lag insofern nahe, als der Kaiser zur Eroberung des mediterranen Reiches Flottenhilfe benötigte. Allerdings wurde die Vereinbarung im direkten Kontakt der beiden Herrscher unter veränderten politischen Rahmenbedingungen noch zweimal modifiziert. Im März 1193 wurde die Militärhilfe auf 50 Kriegsschiffe und 200 Ritter für ein Jahr reduziert, Ende Juli ganz fallengelassen, dafür aber eine Erhöhung des vereinbarten Lösegeldes von 100.000 Mark auf 150.000 Mark Silber festgeschrieben. Nach erheblichen Anzahlungen und Stellung von Geiseln kam Richard im Februar 1194 endlich frei.

Auch wenn das astronomisch hohe Lösegeld nie vollständig bezahlt wurde: Das tonnenweise aus England ins Reich transferierte Silber ermöglichte Heinrich die Ausrüstung einer schlag-

1 Kaiser Heinrichs VI. triumphaler Einzug in Palermo. Petrus de Ebulo, *Liber ad honorem Augusti sive de rebus Siculis*, Sizilien, Ende 12. Jahrhundert ▪ Bern, Burgerbibliothek, Cod. 120 II, fol. 134r (Detail).

kräftigen zweiten Sizilienexpedition. Nach dem verlustreichen Fehlschlag von 1191 war das Geld besonders hilfreich. Allgemein erhielt das Reichsheer ja weniger auf Basis von Lehnspflichten als aufgrund von Lohn- und Beuteaussichten der teilnehmenden Fürsten und Kriegsleute Zulauf. Mit dem englischen Silber konnte der Kaiser entsprechende Anreize setzen. Beispielsweise bewog er seinen jüngeren Bruder Philipp und den ehemals opponierenden Welfen Heinrich von Braunschweig mit großzügigen Geschenken zur Teilnahme am Feldzug.

Neben dem Landheer musste Heinrich VI. auch Kriegsschiffe beschaffen, da die englische Flottenhilfe durch eine Geldzahlung abgelöst worden war. Der Staufer griff dazu auf die italienischen Seemächte Pisa und Genua zurück. In Genua findet sich demgemäß im Sommer 1194 eine offensichtliche Spur des englischen Silbers. Dort ließ der Kaiser aus dem mitgeführten Edelmetall Münzen schlagen – wegen der »großen Unkosten für den Feldzug zur Erlangung des Königreichs Sizilien« (Codice diplomatico della Repubblica de Genova [FSI 89], Nr. 37, S. 108–110, hier S. 109).

So versammelte Heinrich VI. bis August 1194 ein Heer »vor allem mit dem Geld, das er für den Loskauf Richards, des Königs der Engländer, erpresste«, wie die *Gesta Innocentii III* resümieren (Gesta Innocentii III [hg. v. Gress-Wright], S. 15); eine süddeutsche Chronik berichtet, dass die 100.000 Mark vollständig dafür ausgegeben wurden (Burchard von Ursberg, Chronik [MGH SS rer. Germ. 16], S. 72 zu 1193). Mitte August begann der Feldzug.

Die Voraussetzungen waren wesentlich günstiger als beim vorigen Eroberungsversuch: In der ersten Hälfte des Jahres 1194 war König Tankred gestorben und hatte nur einen minderjährigen Sohn unter der Vormundschaft seiner Witwe hinterlassen. Die daraus resultierende politische Instabilität brachte dem kaiserlichen Unternehmen schnellen Erfolg. Siegreiche Gefechte, Unterwerfungen und harte Vergeltungsaktionen spielten Heinrich VI. das sizilische Königreich und dessen Herrscherfamilie in die Hand. Im November 1194 konnte er triumphal in die Hauptstadt Palermo einziehen (Abb. 1). Am Weihnachtstag trug der Kaiser erstmals die Krone seines südlichen Königreiches.

Es begannen sieben Jahrzehnte staufischer Herrschaft in Unteritalien, die der Geschichte der Staufer wie des römisch-deutschen Kaisertums eine neue Richtung gaben. Zu all dem hatten die Gegenleistungen für Richards Freilassung beigetragen. Wer also im heutigen England Kirchenschätze des 12. Jahrhunderts vermisst, kann erahnen, welchen historischen Wandel sie mitfinanziert haben.

Q.: Burchard von Ursberg, Chronik (MGH SS rer. Germ. 16) ▪ Codice diplomatico della Repubblica de Genova (FSI 89) ▪ Gesta Innocentii III (hg. v. Gress-Wright).

Lit.: Csendes 1993, S. 52–67; 99–158 ▪ Gillingham 1990, S. 222–253 ▪ Gillingham 2008 ▪ Görich 2003 ▪ Kessler 1995, S. 248–306 ▪ Kölzer 1994 ▪ Toeche 1867, S. 246–300, 331–343.

# Die teuer erkaufte Freiheit

## Das Lösegeld für Richard I. Löwenherz

Janis Witowski

Im Dezember 1192 war der inkognito reisende Richard I. Löwenherz von Männern des Herzogs von Österreich enttarnt und auf die Feste Dürnstein gebracht worden. Die Nachricht von der Gefangennahme des englischen Königs verbreitete sich rasend schnell und entfachte an vielen Höfen Westeuropas einen Aufschrei der Entrüstung. Aus dem Kreis der Empörten hatte die päpstliche Kurie die lauteste Stimme. Unter Androhung der Exkommunikation forderte Papst Coelestin III. die Freilassung des Gefangenen, der als Kreuzfahrer unter dem Schutz der Kirche stand.

Ganz anders reagierte Kaiser Heinrich VI., er sah eine günstige Gelegenheit gekommen, aus Richards Gefangenschaft politischen Nutzen zu ziehen. Bereits im Frühjahr 1193 strengte er Verhandlungen über die Auslieferung des englischen Königs an (Abb. 1). Im Februar besiegelten der Kaiser und Herzog Leopold V. von Österreich in Würzburg einen Vertrag. Dieser hielt fest, dass Richard Löwenherz in die Obhut Heinrichs übergehen solle und man für seine Freilassung eine Summe von 100.000 Mark Silber zahlen müsse. Die Hälfte des Geldes versprach der Kaiser direkt an seinen österreichischen Vasallen weiterzuleiten. Den Eindruck, dass es sich bei der Zahlung um ein Lösegeld handele, versuchte man tunlichst zu vermeiden. Der für den Herzog bestimmte Betrag wurde vielmehr als Mitgift für eine arrangierte Hochzeit zwischen Leopolds Sohn und einer Nichte Richards getarnt. Heinrich VI. wollte verhindern, dass die Bedingungen, die er dem englischen König abverlangte, mit dem Argument angefochten werden konnten, Richard habe ihnen unter dem Druck der Gefangenschaft zugestimmt. Bei einer erfolgreichen Anfechtung des Vertrages hatte Heinrich nicht nur den Verlust seines Anteils von 50.000 Mark Silber zu fürchten; auch die dringend benötigte englische Militärhilfe bei der Eroberung des Königreichs Sizilien wäre in Gefahr gewesen. Richard musste sich nämlich zugleich verpflichten, dem Kaiser zu diesem Zweck 50 voll ausgerüstete Kriegsschiffe sowie 200 Ritter zur Verfügung zu stellen. Da für den Staufenherrscher viel auf dem Spiel stand, insistierte er darauf, bis zur Erfüllung der Vertragsbedingungen 200 englische Adlige als Geiseln zu erhalten.

Vertragsgemäß gab Leopold V. von Österreich seinen wertvollen Gefangenen in die Hände seines Kaisers und Lehnsherrn. Löwenherz selbst blieb nichts anderes übrig, als die Forderungen seiner Häscher zu akzeptieren. Seine Lage war in der Tat heikel: nicht allein, dass ihm der Freiheitsentzug zusetzte. Seine Rivalen, der König von Frankreich und sein eigener Bruder Johann Ohneland, boten Heinrich VI. großzügige Summen, wenn dieser seinen Gefangenen an sie ausliefern würde. Philipp II. Augustus von Frankreich hatte Richards Abwesenheit genutzt, um die englischen Festlandsbesitzungen anzugreifen und Johann Ohneland machte dem Bruder die Krone streitig.

Die besorgniserregende Situation veranlasste Richard zu schnellem Handeln. Schon im März 1193 war eine englische Delegation in Ochsenfurt eingetroffen, um in Verhandlungen über die Freilassung ihres Monarchen einzutreten. Mehrfach empfing der englische König seinen Justitiar, den Bischof Wilhelm von Ely, um ihm Instruktionen bezüglich des Lösegeldes zu erteilen. Die Gespräche zwischen Heinrich VI. und den Engländern führten zu einer schnellen Einigung, die am 25. März schriftlich fixiert wurde. Allerdings besaß dieser Kontrakt nur kurze Gültigkeit. Erst am 29. Juni konnten sich die Verhandlungspartner im Wortlaut auf die Freilassungsbedingungen einigen. Was das Lösegeld anging, so wurde bestimmt: »Domnus imperator mittet nuncios suos cum nunciis domini regis, qui in Londonias ibunt et ibi recipient C milia marcharum puri argenti ad pondus Colonie.« (Der Herr Kaiser wird seine Gesandten zusammen mit den Gesandten des Herrn Königs losschicken, sie werden nach London gehen und dort 100.000 Mark reinen Silbers nach Kölner Gewicht erhalten). Die Kölner Mark war ein im römisch-deutschen Reich und darüber hinaus weitverbreitetes Gewichtsmaß für Edelmetall. Eine Silbermark wog ungefähr 233 g. Richard I. Löwenherz musste für seine Entlassung aus der Haft demnach etwa 23.300 kg Silber bezahlen. Das war eine gewaltige Summe, das höchste Lösegeld, das im frühen und hohen Mittelalter für eine Einzelperson verlangt wurde. Zum Vergleich: Das durchschnittliche Einkommen eines Ritters lag bei weniger als 100 Mark Silber im Jahr. Mit 30.000 Mark empfanden Zeitgenossen das Vermögen des Markgrafen Otto von Meißen als so stattlich, dass sie ihm den Beinamen ›der Reiche‹ gaben. Die Erwähnung des Lösegeldes in zahlreichen englischen und wenigen deutschen Chroniken liefert einen weiteren Beweis dafür, wie sehr die enorme Summe die Zeitgenossen zu beeindrucken vermochte.

Es war kein leichtes Unterfangen, einen so großen Betrag aufzubringen. Erschwerend kam hinzu, dass Heinrich VI. auf eine einmalige Zahlung bestand; die sonst übliche Ratenzahlung lehnte er ab. Der gefangene englische König verlor keine Zeit. Im April 1193 schickte er ein Schreiben nach England, in dem er sich an alle seine (adligen) Untertanen wandte. Darin informierte er sie über das Ergebnis der Verhandlungen mit dem Kaiser und bat, ihm bei der Akquise des Lösegeldes zu helfen. Als Belohnung stellte er seinen Unterstützern die Erlangung der königlichen Gunst in Aussicht. Er selbst wies seine Justitiare an, die Krongüter zur Geldbeschaffung in Anspruch zu nehmen. In der Folge hatte die Bereitstellung des Geldes im englischen Herrschaftsbereich oberste Priorität. Das königliche Schatzamt (der *Exchequer*) richtete hierfür sogar eine eigene Abteilung ein, die von Städten, Amts- und Würdenträgern Sondersteuern einzog und Spenden entgegennahm. Jeder Inhaber eines Ritterlehens wurde zur Zahlung angehalten. Die Forderungen des *Exchequer* machten auch vor Kirchentüren nicht halt.

Dass die 100.000 Mark bereits Anfang 1194 ins Reich transferiert werden konnten, verdankte sich dem finanziellen Potential Englands sowie der Tüchtigkeit und der Organisation der englischen Verwaltung (vgl. Beitrag Zanke, S. 158 ff.). Wie im Vertrag vom März 1193 vereinbart, übernahm eine englische Eskorte den nicht ungefährlichen Transport des Lösegeldes zu Wasser und zu Land. Begleitet wurde sie von Eleonore von Aquitanien und einer kaiserlichen Delegation, die vor dem Aufbruch die Echtheit des Silbers geprüft hatte.

Nach über einem Jahr in Haft war Richard I. Löwenherz ein freier Mann. Nun musste er sich mit den Nachwehen seiner Gefangenschaft auseinandersetzen. Die wegen der Beschaffung des Lösegeldes hohe Besteuerung führte 1196 zu einem Aufstand der Einwohner Londons, der nur gewaltsam niedergeschlagen werden konnte. Heinrich VI. und Leopold von Österreich eröffnete der plötzliche Geldsegen dagegen ungeahnte Möglichkeiten. Dank der englischen Gelder konnte der Kaiser die Eroberung Siziliens 1194 zu einem erfolgreichen Abschluss bringen. Dabei hatte Richard Löwenherz die im Vertrag angedachte Militärhilfe durch die Zahlung weiterer 50.000 Mark abgelöst. Leopold von Österreich investierte seinen Anteil in den Ausbau seiner herzoglichen Macht. Mit dem Lösegeld ließ er die Wiener Neustadt bauen und befestigte die Städte Enns und Hainburg. In kürzester Zeit hatte der Herzog das Geld ausgegeben. Auf seinem Totenbett im Dezember 1195 – und in dieser Situation gibt es keinen Grund zu lügen – beteuerte Leopold gegenüber dem Salzburger Erzbischof, dass er den Rest des Lösegeldes zur Buße nach England zurückschicken wolle. Allerdings seien von den 50.000 Mark nur noch 4.000 Mark übrig geblieben.

1 Darstellung einer Auslösungsverhandlung in der *Großen Heidelberger Liederhandschrift (Codex Manesse)*, Zürich, 14. Jahrhundert ▪ Heidelberg, Universitätsbibliothek, Cod. Pal. germ. 848, fol. 305r (Detail).

Q.: Heinrici VI. Constitutiones (MGH Const. 1) ▪ Roger von Howden, Chronica (MGH SS 27) ▪ Urkundenbuch Babenberger (hg. v. Fichtenau/Zöllner).

Lit.: Berg 2007 ▪ Fischer 2006 ▪ Gillingham 1999a ▪ Gillingham 2006a ▪ Le Goff 2011 ▪ Reither/Seebach 1997 ▪ Rösener 1986 ▪ Turner/Heiser 2000 ▪ Witowski 2016.

# Das Lösegeld für Richard I. Löwenherz im Licht der Numismatik

Stefan Kötz

Bereits bei den Verhandlungen zwischen Herzog Leopold V. von Österreich und Kaiser Heinrich VI. um den Gefangenen König Richard I. Löwenherz von England bildete ein Lösegeld den zentralen Punkt. Im Würzburger Vertrag vom 14. Februar 1193, der die Überstellung Richards an den Kaiser regelte, wurden 100.000 Mark Silber (»centum milia marcarum argenti«), je hälftig an Heinrich und Leopold zu zahlen, festgesetzt. Auf dem Hoftag zu Speyer am 25. März 1193 akzeptierte auch Richard diese Summe, am 29. Juni 1193 wurde in Worms der endgültige Freilassungsvertrag geschlossen. Erstmals – und notwendigerweise – wurde hier der Betrag spezifiziert: 100.000 Mark Reinsilber nach Kölner Gewicht (»centum milia marcharum puri argenti ad pondus Colonie«). Die Kölner Mark zu 233,856 g war die im Reich verbreitetste der zahlreichen regionalen Grundgewichtseinheiten für Silber; es ging mithin um 23.385,6 kg Silber. Unter Reinsilber ist allerdings nicht der heutige Standard zu verstehen; hochmittelalterliche Läuterungsverfahren kamen auf maximal ca. 940/50er Silber. Weitere 50.000 Mark – 30.000 an den Kaiser, 20.000 an den Herzog –, die unter gewissen Bedingungen aber erlassen werden konnten, stellten wohl die Ablösung einer ursprünglich geplanten Beteiligung Richards an Heinrichs Sizilienzug dar. In einer beispiellosen Aktion, gestützt auf funktionierende und teils sogar eigens geschaffene Verwaltungsstrukturen, brachten die Beauftragten des Königs das Geld binnen weniger Monate zusammen. Alle Gesellschaftsschichten, vor allem Adel und Kirche, wurden belastet, Sondersteuern erhoben, Privilegien gestrichen, neue Finanzquellen erschlossen. England trug schwer an diesem Kapitalabfluss, machte das Lösegeld doch nahezu das Dreifache der Jahreseinkünfte der Krone aus.

Es gibt grundsätzlich zwei Arten, wie das Lösegeld für Richard I. Löwenherz bezahlt worden sein kann: in gemünztem und ungemünztem Silber. Bei letzterem ist neben den silbernen (und goldenen) liturgischen Geräten der Kirchen, die ebenfalls systematisch herangezogen wurden, in erster Linie an Barren zu denken. In ganz Europa dienten Barren angesichts eines Münzsystems, das auch in England im 12. und 13. Jahrhundert nur auf einem einzigen Nominal, dem silbernen Pfennig, beruhte, zur Zahlung größerer Beträge. England aber war ein Land, das im europäischen Vergleich schon früh, seit dem 11. Jahrhundert, stärker monetarisiert war, d. h. Münzen kamen alltäglich und allgemein zur Anwendung. Insofern wird ein nicht geringer Teil des Lösegelds, das von einer Vielzahl an Zahlungspflichtigen auch in kleineren Beträgen eingezogen worden war, aus Münzen bestanden haben. Diese waren seit einer tiefgreifenden Reform König Heinrichs II. im Jahr 1180 neue, schwerere Pfennige, die sog. Sterlinge, technisch und stilistisch hochwertige Münzen, die ein Normgewicht von ca. 1,42 g bei einem Silberfeingehalt von 925/1000 hielten. Bis 1247 wurden diese unverändert mit dem Namen Heinrichs II. weitergeprägt; Richard und sein Nachfolger Johann Ohneland tauchten namentlich nicht auf (Abb. 1 u. 2). England trug bei der Beschaffung des Lösegelds sicherlich die Hauptlast, es wurden aber auch die englischen Besitzungen

1 Sterling König Richards I. Löwenherz mit Namen Heinrichs II., 1193/94–1199 (Klasse IVa), Winchester, Münzmeister Willelm ▪ Berlin, Münzkabinett der Staatlichen Museen zu Berlin, 18258639.

2 Das bis ins spätere 19. Jahrhundert unverstanden gebliebene Fehlen des Namens Richards in der englischen Münzreihe hat man immer wieder zu kompensieren versucht – Mitte des 18. Jahrhunderts auch durch die Erfindung von Münzen ▪ Abbildung nach Withy/Ryall 1756, Tf. 4, Nr. 8, abgedruckt in Stewartby 1999, S. 334.

auf dem Kontinent herangezogen. Wie im Wormser Vertrag festgelegt, sollte das Lösegeld in London an kaiserliche Boten übergeben, von diesen geprüft (»ponderata«) und dann versiegelt (»sigillabitur«), zuvor also wohl in Säcke und Kisten verpackt, werden. Es ist nicht davon auszugehen, dass alles erst in Barren mit einheitlichem Feingehalt umgeschmolzen wurde, sondern dass man Edelmetall, auch Gold, in verschiedener Form und Feinheit, umgerechnet auf die Kölner Mark Reinsilber, ins Reich abtransportierte (vgl. Kat.Nr. 125–136).

Nach Zahlung zumindest eines Großteils des Lösegelds – wie viel genau jemals gezahlt wurde, ist unklar, auf jeden Fall nicht alles, und weitere Teilzahlungen erfolgten noch bis 1196 – konnte Richard I. Löwenherz auf dem Hoftag zu Mainz am 4. Februar 1194 aus der Haft entlassen werden. Schon die Lösegeldverhandlungen hatten klargemacht, dass Heinrich VI. seinen Anteil speziell für die Eroberung des normannischen Königreichs Sizilien auszugeben gedachte. Wahrscheinlich hatte er vor Aufbruch am 12. Mai 1194 vom Trifels aus einen Teil des Silbers in den Münzstätten der Region – Mainz oder Oppenheim, Worms und Kaiserslautern, Speyer und Annweiler, Hagenau – verprägen lassen. Der Großteil jedoch wurde mitgeführt, um es jeweils vor Ort entweder abgewogen, als Barrengeld, oder abgezählt, als Münzgeld, ausgeprägt in ortsüblicher Währung, ausgeben zu können. In Mailand feierte Heinrich Pfingsten, in Genua rüstete er eine Flotte aus – dafür wurde eine große Menge Silbers in städtischem Gepräge ausgemünzt –, an Weihnachten ließ er sich in Palermo zum König von Sizilien krönen. Für Leopold V. kam sein Anteil ebenfalls wie gerufen: Der enorme Kapitalzufluss stellte die österreichische Wirtschaft auf eine solide Basis, die Münzprägung erhielt einen wichtigen Impuls. Dass aber die Münzstätte Wien erst jetzt eingerichtet worden sei, ist ein Mythos; man hatte dort bereits zu Beginn des Dritten Kreuzzugs 1189 geprägt. Mit dem Geld finanzierte Leopold eine Erweiterung seiner Residenzstadt sowie die Gründungen von Wiener Neustadt und Friedberg, dazu die Befestigungen von Enns und Hainburg – auf dem Totenbett gestand er, dass er nurmehr 4.000 Mark übrig habe (vgl. Kat.Nr. 137–148).

Mit dem Lösegeld für Richard I. Löwenherz gelangten wohl erstmals Sterlinge in großem Umfang auf den Kontinent. Und auch wenn diese hier sicher nicht in Umlauf kamen, das Lösegeld also nicht für das Phänomen des Sterlings in Deutschland im 13. Jahrhundert verantwortlich gemacht werden kann – was ausdrücklich betont sei –, so bietet es doch Gelegenheit, dieses in den Blick zu nehmen. Bekannt gemacht haben den Sterling sicherlich die Hilfszahlungen von jeweils mehreren tausend Mark Silber bis 1214 seitens König Johanns Ohneland an seinen Neffen, den Welfenkönig Otto IV., in dessen Kampf gegen den mit Frankreich verbündeten Stauferkönig Philipp. Entscheidend war, dass der Sterling eine in Gewicht und Feingehalt stabile Münze war und als solche über den Englandhandel der niederländischen und rheinischen Städte auf den Kontinent floss. In Gebieten, wo der Kölner Pfennig herrschte – mit ca. 1,43 g Normgewicht bei leicht höherem Feingehalt praktisch wertgleich mit dem Sterling –, konnte dieser dann als Währung umlaufen. In den Niederlanden, wo ein leichterer Pfennigstandard galt, wurde er umgeprägt, am Niederrhein und in Westfalen aber findet er sich seit dem frühen 13. Jahrhundert vielfach in den Schatzfunden. In Westfalen wurde er allenthalben nachgeprägt, vom König, der Geistlichkeit, Grafen und Edelherren; es gab hier sogar Halb- und Viertel-Sterlinge. Die frühesten Stücke entstanden um 1210, Hochphase waren die 1220er und vor allem 1230er Jahre, in den 1240er Jahren kehrte man vielerorts zu eigenen Typen zurück. Im östlichen Westfalen prägte man auch lange nach der Mitte des 13. Jahrhunderts noch Sterlinge, bald zudem den in England 1247 eingeführten zweiten Typ. Zeugnis für die weite Beliebtheit des Sterlings sind Münzschatzfunde von der Ostsee bis zum Mittelmeer und auf dem Balkan, ebenso aber am nördlichen Oberrhein (Abb. 3, vgl. Kat.Nr. 150–157).

3 Sterlinge aus dem Münzschatzfund von Rotenfels ▪ Karlsruhe, Badisches Landesmuseum, MK 7087. Foto: Badisches Landesmuseum Karlsruhe, Peter Gaul (vgl. Kat.Nr. 149).

Q.: MGH Const 1, Nr. 354, 355 ▪ MGH SS 27, S. 158–173.

Lit.: Barrat 2001 ▪ Berg 2007, S. 187–224 ▪ Gillingham 1999a, S. 222–253 ▪ Kneller 1893, S. 33–89 ▪ Toeche 1867, S. 260–295 ▪ Witowski 2016, S. 70–84.

# Objekte

93 ▶

## Fragment einer Handschrift mit Bildern der englischen Könige von Eduard dem Bekenner bis Eduard I., sog. *Effigies ad Regem Angliae*

England, 1280–1300

Pergament | Farben mit Blattgold | beschädigt bei einem Bibliotheksbrand am 23.10.1731, Einzelblätter, gerahmt | H. 20,4 cm, B. 14,7 cm, 4 Bll.

London, The British Library | Cotton MS Vitellius A. XIII/1, fol. 5r

Diese in mancherlei Hinsicht rätselhaften Blätter zeigen eine Reihe von Darstellungen der englischen Könige von Eduard dem Bekenner bis Eduard I., jeweils mit kurzer Erläuterung in anglonormannischer Sprache. Wie die farbenfrohen Porträts in Matthew Paris' *Abbreviatio chronicorum* (Vgl. Kat. 30) fügen sie sich zu einer Bildchronik der Monarchen, beschreiben aber auch das Handeln des idealen Herrschers, hier vertreten durch den hl. Eduard und seinen Namensvetter.

Der Schwerpunkt auf Eduard I. legt nahe, dass die Blätter während seiner Regierungszeit entstanden sind, und tatsächlich entsprechen die Bilder und Texte dem damals vorherrschenden Stil. Die eher allgemein gehaltene Darstellung dieses Königs erlaubt zudem eine nähere Einschränkung auf die Zeit kurz nach seiner Thronbesteigung. Darüber hinaus ist über den Ursprung der Blätter nichts bekannt. Wahrscheinlich stammen sie aus einer umfassenderen Handschrift und bildeten möglicherweise ähnlich wie die Miniaturen des Matthew Paris einen Teil der Einleitung zu einer Chronik. Ob sie als Geschenk an den König gedacht waren, das ihn zur gerechten Herrschaft auffordern sollte, oder ob er selbst damit seinen Untertanen zeigen wollte, wie er sich zu verhalten gedachte, muss offen bleiben.

Die Darstellung Richards I. (fol. 5r) könnte als Vorbild oder als Mahnung gemeint sein: Man sieht den König zunächst als Gefangenen auf Burg Dürnstein. Dann durchbohrt ein Pfeil seine Schulter, wir befinden uns also bei der Belagerung von Châlus-Chabrol. Bei der Figur neben ihm handelt es sich wahrscheinlich um seinen Begleiter Mercadier, der in der Beschreibung von Richards Tod in Roger von Howdens Chronik erwähnt wird. Der Text unter der Abbildung könnte an das Peter von Ickham († 1295) zugeschriebene *Livere de reis de Brittanie* angelehnt sein. Er betont die großen Opfer, die Richards Lösegeld von den Engländern verlangte:

> »Apres Henry le secund regna Richard sun fiz .x. aunz e demy. Il en repayrand de la tere seynt fust pris del duke de Ostriz par eyde del Roy Phylippe de Fraunce, e fust reynt hors de prison pur cent mil lyveres de argent, e pur cel rauncun furent les Chaliz de Engletere pris des Eglyses e venduz. Puis fust tret de un quarel de Alblast al Chastel de Chalezun, dunt ceste vers fu fet: ›Christe tui calicis predo fit preda Calucis.‹«

> »Nach Heinrich dem Zweiten regierte sein Sohn Richard für zehn Jahre und ein halbes. Auf dem Rückweg vom Heiligen Land wurde er vom Herzog von Österreich mit der Hilfe König Philipps von Frankreich gefangen genommen und für einhunderttausend Silberpfund aus der Gefangenschaft entlassen; und für dieses Lösegeld wurden die Kelche von England aus den Kirchen genommen und verkauft. Dann wurde er an der Burg von Châlus von dem Bolzen einer Armbrust getötet, worüber man folgenden Vers dichtete: ›Christe, der Räuber Deiner Kelche wurde zum Raub von Châlus.‹«

Dieses gereimte Wortspiel war bei den Chronisten sehr beliebt und wird bereits von Gerald von Wales in seiner Fürstenschule *De principis instructione* zitiert, damit der Leser sich die Moral von Richards Geschichte gut einprägen kann. Es kann nur spekuliert werden, ob die Urheber dieser Blätter Eduard eine ähnliche Lehre erteilen wollten.

Die Blätter gehörten zur Sammlung von Sir Robert Bruce Cotton (1571–1631), der sie gänzlich aus ihrem ursprünglichen Zusammenhang löste und mit nicht zugehörigen Texten, etwa aus der ebenfalls in seiner Sammlung befindlichen Handschrift Vitellius A. XIII, zusammenführte. Bei der Gründung des British Museum im Jahr 1753 gehörte Cottons Bibliothek zum Grundstock der Sammlung. Die Blätter wurden im Januar 1939 aus dem von ihm zusammengestellten Band entnommen und werden nun getrennt aufbewahrt. Jeweils bei den Bildern befindet sich das kleine Stück Stoff, das die Miniaturen einst wie ein Vorhang schützte.

AD

Q.: Le livere de reis de Brittanie (RerBrit 42), S. 30.

Lit.: Collard 2007 ▪ Kat. London 2011, S. 340, Nr. 115 (Sonja Drimmer) ▪ Sandler 1986, Bd. 2, S. 19, Nr. 9 ▪ Strutt 1842, S. 19 f., Nr. 10 ▪ Vitzthum 1907, S. 68–69.

**94**

## Chronik Ottos von Freising mit der Fortsetzung Ottos von St. Blasien

vermutlich Zürich, Abschrift zwischen 1254 und 1277

Pergament | blindgeprägter heller Schweinsledereinband auf Holzdeckeln, rote und blaue Fleuronnée-Initialen, acht ornamentale Deckfarbeninitialen | H. 32,7 cm, B. 22,7 cm, 161 Bll.

Zürich, Zentralbibliothek | Ms. Car. C 33, fol. 117r

Die Abschrift der Chronik Ottos von Freising († 1158) mit der selten überlieferten Fortsetzung Ottos von St. Blasien (13. Jahrhundert) wurde im dritten Viertel des 13. Jahrhunderts vermutlich in Zürich angefertigt: Aufgrund der Deckfarbeninitialen kann die Handschrift der »Zürcher Gruppe« aus dem Umfeld des dortigen Predigerklosters zugerechnet werden. Die sorgfältig geschriebene und fein verzierte Handschrift mit der Abschrift der Chronik des Otto von Freising enthält als älteste von insgesamt nur vier Handschriften auch die Fortsetzung dieser Chronik von der Hand Ottos von St. Blasien (Bll. 103r–124v), allerdings ohne Kennzeichnung im Text oder Nennung des Autors. In dieser Fortsetzung werden Ereignisse bis zum Jahr 1209 berichtet; ein Schwerpunkt liegt auf den Geschehnissen während des Dritten Kreuzzuges (1189–1192), darunter auch die Gefangennahme von Richard I. Löwenherz im Dezember 1192 in Erdberg bei Wien durch Herzog Leopold V. Diese – aus deutscher Sicht ausführlichste – Darstellung des Ereignisses ist durchaus tendenziös und voller Spott: Der stolze König Richard, der trotz seiner Verkleidung als einfacher Pilger an einem wertvollen Ring erkannt worden ist, wird mit einem Brathuhn in der Hand in der Küche einer armseligen Herberge in Erdberg festgenommen und dabei noch ausgelacht. Die gleichzeitigen englischen Chronisten berichten hingegen, wie würdevoll der König selbst in dieser Lage gehandelt habe, indem er sein Schwert nur dem Herzog habe überreichen wollen. Der Autor, über den nichts Näheres bekannt ist, berichtet sicher nicht aus unmittelbarer Kenntnis über die Geschehnisse, was sich in der gesamten Chronik an sachlichen und chronologischen Fehlern ablesen lässt, ist aber doch recht gut über das Zeitgeschehen informiert.

Die Handschrift war im Mittelalter im Besitz des Zürcher Predigerklosters, kam nach der Reformation in die Bibliothek am Zürcher Grossmünsterstift und von dort in die Kantons- und später die Zentralbibliothek Zürich. RW

Q.: Otto von St. Blasien, Chronik (AQ 18a), S. 110–111.

Lit.: Kat. Zürich 1952, S. 101, Nr. 369 (Leo Cumbert Mohlberg) ▪ Kessler 2010, S. 29–51, 167–171 f. ▪ Kneller 1983 ▪ Wehrli-Johns 1980.

## 95 Fußfessel mit Schloss und Schlüssel

Wüstung Diederikeshusen, Büren-Steinhausen (Lkr. Paderborn), um 1300/erste Hälfte 14. Jahrhundert

Eisen | teils verkupfert, 13 Teile: Schloss mit Spreizfeder, Bügel, Kettenglieder, Schlüssel | L. Kette 65,0 cm, L. Schlüssel 25,0 cm

Herne, LWL-Museum für Archäologie – Westfälisches Landesmuseum | M 1803

Wurden Richard I. Löwenherz in der Zeit seiner Gefangenschaft Fesseln angelegt? Auch wenn der König sich recht unbeliebt gemacht hatte – die Behandlung von Gefangenen richtete sich vor allem nach ihrem Stand. Der Respekt vor der Position und die Möglichkeit, dass man sich später in einem anderen gesellschaftlichen Kontext erneut begegnete, lassen eher eine Art Edelhaft erwarten.

Ein geregeltes Gefängniswesen im heutigen Sinne war unbekannt. Die heute überall vorgeführten »Burgverliese« sind oft nicht als Kerker belegbar. Der Adel wurde häufig in Klosterhaft überstellt oder konnte sogar auf Ehrenwort frei bleiben. Richard Löwenherz war sicher ein heikler Fall, es bestand Fluchtgefahr und es ging um einen hohen Einsatz. Wie auch immer er behandelt wurde, schon die Hemmung seines ausgeprägten Tatendrangs durch die Burghaft dürfte ihm qualvoll genug erschienen sein.

Fußfesseln vom gezeigten Typ waren im Mittelalter weit verbreitet. Archäologische Funde belegen den massenhaften Gebrauch vor allem im Sklavenhandel im östlichen Mitteleuropa, aber einzelne Funde tauchen auch anderswo in befestigten Sitzen auf. Die Verwendung zur Sicherung von Gefangenen wird zum Beispiel auch im *Sachsenspiegel* angeführt.

Die Konstruktion der Schlösser mit Spreizfedern tritt seit dem 9./10. Jahrhundert auch bei Kisten- und Türschlössern auf. Die im geschlossenen Zustand gespreizten Federn werden zum Öffnen mit einem Schlüssel zusammengepresst, so dass die Schlosselemente auseinandergezogen werden können. MB

Lit.: Henning 1992 ▪ Kat. Herne 2010, S. 353, Nr. E4 (Rudolf Bergmann) ▪ Kat. Speyer 1992, S. 34 f., Vitrine 3 (Antje Kluge-Pinsker), S. 43–45, Vitrine 4,B (Antje Kluge Pinsker) ▪ Westphalen 2002, S. 172–173, 185–187.

**96**

## Mitra Bischof Philippes von Dreux

Gewebe vermutlich Spanien, Stickerei vermutlich Frankreich, letztes Viertel 12. Jahrhundert

Beauvais (Dép. Oise), Kathedrale

weißes Seidengewebe | Leinwandbindung mit Lancierschuss – Borten: hellviolettes Seidengewebe | Leinwandbindung – Stickerei: Goldfäden in versenkter Anlegetechnik und Seidenfäden in Spaltstich – Futter: rotes Seidengewebe | Leinwandbindung – Pergament | H. 22,8 cm, B. 29,5 cm

Beauvais, Mudo – Musée de l'Oise | 855.1

Die Mitra des Philippe von Dreux, Bischof von Beauvais (1175–1217), ist aus einem weißen Seidengewebe gefertigt, dessen Muster aus Medaillons mit Falkenpaaren besteht. An den Berührungspunkten überschneiden kleine Kreise mit Lilien oder Rosettenblüten die Medaillons. Kreuzförmige Rankenornamente füllen die verbleibenden Flächen aus. Hellviolette, mit goldenen Lilien bestickte Borten zieren den unteren Rand der Mitra und im rechten Winkel dazu die vordere und hintere Mitte. Ein ockerfarbener gestickter Konturstreifen begrenzt das Lilienband an den Seiten. Inwendig ist die Mitra mit rotem Seidentaft gefüttert und mit Pergament versteift.

Aus dem Hochmittelalter haben sich mehrere weiße, mit Vogelpaaren in Medaillons gemusterte Mitren erhalten. Die kostbaren Seidengewebe mit gegenständigen Tierpaaren in Medaillons wurden im 12. und 13. Jahrhundert in zahlreichen Variationen in Südeuropa und im Orient produziert. Die mit Lilien bestickten Borten sind hingegen einzigartig bei einer hochmittelalterlichen Mitra. Das heraldische Ornament ist wohl im Zusammenhang der engen Verwandtschaftsverhältnisse Philippes von Dreux zum französischen König Philipp II. Augustus zu sehen. Die Lilie erscheint zwar erst 1223 im Wappen König Ludwigs VIII., doch trug bereits Philipp II. Augustus zu seiner Krönung 1179 mit Lilien geschmückte Gewänder.

Philippe von Dreux stellte sich im Kampf der Kapetinger gegen das Haus Plantagenêt aktiv auf die Seite seines königlichen Cousins, Philipp II. Augustus. Er nahm am Dritten Kreuzzug teil und agierte gegen Richard I. Löwenherz. Als Konrad von Montferrat kurz nach seiner Erhebung zum König von Jerusalem ermordet wurde, beschuldigte Philippe von Dreux Richard als Drahtzieher des Mordes. Nach seiner Rückkehr nach Frankreich nahm er an Kämpfen gegen Richard teil und wurde von dessen Söldnern 1197 gefangen genommen. Erst nach dem Tod Richards erlangte er wieder die Freiheit zurück. HB

Lit.: Beaulieu/Jeanne 1973 ▪ Blöcher 2012, S. 198–200 ▪ Fischer 2006 ▪ Galbreath/Jéquier 1989 ▪ Haas 2012 ▪ Pinoteau 2003, S. 336 f., Anm. 523, S. 417 f. ▪ Wilckens 1984, S. 16.

**97** ▶

## Weingartner Welfenchronik

Weingarten, letztes Viertel 12. Jahrhundert (nach 1185)

Pergament | karolingische Minuskel, ehem. heller Ledereinband | H. 32,5 cm, B. 22 cm, 152 Bll.

Fulda, Hochschul- und Landesbibliothek | D 11, fol. 14r

Die weltberühmte Handschrift vereinigt zwei ursprünglich nicht zusammengehörende Teile, die zwar zeitgleich entstanden, aber erst im 14. Jahrhundert zusammengebunden wurden. Der nur 13 Blätter umfassende erste Teil enthält ein kalendarisch aufgebautes Totenverzeichnis (*Calendarium et Necrologium Weingartense*). In diesem ersten Teil findet sich die ganzseitige

Abbildung des Welfenstammbaums, bei der es sich um die erste genealogische Darstellung in Baumform handelt. Das gegenüberliegende Abbild Friedrich Barbarossas markiert den Beginn der *Historia Welforum Weingartensis*.

Die vermutlich von einem Hofgeistlichen verfasste Schrift versucht mit einem Rückblick auf die karolingischen Vorfahren und einem knappen Exkurs durch die fränkische Trojanersage die herausragende Stellung der schwäbischen Welfen hervorzuheben. Innerhalb der Forschung gilt das Werk bis heute als eines der bedeutendsten Beispiele für historiografische Memoria sowie adliges Selbstverständnis. NHe

Lit.: Becher 2003 ▪ Johanek 1991 ▪ Oexle 1978.

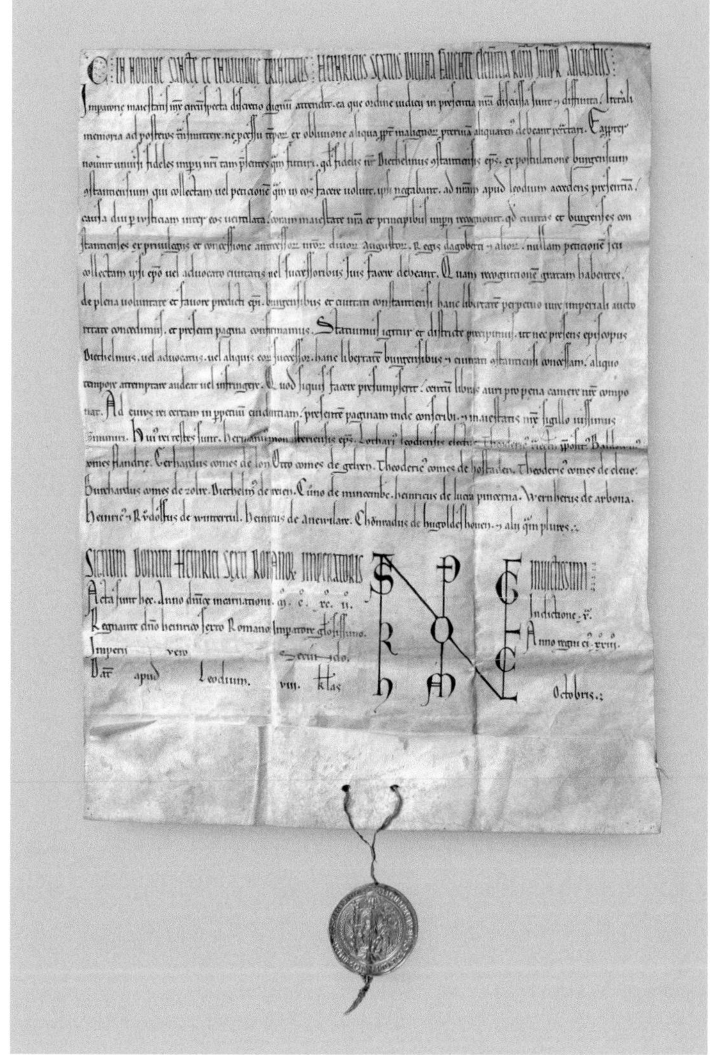

**98**

## Privileg Kaiser Heinrichs VI.

Lüttich, 24. September 1192

Pergament, Goldbulle anhängend | H. 49,0 cm, B. 37,5 cm, Dm. Goldbulle 5,5 cm

Konstanz, Rosgartenmuseum | H I,1

In dem im Konstanzer Rosgartenmuseum bewahrten Privileg spricht Heinrich VI. die Konstanzer Bürger von der Besteuerung durch den Bischof oder seinen Vogt frei. Damit bezieht der Kaiser zum ersten Mal Partei gegen den Bischof, die bisherige enge Verbindung und Nutznießerschaft zwischen Bischöfen und Königtum wurde somit gelöst. Mit diesem Rechtsakt wurden nicht nur die Bürger von der neuen Steuer befreit, der König war nun auch zum zweiten Stadtherrn und zum Garanten städtischer Freiheiten geworden. Die Stadt Konstanz konnte sich in der Folge als Reichstadt bezeichnen, ein Status von großer politischer Bedeutung. Die Urkunde ist eine Prunkausfertigung des auf dem Lütticher Reichstag ausgestellten Privilegs, eine einfache Ausfertigung befindet sich im Generallandesarchiv Karlsruhe (GLA, A 152). Die Handschrift wurde von einem nicht zur kaiserlichen Kanzlei gehörenden Schreiber verfasst, dort jedoch mit der Goldbulle versehen. Außer einem Exemplar im Vatikan ist die anhängende Bulle das einzig erhaltene Goldsiegel Heinrichs VI. Sie zeigt auf der Vorderseite den thronenden Herrscher in Ganzfigur mit Zepter und Reichsapfel und trägt die Umschrift: »+ : HEINRICUVS D<E>I GR<ATI>A ROMANOR<UM> IMP<ERATO>R. ET SEMP<ER> AVGVST<US>« Auf der Rückseite findet sich eine symbolische Darstellung Roms und die Umschrift: »+ ROMA CAPVT MVNDI REGIT ORBIS FRENA ROTVNDI« im Bildfeld »AVREA ROMA«. Die Füllmasse des Siegels ist ausgefallen, das Siegel ist zusammengedrückt, ohne dass jedoch das Relief beschädigt ist. Vermutlich wurde es in einer Reichsmünzstätte der Wetterau, zum Beispiel Frankfurt oder Gelnhausen, hergestellt. LF/KK

Lit.: Kat. Konstanz 1983 ▪ Kat. Stuttgart 1977, Bd. 1, S. 24 f., Nr. 34 (Rainer Kahsnitz), vgl. S. 5, Nr. 8 (Eberhard Gönner) ▪ Maurer 1980 ▪ Petersohn 2002.

99

## Gründungsstiftung für das Katharinenkloster in Dortmund

Speyer, 23. März (1193)

Pergament (Original) | geschrieben von Empfängerhand, Siegel des Ausstellers an roter Seidenschnur | stark beschädigt, restauriert | H. 15,5 cm, B. 24,5 cm

Münster, Eigentum des Landes Nordrhein-Westfalen, Landesarchiv Nordrhein-Westfalen Abteilung Westfalen | Prämonstratenserinnenkloster Dortmund – Urkunden Nr. 1

Kaiser Heinrich VI. schenkt einem in Dortmund zu errichtenden Kloster – dem zukünftigen Prämonstratenserinnenstift St. Katharina – ein Grundstück beim dortigen Königshof, das im Volksmund Königskamp genannt wird (»terram curie nostre Tremonie adiacentem que vulgariter Koningescamp nuncupatur«), zum Bau der Klosterwerkstätten (»ad constructionem officinarum monasterii quod ibidem duximus construendum«). Über die Ordenszugehörigkeit und das Geschlecht der Klosterinsassen lassen sich nach dem Wortlaut der Urkunde jedoch noch keine Rückschlüsse ziehen. Erst 1215 erfolgte die Kirchweihe durch den Kölner Weihbischof Dietrich von Dorpat. Heinrichs Sohn Friedrich II. bestätigte 1218 die Klosterstiftung seines Vaters.

In der Urkunde wird zwar 1188 als Ausstellungsjahr angegeben, doch wird dies in der Literatur als Schreibfehler statt 1193 aufgefasst. Und so liest man in der letzten Zeile: »Datum Spire anno Dominice incarnacionis MoCoLXXXVIIIo, Xo kal. Aprilis«. Hier steht das Jahr 1188 wohl fälschlicherweise statt »MoCoLXXXXIIIo«, also 1193. Erst durch diese Datumskorrektur belegt die Urkunde den Aufenthalt Heinrichs VI. am 23. März 1193 in Speyer und wird für den Konflikt Heinrichs mit Richard relevant. Die Urkunde führt den Bischof von Passau (»Wolfchero Pattauiensi episcopo«), den Bischof von Speyer (»Ottone Spirensi episcopo«), den Pfalzgrafen bei Rhein (»Cůnrado comite palatino de Reno«), den Grafen von Odingen (»Ludewico comite de Ottingen«), Rupert von Durne (»Ruperto de Durne«), Cuno von Metzenbach (»Cůnrado de Menzenberch«), den Truchsess Marquard (»Marquardo dapifero«) und viele andere mehr (»et aliis quam pluribus«) als Zeugen des Rechtsgeschäfts auf. TR

Q.: RI IV/3 (neubearb. v. Baaken), Nr. 283 ▪ Urkunden Heinrichs VI. (MGH DD 11).

Lit.: Reimann 1992 ▪ Saal 1963 ▪ Zumbusch 1902.

**100**

## Chronique d'Ernoul et de Bernard le Trésorier (*Guilelmi Tyrensis continuata Belli Sacri Historia*)

Frankreich, drittes Drittel 13. Jahrhundert

Spiegelblatt des Trägerbandes Conrad Gessner: Lexicon Graecolatinum, cui ad summum locupletato etiam Etymologiae vocum necessariarum omnium accesserunt, Basel: Johann Walder 1541

Pergament, 2 Doppelblätter | Textualis, rot-blaue Fleuronnéeinitialen | H. 33,5 cm, B. 33,0 cm/Doppelblatt, Schriftraum zweispaltig, H. 18,0 cm, B. 12,5–13,0 cm mit 32/33 Zeilen

Bleistiftnotizen von Bruno Claussen (1880–1958), Angabe von Inhalt und Edition von Claussens Hand auf dem Vorsatzblatt des Druckes, datiert 17.06.1921

Rostock, Universitätsbibliothek Rostock | Fragm. histor. 1

Die *Chronique d'Ernoul* wurde von Ernoul verfasst, einem Ritter des Balian von Ibelin (frühe 1140er Jahre–1193), einem der führenden Barone im Königreich Jerusalem. Das Werk ist nicht in der Originalfassung überliefert, jedoch ist eine Gruppe von Texten aus dieser Chronik erhalten. Im vorliegenden Fragment wird die Gefangennahme Richards I. Löwenherz durch Herzog Leopold V. von Österreich geschildert. Das Fragment besteht aus zwei Doppelblättern, die im ursprünglichen Codex direkt übereinander lagen: Das Doppelblatt des Vorderdeckels lag auf dem Doppelblatt des Hinterdeckels. Der Text, der den Handschriften A (Paris, Bibliothèque de l'Arsenal, Ms. 4° 677) und B (Bern, Burgerbibliothek, Ms. 4° 340) am nächsten zu stehen scheint, weist gegenüber der Edition *Chronique d'Ernoul et de Bernard le Trésorier* Kürzungen auf.

Überliefert ist das Fragment als Makulatur in dem Einband des Druckes *Lexicon Graecolatinum* der Bibliothek Johann Albrechts I., Herzog zu Mecklenburg (1525–1576). Die herzogliche Bibliothek umfasst etwa viertausend Titel. Sie wird in den Sondersammlungen der Universitätsbibliothek Rostock aufbewahrt und ist ein sehr seltenes Beispiel einer fast geschlossen erhaltenen fürstlichen Renaissancebibliothek in Deutschland. Als humanistisch gebildeter Fürst sammelte Johann Albrecht I. im Schweriner Schloss Bücher aller Wissensgebiete seiner Zeit. Die Bibliothek gelangte gemeinsam mit anderen Beständen aus dem Besitz der mecklenburgischen Herzöge durch Initiative des Bibliothekars und Orientalisten Oluf Gerhard Tychsen (1734–1815) im Jahre 1772 an die neugegründete Universität Bützow und 1789 nach ihrer Auflösung nach Rostock. SSo

Q.: Chronique d'Ernoul (hg. v. Mas Latrie).

Lit.: Heydeck 2001 ▪ Krüger 2013 ▪ Potthast 1957.

## 101–102

### Löwenartiges Mischwesen und Löwe

vermutlich aus dem Speyerer Dom, um 1100

Sandstein | ehemals Spuren von Bemalung | a) L. 108,0 cm, H. 62,0 cm, T. 24,0 cm; b) L. 97,0 cm, H. 65,0 cm, T. 46,0 cm

Speyer, Historisches Museum der Pfalz Speyer | 1925/93 a u. b

Die beiden Sandsteinfiguren sind Anfang des 19. Jahrhunderts im sog. Antiquarium, einer 1826 errichteten Antikenhalle nördlich des Speyerer Doms nachweisbar; um 1860 befanden sie sich im Moos'schen Bierkeller, einer Speyerer Gaststätte. Von dort kamen sie ins Bayerische Nationalmuseum München, 1924 wurden sie vom Historischen Museum der Pfalz in Speyer erworben. Abgüsse der beiden Figuren befinden sich in der Krypta des Doms.

Die nach rechts gerichtete Sandsteinskulptur zeigt ein Mischwesen mit dem Körper eines Löwen und klauenartigen Hinterläufen, der in seinem Maul einen Menschen gepackt hält. Die rohe Abarbeitung am Hinterteil des Tieres und Mörtelreste deuten darauf hin, dass der Stein einst in Zweitverwendung vermauert war. Seinem vermutlich einstigen Gegenüber, einem Löwen, fehlt ein Teil des Kopfes; erkennbar ist das aufgerissene Maul mit den Fangzähnen und heraushängender Zunge. Die Mähne ist aus zwei Reihen von zackenartigen Dreiecken gebildet. Beide Figuren stammen vermutlich aus dem Dombezirk, jedoch ist ihr ursprünglicher Standort nicht geklärt. Die Rückseiten der Figuren sind flach, so dass man an eine Verwendung in einem Portalvorbau denken könnte. Möglicherweise stammen sie aus dem Kleinen Paradies oder von der Bischofspfalz an der Nordseite des Doms – Orte, die während des Hoftages im März 1193, auf dem Kaiser Heinrich VI. in einer Art Schauprozess Richard I. Löwenherz mit der langen Liste seiner Anklagepunkte konfrontierte (vgl. Beitrag Ehlers und Beitrag Görich), eine wichtige Rolle gespielt haben. SKa

Lit.: Kubach/Haas 1972, Textbd., S. 1101 ▪ Röttger 1934, S. 249 f. ▪ Kat. Speyer 1930, S. 6, Nr. 7.

103

Friedrich I. Barbarossa – Freiheitsbrief für Hagenau

in der Ebene bei der Burg Monte Malo (abgegangen, Italien, bei Orio Litta, Provinz Lodi), 15. Juni 1164

Pergament | wellig und gebräunt, Löcher in den Knicken (restauriert) mit geringfügigem Textverlust, Tinte zum Teil berieben und verblasst, Siegel herausgefallen, erhalten und separat | H. 65,8–67,7 cm, B. 48,5–51,7 cm, Dm. Siegelplatte 8,6 cm, gesamt 11,9 cm

Heidelberg, Universitätsbibliothek | Heid. Urk. 333

Am 15. Juni 1164 stellte Friedrich I. Barbarossa den berühmten Freihheitsbrief für Hagenau aus. In diesem bestätigte und erweiterte er die Rechte der von seinem Vater, Herzog Friedrich *monoculus* von Schwaben, zur Zeit Kaiser Heinrichs V. gegründeten *villa*. Wie unter einem Brennglas gewährt uns das *Priüilegiüm Cæsaris fridericj* – so die Bezeichnung der Urkunde im Rückvermerk – einen Einblick in die Organisation des ›städtischen Gemeinwesens‹ Hagenau, wie sie sich um 1160/65 darstellte.

Obgleich das Privileg weitreichende Konsequenzen nach sich zog, ist es »auffällig schlecht formuliert« (Metz 1998, S. 228), gibt sein Wortschatz Rätsel auf. Dies betrifft die Benennung des Ortes als *villa*, *locus* und (selten) *civitas* und die Bezeichnung seiner Einwohner als *incole*, *inhabitantes*, *cives*, *concives* beziehungsweise *burgenses* sowie die Nennung eines *scultetus* beziehungsweise eines *iudex* als Vertreter des Kaisers. Dies gab und gibt Anlass zu vielfach unterschiedlichen Kommentierungen des Freiheitsbriefs. Bereits im 14. Jahrhundert hatten daher die Zeitgenossen Mühe, eine korrekte und brauchbare Übertragung ins Deutsche herzustellen, wie aus einer teilweise recht holprigen Fassung deutlich wird, die heute im Stadtarchiv von Hagenau aufbewahrt wird (Hagenau, Archives municipales, AA 99 4–5). Da die städtischen Institutionen 1164 offenbar noch nicht so gefestigt waren, dass für jede ein einziger verbindlicher Name existierte, ist es fraglich, ob das Privileg eine Stadtrechtsverleihung im herkömmlichen Sinn bedeutete. Vielmehr wird man mit Ferdinand Opll feststellen dürfen, dass der Kaiser »dem unter seiner unmittelbaren Herrschaft stehenden städtischen Gemeinwesen zukunftsweisende Rechte« gewährte (Opll 1986, S. 88). In der Tat lässt sich seit der Erteilung des Privilegs eine deutliche Intensivierung der Kontakte zwischen dem Kaiser und seiner Stadt feststellen. Barbarossa begann mit dem Ausbau der vermutlich von seinem Vater gegründeten Burg zur Pfalz, der wohl spätestens in der zweiten Hälfte der 1170er Jahre abgeschlossen war. Weitere Vorkehrungen für seine Aufenthalte in Hagenau hatte Friedrich bereits mit seinem Privileg 1164 getroffen: Die Einwohner Hagenaus waren verpflichtet, Quartiere zu stellen. Der Marschall des Kaisers war jedoch angehalten, rücksichtsvoll ohne Schaden für diese vorzugehen (*marscaldus* [!] *ipsius absque ciuium detrimento, de hospitiis pacifice disponat*).

Das heute zwar abgefallene, leicht beschädigte, aber erhaltene kaiserliche Siegel zeigt den gekrönten Herrscher im Mantel mit Zepter und Reichsapfel auf einem Thron mit Rückenlehne und Fußbank sitzend. Es unterscheidet sich vom königlichen Wachssiegel nur durch seine Umschrift und ist geringfügig größer: [+ FR]*EDERIC*(VS) · DEI · GR(ACI)*A* · *ROMANOR*(VM) · IMPE[RATOR ·] *A*[VG(VSTV)S].

Dass das Privileg über die Jahrhunderte seine Bedeutung nicht verlor, zeigt beispielsweise eine Auseinandersetzung um den heiligen Forst, bei der es 1449 als Nachweis für die 285 Jahre zuvor zugestandenen Rechte am Wald diente, die ein Straßburger Richter unter Vorlage des Originals bestätigte. Dazu hatte man die entsprechende Passage in der langen Urkunde durch eine Unterstreichung hervorgehoben, um ihm das Auffinden der maßgeblichen Stelle zu erleichtern. US

Lit.: Grasser 1964 ▪ Kat. Stuttgart 1977, Bd. 1, S. 22, Nr. 30 (Rainer Kahsnitz) ▪ Metz 1998 ▪ Opll 1986, S. 83–89 ▪ Posse 1909 ▪ Seiler 1995, S. 181–196.

**104** ▶

### Lombardisches Arkadenelement, bärtiger Kopf

Hagenau (Dép. Bas-Rhin), Pfalzkapelle, letztes Viertel 12. Jahrhundert
Sandstein | H. 50,0 cm, B. 100,5 cm, T. 35,0 cm
Hagenau, Musée historique de Haguenau | 2008.0.20 Ar

**105** ▶

### Lombardisches Arkadenelement, Sirene

Hagenau (Dép. Bas-Rhin), Pfalzkapelle, letztes Viertel 12. Jahrhundert
Sandstein | H. 52,0 cm, B. 89,0 cm, T. 31,0 cm
Hagenau, Musée historique de Haguenau | 2008.0.19 Ar

**106** ▶

### Gesimselement mit floralen Motiven

Hagenau (Dép. Bas-Rhin), Pfalzkapelle, letztes Viertel 12. Jahrhundert
Sandstein | H. 30,0 cm, B. 76,0 cm, T. 51,0 cm
Hagenau, Musée historique de Haguenau | 2008.0.21 Ar (Teil 1)

**107** ▶

### Akanthuskapitell

Hagenau (Dép. Bas-Rhin), Pfalzkapelle, letztes Viertel 12. Jahrhundert
Sandstein | H. 32,0 cm, B. 67,0 cm, T. 47,0 cm
Hagenau, Musée historique de Haguenau | 2008.0.17 Ar

**108** ▶

### Attische Basis

Hagenau (Dép. Bas-Rhin), Pfalzkapelle, letztes Viertel 12. Jahrhundert
Sandstein | H. 38,0 cm, B. 64,0 cm, T. 33,0 cm
Hagenau, Musée historique de Haguenau | 2008.0.16 Ar

Die verschiedenen architektonischen Elemente erinnern an die glanzvolle Vergangenheit der Kaiserpfalz Hagenau. Von der als »Burg« bezeichneten Anlage ist heute im Stadtbild nichts mehr zu sehen. Teile der ehemaligen Kapelle wurden im 17. Jahrhundert in die Festungsanlagen von Vauban in Fort-Louis integriert und durch Xavier Nessel, Archäologe und ehemaliger Bürgermeister von Hagenau, geborgen. 1945 wurden sie ins Historische Museum der Stadt verlegt.

Die durch Friedrich den Einäugigen, Herzog von Schwaben, erbaute Stadt Hagenau stieg unter Friedrich I. Barbarossa zur Kaiserresidenz auf. Insbesondere im 12. Jahrhundert entwickelte sie sich zu einem Zentrum der kaiserlichen Macht.

In der Pfalz fanden die Verhandlungen zwischen dem kaiserlichen Gefangenen Richard I. Löwenherz und Kaiser Heinrich VI., Friedrich I. Barbarossas ältestem Sohn, statt. Es wird berichtet, dass Richard Löwenherz am 19. April 1193 zu einem Besuch in die Kaiserpfalz Hagenau eingeladen wurde. Dort empfing ihn Heinrich VI. mit allen Ehren im Beisein seiner hohen Würdenträger. Der englische König erwähnte diesen Besuch auch in einem Brief an seine Mutter, Eleonore von Aquitanien.

Gottfried von Viterbo, Geschichtsschreiber und Zeitgenosse von Friedrich Barbarossa, verfasste die älteste architektonische Beschreibung der Kaiserresidenz, dieses für das römisch-deutsche Reich so symbolträchtigen Ortes. Erst sehr viel später, in den 1950er Jahren, traten nach einer intensiven Forschungstätigkeit, insbesondere durch den Architekten und Kunsthistoriker Robert Will, Elemente der Kaiserkapelle zutage. 1952 wurden die Grundmauern des Chors der Unterkapelle bei Grabungen entdeckt. Auch wenn die Gründe für das Verschwinden der Pfalz im 17. Jahrhundert noch nicht restlos geklärt sind, konkretisieren sich doch Hinweise auf das Baujahr der Pfalzkapelle und die Herkunft der beteiligten Künstler. Durch Stilanalysen der erhaltenen architektonischen Fragmente und die Einbeziehung historischer Quellen ist es möglich, die Bauzeit der Kapelle in Hagenau zwischen 1170 und 1184 zu datieren.

Die Pfalzkapelle hatte einen rechteckigen Grundriss und einen achteckigen Turm. Vermutlich wies sie drei voneinander durch Ziegelgewölbe getrennte Stockwerke auf. Sie diente möglicherweise auch der Aufbewahrung der königlichen Insignien und der Reliquien des Römischen Reiches. Laut der Inschrift über dem Portal, von dem ein Fragment erhalten ist, war sie dem hl. Erlöser geweiht.

Die halbrunden Arkaturen sind von einer zweifachen Hohlkehle umgeben und mit Skulpturen wie einer doppelschwänzigen Sirene oder einem Kopf mit geteiltem Bart geschmückt. Solche skulptierten Darstellungen waren über das gesamte Bauwerk verteilt. Auch mehrere Gesimselemente, die die großen Arkaturen abschlossen, sind erhalten. Eines davon ist mit Pflanzenmotiven verziert. Andere Fragmente, darunter das Akanthuskapitell und die attische Basis, stammen von einem 1,96 m breiten Portal, über dem sich ein halbrundes Tympanon befand.

Ähnliche Akanthus- und Palmettenmotive weisen zu dieser Zeit auch die Dome von Mainz und Worms auf. Auch in Schwaben finden sich Analogien zu den charakteristischsten Merkmalen lombardischer Arkaturen.

Ganz allgemein lassen sich die Gestaltungselemente aus Hagenau mit anderen zeitgenössischen Kaiserbauten vergleichen, so mit der von Barbarossa gegründeten Kaiserpfalz Gelnhausen. Es gibt drei auch für Hagenau typische Motive, darunter Kapitelle, deren Akanthusornamente mit denen auf dem Kapitell des Burgportals nahezu identisch sind. Auch die zu einem ›S‹ eingerollten Blätter sind an Gesimsfragmenten in

104

105

106

107

108

Hagenau zu finden. Schließlich ist die Konsole über dem Portal der Pfalz Gelnhausen mit einem gekrönten Haupt verziert, dessen Bart dem des bärtigen Kopfes in Hagenau ähnelt. Auch in der Nürnberger Kapelle finden sich solche Motive. Nach Robert Will kann davon ausgegangen werden, dass die Bildhauer, die die Pfalz in Hagenau gestalteten, aus Italien stammten oder mit Technik und Stil der großen norditalienischen Meister eng vertraut waren. Sie waren vermutlich an den Kaiserbauten Friedrich Barbarossas tätig.

Die Schönheit des Materials dieser bis heute erhaltenen Fragmente, die Perfektion der Bearbeitung und der Reichtum der Verzierungen sichern der Pfalzkapelle Hagenau eine herausragende Stellung unter den romanischen Bauten im Elsass.

SAM

Lit.: Grasser/Trabant 1985 ▪ Lehni 1988, S. 29–33 ▪ Trendel 1981 ▪ Will 1950/55 ▪ Will 1955 ▪ Will 1965/70 ▪ Will 1970, S. 225.

109 

## Türsturz mit Bischof und zwei Ordensbrüdern

Hagenau (Dép. Bas-Rhin) (?), Pfarrkirche Saint-Georges, letztes Viertel 12. Jahrhundert

Sandstein | H. 90,0 cm, B. 119,0 cm, T. 27,0 cm

Hagenau, Musée historique de Haguenau | 2008.0.22 Ar

Dieser skulptierte Türsturz wurde 1861 von Victor Guerber, dem Pfarrer von Saint-Georges, in sekundärer Verbauung in der Gartenmauer der ehemaligen Johanniterkommende entdeckt und in den Garten des Presbyteriums Saint-Georges gebracht. Später wurde das Relief im Historischen Museum in Hagenau aufgestellt.

Das Architekturteil stammt vermutlich aus der ersten, dem hl. Georg geweihten Kirche, die im 12. Jahrhundert von Friedrich dem Einäugigen, Herzog von Schwaben, errichtet wurde.

Es zählt zu den seltenen Beispielen romanischer Skulptur im Elsass. Der Sandstein wurde vermutlich im Steinbruch Kronthal gewonnen; dieser wurde insbesondere beim Bau des Straßburger Doms verwendet. Die Gestaltungsmerkmale des Türsturzes verweisen auf die Romanik des 12. Jahrhunderts.

Laut Norbert Mueller-Dietrich weichen die Elemente dieses Reliefs mit dem plastischen Faltenwurf vom romanischen Tympanon der ehemaligen Abteikirche in Andlau ab und sind stilistisch zwischen den älteren Skulpturen der Kaiserpfalz Hagenau, der »Burg«, und denen aus Rosheim, Straßburg und Neuwiller-lès-Saverne (Neuweiler) einzuordnen. Er datiert das Relief auf kurz vor 1184 oder auf die Zeit vor 1189, dem Jahr der Einweihung der Kirche St. Georg. Da der Entstehungszeitpunkt der Skulptur und das Gründungsdatum der Stadt und der Kirche St. Georg nah beieinander liegen, ist es sehr wahrscheinlich, dass sie sich ursprünglich im Kircheninnenraum oder im angrenzenden Kreuzgang befand.

Victor Guerber, der ebenfalls ein prominentes Mitglied der *Société pour la Conservation des Monuments Historiques d'Alsace* (Gesellschaft zum Schutz von Baudenkmälern im Elsass) war, hat sich ausführlich mit diesem Türsturz befasst. Auch wenn die Herkunft des Steines nicht gesichert ist, weisen die meisten Forschungsbeiträge auf die Kirche St. Georg in Hagenau hin. Auch die Deutung der dargestellten Motive bleibt unbestimmt. Diese beziehen sich wahrscheinlich auf ein historisches Ereignis, das mit dem Herkunftsort zusammenhängt.

Das Relief zeigt drei Figuren. Die sitzende Figur links ist durch die Mitra als Bischof ausgezeichnet. Er hält ein Kreuz vor der Brust und in der linken Hand ein Buch, möglicherweise ein Evangeliar.

Daneben stehen zwei Ordensbrüder. Die Figur in der Mitte hat eine Tonsur und ist dadurch als Mönch oder Abt ausgewiesen. Er hält in der Hand einen nicht eindeutig zu erkennenden Gegenstand. Dabei könnte es sich um ein mit einem Tuch abgedecktes Kirchenmodell, ein Reliquiar oder eine Kassette mit der Gründungscharta handeln.

Der Sturz weist verschiedene Merkmale romanischer Skulptur auf, beispielsweise die größeren, glattgeschliffenen Gesichtspartien oder den mit einem spitzen Werkzeug herausgearbeiteten Bart. Die Haare sind sehr schlicht, die Falten

der Kleidung steif und gleichförmig gestaltet. Es fällt auf, dass die beiden stehenden Figuren genauso groß wie der sitzende Bischof sind, was den Symbolcharakter dieser Szene verdeutlicht.

Hiervon ausgehend sind zwei Hypothesen denkbar. Falls die Figur in der Mitte ein Sakralgebäude trägt, könnte der sitzende Bischof soeben diesem Ordensbruder die Leitung seiner Gemeinschaft und seiner Kirche übertragen haben, die durch das kleine Kirchengebäude versinnbildlicht wird. Dieser wird sodann die Leitung des Kirchspiels gemeinsam mit der dritten Person wahrnehmen, zu der er sich hinwendet. In diesem Falle wäre es also der Bischof von Straßburg, der dem ersten Rektor von St. Georg die Pfarrei der Stadt übergibt, zu deren Gemeindegliedern der Kaiser des Römischen Reiches selbst zählte. Der zweiten Hypothese folgend könnte das Relief die Geschichte der Gründung der Pfarrei St. Georg darstellen, das sich wahrscheinlich auf dem rechteckigen Türsturz des Portals befand. Es ist nicht auszuschließen, dass die Darstellung auf der linken Seite durch eine vierte Figur vervollständigt wurde, die ein Gegengewicht zu den beiden stehenden Ordensbrüdern bildete und in der man dann König Konrad III. oder seinen Bruder, Friedrich den Einäugigen, Herzog von Schwaben, Gründer der Stadt Hagenau und der Kirche St. Georg vermuten könnte, doch muss dies Spekulation bleiben.

SAM

Lit.: Burg 1983 ▪ Grasser 1983, S. 3–10 ▪ Grasser/Traband 1985 ▪ Guerber 1861 ▪ Lehni 1988, S. 32 f. ▪ Müller-Dietrich 1966.

110

### Männliche Sphinx

um 1200

Worms, ehem. Kirche St. Johannes

gelber Sandstein | in das Mauerwerk eingebundenes Fußstück bzw. Sockel einer Säule | an vielen Stellen bestoßen, Metalldorn zur Befestigung einer Säule verloren, Spuren alter Farbfassung | H. 44,0 cm, B. 36,0 cm, T. 61,0 cm, Gew. 200,0 kg

Mainz, Bischöfliches Dom- und Diözesanmuseum | PS 08707

111

### Löwe mit heraushängender Zunge

um 1200

Worms, ehem. Kirche St. Johannes

gelber Sandstein | in das Mauerwerk eingebundenes Fußstück bzw. Sockel einer Säule | an einigen Stellen bestoßen, ein alter Metalldorn zur Befestigung einer Säule ist noch vorhanden, Reste alter Farbfassung | H. 42,0 cm, B. 32,0 cm, L. 53,0 cm, Gew. 200,0 kg

Mainz, Bischöfliches Dom- und Diözesanmuseum | PS 08709

112 ▶

### Löwe, einen Menschen verschlingend

um 1200

Worms, ehem. Kirche St. Johannes

gelber Sandstein | in das Mauerwerk eingebundenes Fußstück bzw. Sockel einer Säule | an vielen Stellen bestoßen, Dübelloch im Rücken des Tieres mit dem Rest des Metalldübels | H. 32,0 cm, B. 34,0 cm, L. 58,0 cm, Gew. 150,0 kg

Mainz, Bischöfliches Dom- und Diözesanmuseum | PS 08708

Die ausdrucksstarken Steinskulpturen einer Sphinx und zweier Löwen schmückten einst die Johannes dem Täufer geweihte Kirche an der Südostseite des Wormser Doms.

Dieser ab 1807 niedergerissene, zweigeschossige Zentralbau des späten 12. Jahrhunderts, der von seiner Baugestalt die Funktion als Taufkirche, Beinhaus oder Heilig-Grab-Kirche zulässt, ist heute weitgehend unbekannt. Überliefert ist das Gotteshaus durch verschiedene historische Ansichten. Außerdem zeugen mehr als 80 bildhauerisch gestaltete Baufragmente vom Reich-

tum und der Qualität einer Architektur, die zu den interessantesten der rheinischen Spätromanik zählt.

Die hier vorgestellten Löwen und die Sphinx lassen sich als Fußstücke von Säulen identifizieren. In ihrer Funktion als Abwehr des Bösen könnten die Bestiarien an der Zwerggalerie der Ostseite der Johanneskirche ihren Platz gehabt haben. Die Offenbarung des Johannes gibt hierzu eine theologische Erklärung: Die Zwerggalerie beinhaltet unzählige offene Tore, die in das himmlische Jerusalem führen. Der Zutritt teuflischer Mächte wird dabei von Dämonen und wilden Tieren verhindert.

Es ist auffällig, dass unter den 19 erhaltenen Bestiengestalten von St. Johannes in Worms die meisten Löwen oder löwenähnliche Tiere zeigen. Als unbesiegbares Geschöpf der Tierwelt wurde der Löwe schon in der orientalisch-ägyptischen Religion verehrt. Im Mittelalter erhielt er auch in Europa, als Sinnbild für dämonische Kraft, eine Gott nahestehende, meist dienende Rolle und kommt zahlreich zur Darstellung.

Die Sphinx, ein Mischwesen aus Löwe und Mensch, verbindet in der altägyptischen Kunst die Eigenschaften unterschiedlicher Lebewesen und hat übernatürliche Macht. Als Liegefigur war sie Wächter des Tempels. Anders als der Löwe fand die Sphinx jedoch deutlich seltener Eingang in die abendländische Kunst. Für Deutschland konnte in der Bauplastik das Bildmotiv der ungeflügelten Sphinx bisher nur an der Wormser Johanneskirche nachgewiesen werden. Vorlage könnten Handschriften der Reformorden des 11. und 12. Jahrhunderts gewesen sein. Während seiner Gefangenschaft hielt sich Richard I. Löwenherz auch in Worms auf, wo die Kirche St. Johannes vermutlich gerade im Bau war.

AA

Lit.: Arens 2014, S. 41–45 ▪ Arens/Böcher 1961/62, S. 105.

113–115

## Richard I. Löwenherz bestätigt in Worms Schenkungen an das Hospital von Strood, Rochester

Im August 1193 hielt sich Richard I. in Worms auf, wie drei Urkunden belegen, mit welchen der König verschiedene Schenkungen an das Hospital von Strood bestätigte, einer Neugründung des Bischofs von Rochester, Gilbert Glanville. Die Urkunden sind, wie in der Zeit üblich, geschäftsmäßig knapp gehalten und zeigen, dass der König auch während seiner Gefangenschaft Amtsgeschäfte persönlich führte. Als Zeuge und Aussteller trat sein Kanzler William Longchamp auf, den Richard I. ursprünglich als Justitiar mit der Verwaltung des Königreichs betraut hatte. Seine Anwesenheit in Worms erklärt sich aus dem Umstand, dass er bereits einige Monate zuvor England im Streit mit den Magnaten hatte verlassen müssen. William Longchamp gilt als durchaus fähiger aber wenig erfolgreicher Amtsträger des Königs.

Die Inhalte der Urkunden erlauben einen beredten Einblick in die Details der Ausstattung des neu gegründeten Hospitals von Strood. Es war ein Stück englische Lokalgeschichte, mit der sich Richard I. in Worms auseinandersetzen konnte. SZ

113

### Urkunde Richards I.: Bestätigung der Schenkung der Kirche St. Margarethen an das Hospital von Strood

England, Kent, Kathedrale zu Rochester, 14. August (1193)

Pergament mit angehängtem Siegel | die erhaltene Mitte des Siegels wurde mit Wachs ergänzt, Fragment aus der Mitte des Großsiegels König Richards I. | H. 4,5 cm, B. 17,0 cm

Rochester, Dean and Chapter of Rochester Cathedral/Medway Archives and Local Studies Centre | DRc/T572/12

Richard [I], von Gottes Gnaden König von England, Herzog der Normandie und Aquitaniens und Graf von Anjou, an die Erzbischöfe, Bischöfe, Grafen, Barone, Äbte, Prioren, Sheriffs, Vögte und alle seine getreuen Untertanen.

[bestätigt] Bischof G[ilberts] [d. I. Gilbert Glanvilles] Schenkung der Kirche St. Margarethen an das Hospital von Strood.

[In der bestätigten Schenkung (DrC/T572/11) heißt es:

Die Kirche St. Margarethen außerhalb der Stadt Rochester nebst Ländereien, Zehnten und Einnahmen, außer einer halben Silbermark, die der Vorsteher den Mönchen von Rochester alljährlich als Opfergabe zum Fest der heiligen Margarethe zu zahlen hat. Der Vorsteher hat einen Laienbruder, Priester oder anderen geeigneten Kaplan zu bestellen, der in der Kirche das Stundengebet liest, und ihm dem Bischof der Diözese vorzustellen. Die Kirche und alle, die dort in der Seelsorge tätig sind, Priester und Laien, sollen von jeder weltlichen oder kirchlichen Steuerschuld befreit sein. Einzige Ausnahme sind die *sinodalia*.

Das Hospital bekommt diese Schenkung zum Erhalt und zur Verwendung für die Unterstützung der dort beherbergten Armen.]

Bezeugt durch W[illiam] [d.I. William de Longchamp], Bischof von Ely, Kanzler, zu Worms, 14. August AC

114 ▸

### Urkunde Richards I.: Bestätigung der Schenkungen an das Hospital von Strood

England, Kent, Kathedrale zu Rochester, 14. August 1193

Pergament mit angehängtem Siegel | die fehlende untere Hälfte des Siegels wurde mit Wachs ergänzt, Fragment aus der oberen Mitte des Großsiegels König Richards I. | H. 12,0 cm, B. 18,0 cm

Rochester, Dean and Chapter of Rochester Cathedral/Medway Archives and Local Studies Centre | DRc/T572/15

Richard, von Gottes Gnaden König von England, Herzog der Normandie und Aquitaniens und Graf von Anjou, an die Erzbi-

schöfe, Bischöfe, Grafen, Barone, Äbte, Prioren, Sheriffs, Vögte und alle seine getreuen Untertanen:

Bischof G[ilberts] [d. i. Gilbert Glanvilles] Schenkung an das Hospital von Strood des Grundes und des umliegenden Grundes des Hospitals; der Kirchen von Aylesford, Halling, St. Margarethen, Rochester und Strood; und der Präbende aus dem Zehnt der Ritter des Bischofs in Halling, Holborough und Cuxton; sowie Schenkung jährlicher Mieteinnahmen im Werte von 4 Pfund aus Grundbesitz in London und Southwark von Henry de Cornhull; 8 alte Decken von den Mönchen von Rochester; jährlich 2 Saum Getreide von Geoffrey de Sunderesee aus seiner Mühle in Cuxton; und eine jährliche Pachteinnahme von 6 Schilling von einem kleinen Stück Land in Stanes von Ralph, Sohn von Paul, und seinen Erben; sowie ebenfalls der Zehnt von den neu aufgebrochenen Böden in Dartford und Wilmington, die bewirtschaftet werden oder bewirtschaftet werden sollen, von den Stiftsherren von Lesnes.

Bezeugt durch: Meister Philip, Schreiber des Königs, Warin, Sohn des Gerold, Geoffrey de Ponz. Gegeben durch W[illiam] [d. i. William de Longchamp], Bischof von Ely, Kanzler, zu Worms, 14. August 1193 AC

**115**

## Urkunde Richards I.: Bestätigung der Schenkung von Zehnten an das Hospital von Strood

England, Kent, Kathedrale zu Rochester, 14. August (1193)

Pergament mit angehängtem Siegel | der fehlende Rand des Siegels wurde mit Wachs ergänzt, Fragment aus der Mitte des Großsiegels König Richards I. | H. 5,0 cm, B. 16,5 cm

Rochester, Dean and Chapter of Rochester Cathedral/Medway Archives and Local Studies Centre | DRc/T572/6

Richard [I], von Gottes Gnaden König von England, Herzog der Normandie und Aquitaniens und Graf von Anjou, an die Erzbischöfe, Bischöfe, Grafen, Barone, Äbte, Prioren, Sheriffs, Vögte und alle seine getreuen Untertanen:

Bischof G[ilberts] [d.I. Gilbert Geldwins] Schenkung von Zehnten an das Hospital von Strood [hierzu heißt es in DrC/T572/5: Die Zehnten des neu bestellten Bodens an der Grenze zwischen den Gemeinden Dartford und Wilmington, von allen Böden, die die Stiftsherren von Lesnes [in Erith] und ihre Pächter neu bewirtschaften oder in Zukunft bewirtschaften werden.

Den Zehnten sollen sie ohne jegliche weltliche oder kirchliche Steuerschuld gegenüber dem Bischof, Erzdiakon oder dem

Dekan erhalten, und ihn zum Nutzen der dort beherbergten Armen verwenden.]

Bezeugt durch: W[illiam] [d.i. William de Longchamp], Bischof von Ely, Kanzler, zu Worms (apud Warmatiam), 14. August

In der Urkunde Richards I. wird weder die beabsichtigte Verwendung des Zehnts noch die Abgabenbefreiung erwähnt, sondern mit dem allgemeinen Hinweis versehen »Sicut Carta predicit G[ilberti, d.I. Gilbert Geldwin] Testatur«. Die Urkunde bestimmt allerdings auch, dass das Hospital den Zehnt »de assensu persone utriusque Ecclesie« erhalten solle – also von Dartford und Wilmington – was in der zugrundeliegenden Schenkung (DrC/T572/5) nicht erwähnt wird. AC

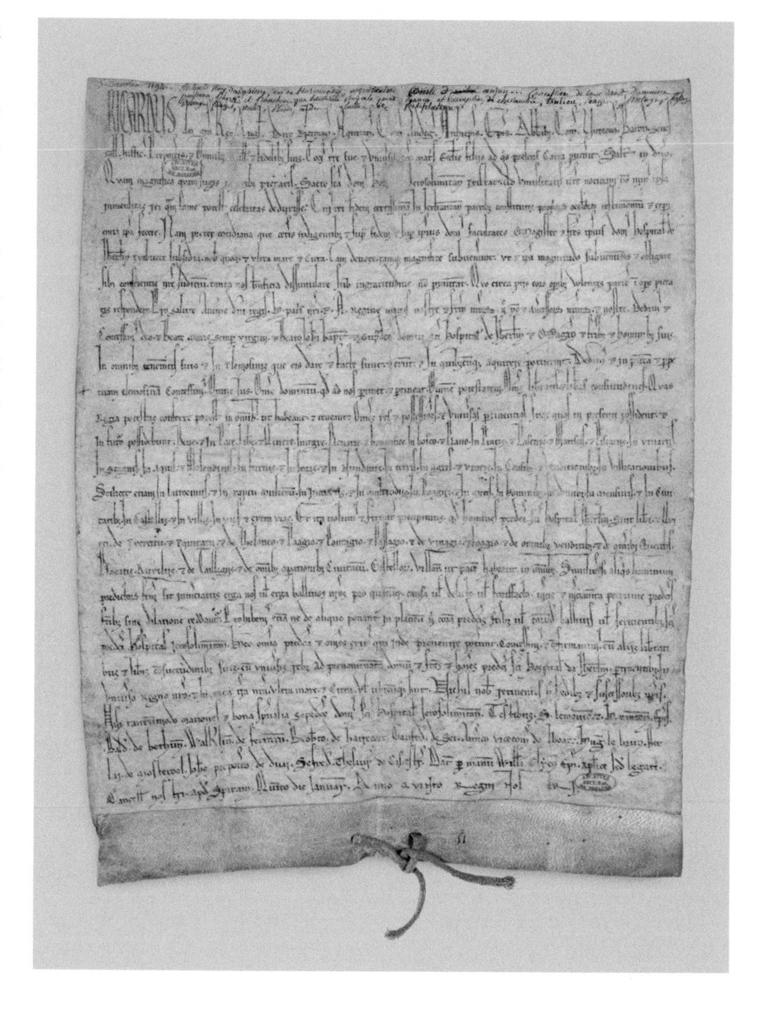

116

## Privileg Richards I. Löwenherz für die Johanniter

Wilhelm von Longchamp, Bischof von Ely, Kardinallegat und Kanzler Richards I., bei Speyer, 5. Januar 1194

Pergamenturkunde (Original) | H. 42,5 cm, B. 28,5 cm

Paris, Archives nationales | M6 n° 1/1

Bei dieser Urkunde handelt es sich um ein Privileg Richards I. Löwenherz für die Johanniter vom 5. Januar 1194, welches aufgrund der Datierung in den Zeitraum der berühmten deutschen Gefangenschaft des Königs fällt, in die er auf dem Rückweg vom sog. Dritten Kreuzzug Ende Dezember 1192 geraten war und aus der er erst Anfang Februar 1194 wieder entlassen wurde. Die Ausfertigung von Rechtsdokumenten während dieses Zeitraums darf nicht verwundern, blieben der Herrscher und sein persönliches Umfeld doch weiterhin eingeschränkt handlungsfähig. Nachdem zunächst lediglich Briefe und *writs* (königliche Verfügungen) hergestellt wurden, stieß nach erfolgreichen Freilassungsverhandlungen im Sommer 1193 der Kanzler Wilhelm von Longchamp, Kardinallegat und Bischof von Ely, zu Richards Entourage hinzu, so dass spätestens zu diesem Zeitpunkt auch wieder förmliche Urkunden konzipiert werden konnten. Zu diesen zählt das von Wilhelm gesiegelte Stück Richards I. für die jerusalemitanische *domus Hospitalis* von Anfang Januar 1194, das ebenfalls von den Bischöfen von Limoges und Saintes bezeugt wurde und dessen Ortsangabe *apud Spiram* insofern von der Chronik Rogers von Howden korroboriert wird, als dass der englische König über Weihnachten 1193 bis zu seiner Freilassung in Speyer verblieben sein soll.

Mehr als ein einfaches Privileg repräsentiert die Urkunde für die Johanniter eine Generalbestätigung all ihrer Besitzungen und Rechte im Herrschaftsbereich Richards I., wobei ausdrücklich auf die unermesslichen Wohltaten des Ordens verwiesen wird, die für jedweden offensichtlich *propriorum oculorum testimonium* vollbracht würden. Zu den angesprochenen Augenzeugen ist allen voran der König selbst zu zählen, mussten ihm doch während seines Aufenthaltes und seiner Feldzüge im Heiligen Land die enormen karitativen wie militärischen Lasten ersichtlich geworden sein, die der geistliche Ritterorden in den Kreuzfahrerherrschaften übernommen hatte und die seine Unabkömmlichkeit bei der Aufrechterhaltung der lateinischen Präsenz in Syrien-Palästina unter Beweis stellten. WZ

Lit.: Delaville Le Roulx 1894, Nr. 955, S. 604 f. ▪ Gillingham 2008 ▪ Gillingham 2013 ▪ Landon 1935 ▪ Mayer 1977 ▪ Mayer 2000.

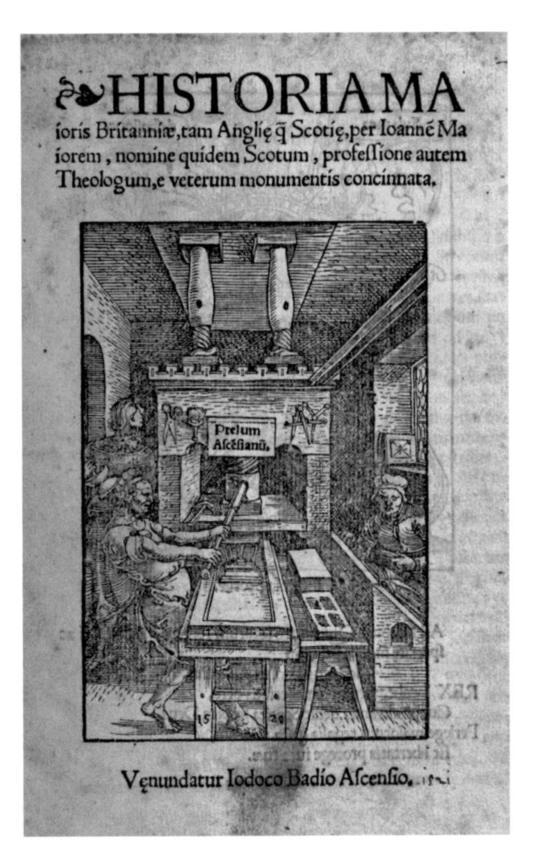

HISTORIA MA
ioris Britanniæ, tam Angliȩ q̃ Scotiȩ, per Ioannē Ma
iorem, nomine quidem Scotum, profeſſione autem
Theologum, e veterum monumentis concinnata.



Venundatur Iodoco Badio Aſcenſio.

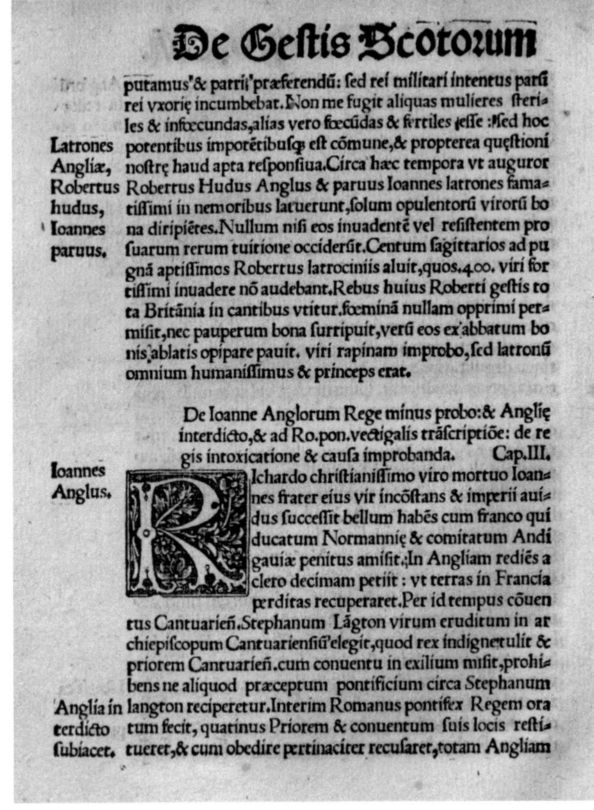

De Geſtis Scotorum

putamus & patrii præferendū: ſed rei militari intentus parū
rei vxoriȩ incumbebat. Non me fugit aliquas mulieres ſteri-
les & infœcundas, alias vero fœcūdas & fertiles eſſe: ſed hoc
potentibus imporētibuſq; eſt cōmune, & propterea queſtioni
noſtrȩ haud apta reſponſiua. Circa hæc tempora vt auguror
Robertus Hudus Anglus & paruus Ioannes latrones fama-
tiſſimi in nemoribus latuerunt, ſolum opulentorū virorū bo
na diripiētes. Nullum niſi eos inuadentē vel reſiſtentem pro
ſuarum rerum tuitione occiderūt. Centum ſagittarios ad pu
gnā aptiſſimos Robertus latrociniis aluit, quos. 4oo. viri for
tiſſimi inuadere nō audebant. Rebus huius Roberti geſtis to
ta Britānia in cantibus vtitur. fœminā nullam opprimi per-
miſit, nec pauperum bona ſurripuit, verū eos ex abbatum bo
nis ablatis opipare pauit. viri rapinam improbo, ſed latronū
omnium humaniſſimus & princeps erat.

*Latrones Angliæ, Robertus hudus, Ioannes paruus.*

De Ioanne Anglorum Rege minus probo: & Angliȩ
interdicto, & ad Ro. pon. vectigalis trāſcriptiōe: de re
gis intoxicatione & cauſa improbanda. Cap. III.

Richardo chriſtianiſſimo viro mortuo Ioannes frater eius vir incōſtans & imperii aui-
dus ſucceſſit bellum habēs cum franco qui
ducatum Normanniȩ & comitatum Andi
gauiæ penitus amiſit.; In Angliam rediēs a
clero decimam petiit: vt terras in Francia
perditas recuperaret. Per id tempus cōuen
tus Cantuarieñ. Stephanum Lāgton virum eruditum in ar
chiepiſcopum Cantuarienſiū elegit, quod rex indigne tulit &
priorem Cantuarieñ. cum conuentu in exilium miſit, prohi-
bens ne aliquod præceptum pontificium circa Stephanum
langton reciperetur. Interim Romanus pontifex Regem ora
tum fecit, quatinus Priorem & conuentum ſuis locis reſti-
tueret, & cum obedire pertinaciter recuſaret, totam Angliam

*Ioannes Anglus.*

*Anglia in terdicto ſubiacet.*

**117**

*Historia Maioris Britanniae, tam Angli[a]e q[uam] Scoti[a]e per Ioanne[m] Maiorem, nomine quidem Scotum, professione autem theologum, e veterum monumentis concinnata*

John Major, Paris, 1521

Papier | Einband Leder auf Holzdeckel | H. 22,0 cm, B. 16,0 cm, T. 4,5 cm, [10], CXLVI Bll.

München, Bayerische Staatsbibliothek | Res/4 Brit. 75, Titelblatt u. fol. 55v

In der populären Vorstellung ist die Geschichte von Richard I. Löwenherz eng mit der Sage von Robin Hood verknüpft, dem berühmten Outlaw, der mit seinen Getreuen in den Wäldern des Sherwood Forest lebte und die Reichen zugunsten der Armen beraubte. Auch wenn der englische König nach seiner Rückkehr aus der Gefangenschaft wenige Tage in den Wäldern nahe Nottingham verbrachte, so erfolgte die Verortung der bereits im Mittelalter in Grundzügen tradierten Geschichte in die Zeit Richards I. erst im 16. Jahrhundert.

1521 erschien die lateinische Geschichte Großbritanniens, verfasst von John Major, einem schottischen Philosophen, Theologen und Historiker, der in Paris studierte und lehrte, bevor er nach Schottland zurückkehrte und in Glasgow und St. Andrews tätig war. Auch wenn sein theologisches und philosophisches Wirken weit vielfältiger und einflussreicher war, so sollte sich sein Geschichtswerk zumindest in einer Frage als wirkungsmächtig erweisen: Er beschreibt Robin Hood als Anführer von zahlreichen Bogenschützen in den 1190er Jahren, gibt damit einer bekannten Legende ein neues Datum und stellt implizit einen Zusammenhang mit der Gefangenschaft Richards I. her. Darüber hinaus beinhaltet die Geschichte eine klare soziale Komponente, denn sein Robin Hood beraubt zusammen mit Little John die Reichen und versorgt die Armen.

Geschichten über Robin Hood waren zum Zeitpunkt von John Majors *Historia* weit verbreitet. Seit dem 13. Jahrhundert taucht die Figur in verschiedenen Zusammenhängen auf, meist als Geächteter und Gesetzesbrecher. In den folgenden Jahrhunderten wurden einzelne Episoden der Legende in Form von Balladen festgehalten und Robin Hood-Spiele erfreuten sich, unter anderem auch am Königshof, großer Beliebtheit. Die historische Zuordnung der Geschichten und Balladen variierte dabei jedoch von Autor zu Autor. John Mayors Einordnung, die er ohne erkennbaren Grund vornahm, sollte sich schließlich auf lange Sicht durchsetzen.

SZ

Lit.: Holt 1982 ▪ Johnston 2013 ▪ Knight 2003.

118
*The Black Book of the Exchequer* – das Schwarze Buch des Schatzamtes (Sammelband)

Pergament | Handschrift in Eisengallustinte, Illumination in roter und blauer Tinte, Einband Leder | H. 28,2 cm, B. 18,2 cm, T. 4,0 cm

Kew, The National Archives | E 36/266, fol. 20v–47v

Mit dem *Liber niger scaccarii* – dem *Black Book of the Exchequer* – nennen die britischen National Archives einen der bedeutendsten Bände des englischen Schatzamts des Mittelalters ihr Eigen. Der mittelalterliche *Exchequer*, das Schatzamt, hatte in etwa die Funktion des Finanzministeriums; das lange Zeit im Schatzamt in Westminster bewahrte *Black Book* wurde dort zu Rate gezogen und in Ehren gehalten. Es handelt sich dabei um eine Sammlung von Dokumenten aus dem 13. bis 17. Jahrhundert, darunter Almanache, Memoranden und Aufzeichnungen über die Vergabe von Ämtern: Da die Sammlung auch Darstellungen der vier Evangelisten, einer *Majestas Domini*, einer Maria mit dem Kinde und der Kreuzigung enthält, wurde sie wahrscheinlich bei der Vereidigung königlicher Beamter verwendet. Das bekannteste Dokument des Schwarzen Buches ist gewiss der *Dialog über das Schatzamt* (lat. *Dialogus de scaccario*).

Als lehrreiches Meister-Schüler-Gespräch führt der *Dialogus* durch die Arbeit dieser Einrichtung, die zu diesem Zeitpunkt – im späten 12. Jahrhundert – noch keine feste Institution war, sondern als Finanzgericht jeweils anberaumt wurde. Der Dialog erläutert die Ämter und Abläufe beim Eintreiben der Steuern für die Krone, wobei der Schwerpunkt auf der jährlichen Prüfung der Bücher der *Sheriffs* als Vertreter des Königs in den Grafschaften liegt, deren Ergebnisse in den *pipe rolls* (vgl. Kat.Nr. 120) festgehalten wurden. In allen Einzelheiten wird beschrieben, wie die Gelder zum Niederen Schatzamt (oder Schatzamt für Einnahmen) gelangten, wie sie gezählt, geprüft und erfasst wurden, bis hin zur Prüfung von Münzen durch Einschmelzen zur Bestimmung ihres Silbergehalts und Werts.

Der Verfasser des *Dialogus*, Richard von Ely, war selbst Schatzmeister. Sein zwischen 1177 und 1190 verfasstes Werk veranschaulicht die zweckmäßige Organisation der Abläufe in der königlichen Finanzverwaltung. Der im Schwarzen Buch enthaltene *Dialogus* ist eine von mehreren erhaltenen Abschriften, von denen keine als maßgeblich gelten kann. Sowohl diese als auch die Abschrift im *Red Book*, dem Roten Buch des Schatzamts (Kew, The National Archives, E 164/2, ff. 52r–67v) wurden im 13. Jahrhundert angefertigt. Wie in der Abbildung zu sehen, wurden die Initialen abwechselnd mit blauer und roter Tinte gestaltet.

PD

Q.: Dialogus de Scaccario (hg. v. Amt/Church) ▪ Liber niger Scaccarii (hg. v. Hearne).

Lit.: Bartlett 2000 ▪ Clanchy 1993 ▪ Green 1986 ▪ Liebermann 1875 ▪ Poole 1912 ▪ Warren 1987.

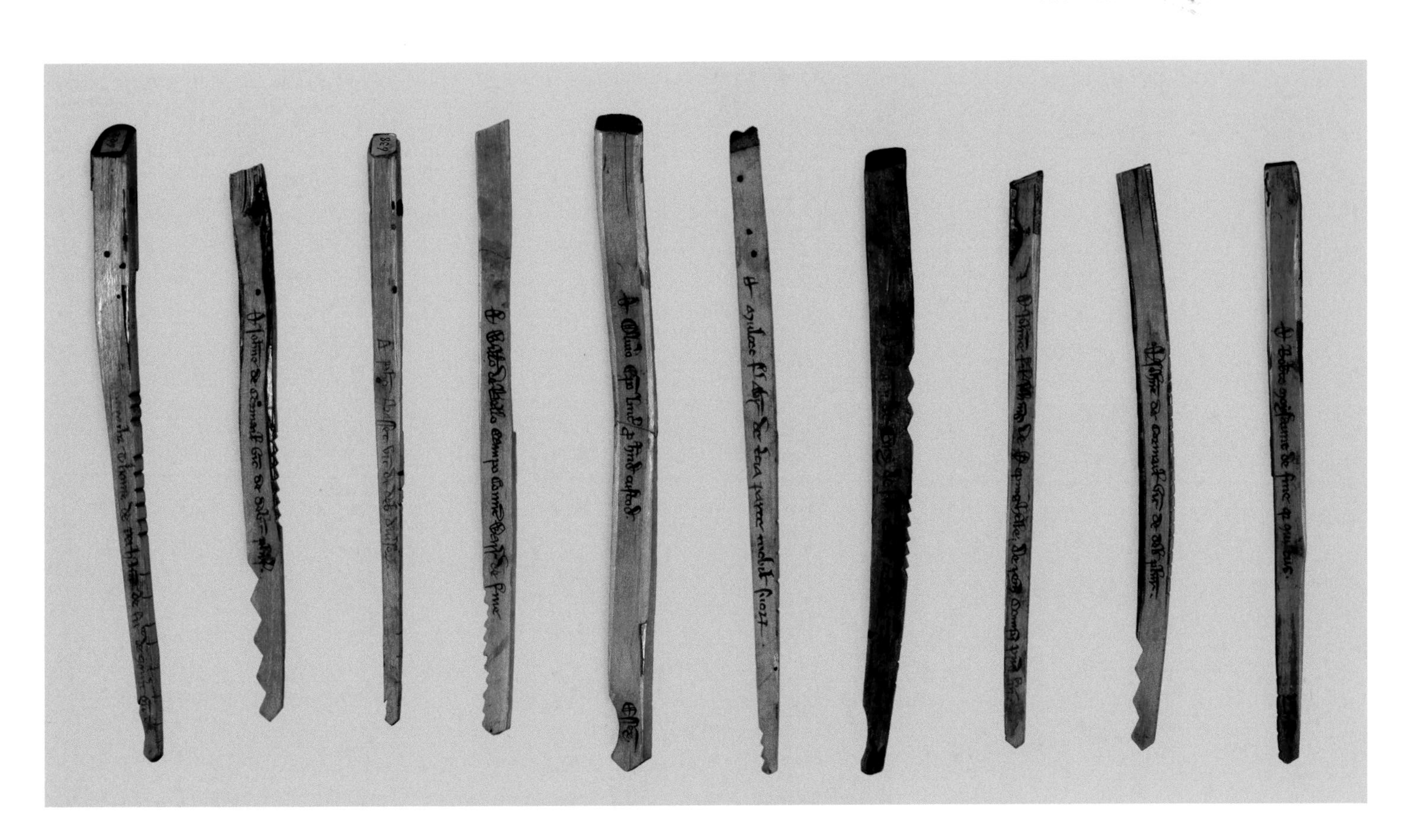

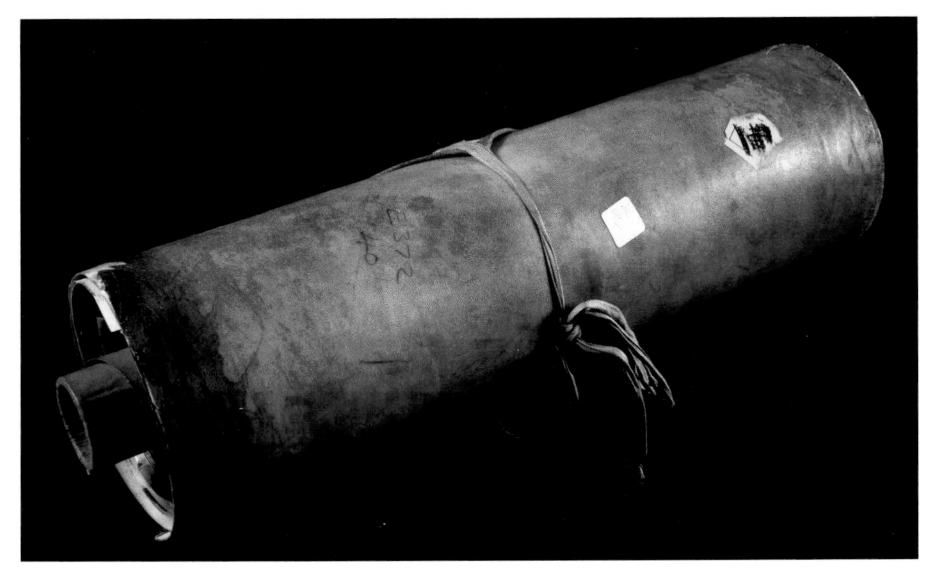

**119**

Zehn *Tally Sticks* (Kerbhölzer)

Holz | beschrieben mit Einkerbungen | H. (max.) 15,0 cm, B. (max.) 19,5 cm, T. (max.) 1,5 cm

Kew, The National Archives | E402/1

**120**

*Pipe Roll*, 1193–1194

Pergamentblätter, 18 rotuli à 2–3 Pergamentblätter | zusammengenäht und gerollt | B. 45 cm, D. 12,5 cm

Kew, The National Archives | E 372/40

# *Exchequer*: Das englische Schatzamt

An Michaelis, dem 29. September jeden Jahres, begann das neue Geschäftsjahr und die Mitglieder und Bediensteten des *Exchequers*, des englischen Schatzamtes, traten zusammen, um die Finanzen der Krone zu ordnen. Das Schatzamt war eine bedeutende und langlebige Einrichtung in der hochmittelalterlichen englischen Verwaltung mit einem bereits im 12. Jahrhundert ausdifferenzierten Prozedere, das die Abrechnungen mit den lokalen Sheriffs für alle Beteiligten und Zeiten nachvollziehbar machen sollte. Jährlich wurden hier die Einnahmen der Sheriffs aus den jeweiligen Grafschaften nach Westminster überführt, quittiert und auf großformatigen Pergamentblättern verbucht, die anschließend zu Rollen zusammengenäht wurden, den *pipe rolls*. Der Name des *Exchequers* war dem lateinischen Begriff für ein großes Rechenbrett mit Schachbrettmuster entlehnt, dem *scaccarium*.

Das eingehende Geld wurde zunächst im Unteren Schatzamt gezählt und mit Kerbhölzern, sog. *tally sticks*, quittiert. Hierbei wurden längliche Holzstöcke verwendet, die mit Kerben entsprechend der abgerechneten Summe versehen und anschließend längs gespalten wurden. So erhielten beide Parteien jeweils einen Beleg der Transaktion, der auch bei der anschließenden Prüfung vorgelegt werden musste. Darüber hinaus wurden die Details der Transaktion zusätzlich noch schriftlich auf dem Holzstock festgehalten.

Die *tally sticks* waren normiert. Richard Fitz Nigel hielt in seiner Abhandlung über das Schatzamt fest, dass ein Stock eine Länge haben müsse, die von der Fingerspitze des Zeigefingers bis zur Spitze des ausgestreckten Daumens reiche. Auch die Größe der Kerben war vorgegeben. Ein Pfund entsprach der Größe eines Gerstenkorns, für 100 Pfund wurde eine daumendicke Kerbe eingefügt und jeder Penny wurde durch einen einfachen Einschnitt kenntlich gemacht.

Kerbhölzer waren eine in ganz Europa gebräuchliche Form der Abrechnung und Buchhaltung, die zwar durch den zunehmenden Gebrauch der schriftlichen Buchführung zurückging, sich aber in manchen ländlichen Regionen bis in die Neuzeit hinein hielt. Auch im englischen *Exchequer* wurden die *tally sticks* bis in das 19. Jahrhundert verwendet.

Die Abrechnungen wurden anschließend geprüft und schriftlich auf Pergament festgehalten, das zum Teil zusammengenäht und gerollt aufbewahrt wurde. Jede Rolle umfasst dabei ein Geschäftsjahr, wobei die ungewöhnliche Form möglicherweise deren Transport erleichtern sollte. Diese Buchführung des *Exchequer* lässt sich bis in die 1120er Jahre zurückverfolgen. Als nahezu durchgehende Serie haben sich die *pipe rolls* von 1155 bis 1832 erhalten.

Die Schriftrollen geben einen bemerkenswerten Einblick in die Einnahmen und zum Teil auch Ausgaben der Krone. Sie enthalten aber keinesfalls eine umfassende Bestandsaufnahme der königlichen Finanzen, sondern sind vielmehr ein Protokoll der Abrechnungen im Schatzamt. Geordnet nach den jeweiligen Grafschaften führen die *pipe rolls* unter anderem Einnahmen aus königlichem Besitz, Gerichtssachen wie Strafzahlungen oder feudale Abgaben, wie das Schildgeld, auf. Die schriftlich niedergelegten Ausgaben betreffen gleichfalls den Besitz der Krone, Aufwendungen für den Erhalt von Burgen und Krongut oder Zahlungen für Amtsträger und Bedienstete.

Die *pipe rolls* stellen aber mehr als nur eine Auflistung an Finanzangelegenheiten dar. Sie bieten auch einen Einblick in das soziale Gefüge des mittelalterlichen Englands und sind eine enorm wichtige prosopographische Quelle. Zugleich tauchen zwischen den Zeilen immer wieder der politische Alltag und der historische Rahmen auf, wie ein Eintrag in der *pipe roll* 1193/1194 (TNA E372-40 Rot 15 Mem. 1) zeigt, der den Aufenthalt Richards I. in Speyer an Weihnachten 1193 bezeugt, da der König »apud Spiram« Gervasius von Southampton Land im Wert von 20 Pfund übertrug. Weitere Einträge betreffen Abrechnungen für Gesandtschaften und Boten auf dem Weg in den Süden oder zeigen, dass sich Richard I. Teile der Herrschaftsinsignien in die Gefangenschaft bringen ließ, wahrscheinlich für die standesgemäße Teilnahme an wichtigen Feierlichkeiten (Great Roll [hg. v. Stenton], S. 176, 213, 242 f.).

Die *rolls* fügen sich in einen Prozess der zunehmenden Verschriftlichung von Herrschaft und Verwaltung im mittelalterlichen Europa ein. England nahm hier in vielerlei Hinsicht eine Vorreiterrolle ein, zumindest nach Ansicht englischer Chronisten wie Ralph von Diceto. Unstrittig ist der hohe Grad an Schriftlichkeit. Ab 1199 archivierte auch die Kanzlei ausgewählte Dokumente ihres Bereichs, allen voran Urkunden mit vom König verliehenen Rechtstiteln. Und schließlich folgten noch weitere Urkunden, Schriftstücke und Dokumente, die Eingang in sog. Register fanden.

SZ

Q.: Great Roll (hg. v. Stenton) ▪ Richard von Ely, Dialog (hg. v. Siegrist).

Lit.: Barrat 2001 ▪ Gillingham 2016 ▪ Vincent 2014.

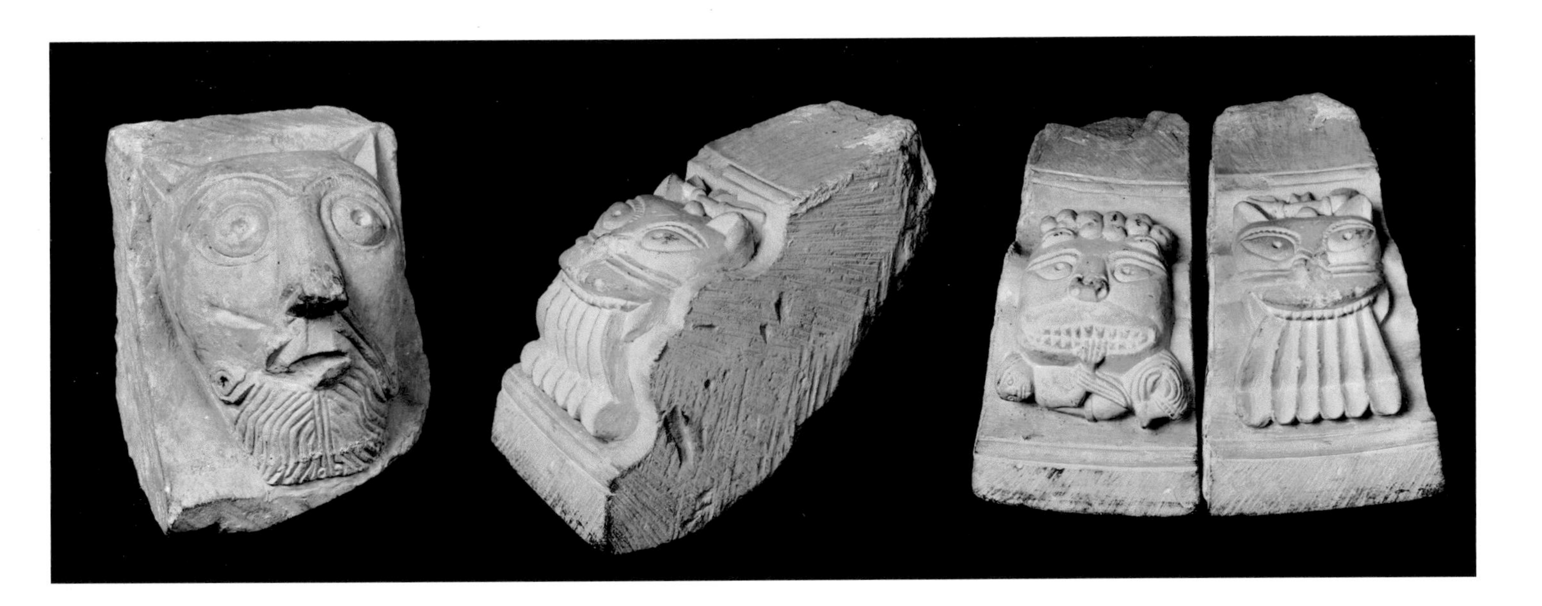

121

Konsolenfigur: Bärtiger Tierkopf mit Katzenohren

Salisbury, Kathedrale von Old Sarum, 1120–1140

Stein | H. 20,0 cm, B. 20,0 cm, T. 24,0 cm

Salisbury, Salisbury Museum | 1945.272

122

Bogenstein: Groteskes Tier mit kannelierter Zunge

Salisbury, Kathedrale von Old Sarum, 1120–1140

Stein | H. 48,0 cm, B. 20,0–28,0 cm

Salisbury, Salisbury Museum | 1945.280

123

Bogenstein: Monster und Frauenfigur

Salisbury, Kathedrale von Old Sarum, 1120–1140

Stein | H. 48,0 cm, B. 21,0–27,0 cm

Salisbury, Salisbury Museum | 1945.281

Old Sarum war der älteste Siedlungsteil Salisburys, der sich einst auf einem Hügel nördlich der heutigen Stadt befand. Belegt ist eine normannische Siedlung mit Fort und Kathedrale, dem 1092 eingeweihten Sitz des Bischofs von Salisbury. Trotz größerer Ausbauten im folgenden Jahrhundert war die Geschichte der Kathedrale nur von kurzer Dauer. Die exponierte Lage erwies sich als nachteilig, der Hügel bot nur wenig Raum und sowohl Bauten als auch Klerus waren der unwirtlichen Witterung ausgesetzt. Mit dem Bau einer neuen Kathedrale wurde die gesamte Siedlung zu Beginn des 13. Jahrhunderts an den nahen Fluß Avon verlagert. Old Sarum wurde aufgegeben und verkam zur Ruine.

Der Grundriss der alten Kathedrale ist bis zu einem gewissen Grad gesichert. Schwieriger gestaltet sich dagegen die Rekonstruktion des Aufrisses des Kirchenbaus und damit die Zuordnung der erhaltenen Bauteile, die durch Grabungen zu Beginn des 20. Jahrhunderts zutage kamen oder als Bauspolien in der neuen Siedlung Verwendung fanden.

Eine für die Steinarbeiten Old Sarums typische Konsolenfigur zeigt ein Tierwesen mit Bart und Katzenohren. Eindringlich starren die runden Augen mit gebohrten Pupillen, den Bart gliedert ein geometrisches Linienmuster. Figuren wie diese haben sich in großer Zahl und unterschiedlicher Qualität erhalten, wobei dieses Stück sich zwar an den herausragenden Stücken orientiert, aber in der Ausführung nicht an die Arbeiten des federführenden Steinmetz heranreicht.

Die Bogensteine mit grotesken Figuren stammen möglicherweise von der Umfassung eines Fensters. Ein Stein wird von einem grotesken Tier mit weit auseinanderstehenden, mandelförmigen Augen geziert. Aus seinem Maul ragt eine mehrfach gerillte Zunge, wodurch der Eindruck erweckt wird, es würde Feuer spucken. Auf dem zweiten Stein versucht eine weibliche Figur entweder das Maul eines Monsters zu öffnen oder das Tier von sich fernzuhalten, das im Begriff ist, sie zu verschlingen. Beide Bogensteine wurden von demselben Steinmetz geschaffen und sind von hoher Qualität und Detailtiefe. Die Gesichtszüge der Tierfiguren mit kurzen Ohren und großen Mäulern sind äußerst ausgeprägt, Kerben im Stein erwecken den Eindruck von Haaren.

Mit der Kathedrale von Old Sarum ist auch die Person von Hubert Walter († 1205) verbunden, einem der wichtigsten Amtsträger im Umfeld des Königs. In Anerkennung seiner vorangegangenen Dienste übernahm er mit dem Herrschaftsantritt Richards I. den vakanten Bischofsstuhl von Salisbury, weilte aber letztlich nur selten in seiner Diözese. In der Kathedrale ist seine Anwesenheit nur einmal belegt, möglicherweise besuchte er Salisbury lediglich zu Beginn und Ende seiner kurzen Amtszeit (1189–1193). Derartige Absenzen waren indes nicht ungewöhnlich für Bischöfe im Dienst der Krone.

Hubert Walter begab sich mit Richard I. auf den Dritten Kreuzzug und machte sich im Heiligen Land als Diplomat einen Namen, als er während der Krankheit des Königs mit Saladin verhandelte. Er war der erste Engländer, der den König in Ochsenfurt und Speyer aufsuchen konnte. Nach seiner Rückkehr nach England wurde er auf Wunsch des Königs zum Erzbischof von Canterbury gewählt und organisierte als Justitiar die Verwaltung des Königreichs sowie die Beschaffung des Lösegeldes. Dieses Amt hatte er auch noch in den Folgejahren inne, während Richard I. auf dem Kontinent weilte. Daneben war der Ausbau und die Weiterentwicklung der englischen Verwaltung, allen voran des *Exchequers*, eng mit seinem Namen verbunden. Unter Johann Ohneland wurde er schließlich Kanzler des Königreichs.

Das Beispiel Salisburys zeigt, dass sich der Dienst an der Krone auszahlen konnte. Der Bischofsstuhl war begehrt und wurde oftmals an verdiente Amtsträger vergeben. Bereits Bischof Roger (1106–1139), unter dem der Ostteil der Kathedrale erneuert wurde, war in verschiedenen Positionen im Umfeld von König Heinrich I. tätig und Regent in den Zeiten seiner Abwesenheit. Rogers Vorgänger, Bischof Osmond (1078–1099), unter dem die Kathedrale ihre grundlegende Form erhielt, war vor seiner Zeit als Bischof von Salisbury Kanzler des Königreichs. Es war durchaus üblich, loyale Amtsträger mit entsprechenden Positionen zu bedenken. Eigentlich war die Wahl des Bischofs Aufgabe des Domkapitels, doch es ist davon auszugehen, dass der König hier seine Wünsche deutlich machte und diesen in den meisten Fällen entsprochen wurde. SZ

Lit.: Cheney 1967 ▪ Saunders 2012.

**124**

## Krümme eines Bischofsstabes

England, ca. 1200–1250

Kupferlegierung | getrieben, ziseliert und vergoldet | H. 31,3 cm, B. 9,5 cm

London, Victoria and Albert Museum | M.88–1920

Diese Krümme eines Bischofsstabes wurde um das Jahr 1788 in einem Steinsarg in der Abtei von Hyde in Winchester gefunden. Es wird vermutet, dass sie entweder für Walter von Aston (1222–1247) oder für Roger von St. Walery (1247–1263) hergestellt wurde. Der Krummstab wurde auf jeden Fall von einem Abt als Symbol seines Amtes getragen. Seine Form erinnert an einen Hirtenstab, der wie ein Stamm geformt wurde, an dem Laub oder Früchte wachsen. Das dekorative Blattwerk ist hier ungewöhnlich fein gearbeitet. Diese Art der Verzierung findet man häufig an mittelalterlichen Krummstäben. Sie ist höchstwahrscheinlich eine Anspielung auf den Stab, den im Alten Testament Moses' Bruder Aaron trägt. Es heißt, Aarons Stab hätte geblüht und Früchte getragen als Zeichen dafür, dass seine Nachkommen für das Priesteramt auserwählt waren. Dieses Wunder beendete die Anfechtungen durch die Anführer konkurrierender Stämme. AJ

Lit.: Alexander/Binski 1987, S. 306 ▪ Kat. Winchester 2010, S. 6 f.

# Die Bezahlung des Lösegelds

**125**

Königreich England, Heinrich II. (1154–1189)

Sterling 1181–ca. 1185 (Klasse Ib), London, Münzmeister Godard

aus dem Fund von Hesseln I (Halle/Westfalen, Kr. Gütersloh), um 1235

Silber | geprägt | Vs.: HENRICVS R-EX. Gekrönter Kopf von vorn, in der Rechten ein Zepter – Rs.: + GODARD ON LVND. Kurzes Doppelfadenkreuz, in den Winkeln je ein Kugelkreuzchen | Dm. 19,0 mm, Gew. 1,23 g

Münster, LWL-Museum für Kunst und Kultur. Westfälisches Landesmuseum | 22665 Mz

Lit.: North 1994, Nr. 963 ▪ Wippo 1871, Nr. 21 b.

**126**

Königreich England, Heinrich II. (1154–1189)

Sterling 1181–ca. 1185 (Klasse Ib), York, Münzmeister Isac

Silber | geprägt | Vs.: HENRICVS R-EX. Gekrönter Kopf von vorn, in der Rechten ein Zepter – Rs.: + ISAC ON EVERVI. Kurzes Doppelfadenkreuz, in den Winkeln je ein Kugelkreuzchen | Dm. 20,0 mm, Gew. 1,42 g

Berlin, Staatliche Museen zu Berlin – Münzkabinett | 18258640

Lit.: North 1994, Nr. 963.

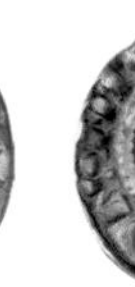

**127**

Königreich England, Heinrich II. (1154–1189)

Sterling 1181–ca. 1185 (Klasse Ib), Lincoln, Münzmeister Lefwine

Silber | geprägt | Vs.: HENRICVS R-EX. Gekrönter Kopf von vorn, in der Rechten ein Zepter – Rs.: + LEFWINE ON NICO. Kurzes Doppelfadenkreuz, in den Winkeln je ein Kugelkreuzchen | Dm. 20,0 mm, Gew. 1,39 g

Berlin, Staatliche Museen zu Berlin – Münzkabinett | 18229768

Lit.: North 1994, Nr. 963/64.

**128**

Königreich England, Heinrich II. (1154–1189)

Sterling ca. 1185–1189 (Klasse Ic), London, Münzmeister Gilebert

Silber | geprägt | Vs.: HENRICVS R-EX. Gekrönter Kopf von vorn, in der Rechten ein Zepter – Rs.: + GILEBERT ON LVN. Kurzes Doppelfadenkreuz, in den Winkeln je ein Kugelkreuzchen | Dm. 21,0 mm, Gew. 1,44 g

Berlin, Staatliche Museen zu Berlin – Münzkabinett | 18258641

Lit.: North 1994, Nr. 964.

**129**

Königreich England, Richard I. Löwenherz (1189–1199)

Sterling 1189–1190 (Klasse II), Lincoln, Münzmeister Edmund

aus dem Fund von Herford (Kr. Herford), um 1215

Silber | geprägt | Vs.: HENRICVS RE-X. Gekrönter Kopf von vorn, in der Rechten ein Zepter – Rs.: + EDMVND ON NIC. Kurzes Doppelfadenkreuz, in den Winkeln je ein Kugelkreuzchen | Dm. 20,0 mm, Gew. 1,39 g

Münster, LWL-Museum für Kunst und Kultur. Westfälisches Landesmuseum | 21808 Mz

Lit.: North 1994, Nr. 965 ▪ Weingärtner 1881, Nr. 49.

**130**

Königreich England, Richard I. Löwenherz (1189–1199)

Sterling 1190–1193/94 (Klasse III), Winchester, Münzmeister Osbern

aus dem Fund von Münster-Salzstraße, um 1205

Silber | geprägt | Vs.: HENRICVS R-EX. Gekrönter Kopf von vorn, in der Rechten ein Zepter – Rs.: + OSBERN ON WIN. Kurzes Doppelfadenkreuz, in den Winkeln je ein Kugelkreuzchen | Dm. 20,0 mm, Gew. 1,41 g

Münster, LWL-Museum für Kunst und Kultur. Westfälisches Landesmuseum | 18724 Mz

Lit.: Ilisch 1980, Nr. 25, S. 83 ▪ North 1994, Nr. 967.

131

Herzogtum Aquitanien, Heinrich II. (1152–1172) als König von England

Denier 1154–1172, Bordeaux

Silber | geprägt | Vs.: + HENRICVS REX. Kreuz – Rs.: + / AQVI/TANI/E. Aufschrift in vier Zeilen, oben und unten je zwei Ringel | Dm. 17,0 mm, Gew. 0,70 g

Berlin, Staatliche Museen zu Berlin – Münzkabinett | 18258669

Lit.: Duplessy 2004, Nr. 1030 ▪ Elias 1984, Nr. 1.

132

Herzogtum Aquitanien, Richard I. Löwenherz (1172–1196) als Herzog

Obole/Halbpfennig 1172–1189, Bordeaux

Silber | geprägt | Vs.: + / RICA/RDVS / ω. Aufschrift in vier Zeilen – Rs.: + AQVITANIE. Kreuz | Dm. 14,0 mm, Gew. 0,25 g

Berlin, Staatliche Museen zu Berlin – Münzkabinett | 18258674

Lit.: Duplessy 2004, Nr. 1034 ▪ Elias 1984, Nr. 6.

133

Grafschaft Poitou, Richard I. Löwenherz (1169–1196) als König von England

Denier 1189–1196, Poitiers

Silber | geprägt | Vs.: + RICARDVS REX. Kreuz – Rs.: PIC/TAVIE/NSIS. Aufschrift in drei Zeilen | Dm. 19,0 mm, Gew. 0,99 g

Berlin, Staatliche Museen zu Berlin – Münzkabinett | 18258657

Lit.: Duplessy 2004, Nr. 920 ▪ Elias 1984, Nr. 8.

134

Grafschaft Poitou, Richard I. Löwenherz (1169–1196) als König von England

Obole/Halbpfennig 1189–1196, Poitiers

Silber | geprägt | Vs.: + RICARDVS REX. Kreuz – Rs.: PIC/TAVIE/NSIS. Aufschrift in drei Zeilen, unten ein Keil | Dm. 15,0 mm, Gew. 0,45 g

Berlin, Staatliche Museen zu Berlin – Münzkabinett | 18258658

Lit.: Duplessy 2004, Nr. 925 ▪ Elias 1984, Nr. 9 g.

135

Grafschaft Anjou, Zeit Heinrichs II. (1151–1189), Richards I. Löwenherz (1189–1199) und Johanns Ohneland (1199–1204)

Denier, Angers

Silber | geprägt | Vs.: + FVLCO COMES. Kreuz, in den unteren Winkeln A bzw. ω – Rs.: + ANDEGAVENSIS. Monogramm Graf Fulkos V. (1109–1129) | Dm. 18,0 mm, Gew. 0,90 g

Berlin, Staatliche Museen zu Berlin – Münzkabinett | 18258643

Lit.: Duplessy 2004, Nr. 378 ▪ Elias 1984 fehlt.

136

Kleinbarren, ca. 12./13. Jahrhundert

Einzelfund aus Lippstadt (Kr. Soest)

Silber | gegossen | H. 38,0 mm, B. 37,0 mm, Gew. 61,31 g

Münster, LWL-Museum für Kunst und Kultur. Westfälisches Landesmuseum | 38667 Mz

Lit.: Kat. Monetissimo! 2016, S. 80, Nr. 1.1.

Mit der Münzreform König Heinrichs II. 1180 wurde durch Umprägung praktisch das gesamte bis dahin in Umlauf befindliche Münzgeld in England durch den Sterling ersetzt. Der 67 Jahre typologisch unverändert geprägte erste Sterling-Typ kann nur anhand der Münzmeister und kleiner stilistischer Kriterien genauer datiert werden. Von den acht Hauptklassen mit zahlreichen Unterklassen kommen für das Lösegeld nur die Klasse I für Heinrich II. (1180–1189) (Kat.Nr. 125–128) sowie für Richard I. Löwenherz die Klassen II (1189–1190) (Kat.Nr. 129) und III (1190–1193/94) (Kat.Nr. 130) infrage. Die Ausprägung war in wenigen Münzstätten zentralisiert, die wichtigsten waren London, ab 1189 auch Canterbury, dazu York, andere prägten nur selten. Wie das englische war auch das französische und damit das Münzgeld der englischen Besitzungen auf dem Kontinent – bedeutende Teile bildeten das Herzogtum Aquitanien (Kat.Nr. 131–132), die Grafschaft Poitou (Kat.Nr. 133–134) und die Grafschaft Anjou (Kat.Nr. 135) – immobilisiert. Die Pfennige und hier regelmäßig auch Halbpfennige wurden über Jahrzehnte, teils Jahrhunderte in Bild (und Umschrift) unverändert weitergeprägt; ab 1169/72 erscheint allerdings auch der Name Richards auf den Münzen. Lediglich symbolisch für den Lösegeldanteil aus ungemünztem Silber steht der Kleinbarren (Kat.Nr. 136), ein Gusskönig, länglich kalottenförmig, offensichtlich zerhackt. Derartige Barren sind kaum lokalisier- und datierbar; die Form und das Fehlen von Stempeln zur Herkunfts- oder Qualitätskontrolle deuten aber auf das 12. und 13. Jahrhundert. SKÖ

Lit.: Brand 1994 ▪ Elias 1984 ▪ Kluge 2007, § 87 auf S. 153–155, § 77 auf S. 142 ▪ Stewartby 2009, S. 13–71 ▪ Wren 1992.

# Die Verwendung des Lösegelds

137

Bistum Speyer, Ulrich II. (1178–1189), Otto (1190–1200) und Konrad III. (1200–1224) mit Kaiser Friedrich I. Barbarossa (1152/55–1190), König/Kaiser Heinrich VI. (1190/91–1197) und König Philipp (1198–1208) bzw. König/Kaiser Otto IV. (1198/1209–1218)

Pfennig ca. 1180–ca. 1210, Speyer

Silber | geprägt | Vs.: Mitriertes Brustbild nach links, in der Rechten ein Doppelkreuzstab, in der Linken ein Krummstab – Rs.: Gekröntes Brustbild von vorn, in der Rechten ein Kreuzstab, rechts im Feld ein Stern | Dm. 18,0 mm, Gew. 0,96 g

Berlin, Staatliche Museen zu Berlin – Münzkabinett | 18258687

Lit.: Ehrend 2005, Nr. 4-05 F ▪ Nessel 1909, S. 436, Nr. 14 (Abtei Selz).

138

Kaiser Friedrich I. Barbarossa (1152/55–1190), König/Kaiser Heinrich VI. (1190/91–1197) und König Philipp (1198–1208) bzw. König/Kaiser Otto IV. (1198/1209–1218)

Pfennig ca. 1180–ca. 1210, Annweiler

Silber | geprägt | Vs.: Gekröntes Brustbild von vorn, in der Rechten ein Zepter, rechts im Feld ein Stern – Rs.: Burgmauer mit Zinnenturm, im Portal ein Ringel | Dm. 20,0 mm, Gew. 0,88 g

Berlin, Staatliche Museen zu Berlin – Münzkabinett | 18258691

Lit.: Nessel 1907, S. 102, Nr. 4 (Schlettstadt) ▪ Scherer/Ehrend 1974, Nr. 11.

139

Stadt Mailand

Grosso ca. 1190 – ca. 1250, Mailand

Silber | geprägt | Vs.: + INPERATOR -/ HE/RIC/N. Aufschrift in drei Zeilen – Rs.: MEDIOLANV. Kreuz, in den unteren Winkeln je ein Dorn | Dm. 20,0 mm, Gew. 2,15 g

Berlin, Staatliche Museen zu Berlin – Münzkabinett | 18218868

Lit.: CNI V 1914, S. 53, Nr. 1 ▪ Toffanin 2012, Nr. 56/1.

140

Stadt Genua

Denaro ca. Ende 12. Jahrhundert, Genua

Billon | geprägt | Vs.: + IANVA. Stilisiertes Stadttor – Rs.: CVNRADI REX. Kreuz | Dm. 16,0 mm, Gew. 0,67 g

Berlin, Staatliche Museen zu Berlin – Münzkabinett | 18258692

Lit.: CNI III 1912, S. 9, Nr. 49 ▪ Varesi 1996, S. 230, Nr. 16.

141

Königreich Sizilien, Kaiser Heinrich VI. (1194 – 1197) mit Kaiserin Konstanze († 1198)

Denaro 1194 – 1196, Brindisi

Billon | geprägt | Vs.: HE INPERATOR. Kreuz, im 2. und 4. Winkel je ein Stern – Rs.: C INPERATRIX. AP mit Kürzungsstrich | Dm. 16,0 mm, Gew. 0,83 g

Berlin, Staatliche Museen zu Berlin – Münzkabinett | 18258704

Lit.: MEC XIV 1998, Nr. 485 – 487 ▪ Spahr 1976, Nr. 30.

142

Königreich Sizilien, Kaiser Heinrich VI. (1194 – 1197)

Tari 1194 – 1196, Messina/Palermo

Gold | geprägt | Vs.: Henricus Caesar Augustus [arabisch], außen arabische Umschrift. Im Feld ein undefiniertes Zeichen (P-ähnlich) – Rs.: Außen arabische Umschrift. Kreuz, zu den Seiten IC - XC / NI-KA | Dm. 13,0 mm, Gew. 1,33 g

Berlin, Staatliche Museen zu Berlin – Münzkabinett | 18258705

Lit.: MEC XIV 1998, Nr. 480/81 ▪ Spahr 1976, Nr. 7 – 11.

143

Herzogtum Österreich(-Steiermark), Leopold V. (1177 – 1194) und Friedrich I. (1195 – 1198)

Pfennig 1192/95 – 1198, Wien

Silber | geprägt | Vs.: Doppeladler, auf der Brust ein vertieftes Kreuz – Rs.: Schreitender Löwe nach rechts | Dm. 20,0 mm, Gew. 0,85 g

Berlin, Staatliche Museen zu Berlin – Münzkabinett | 18258779

Lit.: CNA I 1994, Nr. B 97 ▪ Hahn/Luegmeyer 1995, S. 37 (zu Münzstätte und Datierung).

144

Herzogtum (Österreich-)Steiermark, Leopold V. (1177/92 – 1194) und Leopold VI. (1195 – 1230)

Pfennig 1192 – 1194/98, Enns

Silber | geprägt | Vs.: Kopf von vorn unter einem Flügelpaar, das in einem Kreuz endet – Rs.: Schreitender, zurückblickender Löwe nach links unter einem Burggebäude | Dm. 20,0 mm, Gew. 0,60 g

Berlin, Staatliche Museen zu Berlin – Münzkabinett | 18258708

Lit.: CNA I 1994, Nr. B 101 ▪ Hahn/Luegmeyer 1995, S. 37 (zu Münzstätte und Datierung).

145

Herzogtum (Österreich-)Steiermark, Leopold V. (1177/92–1194) und Leopold VI. (1195–1230)

Pfennig 1192–1194/98, Fischau

Silber | geprägt | Vs.: Im Vierpass vier ins Kreuz gestellte Löwenköpfe, dazwischen Kreuzchen – Rs.: Schreitendes Pferd nach links, darauf ein Adler | Dm. 19,0 mm, Gew. 0,86 g

Berlin, Staatliche Museen zu Berlin – Münzkabinett | 18258706

Lit.: CNA I 1994, Nr. B 99 ▪ Hahn/Luegmeyer 1995, S. 37 (zu Münzstätte und Datierung).

146

Herzogtum Österreich-Steiermark, Leopold VI. (1195/98–1230)

Pfennig ab 1195/98, Enns

aus dem Fund von Strmilov/Tremles (Tschechische Republik)

Silber | geprägt | Vs.: Schreitendes vogelartiges Tier mit Hirschgeweih nach links – Rs.: Schreitender Löwe nach links, in der rechten Pranke ein Schwert | Dm. 20,0 mm, Gew. 0,76 g

Berlin, Staatliche Museen zu Berlin – Münzkabinett | 18258783

Lit.: CNA I 1994, Nr. B 110 ▪ Hahn/Luegmeyer 1995, S. 37 (zu Münzstätte und Datierung).

147

Herzogtum Österreich-Steiermark, Leopold VI. (1195/98–1230)

Pfennig ab 1198, Wien

Silber | geprägt | Vs.: Reiter mit geschultertem Schwert auf einem nach rechts schreitenden Pferd – Rs.: Adler, nach links blickend | Dm. 20,0 mm, Gew. 0,89 g

Berlin, Staatliche Museen zu Berlin – Münzkabinett | 18258711

Lit.: CNA I 1994, Nr. B 109 ▪ Hahn/Luegmeyer 1995, S. 37 (zu Münzstätte und Datierung).

148

Herzogtum Österreich-Steiermark, Leopold VI. (1195/98–1230)

Pfennig ab 1198, Wien

aus dem Fund von Strmilov/Tremles (Tschechische Republik)

Silber | geprägt | Vs.: Adler, nach rechts blickend – Rs.: Zwei auswärts gestellte Tiere, die Köpfe einander zugewandt, dazwischen eine Rosette | Dm. 18,0 mm, Gew. 0,59 g

Berlin, Staatliche Museen zu Berlin – Münzkabinett | 18258712

Lit.: CNA I 1994, Nr. B 111 ▪ Hahn/Luegmeyer 1995, S. 37 (zu Münzstätte und Datierung).

Ob die gezeigten Pfennige aus der bischöflichen Münzstätte Speyer (Kat.Nr. 137), wo auch Kaiser Heinrich VI. bei Bedarf ein Prägerecht hatte, und aus der königlichen Münzstätte Annweiler (Kat.Nr. 138) aus Lösegeldsilber geprägt wurden, ist unsicher, da sie nicht so eng datierbar sind. Dies gilt auch für den Grosso aus Mailand (Kat.Nr. 139) und den Denaro aus Genua (Kat.Nr. 140); die Prägung wurde auch hier immobilisiert. In Süditalien bildete der aus stark mit Kupfer legiertem Lösegeldsilber geprägte Genueser Denaro dann das Vorbild für die Einführung dieser spezifisch norditalienischen Münzsorte in der neu eröffneten Münzstätte Brindisi (Kat.Nr. 141), gespeist zu einem Gutteil wohl aus Lösegeldsilber. Heinrichs VI. Sizilienzug 1194 revolutionierte damit das auf Kupfer und Gold in byzantinisch-arabischer Tradition basierende Münzsystem des normannischen Süditaliens; die Kupfer-Follari wurden ersetzt, Gold-Tari aber weiterhin geprägt (Kat.Nr. 142). Herzog Leopold V. von Österreich verfügte 1194 für die Verprägung des Lösegelds neben den babenbergischen Münzstätten Krems, das vielleicht schon nicht mehr prägte, und Wien (Kat.Nr. 143), das erst seit kurzem prägte, nach dem Anfall der Steiermark 1192 auch über die Münzstätten Enns (Kat.Nr. 144) und Fischau (Kat.Nr. 145). Ab Leopold VI. arbeitete neben Enns (Kat.Nr. 146) dann nur noch Wien (Kat.Nr. 147–148), Residenz, Wirtschaftszentrum und Hauptmünzstätte des neuen Doppelherzogtums, erst 1236/39 ergänzt um Wiener Neustadt. Der sog. Wiener Pfennig ist fast immer schriftlos, zeigt infolge jährlichen Typenwechsels jedoch eine reiche Bilderwelt, die aber nur wenige Hinweise auf Münzstätten und Datierungen bietet.

SKö

Lit.: Hahn/Luegmeyer 1995 ▪ Kluge 2007, § 63 auf S. 122–124, § 66 auf S. 127 f., § 60 auf S. 118–120 ▪ Koch 1983 ▪ MEC XIV 1998, S. 148–154 ▪ Scheibelreiter 1994.

# Der Sterling in Deutschland

**149**

99 Sterlinge aus dem Münzschatzfund von Rotenfels

Gaggenau (Lkr. Rastatt), verborgen in den 1240er Jahren

1936 geborgen

Karlsruhe, Badisches Landesmuseum | MK 7087

Der Münzschatzfund von Rotenfels (vgl. Beitrag Kötz, Abb. 3) enthält eine der größten Partien an Sterlingen außerhalb ihres eigentlichen Umlaufgebiets auf dem Kontinent. Unter den erfassten 1.383 Münzen befinden sich neben den zwei Großgruppen der Straßburger und Kölner Pfennige sowie einer größeren Anzahl Heller auch 113 Sterlinge. Die jüngsten der 107 englischen Prägungen – alle Herrscher, auch Richard I. Löwenherz, sind vertreten – datieren auf 1218/19, hinzu kommen zwei schottische König Wilhelms I. (1165–1214) ab 1205. Die ungewöhnlich vielen frühen Sterlinge legen nahe, dass sie nicht in England, sondern auf dem Kontinent, in Westfalen, zusammengebracht wurden. Dafür sprechen auch zwei anonyme Imitationen sowie ein frühes wohl lippisches (vgl. Kat.Nr. 150) und ein frühes münsterisches Stück (vgl. Kat.Nr. 151). Im Gefolge der Kölner gelangten sie in den Süden, wo sie wie diese aber nicht als Währung umliefen, da hier ein leichterer Pfennigstandard galt; sie funktionierten eher als Edelmetall in Münzform und sind Ausfluss des Handels entlang dem Rhein. Sterlinge und Kölner Pfennige kommen auch sonst am nördlichen Oberrhein vor, z. B. sieben Stück mit über 180 Kölnern unter 373 Münzen im Schatzfund von Ladenburg (Rhein-Neckar-Kreis) aus dem frühen 13. Jahrhundert. SKÖ

Lit.: Gittoes/Mayhew 1983 ▪ Joseph 1904/06 ▪ Wieland 1950/51, S. 2–30.

**150**

Anonym, wohl Herrschaft Lippe, Hermann II. (1196–1229)

Sterling 1210er Jahre, Lemgo

Silber | geprägt | Vs.: HENRICVS R-EX. Gekrönter Kopf von vorn, in der Rechten ein Zepter – Rs.: + LONDE CIVITAS. Kurzes Doppelfadenkreuz, in den Winkeln je ein Kugelkreuzchen | Dm. 19,0 mm, Gew. 1,48 g

Münster, LWL-Museum für Kunst und Kultur. Westfälisches Landesmuseum | 18305 Mz

Lit.: Ihl 1991, S. 14 f. ▪ Stewartby 1995, S. 231–234.

**151**

Bistum Münster, Otto I. (1203–1218)

Sterling 1210er Jahre, Münster

Silber | geprägt | Vs.: + SANCTVS TAS. Nimbiertes Brustbild von vorn, über den Schultern je ein Kugelkreuzchen – Rs.: + HENRI ON LVND M. Kurzes Doppelfadenkreuz, in den Winkeln je ein Kugelkreuzchen | Dm. 21,0 mm, Gew. 1,35 g

Münster, LWL-Museum für Kunst und Kultur. Westfälisches Landesmuseum | 45723 Mz

Lit.: Ilisch 1994, Nr. VII/6.

**152**

Kaiser Otto IV. (1198/1209–1218)

Sterling 1209–1214, Dortmund

Silber | geprägt | Vs.: OTTO INPEATOR. Gekröntes Brustbild von vorn, in der Rechten ein Zepter – Rs.: + TREMONIA REIA. Kurzes Doppelfadenkreuz, in den Winkeln je vier Kügelchen | Dm. 18,0 mm, Gew. 1,57 g

Münster, LWL-Museum für Kunst und Kultur. Westfälisches Landesmuseum | 15345 Mz

Lit.: Berghaus 1978, Nr. 66.

**153**

Grafschaft Mark, Adolf I. (1198–1249)

Sterling 1210/20er Jahre, Iserlohn

aus dem Fund von Werl (Kr. Soest), um 1240

Silber | geprägt | Vs.: + ADOLFI COMES. Gekröntes Brustbild von vorn – Rs.: + MOMETA ADOL. Kurzes Doppelfadenkreuz, im 1., 3. und 4. Winkel je ein Kugelkreuzchen, im 2. Winkel eine Rosette | Dm. 18,0 mm, Gew. 1,24 g

Münster, LWL-Museum für Kunst und Kultur. Westfälisches Landesmuseum | 17274 Mz

Lit.: Berghaus 1958, Nr. 52 b ▪ Menadier 1909, Nr. 8 var.

**154**

Bistum Osnabrück, Konrad I. (1227–1239)

Sterling 1230er Jahre, Wiedenbrück

Silber | geprägt | Vs.: SANCTI PET-RI. Tonsurierter Kopf von vorn, in der Rechten ein Schlüssel – Rs.: + CONRADVS EPC. Kurzes Doppelfadenkreuz, in den Winkeln je ein Kugelkreuzchen | Dm. 18,0 mm, Gew. 1,33 g

Münster, LWL-Museum für Kunst und Kultur. Westfälisches Landesmuseum | 14191 Mz

Lit.: Kennepohl 1938, Nr. 51 var.

**155**

Grafschaft Arnsberg, Gottfried III. (1235–1287)

Sterling 1230/40er Jahre, Arnsberg

aus dem Fund von Werl (Kr. Soest), um 1240

Silber | geprägt | Vs.: + GOTFR-IDVS C. Thronender Gekrönter von vorn, in der Rechten ein Zepter, in der Linken ein Reichsapfel – Rs.: + MONETA ARNS. Kurzes Doppelfadenkreuz, in den Winkeln je ein Kugelkreuzchen | Dm. 18,0 mm, Gew. 1,22 g

Münster, LWL-Museum für Kunst und Kultur. Westfälisches Landesmuseum | 11494 Mz

Lit.: Berghaus 1958, Nr. 38 ▪ Grote 1871, zu Nr. 1.

**156**

Grafschaft Schwalenberg, Volkwin IV. (1214–1248)

Sterling 1240er Jahre, Schwalenberg

aus dem Fund von Werl (Kr. Soest), um 1240

Silber | geprägt | Vs.: VOLCVVNI C-OM. Gekrönter Kopf von vorn, in der Rechten ein Zepter – Rs.: + SVALENBERCH. Kurzes Doppelfadenkreuz, in den Winkeln je ein Kugelkreuzchen | Dm. 18,0 mm, Gew. 1,32 g

Münster, LWL-Museum für Kunst und Kultur. Westfälisches Landesmuseum | 11061 Mz

Lit.: Berghaus 1958, Nr. 31 ▪ Krusy 1986, Nr. 79 b.

**157**

Grafschaft Ravensberg, Heinrich IV. Graf von Oldenburg-Wildeshausen als Inhaber der Herrschaft Vlotho (1248–1270)

Sterling 1250er Jahre, Vlotho

Silber | geprägt | Vs.: HENRICVS R-EX. Kopf mit Rosette auf der Stirn von vorn, in der Rechten ein Stab mit einem Wappenschild – Rs.: + VLOTOVE CIVIT9. Kurzes Doppelfadenkreuz, in den Winkeln je eine Rosette | Dm. 18,0 mm, Gew. 1,33 g

Münster, LWL-Museum für Kunst und Kultur. Westfälisches Landesmuseum | 16789 Mz

Lit.: Kalvelage/Trippler 1996, Nr. 12 c ▪ Stange 1951, Nr. 15 c.

Die westfälischen Sterling-Nachprägungen zeigen eine große Bandbreite von getreulichen Kopien, die im Umlauf sicherlich als englische Originale galten (Kat.Nr. 150), bis hin zu abgeleiteten Typen. Die neben den anonymen Stücken, die es immer gab, frühesten Prägungen der 1210er Jahre kamen aus Münster (Kat.Nr. 151) und Dortmund (Kat.Nr. 152). Mit dem Heiligen- oder dem Kaiserbrustbild statt des Herrscherkopfes gingen diese bildlich bereits eigenständige Wege, die Umschrift war teils aber noch kopiert. Dabei war die westfälische Sterling-Prägung auch in sich durch Nachprägung gekennzeichnet: So strahlten der frühe (Kat.Nr. 153) und ein späterer Dortmunder Typ (Kat.Nr. 155) vor allem in den Süden aus, spätere münsterische Typen (Kat.Nr. 154) vor allem in den Norden und Osten. Mit der Thronfigur oder Gebäudedarstellungen wurden nun auch einheimische Münzbilder, meist nach Kölner Vorbild, mit der Sterling-Rückseite verknüpft; ebenso konnte die Kreuzwinkelfüllung variiert werden. Spätere Prägungen, besonders dann im östlichen Westfalen (Kat.Nr. 156–157), imitierten bildlich wieder die Vorlage und zeigten auch in den Umschriften Anklänge; die Umschriften und kleine Elemente im Münzbild tragen jedoch meist zur Identifizierung bei. Alle Sterling-Nachprägungen schielten auf die Beliebtheit der englischen Originale im Münzumlauf der Region, die Imitationen aber – im Sinne betrügerischer Nachahmungen – sprangen zudem auf den Zug des Englandhandels auf, denn solche Sterlinge, oft allerdings nur in wenigen Exemplaren, kommen auch in englischen Münzschatzfunden vor. SKÖ

Lit.: Berghaus 1947 ▪ Berghaus 1989 ▪ Stewartby 1995.

Kapitel VII

# Burg und Hof

Richard Löwenherz:
» Bei den Beinen Gottes, Marshal! Töte mich nicht! Das wäre eine schmähliche Tat, denn ich bin völlig wehrlos. «

William Marshal:
» Nein, das werde ich nicht. Mag Euch doch der Teufel töten! Ich werde nicht derjenige sein, der das tut. «

*HISTOIRE DE GUILLAUME LE MARÉCHAL*

# Beruf und Berufung

## Das Rittertum in der Zeit des Richard Löwenherz

Jan Keupp

»Bei Gottes Beinen, Marschall! Töte mich nicht!« Richard Plantagenêt, damals Graf von Poitou, befand sich in höchster Not. Man schrieb den 12. Juni des Jahres 1189 und den Truppen des aufständischen Königsohns war soeben bei Le Mans im Nordwesten Frankreichs ein Überraschungscoup gegen die Streitmacht seines Vaters Heinrich II. gelungen. Während sich der alte König in wilder Flucht nach Norden wandte, setzte sich Richard auf einem schnellen Ross an die Spitze der Verfolger. Schon war die Schar der Fliehenden in Sichtweite gelangt, da sprengte ein gegnerischer Ritter mit eingelegter Lanze auf den Grafen zu, der zugunsten der Schnelligkeit auf den Schutz seiner schweren Rüstung verzichtet hatte. Es war ausgerechnet William Marshal, der sich als gefeierter Turnierchampion und »bester aller Ritter« einen Namen gemacht hatte (Abb. 1 und 3). Was anderes blieb Richard, als um sein Leben zu flehen? Unrecht wäre es, ihn in solcher Situation zu erschlagen, denn immerhin sei er vollkommen unbewaffnet. »Mag Euch doch der Teufel töten«, waren Williams stolze Worte, als er den Lanzenschaft statt durch die Brust des Prinzen tief in den Leib seines Pferdes rammte (History of William Marshal [hg. v. Holden], Bd. 1, S. 448, V. 8839 ff.).

Der Verzicht auf den finalen Todesstoß vermochte zwar das Entkommen des Königs zu sichern, bedeutete zugleich aber den Fortgang der Rebellion. Die Episode sollte zudem ein Nachspiel haben. Nur vier Wochen später standen sich die beiden ritterlichen Kontrahenten erneut gegenüber – freilich unter gänzlich geänderten Vorzeichen: König Heinrich II. war mittlerweile verschieden, Richard der unangefochtene Thronfolger, während William Marshal sich unversehens in der Rolle des Bittstellers wiederfand. Dennoch bewahrte er trotzig Haltung, als sein künftiger König ihm eine Tötungsabsicht unterstellte. Als Richard gar behauptete, den lebensgefährlichen Stoß aus eigener Kraft abgelenkt zu haben, widersprach William entschieden: »Ich bin durchaus noch dazu im Stande, eine Lanze zu führen. [...] Wenn ich nur gewollt hätte, dann hätte ich sie ebenso präzise in Euren Leib gelenkt wie in den Eures Pferdes.« (History of William Marshal [hg. v. Holden], Bd. 1, S. 474, V. 9330–9335). Diese stolze Entgegnung fand – für den modernen Leser vielleicht überraschend – die aufrichtige Anerkennung des Monarchen, der William Marshal nicht nur volle Vergebung gewährte, sondern ihn in der Folge zu einem der mächtigsten Männer Englands machen sollte.

1 Grabfigur des William Marshal in der Temple Church, London (Detail) ▪ Foto: Julia Linke.

### Das soziale Band des Rittertums

Die beiden Szenen verraten weniger etwas über den individuellen Charakter der Protagonisten als über die Wertegemeinschaft, der sie sich verbunden fühlten: das Rittertum. Sein geistiges Band vereinte den Herrscher des Angevinischen Reiches mit dem vierten Sohn eines südenglischen Landadeligen, es besaß demnach eine beachtliche soziale Spannweite. König und Gefolgsmann umfing es gleichermaßen mit einem dichten Geflecht ungeschriebener Regeln und Gewohnheiten (Abb. 2). Sie reichten vom Gebot der Schonung gegenüber Standesgenossen über die kraftvoll-blasphemische Sprechweise bis hin zum sichtlichen Stolz auf persönliche Waffentaten. In einer Welt beständiger Kriege und fragiler Bündniskonstellationen gewährte dieses ritterliche Normengefüge zumindest in begrenztem Maße Sicherheit und soziale Geborgenheit. Es rettete William Marshal in der geschilderten Situation ebenso seine Laufbahn als Musterritter wie Richard I. Löwenherz das nackte Leben (Abb. 3). Als den englischen König, der sich abermals ungepanzert in die Kampfzone begeben hatte, schließlich zehn Jahre später vor Châlus der tödliche Armbrustbolzen traf, reklamierte ein englischer Dichter prompt den Bruch gemeinschaftlich geteilter Grundwerte. Einen »Ritter der Treulosigkeit, Schandfleck der Welt und ausgemachte Schmach der Ritterschaft« nannte er den Todesschützen (Gottfried von Vinsauf, in:

2 Der Ritter und die sieben Tugenden, Peraldus, *Summa de vitiis*, England, 13. Jahrhundert ▪ London, The British Library, Harley MS 3244, fol. 28r (Detail).

Benedikt von Peterborough, Gesta [RerBrit 49,2], S. 251). Einen kurzen Katalog dessen, was Zeitgenossen als Kernelemente laienadeliger Existenz begriffen, gibt uns der aquitanische Troubadour Gaucelm Faidit. Er rühmt Richard als den Vater aller Tapferkeit und stilisiert ihn zum Garanten des ritterlichen Lebensgefühls: »Ach, wackerer Herr König! Was soll nunmehr aus den Waffentaten werden? Aus den herrlich-harten Turnierkämpfen, den fürstlichen Hoffesten und den galanten und reichen Geschenken? Jetzt wo Du nicht mehr bist, der Du ihr aller Meister warst?« (Gaucelm Faidit, Fortz chauza [hg. v. Jensen], S. 266).

### *Commilitones*: Die ritterliche Kampfgemeinschaft

Folgt man diesem Kanon, so steht der bewaffnete Kampf an erster und vornehmster Stelle ritterlichen Daseins. Bereits rein äußerlich betrachtet erwiesen sich die Attribute des Reiterkriegers als konstitutives Element der gemeinsamen Standeszugehörigkeit. Auf ihren Siegeln präsentieren sich Richard I. Löwenherz wie William Marshal in nahezu identischer Pose: hoch zu Ross sitzend, von Kopf bis Fuß gewappnet, das Schwert schlagbereit in der Rechten erhoben (Abb. 4). Unter Panzerhemd und Helm optisch kaum voneinander zu unterscheiden, huldigen sie dem Typus einer stets kampfbereiten Ritterschaft (*militia*), der sie als Mitstreiter (*commilitones*) demonstrativ beitraten.

Auch biografisch betrachtet zählte der Gebrauch der ritterlichen Hauptwaffen zu den frühen und vermutlich prägenden Erfahrungen, die junge Adlige miteinander teilten. Die tödliche Präzision des ritterlichen Lanzenangriffs verlangte ein hohes Maß an Kraft und Körperbeherrschung, sollte die in vollem Galopp diagonal über den Hals des Pferdes geführte Lanze ihr Ziel finden (Abb. 5). Die Söhne König Heinrichs II. waren sich daher untereinander einig, so notiert der Chronist Roger von Howden, »dass die Kunst des Krieges ohne vorherige Übung in der Stunde der Not nicht zu erlangen ist«. Eine Sentenz des antiken Philosophen Seneca aufgreifend, sieht er nur jenen Mann zum Kampf befähigt, »der schon sein eigenes Blut gesehen hat, dessen Zähne unter Fausthieben geknirscht haben, [...] der jedes Mal wenn er stürzte umso trotziger wieder aufstand« (Roger von Howden, Chronica [RerBrit 51,2], S. 166). Der Schweiß als Sold steter Übung sei im Schrein des Sieges wahrlich gut aufgehoben!

3 Grabfigur des William Marshal, Earl of Pembroke, vor ihrer Beschädigung im Zweiten Weltkrieg ▪ © The Temple Church, London.

4 Zweites Königssiegel Richards I. Löwenherz (Revers) ▪ Abdruck angefertigt nach einem Original der Archives nationales, Paris (Douet d'Arcq 10008 bis). Foto: Carolin Breckle.

Eine Arena ritterlicher Kampfausbildung bot das besonders im Norden Frankreichs florierende Turnierwesen. Hier traten damals in Analogie zur Reiterschlacht zumeist mehrere hundert Köpfe starke Turniermannschaften zum freundschaftlichen Kräftemessen gegeneinander an. Wie Richard I. Löwenherz beobachtet haben soll, war die kontinentale Ritterschaft dank dieses Übungsfeldes ihren englischen Standesgenossen an Gefechtsroutine überlegen. Er setzte daher das bislang auf der Insel geltende Turnierverbot außer Kraft, »auf dass die Franzosen die englischen Ritter nicht länger als ungelenk und weniger geschult verspotten sollten« (Wilhelm von Newburgh, Historia rerum Anglicarum [RerBrit 82,1], S. 423). Das in voller Bewaffnung ausgetragene Reiterkampfspiel erwies sich indes durchaus als riskantes Unterfangen. Richards geliebter Bruder Gottfried von der Bretagne erlag im August 1186 den Verletzungen, die er sich durch Huftritte während eines Turniers in Paris zugezogen hatte.

Dieses tragische Einzelereignis sollte allerdings nicht darüber hinwegtäuschen, dass der schwer gepanzerte Ritter unter den kriegstechnischen Bedingungen des ausgehenden 12. Jahrhunderts im Kampf eine nahezu unüberwindliche Bastion darstellte (Abb. 6). Glaubten bereits byzantinische Truppen angesichts der Ritterheere des Dritten Kreuzzugs an »eisenbewehrte Riesen« (Niketas Choniates [hg. v. Grabler], S. 216) geraten zu sein, so zollten auch die auf Seiten Saladins stehenden Chronisten der abendländischen Schutzbewaffnung höchsten Respekt. Der Biograph des Sultans, Bahā' al-Dīn Ibn Shaddād, meinte beobachtet zu haben, wie die Pfeile türkischer Bogenschützen wirkungslos in den stählernen Ringelpanzern und Lederwämsern der christlichen Kämpfer stecken blieben: »Ich habe fränkische Krieger mit zehn und mehr Pfeilen im Körper gesehen, die unvermindert weitermarschierten« (Bahā' al-Dīn Ibn Shaddād, History [hg. v. Richards], S. 170). Als wirksamster Schutz des ritterlichen Streiters erwies sich indes die Gemeinschaft seiner *commilitones*. Über Sieg und Niederlage in Krieg und Turnier entschied zumeist der innere Zusammenhalt der gepanzerten Reiterformation. Sie verdankte ihre militärische Effektivität in erster Linie dem Vorstoß im geschlossenen Verband. In der Schlacht von Arsuf im heutigen Israel etwa rückten die Reihen der christlichen Ritter, von den berittenen Bogenschützen des Feindes umschwärmt, derart dicht zusammen, »dass ein zwischen sie geworfener Apfel die Erde nicht erreicht hätte« (Itinerarium peregrinorum [RerBrit 38], S. 261). Aus diesem massiven Block von Männern und Pferdeleibern heraus erfolgte der kollektive Angriff: »Sie ergriffen die Lanzen und brüllten wie ein einziger Mann«, so berichtet noch im Rückblick erschaudernd der Biograf Saladins, »die Fußkämpfer wichen zurück und sie stürmten gemeinsam vorwärts« (Bahā' al-Dīn Ibn Shaddād, History [hg. v. Richards], S. 175). Die Panzerreiter deckten sich in solch einer Situation gegenseitig: Richard selbst lehnte es als ehrenrührig ab, seine Kampfgefährten im kritischsten Moment der Schlacht im Stich zu lassen. Umgekehrt konnte er auf die Solidarität seiner Mitstreiter rechnen, als er vier Wochen später bei Jaffa in einen Hinterhalt geriet: Einer seiner adeligen Gefolgsleute opferte seine Freiheit, indem er sich den Angreifern gegenüber als der König ausgab und sich statt seiner in muslimische Gefangenschaft begab. So riskant die ritterliche Attitüde des englischen Königs nach modernen Maßstäben gewesen sein mag, so funktional erwies sie sich im Zentrum des mittelalterlichen Kriegstheaters.

### Standesdenken und Standesdünkel

Doch war der Begriff ›Ritter‹ weit mehr als eine bloße Berufsbezeichnung für gepanzerte Reiterkrieger. Nach der Auffassung der Zeit beinhaltete er eine Berufung von höchster Stelle. Der von Kampf und Gewalt geprägte Lebenswandel des Ritters ent-

5 Relief mit der Darstellung eines ritterlichen Lanzenkampfes, 12. Jahrhundert ▪ Angoulême, Kathedrale Saint-Pierre. Foto: © Hervé Champollion / akg-images.

sprach dem göttlichen Ordnungswillen, solange er in den Dienst der Gemeinschaft gestellt wurde. Die Gruppe der Krieger (*pugnatores*) galt im hohen Mittelalter als Teil jener in harmonischer Eintracht zusammenwirkenden Gesamtheit der drei Stände (Abb. 7). Um die Jahrtausendwende entwickelt, lässt sich dieses Ordnungsmodell zunächst als Integrationsangebot an den kriegerischen Adel verstehen: Mit der Schärfe ihrer Schwerter hatten sie für den Schutz von Klerus und Bauernschaft Sorge zu tragen, während umgekehrt die Abgaben der Hörigen ihr leibliches Wohl im Diesseits und die Gebete der Geistlichkeit das Heil in der jenseitigen Welt garantierten. Auf dieser Grundlage hielt es der Verfasser der altfranzösischen Versdichtung vom *Ordene de Chevalerie* an der Wende zum 13. Jahrhundert für gerechtfertigt, dass ein Ritter in vollem Waffenschmuck das Gotteshaus betrete. Bei getreuer Ausübung seiner Standespflichten nämlich sei ihm der direkte Weg ins Paradies gewiss (Roman des Eles [hg. v. Busby], S. 175). Mochte der kirchliche Segen für professionelle Gewalttäter einem theologischen Spagat gleichkommen, so ermöglichte die Idealisierung des ritterlichen Kampfes zugleich eine Kanalisierung agonaler Kräfte im christlichen Sinne. Das Massenphänomen der Kreuzzugsbewegung vermag Zeugnis von dieser (un-)heiligen Allianz abzulegen.

Beruhend auf dem Ständedenken seiner Zeit präsentierte sich König Richard I. Löwenherz keineswegs als der sozial integrative ›Volkskönig‹, als den ihn die Robin Hood-Verfilmungen der Moderne zumeist inszenieren. Stattdessen achtete er strikt darauf, dass die Distanz zwischen ritterlichem Adel und den Angehörigen des arbeitenden Standes gewahrt blieb. Ein treffendes Beispiel seines elitären Rangdenkens liefert der Chronist Roger von Howden: Bei seiner Reise durch Unteritalien, so erzählt er, habe der König den Schrei eines Falken vernommen, der aus der Behausung eines Bauern drang. Da es ihm unerträglich erschien, den edlen Jagdvogel in den Händen eines gemeinen Mannes zu wissen, habe er das Tier kurzerhand beschlagnahmt. Doch die Durchsetzung ritterlicher Standesvorrechte blieb Richard auf fremden Boden verwehrt. Vor den Knüppeln und Steinwürfen der kalabrischen Dorfbewohner habe er schließlich schmählich die Flucht ergreifen müssen (Roger von Howden, Chronica [RerBrit 51,3], S. 54 f.).

In seiner Heimat hingegen verfügte der Monarch über ausreichende Machtmittel, seinen Bauern harte Steuern zur Finanzierung seiner Feldzüge aufzuerlegen. Allemal waren es in erster Linie die Landbewohner, die die Lasten mittelalterlicher Kriegsführung zu tragen hatten. Die übliche Fehdepraxis sah

6 Angriff Richards I. Löwenherz gegen den französischen König Philipp II. Augustus bei Gisors 1198, *Les Grandes Chroniques de France*, Frankreich, zwischen 1332 und 1350 ▪ London, The British Library, Royal MS 16 G VI, fol. 360r (Detail).

eine großflächige Verwüstung des besetzten Landes vor. Richard hatte diese Taktik frühzeitig erlernt, wie ein Bericht des Roger von Wendover für das Jahr 1180 plastisch vor Augen führt: Wie ein Löwe sei der junge Edelmann in das Gebiet seines Gegners eingefallen: »Er raubte das Korn, riss die Weinstöcke heraus, verbrannte die Dörfer und gab alles der Zerstörung anheim« (Roger von Wendover, Chronica [RerBrit 84,1], S. 125). Während seinen ritterlichen Widersachern schließlich gegen das Versprechen einer Kreuzzugsbeteiligung das Leben geschenkt wurde, lassen sich die ›Kollateralschäden‹ unter den Bauern kaum beziffern. Es entsprach der Logik adeligen Standesdenkens, in der Behandlung ihrer Gegner sorgfältig nach Herkunft und Geburt zu unterscheiden. Umgekehrt verbat sich Richard auch jede Einmischung des Klerus in Angelegenheiten des Krieges. Als ihm ein Geistlicher während eines Gefechts auf Zypern militärischen Rat erteilen wollte, entgegnete er brüsk: »Herr Kleriker, befasst Euch doch mit Eurem Geschreibsel! Belasst uns das Rittertum, bei Gott und der heiligen Jungfrau!« (Ambroise, History [hg. v. Ailes/Barber], Bd. 1, S. 26, Bd. 2, S. 53). Selbst einen vom Himmel gesandten Engel hätte der König wohl mit Verwünschungen bedacht, so mutmaßte Wilhelm von Newburgh, sofern er ihm das Kriegshandwerk hätte verbieten wollen (Wilhelm von Newburgh, Historia rerum Anglicarum [RerBrit 82,1], S. 500).

Wegen der Besteuerung kirchlichen Besitzes, aber auch wegen seiner Prunkliebe, Verschwendung und Aggressivität urteilten geistliche Autoren fast durchweg negativ über das Regiment Richards. Die Stimmen weltlicher Zeitgenossen zeigen indes, dass gerade diese Eigenschaften die Wertschätzung des ritterlichen Publikums genossen: »Niemals gab es einen Mann, so freigebig und kühn, so verwegen und großmütig«, jubelte der Dichter Gaucelm Faidit (Gaucelm Faidit, Fortz chauza [hg. v. Jensen], S. 264). Gerade diese Ablösung von altüberkommenen kirchlichen Moralvorstellungen bildet die Signatur der aufblühenden ritterlich-höfischen Kultur des 12. Jahrhunderts. Rettungslos verdammt war Richard dennoch keineswegs: Nach nunmehr 33 Jahren im Fegefeuer, so eröffnete der Bischof von Rochester im März 1232 seinen Zuhörern, sei der ritterliche Monarch trotz seiner einstigen Sünden in den Himmel aufgefahren.

7 Darstellung der drei Stände in den Alpträumen Heinrichs I., John of Worcester, *Chronicle of England*, 12. Jahrhundert ▪ Oxford, Corpus Christi College, CCC MS 157, S. 382–383 (Detail). Foto: © Corpus Christi College, Oxford, UK / Bridgeman Images.

Q.: Ambroise, History (hg. v. Ailes/Barber) ▪ Bahā' al-Dīn Ibn Shaddād, History (hg. v. Richards) ▪ Benedikt von Peterborough, Gesta (RerBrit 49,1–2) ▪ Gabrieli 1984 ▪ Gaucelm Faidit, Fortz chauza (hg. v. Jensen) ▪ Gervasius von Melkley, Ars poetica (hg. v. Gräbener) ▪ Itinerarium peregrinorum (RerBrit 38) ▪ Matthew Paris, Chronica majora (RerBrit 57,1–7) ▪ Niketas Choniates, Abenteurer (hg. v. Grabler) ▪ Roger von Howden, Chronica (RerBrit 51, 1–4) ▪ Roger von Wendover, Chronica (RerBrit 84,1–3) ▪ Roman des Eles (hg. v. Busby) ▪ Wilhelm von Newburgh, Historia rerum Anglicarum (RerBrit 82,1) ▪ History of William Marshal (hg. v. Holden).

Lit.: Asbridge 2015 ▪ Crouch 1990 ▪ Duby 1997 ▪ Flori 2006 ▪ Gillingham 1994 ▪ Gillingham 2002 ▪ Kaeuper 2009 ▪ Kessler 1995 ▪ Markowski 1997.

# Eleonore von Aquitanien und ihr Hof in Poitiers

## Wahrheit oder Legende?

Ursula Vones-Liebenstein

Die Frage, welche Rolle Eleonore von Aquitanien für die Literatur und Kunst ihrer Zeit spielte, ist in der Forschung unterschiedlich beantwortet worden. Nach phantastischen Schilderungen eines Musenhofes, den die Königin, umgeben von ihren Damen und berühmten Troubadouren, in Poitiers gehalten habe (Kelly 1937, Lazar 1976, Lejeune 1960, Lomenec`h 1997), kam man in den letzten Jahren zu einer nuancierteren (Flori 2004, Owen 1993, Turner 2012, Evans 2014) und nüchterneren Betrachtung ihrer Rolle als Mäzenin und Förderin der Troubadourlyrik (Broadhurst 1996, Harvey 1993), zumal die Quellen darüber nur wenig aussagen.

Zwar spielte die Hauptstadt des Herzogtums Aquitanien eine zentrale Rolle für Eleonore – 1137 wurde sie hier anlässlich ihrer Vermählung mit Ludwig VII. von Frankreich zur Herzogin gekrönt, 1152 heiratete sie hier nach ihrer Scheidung vom französischen König Heinrich Plantagenêt, den Grafen von Anjou und künftigen englischen König, und schenkte hier im August 1153 ihrem ersten Sohn Wilhelm das Leben – aber sonst weilte sie nur sporadisch in Poitiers. Längere Aufenthalte sind einzig von Juli 1156 bis Februar 1157 gemeinsam mit Heinrich II. und alleine von Ende 1168 bis 1173 bezeugt. In diesen Jahren festigte sie ihre eigene Herrschaft über Aquitanien, um sie auf ihren zweitältesten Sohn Richard, den späteren König Richard I. Löwenherz, übertragen zu können, mit dem sie zweimal auf einem Umritt alle wichtigen Städte bis hinunter in die Gascogne besuchte. 1170 begleitete sie auch ihre älteste Tochter Eleonore nach Bordeaux, um sie dort dem kastilischen König Alfons VIII. zur Frau zu geben (Abb. 2). Am ersten Sonntag nach Pfingsten 1172 wurde Richard schließlich in der Kathedrale Saint-Hilaire von Poitiers das Herzogtum Aquitanien feierlich durch die Übergabe von Lanze und Banner übertragen und einige Wochen später wurde er in Limoges mit dem Ring der heiligen Valérie gleichsam seinem Herzogtum vermählt (vgl. Kat.Nr. 36). So waren diese Jahre, in denen sie längere Zeit in Poitiers weilte, keine Zeit der Entspannung und Erholung, sondern politisch äußerst bedeutsam, da ihr Gatte Heinrich II. sich aus taktischen Gründen anschickte, sein Reich unter seinen Söhnen aufzuteilen und Eleonore ihn dabei unterstützte.

Blieb in diesen bewegten Jahren wirklich Zeit für einen Musenhof in Poitiers, für einen ›cour d'amour‹, einen Liebeshof, wo die Königin mit ihren Damen über Fragen der Liebe Urteile sprach, wie Andreas Capellanus berichtet? Aus ihren Urkunden geht hervor, wer zu ihrem Hof zählte (Vincent 2000, Hivergneaux 2000): ein Kanzler oder Notar, der ihre Urkunden ausstellte, mehrere Kapläne und Kleriker, einige adlige Damen, die Verlobten ihrer Söhne, Alice und Margarete von Frankreich, sowie Angehörige ihrer Mutter aus den Familien der Châtellerault und Chauvigny, zuvorderst ihr Onkel Raoul de Faye, der seit 1163 mit dem Titel eines Seneschall der Saintonge erscheint und nach dem Aufstand von 1173/74 ebenfalls in Ungnade fiel (Abb. 3).

Der einzige zeitgenössische Chronist, der uns von Musik und Saitenklang am Hof von Poitiers berichtet, ist der Cluniazenser Richard von Poitiers, der in seiner Weltchronik das Schicksal Eleonores nach dem gescheiterten Aufstand von 1173 und ihrer Gefangensetzung in Salisbury mit den Worten des Hiob beklagt: »Zur Trauer wurde mein Harfenspiel, mein Flötenspiel zum Klagelied« (Hiob 30,31) und fortfährt: »Junge Mädchen haben Dir auf dem Tamburin und der Harfe liebliche Lieder gespielt und gesungen, am Klang der Flöte hast Du Dich erfreut und die Klänge der Tamburinspielerinnen haben Dich entzückt. Kehre zurück, Gefangene, kehre in Deine Städte zurück.« (Richard von Poitiers, Ex Chronico Richardi [hg. v. Bouquet], S. 420).

1 Elenore von Aquitanien als Lesende. Grabmal in der Abtei Fontevraud ▪ © Editions Gaud.

2 Eleonore von England und König Alfons VIII. von Kastilien geben die Burg und die Stadt Uclés an Magister Peter Ferrandi und den Ritterorden von Santiago (1174), *Tumbo Menor de Castilla*, Spanien, 13. Jahrhundert ▪ Madrid, Archivo Histórico Nacional, Ms. 1046, fol. 15r (Detail). Foto: © akg-images / Album / Oronoz.

Eleonore war die Enkelin des »ersten Troubadours«, Herzog Wilhelms IX. von Aquitanien, die Mutter von Heinrich dem Jüngeren, diesem »König der Turniere«, wie der Troubadour Bertrand von Born ihn nannte, dessen frühen Tod »die Troubadoure und Gaukler« beweinten, die Mutter von Richard I. Löwenherz, der selbst Lieder und Gedichte schrieb, von Gottfried von der Bretagne, der Verse in Form von Streitgedichten, sogenannten *Jeux-partis*, schmiedete, von Marie von der Champagne, die an ihrem Hof den berühmten Dichter Chrétien von Troyes förderte, und von Mathilde von Sachsen, die die Abfassung des Rolandsliedes inspirierte. Trotz dieses musischen familiären Umfeldes ist von Eleonore selbst nicht bekannt, dass sie Gedichte oder Lieder verfasste oder zu ihrer Abfassung anregte. Troubadoure, deren Anwesenheit am Hof von Poitiers zur Zeit ihres Vaters Wilhelms X. bezeugt ist, wie Cercamon und Marcabru, zog es nach seinem Tod an den Hof Alfons VII. von Kastilien. Sie folgten Eleonore nicht nach Paris, wo ihre Kunst nicht gefragt war. Andere aquitanische Troubadoure zog es nach Narbonne oder Barcelona.

So wird Eleonore auch auf dem Zweiten Kreuzzug wohl kaum den aquitanischen Troubadour Jaufré Rudel getroffen haben, der im Gefolge des Alfons Jourdain reiste, mit dem sie wegen der Grafschaft Toulouse im Streit lag. Auch in Antiochien, am Hofe ihres Onkels Raimund von Antiochien, galt ihr Interesse weniger den okzitanischen Troubadouren, die dort ein- und ausgingen (Paterson 2005), als der Möglichkeit, ihm – wenn auch erfolglos – die militärische Hilfe der französischen Kreuzfahrer gegen die Angriffe Nūr ad-Dīns von Aleppo zu sichern.

Nach ihrer Rückkehr nach Frankreich und der Scheidung von Ludwig VII. soll der Troubadour Bernart von Ventadorn nach Aussage seiner *Vida* aus dem 13. Jahrhundert am Hof der Herzogin der Normannen geweilt und sich in sie verliebt haben, eine Liebe, die sie erwidert habe, noch bevor sie Heinrich II. Plantagenêt heiratete (Abb. 4). Abgesehen von den vielen faktischen Ungereimtheiten dieses Berichts ist man heute davon überzeugt, dass Eleonore bestenfalls in einem von Bernarts Gedichten genannt wird, das *senhal Azimut* dagegen, die Bezeichnung für die Geliebte in der Troubadourlyrik, nicht auf sie zu bezie-

3 Eleonore von Aquitanien und ihre Familie auf einem Fresko der Kapelle Sainte-Radegonde in Chinon, 13. Jahrhundert ▪ © De Agostini Picture Library / Bridgeman Images.

hen ist. Ebensowenig überzeugt es, dass Peire d'Alvernhes satirische Strophen (*Chantarai d'aquest trobadors*), in denen er sich über elf zeitgenössische Troubadoure lustig macht, an ihrem Hof entstanden sein sollen.

Und die Liebeshöfe, die Andreas Capellanus in seiner Schrift *De Amore* beschreibt, waren auch sie nur Fiktion und keine Wirklichkeit, wie die Forschung heute übereinstimmend annimmt? Liebeshöfe, auf denen adlige Damen wie Eleonore selbst, ihre Tochter, Marie von der Champagne, ihre Nichte, die Gräfin von Flandern Isabelle von Vermandois, und die Vizegräfin Ermengard von Narbonne ein Urteil über Fragen der Liebe sprachen. Solche Höfe hat es nie gegeben, schuld an ihrer angeblichen Existenz ist ein Autor des 18. Jahrhunderts, der eine Passage von Capellanus falsch interpretierte. Capellanus, ein Kleriker, der am Hof Philipps II. Augustus lebte und in satirischer Absicht schrieb, führte sechs Urteile in Liebesfragen an, die Eleonore gefällt haben soll und die von einigen im Kontext ihres Lebens und ihres Verhältnisses zu ihren beiden Ehemännern interpretiert wurden. So zum Beispiel die Frage, ob es besser sei, einen jungen Mann ohne positive Eigenschaften zu lieben, als einen Mann reiferen Alters, der diese in Fülle besitze. Eine Frage, die sie angeblich dahingehend beantwortete, dass eine Frau sehr unüberlegt handle, die einen unwürdigen Freier einem tugendhaften vorzöge. Auf eine andere Frage, ob eine Frau einen Mann zurückweisen dürfe, der erst nachdem er sich in sie verliebt habe, erfahren habe, dass sie in unerlaubtem Grad verwandt seien, antwortete sie strikt ablehnend, da inzestuöse Handlungen scharf zu verurteilen seien. Auf eine dritte Frage wiederum, ob eine Frau die Liebe eines jüngeren Mannes der eines älteren vorziehen solle, soll sie geantwortet haben, dass es keine Altersfrage sei, ob ein gebildeter, tugendhafter und wohlerzogener Mann ein guter Liebhaber sei, dass aber Frauen eher die Liebkosungen jüngerer als älterer Männer suchten (Bourgain 1986, S. 33–35).

Kann man also weder davon ausgehen, dass Eleonore die Troubadoure besonders förderte, noch in Poitiers einen glanzvollen Hof um sich versammelte, so ist ihre Rolle als Mäzenin am Hof der Plantagenêt besser belegt, wenn auch nur schwer von der ihres Mannes zu unterscheiden (Dorstel 2006).

Der normannische Chronist Wace, der um 1155 den *Roman de Brut* verfasste (vgl. Kat.Nr. 3), eine Verschronik, in der die sagenhafte *Geschichte der Könige Britanniens* des Geoffrey von Monmouth mit der Artussage erstmals in die Volkssprache übertragen wurde, soll diesen nach Aussage einer späteren Quelle Eleonore überreicht haben. Zwar erlangte er so die Gunst Heinrichs II., der ihn mit der Abfassung einer Geschichte der normannischen Herzöge in Versform, dem *Roman de Rou*, beauftragte und ihm eine Pfründe an der Kirche von Bayeux ver-

4 Der Troubadour Bernart von Ventadorn, *Chansonnier provençal*, 13. Jahrhundert ▪ Paris, Bibliothèque nationale de France, Ms. fr. 12473, fol. 15v (Detail).

5 Heinrich II. und Eleonore von Aquitanien hören eine Geschichte, England, 13. Jahrhundert ▪ Paris, Bibliothèque nationale de France, Ms. fr. 123, fol. 229r (Detail).

schaffte, jedoch fiel er noch vor Vollendung seines Werkes in Ungnade. Als dann ein gewisser Benedikt mit einer Übersetzung bzw. Bearbeitung der *Gesta Normanorum Ducum*, der *Geschichte der Herzöge der Normandie*, in die Volkssprache beauftragt wurde, hatte Eleonore keinen Anteil mehr daran.

Ebenso wenig kann man von einem direkten Einfluss Eleonores auf die Entstehung höfischer Romane ausgehen. Werke, wie der Alexander- oder Thebenroman, die sprachlich dem poitevinischen Raum zuzuordnen sind, entstanden in der Zeit vor 1170 im Umkreis des anglo-normannischen Hofes. So auch der Trojaroman des Dichters Benoît de Sainte-Maure, der von einer »riche dame de riche rei« spricht, wahrscheinlich Eleonore damit meint und deren Güte, Schönheit, Ehrhaftigkeit und Großzügigkeit preist. Der um 1165 entstandene und in vielen Handschriften überlieferte Roman wurde zwischen 1190 und 1217 als *Liet von Troye* sogar ins Deutsche übertragen. Aber er ist weder Eleonore gewidmet, noch hat sie ihn in Auftrag gegeben.

Nur eine einzige zeitgenössische Schrift wurde um 1154 nachweislich Eleonore allein gewidmet, eine Handschrift des *Bestiarium* des Philippe de Thaon, das der Autor ursprünglich Adelheid von Löwen, der Gattin Heinrichs I. von England, zugeeignet hatte. Dass er sich nun an Eleonore wandte, deren »Freigebigkeit und Güte« pries, geschah einzig, damit sie beim König für ihn wegen der Erbschaft seiner Mutter vorstellig würde. Dies entsprach ganz der Rolle der anglonormannischen Königinnen vor ihr, denen Geschichtsschreiber und Dichter in der Hoffnung auf Förderung ihre Werke widmeten, ohne von ihnen speziell damit beauftragt worden zu sein (Abb. 5).

Viel wurde auch darüber spekuliert, inwieweit sie in ihrer Zeit als Vorbild für literarische Gestalten diente. War sie die Elissent im *Chanson de Girart de Roussillon* oder die Ermeline, Fière und Hersent zugleich in der französischen Version des *Reineke Fuchs*? Oder gar das Vorbild für die Isolde im *Tristan* des angeblich an ihrem Hof entstandenen Romans des Thomas von Eng-

6 Der große Saal des Palastes der Grafen von Poitou, Herzöge von Aquitanien, in Poitiers. ▪ © Bernard Renoux.

land oder für die Guinevere in den verschiedenen Versionen der Artusromane? Einer genauen Prüfung hält nichts davon stand, denn trotz allem war sie nicht Isolde, Ludwig VII. nicht König Marke, noch Heinrich II. Tristan, und ihr Rückzug in die Stille der Abtei von Fontevraud stellte keine Parallele zum Klostereintritt der Guinevere dar.

Der Vers der *Carmina Burana*, in welchem dem Wunsch Ausdruck verliehen wurde, »daz chunich von Engellant laege an mînen arme«, war denn auch zunächst auf Richard Löwenherz gemünzt gewesen und wurde erst im 14. Jahrhundert in »diu chunegin« umgewandelt und auf Eleonore bezogen (vgl. Beitrag Bennewitz, S. 332 ff.).

Die »arme Gefangene« der Burg von Salisbury hat sich zwar nach ihrer Befreiung durch William Marshal wieder mit jungen Hofdamen umgeben und sollte auch wieder nach Poitiers zurückkehren, doch bleibt fraglich, ob sie wirklich selbst den Auftrag für den Ausbau des Herzogspalastes gab (Abb. 6). Sie, von der Richard von Devizes schrieb, sie sei eine »unvergleichliche Frau« gewesen, »schön aber tugendhaft, mächtig aber liebenswürdig, demütig aber klug, Eigenschaften, die nur selten bei einer Frau zu finden sind« (Richard von Devizes, Gestis Ricardi Primi [RerBrit 82,3], S. 402), hat sich zwar in ihren letzten Lebensjahren neben dem Kloster von Fontevraud am häufigsten in Poitiers aufgehalten, wo sie auch am 1. April 1204 im hohen Alter von 82 Jahren starb (Abb. 1), aber ihre Sorge gehörte Zeit ihres Lebens mehr dem Erhalt und der Verteidigung ihrer angestammten Rechte in Aquitanien als der Literatur und den schönen Künsten.

Q.: Richard von Devizes, Gestis Ricardi Primi (RerBrit 82,3) ▪ Richard von Poitiers, Ex Chronico Richardi (hg. v. Bouquet) ▪ Wilhelm von Newburgh, Historia rerum Anglicarum (RerBrit 82,1).

Lit.: Aurell 2000 ▪ Bourgain 1986 ▪ Broadhurst 1996 ▪ Bull/Léglu 2005 ▪ Dorstel 2006 ▪ Evans 2014 ▪ Flori 2004 ▪ Harvey 1993 ▪ Hivergneaux 2000 ▪ Kelly 1937 ▪ Kibler 1976 ▪ Lazar 1976 ▪ Lejeune 1960 ▪ Lomenec'h 1997 ▪ Owen 1993 ▪ Paterson 2005 ▪ Turner 2012 ▪ Vincent 2006 ▪ Vones-Liebenstein 2006 ▪ Zimmermann 2005.

# Musik, Dichtung und höfische Liebe

Ingrid Bennewitz

Literatur, Musik und die Begegnung der Geschlechter im öffentlichen Raum des Hofes, speziell im Rahmen des höfischen Festes, zählen zu den unverzichtbaren Konstituenten der europäischen Adelskultur des gesamten Mittelalters und generieren zugleich das spezifische Selbstbewusstsein der feudaladeligen Eliten im Kontext von Repräsentation, Vergewisserung über die eigene Herkunft und Ruhmessicherung für die Nachwelt (*memoria*). Die Teilhabe an dieser höfischen Kultur ist insofern niemals ein beliebiges Aperçu, sondern stets Ausweis sozialer Zugehörigkeit und integrativer Bestandteil personaler Identität in einer nur partiell von Schriftkultur geprägten semi-oralen Gesellschaft (Abb. 1).

Auch die (weltliche) Literatur des europäischen Mittelalters hat ihren »Sitz im Leben« im jeweils aktuellen Vollzug, dem mündlichen Vortrag in der höfischen Öffentlichkeit; sie ist Aufführungskunst, nicht »Lese-Literatur«. Das egalitäre Nebeneinander von sportlichen und kulturellen Aktivitäten im Rahmen des höfischen Festes, hier als Idealtypus des Pfingstfestes am Hofe von König Artus, findet sich schon um 1190/1200 im *Iwein*-Roman Hartmanns von Aue:

*dô man des pfingestages enbeiz,*
*mänlich im die vreude nam*
*der in dô aller beste gezam.*
*dise sprâchen wider diu wîp,*
*dise banecten den lîp,*
*dise tanzten, dise sungen,*
*dise liefen, dise sprungen,*
*dise hôrten seitspil,*
*dise schuzzen zuo dem zil,*
*dise retten von seneder arbeit,*
*dise von grôzer manheit.*

Als man das Pfingstmahl gehalten hatte,
suchte sich jeder das Vergnügen,
das ihm am meisten zusagte:
die einen trieben Konversation mit den Frauen,
andere lustwandelten,
andere tanzten, andere sangen,
andere machten Wettläufe, andere sprangen,
andere hörten Musik,
andere schossen nach der Scheibe,
diese sagten von der Last der Liebe,
jene vom Heldentum.

(V. 62–72)
Hartmann von Aue, Iwein (übers. v. Cramer), S. 4

Zu den konstitutiven Merkmalen der europäischen Literatur des Mittelalters zählt ihre »Internationalität«, wobei abgesehen von wenigen Ausnahmen – z. B. der deutschsprachigen Heldenepik wie Nibelungenlied, Kudrun oder Dietrichsepik etc., die jedoch ebenfalls in nordischen und zum Teil sogar lateinischen Bearbeitungen überliefert wird – von romanischen Ursprüngen auszugehen ist: Dies gilt speziell für den Minnesang und insbesondere für den höfischen Roman, dessen zentrale Themen und Erstversionen im Wesentlichen von Chrétien von Troyes geprägt worden sind.

Als »Austauschbörse« von Stoffen, aber auch von Handschriften und als Ort interkultureller Begegnungen fungierten z. B. große Hoffeste wie das berühmte Hoffest Friedrichs I. Barbarossa im Jahr 1184, an dem u. a. der französische Autor Guiot von Provins und Heinrich von Veldeke teilnahmen:

*ichn vernam von hôchzîte*
*in allen wîlen mâre,*
*diu alsô grôz wâre,*
*alsam dô het Ênêas,*
*wan diu ze Meginze dâ was,*
*die wir selbe sâgen,*
*desn dorfn wir niet frâgen,*
*diu was betalle unmâzlîch,*

1 Herr Reinmar der Fiedler, Festszene aus der *Großen Heidelberger Liederhandschrift (Codex Manesse)*, Zürich, 14. Jahrhundert ▪ Heidelberg, Universitätsbibliothek, Cod. Pal. germ. 848, fol. 312r.

*dâ der keiser Friderîch*
*gab zwein sînen sunen swert,*
*dâ manech tûsent marke wert*
*verzeret wart und vergeben.*

Ich habe von keinem Fest
je erzählen hören,
das ebenso groß gewesen wäre
wie das, das Eneas veranstaltete –
außer dem, das zu Mainz stattfand,
das wir selbst gesehen haben.
Danach brauchen wir uns nicht zu erkundigen:
Es war ganz unermeßlich groß.
Wo Kaiser Friedrich
zweien seiner Söhne das Schwert verlieh
und wo für viele tausend Mark
verbraucht und verschenkt wurde.

(V. 13222–13233)
Heinrich von Veldeke, Eneasroman (übers. v. Kartschoke), S. 738 f.

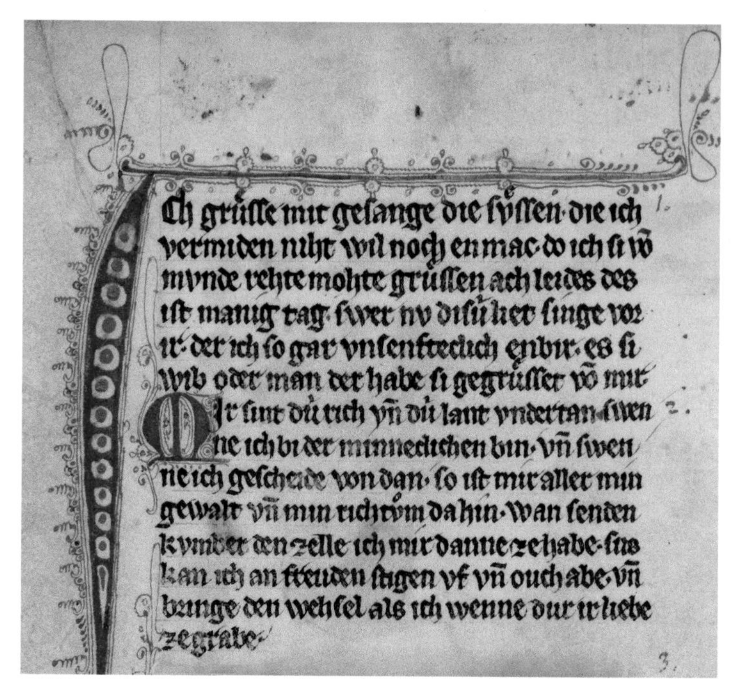
Ich grüsse mit gesange die süssen. die ich
vermiden niht wil noch en mac. do ich si vō
munde rehte mohte grüssen ach leides des
ist manig tag. swer nv disiu liet singe vor
ir. der ich so gar unsenfteclich enbir. es si
wib oder man der habe si gegrüsset vō mir.
Mir sint diu rich vñ diu lant undertan. swen
ne ich bi der minneclichen bin. vñ swen
ne ich gescheide von dan. so ist mir aller min
gewalt vñ min richtum dahin. wan senden
kumber den zelle ich mir danne ze habe. sus
kan ich an freuden stigen vf vñ ouch abe. vñ
bringe den wehsel als ich wenne dur ir liebe
ze grabe.

2 Detail aus dem Werk Heinrichs VI. in der *Großen Heidelberger Liederhandschrift (Codex Manesse)*, Zürich, 14. Jahrhundert ▪ Heidelberg, Universitätsbibliothek, Cod. Pal. germ. 848, fol. 6v (Detail).

## *Ich grüeze mit gesange die süezen*

Die Bedeutung adeliger Mäzene und Auftraggeber für die Literatur des Mittelalters kann kaum hoch genug eingeschätzt werden. Dies gilt für die Schaffung materieller Grundlagen – dem Lebensunterhalt der Autoren, die Herstellungskosten von Pergament etc. – ebenso wie für die Anregungen, die zur Entstehung von Werken, Handschriften oder Textsammlungen führten und für die Vermittlung von z. B. lateinischen oder romanischen Quellen. Die Vertreter des (Hoch-)Adels betätigten sich aber auch selbst aktiv an Dichtung und Musik ihrer Zeit und übernahmen dabei mitunter eine Vorreiterrolle, wie es anhand des familiären Netzwerkes um Richard I. Löwenherz zu zeigen sein wird. Speziell der Minnesang bzw. der *grand chant courtois* mit seiner sehr speziellen und von der adeligen Alltagswelt völlig abgekoppelten Inszenierung des Geschlechterverhältnisses, mit der Dame als unerreichbarer, abweisender Herrin und dem männlichen Sänger als vergeblich um die Gunst der Dame Werbendem, scheint eine besondere Faszination auf adelige »Dilettanten« – im Sinne von nicht erwerbsmäßig tätigen aber hochkarätig dichtenden Autoren – ausgeübt zu haben. Charakteristisch dafür ist nicht zuletzt die Tatsache, dass die bedeutendsten und umfangreichsten Minnesang-Handschriften, nämlich die *Große Heidelberger Handschrift* (*Codex Manesse*) und die *Weingartner Liederhandschrift* jeweils mit dem – schmalen aber überaus spannenden – Œuvre Kaiser Heinrichs VI., dem Sohn Friedrichs I. Barbarossa, beginnen (Abb. 2).

Der kaiserliche Minnesänger entfaltet insbesondere in den vier Strophen seines Liedes *Ich grüeze mit gesange*, das in beiden Handschriften den Beginn seines Œuvres bildet, ein luzides Spiel mit der Metaphorik von Herrschaft und Liebe, in dem die – de facto »real« unangreifbare – Macht des Herrschers angesichts seines emotionalen Ausgeliefertseins als Liebender zur Disposition gestellt wird:

*Mir sint diu rîch und diu lant undertân,*
*swenne ich bî der minneclîchen bin;*
*unde swenne ich gescheide von dan,*
*sô ist mir aller mîn gewalt und mîn rîchtuom dâ hin.*

Mir sind die Reiche und die Länder untertan,
immer wenn ich bei der Liebenswerten bin,
und immer wenn ich von dannen scheide,
dann ist alle meine Macht und mein Reichtum dahin.

(MF 5,23–26)
Mittelhochdeutsche Minnelyrik (hg. u. übers. v. Schweikle), S. 260 f.

3 Darstellung Friedrichs II. im *Falkenbuch*, Friedrich II., *Über die Kunst mit Vögeln zu jagen*, Süditalien, 13. Jahrhundert ▪ Vatikanstadt, Biblioteca Apostolica Vaticana, Pal. lat. 1071, fol. 1v (Detail). Foto: © Biblioteca Apostolica Vaticana, Vatican City / Bridgeman Images.

4 Richards Urgroßvater, Wilhelm IX. von Aquitanien, *Chansonnier provençal*, 13. Jahrhundert ▪ Paris, Bibliothèque nationale de France, Ms. fr. 12473, fol. 128r (Detail).

Auch wenn der (deutschsprachige) Minnesang in der Folge wesentlich von »Berufsdichtern« wie Reinmar dem Alten oder Walther von der Vogelweide geprägt wird, bleiben bis zum Ausklingen der Gattung etwa zu Beginn des 15. Jahrhunderts adelige Autoren untrennbar mit seiner Geschichte verbunden.

Vergleichbares gilt für den romanischen Bereich: Es beginnt beim »Ahnherren« des höfischen Sanges, Wilhelm IX. von Aquitanien und reicht bis zu Kaiser Friedrich II., der nicht nur als Verfasser eines im ganzen Mittelalter berühmten Werkes über Falkenjagd und -heilkunde (*De arte venandi cum avibus*, vgl. Abb. 3) berühmt wird, sondern auch als Initiator und *spiritus rector* der sogenannten Sizilianischen Dichterschule.

## *Farai un vers de dreyt nien*

In die Reihe der hochadeligen Sänger reiht sich auch Richard I. Löwenherz ein, wenngleich – ähnlich wie bei Heinrich VI. – das ihm zugeschriebene Œuvre sehr schmal ist (vgl. Beitrag Jolie, S. 122 ff.). Während jedoch Heinrich VI. und sein Sohn Friedrich II. innerhalb der staufischen Genealogie literarischen Sonderstatus beanspruchen dürfen, wurden Richard die literarischen Ambitionen über seine mütterliche Herkunft förmlich in die Wiege gelegt: So gilt sein Urgroßvater Wilhelm IX. (Abb. 4) als erster Vertreter der höfischen Liebeslieddichtung. Seine Lieder erscheinen geradezu als erratischer Block in der romanischen –

genauer provenzalischen – Literatur um 1100 und oszillieren zwischen leidenschaftlicher Hingabe an die unerreichbare Dame und philosophischer Identitätssuche eines stets selbstbewussten aristokratischen Sängers (*Farai un vers de dreyt nien / Ich werde ein Lied über rein gar nichts machen*) sowie einem für das gesamte Mittelalter erwartbaren und nur aus neuzeitlicher Hinsicht auffälligen Zusammenprall geistlicher ebenso wie derb-erotischer Themen.

Seine Enkeltochter und zugleich wohl die »femme fatale« unter den Aristokratinnen des Mittelalters, Eleonore von Aquitanien (Abb. 5), setzte diese Tradition als Mäzenatin und Auftraggeberin fort und gab sie an ihre Töchter Mathilde und Marie von Champagne (Abb. 6) weiter. Marie ist u. a. bekannt als Gönnerin keines Geringeren als Chrétien von Troyes, der sie zu Beginn seines *Karrenritters,* also des *Lancelot*-Romans, preist:

*Des que ma dame de Chanpaingne*
*Viaut que romanz a feire anpraingne,*
*Je l'anprandrai mout volantiers, [...].*
*Mes tant dirai je que miauz œvre*
*Ses comandemanz an ceste œvre*
*Que sans ne painne que j'i mete.*
*Del CHEVALIER DE LA CHARRETE*
*[...]*
*Comance Crestiiens son livre;*
*Matiere et san l'an done et livre*
*La contesse, et il s'antremet*
*De panser si que rien n'i met*
*Fors sa painne et s'antancion;*

Da meine Herrin, [Marie] von Champagne, wünscht,
daß ich es unternehme, eine Erzählung in der Volkssprache
abzufassen, so will ich es gerne in Angriff nehmen, [...].
So viel aber will ich sagen, daß in diesem Werk
ihr Befehl wirksamer ist als Talent und Arbeit,
die ich daransetze.
Chrestien beginnt sein Buch über den KARRENRITTER.
Die Gräfin gibt und liefert ihm hierzu Stoff und Sinn,
und er macht sich ans Werk, wobei er nur seine Arbeit
und seinen Fleiß daransetzt.

(V. 1– 4 und V. 21–29)
Chrétien von Troyes, Lancelot (übers. u. eingel. v. Jauss-Meyer), S. 14

5 Grabfigur Eleonores von Aquitanien in der Abtei Fontevraud ▪ © Bernard Renoux.

6 Eleonores Tochter, Marie von Champagne, Frankreich, 13. Jahrhundert ▪ Paris, Bibliothèque nationale de France, Ms. fr. 794, fol. 27r (Detail).

Mathilde, Eleonores Tochter aus zweiter Ehe und eine Schwester Richards, wird mit dem Welfen Heinrich dem Löwen verheiratet, der später zum größten Gegner der Staufer wird. Dieser versammelt am Braunschweiger Hof ein den Staufern zumindest gleichwertiges, partiell sogar an künstlerischem Potential überlegenes Netzwerk von Autoren um sich. Mathilde gilt als Mäzenin des deutschen *Rolandsliedes* und generell als wesentliche Schnittstelle eines romanisch-deutschen Literaturtransfers in der zweiten Hälfte des 12. Jahrhunderts. So scheint es tatsächlich zuzutreffen, wenn Angelica Rieger mit Blick auf diese Verhältnisse von einem »trobadoreske(n) Ur-Netzwerk« (Rieger 2000, S. 500) spricht.

Tatsächlich gründet ja auch der Mythos um Richard I. Löwenherz wenigstens zum Teil auf seiner Kompetenz als Sänger und Musiker. Ein König, der aus der Gefangenschaft mittels eines immens hohen Lösegeldes freigekauft wird, mag für die Geschichtsbücher relevant sein, aber erst ein König, der von seinem treuen Gefolgsmann mittels eines nur ihm bekannten Liedes identifiziert und befreit wird, kann zum Mythos avancieren.

### *gedenke an den von Engellant*

Auch in der deutschsprachigen Literatur des Mittelalters ist die Erinnerung an Richard I. Löwenherz präsent: So ermahnt schon der wohl bis heute prominenteste Autor der Zeit um 1200, nämlich Walther von der Vogelweide, Philipp von Schwaben, König seit 1198 und zugleich Gegenspieler des Vertreters der welfischen Kronansprüche, Otto IV., in einem seiner berühmtesten Sprüche, nicht ausreichend die Herrschertugend der Freigebigkeit (*milte*) zu praktizieren (Abb. 7). Zugleich stellt er ihm – typisch für Walthers zuspitzende und riskante Polemik – zwei prominente Gegenbeispiele vor Augen: den »Heiden« Ṣalāḥ ad-Dīn ibn Ayyūb, genannt Saladin, und den Onkel seines welfischen Konkurrenten, den englischen König, die ein leuchtendes Beispiel für die Tugend der *milte* sein sollen:

*Philippes künig, die nâhe spehenden zîhent dich,*
*dun sîst niht dankes milte, des bedunket mich,*
*wie dû dâ mite verliesest michels mêre.*
*dû möhtest gerner dankes geben tûsent pfunt*
*danne drîzec tûsent âne danc. dir ist niht kunt*
*wie man mit gâbe erwirbet prîs und êre.*
*denke an den milten Salatîn:*
*der jach, daz küniges hende dürkel solten sîn,*
*sô wurden sie erforht und ouch geminnet.*
*gedenke an den von Engellant,*
*wie tiure man den lôste dur sîne milten hant.*
*ein schade ist guot, der zwêne frumen gewinnet.*

Philipp, König, die Scharfblickenden bezichtigen Dich,
Du seist aus freien Stücken nicht freigebig. Es deucht mir,
daß Du damit viel mehr verlierst.
Du könntest eher tausend Pfund freiwillig geben
als dreißigtausend wider Willen. Dir ist nicht bekannt,
wie man mit Gaben Preis und Ehre erwirbt.
Denke an den freigebigen Saladin,
der sagte, daß eines Königs Hände durchlässig sein sollten,
so würden sie geachtet und auch geliebt.
Denke doch an den König von England,
um wieviel man den auslöste seiner freigebigen Hand
wegen. Ein Schaden ist gut, der zwei Vorteile einbringt.

(L 19,17)
Walther von der Vogelweide, Werke (hg. v. Schweikle), S. 86 f.

7 Erster Philippston (L. 19,17) Walthers von der Vogelweide in der *Großen Heidelberger Liederhandschrift (Codex Manesse)*, Zürich, 14. Jahrhundert ▪ Heidelberg, Universitätsbibliothek, Cod. Pal. germ. 848, fol. 137r (Detail).

Ein zweites prominentes Beispiel, das eher die erotische Faszination der Vertreter des englischen Herrscherhauses zu thematisieren scheint, liefert die berühmte Sammlung der *Carmina Burana*. Auf Blatt 60r findet sich dort eine kurze Strophe, die in der ursprünglichen Version ganz offensichtlich als »Frauenstrophe« intendiert ist und dem erotischen Begehren der Sprecherin nach einer Liebesbegegnung mit dem »chunich von Engellant« Ausdruck verleiht:

*Wære diu werlt alle mîn*
*von deme mere unze an den Rîn,*
*des wolt ich mich darben,*
*daz chunich von Engellant*
*læge an mînen arme.*

Wäre die Welt ganz mein
von dem Meer bis an den Rhein,
darauf wollte ich verzichten,
wenn der König von England
in meinen Armen läge.

(MF 3,7)
Minnesangs Frühling (bearb. v. Moser/Tervooren), S. 21

Dass mit diesem »chunich« Richard I. Löwenherz gemeint ist, darf als *communis oppinio* auch schon der frühen Minnesang-Forschung gelten. Ganz offensichtlich missfiel diese weibliche Anzüglichkeit jedoch bereits dem ersten (mittelalterlichen) Korrektor der Handschrift M; er strich die einschlägige Passage und überschrieb sie mit »die chunegin«, was wiederum wohl eine Anspielung auf Eleonore möglich machen sollte (Abb. 8).

Nicht nur Otto IV., der einige Jahre seiner Kindheit mit seinem Vater Heinrich dem Löwen im Exil am englischen Königshof verbrachte, diente in der Lösegeldaffäre als Geisel für Richard I. Löwenherz, sondern auch Hugo von Morville, der von Ulrich von Zatzikhoven an prominenter Stelle in seinem *Lanzelet* – der ersten Bearbeitung dieses Stoffes in deutscher Sprache – genannt wird, und dies in explizitem Zusammenhang mit Richard I., dem österreichischen Herzog Leopold V. und dem deutschen Kaiser Heinrich VI. sowie zugleich als »Vermittler« jenes »welsche(n) buoch(es)«, das Ulrich als Vorlage diente:

*So enist dâ von noch zuo geleit,*
*wan als ein welschez buoch seit,*
*daz uns von êrst wart erkant,*
*dô der künec von Engellant*
*wart gevangen, als got wolte,*
*von dem herzogen Liupolte,*
*und er in hôhe schatzte.*
*der gevangen künec im satzte*
*ze gîseln edel herren*
*von vremden landen verren,*
*an gebürte harte grôz,*
*grâven, vrîen und der genôz.*
*di bevalch ab keiser Heinrich*
*in Tiutschiu lant umb sich,*
*als im riet sîn wille.*
*Hûc von Morville*
*hiez der selben gîsel ein,*
*in des gewalt uns vor erschein*
*daz welsche buoch von Lanzelete.*
*dô twanc in lieber vriunde bete,*
*daz dise nôt nam an sich*
*von Zatzikhoven Uolrich,*
*daz er tihten begunde*
*in tiutsche, als er kunde,*
*ditz lange vremde mære*
*durch niht, wan daz er wære*
*in der frumen hulde dester baz.*

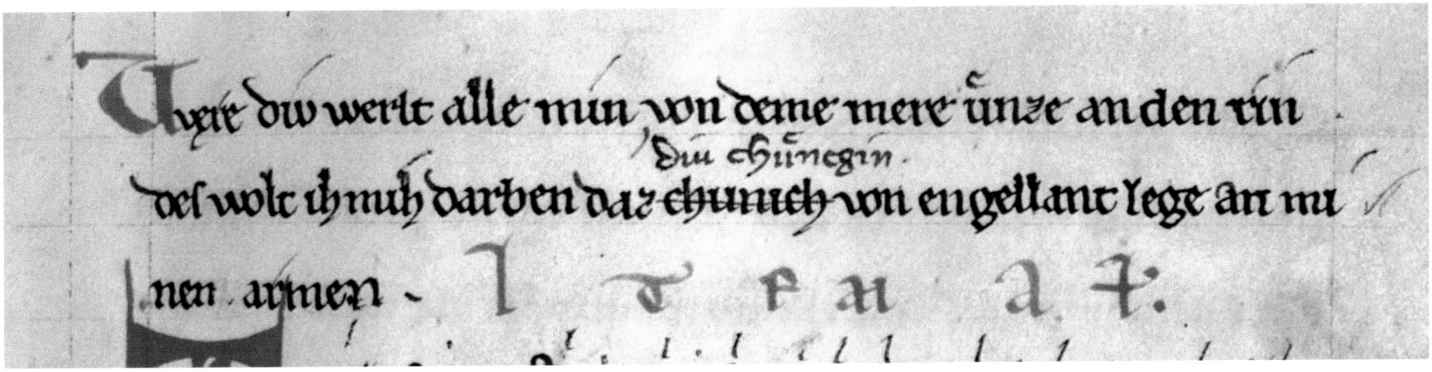

8 Strophe aus der *Carmina Burana* mit Bezug zum König von England, Kärnten/Steiermark oder Südtirol, 13./14. Jahrhundert ▪ München, Bayerische Staatsbibliothek, Clm 4660, fol. 60r (Detail).

So ist da weder etwas weggelassen noch hinzugefügt
im Vergleich zu dem, was ein welsches Buch erzählt,
das uns erstmals bekannt wurde,
als der König von England
von dem Herzog Leopold
gefangen wurde, wie Gott wollte,
und er (Leopold) ihm viel Geld abnahm.
Der gefangene König gab ihm
edle Herren aus fremden,
weit entfernten Ländern zu Geisel,
von sehr hoher Geburt,
Grafen, Freie und dergleichen.
Die befehligte Kaiser Heinrich wiederum
in deutsche Länder um sich herum,
wie ihm sein Wille riet.
Huc von Morville
hieß einer von diesen Geiseln,
in dessen Besitz uns zuvor das welsche
Buch von Lanzelet bekannt wurde.
Da zwang ihn die Bitte lieber Freunde,
dass Ulrich von Zatzikhoven
diese Last auf sich nahm,
dass er diese lange,
fremdartige Geschichte auf Deutsch
zu dichten begann, so gut er konnte,
um nichts, als dass ihm von den Tapferen
umso mehr Wohlwollen entgegengebracht würde.

(V. 9323–9349)
Ulrich von Zatzikhoven, Lanzelet (hg. v. Kragl), S. 522 f.

## Blondels Lieder

Nach wie vor nicht restlos geklärt sind die Wege, auf denen der Mythos um Richard Löwenherz in die Neuzeit gelangte. Mit Sicherheit aber steht fest, dass deutsche Dichter und Komponisten des 18. und 19. Jahrhunderts einen wesentlichen Teil dazu beitrugen. So verfassten schon lange vor den traditionsbildenden Romanen von Sir Walter Scott (*Ivanhoe*, 1819; *The Talisman*, 1825) Georg Friedrich Händel und Georg Philipp Telemann 1727 bzw. 1729 Opern zu diesem Sujet; Heinrich Heines Gedicht im *Romanzero* (1851) erlangte ebenso Berühmtheit wie Johann Gabriel Seidls Text (*Blondels Lied*) in der Vertonung durch Robert Schumann (1842). Und selbst für die erst 2008 in Chemnitz wiederentdeckte, 1840 uraufgeführte Oper von Otto Nicolai (*Il templario*) bildet die Konstellation am englischen Königshof und der Kreuzzug von Richard I. Löwenherz eine unabdingbare Voraussetzung.

Q.: Chrétien von Troyes, Lancelot (übers. u. eingel. v. Jauss-Meyer) ▪ Hartmann von Aue, Iwein (übers. v. Cramer) ▪ Heinrich von Veldeke, Eneasroman (übers. v. Kartschoke) ▪ Minnesangs Frühling (bearb. v. Moser/Tervooren) ▪ Mittelalterliche Lyrik Frankreichs (übers. v. Rieger) ▪ Mittelhochdeutsche Minnelyrik (hg. u. übers. v. Schweikle) ▪ Ulrich von Zatzikhoven, Lanzelet (hg. v. Kragl) ▪ Walther von der Vogelweide, Werke (hg. v. Schweikle).

Lit.: Bennewitz 1991 ▪ Bernt 1978 ▪ Bruni 1995 ▪ Bumke 2008 ▪ Bur 1993 ▪ Fleckenstein 1972 ▪ Heinzle 1994 ▪ Jones 1992 ▪ Kornrumpf 1981 ▪ Kornrumpf 1999 ▪ Krohn 1996 ▪ Neugart 1999 ▪ Rieger 2000 ▪ Schmolke-Hasselmann 1983.

# Die Burgen Richards I. Löwenherz und Philipps II. Augustus

## Die Erneuerung der Burgenarchitektur am Ende des 12. Jahrhunderts

Denis Hayot

Gegen Ende des 12. Jahrhunderts erlebte die Burgenarchitektur in Frankreich wie in England einen grundlegenden Wandel, der zu einer starken Verbreitung der ›geometrisch‹ angelegten Burgen des 13. Jahrhunderts führen sollte, die sich durch eine kompakte regelmäßige Anlage, flankiert von runden Türmen mit Schießscharten auszeichnen. Diese Neuerung umfasste sowohl königliche als auch nicht-königliche Bauten und findet sich sowohl in den Territorien der Plantagenêts als auch in denen der Kapetinger, ja sogar in Flandern und in der Pfalz. Hier ist vor allem die um 1240 von Graf Friedrich III. von Leiningen errichtete Burg Neuleiningen zu erwähnen, die zu den frühesten Zeugnissen dieses Burgentyps in Deutschland zählt. Innerhalb dieser Entwicklung nehmen die Burgen Richards I. Löwenherz und seines kapetingischen Gegenspielers Philipp II. Augustus eine zentrale Rolle ein – zwei Herrscher, deren Rivalität und Konkurrenz und entscheidend für die Weiterentwicklung der Burgenarchitektur war.

### Die Bedeutung von Festungsbauten im Krieg

Für beide Herrscher spielten Befestigungen in der Tat eine wichtige Rolle in dem Konflikt, den sie während der 1190er Jahre austrugen. Da man große Feldschlachten so weit wie möglich vermied, führten Richard und Philipp einen Belagerungskrieg, in dem befestigte Burgen und Städte gleichzeitig auch militärische Stützpunkte waren, mit denen Vorstöße des Gegners gestoppt oder verzögert werden konnten: 1203–1204 zum Beispiel, band die Belagerung von Château Gaillard (Abb. 1) die Truppen Philipps für sechs Monate und verzögerte so seine weitere Offensive in der Normandie. Diese Schlüsselrolle von Burgen im Krieg erklärt auch die zahlreichen im Bau befindlichen Wehranlagen der beiden Könige, vor allem in Grenzregionen wie den Marschen der Normandie. Besonders die sich ständig verbessernden Angriffstaktiken machten es notwendig, die Befestigungen auch immer effizienter – und zunehmend massiver – zu bauen. Dies erklärt die rasch fortschreitenden Veränderungen im Burgenbau.

### Die Burgen Richards I.: Kontinuität und Wandel

In vielen Aspekten führt die Architektur, die in den unter Richard I. Löwenherz errichteten Burgen entwickelt wurde, die Werke seines Vaters Heinrich II. kontinuierlich weiter. Gleichzeitig setzt sich sie sich von diesen jedoch auch durch einige markante Entwicklungen ab.

Die Kontinuität zeigt sich zunächst bei den von Richard gebauten Wohntürmen (Donjons), denn die Türme von Château Gaillard, Longchamps, Bonneville-sur-Touques oder Clairvaux haben alle eine zylindrische Form, die schon Heinrich II. häufig bei seinen kontinentalen Besitzungen nutzte. Im Gegenzug scheint der traditionelle Typus des großen, viereckigen Turms mit Stützmauern, wie ihn Heinrich II. noch in Douvres errichtet hat, im Werk Richards gänzlich verschwunden zu sein; die einzige Alternative zu den zylindrischen Türmen sind hier rechteckige Türme mit runden Wehrtürmen an den Ecken, wie etwa in Saint-Rémy-sur-Creuse oder in Douville-sur-Andelle.

1 Château Gaillard (Dép. Eure), Hauptturm mit Umfassungsmauer. Der Turm hat einen Dreiecksporn und pfeilerartige Konsolen, die die Wurföffnungen (Maschikulis) stützten. Die gebogene Mantelmauer ist mit mehreren leicht vorspringenden Rundungen versehen ▪ © Francis Cormon.

2 Burg von Chinon (Dép. Indre-et-Loire), Mühlenturm. Der zylindrische Turm hat auf zwei Niveaus Schießscharten und eine ›angevinische‹ Basis mit einem viereckigen Sockel und beschnittenen Mauerflächen, die zur runden Grundfläche des Turm überleiten ▪ Foto: Denis Hayot.

3 Burg von Talmont-Saint-Hilaire (Dép. Vendée). Der Dreiecksporn ist an die schon bestehende Umfassungsmauer angesetzt. Das enorme Mauerwerk (von dem hier nur eine Seite sichtbar ist) ist an den Endpunkten mit kleinen gerundeten Flanken ausgestattet ▪ Foto: Jean Mesqui.

Bei den Flankierungstürmen ist die Kontinuität zu den Bauten Heinrichs II. ebenso sichtbar. Türme mit Schießscharten kamen unter Heinrich II. zwischen 1170 und 1180 auf und waren vorher sowohl in Frankreich als auch in England offenbar unbekannt. Ihr Erfolg hält bei den Bauprojekten Richards an, zum Beispiel in Gisors, Longchamps, Neuf-Marché oder Douville-sur-Andelle. Dennoch wurden konkurrierende Entwürfe, wie etwa gemauerte Wehrtürme oder Türme ohne Schießscharten, keineswegs aufgegeben, dies zeigen die Burgen von Talmont und Falaise, oder sogar ein Hauptwerk aus der Endzeit seiner Regentschaft wie Château Gaillard, wo die Türme offenbar noch keine Schießscharten hatten. Dennoch lässt sich auch eine wichtige Weiterentwicklung erkennen, denn die Form der Türme wandelte sich. Während die Rundform unter Heinrich II. noch auf kleine Wehrtürme beschränkt war, setzte sie sich später überall durch, auch bei Türmen mit Schießscharten: Hier ist Château Gaillard ein Beispiel, aber Rundtürme wurden auch in Gisors, Chinon (Abb. 2), Neuf-Marché, Douville und anderen Burgen gebaut. Einzig die Anlage in Longchamps blieb den rechteckigen Türmen treu, da diese besser zur besonderen Lage, an den Hängen eines schon vorher bestehenden Hügels, passten. Auch strukturell gab es Neuerungen, denn die Türme

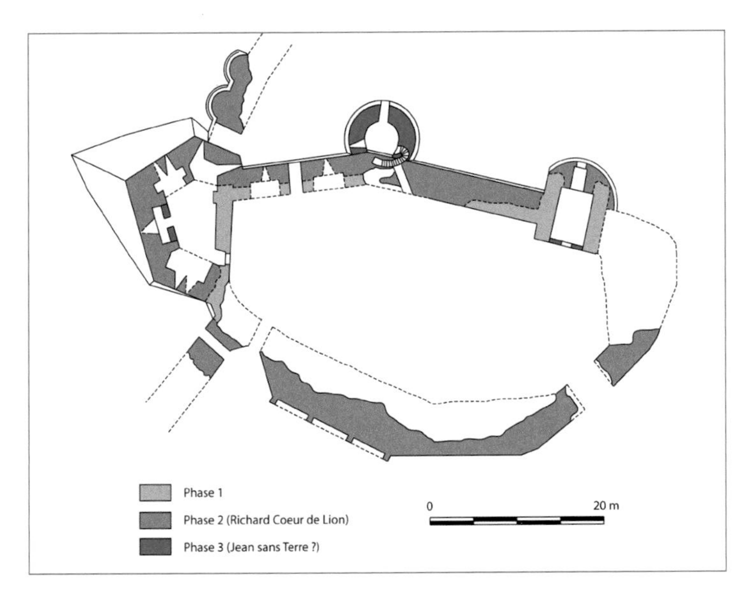


4 Burg von Radepont (Dép. Eure), Gesamtplan. Auffällig sind vor allem der dreieckige spornförmige Abhang im Osten, der Beginn der Umfassungsmauer im Norden und die kleine Reihe von Wurföffnungen auf Strebepfeilern im Süden ▪ Plan: Denis Hayot, nach Christian Corvisier.

5 Rekonstruktion der Burg von Druyes-les-Belles-Fontaines (Dép. Yonne). Dieses nicht-königliche Gebäude, gebaut vor 1184 vom Grafen von Nevers, ist eines der ersten Beispiele einer nach dem Kastelltypus errichteten Burg im Gebiet der Kapetinger ▪ Rekonstruktion: Denis Hayot.

Richards waren grundsätzlich über zwei Etagen mit Schießscharten ausgestattet, wohingegen es unter Heinrich II. nur eine einzige solche Ebene gab.

## Forschungen und Experimente

Gleichzeitig zu diesen wichtigen Entwicklungen sind die unter Richard gebauten Burgen von Bauformen und Strukturen geprägt, die häufig neuartig waren und so auf die Kreativität der Baumeister schließen lassen. Versuche dieser Art sind besonders deutlich an einem zentralen Werk wie dem Hauptturm von Château Gaillard zu erkennen, der gleich mehrere herausragende Merkmale in sich vereint und sie bewundernswert umsetzt: einen genau gegen Angreifer gerichteten Dreieckssporn, der einen besseren Widerstand gegen Steinschleuderbeschuss bot; Wurföffnungen (Maschikulis) über pfeilerartigen Konsolen sowie eine kegelförmige Basis, die zur Seine hin einen gewaltigen Abhang von über 20 m Höhe bildet. Der Hauptturm von Château Gaillard schließlich ist eingefasst von einer unregelmäßig gerundeten Mantelmauer, die von leicht vorspringenden, aneinandergereihten Rundungen flankiert ist (Abb. 1).

Diese spezifischen Eigenarten fanden dann ihr Echo bei anderen Bauprojekten Richards. So sind zum Beispiel die Burgen in Radepont und Talmont beide mit einem Dreieckssporn ausgestattet, wobei in Talmont die Form ausgesprochen gelungen scheint. Die zwei gerundeten Flanken erinnern bereits stark an die Bastionen des 16. Jahrhunderts (Abb. 3). In Radepont gründet die Basis des Sporns auf einem großen Abhang, der dem in Gaillard ähnelt, abgesehen davon, dass er zusätzlich über ein grobes, unregelmäßiges Bossenwerk verfügt – einzigartig unter den Bauten Richards. Schließlich war die Burg von Radepont ebenfalls mit Wurföffnungen über pfeilerartigen Konsolen ausgestattet, sowie mit einer Reihe von Turmrundungen, die eine Mantelmauer ganz ähnlich der von Gaillard bildeten; diese ist heute allerdings deutlich schlechter erhalten (Abb. 4).

## Inspiration aus dem Nahen Osten

Die ältere Forschung hat oft auf die nahöstlichen Einflüsse auf die Werke Richards hingewiesen. Verschiedene Elemente, die er im Nahen Osten während des Kreuzzugs 1190–1192 gesehen habe, soll er nach Europa importiert haben. Auch wenn es eine solche Beeinflussung gegeben haben mag, so betraf sie nicht die strukturellen Architekturelemente: geometrische Anlagen, Flankierungstürme und Schießscharten waren in der Architektur der Kapetinger und Plantagenêts schon bekannt, bevor Richard und Philipp auf Kreuzzug gingen. Rundtürme waren in der nahöstlichen Architektur extrem selten anzutreffen und ebenfalls schon vor 1190 in Europa präsent.

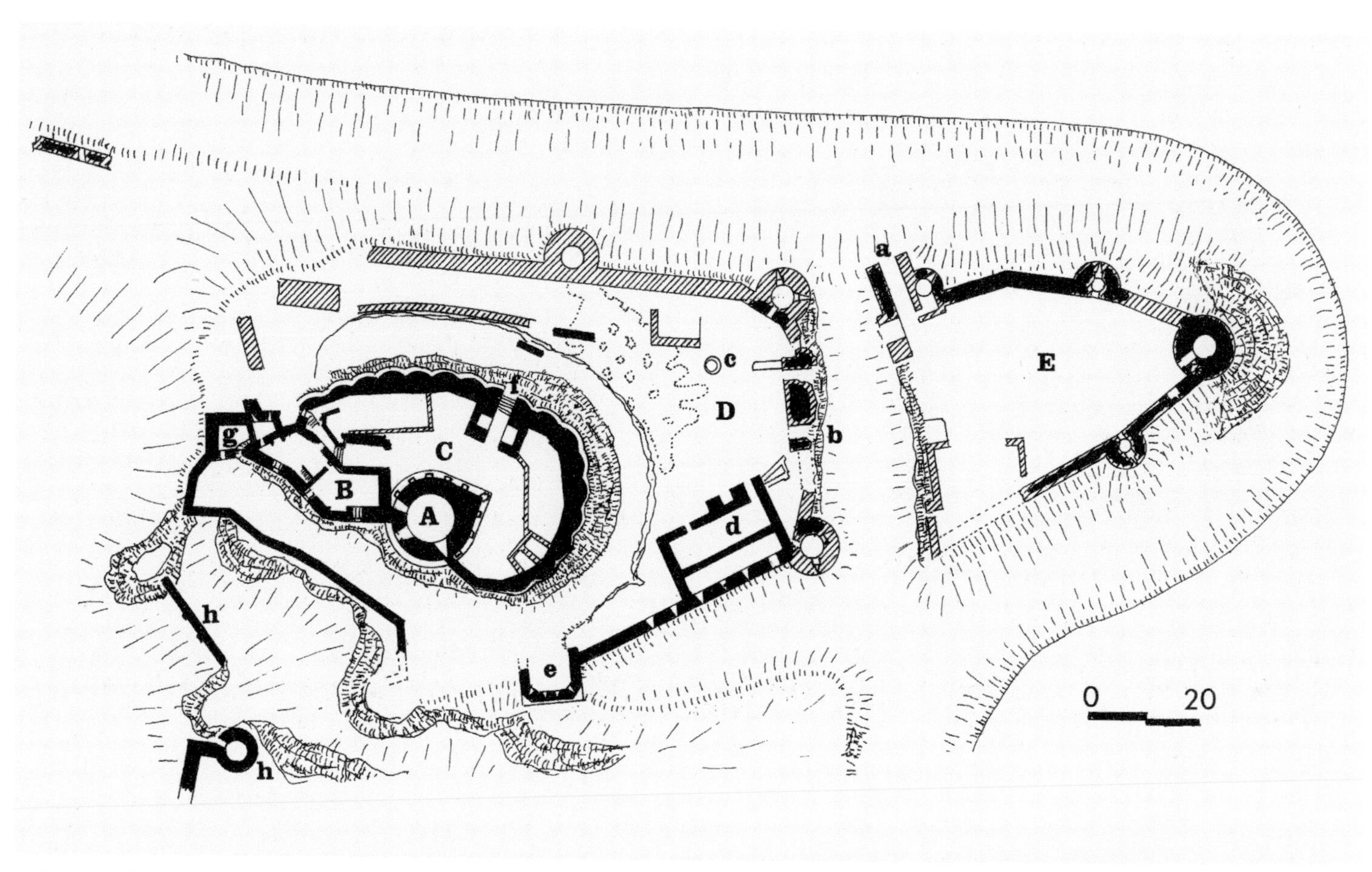


6 Plan von Château Gaillard. Beachtenswert ist die komplexe und hierarchisierte Anlage der Festung, die sich aus drei Einheiten zusammensetzt: einem vorgelagerten dreieckigen Bereich, einer viereckigen Hauptumfassungsmauer sowie einem kompakten eiförmigen Bereich, der sich um den an der Felswand stehenden Hauptturm schließt ▪ Plan: Jean Mesqui nach Mesqui 1991–1993, Bd. 1, S. 39.

Einige architektonische Raffinessen, die wir nach Richards Rückkehr auf königlichen Baustellen finden, könnten hingegen sehr wohl von Bauten der Kreuzfahrerstaaten übernommen worden sein. Dies könnte zum Beispiel bei den Wurföffnungen von Château Gaillard der Fall sein, deren besondere Form weder im Orient noch in Europa verbreitet war. Bedeutsamer ist aber wohl der Torturm von Talmont, der mit einem rechtwinklig abgeknickten Gang ausgestattet ist – ein Merkmal, das damals in Europa noch unbekannt, in der Architektur des Nahen Ostens und der Kreuzfahrerbauten aber weitverbreitet war. Mehr noch als solche außergewöhnlichen architektonischen Lösungen war es vielleicht die Bauqualität, die am meisten an den Nahen Osten denken lässt: Die Burgen in Gaillard, Radepont oder Neuf-Marché weisen alle ein sehr regelmäßiges Äußeres und eine Umsetzung in hoher Qualität auf, die an die schönsten Leistungen der Kreuzfahrerarchitektur erinnert, mit denen Richard vielleicht gleichziehen wollte.

Diese Ähnlichkeiten waren jedoch nicht durch den Einsatz nahöstlicher Architekten bedingt, denn alles deutet darauf hin, dass die Baustellen Richards von europäischen Konstrukteuren geleitet wurden. Vielmehr genügten wohl die Beobachtungen des Königs selbst – oder seiner Baumeister, die ihn auf den Kreuzzug begleitet hatten –, um die Übertragung dieser speziellen Formen auf königliche Bauprojekte zu erklären.

## Spürbare Annäherung an die Architektur Philipps II. Augustus

Die Bauten Richards, und allgemeiner die der Plantagenêt-Könige, wurden in der Forschung häufig denen ihres Hauptgegners, Philipps II. Augustus, gegenübergestellt, dem wohl produktivsten Befestigungsbauherrn seiner Zeit. Tatsächlich aber war die Architektur der Kapetinger ebenso wie die der Plantagenêts zu dieser Zeit gemeinsam einem Wandel unterworfen, der Europa und den Nahen Osten umfasste und einen gegenseitigen Kontakt bedingte. Dieser schien sich seit der Regentschaft Richards sogar noch zu intensivieren.

Im Werk Philipps sind die Parallelen zu den von seinem Gegenspieler Richard entwickelten Formen in der Tat eindeutig. In beiden Lagern baute man vollständig in Steinbauweise errichtete Mantelmauern, die regelmäßig von zylindrischen Türmen mit Schießscharten durchbrochen wurden. Wie die von Richard gebauten Haupttürme hatten auch diejenigen Philipps grundsätzlich eine zylindrische Form. Diese Nähe der beiden Architekturtypen zueinander ist umso erstaunlicher, als sie noch zu Zeiten Heinrichs II., vor 1190, kaum sichtbar war: Die von Heinrich errichteten rechteckigen Flankierungstürme stehen den gleichzeitig von den Kapetingern erbauten runden Flankierungstürmen konträr gegenüber. Mit dem Erfolg von Richards Rundtürmen und dem Auftauchen von mit Schießscharten ausgestatten Türmen auf den Burgen Philipps wird also eine Annäherung beider Bauweisen deutlich, zu der außerdem noch die Nutzung ähnlich aussehender zylindrischer Haupttürme kommt.

7 Burg von La Roche-Guyon (Dép. Val-d'Oise). Der mit einem Sporn ausgestattete runde Hauptturm ist von einer Mantelmauer umgeben ▪ © Francis Cormon.

### Strukturelle Unterschiede

Natürlich existieren auch nicht weniger bedeutsame Unterschiede zwischen den Bauten der Plantagenêts und der Kapetinger, von denen der auffälligste wohl die Gesamtanlage der Festungen betrifft. Im kapetingischen Bereich tauchen im letzten Drittel des 12. Jahrhundert die ersten ›geometrisch‹ konzipierten Burgen auf, mit einer viereckigen, kompakten Umfassungsmauer, die prinzipiell auf die konzentrierte und einheitliche Verteidigung angelegt sind (Abb. 5). Im Werk Richards zeigt sich bei einem Neubau wie Château Gaillard dagegen der Wille zur Hierarchisierung und maximalen Staffelung der Verteidigung, der sich etwa durch die Reihung gleich dreier Umfassungsmauern ausdrückt, ergänzt durch einen gegenüber dem Zentrum zurückgesetzten Hauptturm (Abb. 6). Gegenüber den Burgen Philipps, von nur einer Mauer umgeben und mit einem der Angriffsrichtung gezielt entgegengesetzten Turm, könnte der Kontrast nicht größer sein. Es ist jedoch wichtig zu beachten, dass – auch wenn die ausgeklügelte Anlage von Château Gaillard nicht so »modern« erscheint wie die geometrischen Kastellburgen der Kapetinger – sie keineswegs traditionell ist. Sie bezeugt vielmehr eine originäre Formensuche, die lediglich nicht den gleichen Nachhall hatte, wie die geometrisch geprägten Burgen der Kapetinger, deren Form im 13. Jahrhundert und weit darüber hinaus allgemein aufgegriffen wurde.

Über diesen Hauptkontrast hinaus weist die Architektur Philipps andere punktuelle Unterschiede gegenüber den unter Richard entwickelten Formen auf. So sind etwa die Türme von Philipps Burgen systematisch mit Gewölben ausgestattet, während Richard Holzdecken einziehen ließ. Auf den Baustellen Philipps wurden für die Schießscharten fast immer nur einfache Laibungen genutzt, während Richard ihnen eine Nische vorlagern ließ. Auch der Wall an der Turmbasis konnte variieren: Einige Burgen Richards hatten einen ›angevinischen‹ Wall – eine Basis mit einem viereckigen Sockel und beschnittenen Mauerflächen –, eine Form, die bei den Bauten Philipps, bei denen eine kegelförmige Basis die Norm war, unbekannt war.

8 Burg von Gisors (Dép. Eure), »Teufelsturm«. Deutlich sichtbar ist der Unterschied zwischen den zwei unteren Ebenen, die unter Richard I. Löwenherz gebaut wurden, und den beiden oberen, die ab 1193 von Philipp II. Augustus hinzugefügt wurden ▪ Foto: Denis Hayot.

Abgesehen von diesen konkreten Aspekten, die vor allem auf unterschiedliche Gruppen von Konstrukteuren zurückzuführen sind, zeichnet sich die Architektur Philipps vor allem durch ihre generelle Philosophie aus: Gegenüber der geradezu pharaonischen Anlage von Château Gaillard, als Anhäufung von strukturellen und formalen Raffinessen, waren die Werke Philipps trotz ihrer hohen Bauqualität durch eine gezielte Vereinfachung und (finanzielle) Sparsamkeit geprägt, die nach 1200 zu einem Prozess der Standardisierung der philippinischen Architektur führte.

### Gegenseitige Kenntnis und der Austausch von Ideen

Diese vielfältigen Unterschiede bezeugen nicht nur die unterschiedliche Philosophie der beiden Könige, sondern auch eine divergierende intellektuelle Konzeption und technische Umsetzung, d. h. die Anstellung unterschiedlicher Baumeister und Konstrukteure. Dennoch bleibt die Ähnlichkeit der Architekturen Richards und Philipps unbestreitbar. Sie geht auch über die Gemeinsamkeit der Rundtürme mit Schießscharten und der zylindrischen Haupttürme hinaus.

Einige Bauten, die deutlich seltenere Elemente aufgriffen, zeigen, dass es tatsächlich einen Austausch zwischen beiden Architekturstilen gegeben haben muss. Man könnte hier an den Hauptturm von Philipps Burg in Vernonnet denken, der eine viereckige Form mit vier Ecktürmen hat, wie sie Richard schon in Saint-Rémy-sur-Creuse oder Douville-sur-Andelle errichtet hatte. Deutlicher noch scheint der Hauptturm von Château Gaillard Anleihen bei der direkt benachbarten Burg von La Roche-Guyon zu nehmen, die jedoch von einem Vasallen Philipps gebaut wurde: Auch sie verfügt über einen Dreiecksporn, der dem königlichen Turm bei Issoudun folgt, der zweifellos einige Jahre älter ist (Abb. 7).

Ganz offenbar kannten die Konstrukteure Philipps und Richards die jeweiligen Bauprojekte des anderen und der gegenseitige Austausch von Ideen über die ›Grenze‹ der Normandie hinweg ist offensichtlich. Wie hätte es auch anders sein können in einer Region, in der die beiden Herrscher im Laufe der 1190er Jahre bedingt durch ihre Eroberungen ständig Burganlagen eroberten und wieder an den anderen verloren (Abb. 9)? Die beste Veranschaulichung dieser Nähe zwischen Bauprojekten der Plantagenêts und Kapetinger befindet sich in Gisors, wo Philipp, nachdem er sich 1193 der Burg bemächtigt hatte, einige unter der Herrschaft von Richard angefangene Bauten fortsetzte. Noch heute kann man einige Türme besichtigen, deren untere Partie das Werk Richards ist, die obere aber von Philipp gebaut wurde (Abb. 8).

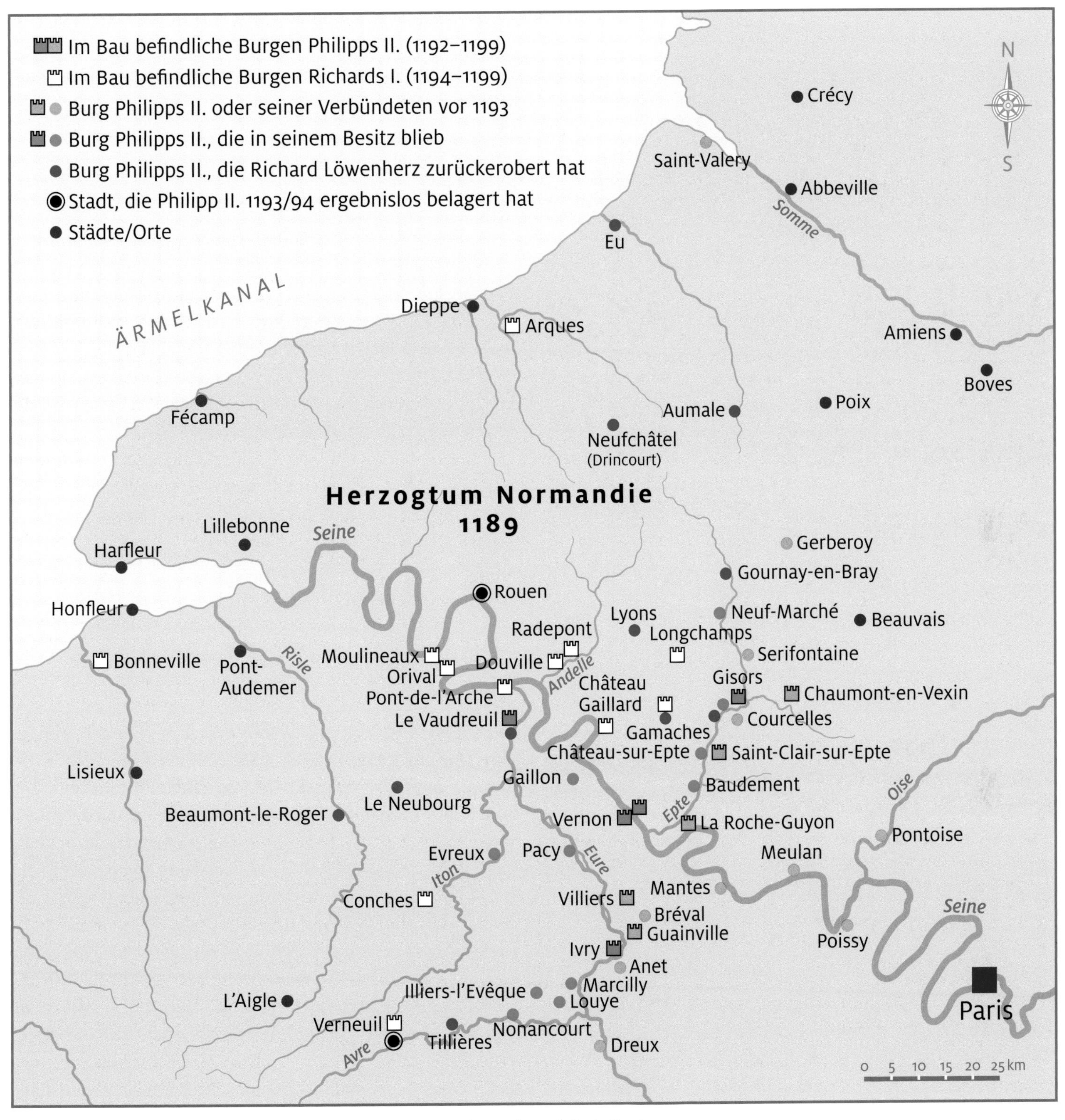


9 Die Burgen Richards I. Löwenherz und Philipps II. Augustus ▪ © Peter Palm, Berlin, nach Denis Hayot.

# Das Grab von Richard Löwenherz in Fontevraud

Daniel Prigent

Die Geschichte der Klöster in Fontevraud (Dép. Maine-et-Loire) beginnt im Jahre 1101, als der Wanderprediger Robert von Arbrissel dort, im Norden der Diözese Poitiers, eine ihn begleitende Gruppe von Männern und Frauen ansiedelte. Innerhalb kurzer Zeit wurden vier Klöster errichtet. Le Grand Moutier war für die Chorschwestern vorgesehen, wurde aber zur Mutterabtei des gemischten Ordens, der von einer Äbtissin geleitet wurde. Die Mönche lebten ihrerseits in Saint Jean de l'Habit. Die Kleinpriorate Saint-Lazare und Sainte-Marie-Madeleine beherbergten zum einen die Gemeinschaft, die sich um die Leprakranken kümmerte, sowie zum anderen die Laienschwestern. In der zweiten Hälfte des 12. Jahrhunderts bedachten Heinrich II. Plantagenêt, Graf von Anjou, Herzog der Normandie und ab 1154 schließlich König von England, sowie seine Frau Eleonore von Aquitanien die Abtei Fontevraud mit zahlreichen Stiftungen.

Die Abteikirche Notre Dame wurde zu großen Teilen gegen Mitte des 12. Jahrhunderts vollendet. Uns ist die räumliche Anlage der Kirche für das Jahr 1199 recht gut bekannt. Im Westen markierte eine monumentale Darstellung des Jüngsten Gerichts zwischen dem zweiten und dritten Joch des Längsschiffs die Trennung zwischen Klerikern und Laien – zweifellos von Eleonore von Aquitanien in Auftrag gegeben. Von dieser bildlichen Darstellung wissen wir durch einen Bericht über den Besuch Bischof Hugos von Lincoln und Johann Ohnelands, die in der Karwoche 1199 bei den sterblichen Überresten von Richard I. Löwenherz beten wollten. Die beiden östlichen Folgejoche bildeten den Chor der Nonnen, denen zudem das südliche Querschiff vorbehalten war. Dort befand sich auch die Treppe zum Dormitorium, dem Schlafsaal des Klosters. Im Osten des Langhauses lag der den Priestern vorbehaltene Chor. Er umfasste das nördliche Querschiff und die Apsis (Abb. 1).

Die Abteikirche von Fontevraud wird mitunter – in Anspielung auf die Grablege der französischen Könige – etwas emphatisch das »Saint Denis der Plantagenêts« genannt – und tatsächlich wurden dort mehrere Mitglieder dieser berühmten Familie bestattet, ebenso wie einige kapetingische Nachkommen Eleonores aus ihrer ersten Ehe mit dem französischen König Ludwig VII. Nachdem die Plantagenêts ihre kontinentalen Besitzungen verloren hatten, wurden die Herrscher dann in England begraben; allerdings wurde 1292 noch das Herz Heinrichs III. in Fontevraud beigesetzt. Die Bestattung Heinrichs II. in der Abteikirche erscheint hingegen eher zufällig und hängt wohl mit den Umständen seines Todes zusammen. Tatsächlich wollte der König wohl im Kloster von Grandmont begraben werden, aber sein ergreifender Tod im Juli 1189 in Chinon, nach einer schweren militärischen Niederlage, führte wohl dazu, dass sein Leichnam in das nahegelegene Fontevraud gebracht wurde. Zehn Jahre später starb Richard I. Löwenherz in Châlus-Chabrol (Dép. Haute-Vienne), etwa 200 km von der Abtei entfernt. Zuvor hatte er seinen Willen bekundet, zu Füßen seines Vaters bestattet zu werden. Während seine Innereien als Zeichen der Schande vor Ort im Poitou verblieben und sein Herz auf eigenen Wunsch in die Kathedrale von Rouen gebracht wurde, kam sein Leichnam nach Fontevraud. Etwas später, im September 1199, wurde seine Schwester Johanna von England, Gräfin von Toulouse, »bei den Nonnen« beigesetzt, nachdem sie zuvor den Schleier genommen hatte. Eleonore von Aquitanien, die sich nach 1194 in die Abtei zurückzog, wurde 1204 ebenfalls in der Abteikirche bestattet, ebenso wie Isabella von Angoulême, die Frau Johann Ohnelands, die dort 1246 verstarb. Zunächst wurde sie im Kapitelsaal der Nonnen beerdigt, acht Jahre später aber auf Bitten ihres Sohnes, Heinrichs III., auf den königlichen Friedhof umgebettet.

1 Gesamtanlage der als »Klosterstadt« bezeichneten Abtei von Fontevraud ▪ © Editions Gaud.

Die Grabfiguren Heinrichs II. und Richards I. wurden wahrscheinlich von Eleonore selbst in Auftrag gegeben. Die Bildnisse

2 Innenansicht der Abteikirche mit Blick auf die Grabfiguren der Plantagenêts ▪ © Editions Gaud.

aus Kalkstein wurden von demselben Künstler geschaffen und zeigen die beiden Könige auf einer von einem Tuch bedeckten Bahre. Die Herrscher tragen ihre königlichen Insignien: Krone, Zepter, Schwert sowie Handschuhe. Eleonores Grabfigur entstand zweifellos etwas später und zeigt die gekrönte Königin mit einem Gebetbuch in der Hand. Gegenüber dem weichen Fall ihres Kleides wirkt der Faltenwurf der Kleidung Heinrichs und Richards noch etwas steif. Die Grabfigur Isabellas von Angoulême ist aus Holz gefertigt und etwas kleiner als die drei Steinfiguren.

Im 12. und 13. Jahrhundert wurden nur wenige Bestattungen in der Abteikirche selbst vorgenommen. Daher ist die räumliche Anordnung der Gräber von Heinrich II., Eleonore von Aquitanien, Richard Löwenherz und Johanna von England, sowie von Isabella von Angoulême und Raimund VII. von Toulouse von besonderem Interesse. Die jeweiligen Standorte konnten durch mehrere archäologische Grabungen sowie die Entdeckung des Grabes von Raimund von Toulouse, eines Sohnes Johannas von England, bestimmt werden. Schon die zeitgenössischen Quellen betonen, dass die Herrscher im Chor der Nonnen bestattet wurden, dessen genaue Lage bis zu den Grabungen jedoch unklar war. Wir wissen ebenfalls, dass das Grab Raimunds nahe dem Isabellas gelegen haben muss, allerdings zu Füßen seiner Mutter Johanna, die neben ihrem Bruder Richard ruhte. Beide wurden wiederum vor ihren Eltern liegend bestattet.

Erst die Entdeckung des Grabes von Raimund erlaubte es, die Lage des »Friedhofs der Könige« im östlichen Hauptschiff, im Nonnenchor, zu bestimmen, dort, wo 1638 die Gruft der Äbtissinnen angelegt wurde: Man fand Raimunds Grab zu Füßen eines Bildnisses seiner selbst am großen nordöstlichen Pfeiler der Vierung. Die königlichen Gräber befanden sich also im Raum zwischen den Bänken der Nonnen. Die Positionierung der Plantagenêt-Gräber ist von unbestreitbarer symbolischer Bedeutung: Sie verlieh dem Nonnenchor eine erhöhte Sakralität und erinnerte gleichzeitig an die offenkundige Nähe der Plantagenêts zu diesem Orden. Seit 1992 liegen die erhaltenen Grabfiguren wieder genau dort, an ihrem ursprünglichen Platz (Abb. 2).

Lit.: Erlande-Brandenburg 1964 ▪ Prigent 2014 ▪ Wood 1994.

# Objekte

◀ 158

## Schachfigur: Turm mit Belagerungsszene

12. Jahrhundert

Elfenbein (?) | geschnitzt | H. 13,5 cm, B. 9,3 cm, T. 7,1 cm

Douai, Musée de la Chartreuse | A.1579

Die Burgen des Mittelalters wurden von einer gesellschaftlichen Elite bewohnt, die durch ihre Spezialisierung auf Krieg und Herrschaft weitgehend von der täglichen Erwerbsarbeit freigestellt war. Diese Bevorzugung hatte jedoch ihren Preis: Von den Männern forderte sie Einsatz im Krieg und im Dienst am Lehensherrn, von den Frauen eine Unterordnung unter die Bedürfnisse der Familie. Ihre Mußestunden konnten sie bei vorhandener Neigung mit Musik, Tanz und Dichtung verbringen, aber häufiger waren Zeitvertreibe mit funktionalem Bezug. Die Handarbeit der Damen galt als nützlich und entspannend; Waffenübungen und Jagd dienten den Männern als körperliche Ertüchtigung und Ausgleich. Daneben sind eine Fülle von anderen Freizeitaktivitäten belegt, etwa Fangen, Ringen, Laufen und Gesellschaftsspiele mit Kegeln oder Bällen.

Deutlicher im heutigen Sinne als Freizeitbeschäftigung erkennbar sind Brettspiele wie Mühle, Trictrac oder Schach. Schach war seit dem 8. Jahrhundert aus dem arabischen Raum übernommen worden und die abstrakten Formen der Figuren wurden lange Zeit beibehalten. Daneben kamen aber auch eigene abendländische Varianten auf, wohl aus dem Bedürfnis nach figürlichen Darstellungen. Naheliegend waren bei einem Strategiespiel Motive aus der Sphäre von Herrschaft und Krieg. Bei der hier gezeigten großformatigen Schachfigur aus Douai gab wohl die Funktion als Turm den Ausschlag für die Verzierung mit Belagerungsszenen. Die Figur muss zu einem repräsentativen Spiel gehört haben, von dem jedoch kein weiteres Stück erhalten ist. Solche Spiele gehörten einer sozialen Spitzengruppe. Ihre Seltenheit und Größe wie auch die verwendeten kostbaren Materialien (Elfenbein, Walrosselfenbein, Bergkristall) waren für einfache Burgbewohner kaum erschwinglich, diese nutzten einfachere Varianten aus Bein oder Ton.

Spannend sind an dem Stein aus Douai auch die szenischen Darstellungen. Die Grundform ist durch eine reiche architektonische Gliederung als Burg gekennzeichnet, vor der sich Szenen einer Belagerung abspielen. Die Belagerer und die Verteidiger sind schlicht gekleidet und gerüstet, die Hauptfigur, einer der Belagerer, durch ein überdimensioniertes Schwert gekennzeichnet, das er als Brechstange zum Lockern von Mauersteinen einsetzt. Eine Datierung in das 12. Jahrhundert ist über die Architektur und die einfache Form der verwendeten Armbrüste möglich. Während die Scharfschützen sich gegenseitig beschäftigen und Steine auf die Belagerer herabregnen lassen, dringt ein kleiner Trupp um den Hauptakteur erfolgreich in die Kasematten der Burg ein.

Im Gegensatz zur Geschichte dieses namenlosen Helden endete die letzte Belagerung des Richard Löwenherz nicht glücklich. Als der König sich unzureichend gerüstet den Mauern der Burg Châlus-Chabrol näherte, konnte der lauernde Armbrustschütze sein Glück wohl kaum fassen. Der König wurde vom Turm matt gesetzt – und starb.

MB

Lit.: Kat. Mainz 2004, S. 346–348, Nr. 29 (Winfried Wilhelmy) ▪
Kat. Nürnberg 2010, S. 184f., Nr. 5.16 (Dieter Barz) ▪
Kat. Speyer 1992, S. 58–81, Vitrinen 5–13 (Antje Kluge-Pinsker).

**159**

## Ritter-Aquamanile

Niedersachsen, 13. Jahrhundert

angeblich Bodenfund in der Gemeinde Melhus bei Trondheim, seit 1777 Königliche Dänische Kunstkammer Kopenhagen

Bronze | gegossen und ziseliert | der Schweif und die Beine des Pferdes sind ergänzt, das Ausgussrohr in der Stirn des Pferdes ist abgearbeitet und eine Troddel eingesetzt | H. 27,7 cm, B. 23,0 cm

Kopenhagen, Nationalmuseet | 9094

Das Aquamanile ist als Ritter in vollständiger Ausrüstung des frühen 13. Jahrhunderts gestaltet. Er trägt eine Ringbrünne unter einem ärmellosen Waffenrock und Kettenbeinlinge mit Knieplatten. Sein Kopf ist von einem Topfhelm mit Sehschlitzen und Atemlöchern bedeckt. Zwei an den Seiten des Helmes angebrachte Löcher dienten vermutlich zur Befestigung einer Helmzier. Der Ritter sitzt in einem hohen Krippensattel zu Pferd, mit der linken Hand hält er die Zügel. Verloren gegangen sind eine Lanze, die er in der rechten Hand hielt, und ein Schild, der an seinem linken Arm befestigt war. Der Herstellungsort scheint Niedersachsen gewesen zu sein, nicht, wie oftmals behauptet, Frankreich.

Aquamanilen sind Gießgefäße, normalerweise aus Bronze gegossen, die im säkularen Bereich zum Waschen der Hände vor und während der Mahlzeiten und im kirchlichen Zusammenhang zur rituellen priesterlichen Reinigung vor der Messe benutzt wurden. Der Ursprung dieser Geräteform liegt im islamischen Raum, von dort wurden Aquamanilen während der Zeit der Kreuzzüge als Luxusgegenstände nach Europa importiert. In Europa wurden Aquamanilen entweder als gefährliche Tiere, oftmals Drachen oder Löwen, oder als Reiter und Ritter gestaltet. In den Ritter-Aquamanilen fanden Ideale des höfischen Lebens eine symbolische Ausdrucksform: Kampfbereitschaft und Stolz verbinden sich mit Reinheit und der Bekämpfung von Schmutz.

PGH

Lit.: Falke/Meyer 1935, S. 108, Nr. 292 ▪ Kat. Herne 2010, S. 365, Nr. F11b (Reinhard Köpf) ▪ Kat. Hildesheim 2008, S. 340, Nr. 40 (Ursula Mende) ▪ Kat. Mainz 2004, S. 378, Nr. 46 (Winfried Wilhelmy) ▪ Keller 2002.

160

## Elefanten-Leuchter

Magdeburg, 12. Jahrhundert

Kupferlegierung | gegossen, ziseliert | H. 15,7 cm, L. 12,0 cm

Nürnberg, Germanisches Nationalmuseum | KG227

Man kannte die Geschichten von Hannibal, der mit Kriegselefanten über die Alpen zog, erzählte sich von Abul Abbas, dem Elefanten Karls des Großen, oder konnte für kurze Zeit den Elefanten bewundern, den Heinrich III. in London hielt, bis er schon nach wenigen Jahren in der Menagerie des englischen Königs verstarb. Doch kaum ein Zeitgenosse des Mittelalters hatte jemals eines der gigantischen Tiere selbst zu Gesicht bekommen. Auch der Leuchter aus Bronze in Form eines Elefanten hat dementsprechend nur wenig mit dem realen Tier gemein. Es ist mehr ein Mischwesen aus Elefant und Pferd, gesattelt mit einem Turm, auf dem ein Bogenschütze auf den Zinnen wacht. Durch den schnabelartigen Rüssel ist das Tier in Ansätzen als Elefant erkennbar, die Stoßzähne werden zumindest angedeutet. Die Beine weisen dagegen Hufe auf, die Ohren sind spitz zulaufend und die Augen mandelförmig, was dem Ungetüm einen verklärten Blick verleiht. Plastisch ausgeführt wurde der zweigeschossige Turm mit rundbogigen Fenstern, auf dem eine zinnenbewehrte Plattform thront, die wiederum als Kerzenhalter diente. Graphische Elemente zieren den Kopf und das Maul des Tieres. Gravuren deuten den Sattelgurt an, wie auch die beiden gemusterten Dächer des Turms.

Der romanische Leuchter aus einer Magdeburger Werkstatt könnte wohl ursprünglich eine adelige Tafel geziert haben, auch wenn der Verwendungskontext nicht zweifelsfrei bekannt ist. Leuchter dieser Art wurden oftmals in Form von Mischwesen gefertigt. Dem lagen verschiedene literarisch und mündlich tradierte Beschreibungen von Tieren zugrunde, die man nicht aus eigener Anschauung kannte, was zu einer entsprechend phantasievollen Wiedergabe führte. Auch der Kriegselefant war ein beliebtes Motiv in Kunsthandwerk und Buchmalerei, befeuerten die historischen und mythologischen Geschichten um die riesenhaften Tiere doch die Imagination der Zeitgenossen. Und so wurden vertraute mit fiktiven Elementen vermengt, um das unbekannte Fremde abzubilden. SZ

Lit.: Kat. Hildesheim 2008, S. 290 f., Nr. 22 (Ursula Mende) ▪ Kat. Nürnberg 2010, S. 365 f., Nr. F11b (Reinhard Köpf).

161

## Ritterkopf

erste Hälfte 13. Jahrhundert (um 1230/40)

Geschenk des Schreinermeisters und Distriktvorstehers Matthäus Dennefeld 1861

Schilfsandstein | Steinmetzarbeit | Fragment einer Vollfigur, Farbfassung fragmentarisch erhalten, Nase, Teil des Bartes sowie der Helmspange teils abgeschlagen, Zimier (Helmzier) fehlt | H. 31,5 cm, B. 20,5 cm, T. 23,0 cm

Bamberg, Museen der Stadt Bamberg – Historisches Museum Bamberg, Historischer Verein Bamberg | HVB 291 a

Der vollrund ausgearbeitete Ritterkopf zeigt einen Gerüsteten zu Beginn des 13. Jahrhunderts. Zu erkennen ist ein Kettenhelm beziehungsweise eine Kettenhaube mit einem darüber gezogenen, genieteten Eisenhelm, der von einem Kinnriemen gehalten wird. Der Nasenschutz ist abgeschlagen, auch die Helmzier ist nicht erhalten geblieben. In der Literatur wird der Kopf aufgrund des blonden gelockten Bartes und der weißlich roten Farbreste im Gesicht als Darstellung eines Mannes europäischer Herkunft gedeutet.

Der Kopf wurde 1861 in der Dominikanerkirche in Bamberg gefunden, seine Entstehungszeit weist darauf hin, dass er ursprünglich nicht für diese erst 1310 gegründete Kirche bestimmt war.

In der älteren Literatur wird die Ansicht vertreten, dass das Bruchstück aus dem Reiterhäuschen des Domes stammt und zu einer Gruppe von drei Reitern gehörte, die den hl. Mauritius und seine Offiziere Exsuperius und Candidus darstellten, die als Märtyrer starben. Die jüngere Forschung geht ebenfalls davon aus, dass es sich um den hl. Mauritius handelt, dass aber die Plastik Teil der Domskulpturen war und als Gegenstück zum hl. Georg zu einem nicht ausgeführten Statuenportal am Nord- oder Südende des westlichen Querschiffs gehörte. Auch als hl. Georg selbst wird er gedeutet. Konkrete Belege dafür fehlen allerdings.

Für die Deutung als hl. Mauritius spricht, dass die Verehrung des hl. Mauritius zur Zeit der Ottonen und auch unter Heinrich II. weit verbreitet war, dass Mauritiusfeste gefeiert wurden und bei der ersten Domweihe die nach ihm benannte Westkrypta mit Mauritiusreliquien ausgestattet war. MSchein

Lit.: Arneth 1954/55, S. 17 ff. ▪ Fiedler 1954 ▪ Hartig 1937 ▪ Hartig 1937/38 ▪ Kat. Bamberg 1992 ▪ Kat. Naumburg 2011, S. 1405 f., Nr. XI.27 (Markus Hörsch) ▪ Keller 1939 ▪ Morper 1937 ▪ Suckale-Redlefen 1987 ▪ Suckale-Redlefen 1995.

**162–163**

## Bodenfliesen mit Ritterdarstellung

162) um 1300

Ulm, Franziskanerkloster

Ton | gebrannt | H. 13,0 cm, B. 14,0 cm

Nürnberg, Germanisches Nationalmuseum | A 10

163) frühes 14. Jahrhundert

Speyer

Ton | gebrannt | Oberfläche abgerieben | H. 17,0 cm, B. 17,0 cm

Speyer, Historisches Museum der Pfalz Speyer

Verzierte Bodenfliesen schmückten repräsentative Räume von Kirchen und Burgen, aber auch Wohnungen des hohen Klerus und des gehobenen Bürgertums. Neben figürlichen Darstellungen von Menschen, Tieren oder Fabelwesen finden sich häufig vegetabile oder geometrische Muster auf quadratischen, runden oder rautenförmigen Fliesen.

Die Fliesen aus Nürnberg und Speyer zeigen jeweils einen gerüsteten Ritter in einer Turnierszene. Der Nürnberger Ritter sprengt mit Schild und eingelegter Lanze auf seinem Streitross nach rechts, auf dem Kopf trägt er einen Topfhelm mit Helmzier. Ähnlich ist die Speyerer Fliese dekoriert, allerdings ist hier das Pferd von einer Schabracke geschützt und von der Lanze des Ritters weht ein Banner. Dieses Motiv hat sich in Speyer in einer Reihe gleicher Fliesen erhalten. Die stark vereinfachten Darstellungen ähneln Ritzzeichnungen und wurden wohl mit Hilfe von Modeln oder Stempeln in den feuchten Ton gedrückt.

Das Turnier war nicht nur ein ritterliches Kampfspiel, in dem der Ritter in einem glanzvollen Rahmen seine Fertigkeiten unter Beweis stellen konnte, sondern auch eine wichtige Übung für die Schlacht. Doch riskierten die Teilnehmer dabei nicht nur den Verlust ihrer Rüstung und des Streitrosses, sondern auch der Gesundheit und sogar des Lebens: So verunglückte Richards Bruder Gottfried 1186 bei einem Turnier in Paris tödlich. Wiederholt versuchte die Kirche, Turniere aufgrund ihrer Gefährlichkeit zu verbieten; letztlich jedoch ohne Erfolg. Mit der Begründung, dass die englischen Ritter durch mangelndes Training den französischen unterlegen seien, erlaubte Richard Löwenherz im August 1194 ausdrücklich die Durchführung von Turnieren in England. SKa

Lit.: Historisches Museum der Pfalz 1983, S. 68 (Günter Stein) ▪ Kat. Herne 2010, S. 373, Nr. F23 (Karin Krapp) ▪ Kammel 2007, S. 216.

**164**

## Nebenabrede von Gaillon 1196

zwischen Gaillon und Le Vaudreuil (Louviers, Dép. Eure), 1195 (urkundlich: *anno Incarnati Verbi* m° c° *nonagesimo quinto*, der Jahresbeginn der Kanzlei Philipps II. lag auf Ostern), 15.01.1196

Pergament | Siegel Richards I. in grünem Wachs an orangefarbenen Seidenfäden (das wohl abgegangene Siegel wurde nachträglich mit einer Hanfschnur befestigt) | Ausfertigung der Kanzlei Philipps II. im Namen Richards I. | H. 12,0 cm, H. Plica 4,0 cm, B. 16,5 cm, Dm. Siegel 10,0 cm

Paris, Archives nationales | AE/III/62 (J//628/3)

Die eineinhalbjährige Gefangenschaft König Richards I. Löwenherz von Dezember 1192 bis März 1194 hatte unter anderem das Ausgreifen des französischen Königs Philipp II. Augustus auf die kontinentalen Besitzungen Richards I. zur Folge. Philipp II. hatte mit Hilfe Johann Ohnelands Teile der Normandie, unter anderem das Vexin, erobert sowie den Adel in Aquitanien in Aufruhr versetzt. Nach der Rückkehr aus der Gefangenschaft versuchte Richard I., die von Philipp II. okkupierten Gebiete zurückzugewinnen.

Nach einigen Belagerungen im Berry in Zentralfrankreich sowie kürzeren Waffenstillständen kam es im November/Dezember 1195 zur Schlacht bei Issoudun (Dép. Indre), aus welcher Richard I. als Sieger hervorging. Am 5. Dezember 1195 schloss er mit Philipp II. einen Friedensvertrag, der nach Weihnachten während eines erneuten Treffens der beiden Monarchen vertraglich festgehalten werden sollte. Das verabredete Treffen fand im Januar 1196 zwischen Gaillon und Le Vaudreil, wahrscheinlich in Louviers (alle Orte Dép. Eure), statt. Dort wurden von den Schreibern der französischen Kanzlei mehrere Schriftstücke aufgesetzt, die den Frieden zwischen den beiden Herrschern sichern sollten.

Neben dem heute als *Vertrag von Gaillon* bekannten Schriftstück umfasste der Friedensschluss mehrere Garantien der englischen Großen zu Gunsten Philipps II., darüber hinaus eine vertragliche Nebenabrede Richards I., in der er Philipp II. versprach, dass er auf die Einnahmen des Erzbischofs von Rouen sowie aller anderen geistlichen und weltlichen Großen (Richards I. Friedensgaranten) verzichten und diese an Philipp II. übertragen werde, sollte der Friedensschluss gebrochen werden (vorliegende *Nebenabrede von Gaillon* 1196).

Der Friedensvertrag von Gaillon 1196 brachte für beide Könige starke Veränderungen im Vergleich zur Ausgangssituation des Konflikts 1194. Der größte Erfolg für den französischen König war die dauerhafte Aufgabe des normannischen Vexin durch Richard I. Im Gegenzug konnte Richard I. seine Position in Aquitanien, den anderen Teilen der Normandie und dem Berry stärken. Schon im Juni 1196 nahmen die beiden Herrscher die Kampfhandlungen allerdings erneut auf. Dies lag in erster Linie daran, dass sich beide Könige nicht mit der Position des anderen zufriedengeben und die eigene territoriale Stellung weiter ausbauen wollten. Langfristig hatte der *Vertrag von Gaillon* damit sein Ziel, einen Frieden zu stiften, verfehlt. Nichtsdestoweniger stehen der *Vertrag von Gaillon* und seine vertraglichen Nebenabreden sinnbildlich für das Streben und Bemühen der angevinischen Könige, die kontinentalen Besitzungen zu halten.

SGH

Q.: Diplomatic Documents (hg. v. Chaplais), Nr. 6, S. 16–18 ▪ Gosset/Rousseau 2002, erneut abgedruckt in Gosset/Rousseau 2004 (falsche Archivsignatur und Siegelbeschreibung) ▪ Layettes (hg. v. Teulet), Bd. 1, Nr. 432, S. 184 ▪ Œuvres (hg. v. Delaborde), Bd. 1, S. 132–134.

Lit.: Chaplais 2003, S. 69–72 ▪ Gillingham 1999a, S. 283–300 ▪ Powicke 1913, S. 143–188.

**165**

## Urkunde Richards I.

Château Gaillard (Dép. Eure), 15. Juni 1198

Pergament | Wachssiegel anhängend | H. 57,5 cm (inkl. Siegel), B. 21,0 cm

Kew, The National Archives | DL 10/47

The Property of Her Majesty the Queen in Right of Her Duchy of Lancaster

Nach der Rückkehr aus der Gefangenschaft widmete sich Richard I. Löwenherz umgehend wieder dem anglo-französischen Konflikt und den kontinentalen Besitzungen. Dort hatte Philipp II. Augustus die Gunst der Stunde genutzt und während der Abwesenheit des englischen Königs eine Reihe von Burgen und Gebieten erobert. Richard I. machte sich an die Rückeroberung und Sicherung seiner Gebiete, wobei die in Rekordzeit errichtete Festung Château Gaillard eine Schlüsselrolle einnahm. Sie diente der Überwachung des Seinetals und der Verteidigung des Weges nach Rouen. Richard I. war 1198 kurz nach der Fertigstellung der Festung persönlich vor Ort, wie eine auf Château Gaillard ausgestellte Urkunde belegt, mit der er eine von seinem Vater getätigte Bestätigung einer Erbvereinbarung zwischen Beatrice de Say und Maud de Say erneuerte. Die illustre Zeugenliste zeigt eine große Zahl an Magnaten in der Gesellschaft des Königs, darunter sein Bruder Johann als Graf von Mortain, die Grafen von Arundel und Salisbury sowie William Marshal.

Gesiegelt wurde die Urkunde mit dem sog. zweiten Siegel Richards I., welches auf der Vorderseite den thronenden König zeigt, nunmehr aber ohne die noch auf dem ersten Siegel vorhandenen Sonnen- und Halbmondsymbole. Die Forschung vermutet, dass er sich hierdurch von seinem ehemaligen Kanzler William Longchamp lösen wollte, der diese Symbole in seinem persönlichen Siegel geführt und verbreitet hatte. Auf der Rückseite findet sich wie schon auf dem ersten Siegel der reitende Ritter, nunmehr aber mit drei Löwen (heraldischen Leoparden) im Bildfeld des Schildes. Dies markiert die erstmalige Verwendung der bis heute bekannten und vielfach adaptierten drei englischen Löwen, den *Three Lions*. SZ

Lit.: Ailes 2015 ▪ Gillingham 2002 ▪ Holt/Mortimer 1986, Nr. 379.

166

## Dolchmesser

Frankreich, Mitte 13. Jahrhundert

Eisen, Kupferlegierung | L. 33,0 cm

Chalon-sur-Saône, Musée Vivant Denon | C.A. 809

Das Dolchmesser mit einseitiger Schneide und leicht gebogener Parierstange ist mit einem großen, sternförmigen Knauf geschmückt, der eine aufwendige Verzierung aufweist: Aus getriebenem Kupferblech ist eine kreisförmige Plakette in den Knauf eingelassen, die einen galoppierenden Ritter zu Pferd mit erhobenem Schwert und dreieckigem Schild zeigt sowie einen unter dem Pferd am Boden liegenden menschlichen Körper. Vergleichbare Szenen finden sich auch auf zeitgenössischen Reitersiegeln, so auch auf den beiden Königssiegeln Richards I. Löwenherz (vgl. Beitrag Sarnowsky, Abb. 3 [erstes Siegel] und Beitrag Keupp, Abb. 4 [zweites Siegel]). Die Umschrift AVE MARIA GRATIA PLENA nennt nicht den Namen eines Adeligen, sondern stellt die Darstellung in einen religiösen Zusammenhang.

Neben dem Schwert gehörte auch der Dolch zu den gebräuchlichen Waffen eines Ritters im Hochmittelalter. Ein so außergewöhnlich reich verziertes Stück von hoher Qualität gehörte daher sicherlich einem Angehörigen des Hohen Adels und gibt einen Eindruck von dem vielfältigen Zubehör, das zur Zeit Richards I. neben anderen Waffen und Rüstungsbestandteilen die Ausstattung eines Ritters ausmachte. JK

Lit.: Kat. Herne 2010, S. 368f., Nr. F16 (Dirk Breiding) ▪ http://www.culture.gouv.fr/documentation/joconde/fr/ (27.06.2017).

167

## Kapitell mit Schlachtszene

Foix (Dép. Ariège), möglicherweise aus dem nicht mehr existierenden Kreuzgang der Abtei Saint-Volusien, Ende 12. Jahrhundert

geborgen vor 1835 (Erwähnung in der Sammlung der Stadtbücherei Foix)

Kalkstein | behauen | H. 30,0 cm, B. 57,0 cm, T. 34,0 cm

Foix, Musée départemental de l'Ariège | 1989.1.77

Das Kapitell mit Schlachtszene gehört zu einem Satz von vier Kapitellen, die Anfang des 19. Jahrhunderts in Foix in der Nähe der erstmals im Jahre 1849 erwähnten, aber älteren Abtei Saint-Volusien gefunden wurden. Diese war zu Ehren des in Foix gemarterten und beigesetzten hl. Volusien gegründet worden. Die Kapitelle, die früher auf paarweise angeordneten Säulen standen, stammen mit hoher Wahrscheinlichkeit aus dem 1582 in den Religionskriegen zerstörten Kreuzgang der Abtei.

Das verzierte Kapitell weist eine besonders reichhaltige Ikonografie und eine stilistische Darstellungsweise von hoher Qualität auf. An drei Seiten wird die Legende des hl. Volusien, Bischof von Tours, dargestellt. Er wurde im 5. Jahrhundert von den Goten entführt, nachdem sie die Stadt erobert und zerstört hatten. Auf einer Seite des Kapitells wird er in Ketten gefesselt von zwei Kriegern gezogen dargestellt, während auf der Rückseite eine stilisierte Festung und ein von den Zinnen stürzender, verletzter Soldat abgebildet sind. Vermutlich handelt es sich um eine Darstellung der Einnahme von Tours. An den beiden Schmalseiten betont eine Verzierung aus Rankwerk und Akanthusblättern den höchst dekorativen Charakter der Bauplastik.

Die Darstellungen der Kampfszenen auf diesem Kapitell sind besonders detailreich und lebendig. Auf der repräsentativen Schauseite tragen zwei Soldaten Helme, Schwerter und Schilde. Beim Voranschreiten stellen sie die Verbindung mit einer der Längsseiten her, auf der die Belagerung einer Stadt zu sehen ist. Es handelt sich um Toulouse, wo der hl. Volusien festgehalten wurde, bis man ihn nach Foix brachte. Diese Szene ist typisch für die Kriegskunst des 12. Jahrhunderts. Dargestellt ist ein kauernder Mann, der die Mauer unterhöhlt, während dahinter zwei mit Schwert und Armbrust bewaffnete Soldaten kämpfen. Im 12. Jahrhundert war das Schwert die wichtigste Waffe des Ritters und sein Statussymbol. Es wurde mit der rechten Hand geführt, und der große Schild in der linken Hand sollte seinen Träger von der Schulter bis zum Knie schützen. Dem Schild kommt darüber hinaus eine große Bedeutung zu, weil auf ihm das Wappen des Ritters angebracht war. Noch gefürchteter waren Wurf- und Schusswaffen, insbesondere Armbrüste. Mit diesen konnte man Bolzen abschießen, die in der Lage waren, die solidesten Schutzvorrichtungen zu durchdringen. Sie waren derart gefährlich geworden, dass die Kirche 1139 beim Zweiten Laterankonzil versuchte, den Gebrauch unter Christen zu verbieten. Und doch war es der Bolzen einer Armbrust, der Richard I. Löwenherz am 6. April 1199 in Châlus-Chabrol (Dép. Haute-Vienne) tödlich traf. IL

Lit.: Baylé 1967 ▪ Du Mège 1834–1835 ▪ Laurière 1886–1988, S. 28 ▪ Roger 1901 ▪ Saint-Blanquat 1969 ▪ Vacquier 1994.

Kapitel VIII

# Perspektiven

» Tot ist der König, und tausend
Jahre sind vergangen,
in denen kein so tapfrer Mann war
noch je gesehen wurde,
und niemals mehr wird es einen
geben, der ihm gleicht,
so freigebig, so mächtig, so kühn,
so großzügig. «

GAUCELM FAIDIT, *FORTZ CHAUZA*

du bon roy ph[e] au rinex q̃ no⁹ pourros.
L. e. x. Cõment othon assambla son ost
a valenciennes. Et cõment il vindrẽt or
deinnez a bataille pour ce quil cuidierẽt le
roy seurprendre desporueuement.

# Die Schlacht von Bouvines am 27. Juli 1214

## Die Ordnung der Kräfte im Westen Europas

Martin Kaufhold

Der ›Sonntag von Bouvines‹ klärte die politischen Verhältnisse im Westen Europas. Die Schlacht im Norden Frankreichs beendete die Anwesenheit des englischen Königs auf dem französischen Festland weitgehend und mit ihr erloschen die welfischen Träume von einem Kaisertum Ottos IV. endgültig. Doch mit Bouvines verbinden sich auch Anfänge: der Aufstieg des französischen Königtums zur stärksten Macht im Westen Europas und die Strahlkraft der Hauptstadt Paris, die dem Sieger einen triumphalen Empfang bereitete – dies war die Bestätigung des jungen Staufers Friedrich II., der keine zwei Jahre zuvor, im Dezember 1212 in Mainz zum römisch-deutschen König gekrönt worden war. Da stand er unmittelbar vor seinem 18. Geburtstag. Er war nach Deutschland gekommen, um die Krone seines Vaters, Heinrich VI., zu erlangen, die auch der Welfe Otto IV. für sich beanspruchte. Dieser hatte nach manchem Wandel des Geschicks die Krone in Deutschland und die Kaiserkrone erlangt, sich danach aber mit Papst Innozenz III. überworfen. Innozenz war ein energischer Gegner. Seine Politik war von begrenzter Wirkung, aber eine Exkommunikation durch den Papst konnte gefährlich werden, wenn der Exkommunizierte Feinde hatte, die die päpstliche Sanktion zur Unterstützung eigener Interessen nutzten. Und Otto hatte Feinde. Kein Chronist der Ereignisse von Bouvines versäumt es, ihn als Exkommunizierten oder als Gegner der Kirche zu charakterisieren. Tatsächlich hatte Papst Innozenz auch die Könige von Frankreich und England in den Jahren vor Bouvines mit dem Kirchenbann belegt, aber beide Könige hatten die päpstliche Gnade beizeiten wiedererlangt. Mit der Nennung dieser Akteure haben wir das Geschehen im Umfeld von Bouvines bereits in den Blick genommen. Unterschiedliche politische und dynastische Interessen drängten zu Beginn des 13. Jahrhunderts zur Entscheidung. Die stärkste Position in diesem Gefüge im Umbruch hatte Philipp II. Augustus, der seit 34 Jahren – einem Lebensalter – König von Frankreich war (Abb. 1). Er hatte die Krone als junger Mann geerbt und im Laufe seiner Regierung die tatsächliche Macht dieser Krone in den Grenzen seines Königreichs Schritt für Schritt durchgesetzt. Er war mit Richard I. Löwenherz auf den Kreuzzug gefahren, war aber früher zurückgekehrt als der englische König, denn sein Ziel war nicht die Rückeroberung Jerusalems. Sein Sinn richtete sich vielmehr darauf, seine mächtigen Vasallen der Ordnung des Königs zu unterstellen – Männer, die dem König Treue schuldeten, aber nicht selten ebenso mächtig waren wie er und entsprechend eigene Ziele verfolgten. Der englische König war der mächtigste von ihnen. Seit 150 Jahren wurde England von Männern regiert, deren Heimat im Norden Frankreichs lag, in der Normandie und im Anjou. Auch als Könige von England blieben sie Herzöge der Normandie und Grafen von Anjou (Abb. 2). Tatsächlich verbrachten sie weit mehr Zeit in Frankreich als in England. Und nicht immer begegneten sie dem französischen König mit dem Respekt, den er verlangte. Ein militärischer Konflikt war kaum zu vermeiden; Philipp II. war zumindest bereit, ihn in Kauf zu nehmen, wenn seine königliche Autorität nicht anerkannt wurde. Richard I. Löwenherz war dies bewusst, aber er war entschlossen, Philipp nicht nachzugeben. Er hatte seine Erfahrung aus dem Kreuzzug eingesetzt, um den traditionellen Besitz seiner Familie zu befestigen. Aber nach Richards Tod eroberte Philipp II. Château Gaillard im Vexin, Richards neueste Festung nach dem Vorbild der Kreuzritterburgen (Abb. 3) und schließlich alle englischen Besitzungen im Norden Frankreichs. Philipp hatte das Glück, nun einen Gegner wie Johann Ohneland zu haben. Auch unter Historikern, die sich bisweilen in ihren Urteilen unterscheiden, findet sich kaum eine Stimme, die ein gutes Wort für Johann als König von England einlegen würde. Johann war ein schwieriger Charakter mit wenig Sinn für die Interessen seiner Barone. Seit dem Verlust der Festlandsbesitzungen in Frankreich stand er unter Druck. Diese Ländereien waren nicht nur Land des Königs, auch die Barone

1 Reiterkampf zwischen Philipp II. Augustus und Otto IV., *Grandes Chroniques de France*, Frankreich, 14. Jahrhundert ▪ Paris, Bibliothèque nationale de France, Ms. fr. 2813, fol. 253v (Detail).

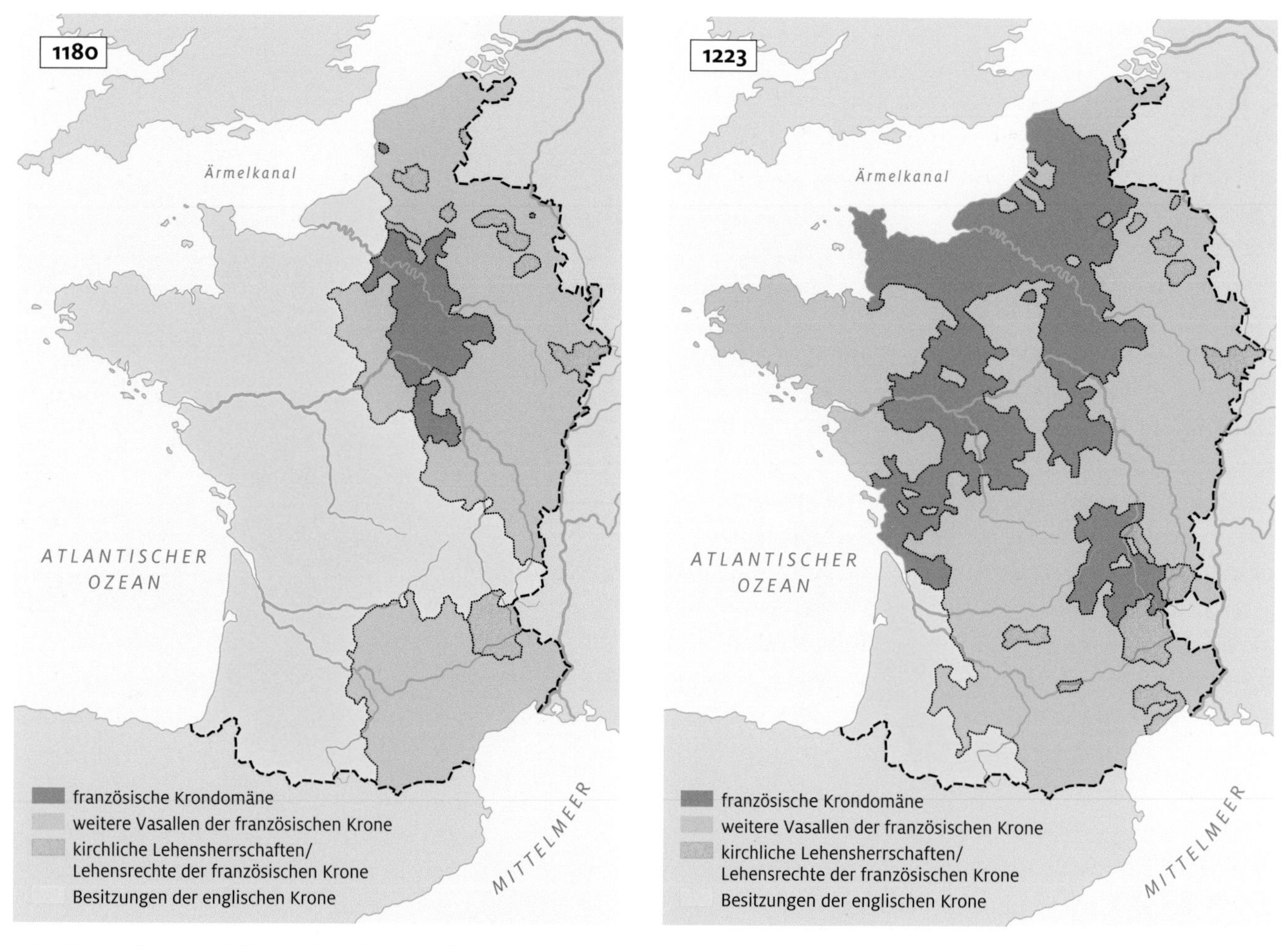


2 Der Herrschaftsbereich Philipps II. Augustus vor und nach der Schlacht von Bouvines ▪ © Peter Palm, Berlin.

3 Château Gaillard mit Blick über das Seinetal ▪ © Francis Cormon.

hatten normannische Wurzeln, ebenso wie die großen Klöster. Ein König, der diesen Besitz nicht schützen konnte, wurde zu einem schwachen König. Um dieser Entwicklung zu begegnen, mobilisierte Johann alle Mittel für einen Feldzug, auf dem das verlorene Land in Frankreich zurückerobert werden sollte. Für die Barone bedeutete dies, dass der König nun alle alten und neuen Ansprüche vehement einforderte, die sich aus königlichen Lehen und aus gewährten Rechten – wie Gerichtsrechten, Markt- oder Zollrechten – ergaben. In dieser Form war das für sie eine neue Erfahrung. Auch Johanns Vorgänger hatten Forderungen erhoben. Aber wenn diese von einem König erhoben wurden, der die meiste Zeit außer Landes war, dann erschienen sie weniger dringlich. Johann war ein präsenter König und seine Präsenz war drückend. Sie war fordernd, häufiger auch gewalttätig, wenn die Barone nicht pünktlich zahlten. Daraus erwuchs Unmut. Noch hielt sich der Widerstand bedeckt, aber der Vorwurf, der König sei ein Tyrann, der seine eigenen Interessen über die des Landes stellte, war in der englischen Politik gefährlich. Johann selbst nahm an der Schlacht von Bouvines nicht teil, die seinem Königtum eine neue Stärke verleihen sollte (Abb. 4). Er hatte von der westfranzösischen Hafenstadt La Rochelle aus gegen Philipp vorstoßen wollen. Der Vormarsch kam jedoch schnell zum Erliegen. Das Heer des französischen Thronfolgers hatte ihn gestoppt. In Bouvines wurden die englischen Ritter durch einen Halbbruder Johanns angeführt, Wilhelm Graf von Salisbury, seine Zeitgenossen nannten ihn ›Langschwert‹.

4 Johann Ohneland auf seinem Thron, Matthew Paris, *Abbreviatio Chronicorum*, England, 1250–1259 ▪ London, The British Library, Cotton MS Claudius D VI, fol. 9v (Detail).

Hier verlief die Konfliktlinie in Bouvines. Die Vertreter des Reiches – der Staufer Friedrich II. und der Welfe Otto IV. – stellten sich entsprechend auf. Deutsch waren diese Männer, die die römisch-deutsche Krone des Reiches beanspruchten, kaum. Friedrich war im Süden Italiens geboren und in Sizilien aufgewachsen, Otto wurde in Braunschweig als Sohn Heinrichs des Löwen geboren und zog als etwa siebenjähriger Junge mit seiner Familie ins Exil an den englischen Königshof, da seine Mutter eine englische Prinzessin war. Otto verbrachte seine Jugend in England, vor allem aber im Norden Frankreichs, wo sich Heinrich II. so häufig aufhielt. Die familiäre Verbindung der Welfen mit der englischen Königsfamilie führte zur Unterstützung von Ottos Thronanspruch durch Richard I. Löwenherz und danach durch Johann Ohneland. Friedrich II. hatte im Monat vor seiner Mainzer Königskrönung entsprechend ein Bündnis mit dem französischen König geschlossen, in dem er der Juniorpartner war. In Bouvines trat der Staufer selbst nicht an. Im Lager der Engländer und Ottos stand neben verschiedenen Abenteurern, die noch offene Rechnungen mit dem französischen König hatten, auch Graf Ferdinand von Flandern. Er war Vasall des französischen Königs, brach in Bouvines also seinen Treueeid. Die Chronisten bemerkten diesen Verstoß ausdrücklich und sahen darin einen Hochverrat. Tatsächlich war Flandern ein sensibles Territorium: eine Grafschaft mit aufstrebenden Handelsstädten und selbstbewussten Kaufleuten. Der Tuchhandel wurde zur Grundlage ihres Reichtums und die Wolle für die Tuche kam aus England. Der französische König begegnete dieser flandrischen Neigung nach England durch eine möglichst enge Bindung der Grafen an die eigene Familie. Das gelang nicht immer. Bei Ferdinand war die Rechnung nicht aufgegangen. Und die flandrischen Städte widersetzten sich im ganzen späten Mittelalter den Forderungen der französischen Krone. Diese Spannungen waren der Grund für den Ort der Schlacht. Die Brücke von Bouvines, die der Schlacht ihren Namen gab, lag im Tal des Flusses Marque zwischen Tournai und Lille. König Philipp II. war nach Flandern gezogen, um die Grafschaft für den Wechsel des Grafen

5 Otto IV. im *Schichtbuch* Hermann Botes, 1514 ▪ Braunschweig, Stadtarchiv, H III 2: 19, fol. 107r.

6 Knieender Ritter aus dem sog. *Westminster Psalter*, England, 13. Jahrhundert ▪ London, The British Library, Royal MS 2 A XXII, fol. 220r.

in das Lager der Engländer zu bestrafen. Das französische Heer zog durch Flandern, »das Land links und rechts durch Feuer verwüstend« wie der Chronist Wilhelm der Bretone berichtet, der an dem Feldzug teilnahm (omnia a dextris et a sinistris incendiis devastando [...], Wilhelm der Bretone, Philippidos [hg. v. Delisle], S. 94).

Bei Tournai waren die Großen im französischen Heer nicht auf eine Schlacht mit Otto und den Flamen aus. Sie wollten ihr ausweichen und zogen sich zurück. Doch beim Rückzug wurde klar, dass das Heer Ottos den Kampf suchte. Seine Aufstellung war ein klares Zeichen. Beim Übergang über den Fluss Marque ruhte Philipp II. im Schatten einer Esche neben einer Kapelle aus. Die Feinde hatten darauf gewartet, dass der König die Brücke überquerte, um dann die Nachhut zu überwältigen. Von der Rast des Königs wussten sie nichts. Den König erreichte die Nachricht seiner Nachhut, dass sie angegriffen werde und nicht mehr lange standhalten könne. Die Krieger auf der anderen Seite des Flusses und die Fahne des hl. Dionysos – die *Oriflamme* – wurden zurückgerufen. Philipp II. zog sich zu einem kurzen Gebet in die Kapelle zurück und sprengte dann vor in die erste Reihe der Kämpfenden. Das Auftauchen des Königs verunsicherte die Gegner. Sie standen auf der Nordseite des Schlachtfeldes, die Franzosen standen im Süden, »die Sonne in ihrem Rücken« (solem habens in humeris, Wilhelm der Bretone, Gesta Philippi Regis [hg. v. Delisle], S. 95. Über die Gegner wird dagegen gesagt: solem, qui die illa solito ferventius incaluerat, ante oculos habentes, ebd.). Es war ein besonders heißer Tag. Die beiden Reihen der Kämpfer ersteckten sich in gleicher Breite über das Feld. König Philipp stand in vorderer Reihe, umgeben von erfahrenen Rittern zu seinem Schutz. Auf der anderen Seite blitzte das Feldzeichen Kaiser Ottos, der vergoldete Adler, in der Sonne (Abb. 5). Ein Drache wand sich um den Stab, der den Adler trug. Nicht weit hinter König Philipp stand der Kaplan Wilhelm der Bretone, dessen Bericht wir hier wiedergeben, und er hörte, wie Philipp seinen Rittern Mut zusprach. Mit erhobenem Arm spendete der König seinen Rittern den Segen in der Gewissheit, dass sie als christliche Krieger mit der Hilfe Gottes über den exkommunizierten Otto triumphieren mussten.

Wir haben keine genauen Zahlen über die Stärken der beiden Armeen, aber die Forschung geht davon aus, dass sich insgesamt etwa 4.000 Ritter und 12.000 Fußsoldaten gegenüberstanden, wobei die französischen Kräfte zahlenmäßig schwächer waren. Nicht alle Reiter hatten den Ritterschlag schon erhalten, der Augenzeuge berichtet von dem energischen Angriff der französischen *satellites* – so heißen die Knappen, die noch nicht zu Rittern geschlagen waren, in den Quellen – auf die Flamen zu Beginn der Schlacht. Ein blutiger Sonntag hob an: »Es war ein bewundernswerter Kampf von beiden Seiten.« Und viele fielen (Facta est ibi admirabilis pugna ex utroque, Wilhelm der Bretone, Gesta Philippi Regis [hg. v. Delisle], S. 96). Die Ritterschlachten dieser Zeit erinnern an die Kämpfe der Ilias: Einzelne, deren Namen die Berichte hervorheben, oder Gefolgschaften, die zusammen auf das Schlachtfeld zogen. Sie stimmten ihr Vorgehen in einer kleinen Gruppe ab, im Vertrauen auf die gemeinsame Erfahrung. Es gab keinen Oberbefehl, die Könige überwachten das Geschehen nicht von einem sicheren Hügel und gaben ihre Befehle, sondern standen selbst mitten unter den Kämpfenden und gaben ein Beispiel. Auch, wenn es gefährlich wurde (Abb. 6).

Der Kampf dauerte bereits drei Stunden, als die *Oriflamme*, die Fahne des französischen Königs, und mit ihr die Krieger der Vorhut eintrafen (Abb. 7). Sie drangen bis zu König Philipp vor und umringten ihn schützend, während Otto und seine Männer den Angriff gegen den König führten. Der Augenzeuge betont ihren Mut und ihren »furor theutonicus« (Wilhelm der Bretone, Gesta Philippi Regis [hg. v. Delisle], S. 97, Absatz D). Sie umstellten Philipp und zogen ihn vom Pferd, nur seine Rüstung rettete sein Leben (Abb. 8). Der Angriff wurde jedoch abgewehrt,

7 Der hl. Dionysius von Paris übergibt die *Oriflamme* an Jean Clément, Detail eines Glasfensters, 13. Jahrhundert ▪ Chartres, Kathedrale von Chartres. Foto: © Chartres Cathedral, Chartres, France / Bridgeman Images.

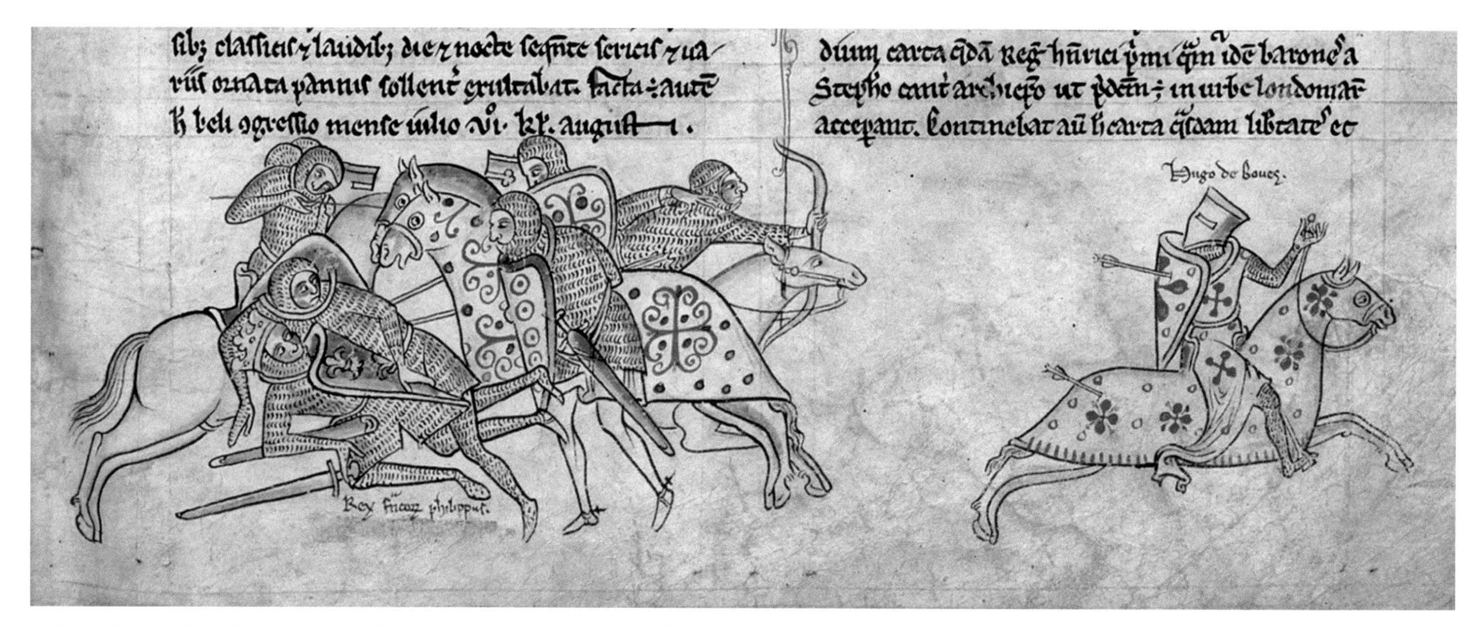


8 Philipp II. Augustus auf dem Schlachtfeld von Bouvines, rechts der fliehende Hugo von Boves. Matthew Paris, *Chronica Maiora II* ▪ Cambridge, Corpus Christi College, MS 16ii, fol. 41r (Detail).

9 Graf Ferrand von Flandern wird in die Gefangenschaft gebracht (rechter Bildausschnitt). *Les Grandes Chroniques de France*, Frankreich, zwischen 1332 und 1350 ▪ London, The British Library, Royal MS 16 G VI, fol. 384r (Detail).

nun geriet Otto selbst in Gefahr. Sein Pferd wurde getötet und er wandte sich zur Flucht, den Wagen mit dem Adler ließ er zurück. Seine Flucht schwächte die Moral seiner Krieger. Doch das Ziel der Gegner, Philipp zu töten und dadurch seine Truppen zu zerstreuen, wurde nicht erreicht. Am Ende eines blutigen Sonntags obsiegten schließlich die Franzosen in dem erbitterten Kampf an der Brücke von Bouvines.

Die mittelalterlichen Chronisten erzählen die Geschichte der Schlacht als einen Kampf zwischen König Philipp und dem exkommunizierten Kaiser Otto. Von König Johann Ohneland oder dem Staufer Friedrich II. sprechen sie nicht. Das war der mittelalterliche Blick auf eine hierarchische Welt. Bouvines wurde zu Philipps Triumph, auch wenn er ihn gar nicht gesucht hatte. Aus den Berichten der Chronisten lässt sich herauslesen, dass das Ziel der englisch-flämisch-welfischen Allianz die Tötung Philipps von Frankreich gewesen sei und damit die Beendigung der kapetingischen Dynastie. Dazu kam es nicht. Stattdessen begründete der Sieg den Ruf der französischen Ritter im 13. Jahrhundert. Für die Verlierer wurde die Niederlage unumkehrbar. Der Graf von Flandern, der seinen Treueschwur gebrochen hatte, wurde eingekerkert (Abb. 9). Otto IV. verlor seine verbliebenen Unterstützer. Er zog sich nach Sachsen zurück, wo er vier Jahre später starb. Johann Ohneland hatte die entscheidende Schlacht verloren; nun waren seine Gegner stark genug, ihm entgegenzutreten. Ein Jahr nach der Schlacht von Bouvines musste der englische König auf der Wiese von Runnymede im Südwesten Englands seinen Baronen in der *Magna Carta* wichtige Freiheiten garantieren. Im Jahr darauf starb er. Der Sieger von Bouvines, Philipp II., übersandte den eroberten Adler an seinen jungen staufischen Verbündeten Friedrich II., dessen Zeit erst anbrach. Nach Bouvines galt Philipp II. Augustus als der mächtigste König Europas.

Q.: Anonymer von Béthune, Chronik (hg. v. Delisle) ▪ De pugna Bovinensi (MGH SS 26) ▪ Wilhelm der Bretone, Philippidos (hg. v. Delisle) ▪ Wilhelm der Bretone, Gesta Philippi Regis (hg. v. Delisle).

Lit.: Baldwin/Simons 2014 ▪ Duby 2002 ▪ Ehlers 2009, S. 125–150 ▪ France 2015 ▪ Kaufhold 2004.

# Johann Ohneland

Christoph Mauntel

1 Johann Ohneland in der *Genealogical Roll of the Kings of England*, England, vor 1308 ▪ London, The British Library, Royal MS 14 B VI, Membrane 6 (Detail).

Johann wurde 1167 als jüngster Sohn Heinrichs II. und Eleonores von Aquitanien geboren, womit er von Anfang an einen schweren Stand hatte. Als Heinrich 1169 seine Söhne mit Territorien ausstattete, ging Johann als Jüngster leer aus, was ihm später den Beinamen ›Ohneland‹ einbrachte (Abb. 1). Über seine Jugend wissen wir wenig. Johann wurde wohl in der Abtei Fontevraud (Anjou) ausgebildet und hielt sich später am Hof seines ältesten Bruders Heinrich auf. Als Heinrich II. Johann schließlich mit einigen Ländereien im Anjou ausstatten wollte, rebellierte sein ältester Sohn dagegen, weil dadurch sein Erbteil geschmälert worden wäre. Dasselbe geschah, als es wenig später um Aquitanien ging, das bereits Richard versprochen war. Auch die Übertragung der Krone Irlands an Johann scheiterte, weil dieser dort binnen kurzer Zeit den Adel gegen sich aufbrachte.

Angesichts dieser Versuche darf man vermuten, dass Heinrich II. seinen jüngsten Sohn angemessen ausstatten, ihn vielleicht sogar zum Thronfolger machen wollte. Dagegen lehnten sich jedoch die älteren Brüder auf. 1188 eskalierte die Situation: Der nun älteste noch lebende Sohn, Richard, zwang seinen Vater mit Hilfe des französischen Königs, Philipps II. Augustus, ihn als Erbe anzuerkennen; auch Johann stellte sich auf die Seite seines Bruders, der dann 1189 König wurde.

Als Richard 1190 zum Kreuzzug aufbrach, bestimmte er seinen Neffen Arthur zu seinem Nachfolger. Johanns Versuch, Richards Abwesenheit und Gefangenschaft für sich zu nutzen, scheiterte am Widerstand von Richards Anhängern. Die Brüder versöhnten sich jedoch bei Richards Rückkehr. Während Arthur sich zwischenzeitlich mit dem französischen König verbündet hatte, stand Johann von nun an loyal zu Richard, der ihn kurz vor seinem Tod 1199 zum Nachfolger ernannte.

Als König musste Johann sich sogleich um die Verteidigung der Normandie kümmern: Philipp II. nutzte die Thronansprüche Arthurs für sein eigenes Ziel, nämlich den angevinischen Besitz in Frankreich zu schmälern. Es entbrannte ein Kampf um die Normandie und das Anjou. Zwar kam es 1200 mit dem *Vertrag von Le Goulet* für kurze Zeit zu einem Ausgleich, aber der Konflikt lebte schon 1202 wieder auf. Dass Johann einer Vorladung vor das Pariser Hofgericht nicht gefolgt war, nutzte Philipp dazu, ihm all seine französischen Lehen abzusprechen. Geschickt spielte Philipp hier seine Stellung aus, denn die französischen Besitzungen der Angevinen waren sämtlich Lehen des französischen Königs. Das Urteil gab Philipp nun das Recht, die Normandie militärisch zu erobern. Im *Vertrag von Thouars* musste Johann 1206 schließlich alle Territorien nördlich der Loire aufgeben.

In England war der Unmut über diesen Verlust groß. Natürlich wollte Johann die verlorenen Gebiete zurückerobern – dafür brauchte er jedoch Geld, das er nun vor allem in England einzutreiben suchte. Er nutzte hierfür dieselben Mittel wie schon sein Bruder und sein Vater: eine Ausdehnung der königlichen Gerichtsbarkeit und, damit einhergehend, eine straffe Finanzverwaltung (die auch Strafzahlungen einzog). Die Barone sahen dies als Eingriff in ihre Rechte und Freiheiten und mussten sich mitunter verschulden, um sich die königliche Gunst zu erkaufen. Während Johann Silber hortete, fürchteten die Barone ihren Ruin; und wer seinen Verpflichtungen nicht nachkommen konnte, dem drohte Exil.

Gleichzeitig belastete ein Konflikt mit der Kirche Johanns Regentschaft. Da Johann dem neuen, vom Papst bestimmten Erzbischof von Canterbury, Stephen Langton, die Anerkennung verweigerte, verhängte Innozenz III. 1207 das Interdikt über England. Dies nutzte Johann, um seinerseits Kirchengüter zu beschlagnahmen und Priestern Lösegelder abzupressen. 1209 wurde er daher exkommuniziert. Alle Lösungsversuche des Konflikts blieben erfolglos, so dass Innozenz III. schließlich drohte, Johann abzusetzen. Nach Feldzügen gegen Schottland (1209), Irland (1210) und Wales (1211) erhob sich nun Widerstand, als Johann 1212 eine Invasion Frankreichs plante. Es gab zudem

Gerüchte über eine mögliche französische Invasion Englands und über Mordpläne gegen Johann. Dieser musste schließlich nachgeben, wollte er nicht seinen Thron riskieren: Auf Druck der Barone söhnte er sich mit Innozenz III. aus und akzeptierte Stephen Langton als Erzbischof. Letztlich erkannte er den Papst sogar als seinen Lehensherren für das Königreich England an, wodurch er wohl auf dessen Protektion hoffte.

Johann erneuerte nun die bereits ältere Allianz mit den Welfen, die mit Otto IV. den Kaiser des römisch-deutschen Reichs stellten. Philipp II. hatte sich im Gegenzug mit den Staufern verbündet. Obwohl sich einige Barone weigerten, ihm Heerfolge zu leisten, brach Johann 1214 zu einem Kriegszug ins Poitou auf. Seine Verbündeten unter Führung Ottos IV. griffen gleichzeitig Frankreich von Osten aus an, wurden jedoch im Juli 1214 bei Bouvines vernichtend geschlagen. Johann wurde seinerseits vom französischen Thronfolger Ludwig (VIII.) zurückgedrängt und kehrte nach England zurück. Das Ergebnis dieser Kriegszüge war ein Desaster für Johann: Philipp II. sicherte sich seine Eroberungen der letzten 20 Jahre und das Angevinische Reich war de facto zerschlagen; Otto IV. büßte den Thron des römisch-deutschen Reichs ein und insbesondere die englischen Barone, die nicht mit ins Poitou aufgebrochen waren, sahen sich in ihrer Opposition bestätigt.

Rebellion hatte schon vorher in der Luft gelegen; wie genau sie sich nach Bouvines zuspitzte, ist nur unzulänglich überliefert. Bei seiner Rückkehr nach England gelobte Johann nun einen Kreuzzug, wohl auch, um sich und sein Königtum unter päpstlichen Schutz zu stellen – vergeblich, wie sich zeigen sollte. Beratungen und Verhandlungen mit den Baronen konnte er nicht ausweichen (Abb. 2). Im Mai 1215 kam es sogar zu kleineren militärischen Zusammenstößen und auch die Hauptstadt London stellte sich gegen den König. Nach erneuten Verhandlungen erließ Johann dann am 15. Juni 1215 die *Magna Carta* als königliches Privileg. Inhaltlich gab es dafür Vorläufer, wie etwa die Krönungsurkunde Heinrichs I. aus dem Jahr 1100, mit dem der König Klerus und Adel traditionelle Rechte zugesichert hatte. Auch die *Magna Carta* war inhaltlich keineswegs revolutionär. Ihre 63 Artikel fassten hauptsächlich bestehende Rechte zusammen, sicherten die Freiheiten der Kirche, thematisierten das Lehensrecht und damit verbundene Abgaben, regelten das Verfahren der Rechtsprechung, legten die Höhe von Geldbußen fest. Neu bzw. ansatzweise »radikal« war vor allem Artikel 61, der einem Gremium aus 25 Baronen auftrug, über die Einhaltung der *Carta* zu wachen. Letztlich war die *Magna Carta* ein Friedensvertrag zwischen dem König und den Baronen – als solcher scheiterte er jedoch.

2 Johann Ohneland auf der Jagd. Gesetzbuch *(Liber legum antiquorum regum)*, verfasst ca. 1321 für die Guildhall in London ▪ London, The British Library, Cotton MS Claudius D. II, fol. 116r (Detail).

Johann ließ die *Magna Carta* sogleich durch den Papst annullieren, weil die Vereinbarung erzwungen worden sei. Die Barone erhoben sich daraufhin erneut und boten dem Sohn des französischen Königs, Ludwig, den englischen Thron an. Dieser begann daraufhin im Mai 1216 eine Invasion Englands. Johanns Tod am 19. Oktober 1216 – er starb an der Krankheit Ruhr – änderte allerdings die Lage. Seine Anhänger ließen schnell seinen noch minderjährigen Sohn, Heinrich III., krönen, der sogleich die *Magna Carta* anerkannte – allerdings in einer entschärften Form. Der Hauptgrund der Rebellion war damit beseitigt und Ludwig konnte auf keinerlei Unterstützung mehr in England hoffen.

Lit.: Church 1999 ▪ Holt 1992 ▪ Turner 2005 ▪ Vincent 2012 ▪ Warren 1997.

# Die *Magna Carta*

Sebastian Zanke

Als Johann Ohneland am 15. Juni 1215 auf der Wiese von Runnymede nahe Windsor sein Siegel unter die Urkunde setzte, die als *Magna Carta* in die Geschichtsbücher eingehen sollte, konnte weder dem englischen König noch seinen Gegnern, die ihm das Dokument abgerungen hatten, bewusst gewesen sein, dass sie hier eines der wirkungsmächtigsten Dokumente des Mittelalters geschaffen hatten (Abb. 1). Es war nicht der End-, aber sicherlich der Höhepunkt einer Auseinandersetzung zwischen dem König, dem kaum eine politische Handlung gelingen mochte, und den Baronen Englands, die der königlichen Forderungen und des in ihren Augen willkürlichen Handelns überdrüssig waren. Ein Jahr zuvor hatte Johann in Bouvines eine vernichtende Niederlage gegen den französischen König hinnehmen müssen – eine Schlacht von europäischem Format, die nicht nur den Aufstieg des Kapetingers endgültig besiegelte und den Thronstreit im Reich zugunsten der Staufer entschied, sondern auch Johanns Verluste in Frankreich bestätigte. In der Folge wurde massive Kritik an seiner Herrschaftspraxis laut. Kritisiert wurden persönliche Verfehlungen Johanns, Willkür in der Herrschaftsausübung, Günstlingswirtschaft und der Einfluss von Fremden am Hof. Vor allem beklagte man die finanziellen Forderungen des Königs, welche die Barone nicht mehr hinnehmen wollten. In dieser angespannten politischen Situation schloss sich die Opposition zu einer Schwurgemeinschaft zusammen, formulierte verschiedene Positionspapiere und kündigte schließlich sogar dem König die Gefolgschaft auf. Als die Barone auch noch die Unterstützung Londons gewonnen hatten, stimmte der König schließlich Verhandlungen zu, die zur Ausfertigung der *Magna Carta* führten.

63 Artikel umfasste die erste Fassung der *Magna Carta* im Jahre 1215 und vornehmlich feudalrechtliche Fragen erhielten hierbei eine Antwort und Kodifizierung. Es waren Reaktionen auf dringliche Probleme und Forderungen, die der König erhob – im Erbfall, bei Eheschließungen und der Vormundschaft. Die Zahlungen von Abgaben an den König sowie weitere Hilfsgelder wurden klaren Regeln unterworfen und man forderte die Bildung von Versammlungen als Beratungs- und Zustimmungsgremien. Hier zeichneten sich erste Schritte hin zum Parlament ab, denn außerordentliche Abgaben sollten nunmehr die Zustimmung des Rates erfordern. Umgekehrt wurde die Abberufung einer Reihe namentlich genannter Personen aus dem Umfeld des Königs fixiert. Darüber hinaus wurden Missstände in der Rechtspraxis gelöst und verschiedene administrative und wirtschaftliche Angelegenheiten thematisiert sowie die althergebrachten Rechte Londons bestätigt. Selbst die Fischernetze auf der Themse waren ein Anliegen der Opposition, was vor allem zeigt, dass verschiedene Interessengruppen einbezogen wurden, deren Unterstützung notwendig für die Durchsetzung der baronialen Forderungen war. Auch die Kirche fand gebührend Beachtung und Bestätigung ihrer Rechte, wobei sich hier der Einfluss des Erzbischofs von Canterbury abzeichnet, dem eine nicht unerhebliche Rolle im Entstehungsprozess der *Magna Carta* zugesprochen wird.

Ihre besondere Bedeutung erhielt die *Magna Carta* aber durch diejenigen Passagen, die grundsätzlich auf das Verhältnis von König und den Großen des Reiches, den Magnaten, sowie auf die grundlegenden Rechte freier Männer eingingen. Es waren elementare konstitutionelle Prinzipien, die hier formuliert wurden, wie die Notwendigkeit einer durch Zeugen begründeten Anklage und das heute noch im Grundsatz gültige Verbot, einen freien Mann ohne rechtliche Grundlage (»des rechtmäßigen Urteils seines Gleichens oder aufgrund des Gesetzes des Landes«, Art. 39) zu inhaftieren oder anderweitig zu schädigen. Revolutionär war ein explizit ausgeführtes Widerstandsrecht, das ein Vorgehen gegen den König legitimierte, wenn sich dieser nicht an die vereinbarten Zusagen halten sollte. Dieser Sicherheitsartikel konnte sich wie andere Passagen jedoch nicht lange halten. Der Aspekt der Rechtssicherheit sollte aber Bestand haben.

Die Geschichte der *Magna Carta* war mit der Ausfertigung nicht abgeschlossen. Die Hoffnung der Barone auf Frieden wurde nur kurze Zeit später jäh enttäuscht, die *Magna Carta* provozierte letztlich den Bürgerkrieg, anstatt diesen zu verhindern. Johann Ohneland bemühte sich sogleich um die Annullierung, wobei ihm der Papst zur Seite stand und einen Dispens aussprach. Die mangelnde Umsetzung der Bestimmungen tat ihr Übriges, um den Konflikt eskalieren zu lassen. Erst nach Johanns Tod 1216 wurde eine revidierte Fassung im Namen des minderjährigen Thronfolgers Heinrich III. veröffentlicht, 1217 erfolgte eine erneute Revision und 1225 schließlich eine endgültige Fassung (vgl. Kat. Nr. 179). Diese wurde wiederum in steter Regelmäßigkeit von den jeweiligen Herrschern bestätigt, 40 Mal bis in das frühe 15. Jahrhundert. Im Laufe der Zeit waren einige Artikel entfernt worden, wie die Zustimmungspflicht bei Abgaben oder der Sicherheitsartikel. Was blieb war das Recht der Freien und der Schutz vor Übergriffen der Krone.

Die Barone der *Magna Carta* sahen indes ihr Werk nicht als Statement der Freiheit, sondern als praktische Lösung von Problemen, deren Ursprung bis in die Zeit vor Johann Ohneland zurückreichte. Die Aristokratie sah sich zunehmend von der Herrschaftspraxis ausgeschlossen, der König suchte nur noch selten den Rat der Großen. Zugleich standen sie einem neuen Verwaltungsapparat gegenüber, der den alten Adel aus hergebrachten Rollen herausgedrängt hatte und darüber hinaus höchst effizient im Eintreiben von Geldern war. Die finanzielle Belastung war der eigentliche Ausgangspunkt der Beschwerden, die Forderungen hatten bereits unter Richard I. Löwenherz in einem solchen Maße zugenommen, dass Kritik laut wurde. Und auch sein Bruder war äußerst ambitioniert im Erschließen neuer Einnahmequellen. Forderungen wie beispielsweise das Schildgeld als finanzielle Ersatzleistung für den Kriegsdienst oder Zahlungen im Erbfall wurden öfter erhoben. Wie die *Magna Carta* zeigt, sah hier der Adel seine alten Rechte verletzt oder verlangte letztlich Rechtssicherheit bei praktischen Fragen, beispielsweise wie häufig der König den Kriegsdienst (und damit das Schildgeld) in Anspruch nehmen konnte. Zugleich war die *Magna Carta* im Kern keine singuläre – und auch keine revolutionäre – Erscheinung. In ganz Europa wurden das Verhältnis von König, Herrschaft und Untertanen (oder vor allem der Magnaten) diskutiert und zahlreiche Konstitutionen erlassen, die Recht kodifizierten, Freiheiten garantierten oder einen Handlungsrahmen für Herrschaft absteckten.

Ihren Namen erhielt die *Magna Carta* erst 1217/18 nach einer erneuten Ausfertigung im Namen des jungen Heinrich III. in Abgrenzung zur kleineren *Forest Charter*, die Bestimmungen zu den königlichen Forsten enthielt. Der populäre Ruf als große Freiheitsurkunde wurde ihr erst in der Rezeption zugesprochen, die eine Bedeutung konstruierte, die weit über das hinausging, was ihre Verfasser ursprünglich intendiert haben mochten.

Auch wenn sie nur einen kleinen Teil des gesamten Dokuments ausmachten – und auch der Empfängerkreis der freien Männer nur eine Minderheit der englischen Gesellschaft des 13. Jahrhunderts darstellte –, so waren es die Prinzipien von persönlicher Freiheit, die Bindung der Exekutive an das Gesetz und nicht zuletzt die implizite Kritik an (ungerechter) Herrschaft, die der *Magna Carta* eine so große Bedeutung in der Geschichte zusprachen. Die ursprünglich sehr pragmatische Lösung eines Konflikts zwischen König und Magnaten wurde so zu einem Symbol des Kampfes für Freiheit und Unabhängigkeit – eine vielfach zitierte und adaptierte Idee.

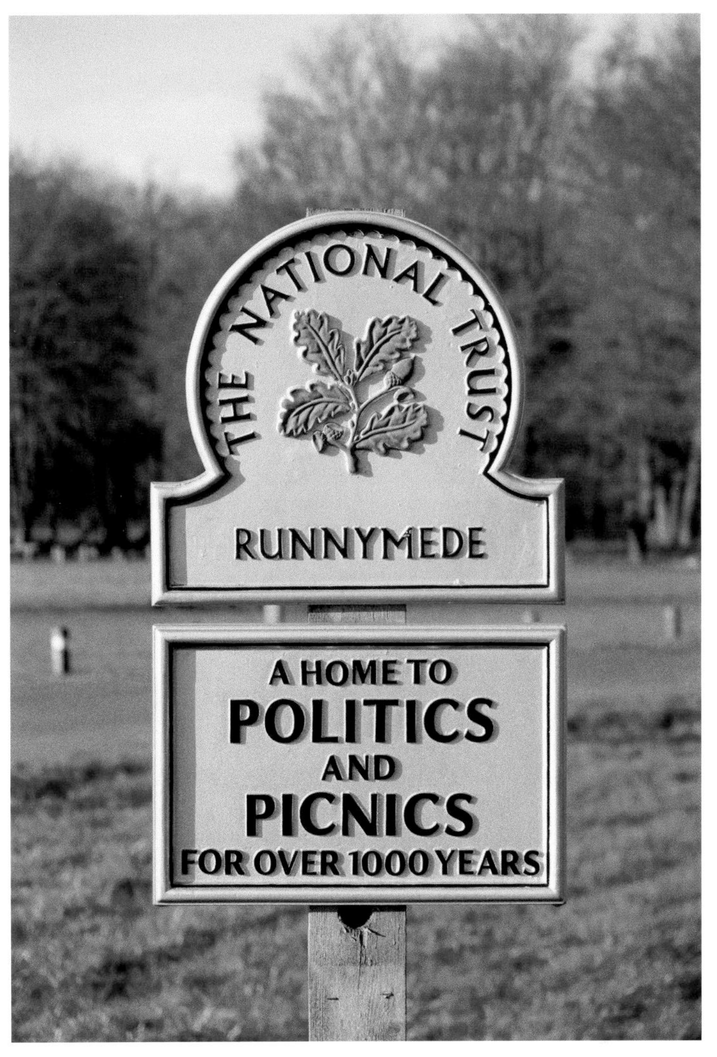


1 Hinweisschild auf der Wiese von Runnymede nahe Windsor, wo die *Magna Carta* unterzeichnet wurde ▪ © David Gee / Alamy Stock Foto.

Lit.: Holt 2015 ▪ Turner 2002.

# Kulturtransfer in Westeuropa

## Richard Löwenherz im Kontext seiner Zeit

Martin Kintzinger

Kulturtransfer – der Begriff bezeichnet heute Kontakterfahrungen und Austauschbeziehungen zwischen Menschen verschiedener Kulturen. Dabei können Kulturkontakte immer auch zu Kulturkonflikten führen. Der Erfahrungsraum einzelner Menschen wird durch Formen des Kulturtransfers ebenso beeinflusst wie die Werteorientierung und die Handlungspraktiken der Gesellschaft.

Im Mittelalter war es nicht anders: Händler und Kaufleute gelangten auf dem See- oder Landweg zu fernen Märkten, Missionare in weit entfernte Reiche, Boten, Gesandte und Diplomaten reisten zu den Höfen fremder Fürsten, Soldaten mussten weite Strecken in unbekanntem Land zurücklegen (Abb. 2). Pilger wollten abgelegene Ziele erreichen und Kreuzfahrer auf ihren Zügen nach Palästina, später in den europäischen Nordosten, stellten sogar ein Massenphänomen dar. Diese Vorgänge sind seit dem Frühmittelalter zu beobachten und sie nahmen beständig an Intensität zu. Mit dem 12. Jahrhundert ist eine deutliche Steigerung der Mobilität durch ganz Europa und darüber hinaus zu erkennen.

Kultureller Austausch war nicht die Absicht der Reisenden, sondern eine mögliche Folge ihrer Reisen. Obwohl die Kreuzfahrer in den Orient zogen, um dort ›Ungläubige‹ zu bekämpfen, lernten sie bald Respekt vor deren militärischen Fähigkeiten und Techniken. Richard I. Löwenherz und seinem Gegner, Sultan Ṣalāḥ ad-Dīn ibn Ayyūb (Saladin) erging es ebenso. Europäer, die nach den ersten Kreuzzügen in Palästina blieben, übernahmen wegen des dortigen Klimas die Kleidungsgewohnheiten der Orientalen. Kulturtransfer geschah oft gerade dann, wenn er nicht beabsichtigt war, sondern sich aus Einsicht, Interesse oder Gefallen ergab (Abb. 3). Wissenschaftliche Erkenntnisse – etwa in der Medizin oder Naturkunde –, astronomische Messgeräte und nicht zuletzt die Kenntnis der Überlieferungen aus der griechischen Antike waren in der arabischen Kultur deutlich weiter entwickelt als in der europäischen (Abb. 1). Sie »wanderten« im Umfeld des Kontaktes der Europäer zum Orient während der Kreuzzugszeit mit ihnen zurück in deren heimische Regionen. In der Forschung ist in diesem Zusammenhang von einer Wanderung von Ideen (*migration of ideas*) gesprochen worden. Die Aufnahme der arabischen Wissenschaft – und durch ihre Vermittlung auch der antiken griechischen Wissenschaft, insbesondere der Werke des Aristoteles – bewirkte seit dem 12. Jahrhundert geradezu eine Revolution der Wissenschaft in Europa, die sich dadurch grundlegend und dauerhaft veränderte.

Ab dem späten 12. Jahrhundert begannen Stiftskleriker an fernen Orten zu studieren. Man hat in der Forschung von einer ›Bildungsmigration‹ gesprochen, die quer durch Europa zu den Kathedralschulen in Frankreich und zu Orten gelehrter Studien in Oberitalien führte. An diesen Orten, in Paris und Bologna, entstanden die ersten Universitäten. Nicht immer ist genau nachweisbar, was die Einzelnen an neuen Einsichten, erweiterten Kenntnissen oder innovativen Methoden mitbrachten, wenn sie zurückkehrten. Mitunter gab es Streit darum, weil die zu Hause Gebliebenen das Neue ablehnten. Wenn sich keine Spuren solcher Konflikte finden, kann es aber auch daran liegen, dass sich Altes und Neues einander ergänzend vermischten.

Als Kulturtransfer werden nicht Erlebnisse situativer Neugier bezeichnet, sondern solche Auf- und Übernahmen von Elementen einer anderen Kultur, die sich in die aufnehmende Kultur integrieren, sich dauerhaft mit ihr verbinden und sie dadurch verändern. Verbindende, erlernte Überzeugungen aus der eigenen Kultur und gemeinsame Erfahrungen, auch solche des Reisens und des Kulturtransfers, begründeten im Mittelalter eine herausgehobene soziale Identität insbesondere des höfisch-ritterlichen Adels. Die Unterschiede zwischen dessen Angehörigen, ihre Zugehörigkeit zu verschiedenen Königreichen, ihre Herkunft aus diversen Regionen oder die Verwendung unterschiedlicher Sprachen und Dialekte, blieben als Differenz bewusst, hinderten sie aber nicht daran, sich als Angehörige

1 Christliche und arabische Gelehrte mit Astrolab. Psalter, Frankreich, 13. Jahrhundert ▪ Paris, Bibliothèque nationale de France, ARS-Ms. 1186, fol. 1v.

2 Schiff zum Truppentransport bei der Eroberung des angelsächsischen Reiches durch die Normannen 1066. Detail aus dem Teppich von Bayeux, 11. Jahrhundert ▪ Bayeux, Musée de la Tapisserie de Bayeux, Centre Guillaume le Conquérant. Foto: © Mit spezieller Genehmigung der Stadt Bayeux.

einer exklusiven sozialen Gruppe wiederzuerkennen (Abb. 4). Nationale Identitäten waren demgegenüber noch nicht ausgeprägt und ein ›europäisches Bewusstsein‹ noch unbekannt.

Prozesse der Aneignung neuer Kenntnisse und Kulturtechniken konnten von sehr unterschiedlicher Länge und Intensität sein und nicht alle führten zum Erfolg. So scheiterte die Übernahme der architektonischen Gestaltungsformen von Wehrbauten aus Frankreich im römisch-deutschen Reich des 12. und 13. Jahrhunderts zumeist, weil sie lediglich imitiert, aber nicht ›verstanden‹ und nicht zu funktionalen Äquivalenten entwickelt wurden (vgl. Beitrag Hayot, S. 340 ff.). Mitunter verweigerten die Zeitgenossen auch eine mögliche Transferleistung. So war der standesbewusste französische Adel nicht bereit, die militärisch effektive Technik der Bogenschützen und eine Stärkung der Infanterie von den Engländern zu übernehmen und zog es stattdessen vor, dass seine Kavallerie seit dem frühen 13. und bis zum 15. Jahrhundert mehrfach entsetzliche Verluste gegen die englischen Schlachtengegner hinnehmen musste.

Ein besonderer Ort für Kulturtransfer war der weite Raum des Mittelmeers, der West- und Südeuropa mit Nordafrika, dem Orient und dem Byzantinischen Reich verband (vgl. Beitrag Clemens, S. 202 f.). Wenn heute von Kulturtransfer im Mittelalter gesprochen wird, so ist meist vom Kontaktraum des Mediterraneums die Rede. Menschen aus diversen Regionen und Reichen Europas trafen sich dort, wenn gemeinsame Handlungsabsichten sie zusammenführten. Vor allem Händler und Diplomaten waren dort unterwegs und die Zeit der Palästina-Kreuzzüge und der sogenannten Kreuzfahrerstaaten vom späten 11. Jahrhundert bis zur Mitte des 13. Jahrhunderts hat das Mediterraneum zu einem Ort der Kulturbegegnung gemacht (Abb. 5).

3 Ein Maure und ein Christ spielen Schach. *Buch der Spiele (Codex Alfonso)* König Alfons des Weisen von Kastilien, Spanien, 13. Jahrhundert ▪ Madrid, Real Biblioteca del Monasterio de San Lorenzo de El Escorial, Ms T.I.6. (Detail). Foto: © Biblioteca Monasterio del Escorial, Madrid, Spain / Index / Bridgeman Images.

Dass die Begegnung mit Menschen und Machthabern anderer Kulturen Kontakt und Konflikt zugleich bedeuten konnte und wie eng Erfolg und Scheitern oft beieinander lagen, zeigte sich nicht nur an den wechselvollen Schlachtenausgängen zwischen den Kreuzfahrern und ihren Gegnern in Palästina. Grundsätzlich sind die Kreuzzüge ein einzigartiges Zeugnis für innereuropäischen Kulturtransfer im Konflikt mit fremden Mächten. Aus internationalen Kontingenten gebildet, zeigte vor allem der Dritte Kreuzzug von 1189 bis 1192 die Kooperation europäischer Höfe und die Verständigung auf verbindende und übergreifende Werthaltungen. Anfänglich noch unter Mitwirkung Kaiser Friedrichs I. Barbarossa, wurde der Kreuzzug nach dessen Tod von dem französischen König Philipp II. Augustus und Richard I., König von England, angeführt, der seither den Beinamen ›Löwenherz‹ trug. Dennoch war das Einvernehmen durch die gemeinsamen Werte des christlichen Rittertums und des Kreuzzugsgelübdes nicht ungebrochen; sorgfältig achtete man von Beginn an und in jeder Situation darauf, anderen königlichen Teilnehmern keinerlei Anspruch auf Vorrang zuzugestehen.

Mehr noch zeugen Ansätze zu einer Verhandlungspolitik von den Möglichkeiten der Zeit: Dass Richard I. Löwenherz gerade als zuvor erfolgreicher Feldherr 1192 vor Jerusalem in einer schwierigen Lage auf Verhandlungen mit Sultan Saladin statt auf fort-

4 Philipp II. Augustus schickt einen Boten, der von König Heinrich II. und seiner Gemahlin empfangen wird. *Les Grandes Chroniques de France*, Frankreich, zwischen 1332 und 1350 ▪ London, The British Library, Royal MS 16 G VI, fol. 343v (Detail).

geführte Kriegführungshandlungen setzte, zeigt eine besondere Form des Kulturtransfers: Die kulturübergreifende Begegnung in alternativen Handlungsstrategien. Kulturtransfer konnte durchaus eine Folge pragmatischer Einzelfallentscheidung sein. Ebenso konnte sie aber auch ins Gegenteil ausschlagen, etwa wenn persönliche Unbedachtsamkeit geltende kulturelle Normen verletzte, so bei den von Richard verantworteten Massakern in Messina 1189 und in Akkon 1191 aus arabischer Sicht sowie auch aus unserer heutigen Perspektive (Abb. 6). Bereits die europäischen Zeitgenossen betrachteten Richards Ehrverletzung gegenüber Herzog Leopold V. von Österreich, ebenfalls vor Akkon, als Fehler. Sie zog seine spätere Inhaftierung und jene Ereignisse nach sich, die Richard nicht mehr nur als siegreichen Ritter, sondern auch als Gefangenen und Gescheiterten zeigen. Dass ein gefangener König zum Spielball jener wurde, die Lösegeld für ihn verlangen konnten, war in der internationalen Kommunikation üblich und traf nun auch Richard.

Mehr als andere Handlungsfelder zeigt die Diplomatie auch zwischen den europäischen Höfen die Chancen pragmatischer Entscheidungen und, einmal mehr, die Nähe von Erfolg und Scheitern. Nicht nur westeuropäische Gesandtschaften an und von den fernen Höfen des Kalifen von Bagdad oder des byzantinischen Kaisers benötigten besondere Instruktionen, was am anderen Hof zu erwarten sei, wie man sich dort zu verhalten und wie man dessen Gesandte zu empfangen habe. Auch innerhalb Europas musste man wissen, welche Interessen und Eigenarten die Herren fremder Höfe pflegten, um Konflikte vermeiden und beabsichtige Ziele erreichen zu können (Abb. 7). Erst im 15. Jahrhundert mehrten sich die Stimmen, die warnten, dass die alten Traditionen diplomatischer Verständigung zwischen den Höfen nicht mehr erfolgreich seien. Es war die Zeit, in der die traditionelle europäische Kultur des Rittertums ihren praktischen militärischen Wert verlor und an politischem Gewicht einbüßte. Der Typus eines ›Löwenherz‹ wäre nun nicht mehr denkbar gewesen.

Schon die nahräumliche Begegnung mit Angehörigen desselben Königreichs, die aus einer anderen Region stammten, andere Dialekte oder Sprachen verwendeten und andere Lebensformen praktizierten, konnte für die Menschen zu einer Erfahrung von Andersartigkeit werden. Kulturtransfer war dann zugleich ein innereuropäisches Phänomen und, indem er reale und ideelle Grenzen überwand, ein Politikum. Wenn ein Herrschaftsgebiet durch Heirat, Vertrag oder Eroberung um andere Gebiete erweitert wurde, waren kulturelle Alteritätserfahrung und Kulturtransfer unausweichlich. Kulturtransfer ist insofern eine wertneutrale Zuschreibung: Sie bezeichnet alle Prozesse der Aufnahme und Aneignung von Elementen fremder Kulturen.

Die weit ausgreifenden dynastischen Verbindungen der europäischen Herrscherhäuser und die Tatsache, dass Heiratspolitik das beste Mittel war, dauerhaft Verbindungen zwischen den Höfen zu schaffen und Territorien zu arrondieren, boten vielfach Anlass und Raum dafür. Königstöchter, die, oft sehr jung, an weit entfernte Höfe verheiratet wurden, können heute als Trägerinnen von Kulturtransfer verstanden werden (Abb. 8). Sie mussten sich den Werten und Formen am Hof ihres Gemahls unterwerfen, brachten aber immer auch eigene Formen und Vorstellungen vom Hof ihrer Ursprungsfamilie mit.

In nahezu einzigartiger Weise steht der Name Eleonores von Aquitanien für eine solche, Grenzen und Kulturen übergreifende Politik: Schon ihre Heirat mit dem französischen Thronfolger war nicht nur ein politischer Gewinn für die Krone, weil sie, seit wenigen Monaten Regentin des Herzogtums Aquitanien, das flächenmäßig größte Fürstentum Frankreichs an die Krone brachte (Abb. 9). Mit Eleonore als einer ungewöhnlich gebildeten und selbstbewussten jungen Frau kamen kulturelle Gewohnheiten aus ihrem im fernen Südwesten des Reiches gelegenen Land an den Hof, die dort unbekannt waren und für Irritation sorgten. Nicht zuletzt trat sie entschlossen dafür ein, die territoriale und kulturelle Integrität ihres Territoriums vor dem Zugriff des Königs zu schützen. Noch im Jahr ihrer Hochzeit, 1137, zur Königin von Frankreich gekrönt, hat ihre legendäre Eigenständigkeit und Entschlossenheit bald zu Konflikten geführt. Als sie sich 1152 mit kirchlicher Billigung von ihrem königlichen Ehemann trennte, erregte dies erhebliches Aufsehen – zumal sie daraufhin ausgerechnet den englischen Thronfolger heiratete, der als Herzog der Normandie nicht nur ein Lehnsmann der Krone Frankreichs war, sondern nach seiner Inthronisierung zwei Jahre später auch der mächtigste Gegner Frankreichs. Auch dieses Vorgehen darf als Ausdruck eines Konflikts kultureller Normen gedeutet werden. In ihrer zweiten Ehe fand Eleonore offenbar zunächst die gewünschten Freiräume zur Fürsorge für Aquitanien und zur politischen Partizipation an der königlichen Herrschaft. Als sie sich in den von der französischen Krone unterstützten Konflikt der gemeinsamen Söhne gegen ihren königlichen Vater hineinziehen ließ, verlor sie 1173 aber ihre eigenständige Stellung am Hof und erlangte sie erst unter der Regierung ihres Sohnes Richard seit 1189 wieder.

Für das Verhältnis der Kronen Frankreichs und Englands hatten die Ereignisse um die englische Heirat Eleonores unabsehbare Folgen und führten direkt in die Voraussetzungen des späteren Hundertjährigen Krieges seit dem früheren 14. Jahrhundert hinein. Die adlige Elite beider Reiche blieb – wie im Übrigen auch Richard Löwenherz als englischer König – weiter-

5 Darstellung eines Kreuzfahrers, eines Juden und eines Muslims. Wolfram von Eschenbach, *Willehalm* (Fragment), Sachsen, 13. Jahrhundert ▪ München, Bayerische Staatsbibliothek, Cgm 193,III, fol. 1v (Detail).

6 Akkon kapituliert vor Philipp II. und Richard I., *Grandes Chroniques de France*, Frankreich, 14. Jahrhundert ▪ Paris, Bibliothèque nationale de France, Ms. fr. 2813, fol. 238v (Detail).

7 Übergabe eines Buches durch den Autor an den Herzog (Dedikation) am burgundischen Hof, *Chroniques de Hainaut*, Mitte 15. Jahrhundert ▪ Brüssel, Bibliothèque royal de Belgique, Ms. 9242, fol. 1r (Detail).

hin von der französischen Kultur geprägt. Musik und Literatur folgten französischen Mustern, auch wenn man gleichzeitig Krieg gegeneinander führte. Kulturtransfer konnte auch unter den Umständen politischen Konflikts gelingen oder, wie bei Eleonore, trotz günstiger politischer Voraussetzungen scheitern.

Richards Zeit stellt sich als Phase vielfacher Spannungen dar: der klug organisierten Konsolidierung fürstlicher Herrschaft in Europa, gleichzeitig der empathischen, risikofreudigen Kreuzzugsbereitschaft, der Behauptung königlicher Gewalt gegen konkurrierende Gewalten, zugleich der pragmatischen Flexibilität gegenüber nicht anders zu bewältigenden Herausforderungen. Richard und seine Zeitgenossen als historische Personen zu fassen, bleibt schwierig und wird durch die suggestiven Überformungen in späteren Legenden nicht einfacher. Das bis heute widersprüchliche Bild Richards ist von Chronisten seiner Zeit geprägt und über die Jahrhunderte fortgeschrieben worden. Jede neue Beschäftigung mit Richard trägt insofern unvermeidlich dazu bei, ein ›eigenes‹ Bild von ihm zu zeichnen, je nach den dabei gesetzten Bewertungsmaßstäben und favorisierten Antworten auf offene Fragen: Ist Johann Ohneland, sein persönlich schwacher Bruder, ein Gescheiterter, indem er 1215 die von den Baronen seines Reiches ertrotzte *Magna Carta* unterzeichnete, die doch aus heutiger Sicht ein wegweisendes Dokument

8 Eine Reisegesellschaft adliger Damen im sog. *Luttrell Psalter*, England, zweites Viertel 14. Jahrhundert ▪ London, The British Library, Add. MS 42130, fol. 181v-182r (Detail).

neuartiger Verfassungsordnung darstellt? Ist Heinrich II. von England, sein Vater, eher als Herrscher zu würdigen, der sein Reich administrativ modernisierte, oder als Verantwortlicher für den Mord an Erzbischof Thomas Becket von Canterbury und als ein gegen den Widerstand seiner ambitionierten Söhne, vor allem Richards, Gescheiterter kritisch zu sehen?

Sollen Richards Erfolge eher in seinen Siegen als traditionell handelnder Kreuzfahrer oder in seinen auf spätere diplomatische Techniken vorausweisenden Verhandlungserfolgen erkannt werden? Muss man nicht seine grausamen Handlungen im Orient, die Rebellion gegen den eigenen Vater oder seine unmäßigen Steuerforderungen sowie die Vernachlässigung seines Königreichs England dagegenhalten? Kann Richard als ebenbürtiger Partner des mächtigen Philipps II. von Frankreich gesehen werden, wie es bis zur Einnahme von Akkon erscheint? War es nicht vielmehr seine Verantwortung, dass Philipp sich verärgert und gekränkt nach Europa zurückzog und Richard später die Durchreise durch sein Land verweigerte, dass er mit um das Lösegeld für den gefangenen Richard feilschte, sogar durch sein Eingreifen in Aquitanien die Voraussetzungen für jenen Konflikt legte, in dessen Verlauf Richard unglücklich getötet wurde?

Wenn es in den Jahren Richards eine Konjunktur für entschiedene oder auch exzentrische Persönlichkeiten gab, die Risiko und Widersprüche nicht scheuten, dann ist Richard ein

9 Eleonore von Aquitanien beim Gebet, *Grandes Chroniques de France*, Frankreich, 14. Jahrhundert ▪ Paris, Bibliothèque nationale de France, Ms. fr. 2813, fol. 223r (Detail).

›typischer‹ Repräsentant seiner Zeit und seines persönlichen Umfeldes – und damit einer Kultur des Transfers und des Übergangs im heute sogenannten langen 12. Jahrhundert, die in eine andere, neue Zeit hineinführte.

Lit.: Berg 2007 ▪ Gillingham 1999a ▪ Gust 2012 ▪ Noble/Engen 2012 ▪ Spieß 2006.

# Objekte

◀ 168–169

## Zwei Handwaschschalen

Limoges (Dép. Haute-Vienne), Anfang 13. Jahrhundert

Lüneburg, St. Michaeliskirche

Kupfer | getrieben, ziseliert, vergoldet, Grubenschmelz | abgeriebene Vergoldung außen, Email stellenweise ausgefallen | H. 3,5 cm, Dm. 22,5–23,0 cm

Hannover, Museum August Kestner | WM XXIa 38 u. WM XXIa 39

Das Paar kupferner Handwaschschalen ist auf der Innenfläche mit einem symmetrisch aufgebauten und detailreichen Dekor aus Email verziert. Zentral ist jeweils ein Wappen im Spiegel ausgeführt, welches gleichmäßig von sechs Rundmedaillons in der Kehle der Schale umgeben ist. Die in den Medaillons dargestellten männlichen Figuren sind allesamt mit kurzen Kitteln bekleidet und halten jeweils Keule und Schild in den Händen. Durch die paarweise Hinwendung der Figuren zueinander werden Zweikampfsituationen angedeutet. Zwischen dem in einem Kreis gefassten mittigen Wappen und den sechs Rundmedaillons ist ein Muster eingesetzt worden, das auf dem Kreis als Grundelement basiert. An den sechs Schnittpunkten der Kreisfragmente ist je ein Palmettenornament in weiß-blau-rot ausgeführt. In seiner Gesamtheit ergibt dieses Muster die Form einer sechszackigen Krone mit Lilienornamenten an den Spitzen. Die Identifizierung des Wappens mit drei gekrönten, goldenen heraldischen Leoparden auf rotem Grund bestätigt einen königlichen Bezug: Es ist das von Richard Löwenherz eingeführte und unter seinem Nachfolger Johann Ohneland etablierte Wappen des englischen Königshauses. In einem Brief um das Jahr 1203 dankt Otto IV. seinem Onkel Johann Ohneland für den Erhalt diverser Kleinodien, darunter auch für *duas pelves* (zwei Schalen), die mit den gezeigten Stücken identisch sein können. Als Bezeichnung für Handwaschschalenpaare ist diese Formulierung aus weiteren mittelalterlichen Quellen wie der *Schedula diversarum artium* des Theophilus Presbyter bekannt. Sie können sowohl profanen als auch liturgischen Zwecken gedient haben. Meist findet sich an einer Schale eine Öffnung als Ausguss, hier an der Außenseite in Form eines kleinen Tierkopfes. Das herauslaufende Handwaschwasser wurde dann in der anderen Schale aufgefangen.

Die Produktionsstätten solcher Emailarbeiten waren im südwestfranzösischen Limoges, im Herzogtum Aquitanien zu finden. 1152 wurde durch die Heiratsverbindung Eleonores von Aquitanien mit Heinrich Plantagenêt, Herzog von Anjou und Anwärter auf den englischen Thron, der Grundstein für ein Herrschaftsgebiet gelegt, dessen größte Ausdehnung von der britischen Insel bis in den Süden Frankreichs reichte. Die dabei neu entstehenden Handelsbeziehungen beförderten die schließlich europaweite Verbreitung der Limousiner Emailarbeiten im 12. und 13. Jahrhundert. JH

Lit.: Biron 2015 ▪ Kat. Braunschweig 1995, Bd. 1, S. 336, Nr. E5 (Markus Müller) ▪ Kat. Hannover 1994, S. 20, Nr. 23 (Regine Marth) ▪ Marquet de Vasselot 1952 ▪ Stuttmann 1937, S. 80 f., Nr. 12, 13.

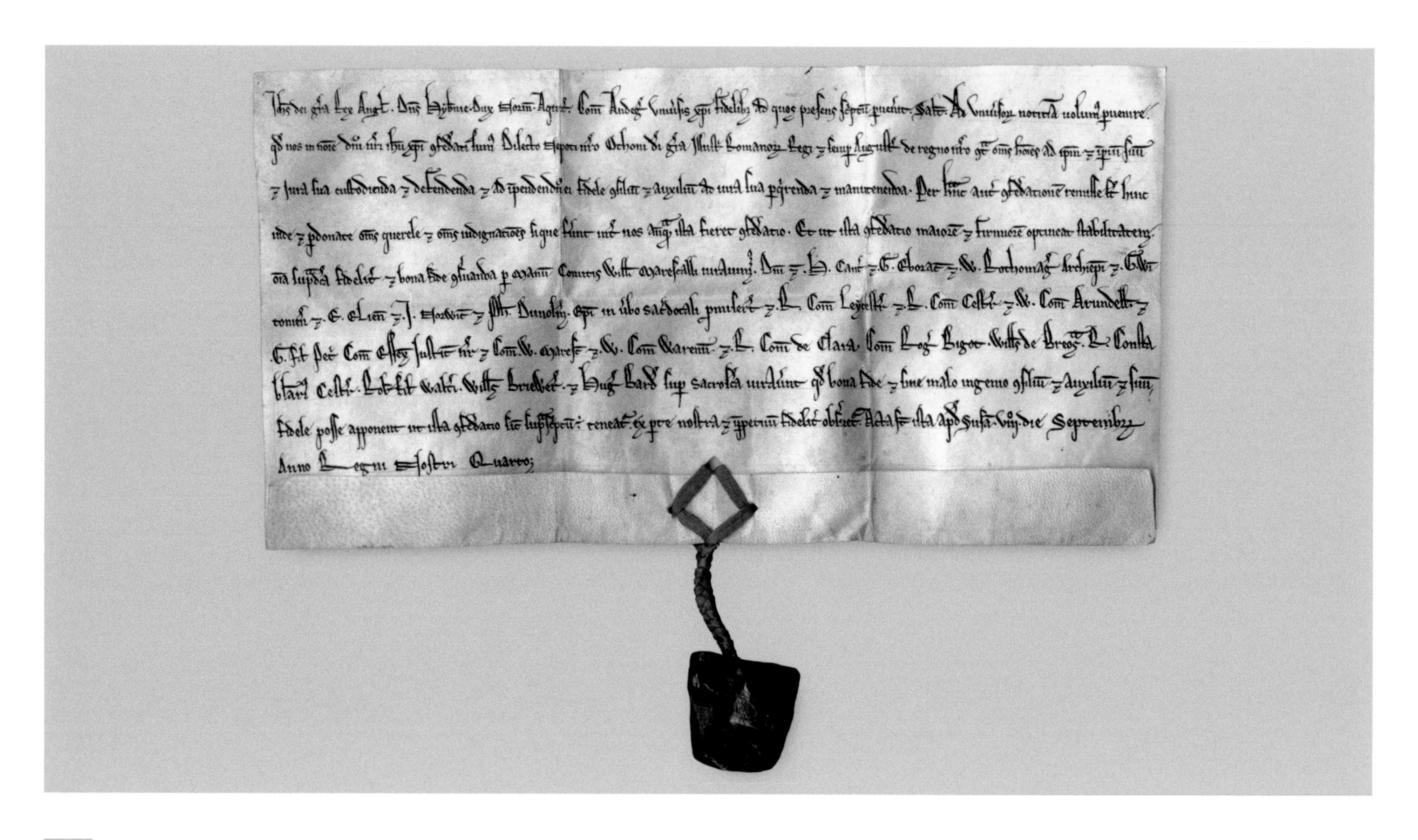

**170**

## Bündnisvertrag zwischen König Johann I. von England und König Otto IV.

La Suze-sur-Sarthe (?), 8. September 1202

Pergament | Siegelfragment des Ausstellers König Johann I. von England (Reiter- und Thronsiegel) aus grünem Wachs an roter, geflochtener Seidenkordel hängend | H. 15,7 cm, B. 30,8 cm, Umbug 2,4 cm

Wolfenbüttel, Niedersächsisches Landesarchiv – Standort Wolfenbüttel | 1 Urk 7

Nach dem Tod seines älteren Bruders Richard Löwenherz wurde Johann Ohneland 1199 König von England. Seine Schwester Mathilde war die Mutter des späteren Kaisers Otto IV. Als Johann durch die drohende Aberkennung seiner Lehen auf dem Kontinent und durch die päpstliche Parteinahme für Otto unter Druck geriet, suchte er die Unterstützung des Welfen. Die Vereinbarungen in dem Bündnisvertrag von 1202 sind auffallend allgemein gehalten. König Johann und Otto IV. legen ihre vorausgegangenen Streitigkeiten bei (*omnes querele et omnes indignationes, si que fuerunt inter nos*) und vereinbaren, sich bei der Wahrung ihrer Rechte gegenseitig zu unterstützen (*ad ipsum et imperium suum et iura sua custodienda et defendenda et de impendendum et fidele consilium et auxilium ad iura sua perquirenda et manutenenda*). Die erwähnten Differenzen beziehen sich auf den verweigerten Zugriff auf das englische Erbe Ottos und zudem auf das im Jahre 1200 vertraglich vereinbarte Versprechen Johanns an den französischen König, Otto nicht mehr finanziell und militärisch zu unterstützen. Aufgrund der ungesicherten Position des Welfen (Gegenkönigtum Philipps von Schwaben) hatte das Bündnis zunächst wenig Bedeutung. Die Lage änderte sich grundlegend, als Ottos Konkurrent Philipp von Schwaben 1208 ermordet wurde und er zum König und 1209 zum Kaiser aufstieg. König Johann plante, mit Unterstützung Ottos seine verlorenen Besitzungen auf dem französischen Festland zurückzuerobern. Dies scheiterte aufgrund der vernichtenden Niederlage Ottos IV. 1214 in der Schlacht bei Bouvines gegen den französischen König Philipp II. Augustus. Danach brachen die Beziehungen zwischen Otto IV. und Johann Ohneland, der bereits 1216 starb, ab. Der Ausstellungsort der Urkunde liegt vermutlich beim heutigen La Suze-sur-Sarthe, einem kleinen Ort ca. 220 km westlich von Paris im Département Sarthe. Das von Otto IV. ausgestellte Gegenstück zu dieser Urkunde ist nicht überliefert. MF

Lit.: Ahlers 1987 ▪ Hucker 1990 ▪ Hucker 1995 ▪ Kat. Braunschweig 1995, S. 302 f., Nr. D 99 (Claus-Peter Hasse).

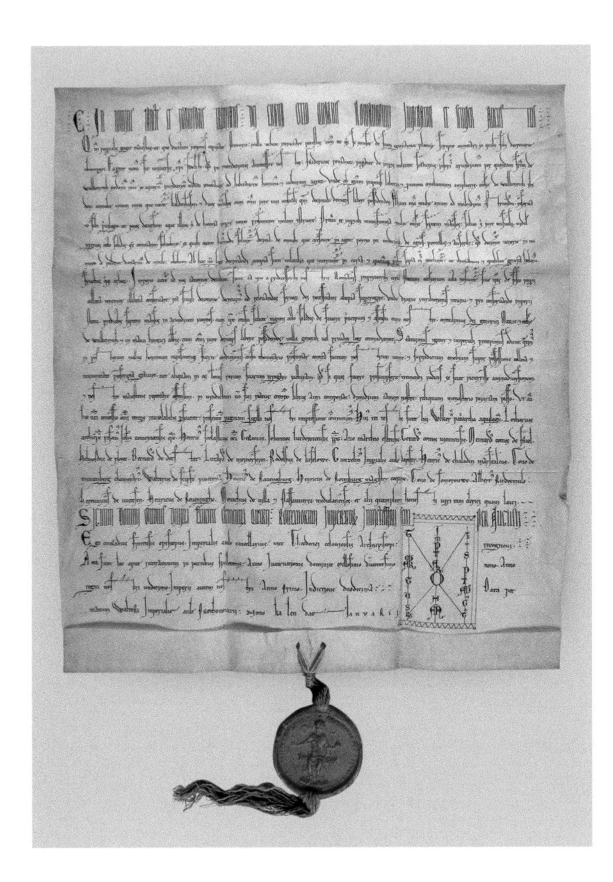

171

## Urkunde mit Kaisersiegel Ottos IV.

Norddeutschland, zweites Quartal 1209 (Typar)

Pergament | zinnoberrotes Wachssiegel an weißen, braunen und grünen Seidenfäden, Umschrift + DEI GRATIA OTTO ROMANORVM IMPPERATOR ET SEMPER AUGVST(*us*) | H. 61,5 cm, B. 56,0 cm, Dm. 8,5 cm (Siegelfeld)

Wolfenbüttel, Niedersächsisches Landesarchiv – Standort Wolfenbüttel | 25 Urk 46

Zwei zu Weihnachten 1209 für das Kloster Walkenried ausgestellte Urkunden tragen die ältesten Abdrücke des kaiserlichen Siegels Ottos IV., das er noch am Lebensende 1218 für seine testamentarischen Verfügungen benutzte. Das Typar für das als neuartig gewürdigte Kaisersiegel dürfte in Vorbereitung auf den gut zweimonatigen Krönungszug nach Rom in sorgfältiger Planung und mit hohem künstlerischen Anspruch gearbeitet worden sein, also im zweiten Quartal des Jahres, nach der Eidesleistung gegenüber dem Papst im März und vor dem Aufbruch im Juli. Das Thronbild besticht durch ungewohnte Lebendigkeit und Bewegtheit der Kaisergestalt. Ohne Vorbild in der deutschen Siegelikonographie und brisant in der symbolischen Aussage ist auch die Zuordnung von Sonnenscheibe und Mondsichel als Zeichen universaler Macht. Für beide Merkmale wurde auf die Vorbildlichkeit von Siegeln König Richards Löwenherz, dem entscheidenden familiären Förderer Ottos, verwiesen, exakter auf das zweite, auf die letzten Lebensjahre 1198–1199 datierbare Thronsiegel Richards (vgl. Beitrag Zanke, Königtum, Abb. 6). Diese Parallelen besagen jedoch nicht, dass Ottos Kaisersiegel direkt im angevinischen Herrschaftsbereich entstand. Angesichts der politischen Situation scheint eher eine Fertigung im eigenen territorialen Umkreis plausibel, möglicherweise im Radius des Metropolitansitzes von Magdeburg, das sich um 1209 dem Kunst- und Künstlertransfer aus Richtung Westen mit seinem gerade begonnenen Kathedralneubau deutlich geöffnet hatte. Die organische Qualität und die Geschmeidigkeit der Kaisergestalt setzten jedenfalls einen deutlichen Gegenakzent zur hieratischen Strenge staufischer Thronsiegel, die auch noch das erste Siegel des imperialen Gegenspielers Friedrich II. als deutschem König bestimmte. Jedoch verrät dessen zweites, ab der Krönung 1215 in Aachen verwandtes Siegel die Inspiration durch die von England beeinflusste vitale Präsentation des welfischen Kaisers.

BKL

Lit.: Ailes 2015 ▪ Lydorf 2013 ▪ Kat. Braunschweig 2009, S. 389 f., Nr. 83 (Barbara Klössel-Luckhardt) ▪ Kat. Stuttgart 1977, Bd. 1, S. 27 f., Nr. 39 (Rainer Kahsnitz).

## 172

### Kaiser Ottos IV. Harzburger Testament

1218

Pergament | grünes Wachssiegel an rot-goldenen Seidenfäden | H. 36,1 cm, B. 30,3 cm

Wolfenbüttel, Niedersächsisches Landesarchiv – Standort Wolfenbüttel | 2 Urk. 1 Nr. 1

Der zu Unrecht vergessene Welfe Otto (Kaiserkrönung 1209), der als Sohn Mathildes, der Schwester König Richards, an dessen Hof erzogen wurde, scheiterte zwar politisch und militärisch, verdient aber wegen einer Reihe kultureller Innovationen Beachtung. Dazu inspiriert wurde der vormalige Graf von Poitou nicht allein durch seinen westeuropäischen Hintergrund, sondern auch durch ein bedeutendes, aus dem Angevinischen Reich mitgeführtes Gefolge von Rittern und Literaten. Von diesen waren Gervasius von Tilbury und Heinrich von Avranches wohl die bekanntesten.

Letztwillige Verfügungen, die auch schriftlich fixiert, also beurkundet waren, gab es im deutschen Mittelalter noch kaum. Dass ein Testament Ottos IV. existiert, ist nicht nur dem Überlieferungszufall zu verdanken, sondern auch seinen anglonormannischen Vorbildern. Sowohl König Heinrich II. als auch seine Söhne, die Könige Richard und Johann, ließen Testamente abfassen.

Verfasst wurde das Diplom vom sogenannten Kanzlisten D, hinter dem sich wohl Gervasius von Tilbury verbirgt. Das Diktat erfolgte durch den Magister Johannes Marcus. Dieser Kleriker des kaiserlichen Hofes war Domherr zu Hildesheim und Verden. Ihm hatte Gervasius seine *Otia imperialia* (eine umfängliche Geschichts- und Weltdarstellung) gewidmet. Schreiber war der sogenannte Braunschweiger Kanzlist F.

Das Testament atmet den Geist der Versöhnung. Pfalzgraf Heinrich, Ottos Erbe und gleichzeitig Testamentsvollstrecker, wird angewiesen, den Weg für die Herrschaftsübernahme durch den Staufer Friedrich II. freizumachen, indem er diesem die Reichsinsignien ausliefern sollte. Mit weiteren Bestimmungen suchte der Kaiser den Ausgleich mit der Kirche. Das Hochstift Hildesheim und verschiedene Klöster wurden entschädigt. An Papst Honorius III. ging eine Gesandtschaft, die die Bestätigung der Lösung vom Kirchenbann erreichen sollte, die am Tag des Todes (19. Mai 1218) durch den Bischof von Hildesheim vorgenommen worden war. Honorius bestätigte sie »unter Tränen«.

Der Insignienschatz wurde jedoch nicht, wie häufig zu lesen ist, auf der Harzburg bewahrt, wo Otto seinem Ende entgegensah, sondern befand sich in Obhut der Bürger und stadtsässigen Ministerialen Braunschweigs. Die Bestimmungen des Testaments wurden ergänzt durch Kodizille der Kaiserin Maria und Pfalzgraf Heinrichs; die Handlungen eingerahmt durch einen zeitgenössischen Bericht, die *Narratio de morte Ottonis IV. imperatoris*, verfasst im Auftrag der Kaiserin wohl von dem Zisterzienserabt Friedrich von Walkenried. Von ihm wird angenommen, dass er bei der Formulierung der juristischen Sachverhalte half. Die *Narratio* bewahrt zudem den Text des Konzepts der Reinschrift.

BUH

Q.: Ottonis IV. Constitutiones (MGH Const. 2), S. 51–53, Nr. 42.

Lit.: Hucker 1990, S. 331–341, 659–670 ▪ Hucker 2003, S. 443–450 ▪ Hucker 2009 ▪ Kat. Braunschweig 1995, Bd. 1, S. 344 f., Nr. E12 (Bernd Ulrich Hucker) ▪ Kat. Magdeburg/Berlin 2006, S. 249, Nr. IV51 (Bernd Ulrich Hucker) ▪ Kat. Petersberg 2009, S. 243 f., 281–288, 474–476, Nr. 168 ▪ Schaller 1993 ▪ Schaller 1997 ▪ Walter 1938, S. 176–184.

173

## Acta Sancti Petri in Augia (*Weissenauer Chartular*)

Kloster Weissenau bei Ravensburg (Kreis Ravensburg),
Teil 1: zweites Viertel 13. Jahrhundert, Teil 2: 1260er/1270er Jahre,
Teil 3: mittleres Drittel 14. Jahrhundert

Pergament | auf den Seitenrändern teilkolorierte schwarze und rote Federzeichnungen | Weissenauer Einband vom Ende des 15./Anfang des 16. Jahrhunderts mit Spuren von Kettenklammern | H. 20,0 cm, B. 14,0 cm; 227 Bll.

St. Gallen, Kantonsbibliothek, Vadianische Sammlung der Ortsbürgergemeinde | VadSlg Ms. 321, fol. 40r

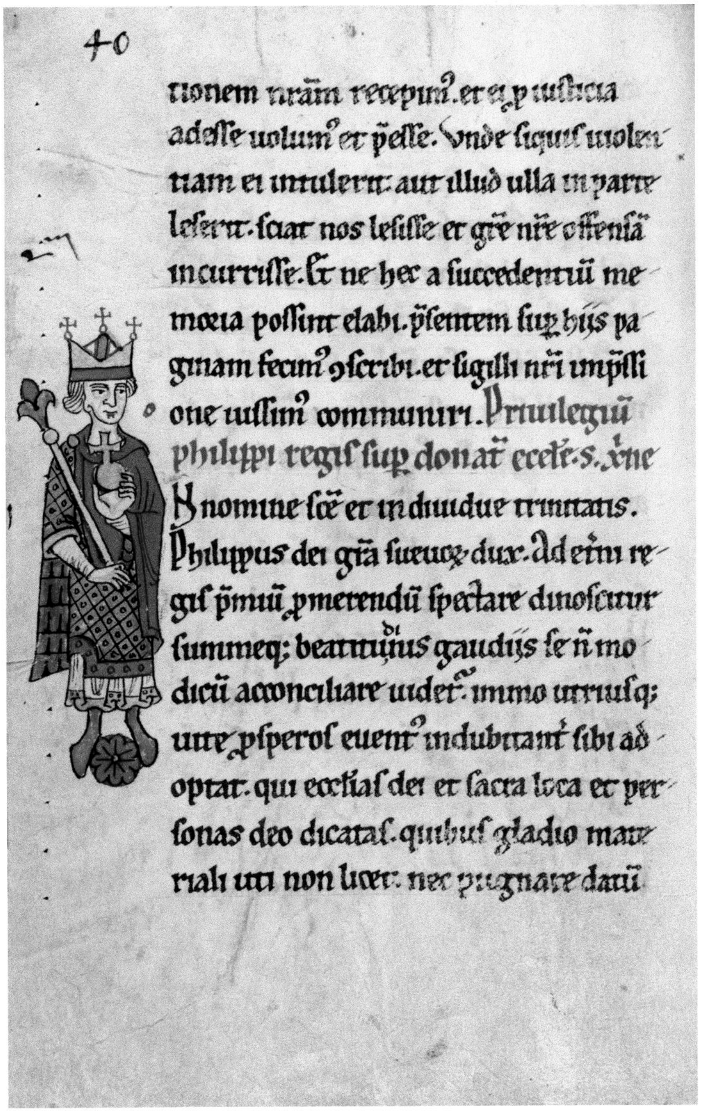

Das *Weissenauer Chartular* mit den Abschriften der wichtigsten Rechtstitel des Prämonstratenserklosters besteht aus drei unabhängig voneinander entstandenen Teilen, die erst im späten 15./frühen 16. Jahrhundert zu einem Codex zusammengebunden wurden. Der erste Teil beginnt mit einem Gründungsbericht, der um 1220 nach dem Vorbild der Gründungsgeschichte des Klosters Salem (Bodenseekreis) verfasst wurde, darauf folgen die Abschriften der von geistlichen und weltlichen Herrschern ausgestellten Privilegien. Den zweiten Teil leitet ein jüngerer, zwischen 1250 und 1257 geschriebener Bericht ein. Er stellt den Gründer des Klosters, den welfischen Ministerialen Gebizo von Ravensburg, ins Zentrum und beklagt, dass er seinem Kloster nur wenig von seinem großen Reichtum als Stiftungsgut vermacht hatte. Es folgt ein Verzeichnis der Jahrzeiten. Der dritte Teil enthält zwei Zinsrodel von 1335 und 1338.

Im ersten Teil begleiten männliche Figuren in teilkolorierten Federzeichnungen den Gründungsbericht und die Privilegien auf den seitlichen Rändern: Gebizo, der Stifter, präsentiert sein 1145 gegründetes Kloster, die dargestellten zwei Pröpste sind an der Tonsur erkennbar, die Päpste an der einfachen Tiara, die Kaiser und Könige tragen Krone, Zepter und Reichsapfel – so auch der hier gezeigte Philipp von Schwaben –, die welfischen und staufischen Herzöge und der Graf von Achalm sind mit einem Hut ausgestattet und die Konstanzer Bischöfe halten ihren Bischofsstab.

Die Löcher und die Rostspuren im Hinterdeckel deuten darauf hin, dass der Band auf einem Lesepult angekettet war. Er ging dem Kloster vermutlich in den Wirren des Dreißigjährigen Krieges verloren und gelangte 1659 in die Stadtbibliothek St. Gallen.

RG

Q.: www.e-codices.unifr.ch/de/list/one/vad/0321 (23.05.2017).

Lit.: Binder 1995 ▪ Pellens 1995 ▪ Schneider 1987, Bd. 1, S. 146 f., 181 ▪ Wenzel 1998, S. 114 ▪ Willemsen 1977, S. 13, 19, 23, mit Abb. 22, 36, 73.

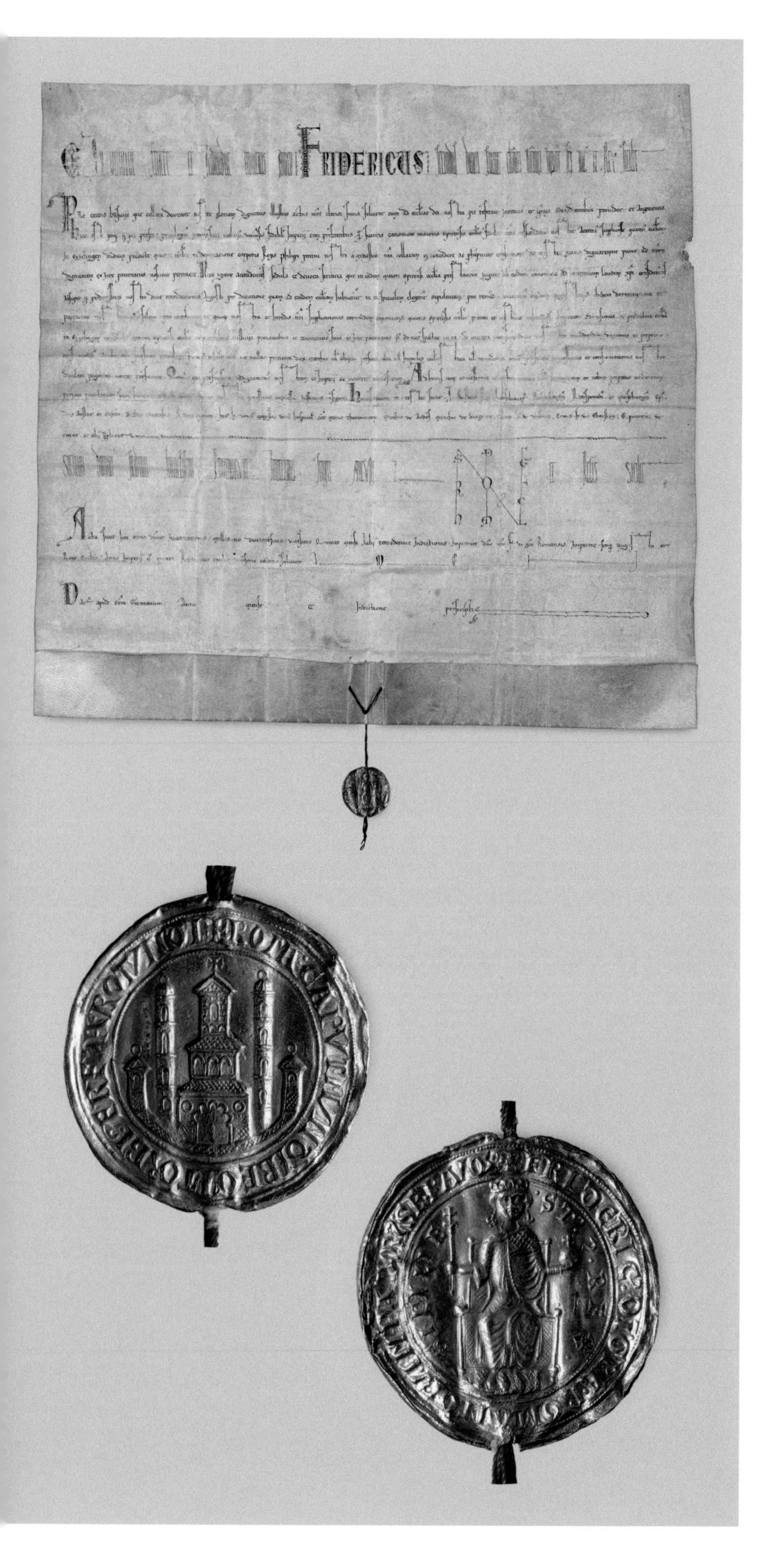

174

## Goldbulle Kaiser Friedrichs II.

Italien (?), 1220 (Goldbulle) | Sizilien, Juli 1225 (Urkunde)

Pergament | Gold (ohne Füllung), Siegel anhängend | H. 63,0 cm (mit Siegel), B. 57,6 cm, Dm. (Siegel, zusammengedrückt) 4,2 cm

Karlsruhe, Landesarchiv Baden-Württemberg – Generallandesarchiv Karlsruhe | D 28

Mit einer Goldbulle ließen Empfänger ihnen erteilte Privilegien gern dann besiegeln, wenn die darin dokumentierten Rechte ihnen besonders kostbar waren. Dem Speyerer Domkapitel, dem König Friedrich II. 1213 die Pfarrkirche und den Zehnt in Esslingen am Neckar geschenkt hatte, bedeutete dieser höchst einträgliche Besitz sehr viel, und der Wert, den die Domherren ihm beimaßen, lässt sich noch heute am Erscheinungsbild des Speyerer Zehnthofs in Esslingen ermessen, dem stattlichsten unter rund einem Dutzend geistlicher Pfleghöfe in dieser Stadt. Zehnt und Hof gehörten der Speyerer Kirche bis zur Säkularisation 1802/03 und waren dem regional zuständigen Konstanzer Bischof stets ein Dorn im Auge. So hatte die Speyerer Domgeistlichkeit, als Kaiser Friedrich ihr den Esslinger Besitz im Juli 1225 bestätigte, allen Grund, um eine Besiegelung des Privilegs in Gold zu bitten und die derart hochkarätige Beglaubigung des Diploms verfehlt ihre Wirkung auf den Betrachter auch viele Jahrhunderte später nicht.

Die der Pergamenturkunde angehängte Bulle zeigt auf der Vorderseite den thronenden Herrscher mit Krone, Zepter und Reichsapfel sowie die Umschrift + FRIDERIC(US) D(E)I GR(ATI)A ROMANOR(UM) IMP(ER)ATOR SE(M)P(ER) AVG(U)ST(US) REX SICILIE (»Friedrich, von Gottes Gnaden Kaiser der Römer, allzeit Mehrer des Reichs, König von Sizilien«); auf der Rückseite ist die Stadt Rom dargestellt, stilisiert mit Tor und Türmen, dazu liest man die Umschrift + ROMA CAPVT MVNDI REGIT ORBIS FRENA ROTVNDI (Rom, die Hauptstadt der Welt, führt die Zügel des Erdkreises). Verglichen mit den Goldbullen anderer Herrscher ist diejenige Kaiser Friedrichs II. besonders klein und obendrein wenig kunstvoll gearbeitet. Möglicherweise knüpft sie an sizilisch-normannische Traditionen an, die so große Siegel und Bullen, wie sie im nördlichen Europa gebräuchlich waren, nicht kannten. Gleichwohl bringt diese Goldbulle Friedrichs imperialen Anspruch unverkennbar zum Ausdruck und verknüpft die staufische Herrschaft nördlich der Alpen mit jener im Süden.

KA

Q.: Württembergisches Urkundenbuch online, Bd. 3, Nr. 696.

Lit.: Kat. Esslingen 1982 ▪ Kat. Stuttgart 1977, Bd. 1, S. 35 (Rainer Kahsnitz).

175

## Abkommen über die Übergabe der Stadt Rouen

Rouen (Dép. Seine-Maritime), 1. Juni 1204

Pergament | Fragmente zweier Siegel aus weißem Wachs an Pergamentstreifen anhängend | H. 42,0 cm, B. 23,0 cm

Paris, Archives nationales | AE/II/199 (J//213/8)

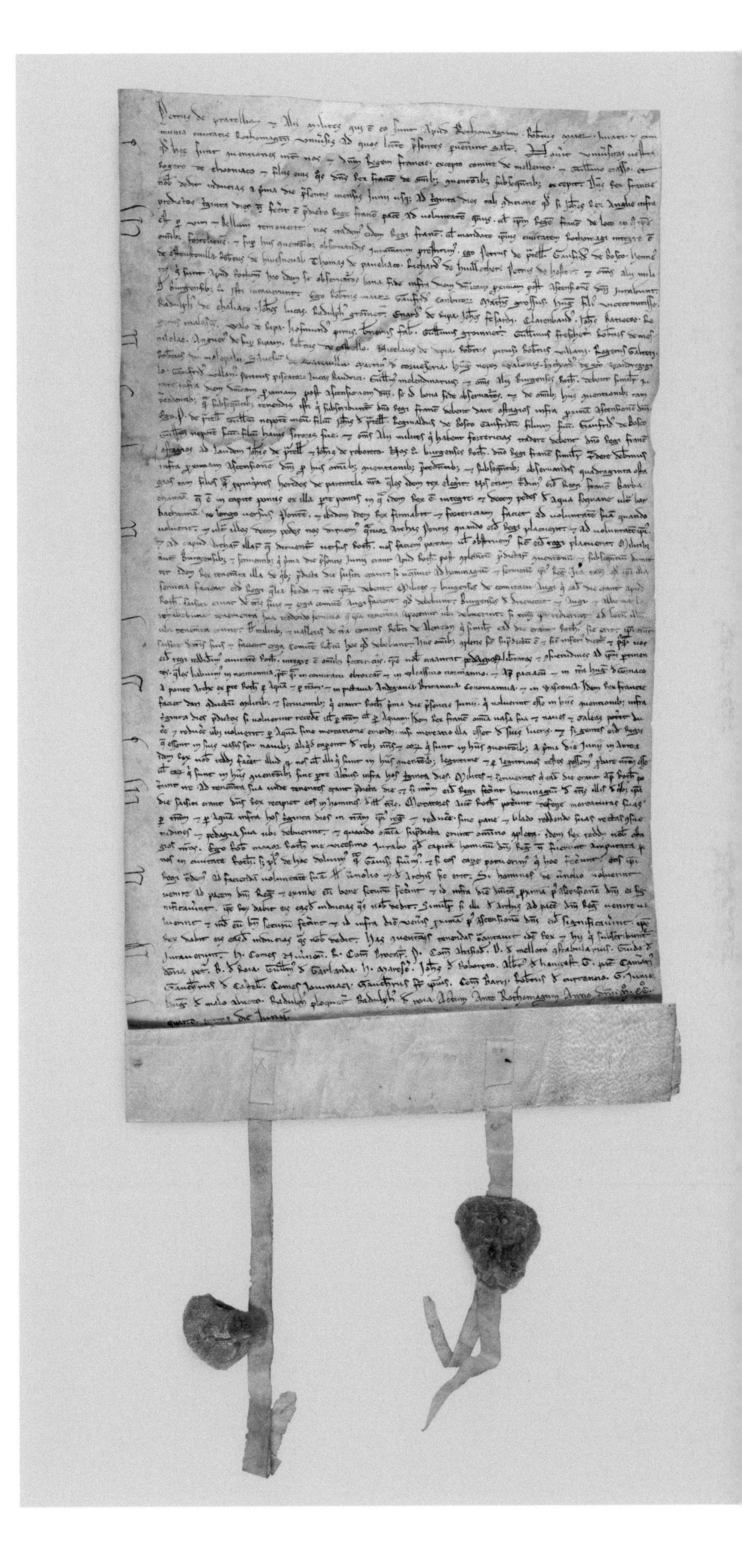

Die Kapitulation Rouens am 24. Juni 1204 besiegelte die Eroberung der Normandie durch den französischen König Philipp II. Augustus. Vorangegangen war ein zweijähriger, zumeist äußerst erfolgreicher Feldzug des Kapetingers, dem Johann Ohneland nur wenig entgegenzusetzen hatte, da sich auch zahlreiche normannische Barone vom englischen König abwandten. Im März 1203 fiel schließlich Château Gaillard, während sich Johann nach England zurückgezogen hatte. Als das französische Heer vor den Toren Rouens erschien, konnte der Kommandant der Stadt, Pierre de Préaux, der bereits mit Richard Löwenherz auf dem Dritten Kreuzzug war, eine Waffenruhe vereinbaren. Sie sah eine Übergabe der Stadt für den Fall vor, dass der englische König nicht innerhalb von 30 Tagen Frieden mit Philipp II. schließen würde. Da dies nicht eintrat und absehbar wurde, dass die Stadt nicht auf die Hilfe Johanns hoffen durfte, öffnete Rouen dem französischen König schon vor Ablauf der Frist seine Tore.

Das vorangegangene Abkommen vom 1. Juni zwischen der Stadt und dem französischen König wurde in der Form eines Chirographen angelegt. Bei diesen geteilten Urkunden (auch Doppelurkunden) erhielten beide Vertragsparteien jeweils einen Teil des Dokuments, dessen Text zuvor gleichlautend zweifach auf einem Pergament niedergeschrieben und anschließend geteilt wurde. Markierungen am Rand – hier mit Buchstaben – zeigten die Authentizität und Zusammengehörigkeit der beiden Hälften an. Diese alte und wichtige Urkundenform erfreute sich gerade in Westeuropa großer Beliebtheit und stellte das ideale Medium für diplomatische oder bilaterale Abkommen dar. Die erhaltene Kopie ist diejenige des Königs, anhängend sind Fragmente der Siegel der Stadt und des Pierre de Préaux. SZ

Lit.: Berg 2003 ▪ Chaplais 2003.

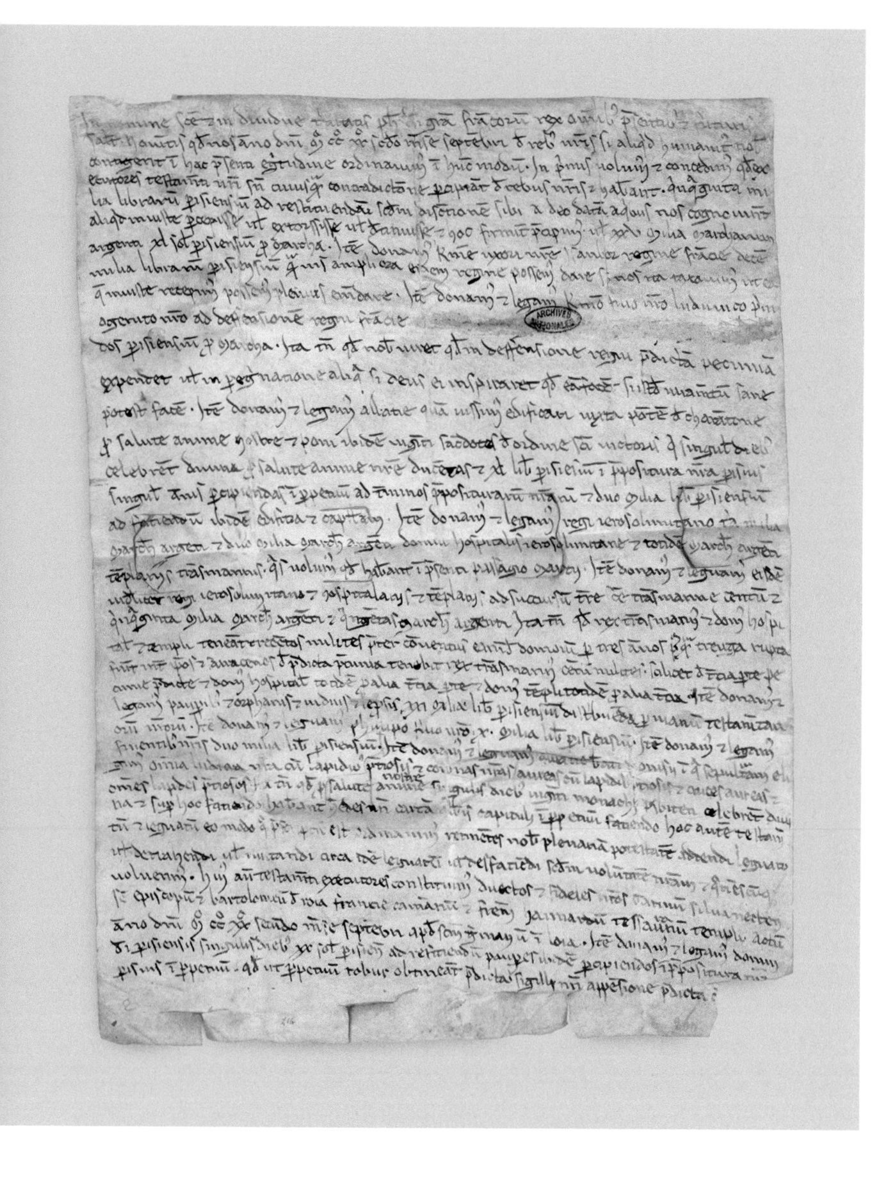

**176**

**Testament König Philipps II. Augustus von Frankreich**

Saint-Germain-en-Laye (Dép. Yvelines), September 1222

Pergament | H. 33,0 cm, B. 25,0 cm

Paris, Archives nationales | AE/II/214 (früher J 403/1)

Diese Pergamenturkunde ist das erste im Original erhaltene Testament eines französischen Königs. König Philipp II. Augustus verfasste es zehn Monate vor seinem Tod (14. Juli 1223), behielt sich aber Änderungen vor. Spätere Berichte zum Sterbejahr notierten tatsächlich andere Zuwendungen in der Vollstreckung des letzten Willens.

Schon im Juni 1190 hatte der König vor dem Aufbruch zum Dritten Kreuzzug eine Ordonnanz über die Regierung des Königreichs während seiner Abwesenheit erlassen (Actes de Philippe Auguste, Bd. 1 [hg. v. Delaborde], Nr. 345); sein Vermächtnis regelte das Testament von 1222. Damit vergleichbar ist der letzte Wille des römischen Kaisers Otto IV. von 1218, das erste im Original erhaltene Testament eines römisch-deutschen Herrschers (vgl. Kat.Nr. 172). Die unterschiedlichen Verfügungen offenbaren, dass der französische König über weitaus größere Gestaltungsspielräume als der Welfe verfügte, den Philipp II. 1214 in Bouvines vernichtend geschlagen hatte.

Das Testament von 1222 (Actes de Philippe Auguste, Bd. 4 [hg. v. Nortier], Nr. 1796) nennt ausdrücklich eine Krankheit des Königs und bestimmt für den Todesfall Geldzahlungen an mehrere Empfänger. Die Zahlenangaben variieren zwischen Pariser Pfund und Mark Silber und definieren das Währungsverhältnis (2:1, die Mark Silber zu 40 Pariser Pfennigen). An erster Stelle nach den drei Testamentsvollstreckern, die mit 50.000 Pfund entschädigt wurden, stand die als »geliebteste Gemahlin« bezeichnete, tatsächlich aber längst verstoßene Königin Ingeborg. Eigentlich hätte Philipp ihr mehr zuweisen können, begnügte sich aber mit 10.000 Pfund, um für anderes reichlich Geld zu haben. Die Höhe der zweiten Zuwendung an den Sohn und Nachfolger Ludwig (VIII.) zur Verteidigung des Königreichs Frankreich wurde auf dem Pergament getilgt. Neuerdings konnte die enorme Summe von 190.000 Mark Silber (= 380.000 Pariser Pfund) aus einer anderen Überlieferung ermittelt werden. Weitere Gelder sollten an geistliche Institute, an den König von Jerusalem wie den Johanniter- und den Templerorden zur Förderung des Kreuzzugs, an Bedürftige und Kranke, an den zweiten Sohn Philipp (Hurepel) und an die königlichen Knechte gehen. Der Grablege Saint-Denis wandte der König Preziosen zu, damit dort auf ewige Zeit sein Seelenheil gepflegt würde.

Die testamentarischen Verfügungen beliefen sich auf gewaltige 790.000 Pariser Pfund. Dies entsprach vier Jahreseinkommen des Königs und dokumentiert seinen ausgeprägten Stifterwillen wie die immense Finanzkraft der französischen Monarchie. Die früher ohne Nachweis vorgetragene These, der König habe das Testament mit eigener Hand geschrieben, wurde inzwischen zurückgewiesen. Das am Schluss des Texts angekündigte Siegel ist nicht erhalten.

BS

Q.: Actes de Philippe Auguste, Bd. 1 (hg. v. Delaborde) ▪ Actes de Philippe Auguste, Bd. 4 (hg. v. Nortier), S. 468–472, Nr. 1796 ▪ Actes de Philippe Auguste, Bd. 5 (hg. v. Nortier), S. 562–573.

Lit.: Baldwin 1986, S. 352–354 ▪ Brown 2008 ▪ Cartellieri 1921–1922, S. 558–560, 565–568.

177

Kästchen mit emaillierten Wappen, sog. Schrein des Jean von Montmirail

Limoges (Dép. Haute-Vienne), zweite Hälfte 13. Jahrhundert (um 1270)

Holz | rotes und braunes Leder, Kupfer, graviert, punziert u. vergoldet, Grubenschmelzemail, Bronze | H. 14,5 cm, B. 79,0 cm, T. 18,0 cm

Longpont, Abbaye de Longpont | Monument Historique (17/06/1906)

Das langgestreckte Kästchen besteht aus einem hölzernen Kern, der mit rotem und braunem Leder überzogen und mit emaillierten Medaillons geschmückt ist. Jedes der ursprünglich 53 Medaillons (drei sind heute verloren) ist von kreisförmig angeordneten Schmucknägeln aus vergoldetem Kupfer umgeben. Die Kanten des Kästchens sind mit Kupferstreifen verstärkt, die mit eingeprägten Rosetten verziert sind. Unter dem gebogenen Griff auf dem Deckel des Kästchens erstreckt sich ein emaillierter Basilisk oder eine Schlange, deren heraushängende Zunge einst Teil des Verschlussmechanismus des Kästchens war.

Die Medaillons zeigen in Grubenschmelzemail 22 verschiedene Wappen, einige Wappen kommen mehrfach vor. Allein neun Mal taucht das Wappen Frankreichs – goldene Lilien auf blauem Grund – auf; das Wappen der Königinmutter Blanka von Kastilien sechs Mal. Auch der Bruder, Alfons von Poitiers und die Frau des Königs, Margarete von der Provence sind mit ihren Wappen vertreten, ergänzt durch die Wappen der wichtigen Feudalherren des Nordens (Burgund, Dreux, Courcy), des Poitou, des Limousin und Aquitaniens.

Die ursprüngliche Funktion des Kästchens ist nicht geklärt; vermutlich diente es zur Aufbewahrung wichtiger Dokumente oder anderer besonders wertvoller Gegenstände. Möglicherweise – so Dionnet – wurde das Kästchen angefertigt, um Urkunden oder Verträge zum Frieden nach der Schlacht von Taillebourg aufzunehmen und wäre somit gegen Ende des Jahres 1242 entstanden.

Der englische König Heinrich III. hatte sich mit rebellischen Adeligen im Limousin und Aquitanien gegen den französischen König verbündet, um den Festlandsbesitz der Plantagenêt zurückzuerobern, unterlag aber in der Schlacht von Taillebourg im Juli 1242. Da das Kästchen die Wappen zahlreicher Protagonisten dieser Schlacht zeigt, könnte es im Rahmen des Friedensprozesses zwischen König Ludwig IX. und den aufständischen Adligen geschaffen worden sein. Dem widerspricht Drake Boehm, die vor allem aus stilistischen Gründen von einer späteren Datierung in die 1270er Jahre ausgeht. Im weiteren Verlauf des 13. Jahrhunderts kam das Kästchen in die Abtei von Longpont, wo es als Reliquiar für die Gebeine des Jean von Montmirail verwendet wurde. Jean von Montmirail hatte während des Dritten Kreuzzugs an der Seite des französischen Königs Philipp II. Augustus gekämpft, widmete später jedoch sein Leben der Wohltätigkeit und gründete ein Hospital für Leprakranke. 1210 trat er in die Zisterzienserabtei von Longpont bei Soissons ein, wo er 1217 starb. An seinem Grab sollen sich mehrfach Wunder ereignet haben, weswegen er 1891 seliggesprochen wurde. Gemeinsam mit dem Kästchen des hl. Ludwig im Louvre gehört das Kästchen von Longpont zu einer Gruppe von Wappenkästchen des 12. und 13. Jahrhunderts, die für die Aufbewahrung und den Transport wertvoller Dinge gedacht waren und später häufig zur Aufnahme von Reliquien umfunktioniert wurden. SKa

Lit.: Dionnet 1995 ▪ Lester 2014 ▪ Kat. Paris/New York 1996, S. 376–378, Nr. 133 (Barbara Drake Boehm) ▪ http://www.inventaire.culture.gouv.fr/(27.05.2017).

178

## *Significavit nobis,* Bulle Innozenz' III.

Lateran, 1. April 1215

Pergament mit anhängender Bleibulle | H. 12,7 cm, B. 17,1 cm

Kew, The National Archives | SC 7/19/15

Mit *Significavit nobis* forderte Papst Innozenz III. die Barone Englands mit deutlichen Worten dazu auf, Johann das noch ausstehende Schildgeld (*scutagium*) für einen früheren Feldzug des englischen Königs auf dem Kontinent zu zahlen. Damit positionierte sich das Oberhaupt der Christenheit in einem lange währenden Streit zwischen König und Magnaten um feudale Abgaben und Leistungen klar auf Seiten der englischen Krone, doch die Fürsprache kam nicht von ungefähr. Erst wenige Wochen zuvor hatte Johann mit Blick auf die zunehmende Opposition im Land das Kreuz genommen. Auch wenn er wohl nicht die Absicht hatte, nach Jerusalem zu ziehen, versicherte sich der englische König einmal mehr in einer konfliktgeladenen Situation der Unterstützung einer der führenden politischen Figuren der Zeit.

Innozenz III. (geb. Lothar von Segni, Papst 1198–1216) prägte diese Epoche der Papstgeschichte wie kein zweiter. In zahlreichen politischen, rechtlichen und theologischen Fragen agierte er äußerst meinungsfreudig und vertrat energisch den Vorrang des Papsttums in der Christenheit. Das Verhältnis zu den deutschen Königen war vom staufisch-welfischen Thronstreit und einer wechselnden päpstlichen Parteinahme geprägt, die Beziehung zum französischen König Philipp II. Augustus wurde zunächst von der Verstoßung seiner Gemahlin Ingeborg überschattet, was der Papst vehement und unter Anwendung von Kirchenstrafen verurteilte. Auch über England verhängte er vor dem Hintergrund einer umstrittenen Besetzung des Erzbistums Canterbury das Interdikt. Im Zuge dieser Krise musste Johann schließlich das Königreich an den Papst abtreten und erhielt es von diesem für einen festgelegten Zins als Lehen zurück. Auch wenn nicht ganz klar ist, von wem die Initiative hierzu ausging, war dies wohl einer der wenigen gelungenen politischen Schachzüge des englischen Königs. Die Verbindung hatte Bestand. Auch im weiteren Disput zwischen Krone und Baronen blieb der Papst ein Unterstützer Johanns, die *Magna Carta* (vgl. Kat.Nr. 179) verurteilte und annullierte er. SZ

Q.: Letters of Pope Innocent III (hg. v. Cheney/Semple).

Lit.: Harper-Bill 1999 ▪ Schimmelpfennig 2009 ▪ Webster 2015.

179 ▶

## *Magna Carta* (zweite Neufassung durch Heinrich III.)

London, November 1217

Im Namen des jungen Königs Heinrich III. erlässt der Regentschaftsrat um William Marshal und Kardinal Guala zum zweiten Mal eine Neufassung der *Magna Carta* (1215) seines Vaters, König Johanns | in dieser Originalausfertigung wohl ursprünglich an die Grafschaft Oxfordshire gesendet.

Pergament | Siegel des Kardinals Guala aus dunkelgrünem Wachs an einem Pergamentstreifen, ursprünglich links unten, hier aber am seitlichen Rand wieder angebracht (Marshals Siegel ist nicht erhalten) | H. 28,6 – 29,3 cm + 3,2 cm (umgeschlagener Rand), B. 41,0 cm, ovales Siegel (Ränder beschädigt) H. 4,2 cm, B. 3,1 cm

Oxford, Bodleian Libraries | MS. Ch. Oxon. Oseney 142c, Siegel 142c*

König Heinrich III. von England war 1217 zehn Jahre alt, als die *Magna Carta* seines Vaters aus dem Jahr 1215 zum zweiten Mal in seinem Namen durch den Regentschaftsrat, William Marshal und den päpstlichen Legaten Guala Bicchieri, in einer Neufassung ausgefertigt wurde. In den Monaten nach dem Tod König Johanns im Oktober 1216 hatten die Vormunde des minderjährigen Königs eilig eine erste Neufassung der *Carta* veranlasst. Diese Version aus dem Jahr 1216, obgleich von etwa 60 lateinischen Artikeln auf 42 verkürzt, diente als Beteuerung, dass man die Bedingungen, die der kürzlich verstorbene König Johann mit seinen Baronen vereinbart hatte, als Garantie einer guten

Herrschaftsführung zu respektieren gedachte. Die Bestimmung mit dem größten Nachhall blieb von der Überarbeitung unberührt: *Nullus liber homo capiatur vel imprisonetur [...]*, »Kein freier Mann soll verhaftet oder gefangen gesetzt werden [...] als durch das rechtmäßige Urteil von Seinesgleichen, oder durch das Gesetz des Landes«. Dennoch hatten die nun weggefallenen Artikel einige der wirkungsvollsten Kontrollinstanzen für die königliche Macht formuliert und diese fanden auch keine Aufnahme mehr in den 47 Artikeln dieser im November 1217 erneut überarbeiteten Fassung der *Magna Carta*. Nachdem erst kurz zuvor eine französische Invasion Englands abgewehrt worden war, markierte diese zweite Ausfertigung der *Magna Carta* das Ende des Bürgerkriegs. Ergänzt wurde die Neufassung durch ein zusätzliches, eigenständiges Dokument, das sowohl den Vorrang des Rechts begründete als auch die Rechte des gemeinen Volkes in der Nutzung der königlichen Wälder festschrieb. Die vorliegende *Magna Carta* ist eine der ursprünglichen Ausfertigungen, die im Namen der königlichen Kanzlei ausgestellt und an die Grafschaften Englands gesandt wurden. Sie ist kleiner als die meisten anderen bis heute erhaltenen einseitigen Versionen, und auch in einem anderen Format gehalten; doch das erhaltene Siegel des Kardinals, das ihn in seinen kirchlichen Gewändern und mit zum Segen erhobenen Händen darstellt, garantiert die Echtheit dieser Urkunde. Zwei der insgesamt vier erhaltenen Originalausfertigungen von 1217, darunter auch dieses Dokument, wurden später im mittelalterlichen Archiv der Osney Abbey, einer Augustinerabtei vor den Toren der Stadt Oxford, aufbewahrt. Diese Tatsache lässt vermuten, dass ursprünglich entweder beide Urkunden an das Gericht der Grafschaft Oxfordshire gesendet worden waren oder zumindest eine davon, während die zweite zunächst an eine benachbarte Grafschaft adressiert gewesen sein könnte. Oxfordshire gehörte damals zur Diözese Lincoln, in der Bischof Hugh aktiv an der Verbreitung der Urkunde an die Sheriffs in seinem Bistum mitwirkte; neueste Forschungsergebnisse legen nahe, dass das hier ausgestellte offizielle Stück im Zusammenwirken mit der königlichen Kanzlei von einem Schreiber des bischöflichen Haushalts selbst übertragen worden sein könnte. Im Zuge der Auflösung der Klöster durch Heinrich VIII. gingen die Ländereien und Archive in Osney nach 1539 in den Besitz der Christ Church (Kathedrale und College) in Oxford über. Dort ließ man im Jahr 1667 den Antiquar Anthony Wood aus denjenigen Urkunden wählen, die keinen direkten Bezug zu den Ländereien des College aufwiesen. Wood vermachte seine Manuskripte im Jahr 1695 dem Ashmolean Museum, von wo aus sie 1860 schließlich, weiterhin im Besitz der Universität Oxford, an die Bodleian Library übergeben wurden.

BBB

Lit.: Bodleian Library 2016 ▪ Carpenter 2015 ▪ Holt 2015 ▪ Kat. London 2015 ▪ Vincent 2015a ▪ Vincent 2015b.

# Anhang

» Ein schlechter Sohn,
ein schlechter Ehemann
und ein schlechter König,
aber ein edelmütiger und
großartiger Krieger. «

STEVEN RUNCIMAN
ÜBER RICHARD LÖWENHERZ

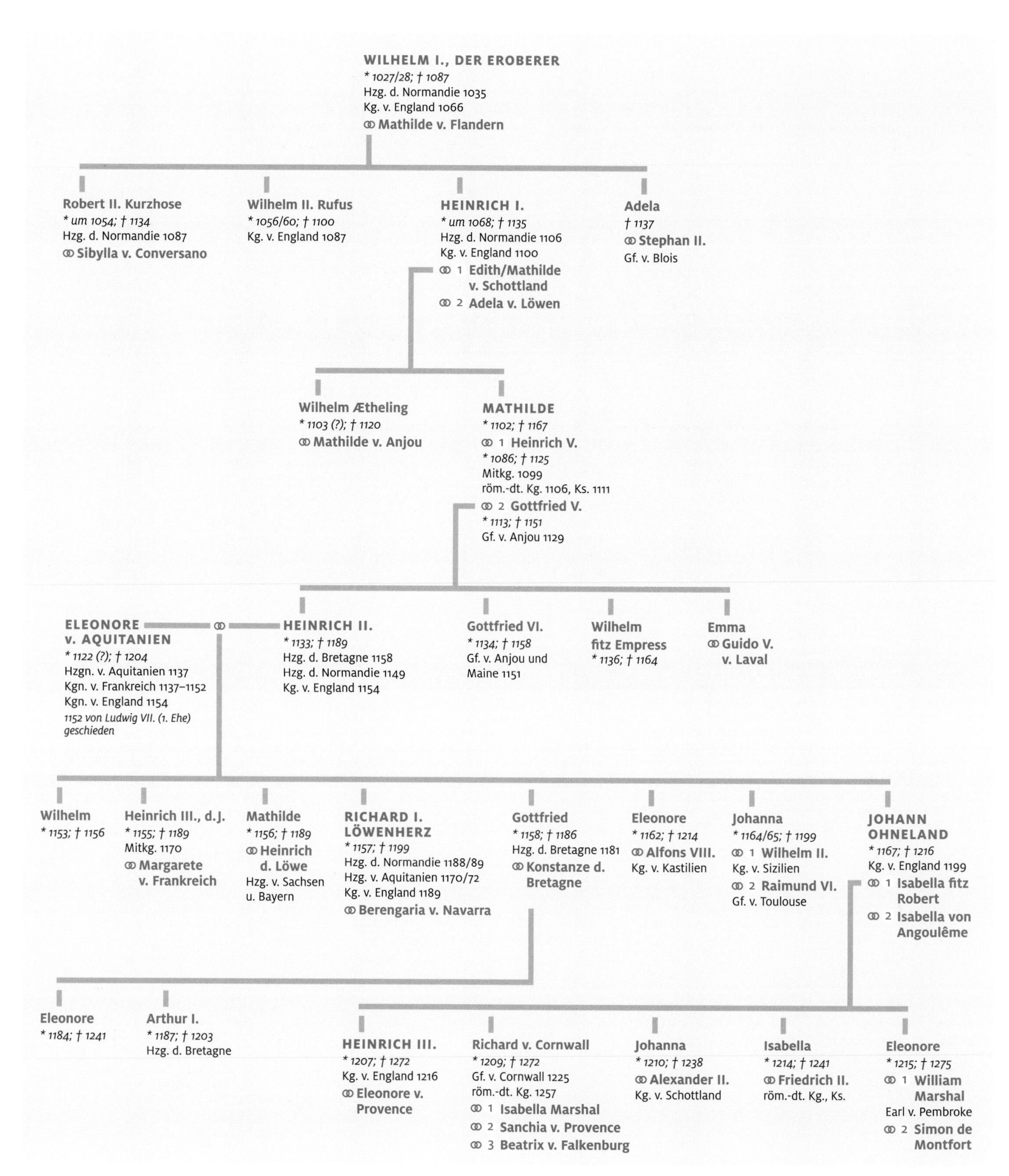


1 Stammtafel der Anjou-Plantagenêt. © Peter Palm, Berlin.

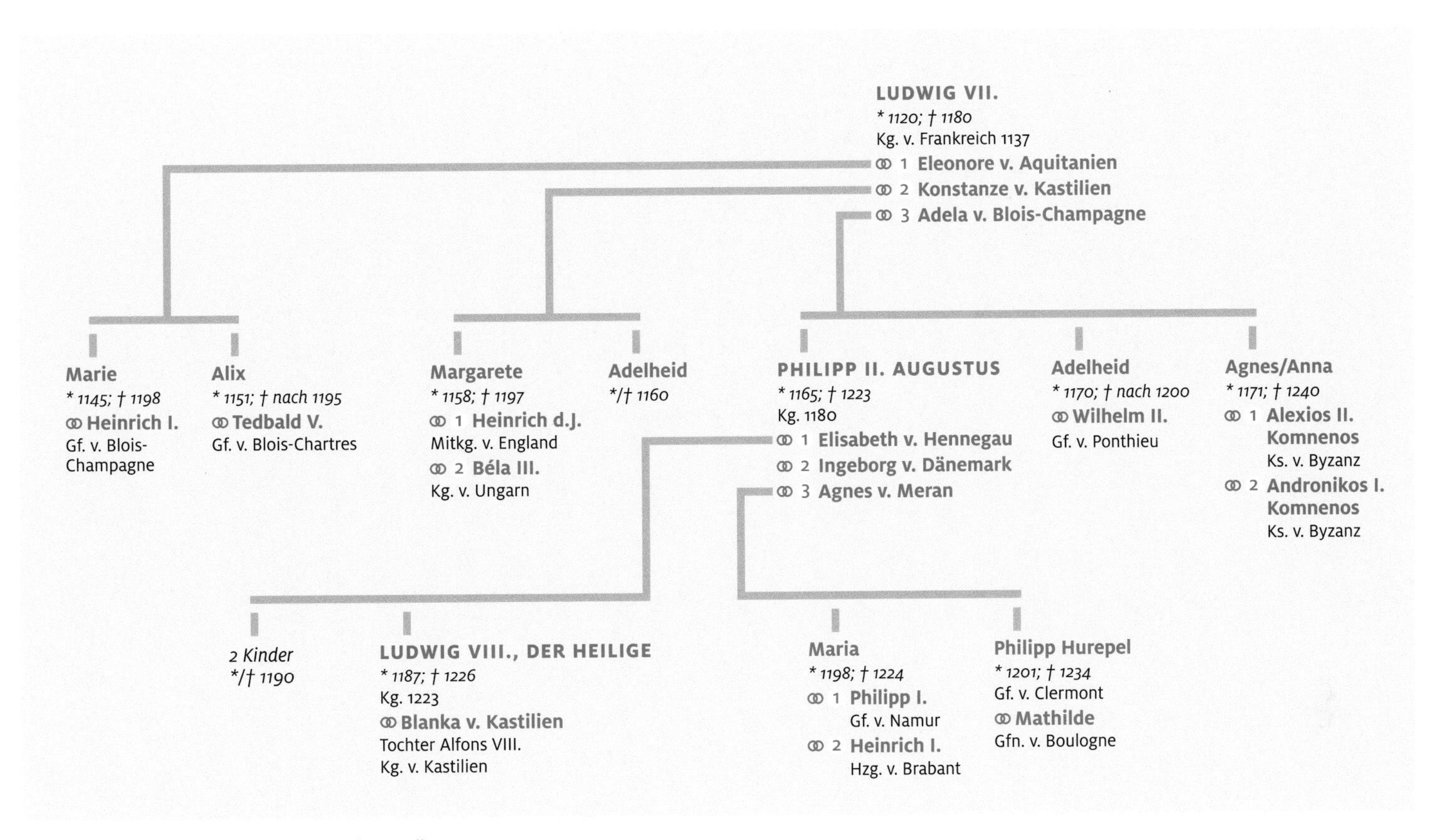


2 Stammtafel der Kapetinger. © Peter Palm, Berlin.

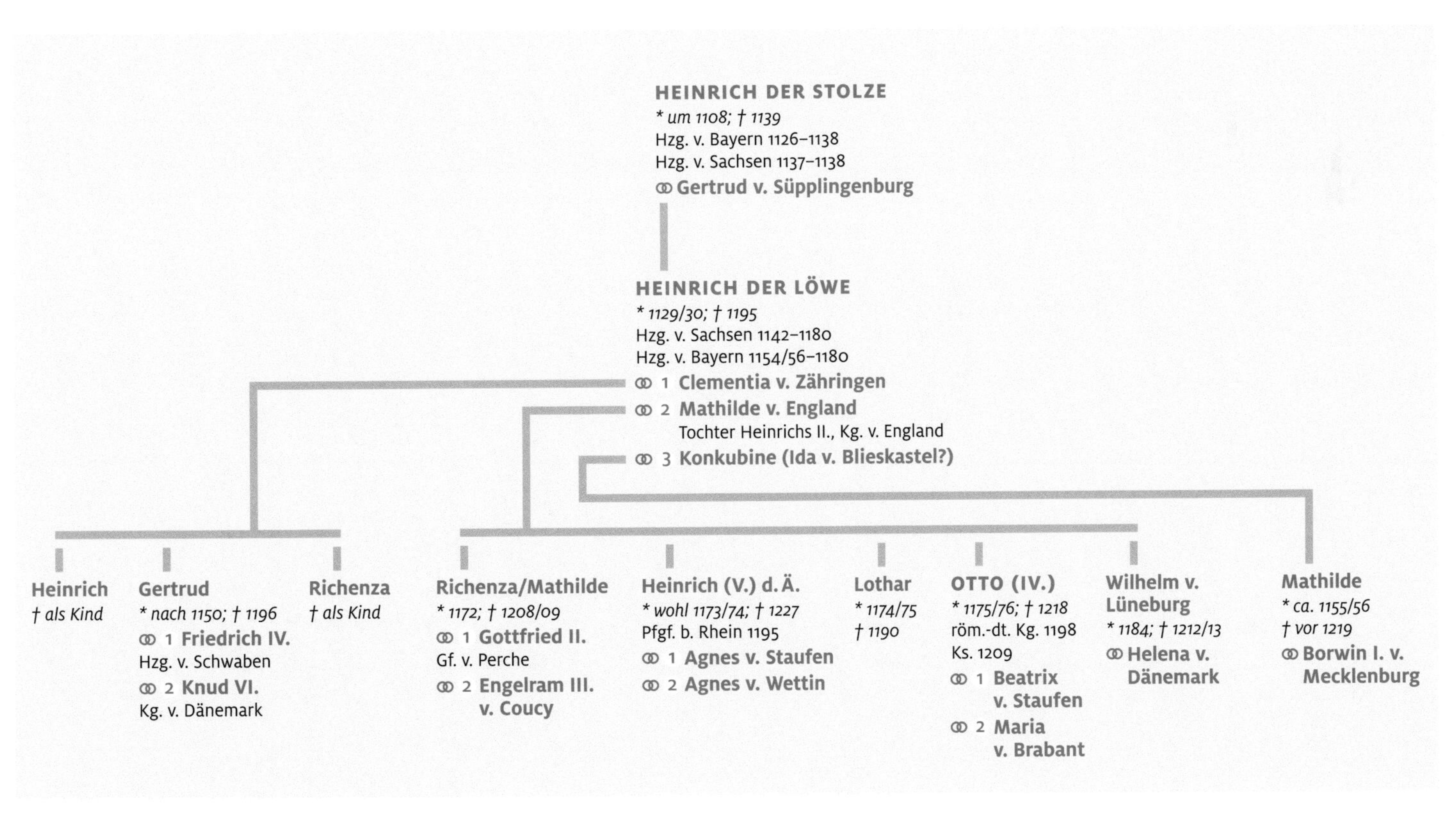


3 Stammtafel der Welfen. © Peter Palm, Berlin.

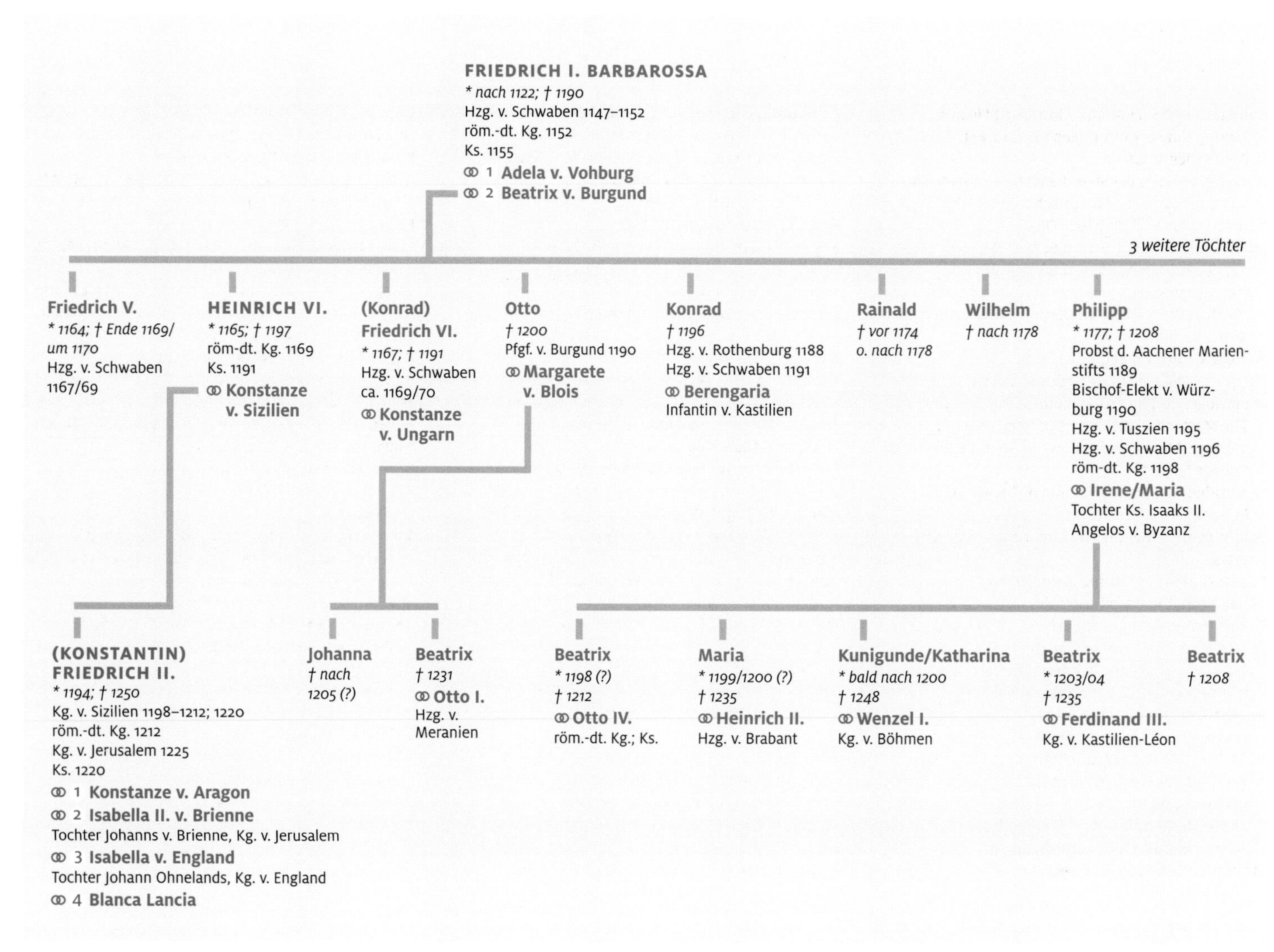


4 Stammtafel der Staufer. © Peter Palm, Berlin.

# Mitglieder des Wissenschaftlichen Beirats

Prof. Dr. Martin Aurell (Universität Poitiers)
Prof. Dr. Ingrid Bennewitz (Universität Bamberg)
Prof. Dr. Lukas Clemens (Universität Trier)
Prof. Dr. Caspar Ehlers (Max Planck-Institut für Europäische Rechtsgeschichte/Frankfurt a. M.)
Prof. Dr. Klaus van Eickels (Universität Bamberg)
Prof. em. Dr. John Gillingham (London)
Prof. Dr. Knut Görich (LMU München)
Prof. Dr. Nikolas Jaspert (Universität Heidelberg)
Dr. Angela Kaiser-Lahme (GDKE, Koblenz)
Prof. Dr. Annette Kehnel (Universität Mannheim)
Prof. Dr. Martin Kintzinger (Universität Münster)
Dr. Clemens Kosch (Mainz)
Prof. Dr. Michael Matheus (Universität Mainz)
Prof. Dr. Jean-Marie Moeglin (Universität Paris)
Ministerialrat a.D. Anton Neugebauer (MBWWK/Mainz)
Roland Paul (Institut für pfälzische Geschichte und Volkskunde/Kaiserslautern)
Prof. Dr. Jörg Peltzer (Universität Heidelberg)
Prof. Dr. Bernd Schneidmüller (Universität Heidelberg)
Prof. Dr. Stefan Weinfurter (Universität Heidelberg)
Dr. Joachim Zeune (Büro für Burgenforschung, Eisenberg-Zell)

# Dank an unsere Leihgeber

Amiens, Musées d'Amiens – Musée de Picardie
Augsburg, Kunstsammlungen und Museen Augsburg – Römisches Museum
Bamberg, Museen der Stadt Bamberg – Historisches Museum Bamberg, Historischer Verein Bamberg
Beauvais, Mudo – Musée de l'Oise
Berlin, Staatliche Museen zu Berlin – Münzkabinett
Berlin, Staatliche Museen zu Berlin – Museum für Islamische Kunst
Berlin, Staatsbibliothek zu Berlin – Preußischer Kulturbesitz
Bordeaux, Musée d'Aquitaine
Cambrai, Médiathèque d'Agglomération de Cambrai
Cambridge, Corpus Christi College, Parker Library, The Master and Fellows of Corpus Christi College
Cambridge, Master and Fellows of Gonville and Caius College Library
Cambridge, Master and Fellows of Trinity College Library
Cambridge, The Syndics of Cambridge University Library
Chalon-sur-Saône, Musée Vivant Denon
Douai, Bibliothèque municipale
Douai, Musée de la Chartreuse
Foix, Musée départemental de l'Ariège
Fulda, Hochschul- und Landesbibliothek
Glastonbury, Glastonbury Abbey Museum
Hagenau, Musée historique de Haguenau
Hannover, Museum August Kestner
Heidelberg, Universitätsbibliothek
Herne, LWL-Museum für Archäologie – Westfälisches Landesmuseum
Hildesheim, Dommuseum (Dauerleihgabe der Kath. Pfarrgemeinde St. Godehard)
Jumièges, Abbaye de Jumièges
Karlsruhe, Badische Landesbibliothek
Karlsruhe, Badisches Landesmuseum
Karlsruhe, Landesarchiv Baden-Württemberg – Generallandesarchiv Karlsruhe
Kew, The National Archives
Konstanz, Rosgartenmuseum
Kopenhagen, Davids Samling
Kopenhagen, Det Kongelige Bibliotek
Kopenhagen, Nationalmuseet
Leiden, Universitaire Bibliotheken Leiden
Linz, Oberösterreichisches Landesmuseum
London, The British Library
London, Royal Collection Trust / Her Majesty Queen Elizabeth II
London, Victoria and Albert Museum
Longpont, Abbaye de Longpont
Ludwigshafen am Rhein, Wilhelm-Hack-Museum
Mainz, Bischöfliches Dom- und Diözesanmuseum
Mannheim, TECHNOSEUM – Landesmuseum für Technik und Arbeit in Mannheim
Mettlach, Kath. Kirchengemeinde St. Lutwinus
Minden, Dompfarrei St. Gorgonius und Petrus Ap.
München, Bayerische Staatsbibliothek
Münster, Eigentum des Landes Nordrhein-Westfalen, Landesarchiv Nordrhein-Westfalen Abteilung Westfalen
Münster, LWL-Museum für Kunst und Kultur. Westfälisches Landesmuseum
Nancy, Musée Lorrain – Palais des ducs de Lorraine
Nürnberg, Germanisches Nationalmuseum
Oldenburg, Bibliotheks- und Informationssystem der Carl von Ossietzky Universität Oldenburg
Oxford, Bodleian Libraries
Paderborn, Erzbischöfliches Diözesanmuseum (Leihgabe der Pfarrei St. Nikolai, Höxter)
Paris, Archives nationales
Paris, Bibliothèque nationale de France
Paris, Bibliothèque Sainte-Geneviève
Paris, Cité de l'architecture et du patrimoine – Musée des Monuments français
Paris, Musée de l'Armée
Paris, Musée du Louvre – Département des Sculptures (don Camille Enlart)
Poitiers, Trésor de la cathédrale Saint-Pierre de Poitiers
Rochester, Dean and Chapter of Rochester Cathedral / Medway Archives and Local Studies Centre
Rostock, Universitätsbibliothek Rostock
Rouen, Archives départementales de Seine-Maritime
Rouen, Musée des Antiquités
Rouen, Trésor de la Cathédrale Notre Dame de Rouen
Salisbury, Salisbury Museum
Senlis, Musée d'Art et d'Archéologie
Solingen, Bergisches Museum Schloss Burg an der Wupper
Speyer, Historisches Museum der Pfalz Speyer
St. Gallen, Kantonsbibliothek, Vadianische Sammlung der Ortsbürgergemeinde
Stuttgart, Landesmuseum Württemberg
Toulouse, Trésor de la basilique Saint-Sernin de Toulouse, Musée Saint-Raymond
Tübingen, Fabian Brenker
Utrecht, Museum Catharijneconvent
Vaduz, Furusiyya Art Foundation
Wilnsdorf, Museum Wilnsdorf
Wolfenbüttel, Niedersächsisches Landesarchiv – Standort Wolfenbüttel
Zürich, Schweizerisches Nationalmuseum
Zürich, Zentralbibliothek

# Dank für Rat und Unterstützung

Adrian Ailes, Kew
Werner Anselmann, Edesheim
Josefine Appel, Erfurt
Stéphanie Arnold-Marbach, Haguenau
Peter Baltruschat, Mannheim
Marc Bentz, Speyer
Stefan Bergmann, Leinfelden-Echterdingen
Claire Breay, London
Fabian Brenker, Tübingen
Karolin Bubke, Oldenburg
Ulrich Burkhart, Kaiserslautern
Alison Cable, Rochester
Maria Courtial, Darmstadt
Petra Dorn, Mainz
Peter Eichhorn, Speyer
Amélie El Mestri, Paris
Layla Fetzer, Berlin
Ulrike Frey, Paderborn
Ewald Gaden, Speyer
Volker Gallé, Worms
Alina Giesen, Friedelsheim
Cornelia Gilb, Frankfurt/Main
Rolf Große, Paris
Mary Gryspeerdt, Glastonbury
Jürgen Hardeck, Mainz
Nicolas Hatot, Rouen
Denis Hayot, Paris
Pia Heberer, Rohrbach
Christian Heck, Speyer
Marcus Hecker, Speyer
Martin Hoernes, München
Dietmar Hoffmann, Mainz
Wiebke Hunn, Mannheim
Stephan Jolie, Mainz
Thomas Kaffenberger, Fribourg
Judith Kagan, Paris
Benjamin Kedar, Jerusalem
Jürgen Keddigkeit, Kaiserslautern
Christoph Keggenhoff, Speyer
Kira Kessler, Mannheim
Charles Klein, Speyer
Thomas Knerr, Speyer
Guido Knopp, Mainz
Eckart Köhne, Karlsruhe
Hans-Joachim Kölsch, Annweiler
Stefan Kötz, Münster
Christoph Kraus, Mainz
Charlotte Lagemann, Heidelberg
Sylvie Leprince, Rouen
Magdalena Liedtke, Karlsruhe
Kathrin Lorbeer, Karlsruhe
Angela Magin, Speyer
Markus Maier, Speyer
Thomas Maissen, Paris

Lisa-Marie Malek, Schönbrunn
Markus Melchiori, Speyer
Thomas Metz, Koblenz
Brigitte Mondrain, Paris
Robert Montoto, Mannheim
Olaf Mückain, Worms
Rita Nitsche, Speyer
Frank Noreiks, Mannheim
Michaela Peters, Speyer
Louise Elisabeth Queyrel, Paris
Hans Reither, Burg Trifels
Florence Rionnet, La Roche-sur-Yon
Christiane Ruhmann, Paderborn
Oliver Sänger, Karlsruhe
Peter Schappert, Speyer
Malena Scherf, Silwingen
Michael Schmitt, Speyer
Jens Schneider, Paris
Karl Erhard Schuhmacher, Römerberg
Hanne Schweiger, München
Knud Seckel, Alsbach
Andreas Sohn, Paris
Marina Solomidou-Ieronymidou, Nicosia/Zypern
Beate Spiegel, Heidelberg
Thomas Spindler, Mistendorf
Ilona Spitzfaden, Speyer
Bernd Stephan, Hamburg
Christian Stoess, Berlin
Birgit Stuhlmacher, Koblenz
Birge Tetzner, Berlin
Christof Trepesch, Augsburg
Robin Volk, Speyer
Friederike Walter, Speyer
Volker Walz, Mainz
Barbara Wehr, Mainz
S.E. Bischof Karl-Heinz Wiedemann, Speyer
Winfried Wilhelmy, Mainz
Harald Wolter-von dem Knesebeck, Bonn

# Autorensiglen

| | |
|---|---|
| KA | Kurt Andermann |
| AA | Andrea Arens |
| SAM | Stéphanie Arnold-Marbach |
| BBB | Bruce Barker-Benfield |
| MB | Martin Baumeister |
| IB | Ingrid Bennewitz |
| HB | Heidi Blöcher |
| CB | Christian Block |
| TB | Terry Bloxham |
| AB | André Bouwman |
| KB | Karolin Bubke |
| AC | Alison Cable |
| KD | Kathleen Doyle |
| PD | Paul Dryburgh |
| AD | Andrew Dunning |
| JD | Jake Dyble |
| MF | Martin Fimpel |
| KvF | Kjeld von Folsach |
| LF/KK | Lisa Foege, Katharina Kirr |
| JF | James Freeman |
| PF | Philipp Friedhofen |
| RG | Rudolf Gamper |
| NG | Niklas Gliesmann |
| PGH | Poul Grinder-Hansen |
| MGM | Markus Groß-Morgen |
| MG | Mary Gryspeerdt |
| JH | Jeannine Harder |
| NHa | Nicolas Hatot |
| NHe | Nadine Hecht |
| SH | Simone Heimann |
| ISH | Ingrid-Sibylle Hoffmann |
| JMH | Jean-Marc Hofman |
| SGH | Stefan G. Holz |
| BUH | Bernd Ulrich Hucker |
| AJ | Alexandra Jones |
| SKa | Sabine Kaufmann |
| JK | Julia Kling |
| BKL | Barbara Klössel-Luckhardt |
| SKö | Stefan Kötz |
| FL | Fabien Laforge |
| ML | Manuel Lalanne |
| IL | Ingrid Leduc |
| SL | Sylvie Leprince |
| GL | Gerhard Lutz |
| MM | Melina Metzker |
| SM | Schoole Mostafawy |
| JN | Julius Neugebauer |
| ASN | Anna Sophia Nübling |
| JPe | Jörg Peltzer |
| EP | Erik Petersen |
| JPr | Jens Prellwitz |
| LEQ | Louise Elisabeth Queyrel |
| TR | Thomas Reich |
| FR | Florence Rionnet |
| CR | Christiane Ruhmann |
| MSchein | Marina Scheinost |
| MScher | Malena Scherf |
| BS | Bernd Schneidmüller |
| IS | Inge Schriemer |
| FS | François Séguin |
| SSo | Sylvia Sobiech |
| US | Uli Steiger |
| TT | Thomas Tunsch |
| RW | Rainer Walter |
| AW | Alasdair Watson |
| WW | Winfried Wilhelmy |
| SZ | Sebastian Zanke |
| WZ | Wolf Zöller |

# Abkürzungsverzeichnis

| | |
|---|---|
| Abb. | Abbildung |
| Anm. | Anmerkung |
| Art. | Artikel |
| Aufl. | Auflage |
| B. | Breite |
| Bd. | Band |
| Bde. | Bände |
| Bearb. | Bearbeiter |
| bearb. v. | bearbeitet von |
| Bll. | Blätter |
| BnF | Bibliothèque nationale de France |
| bzw. | beziehungsweise |
| Cod. | Codex |
| D. | Dicke |
| dems. | demselben |
| Ders. | Derselbe |
| d.h. | das heißt |
| Dm. | Durchmesser |
| e.V. | eingetragener Verein |
| f. | folgende Seite |
| Faks. | Faksimile |
| FO | Fundort |
| fol. | folio |
| Fs. | Festschrift |
| Gew. | Gewicht |
| H. | Höhe |
| Hg. | Herausgeber |
| hg. v. | herausgegeben von |
| hl. | heilig |
| Hzm. | Herzogtum |
| Inv.Nr. | Inventarnummer |
| Kat. | Katalog |
| Kat.Nr. | Katalognummer |
| Kg. | König |
| Ks. | Kaiser |
| L. | Länge |
| Lkr. | Landkreis |
| Lit. | Literatur |
| n. Chr. | nach Christi Geburt |
| ND | Nachdruck |
| N.F. | Neue Folge |
| N.S. | Neue Serie/Nova Series |
| o.J. | ohne Erscheinungsjahr |
| o.O. | ohne Erscheinungsort |
| Q. | Quellen |
| Ps | Psalm |
| r | recto |
| Rs. | Rückseite |
| sog. | sogenannt |
| Sp. | Spalte |
| St., Ste. | Sankt, Saint(e) |
| T. | Tiefe |
| Taf. | Tafel |
| u.a. | unter anderem |
| übers. v. | übersetzt von |
| unpubl. | unpubliziert |
| Urk. | Urkunde |
| v | verso |
| var. | Variante |
| vgl. | vergleiche |
| v. Chr. | vor Christi Geburt |
| Vs. | Vorderseite |

# Abkürzungen bibliographischer Angaben

AQ Ausgewählte Quellen zur deutschen Geschichte des Mittelalters. Freiherr vom Stein-Gedächtnis-ausgabe
Crusades Crusades. The journal of the Society for the Study of the Crusades and the Latin East
FSI Fonti per la storia d'Italia
HJb Historisches Jahrbuch
HZ Historische Zeitschrift
LexMa Lexikon des Mittelalters
MGH Monumenta Germaniae Historica
MGH Const. Monumenta Germaniae Historica. Constitutiones et acta publica imperatorum et regum
MGH DD Monumenta Germaniae Historica. Diplomata
MGH SS rer. Germ. Monumenta Germaniae Historica. Scriptores rerum Germanicarum in usum scholarum separatim editi
MGH SS rer. Germ. N.S. Monumenta Germaniae Historica. Scriptores rerum Germanicarum, Nova series
MGH Schriften Schriften der Monumenta Germaniae Historica
MGH SS Monumenta Germaniae Historica. Scriptores
NA Neue Abhandlungen der Akademie der Wissenschaften zu Göttingen. Philologisch-Historische Klasse
RANK RANK. Politisch-soziale Ordnungen im mittelalterlichen Europa
RerBrit Rolls series. Rerum Britannicarum medii aevi scriptores
Signa Ivris Signa Ivris. Beiträge zur Rechtsikonographie, Rechtsarchäologie und rechtlichen Volkskunde
VuF Vorträge und Forschungen
Verfasserlexikon Die deutsche Literatur des Mittelalters. Verfasserlexikon

# Quellenverzeichnis


Acta (hg. v. Holt/Mortimer) ▪ Acta of Henry II and Richard I, hg. v. J. C. Holt u. Richard Mortimer (Lists & Index Society, Special Series, 21), London 1986.
Acta (hg. v. Vincent) ▪ Acta of Henry II and Richard I, Bd. 2, hg. v. Nicholas Vincent (List & Index Society, Special Series, 27), London 1996.
Actes de Philippe Auguste, Bd. 1 (hg. v. Delaborde) ▪ Recueil des actes de Philippe Auguste roi de France, Bd. 1: Années du règne 1 à 15 (1er novembre 1179 – 31 octobre 1194), hg. v. Henri-François Delaborde, Paris 1916.
Actes de Philippe Auguste, Bd. 2 (hg. v. Delaborde/Petit-Dutaillis) ▪ Recueil des actes de Philippe Auguste roi de France, Bd. 2: Années du règne 16 à 27, hg. v. Henri-François Delaborde u. Charles Petit-Dutaillis, Paris 1943.
Actes de Philippe Auguste, Bd. 4 (hg. v. Nortier) ▪ Recueil des actes de Philippe Auguste roi de France, Bd. 4: Années du règne 37 à 44 (1er novembre 1215 – 14 juillet 1223), hg. v. Michel Nortier, Paris 1979.
Actes de Philippe Auguste, Bd. 5 (hg. v. Nortier) ▪ Recueil des actes de Philippe Auguste roi de France, Bd. 5: Supplément d'actes, actes perdus, additions et corrections aux précédents, hg. v. Michel Nortier, Paris 2004.
Alexander Neckam, De naturis rerum (RerBrit 34) ▪ Alexander Neckam, De Naturis Rerum Libri Duo: With the Poem of the Same Author De Laudibus Divinae Sapientiae, hg. v. Thomas Wright (RerBrit, 34), London 1863.
Ambroise, History (hg. v. Ailes/Barber) ▪ Ambroise, The History of the Holy War. Ambroise's Estoire de la Guerre Sainte, 2 Bde., hg. v. Marianne Ailes u. Malcolm Barber, Woodbridge 2003.
Ambroise, L'estoire (hg. v. Paris) ▪ Ambroise, L'estoire de la guerre sainte, hg. v. Gaston Paris (Collection de documents inédits sur l'histoire de France, 11), Paris 1897.
Annales angevines (hg. v. Halphen) ▪ Recueil d'annales Angevines et Vendômoises, hg. v. Louis Halphen, Paris 1903.
Anonymer von Béthune, Chronik (hg. v. Delisle) ▪ Chronique française des noms de rois de France par un Anonyme de Béthune, in: Les enquêtes administratives du règne de Saint Louis et la chronique de l'anonyme de Béthune (Recueil des historiens des Gaules et de la France. Nouvelle éditions, 24), hg. v. Léopold Victor Delisle, Paris 1904, S. 750–775.
Appleby 1963 ▪ The Chronicle of Richard of Devizes of the Time of King Richard the First, hg. v. John Appleby, Edinburgh/London 1963.
Archives de la Conservation régionale des monuments historiques, État au 1er juillet 1944 ▪ Archives de la Conservation régionale des monuments historiques, »Objets mobiliers classés de la cathédrale de Rouen/État au 1er juillet 1944«, erstellt von François Blanchet.
Bahā' al-Dīn Ibn Shaddād, History (hg. v. Richards) ▪ Bahā' al-Dīn Ibn Shaddād: The Rare and Excellent History of Saladin or al-Nawādir al-Sulṭāniyya wa'l-Maḥāsin al-Yūsufiyya, hg. v. Donald S. Richards (Crusade Texts in Translation, 7), Aldershot 2007.
Benedikt von Peterborough, Gesta (RerBrit 49,1–2) ▪ Gesta regis Henrici secundi Benedicti abbatis, known commonly under the Name Benedict of Peterborough, 2 Bde., hg. v. William Stubbs (RerBrit, 49,1–2), London 1867.
Bertrand von Born, Poems (hg. v. Paden/Sankovitch/Stäblein) ▪ Bertrand von Born, The Poems of the Troubadour Bertran de Born, hg. v. William D. Paden, Tilde Sankovitch u. Patricia H. Stäblein, Berkeley/Los Angeles/London 1986.
Braunschweig, StadtA GII, 14, Nr. 1, S. 28 (Inventar Hofrat Rudemann) ▪ Braunschweig, StadtA GII, 14, Nr. 1, S. 28 (Inventar Hofrat Rudemann).
Burchard von Ursberg, Chronik (MGH SS rer. Germ. 16) ▪ Die Chronik des Probstes Burchard von Ursberg, hg. v. Oswald Holger-Egger/Bernhard von Simson (MGH SS rer. Germ., 16), Hannover/Leipzig [2]1916.
Camden 1607 ▪ William Camden: Britannia, siue Florentissimorum regnorum Angliae, Scotiae, Hiberniae, et insularum adiacentium ex intima antiquitate chorographica descriptio, London 1607.
Chrétien von Troyes, Lancelot (übers. u. eingel. v. Jauss-Meyer) ▪ Chrestien de Troyes, Lancelot, übers. u. eingel. v. Helga Jauss-Meyer (Klassische Texte des Romanischen Mittelalters, 13), München 1974.
Chronique d'Ernoul (hg. v. Mas Latrie) ▪ Chronique d'Ernoul et de Bernard le Trésorier publiée pour la première fois, d'après les ms. de Bruxelles, de Paris et de Berne, avec un essai de classification des continuateurs de Guillaume de Tyr, pour la Sociéte de l'Histoire de France, par M. Louis de Mas Latrie (Sociéte de l'Historie de France, 157), Paris 1871.
Codice diplomatico della Repubblica de Genova (FSI 89) ▪ Codice diplomatico della Repubblica di Genova, 3 Bde., hg. v. Cesare Imperiale di Sant'Angelo (Fonti per la storia d'Italia, 89), Rom 1942.
De Pugna Bovinensi (MGH SS 26) ▪ Relatio Marchianensis de pugna Bovinensi, hg. v. Georg Waitz, in: Ex rerum Francogallicarum scriptoribus. Ex historiis auctorum Flandrensium Francogallica lingua scriptis (MGH SS 26), Hannover 1882, S. 390–393.
Dialogus de Scaccario (hg. v. Amt/Church) ▪ Dialogus de Scaccario: The Dialogue of the Exchequer/Constitutio Domus Regis: The Constitution of the King's Household, hg. u. übers. v. Emilie Amt u. Stephen Church, Oxford 2007.
Diplomatic Documents (hg. v. Chaplais) ▪ Diplomatic Documents. Preserved in the Public Record Office, Bd. 1: 1101–1272, hg. v. Pierre Chaplais, London 1964.
Dortmunder Urkundenbuch (hg. v. Rübel) ▪ Dortmunder Urkundenbuch, 3 Bde., hg. v. Karl Rübel, Dortmund 1881.
Edbury 2007 ▪ The Conquest of Jerusalem and the Third Crusade: Sources in Translation, hg. v. Peter W. Edbury (Crusade Texts in Translation, 1), Aldershot 2007.
Eilhart von Oberg, Tristrant (hg. v. Bußmann) ▪ Eilhart von Oberg, Tristrant. Synoptischer Druck der ergänzten Fragmente mit der gesamten Parallelüberlieferung, hg. v. Hadumod Bußmann (Altdeutsche Textbibliothek, 70), Tübingen 1969.
Eilhart von Oberg, Tristrant und Isalde (hg. v. Buschinger) ▪ Eilhart von Oberg, Tristrant und Isalde (nach der Heidelberger Handschrift Cod. Pal. Germ. 346), hg. v. Danielle Buschinger (Berliner Sprachwissenschaftliche Studien, 4), Berlin 2004.
Ekkehard von Aura, Chronicon (MGH SS 6) ▪ Ekkehard von Aura, Chronica, hg. v. Georg Waitz, in: Chronica et annales aevi Salici (MGH SS 6), Hannover 1844, S. 1–267.
Gabrieli 1984 ▪ Arab Historians of the Crusades, hg. v. Francesco Gabrieli (The Islamic World Series), Berkely/Los Angeles 1984.
Gaucelm Faidit, Fortz chauza (hg. v. Jensen) ▪ Gaucelm Faidit, Fortz chauza es que tot lo maior dan, in: Troubadour Lyrics: A Bilingual Anthology, hg. v. Frede Jensen (Studies in the Humanities. Literature, Politics, Society, 39), New York/ Frankfurt a.M./Paris 1998, S. 264–268.
Gaucelm Faidit, Les poèmes (hg. v. Mouzat) ▪ Les poèmes

de Gaucelm Faidit, troubadour du XIIe siècle, hg. v. Jean Mouzat (Les classiques d'Oc, 2), Paris 1965.

Gaucelm Faidit, Troubadour Lyrics (hg. v. Jensen) ▪ Gaucelm Faidit, Troubadour Lyrics. A Bilingual Anthology, hg. v. Frede Jensen (Studies in the Humanities. Literature, Politics, Society, 39), New York/Frankfurt a.M./Paris 1998.

Geoffroy de Vigeois, Chronica (hg. v. Labbe) ▪ Chronica Gaufredi coenobitæ monasterii D. Martialis Lemovicensis ac prioris Voisiensis coenobii, in: Novae bibliothecae manuscriptorum librorum, Bd. 2, hg. v. Philippe Labbe, Paris 1657, S. 279–342.

Gerald von Wales, De principis instructione (RerBrit 21,8) ▪ Giraldus Cambrensis, Liber de principis instructione, hg. v. George F. Warner (RerBrit 21,8), London 1891, ND Wiesbaden 1964.

Gerald von Wales, De rebus a se gestis (RerBrit 21,1) ▪ Giraldus Cambrensis, De rebus a se gestis, hg. v. John S. Brewer (RerBrit 21,1), London 1861, ND Wiesbaden 1966.

Gerald von Wales, Topography (hg. v. Wright) ▪ Giraldus Cambrensis, The Topography of Ireland, übers. v. Thomas Forester, hg. v. Thomas Wright, Cambridge/Ontario 2000.

Gervasius von Canterbury, Chronica (MGH SS 27) ▪ E Gervasii Cantuariensis operibus historicis, in: Ex rerum Anglicarum scriptoribus saec. XII et XIII, hg. v. Felix Liebermann u. Reinhold Pauli (MGH SS, 27), Hannover 1885, S. 294–315.

Gervasius von Canterbury, Opera Historica (RerBrit 73,1–2) ▪ Gervasii Cantuariensis Opera Historica, 2 Bde., hg. v. William Stubbs (RerBrit 73,1–2), London 1879/1880, ND Wiesbaden 1965.

Gervasius von Melkley, Ars poetica (hg. v. Gräbener) ▪ Gervais of Melkley, Ars poetica. Kritische Ausgabe, hg. v. Hans-Jürgen Gräbener (Forschungen zur romanischen Philologie, 17), Münster 1965.

Gesta Innocentii III (hg. v. Gress-Wright) ▪ Gesta Innocentii III: Text, Introduction and Commentary, hg. v. David R. Gress-Wright, Ann Arbor 1993.

Gosset/Rousseau 2002 ▪ Gilles Désiré dit Gosset u. Emmanuel Rousseau: La traité de Gaillon (1196): édition critique et traduction, in: Tabularia 2 (2002), S. 1–12.

Gosset/Rousseau 2004 ▪ Gilles Désiré dit Gosset u. Emmanuel Rousseau: La traité de Gaillon (1196): édition critique et traduction, in: Richard Cœur de Lion, roi d'Angleterre, duc de Normandie 1157–1199. Actes du colloque internationale tenu à Caen, 6–9 avril 1999, Caen 2004, S. 66–74.

Great Roll (hg. v. Stenton) ▪ The Great Roll of the Pipe for the Sixth Year of the Reign of King Richard the First, Michaelmas 1194, hg. v. Doris Stenton (Publications of the Pipe Roll Society, 43, N.S. 5), London 1928.

Hákonar saga Hákonarsonar (hg. v. Jakobsson/Hauksson/Ulset) ▪ Hákonar saga Hákonarsonar, Bǫglunga saga, Magnúss saga lagabœtis, hg. v. Sverrir Jakobsson, Þorleifur Hauksson u. Tor Ulset, Reykjavík 2013.

Hartmann von Aue, Iwein (übers. v. Cramer) ▪ Hartmann von Aue, Iwein. Text der siebenten Ausgabe von Georg F. Benecke, Karl Lachmann u. Ludwig Wolff, Übersetzung und Nachwort v. Thomas Cramer, Berlin [4]2001.

Heinrich von Veldeke, Eneasroman (übers. v. Kartschoke) ▪ Heinrich von Veldeke, Eneasroman. Mittelhochdeutsch/Neuhochdeutsch, nach dem Text v. Ludwig Ettmüller ins Neuhochdeutsche übers., mit einem Stellenkommentar u. einem Nachwort, hg. v. Dieter Kartschoke, Stuttgart 1986.

Heinrici VI. Constitutiones (MGH Const. 1) ▪ Heinrici VI. Constitutiones, in: MGH Const. 1, hg. v. Ludwig Weiland, Hannover 1983, S. 464–531.

Helmold von Bosau, Slawenchronik (AQ 19) ▪ Helmold von Bosau: Slawenchronik, neu übertragen u. erl. v. Heinz Stoob (AQ, 19), Darmstadt 1973.

Histoire des comtes de Poictou et ducs de Guyrenne (hg. v. Besly) ▪ Histoire des comtes de Poictou et ducs de Guyrenne, contenant ce qui s'est passé de plus mémorable en France depuis l'an 811 jusques au roi Louis le Jeune, vérifiés par titres et par anciens histoires, hg. v. Jean Besly, Niort/Paris 1840.

Historia de expeditione Friderici imperatoris (MGH SS rer. Germ. N.S. 5) ▪ Historia de expeditione Friderici imperatoris, in: Quellen zur Geschichte des Kreuzzuges Kaiser Friedrichs II., hg. v. Anton Chroust (MGH SS rer. Germ. N.S., 5), Berlin 1928, S. 1–115.

History of William Marshal (hg. v. Holden) ▪ History of William Marshal, 3 Bde., hg. v. Anthony J. Holden, übers. v. David Crouch u. komm. v. Stewart Gregory (Occasional Publications Series/Anglo-Norman Text Society, 4–6), London 2002–2006.

http://www.bl.uk/manuscripts/FullDisplay.aspx?index=22&ref=Lansdowne_MS_381/1 (01.08.2107) ▪ The British Library Digitised Manuscripts Website: Lansdowne MS 381/1 [URL: https://www.bl.uk/manuscripts/FullDisplay.aspx?index=22&ref=Lansdowne_MS_381/1 (01.08.2017)].

http://cudl.lib.cam.ac.uk/view/MS-FF-00001-00025-00004/1 (01.08.2017) ▪ University of Cambridge, Digital Library: MS Ff.1.25.4 [URL: https://cudl.lib.cam.ac.uk/view/MS-FF-00001-00025-00004/1 (01.08.2017)].

http://cudl.lib.cam.ac.uk/view/MS-FF-00001-00027/1 (10.07.2017) ▪ University of Cambridge, Digital Library: MS Ff.1.27 [URL: https://cudl.lib.cam.ac.uk/view/MS-FF-00001-00027/1 (10.07.2017)].

http://www.culture.gouv.fr/Wave/image/archim/JJ/PG/jj007-001.htm (07.06.2017) ▪ Archim: Registre de la chancellerie du roi de France, Philippe Auguste [URL: www.culture.gouv.fr/Wave/image/archim/JJ/PG/jj007-001.htm (07.06.2017)].

http://www.e-codices.unifr.ch/de/list/one/vad/0321 (23.05.2017) ▪ e-codices: VadSlg Ms. 321 [URL: www.e-codices.unifr.ch/de/list/one/vad/0321 (23.05.2017)].

http://gallica.bnf.fr/ark:/12148/btv1b60012814/f1.item (24.06.2017) ▪ Gallica: Chroniques de Saint-Denis. Recueil [URL: http://gallica.bnf.fr/ark:/12148/btv1b60012814/f1.item (24.06.2017)].

http://www.siv.archives-nationales.culture.gouv.fr/siv/UD/FRAN_IR_000416/d_496 (24.06.2017) ▪ Archives Nationales, Salle des inventaires virtuelle: Trésor des chartes (layettes) [URL: https://www.siv.archives-nationales.culture.gouv.fr/siv/UD/FRAN_IR_000416/d_496 (24.06.2017)].

Ibn al-Athir, Al-Kamil Fi'l-Ta'rikh (hg. v. Richards) ▪ The Chronicle of Ibn-al Athir for the Crusading Period from Al-Kamil Fi'l-Ta'rikh, 3 Bde., hg. v. Donald S. Richards, Aldershot 2006–2008.

Inschriften Trier (bearb. v. Fuchs) ▪ Die Inschriften der Stadt Trier, 2 Bde., bearb. v. Rüdiger Fuchs (Die Deutschen Inschriften, 70 u. 71/Mainzer Reihe, 10 u. 11.), Wiesbaden 2012.

Itinerarium peregrinorum (hg. v. Mayer) ▪ Das Itinerarium peregrinorum: eine zeitgenössische englische Chronik zum dritten Kreuzzug in ursprünglicher Gestalt, hg. v. Hans Eberhard Mayer (MGH Schriften, 18), Stuttgart 1962.

Itinerarium peregrinorum (RerBrit 38) ▪ Ricardo, Canonico Santæ Trinitatis Londoniensis, Itinerarium Peregrinorum et Gesta Regis Ricardi, hg. v. William Stubbs (RerBrit 38), London 1864.

Johann von Joinville, Histoire (hg. v. Wailly) ▪ Jean sire de Joinville, Histoire de Saint Louis, credo et lettres à Louis X, hg. v. Natalis de Wailly, Paris 1874.

Johannes von Salisbury, Policraticus (hg. v. Keats-Rohan) ▪ Ioannis Saresberiensis Policraticus, 4 Bde., hg. v. K.S.B. Keats-Rohan (Corpus Christianorum. Continuatio mediaevalis, 118), Turnholt 1993.

L'estoire de la guerre sainte (hg. v. Croizy-Naquet) ▪ L' estoire de la guerre sainte, hg. v. Catherine Croizy-Naquet (Les classiques français du moyen âge, 174), Paris 2014.

L'œuvre de Bertran de Born (hg. v. Gouiran) ▪ L'amour et la guerre. L'œuvre de Bertran de Born, 2 Bde., hg. v. Gérard Gouiran, Aix-en-Provence 1985.

Lanzelet (hg. v. Kragl) ▪ Ulrich von Zatzikhoven, Lanzelet, 2 Bde., hg. v. Florian Kragl, Berlin/New York 2006.

Laudian Manuscripts (hg. v. Coxe) ▪ Laudian Manuscripts, hg. v. Henry O. Coxe (Bodleian Library Quarto Catalogues, 2), Oxford 1858, ND mit Ergänzungen v. R. W. Hunt Oxford 1973.

Layettes (hg. v. Teulet) ▪ Layettes du trésor des chartes, 5 Bde., Bd. 1, hg. v. Alexandre Teulet, Paris 1863–1909.

Le livere de reis de Brittanie (RerBrit 42) ▪ Le livere de reis de Brittanie e le livere de reis de Engleterre, hg. v. John Glover (RerBrit, 42), London 1865.

Letters of Pope Innocent III (hg. v. Cheney/Semple) ▪ Selected Letters of Pope Innocent III Concerning England (1198–1216), hg. v. Christopher R. Cheney u. W. H. Semple (Medieval Texts), London 1953.

Liber niger Scaccarii (hg. v. Hearne) ▪ Liber niger Scaccarii: nec non Wilhelmi Worcestrii Annales rerum anglicarum, hg. v. Thomas Hearne, London 1774.

Marbacher Annalen (MGH SS rer. Germ. [9]) ▪ Annales Marbacenses qui dicuntur, hg. v. Hermann Bloch (MGH SS rer. Germ., [9]), Hannover/Leipzig 1907, ND 1979.

Matthew Paris, Chronica majora (RerBrit 57,1–7) ▪ Matthew Paris, Chronica majora, 7 Bde., hg. v. Henry R. Luard (RerBrit, 57,1–7), London 1872–1884.

Minnesangs Frühling (bearb. v. Moser/Tervooren) ▪ Des Minnesangs Frühling. Unter Benutzung der Ausgabe v. Karl Lachmann bearb. v. Hugo Moser u. Helmut Tervooren, 3 Bde., Stuttgart 1988.

Mittelalterliche Lyrik Frankreichs (übers. v. Rieger) ▪ Mittelalterliche Lyrik Frankreichs, 2 Bde., ausgewählt, übers. u. komm. v. Dietmar Rieger, Stuttgart 1980.

Mittelhochdeutsche Minnelyrik (hg. u. übers. v. Schweikle) ▪ Mittelhochdeutsche Minnelyrik, Texte u. Übertragungen, Einführung u. Kommentar v. Günther Schweikle, Stuttgart/Weimar 1993.

Münster, Westfälisches Staatsarchiv, Corvey Akten A V, Nr. 13, Bd. 4 (Register über die Praesenten, als Gemälde, guldene und silberne rare Medaillen, Kammerzierarten, und Bücher, so Ih[ro] D[ur]chl[aucht] Anton Ulrich Herzog zu Braunschw[eig] und Lüneb[urg] ▪ Münster, Westfälisches Staatsarchiv, Corvey Akten A V, Nr. 13, Bd. 4 (Register über die Praesenten, als Gemälde, guldene und silberne rare Medaillen, Kammerzierarten, und Bücher, so Ih[ro] D[ur]chl[aucht] Anton Ulrich Herzog zu Braunschw[eig] und Lüneb[urg] mir dem Herrn Fürsten Florentino vor und nach verehret haben [1714].

Neophytus, De calamitatibus Cypri (hg. v. Karpozilos) ▪ Saint Neophytos the Recluse, De calamitatibus Cypri, hg. v. A. Karpozilos, in: Saint Neophytos the Recluse, Syggramata (Holy Monastery of St Neophytos), Bd. 5, Paphos 2005, S. 405–408.

Nicholson 2005 ▪ Chronicle of the Third Crusade: A Translation of the Itinerarium Peregrinorum et Gesta Regis Ricardi, hg. v. Helen J. Nicholson (Crusade Texts in Translation, 3), Aldershot 2005 (Erstauflage 1997).

Niedersächsisches Staatsarchiv Wolfenbüttel, 11, Alt Aegid. Fb 1, Nr. 1 (6), S. 28 von 1682

Niketas Choniates, Abenteurer (hg. v. Grabler) ▪ Niketas Choniates, Abenteurer auf dem Kaiserthron. Die Regierungszeit der Kaiser Alexios II., Andronikos und Isaak Angelos (1180–1195), hg. v. Franz Grabler (Byzantinische Geschichtsschreiber, 8), Graz 1958.

Œuvres (hg. v. Delaborde) ▪ Œuvres de Rigord et de Guillaume Le Breton, historiens de Philippe-Auguste, 2 Bde., hg. v. Henri-Fraçois Delaborde, Paris 1882–1885.

Otto von Freising, Gesta Friderici (MGH SS rer. Germ. 46) ▪ Ottonis et Rahewini, Gesta Friderici I. Imperatoris, hg. v. Georg Waitz (MGH SS rer. Germ., 46), Hannover/Leipzig 1912.

Otto von St. Blasien, Chronik (AQ 18a) ▪ Otto von St. Blasien, Chronik, in: Die Chronik Ottos von St. Blasien und die Marbacher Annalen, hg. v. Franz-Josef Schmale (AQ, 18a), Darmstadt 1998, S. 15–157.

Otto von St. Blasien, Chronik (MGH SS rer. Germ. 47) ▪ Ottonis de Sancto Blasio Chronica, hg. v. Adolf Hofmeister (MGH SS rer. Germ., 47), Hannover/Leipzig 1912, ND 1984.

Ottonis IV. Constitutiones (MGH Const. 2) ▪ Ottonis IV. Constitutiones, in: MGH Const. 2, hg. v. Ludwig Weiland, Hannover 1894, S. 20–53.

Petrus von Eboli, Liber ad honorem Augusti (hg. v. Kölzer/Stähli) ▪ Petrus de Ebulo, Liber ad honorem Augusti sive de rebus Siculis. Codex 120 II der Burgerbibliothek Bern. Eine Bilderchronik der Stauferzeit, Textrevision u. Übersetzung v. Gereon Becht-Jördens, hg. v. Theo Kölzer u. Marlis Stähli, Sigmaringen 1994.

Ralph von Coggeshall, Chronicon Anglicanum (RerBrit 66) ▪ Radulphi de Coggeshall: Chronicon Anglicanum, in: Radulphi de Coggeshall Chronicon Anglicanum, hg. v. Joseph Stevenson (RerBrit 66), London 1875, S. 1–208.

Ralph von Diceto, Opera Historica (RerBrit 68,1–2) ▪ Radulfi de Diceto Decan Lundoniensis opera historica, 2 Bde., hg. v. William Stubbs (Rolls Series, 68,1–2), London 1876.

Ralph von Diceto, Ymagines Historiarum (RerBrit 68,1–2) ▪ Radulfi de Diceto: Ymagines Historiarum, in: Radulfi de Diceto Decan Lundoniensis opera historica, hg. v. William Stubbs (RerBrit 68,1–2), Bd. 2, London 1876, ND New York 1965, S. 3–174.

Ranulf Higden, Polychronicon (RerBrit 41,1–9) ▪ Ranulfus Higden, Polychronicon Ranulphi Higden Monachi Cestrensis. Together with the English Translations of John Trevisa and of an Unknown Writer of the Fifteenth Century, 9 Bde., hg. v. Churchill Babington u. Joseph R. Lumby (RerBrit 41,1–9), London 1865–1866.

Récits (hg. v. Wailly) ▪ Récits d'un ménestrel de Reims au XIIIe siècle, hg. v. Natalis de Wailly (Publications de la Société de l'Histoire de France, 179), Paris 1876.

Registres de Philippe Auguste (hg. v. Baldwin) ▪ Les registres de Philippe Auguste, Bd. 1: Texte, hg. v. John W. Baldwin, Françoise Gasparri, Michel Nortier u. Elisabeth Lalou (Recueil des historiens de la France. Documents financiers et administratifs, 7,1), Paris 1992.

RI IV/3 (neubearb. v. Baaken) ▪ Regesta Imperii IV. Ältere Staufer, 3. Abt.: Die Regesten des Kaiserreiches unter Heinrich VI. 1165 (1190)–1197, hg. v. Johann Friedrich Böhmer, neubearb. v. Gerhard Baaken, Köln 1972.

Richard von Devizes, Gestis Ricardi Primi (RerBrit 82,3) ▪ Richardus Divisiensis de rebus gestis Ricardi Primi, in: The chronicles of the Reigns of Stephen, Henry II. and Richard I., 4 Bde., hg. v. Richard Howlett (RerBrit 82,1–4), Bd. 3, London 1886, ND Wiesbaden 1964, S. 381–454.

Richard von Ely, Dialog (hg. v. Siegrist) ▪ Richard von Ely, Dialog über das Schatzamt, übers. u. eingel. v. Marianne Sigrist (Die Bibliothek der Alten Welt: Reihe Antike und Humanismus), Zürich/Stuttgart 1963.

Richard von Poitiers, Ex Chronico Richardi (hg. v. Bouquet) ▪ Richard von Poitiers, Ex Chronico Richardi Pictaviensis, monachi Cluniacensis, in: Recueil des historiens des Gaules et de la France, Bd. 12, hg. v. Martin Bouquet, Paris [2]1877, S. 411–417; Addenda 418–421.

Rigord, Gesta Philippi Augusti (hg. v. Bouquet/Brial/Delisle) ▪ Rigord, Gesta Philippi Augusti, in: Recueil des historiens des Gaules et de la France, Bd. 17, hg. v. Martin Bouquet, Michel-Jean-Joseph Brial u. Léopold Delisle, Paris 1878, S. 4–62.

Roger von Howden, Chronica (MGH SS 27) ▪ Ex Rogeri de Hoveden chronica, in: Ex Rerum Anglicarum Scriptoribus saeculi XII et XIII, hg. v. Felix Liebermann u. Reinhold Pauli (MGH SS 27), Hannover 1885, S. 133–183.

Roger von Howden, Chronica (RerBrit 51,1–4) ▪ Chronica magistri Rogeri de Houedene, 4 Bde., hg. v. William Stubbs (RerBrit 51,1–4), London 1868–1871, ND Wiesbaden 1964.

Roger von Howden, Gesta (RerBrit 49,1–2) ▪ Gesta regis Henrici secundi Benedicti Abbatis. The Chronicle of the Reigns of Henry II. and Richard I. A.D. 1169–1192, known commonly under the Name of Benedict of Peterborough, 2 Bde., hg. v. William Stubbs (RerBrit 49,1–2), London 1867.

Roger von Wendover, Chronica (RerBrit 84,1–3) ▪ Roger von Wendover, Liber qui dicitur flores historiarum ab anno domini MCLIV, 3 Bde., hg. v. Henry G. Hewlett (RerBrit 84,1–3), London 1886, ND Wiesbaden 1965.

Roman des Eles (hg. v. Busby) ▪ Le Roman des Eles, and the Anonymous: ›Ordene de Chevalerie‹. Two Early Old French Didactic Poems. Critical Editions with Introduction, Notes, Glossary and Translations, hg. v. Keith Busby (Utrecht Publications in General and Comparative Literature, 17) Amsterdam 1983.

Rosenberg/Tischler 1995 ▪ Chansons des Trouvéres: Chanter m'estuet. Édition critique, hg. v. Samuel N. Rosenberg u. Hans Tischler (Lettres gothiques, 4545), Paris 1995.

Rouen, Archiv des Departements Seine-Maritime, Schreiben ▪ Rouen, Archiv des Departements Seine-Maritime, Schreiben der Première Division des Beaux Arts vom November 1869 an Abt Cochet und Abt Robert, 4T195.

Rouen, Archiv des Musée des Antiquités, Schreiben ▪ Rouen, Archiv des Musée des Antiquités, Schreiben Achille Devilles vom 31. Dezember 1848 an seinen Nachfolger André Pottier.

Rouen, Diözesanarchiv, Protokoll der Beisetzung ▪ Rouen, Diözesanarchiv, Karton 682, Vorgang »Affaires du cœur de Richard roi d'Angleterre«, Protokoll der Beisetzung der Reste des Herzens von Richard Löwenherz in einer neuen Grabstätte, 11. Dezember 1869.

Rouen, Diözesanarchiv, Protokoll der Entdeckung der Liegefigur ▪ Rouen, Diözesanarchiv, Karton 682, Vorgang »Affaires du cœur de Richard roi d'Angleterre«, Protokoll der Entdeckung der Liegefigur von Richard Löwenherz und seines Herzsarges, unterzeichnet von Achille Deville, dem Abt Fayet und J. Pinchon, 31. August 1838.

Rouen, Diözesanarchiv, Schreiben ▪ Rouen, Diözesanarchiv, Karton 682, Vorgang »Affaires du cœur de Richard roi d'Angleterre«, Schreiben von Achille Deville an Baron Dupont Delperte, Präfekt des Departements Seine-Inférieure, über die Entdeckung der Liegefigur von Richard Löwenherz und seines Herzsarges, 1. September 1838.

Ṣādir 1998 ▪ Marḍī ibn ʿAlī al-Ṭarsūsī: Mawsūʿat al-asliḥ ah al-qadīmah: al-mawsūm Tabṣirat arbāb al-albāb fī kayfīyat al-najāh fī al-ḥurūb min al-anwāʾ wa-nashr aʿlām al-aʿlām fī al-ʿudad wa-al-ālāt al-muʿīnah ʿalá liqāʾ al-aʿdāʾ, hg. v. Kārīn Ṣādir (al-Ṭabʿah, 1), Beirut 1998.

Sezgin 2004 ▪ Marḍī ibn ʿAlī al-Ṭarsūsī: Tabṣirat arbāb al-albāb fī kayfīyat al-najāh fī al-ḥurūb, hg. v. Fuat Sezgin (Publications of the Institute for the History of Arabic-Islamic Science, Series C, Facsimile Edition, 71), Frankfurt a. M. 2004.

Stumpf-Brentano 1865–1881 ▪ Karl-Friedrich Stumpf-Brentano: Die Reichskanzler vornehmlich des X., XI. und XII. Jahrhunderts, 3 Bde., Innsbruck 1865–1881.

UB Hildesheim (hg. v. Janicke) ▪ Urkundenbuch des Hochstifts Hildesheim und seiner Bischöfe, 6 Bde., Bd. 1: Bis 1221, hg. v. Karl Janicke (Publikationen aus den königlich-preußischen Staatsarchiven, 65), Leipzig 1896.

Ulrich von Zatzikhoven, Lanzelet (hg. v. Kragl) ▪ Ulrich von Zatzikhoven: Lanzelet, 2 Bde., hg. von Florian Kragl, Berlin 2006.

Urkunden Heinrichs VI. (MGH DD 11) ▪ Die Urkunden Heinrichs VI. und der Kaiserin Konstanze, Teile 1–2: Die Urkunden Heinrichs VI., hg. v Heinrich Appelt unter Mitwirkung von Peter Csendes/Bettina Pferschy-Maleczek/Brigitte Meduna/Erich Reiter/Andrea Rzihacek/Renate Spreitzer (MGH DD, 11) [in Vorbereitung, Vorabedition Urkunden Heinrichs VI. für deutsche, französische und italienische Empfänger].

Urkundenbuch Babenberger (hg. v. Fichtenau/Zöllner) ▪ Urkundenbuch zur Geschichte der Babenberger in Österreich, 4 Bde., vorber. v. Oskar Frh. v. Mitis, hg. v. Heinrich Fichtenau u. Erich Zöllner (Publikationen des Instituts für Österreichische Geschichtsforschung, Reihe 3), Wien/München 1950–1997.

Versroman über Richard Löwenherz (hg. v. Brunner) ▪ Der mittelenglische Versroman über Richard Löwenherz. Kritische Ausgabe nach allen Handschriften mit Einleitung, Anmerkungen u. dt. Übersetzung, hg. v. Karl Brunner (Wiener Beiträge zur englischen Philologie, 42), Wien/Leipzig 1913.

Walther von der Vogelweide, Werke (hg. v. Schweikle) ▪ Walther von der Vogelweide, Werke, 2 Bde., hg. u. übers. v. Günther Schweikle, Stuttgart 1994.

Wilhelm der Bretone, Gesta Philippi Regis (hg. v. Delisle) ▪ Guillelmus Armoricus, De Gestis Philippi Augusti, in: Recueil des historiens des Gaules et de la France, Bd. 17, hg. v. Léopold Victor Delisle, Paris 1878, S. 95–116.

Wilhelm der Bretone, Philippidos (hg. v. Delisle) ▪ Guillelmus Britonis-Amoricis: Philippidos, in: Recueil des Historiens des Gaules et de la France, Bd. 17, hg. von Léopold Victor Delisle, Paris 1878.

Wilhelm von Malmesbury, Gesta regum Anglorum (hg. v. Mynors/Thomson/Winterbottom) ▪ William of Malmesbury, Gesta regum Anglorum, 2 Bde., hg. v. Roger A. B. Mynors, Rodney M. Thomson, Michael Winterbottom (Oxford Medieval Texts), Oxford/New York 1998–1999.

Wilhelm von Newburgh, Historia rerum Anglicarum (RerBrit 82,1) ▪ Willelmi Parvi, Canonici de Novoburgo, Historia rerum, in: Chronicles of the Reigns of Stephen, Henry II. and Richard I., 4 Bde., hg. v. Richard Howlett (RerBrit 82,1–4), Bd. 1, London 1884, ND Wiesbaden 1964.

Württembergisches Urkundenbuch online ▪ Landesarchiv Baden-Württemberg: Württembergisches Urkundenbuch online [URL: https://www.wubonline.de/?mp=1&sp=1 (26.05.2017)].

# Literaturverzeichnis


Abdellatif et al. 2012a ▪ Acteurs des transferts cultures en Méditerranée médiévale, hg. v. Rania Abdellatif, Yassir Benhima, Daniel König u. Elisabeth Ruchaud (Ateliers des Deutschen Historischen Instituts Paris, 9), München 2012.

Abdellatif et al. 2012b ▪ Construire la Méditerranée, penser les transferts culturels. Approches historiographiques et perspectives de recherche, hg. v. Rania Abdellatif, Yassir Benhima, Daniel König u. Elisabeth Ruchaud (Ateliers des Deutschen Historischen Instituts Paris, 8), München 2012.

Abulafia 2003 ▪ Mittelmeer. Kultur und Geschichte, hg. v. David Abulafia, Stuttgart 2003.

Adolf 2006 ▪ Heinrich Adolf: Robin Hood, in: Mittelalter im Film, hg. v. Christian Kiening u. Heinrich Adolf (Trends in Medieval Philology, 6), Berlin/New York 2006, S. 105–134.

Ahlers 1987 ▪ Jens Ahlers: Die Welfen und die englischen Könige 1165–1235 (Quellen und Darstellungen zur Geschichte Niedersachsens, 102), Hildesheim 1987.

Ailes 2015 ▪ Adrian Ailes: Governmental Seals of Richard I, in: Seals and their Context in the Middle Ages, hg. v. Philip R. Schofield, Oxford 2015, S. 101–110.

Albrecht 1994 ▪ Karl-Heinz Albrecht: König Richard I. Löwenherz von England, ein Faustpfand staufischer Machtpolitik, in: Jahrbuch des Landkreises Südliche Weinstraße 16 (1994), S. 30–36.

Albrecht 2003 ▪ Stephan Albrecht: Die Inszenierung der Vergangenheit im Mittelalter. Die Klöster von Glastonbury und Saint Denis (Kunstwissenschaftliche Studien, 104), Berlin 2003.

Alexander/Binski 1987 ▪ Age of Chivalry: Art in Plantagenet England 1200–1400, hg. v. Jonathan J. G. Alexander u. Paul Binski, London 1987.

Ambrisco 1999 ▪ Alan S. Ambrisco: Cannibalism and Cultural Encounters in Richard Cœur de Lion, in: The Journal of Medieval and Early Modern Studies 29 (1999), S. 499–528.

Arens 2014 ▪ Andrea Arens: Die Bestien von St. Johannes in Worms. Forschungsbeiträge zu Wormser Baufragmenten im Dom- und Diözesanmuseum Mainz (Forschungsbeiträge des Bischöflichen Dom- und Diözesanmuseums, 2), Regensburg 2014.

Arens/Böcher 1961/62 ▪ Fritz Arens u. Otto Böcher: Studien zur Bauplastik und Kunstgeschichte der Johanneskirche zu Worms, in: Der Wormsgau. Zeitschrift der Kulturinstitute der Stadt Worms und des Altertumsvereins Worms 5 (1961/62), S. 85–107.

Arneth 1954/55 ▪ Konrad Arneth: Der Helm des sogenannten Kreuzritters, in: Fränkisches Land 2 (1954/55), S. 17 ff.

Asbridge 2013 ▪ Thomas S. Asbridge: Talking to the Enemy: The Role and Purpose of Negotiations between Saladin and Richard the Lionheart during the Third Crusade, in: Journal of Medieval History 39 (2013), S. 275–296.

Asbridge 2015 ▪ Thomas Asbridge: Der größte aller Ritter und die Welt des Mittelalters, Stuttgart 2015.

Aubert 1950 ▪ Marcel Aubert: Musée National du Louvre. Description raisonnée des sculptures du moyen âge, de la renaissance et des temps modernes, Bd. 1: Moyen âge, Paris 1950.

Aurell 2000 ▪ Martin Aurell: La cour Plantagenêt (1154–1204): entourage, savoir, civilité, in: La cour Plantagenêt (1154–1204). Actes du Colloque tenu à Thouars du 30 avril au 2 mai 1999, hg. v. Martin Aurell (Civilisation médiévale, 8), Poitiers 2000, S. 9–46.

Aurell 2003 ▪ Martin Aurell: L'Empire de Plantagenêt, 1154–1224, Paris 2003.

Aurell 2004 ▪ Martin Aurell: Aliénor d'Aquitaine (Revue 303. Arts, recherches et création, 81 hors sér.), Nantes 2004.

Aurell 2007 ▪ Martin Aurell: The Plantagenet Empire, 1154–1224, London/Harlow 2007.

Aurell 2016 ▪ Martin Aurell: The Lettered Knight. Kowledge and Behaviour of the Aristocracy in the Twelfth and Thirteenth Centuries, Budapest 2016.

Aurell/Tonnerre 2006 ▪ Plantagenêts et Capétiens: confrontations et héritages, hg. v. Martin Aurell u. Noël-Yves Tonnerre (Histoire de famille. La parenté au moyen âge, 4), Turnhout 2006.

Avril/Gousset 1984 ▪ François Avril u. Marie-Thérèse Gousset: Manuscrits enluminés d'origine italienne, Bd. 2: XIIIe siècle (Manuscrits enluminés de la Bibliothèque nationale de France), Paris 1984.

Backes/Straeter 2003 ▪ Magnus Backes u. Heinz Straeter: Staatliche Burgen, Schlösser und Altertümer in Rheinland-Pfalz (Führungsheft 7. Edition Burgen, Schlösser, Altertümer Rheinland-Pfalz), Regensburg 2003.

Baer 1965 ▪ Eva Baer: Sphinxes and Harpies in Medieval Islamic Art. An Iconographical Study, Jerusalem 1965.

Bakker 1999 ▪ Lothar Bakker: Ein eiserner Nasalhelm aus Augsburg, in: Archäologisches Jahr in Bayern 1999, S. 103–104.

Balard 2006 ▪ Michel Balard: La Méditerranée médiévale (Les Médiévistes français, 6), Paris 2006.

Baldwin 1986 ▪ John W. Baldwin: The Government of Philip Augustus. Foundations of French Royal Power in the Middle Ages, Berkeley/Los Angeles/London 1986.

Baldwin/Simons 2014 ▪ John W. Baldwin u. Walter Simons: Bouvines, un tournant européen (1214–1314), in: Revue historique 671 (2014), S. 499–526.

Bande 2009 ▪ Alexandre Bande: Le cœur du roi. Les Capétiens et les sépultures multiples, XIIIe–XVe siècles, Paris 2009.

Barber 2001 ▪ Richard Barber: Henry Plantagenet, Woodbridge 2001.

Barlow 1979 ▪ Frank Barlow: The English church 1066–1154: A history of the Anglo-Norman church, London 1979.

Barrat 2001 ▪ Nick Barrat: The English Revenue of Richard I, in: The English Historical Review 116 (2001), S. 635–656.

Barriere 1996 ▪ Bernadette Barriere: The Limousin and Limoges in the Twelfth and Thirteenth Century, in: Enamels of Limoges 1100–1350, hg. v. John P. O'Neill, New York 1996, S. 22–28.

Barthélemy 2012 ▪ Dominique Barthélemy: Nouvelle histoire des Capétiens. 987–1214 (L'Univers historique), Paris 2012.

Bartlett 2000 ▪ Robert Bartlett: England under the Norman and Angevin Kings, 1075–1225 (The New Oxford History of England), Oxford 2000.

Bauer/Verschatse 2000 ▪ Thomas Becket in Vlaanderen: waarheid of legende?, hg. v. Raoul Bauer u. Greet Verschatse, Kortrijk 2000.

Bautier 1982 ▪ La France de Philippe Auguste. Le temps des mutations, hg. v. Robert-Henri Bautier (Colloques internationaux CNRS, 602), Paris 1982.

Bautier 1999 ▪ Robert-Henri Bautier: Conseil, A. Conseil du roi (des Königs von Frankreich), in: LexMa, Bd. 3, Stuttgart/Weimar 1999, Z. 145–150.

Baxter 2015 ▪ Ron Baxter: Romanesque Carved Stones, in: Glastonbury Abbey: Archaeological Excavations 1904–1979, hg. v. Roberta Gilchrist u. Cheryl Green, London 2015, S. 347–350.

Baylé 1967 ▪ Jeanne Baylé: Histoire et archéologie à Saint-Volusien de Foix, in: Bulletin de la Société ariégeoise sciences, lettres et arts 23 (1967), S. 5–16.

Beaulieu/Jeanne 1973 ▪ Michèle Beaulieu u. Jeanne Baylé: La mitre épiscopale en France des origines à la fin du XVe siècle, in: Bulletin achéologique du comité des travaux historiques et scientifiques 9 (1973), S. 41–97.

Becher 2003 ▪ Matthias Becher: Der Verfasser der »Historia Welforum« zwischen Heinrich dem Löwen und den süddeutschen Ministerialen des welfischen Hauses, in: Heinrich der Löwe. Herrschaft und Repräsentation, hg. v. Johannes Fried u. Otto Gerhard Oexle (VuF, 57), Ostfildern 2003, S. 374–380.

Beihammer 2011 ▪ Alexander D. Beihammer: »Der König der Deutschen – Gott verfluche ihn – brach auf mit einer gewaltigen Streitmacht.«: Die Wahrnehmung abendländischer Herrscher in den arabischen Quellen zum Dritten Kreuzzug, in: Stauferzeit – Zeit der Kreuzzüge, hg. v. Karl-Heinz Rueß (Schriften zur staufischen Geschichte und Kunst, 29), Göppingen 2011, S. 86–123.

Bendall 2004 ▪ Simon Bendall: Richard I in Cyprus again, in: Numismatic Circular 112,2 (2004), S. 85–86.

Benecke 1973 ▪ Ingrid Benecke: Der gute Outlaw. Studien zu einem literarischen Typus im 13. und 14. Jahrhundert (Studien zur englischen Philologie, N.F. 17), Tübingen 1973.

Bennewitz 1991 ▪ Ingrid Bennewitz: Das Paradoxon weiblichen Sprechens im Minnesang. Überlegungen zur Funktion der sog. ›Frauenstrophen‹, in: Mediävistik 4 (1991), S. 21–36.

Berg 2003 ▪ Dieter Berg: Die Anjou-Plantagenets: Die englischen Könige im Europa des Mittelalters (1100–1400) (Urban-Taschenbücher, 577), Stuttgart 2003.

Berg 2007 ▪ Dieter Berg: Richard Löwenherz (Gestalten des Mittelalters und der Renaissance), Darmstadt 2007.

Berghaus 1947 ▪ Peter Berghaus: Die Perioden des Sterlings in Westfalen, dem Rheinland und in den Niederlanden, in: Hamburger Beiträge zur Numismatik 1 (1947), S. 34–53.

Berghaus 1958 ▪ Peter Berghaus: Der Münzenfund von Werl (Westfalen) 1955, vergraben um 1240, in: Centennial Volume of the American Numismatic Society, hg. von Harald Ingholt, New York 1958, S. 89–123.

Berghaus 1978 ▪ Peter Berghaus: Die Münzen von Dortmund (Dortmunder Münzgeschichte, 1), Dortmund 1978.

Berghaus 1989 ▪ Peter Berghaus: Englisch-westfälische Beziehungen in der Münzgeschichte zur Zeit der Hanse. Der Sterling in Westfalen, Anhang zu: Emil Dösseler: Südwestfalen und England. Mittelalterliche und frühneuzeitliche Handelsbeziehungen (Veröffentlichungen der Historischen Kommission für Westfalen, Reihe 23/A: Materialien zur westfälischen Geschichte, 1), Münster 1989, S. 55–64.

Berndt 1978 ▪ Günter Bernt: Carmina Burana, in: Verfasserlexikon, Bd. 1, Berlin/New York 1978, Sp. 1179–1186.

Berwinkel 2007 ▪ Holger Berwinkel: Verwüsten und Belagern. Friedrich Barbarossas Krieg gegen Mailand (1158–1162) (Bibliothek des Deutschen Historischen Instituts in Rom, 114), Tübingen 2007.

Bheaglaoi 2013 ▪ Nóirín Ní Bheaglaoi: Two Topographies of Gerald of Wales? A Study of the Manuscript Tradition, in: Scriptorium: Revue Internationale Des Études Relatives Aux Manuscrits/International Review of Manuscript Studies 67 (2013), S. 377–393.

Biller 1998 ▪ Thomas Biller: Die Adelsburg in Deutschland. Entstehung, Form und Bedeutung, München [2]1998.

Biller 2009 ▪ Thomas Biller: Die Pfalzkapelle zu Hagenau, neue Überlegungen zu ihrer Rekonstruktion, in: Châteaux forts d'Alsace 10 (2009), S. 19–34.

Binder 1995 ▪ Helmut Binder: Die Quellen zur Gründung des Klosters, in: 850 Jahre Prämonstratenserabtei Weissenau 1145–1995, hg. v. Helmut Binder, Sigmaringen 1995, S. 32–59.

Binski/Zutshi 2011 ▪ Paul Binski u. Patrick Zutshi: Western Illuminated Manuscripts: A Catalogue of the Collection in Cambridge University Library, Cambridge 2011.

Biron 2015 ▪ Isabelle Biron: Emaux sur métal du IXe au XIXe siècle. Histoire, technique et matériaux, Dijon 2015.

Blaicher 2005 ▪ Günther Blaicher: Robin Hood und seine Resonanz im ausgehenden englischen Mittelalter, in: Mythen Europas. Schlüsselfiguren der Integration. Zwischen Mittelalter und Neuzeit, hg. v. Almut Schneider u. Michael Neumann, Regensburg 2005, S. 82–99.

Blamires 1996 ▪ David Blamires: Robin Hood, in: Herrscher. Helden. Heilige, hg. v. Ulrich Müller u. Werner Wunderlich (Mittelalter Mythen, 1), St. Gallen 1996, S. 437–450.

Blöcher 2012 ▪ Heidi Blöcher: Die Mitren des Hohen Mittelalters, Riggisberg 2012.

Bodleian Library 2016 ▪ Pocket Magna Carta: 1217 Text and Translation, hg. v. Bodleian Library, Oxford 2016.

Boehm 2011 ▪ Barbara Drake Boehm: »A Brilliant Resurrection«: Enamel Shrines for Relics in Limoges and Cologne, 1100–1300, in: Treasures of Heaven: Saints, Relics, and Devotion in Medieval Europe, hg. v. Martina Bagnoli, Holger A. Klein u. Charles G. Mann, London 2011, S. 149–162.

Bönnen 2013a ▪ Gerold Bönnen: Zum Wandel der Städtelandschaft am nördlichen Oberrhein um 1200, in: Wandel der Stadt um 1200. Die bauliche und gesellschaftliche Transformation der Stadt im Hochmittelalter. Archäologisch-historischer Workshop Esslingen 2011, hg. v. Karsten Igel, Michaela Jansen, Ralph Röber u. Jonathan Scheschkewitz (Materialhefte Archäologie Baden-Württemberg, 96), Stuttgart 2013, S. 119–129.

Bönnen 2013b ▪ Gerold Bönnen: Worms und Speyer im hohen und späten Mittelalter – zwei Schwesterstädte im Vergleich, in: Städte an Mosel und Rhein von der Antike bis nach 1945, hg. v. Franz-Josef Felten (Mainzer Vorträge, 16), Mainz 2013, S. 41–63.

Bönnen 2015 ▪ Geschichte der Stadt Worms, hg. v. Gerold Bönnen, Stuttgart [2]2015.

Boshof 2007 ▪ Egon Boshof: Europa im 12. Jahrhundert. Auf dem Weg in die Moderne, Stuttgart 2007.

Boudot-Lamotte 1968 ▪ Antoine Boudot-Lamotte: Contribution à l'étude de l'archerie musulmane, principalement d'après le manuscrit d'Oxford Bodléienne Huntington no 264. Contient le texte arabe et la traduction française d'un chapitre de l'ouverage de Marḍī ibn ʿAlī al-Ṭarsūsī, Damaskus 1968.

Boulet-Sautel 1976 ▪ Marguerite Boulet-Sautel: Jean de Blanot et la conception du pouvoir royal au temps de Louis IX, in: Septième centenaire de la mort de Saint Louis. Actes des Colloques de Royaumont et de Paris (21–27 mai 1970), hg. v. Louis Carolus-Barré, Paris 1976, S. 57–68.

Bourgain 1986 ▪ Pascale Bourgain: Aliénor d'Aquitaine et Marie de Champagne mises en cause par André le Chapelain, in: Cahiers de civilisation médiévale 29 (1986), S. 29–36.

Bourgarit et al. 2016 ▪ David Bourgarit, Isabelle Biron, Thomas Calligaro u. Dominique Robcis: Rapport sur les techniques de fabrication, l'analyse du métal et des incrustations. Centre de Recherche et de Restauration des Musées de France, Paris 2016.

Boutière/Schutz 1964 ▪ Jean Boutière u. Alexander H. Schutz: Les biographies des Troubadours. Textes provençaux des XIIIe et XIVe siècle, Paris [2]1964.

Bowie 2014 ▪ Colette Bowie: The Daughters of Henry II and Eleanor of Aquitaine (Histoires de famille, 16), Turnhout 2014.

Bradbury 1998 ▪ Jim Bradbury: Philip Augustus. King of France 1180–1223 (The Medieval World), London/New York 1998.

Brand 1994 ▪ John D. Brand: The English Coinage 1180–1247. Money, Mints and Exchanges (British Numismatic Society. Special Publications, 1), London 1994.

Brétèque 2001 ▪ Francois Amy de la Brétèque: La légende de Robin des Bois, Toulouse 2001.

Brétèque 2015 ▪ Francois Amy de la Brétèque: Le moyen âge au cinéma. Panorama historique et artistique (Cinéma-arts visuels), Paris 2015.

Brianchon 1879–1881 ▪ Jean-François Brianchon: Musée des Antiquités de Rouen, croix dite du Valasse, in: Bulletin de la Commission des Antiquités et des Arts de la Seine-Inférieure 5 (1879–1881), S. 68–73.

Briechle 2013 ▪ Andrea Briechle: Heinrich, Herzog von Sachsen und Pfalzgraf bei Rhein. Ein welfischer Fürst an der Wende vom 12. zum 13. Jahrhundert (Heidelberger Veröffentlichungen zur Landesgeschichte und Landeskunde, 16), Heidelberg 2013.

Broadhurst 1996 ▪ Karen M. Broadhurst: Henry II of England and Eleanor of Aquitaine: Patrons of Literature in French?, in: Viator 27 (1996), S. 53–84.

Broughton 1966 ▪ Bradford B. Broughton: The Legends of King Richard I Cœur de Lion: A Study of Sources and Variations to the Year 1600 (Studies in English literature, 25), Den Haag 1966.

Brown 2008 ▪ Elizabeth A. R. Brown: Royal Testamentary Acts from Philip Augustus to Philip of Valois. Executorial Dilemmas and Premonitions of Absolutism in Medieval France, in: Herrscher- und Fürstentestamente im westeuropäischen Mittelalter, hg. v. Brigitte Kasten (Norm und Struktur, 29), Köln/Weimar/Wien 2008, S. 415–430.

Bruni 1995 ▪ Francesco Bruni: Sizilianische Dichterschule, in: LexMa, Bd. 7, München/Zürich 1995, Sp. 1946–1948.

Bull/Léglu 2005 ▪ The World of Eleanor of Aquitaine: Literature and Society in Southern France between the Eleventh and Thirteenth Century, hg. v. Marcus Bull u. Cathérine Léglu, Woodbridge 2005.

Bulst-Thiele 1964 ▪ Marie-Luise Bulst-Thiele: Noch einmal das Itinerarium peregrinorum, in: HZ 168 (1964), S. 593–606.

Bumke 2008 ▪ Joachim Bumke: Höfische Kultur. Literatur und Gesellschaft im hohen Mittelalter (dtv 30170), München [12]2008.

Bur 1993 ▪ Michel Bur: Marie de Champagne, in: LexMa, Bd. 6, München/Zürich 1993, Sp. 287.

Burd 1916 ▪ Henry A. Burd: Joseph Ritson: A Critical Biography, Illinois 1916.

Burg 1983 ▪ André-Marcel Burg: La paroisse des origines à 1535, in: Etudes haguenoviennes N.S. 9 (1983), S. 3–78.

Burkhardt et al. 2010 ▪ Staufisches Kaisertum im 12. Jahrhundert. Konzepte – Netzwerke – politische Praxis, hg. v. Stefan Burkhardt, Thomas Metz, Bernd Schneidmüller u. Stefan Weinfurter, Regensburg 2010.

Büttner 1977 ▪ Rudolf Büttner: Burgen und Schlösser an der Donau, Wien [2]1977, S. 148–151.

Cahen 1948 ▪ Marḍī ibn ʿAlī al-Ṭarsūsī: Tabṣirat arbāb al-albāb fī kayfīyat al-najāh fī al-ḥurūb (Bulletin d'Etudes Orientales, 12), bearb. v. Claude Cahen, Beirut 1948.

Campbell 1983 ▪ Marian Campbell: An Introduction to Medieval Enamels, London 1983.

Camps 2010 ▪ Jean-Baptiste Camps: Les Manuscrits occitans à la Bibliothèque nationale de France, 2010 [URL: http://www.enssib.fr/bibliotheque-numerique/documents/48444-les-manuscrits-occitans-a-la-bibliotheque-nationale-de-france.pdf (12.06.2017)].

Capwell 2007 ▪ Tobias Capwell: The Real Fighting Stuff: Arms and Armour at Glasgow Museums, Glasgow 2007.

Caro 1906 ▪ Georg Caro: Ein aktenmäßiger Beleg zur Zahlung des Lösegelds für König Richard Löwenherz von England, in: HZ 97 (1906), S. 552–556.

Carpenter 2015 ▪ David Carpenter: Magna Carta (Penguin Classics), London 2015.

Cartellieri 1899–1922 ▪ Alexander Cartellieri: Philipp II. August König von Frankreich, 4 Bde., Leipzig 1899–1922.

Cartellieri 1921–1922 ▪ Alexander Cartellieri: Philipp II. August König von Frankreich, 4 Bde., Bd. 4, Leipzig 1921–1922.

Caudron 1975 ▪ Simone Caudron: Les châsses de Thomas Becket en émail de Limoges, in: Thomas Becket: actes du colloque international de Sédières 19–24 août 1973, hg. v. Raymonde Foreville, Paris 1975, S. 233–241.

Caviness 1981 ▪ Madeline H. Caviness: The Windows of Christ Church Cathedral, Canterbury (Corpus vitrearum Medii Aevi. Great Britain, 2), London 1981.

Caviness/Weaver 2013 ▪ The Ancestors of Christ Windows at Canterbury Cathedral, hg. v. Madeline H. Caviness u. Jeffrey Weaver, Los Angeles 2013.

Chamot 1930 ▪ Mary Chamot: English Medieval Enamels (Monographs on English Medieval Art, 2), London 1930.

Chaplais 2003 ▪ Pierre Chaplais: English Diplomatic Practice in the Middle Ages, London/New York 2003.

Charlier et al. 2013 ▪ Philippe Charlier, Joël Poupon, Gaël-François Jeannel, Dominique Favier, Speranta-Maria Popescu, Raphaël Weil, Christophe Moulherat, Isabelle Huynh-Charlier, Caroline Dorion-Peyronnet, Ana-Maria Lazar, Christian Hervé u. Geoffroy Lorin de la Grandmaison: The Embalmed Heart of Richard the Lionheart (1199 A. D.): A Biological and Anthropological Analysis, in: Scientific Reports 3 (2013) [URL: https://www.nature.com/articles/srep01296 (30.06.2017)].

Cheney 1967 ▪ Christopher Cheney: Hubert Walter (Leaders of Religion), London 1967.

Chibnall 1991 ▪ Marjorie M. Chibnall: The Empress Matilda. Queen Consort, Queen Mother and Lady of the English, Oxford 1991.

Christe 2014 ▪ Yves Christe: Entre le livre et l'épée. La Bible du roi tout en images comme expression d'un idéal politique, in: Saint Louis, hg. v. Pierre-Yves Le Pogam, Paris 2014, S. 140–151.

Church 1999 ▪ King John. New Interpretations, hg. v. Stephen D. Church, Woodbridge 1999.

Clanchy 1993 ▪ Michael T. Clanchy: From Memory to Written Record: England 1066–1307, Oxford 1993.

Clanchy 2013 ▪ Michael T. Clanchy: From Memory to Written Record: England 1066–1307, Chichester [3]2013.

Cleaver 2007 ▪ Laura Cleaver: The Liberal Arts in Sculpture and Metalwork in Twelfth-Century France and Ideals of Education, in: Immediations 1,4 (2007), S. 56–75.

CNA I 1994 ▪ Corpus Nummorum Austriacorum, Bd. 1: Mittelalter, bearb. v. Bernhard Koch, Wien 1994.

CNI III 1912 ▪ Corpus Nummorum Italicorum, Bd. 3: Liguria – Isola di Corsica, Rom 1912.

CNI V 1914 ▪ Corpus Nummorum Italicorum, Bd. 5: Lombardia (Milano), Rom 1914.

Cochet 1862 ▪ Jean B. D. Cochet: Découverte, reconnaissance et décomposition du cœur du roi Charles V dans la cathédrale de Rouen, Le Havre 1862.

Collard 2007 ▪ Judith Collard: Effigies ad Regem Angliae and the Representation of Kingship in Thirteenth-Century English Royal Culture, in: Electronic British Library Journal [URL: https://bl.uk/eblj/2007articles/article9.html. (14.06.2017)].

Collon 1903 ▪ Alphonse Collon: La crosse de la cathédrale de Poitiers, in: Séances générales. Congrès archéologique de Poitiers 70 (1903), S. 407–423.

Cordery 2002 ▪ Leona F. Cordery: Cannibal Diplomacy: Otherness in the Middle English Text. Richard Cœr de Lion, in: Meeting the Foreign in the Middle Ages, hg.

v. Albrecht Classen (Medieval Studies), New York 2002, S. 153–171.

Corner 1983 ▪ David J. Corner: The Earliest Surviving Manuscripts of Roger of Howden's Chronica, in: English Historical Review 98 (1983), S. 297–310.

Corner 2004 ▪ David J. Corner: Howden, Roger of (d. 1201/2), in: Oxford Dictionary of National Biography, Oxford 2004 [URL: http://www.oxforddnb.com/view/article/13880 (14.02.2017)].

Cott 1939 ▪ Perry B. Cott: Siculo-Arabic Ivories (Princeton Monographs in Art and Archaeology. Folio Series, 3), Princeton 1939.

Croizy-Naquet 2001 ▪ Catherine Croizy-Naquet: Deux représentations de la troisième croisade: l'Estoire de la guerre sainte et la Chronique d'Ernoul et de Bernard le Trésorier, in: Cahiers de civilisation médiévale 44 (2001), S. 313–327.

Crouch 1990 ▪ David Crouch: William Marshal. Court, Career and Chivalry in the Angevin Empire 1147–1219, London ²1990.

Csendes 1993 ▪ Peter Csendes: Heinrich VI. (Gestalten des Mittelalters und der Renaissance), Darmstadt 1993.

Culter 2011 ▪ Anthony Culter: How and for Whom They Made the Boxes, in: Siculo-Arabic Ivories and Islamic Paintings 1100–1300, hg. v. David Knipp (Römische Forschungen der Bibliotheca Hertziana, 36), München 2011, S. 15–39.

Delaville Le Roulx 1894 ▪ Joseph Delaville Le Roulx: Cartulaire générale de l'ordre des Hospitaliers de S. Jean de Jérusalem, Bd. 1: 1100–1200, Paris 1894.

Dendorfer 2010 ▪ Jürgen Dendorfer: Roncaglia: Der Beginn eines lehnrechtlichen Umbaus des Reiches?, in: Staufisches Kaisertum im 12. Jahrhundert. Konzepte – Netzwerke – Politische Praxis, hg. v. Stefan Burkhardt, Thomas Metz, Bernd Schneidmüller u. Stefan Weinfurter, Regensburg 2010, S. 111–132.

Deville 1833 ▪ Achille Deville: Tombeaux de la cathédrale de Rouen, Rouen 1833.

Deville 1838 ▪ Achille Deville: Découverte de la statue de Richard Cœur de Lion dans le sanctuaire de la Cathédrale de Rouen. Rapport lu à l'Académie de Rouen dans sa séance publique du 10 août 1838, in: Revue de Rouen et de la Normandie 8 (1838), S. 58–67.

Dionnet 1995 ▪ Alain-Charles Dionnet: La Cassette reliquaire du bienheureux Jean de Montmirail, in: Revue francaise d'héraldique et de sigillographie 65 (1995), S. 89–107.

Dorstel 2006 ▪ Janina Dorstel: des gerte diu edele herzoginne. Möglichkeiten und Voraussetzungen weiblicher Teilhabe am mittelalterlichen Literaturbetrieb unter besonderer Berücksichtigung von Mäzenatentum (Kultur, Wissenschaft, Literatur. Beiträge zur Mittelalterforschung, 13), Frankfurt a. M. 2006.

Dreyer/Rogge 2009 ▪ Mainz im Mittelalter, hg. v. Mechthild Dreyer u. Jörg Rogge, Mainz 2009.

Du Mège 1834–1835 ▪ Alexandre Du Mège: Les tours de Foix, in: Mémoires de la Société Archéologique du Midi de la France 2 (1834–1835), S. 233–240.

Duby 1997 ▪ Georges Duby: Guillaume le Maréchal oder der beste aller Ritter (Suhrkamp-Taschenbuch, 2802), Frankfurt a. M. 1997.

Duby 2002 ▪ Georges Duby: Der Sonntag von Bouvines. 27. Juli 1214, Berlin 2002.

Dudszus/Köpcke 1995 ▪ Alfred Dudszus u. Alfred Köpcke: Das große Buch der Schiffstypen. Schiffe, Boote, Flöße unter Riemen und Segel, Dampfschiffe, Motorschiffe, Meerestechnik, Augsburg 1995.

Dumont 2016 ▪ Hervé Dumont: À travers les films, in: Richard Cœur de Lion. Entre mythe et réalités, hg. v. Christophe Vital, Gand 2016, S. 154–167.

Dumville 1980 ▪ David N. Dumville: The Sixteenth-Century History of Two Cambridge Books from Sawley, in: Transactions of the Cambridge Bibliographical Society 7 (1980), S. 427–444.

Duplessy 2004 ▪ Jean Duplessy: Les Monnaies Françaises Féodales, Bd. 1, Paris 2004.

Edbury 2014 ▪ Peter W. Edbury: Law and History in the Latin East (Variorum Collected Studies Series, 1048), Aldershot 2014.

Eddé 2008 ▪ Anne-Marie Eddé: Saladin (Grandes biographies), Paris 2008.

Ehlers 1996 ▪ Caspar Ehlers: Metropolis Germaniae. Studien zur Bedeutung Speyers für das Königtum (751–1250) (Veröffentlichungen des Max-Planck-Instituts für Geschichte, 125), Göttingen 1996.

Ehlers 2000 ▪ Joachim Ehlers: Die Kapetinger (Urban-Taschenbücher, 471), Stuttgart/Berlin/Köln 2000.

Ehlers 2008 ▪ Joachim Ehlers: Heinrich der Löwe. Eine Biographie, München 2008.

Ehlers 2009 ▪ Joachim Ehlers: Geschichte Frankreichs im Mittelalter, Darmstadt ²2009.

Ehrend 2005 ▪ Helfried Ehrend: Speyerer Münzgeschichte, Tl. 1: Münzen und Medaillen (um 650–1900), Speyer 2005.

Eickels 2002 ▪ Klaus van Eickels: Vom inszenierten Konsens zum systematisierten Konflikt. Die englisch-französischen Beziehungen und ihre Wahrnehmung an der Wende vom Hoch- zum Spätmittelalter (Mittelalter-Forschungen, 10), Stuttgart 2002.

Eickels 2008 ▪ Klaus van Eickels: Ehe und Familie im Mittelalter, in: Geisteswissenschaften im Profil. Reden zum Dies academicus aus den Jahren 2000–2007, hg. v. Godehard Ruppert (Schriften der Otto-Friedrich-Universität Bamberg, 1), Bamberg 2008, S. 43–65.

Eickhoff 1977 ▪ Ekkehard Eickhoff: Friedrich Barbarossa im Orient. Kreuzzug und Tod Friedrichs I. (Istanbuler Mitteilungen. Beiheft, 17), Tübingen 1977.

Elias 1984 ▪ Edward R. D. Elias: The Anglo-Gallic Coins – Les monnaies anglo-françaises, Paris/London 1984.

Erlande-Brandenburg 1964 ▪ Alain Erlande-Brandenburg: Le cimetière des rois à Fontevraud, in: Session. Congrès archéologique de France 122 (1964), S. 482–492.

Erlande-Brandenburg 1975a ▪ Alain Erlande-Brandenbourg: Le Roi est mort. Étude sur les funérailles, les sépultures et les tombeaux des rois de France jusqu'à la fin du XIIIe siècle, Paris 1975.

Erlande-Brandenburg 1975b ▪ Alain Erlande-Brandenburg: La sculpture funéraire vers les années 1200: Les gisants de Fontevrault, in: The Year 1200: A Symposium, hg. v. François Avril, New York 1975, S. 561–567.

Ernst 2006 ▪ Ulrich Ernst: Facetten mittelalterlicher Schriftkultur. Fiktion und Illustration, Wissen und Wahrnehmung (Beihefte zum Euphorion, 51), Heidelberg 2006.

Evans 2014 ▪ Michael R. Evans: Inventing Eleanor: The Medieval and Post-Medieval Image of Eleanor of Aquitaine, London/New York 2014.

Falck 1994 ▪ Ludwig Falck: Auf dem Hoftag zu Mainz erhielt König Richard Löwenherz seine Freiheit zurück. Fürstenversammlung an Mariae Lichtmeß vor achthundert Jahren, in: Mainz. Vierteljahreshefte für Kultur, Politik, Wirtschaft, Geschichte 14,2 (1994), S. 86–91.

Falke/Meyer 1935 ▪ Otto von Falke u. Erich Meyer: Romanische Leuchter und Gefäße, Gießgefäße der Gotik (Denkmäler deutscher Kunst. Bronzegeräte des Mittelalters, 1), Boston 1935.

Farin 1738 ▪ François Farin: Histoire de la ville de Rouen, Bd. 1, Rouen 1738.

Feistner 2006 ▪ Edith Feistner: Deutsche Fragmente in der Bischöflichen Zentralbibliothek Regensburg, in: Zeitschrift für deutsches Altertum und Literatur 135 (2006), S. 1–12.

Fiedler 1954 ▪ Hans Fiedler: Das Gesicht des deutschen Mittelalters, in: Fränkische Blätter 3 (1954), S. 13 ff.

Finance 2010 ▪ Guide du musée des monuments français à la cité de l'architecture et du patrimoine, hg. v. Laurence de Finance, Paris 2010.

Fischer 2006 ▪ Robert-Tarek Fischer: Richard I. Löwenherz 1157–1199. Mythos und Realität, Wien/Köln/Weimar 2006.

Fleckenstein 1972 ▪ Josef Fleckenstein: Friedrich Barbarossa und das Rittertum. Zur Bedeutung der großen Mainzer Hoftage von 1184 und 1188, in: Festschrift für Hermann Heimpel zum 70. Geburtstag am 19. September 1971, 3 Bde., Bd. 2, hg. v. den Mitarbeitern des Max-Planck-Instituts für Geschichte (Veröffentlichungen des Max-Planck-Instituts für Geschichte, 36,2), Göttingen 1972, S. 1023–1041.

Flori 2004 ▪ Jean Flori: Aliénor d'Aquitaine. La reine insoumise (Biographie Payot), Paris 2004.

Flori 2006 ▪ Jean Flori: Richard the Lionheart: King and Knight, Edinburgh 2006.

Folda 1968 ▪ Jaroslav Folda: The Illustrations in Manuscripts of the History of Outremer by William of Tyre, 3 Bde., Diss. Baltimore 1968.

Folsach 2001 ▪ Kjeld von Folsach: Art from the World of Islam in The David Collection, Kopenhagen 2001.

Folsach 2003 ▪ Kjeld von Folsach: A Number of Pigmented Wooden Objects from the Eastern Islamic World, in: Journal of The David Collection 1 (2003), S. 72–96.

Folsach/Lundbæk/Mortensen 1996 ▪ Sultan, Shah and Great Mughal. The History and Culture of the Islamic World, hg. v. Kjeld von Folsach, Torben Lundbæk u. Peder Mortensen, Kopenhagen 1996.

France 2015 ▪ John France: The Battle of Bouvines, in: The Medieval Way of War. Studies in Medieval Military History in Honor of David S. Bachrach, hg. v. Gregory Halfond, Farnham 2015, S. 251–272.

Fried 1974 ▪ Johannes Fried: Die Entstehung des Juristenstandes im 12. Jahrhundert. Zur sozialen Stellung und politischen Bedeutung gelehrter Juristen in Bologna und Modena (Forschungen zur neueren Privatrechtsgeschichte, 21), Köln/Wien 1974.

Fuhrmann 1996 ▪ Horst Fuhrmann: Überall ist Mittelalter. Von der Gegenwart einer vergangenen Zeit (Beck'sche Reihe, 1473), München 1996.

Galbreath/Jéquier 1989 ▪ Donald Lindsay Galbreath u. Léon Jéquier: Handbuch der Heraldik, München 1989.

Garzmann 1989 ▪ Manfred R. W. Garzmann: Eine kunstsinnige Prinzessin aus England in der Braunschweiger Welfenresidenz: Zur 800. Wiederkehr des Todestages von Herzogin Mathilde, der 2. Gemahlin Heinrichs des Löwen am 28. Juni 1189 (Quaestiones Brunsvicenses, 1), Braunschweig 1989.

Gaude-Ferragu 2014 ▪ Murielle Gaude-Ferragu: Le cœur séparé: Anne de Bretagne et les pratiques funéraires contemporaines, in: Le cœur d'Anne de Bretagne, hg. v. Cinisello Balsamo, Mailand 2014, S. 41–51.

Gauert 1965 ▪ Adolf Gauert: Zur Struktur und Topographie der Königspfalzen, in: Deutsche Königspfalzen. Beiträge zu ihrer historischen und archäologischen Erforschung, (bisher) 9 Bde., Bd. 2 (Veröffentlichungen des Max-Planck-Inst. für Geschichte, 11,2), Göttingen 1965, S. 1–60.

Gauthier 1972 ▪ Marie-Madeleine Gauthier: Emaux du moyen âge occidental, Fribourg 1972.

Gauthier 2002 ▪ Guy Gauthier: Philippe Auguste. Le printemps de la nation française (Histoire), Paris 2002.

Gauthier/Antoine/Gaborit-Chopin 2011 ▪ Corpus des émaux méridionaux, Bd. 2: L'Apogée 1190–1215, hg. v. Marie-Madeleine Gauthier, Élisabeth Antoine u. Danielle Gaborit-Chopin, Paris 2011.

Geibig 1991 ▪ Alfred Geibig: Beiträge zur morphologischen Entwicklung des Schwertes im Mittelalter (Offa-Bücher), Neumünster 1991.

Gessler 1928 ▪ Eduard A. Gessler: Der Helm von Chamoson (Wallis), in: Jahresbericht Schweizerisches Landesmuseum 1928, S. 48–58.

Gillingham 1990 ▪ John Gillingham: Richard Löwenherz. Eine Biographie, Herrsching 1990.

Gillingham 1992 ▪ John Gillingham: Some Legends of Richard the Lionheart: Their Development and their Influence, in: Richard Coeur de Lion in History and Myth, hg. v. Janet L. Nelson (King's College London medieval studies, 7), London 1992, S. 51–69.

Gillingham 1994 ▪ John Gillingham: Richard Cœur de Lion. Kingship, Chivalry and War in the Twelfth Century, London 1994.

Gillingham 1999a ▪ John Gillingham: Richard I (Yale English Monarchs Series), New Haven/London 1999.

Gillingham 1999b ▪ John Gillingham: Historians without Hindsight: Coggeshall, Diceto and Howden on the Early Years of John's Reign, in: King John: New Interpretations, hg. v. Stephen Church, Woodbridge 1999, S. 1–26.

Gillingham 2001a ▪ John Gillingham: The Angevin Empire (Foundations of Medieval History), London [2]2001.

Gillingham 2001b ▪ John Gillingham: William of Newburgh and Emperor Henry VI, in: Auxilia Historica: Festschrift für Peter Acht zum 90. Geburtstag, hg. v. Walter Koch (Schriftenreihe zur Bayerischen Landesgeschichte, 132), München 2001, S. 51–71.

Gillingham 2002 ▪ John Gillingham: Richard I, New Haven/London 2002 (Erstausgabe New Haven/London 1999).

Gillingham 2003 ▪ John Gillingham: Le troubadour Giraut de Borneil et la troisième croisade, in: Rivista di studi testuali 5 (2003), S. 51–72.

Gillingham 2006a ▪ John Gillingham: König Richard I. Löwenherz als Gefangener in Deutschland, in: Kaiser, Könige und Ministerialen, hg. v. Franz Schmidt (Beiträge zur Geschichte des Trifels und des Mittelalters, 3), Annweiler 2006, S. 125–141.

Gillingham 2006b ▪ John Gillingham: Writing the Biography of Roger of Howden, King's Clerk and Chronicler, in: Writing Medieval Biography 750–1250. Essays in Honour of Frank Barlow, hg. v. David Bates, Julia C. Crick u. Sarah M. Hamilton, Woodbridge 2006, S. 207–220.

John Gillingham 2006c ▪ John Gillingham: Stupor mundi: 1204 et un obituaire de Richard Coeur de Lion depuis longtemps tombé dans l?oubli?, in: Plantagenêts et Capétiens: confrontations et héritages, hg. v. Martin Aurell u. Noël-Yves Tonnerre (Histoire de famille. La parenté au moyen âge, 4), Turnhout 2006, S. 397–411.

Gillingham 2008 ▪ John Gillingham: The Kidnapped King: Richard I in Germany, 1192–1194, in: Bulletin. German Historical Institute London 30 (2008), S. 5–34.

Gillingham 2013 ▪ John Gillingham: Cœur de Lion in Captivity, in: Kings in Captivity. Macroeconomy: Economic Growth, hg. v. Wojciech Falkowski (Quaestiones Medii Aevi Novae, 18), Warschau 2013, S. 59–84.

Gillingham 2015 ▪ John Gillingham: Crusading Warfare, Chivalry, and the Enslavement of Women and Children, in: The Medieval Way of War: Studies in Medieval Military History in Honor of Bernard S. Bachrach, hg. v. Gregory I. Halfond, Farnham 2015, S. 133–152.

Gillingham 2016 ▪ John Gillingham: Bureaucracy, the English State and the Crisis of the Angevin Empire, 1199–1205, in: Empires and Bureaucracy in World History. From Late Antiquity to the Twentieth Century, hg. v. Peter Crooks, Cambridge 2016, S. 197–220.

Gittoes/Mayhew 1983 ▪ G. P. Gittoes u. Nicholas J. Mayhew: Short Cross Sterlings from the Rotenfels Hoard, in: The British Numismatic Journal 53 (1983), S. 19–28.

Gladiss 2006 ▪ Die Dschazira. Kulturlandschaft zwischen Euphrat und Tigris, hg. v. Almut v. Gladiss (Veröffentlichungen des Museum für Islamische Kunst, 5), Berlin 2006.

Gliesmann 2012 ▪ Niklas Gliesmann: Sizilianisch-arabisches Elfenbeinkästchen mit Beschlägen, in: Festschrift zum 125-jährigen Jubiläum des Schlossbauvereins Burg an der Wupper e. V. 1887–2012, hg. v. Schlossbauverein Burg an der Wupper e. V., Solingen 2012, S. 78–79.

Goetz 1999 ▪ Hans-Werner Goetz: Geschichtsschreibung und Geschichtsbewußtsein im hohen Mittelalter (Orbis mediaevalis. Vorstellungswelten des Mittelalters, 1), Berlin 1999.

Göller 1963 ▪ Karl Heinz Göller: König Arthur in der englischen Literatur des späten Mittelalters (Palaestra, 238), Göttingen 1963.

Görich 2003 ▪ Knut Görich: Verletzte Ehre. König Richard Löwenherz als Gefangener Kaiser Heinrichs VI., in: HJb 123 (2003), S. 65–91.

Görich 2006 ▪ Knut Görich: Ein König in Gefangenschaft. Richard Löwenherz bei Kaiser Heinrich VI., in: Kaiser, Könige und Ministerialen, hg. v. Franz Schmidt (Beiträge zur Geschichte des Trifels und des Mittelalters, 3), Annweiler 2006, S. 143–157.

Görich 2011 ▪ Knut Görich: Friedrich Barbarossa. Eine Biographie, München 2011.

Gottzmann 1989 ▪ Carola L. Gottzmann: Artusdichtung (Sammlung Metzler, 249), Stuttgart 1989.

Gransden 1974 ▪ Antonia Gransden: Historical writing in England c. 550 to c. 1307, 2 Bde., London 1974.

Grasser 1964 ▪ Jean Paul Grasser: La charte de l'empereur Frédéric Barberousse, in: Études Haguenoviennes N.S. 4 (1964), S. 1–25.

Grasser 1983 ▪ Jean Paul Grasser: La paroisse Saint-Georges Haguenau, huit siècles d'histoire de l'Église, Straßburg 1983.

Grasser/Traband 1985 ▪ Jean-Paul Grasser u. Gérard Trabant: Haguenau ville impériale, une histoire, un guide, des études, Straßburg 1985.

Graves 2012 ▪ Margaret S. Graves: The Aesthetics of Simulation: Architectural Mimicry on Medieval Ceramic Tabourets, in: Islamic Art, Architecture and Material Culture. New Perspectives, hg. v. Margaret S. Graves, Oxford 2012, S. 63–79.

Green 1986 ▪ Judith A. Green: The Government of England under Henry I (Cambridge Studies in Medieval Life and Thought, 4,3), Cambridge 1986.

Green 2006 ▪ Judith A. Green: Henry I. King of England and Duke of Normandy, Cambridge/New York/Melbourne 2006.

Große 2005 ▪ Rolf Große: Vom Frankenreich zu den Ursprüngen der Nationalstaaten, 800–1214 (Deutsch-Französische Geschichte, 1), Darmstadt 2005.

Großmann 2013 ▪ Georg Ulrich Großmann: Die Welt der Burgen. Geschichte, Architektur, Kultur, München 2013.

Grote 1871 ▪ Hermann Grote: Die Münzen der Grafen von Arnsberg, in: Münzstudien 7 (1871), S. 75–89.

Grün 1909 ▪ Anastasius Grün: Sämtliche Werke, 10 Bde., Bd. 9: Robin Hood, hg. v. Anton Schlossar, Leipzig 1909.

Guerber 1861 ▪ Victor Guerber: Note sur une pierre trouvée dans l'ancienne commanderie des chevaliers de Saint-Jean de Jérusalem à Haguenau, in: Bulletin de la Société de la conservation des Monuments historiques d'Alsace 4,2 (1861), S. 245–248.

Gust 2012 ▪ Isabella Gust: Richard I. Löwenherz in europäischen und arabischen Chroniken zum Dritten Kreuzzug, in: Vorstellungswelten der mittelalterlichen Überlieferung: Zeitgenössische Wahrnehmungen und ihre moderne Interpretation, hg. v. Jürgen Sarnowsky (Nova mediaevalia, 11), Göttingen 2012, S. 137–156.

Haas 2012 ▪ Thomas Haas: Geistliche als Kreuzfahrer. Der Klerus im Konflikt zwischen Orient und Okzident 1095–1221 (Heidelberg Transcultural Studies, 3), Heidelberg 2012.

Hahn/Luegmeyer 1995 ▪ Wolfgang Hahn u. Andrea Luegmeyer: Die österreichischen Münzstätten im 12. Jahrhundert – Probleme und Lösungsansätze, in: Bernhard Koch-Gedächtnisschrift (Numismatische Zeitschrift, 103), Wien 1995, S. 23–37.

Hamel 2016 ▪ Christopher de Hamel: Meetings with Remarkable Manuscripts, London 2016.

Handyside 2015 ▪ Philip D. Handyside: The Old French William of Tyre (The Medieval Mediterranean, 103), Leiden 2015.

Harper-Bill 1999 ▪ Christopher Harper-Bill: John and the Church of Rome, in: King John. New Interpretations, hg. v. Stephen D. Church, Woodbridge 1999, S. 289–315.

Harper-Bill/Vincent 2007 ▪ Henry II: New Interpretations, hg. v. Christopher Harper-Bill u. Nicholas Vincent, Woodbridge 2007.

Hartig 1937 ▪ Otto Hartig: Die drei Reiter vor dem Georgenchor des Bamberger Domes, in: Bamberger Blätter für fränkische Kunst und Geschichte 29 (1937).

Hartig 1937/38 ▪ Otto Hartig: Ein Drei-Reiter-Denkmal vor dem Bamberger Dom, in: Münchner Jahrbuch der Bildenden Kunst 12 (1937/38), S. 15–24.

Hartog 2014 ▪ Elizabeth den Hartog: Een geëmailleerd schrijntje uit Limoges voor relieken van Thomas à Becket, in: Gezien met eigen ogen! Topstukken uit de Middeleeuwen in Museum Catharijneconvent, hg. v. Wendelien van Welie (Cahier reeks, 11), Amersfoort 2014, S. 17–19.

Harty 1999 ▪ Kevin J. Harty: The Reel Middle Ages. American, Western, and Eastern European, Middle Eastern and Asian Films, About Medieval Europe, Jefferson 1999.

Häuptli 2005 ▪ Bruno W. Häuptli: Johanna Plantagenet (Johanna von England), Königin von Sizilien, Gräfin von Toulouse (1165–1199), in: Biographisch-bibliographisches Kirchenlexikon, Bd. 25, Nordhausen 2005, Sp. 673–678.

Hedemann 1991 ▪ Anne D. Hedemann: The Royal Image. Illustrations of the Grandes Chroniques de France, 1274–1422 (California Studies in the History of Art, 28), Berkeley/Los Angeles/Oxford 1991.

Hedengren-Dillon (o. J.) ▪ Caroline Hedengren-Dillon: Richard/Riccardo Marochetti, by Baron Marochetti (1805–1867) [URL: http://www.victorianweb.org/sculpture/marochetti/27.html (01.07.2016)].

Heinzle 1994 ▪ Modernes Mittelalter. Bilder einer populären Epoche, hg. v. Joachim Heinzle (Insel-Taschenbuch, 2513), Frankfurt a. M. 1994.

Henning 1992 ▪ Joachim Henning: Gefangenenfesseln im slawischen Siedlungsraum und der europäische Sklavenhandel im 6. bis 12. Jahrhundert. Archäologisches zum Bedeutungswandel von »sklabos – sakaliba – sclavus«, in: Germania 70 (1992), S. 403–426.

Henze 1988 ▪ Ulrich Henze: Die Kreuzreliquiare von Trier und Mettlach. Studien zur Beziehung zwischen Bild und Heiltum in der rheinischen Schatzkunst des frühen 13. Jahrhunderts, Münster 1988.

Herendeen 2007 ▪ Wyman H. Herendeen: William Camden: a Life in Context, Woodbridge 2007.

Heussler 2006 ▪ Carla Heussler: De cruce Christi. Kreuzauffindung und Kreuzerhöhung: Funktionswandel und Historisierung in nachtridentinischer Zeit (ikon Bild+Theologie), Paderborn/München/Wien u. a. 2006.

Heydeck 2001 ▪ Kurt Heydeck: Die mittelalterlichen Handschriften der Universitätsbibliothek Rostock (Kataloge der Universitätsbibliothek Rostock, 1), Wiesbaden 2001.

Hiestand 1992 ▪ Rudolf Hiestand: »precipua tocius christianismi columpna«. Barbarossa und der Kreuzzug, in: Friedrich Barbarossa. Handlungsspielräume und Wirkungsweisen, hg. v. Alfred Haverkamp (VuF, 40), Sigmaringen 1992, S. 51–108.

Hiestand 1993 ▪ Rudolf Hiestand: Zur Geschichte des Königreichs Sizilien im 12. Jahrhundert, in: Quellen und Forschungen aus italienischen Bibliotheken und Archiven 73 (1993), S. 52–69.

Higham 2002 ▪ Nicholas J. Higham: King Arthur: Myth-Making and History, London 2002.

Hillenbrand 1999 ▪ Carole Hillenbrand: The Crusades: Islamic Perspectives, Edinburgh 1999.

Historisches Museum der Pfalz 1983 ▪ Historisches Museum der Pfalz Speyer, hg. v. Historisches Museum der Pfalz in Speyer und Landesbildstelle Rheinland-Pfalz in Koblenz (Museen in Rheinland-Pfalz, 1), Speyer 1983.

Hivergneaux 2000 ▪ Marie Hivergneaux: Aliénor d'Aquitaine: le pouvoir d'une femme à la lumière de ses chartes (1152–1204), in: La cour Plantagenêt (1154–1204). Actes du Colloque tenu à Thouars du 30 avril au 2 mai 1999, hg. v. Martin Aurell (Civilisation médiévale, 8), Poitiers 2000, S. 63–87.

Hobson 1932 ▪ Robert L. Hobson: A Guide to the Islamic Pottery of the Near East, London 1932.

Hofer 1954 ▪ Stefan Hofer: Chrétien de Troyes. Leben und Werk des altfranzösischen Epikers, Graz/Köln 1954.

Hollister 2001 ▪ Charles W. Hollister: Henry I (Yale English Monarchs), New Haven/London 2001.

Holt 1982 ▪ James C. Holt: Robin Hood, London 1982.

Holt 1992 ▪ James C. Holt: Magna Carta, Cambridge $^{2}$1992.

Holt 2015 ▪ James C. Holt: Magna Carta, Cambridge $^{3}$2015.

Hosler 2007 ▪ John D. Hosler: Henry II. A Medieval Soldier at War. 1147–1189 (History of Warfare, 44), Leiden 2007.

http://www.culture.gouv.fr/documentation/joconde/fr/ (27.06.2017) ▪ Online-Katalog Joconde. Portail des collections des musées de France[http://www.culture.gouv.fr/documentation/joconde/fr/ (27.06.2017)].

http://www.inventaire.culture.gouv.fr/(27.05.2017) ▪ Inventaire général du patrimoine culturel, Coffret [URL: http://www.culture.gouv.fr/public/mistral/palissy_fr?ACTION=RETROUVER&FIELD_1=Cpal5&VALUE_1=&FIELD_2=EDIF&VALUE_2=&FIELD_3=Cpal1&VALUE_3=coffret&FIELD_4=Cpal2&VALUE_4=&FIELD_5=Cpal3&VALUE_5=&FIELD_6=REPR&VALUE_6=&FIELD_7=TOUT&VALUE_7=&FIELD_8=adresse&VALUE_8=&FIELD_9=DOSURLP&VALUE_9=%20&N UMBER=2&GRP=0&REQ=%28%28coffret%29%20%3aCATE%2cDENO%2cPDEN%20%29&USRNAME=nobody&USRPWD=4%24%2534P&SPEC=9&SYN=1&IMLY=&MAX1=1&MAX2=200&MAX3=200&DOM=Tous (27.05.2017)].

http://www.musee-armee.fr/collections/base-de-donnees-des-collections/objet/olifant.html (19.06.2017) ▪ Musée de l'Armée, Olifant [URL: http://www.musee-armee.fr/collections/base-de-donnees-des-collections/objet/olifant.html (19.06.2017)].

http://www.musee-moyenage.fr/collection/oeuvre/medaillon-fauconnier-a-cheval.html (01.06.2017) ▪ Musée de Cluny, Les œvres, Médaillon: cavalier au faucon [URL: http://www.musee-moyenage.fr/collection/oeuvre/medaillon-fauconnier-a-cheval.html (01.06.2017)].

http://www.parliament.uk/business/news/2009/08/conservation-of-richard-the-lionhearts-statue/ (24.02.2017). ▪ Parliament UK, Conservation of Richard the Lionheart's statue [URL: http://www.parliament.uk/business/news/2009/08/conservation-of-richard-the-lionhearts-statue/ (24.02.2017)].

Hucker 1990 ▪ Bernd Ulrich Hucker: Kaiser Otto IV. (MGH Schriften, 34), Hannover 1990.

Hucker 1995 ▪ Bernd Ulrich Hucker: Otto IV., der kaiserliche Sohn Heinrichs des Löwen, in: Heinrich der Löwe und seine Zeit. Herrschaft und Repräsentation der Welfen 1125–1235, 3 Bde., Bd. 2: Essays, hg. v. Jochen Luckhart/Franz Niehoff, München 1995, S. 355–367.

Hucker 2003 ▪ Bernd Ulrich Hucker: Otto IV. – der wiederentdeckte Kaiser (Insel-Taschenbuch, 2557: Geschichte), Frankfurt a. M. 2003.

Hucker 2009 ▪ Bernd Ulrich Hucker: Otto IV. – ein Welfe wird Kaiser. Otto IV. vor der Kaiserkrönung und auf seinem Sterbelager. Zwei Originalurkunden zur Geschichte des Welfen (Meine Stadt Braunschweig, 1), Braunschweig 2009.

Humphrey (o. J.) ▪ Richard Humphrey: Sir Walter Scott – Ivanhoe, A Romance, in: Kindlers Literaturlexikon Online [URL: www.kll-online.de (14.03.2017)].

Ihl 1991 ▪ Heinrich Ihl: Die Münzprägung der Edelherrn zur Lippe. Münzstätte Lemgo, Lemgo 1991.

Ilisch 1980 ▪ Peter Ilisch: Münzfunde und Geldumlauf in Westfalen in Mittelalter und Neuzeit. Numismatische Untersuchungen und Verzeichnis der Funde in den Regierungsbezirken Arnsberg und Münster (Veröffentlichungen des Provinzialinstituts für Westfälische Landes- und Volksforschung, Reihe 1,23), Münster 1980.

Ilisch 1994 ▪ Peter Ilisch: Die mittelalterliche Münzprägung der Bischöfe von Münster (Numismatische Schriften des Westfälischen Landesmuseums für Kunst und Kulturgeschichte, 3), Münster 1994.

Jacoby 2005 ▪ David Jacoby: Commercial Exchange Across the Mediterranean. Byzantium, the Crusader Levant, Egypt and Italy (Variorum Collected Studies Series, 836), Aldershot 2005.

Jansen 1933 ▪ Franz Jansen: Die Helmarshausener Buchmalerei zur Zeit Heinrichs des Löwen, Hildesheim 1933, ND Karlshafen 1985.

Jansen/Nef/Picard 2000 ▪ La Méditerranée entre pays d'Islam et monde latin (milieu Xe–milieu XIIIe siècle), hg. v. Philippe Jansen, Annliese Nef u. Christophe Picard (Regards sur l'histoire, 144), Paris 2000.

Jefferson/Putter 2013 ▪ Multilingualism in Medieval Britain (c. 1066–1520). Sources and Analysis, hg. v. Judith A. Jefferson u. Ad Putter (Medieval texts and cultures of Northern Europe, 15), Turnhout 2013.

Jericke 2008 ▪ Hartmut Jericke: Kaiser Heinrich VI., der unbekannte Staufer (Persönlichkeit und Geschichte, 167), Gleichen/Zürich 2008.

Johanek 1987 ▪ Peter Johanek: König Arthur und die Plantagenets. Über den Zusammenhang von Historiographie und höfischer Epik in mittelalterlicher Propaganda, in: Frühmittelalterliche Studien 21 (1987), S. 346–389.

Johanek 1991 ▪ Peter Johanek: Historia Welforum, in: LexMa, Bd. 5, München/Zürich 1991, Sp. 44 f.

Johnston 2013 ▪ Andrew J. Johnston: Robin Hood. Geschichte einer Legende (Beck'sche Reihe, 2767), München 2013.

Johrendt/Müller 2008 ▪ Römisches Zentrum und kirchliche Peripherie. Das universale Papsttum als Bezugspunkt der Kirchen von den Reformpäpsten bis zu Innozenz III., hg. v. Jochen Johrendt u. Harald Müller (NA, 2), Berlin 2008.

Johrendt/Müller 2012 ▪ Rom und die Regionen. Studien zur Homogenisierung der lateinischen Kirche im Hochmittelalter, hg. v. Jochen Johrendt u. Harald Müller (Abhandlungen der Akademie der Wissenschaften zu Göttingen, N.F. 19), Berlin 2012.

Jones 1992 ▪ Martin H. Jones: Richard the Lionheart in German Literature of the Middle Ages, in: Richard Cœur de Lion in History and Myth, hg. v. Janet L. Nelson (King's College London Medieval Studies, 7), London 1992, S. 70–116.

Jordan 1979 ▪ Karl L. Jordan: Heinrich der Löwe: eine Biographie, München 1979.

Joseph 1904/06 ▪ Paul Joseph: Der Ladenburger Münzfund, in: Frankfurter Münzzeitung 5 (1904/06), S. 353–364, 388 f.

Kaeuper 2009 ▪ Richard Kaeuper: Holy Warriors: The Religious Ideology of Chivalry (The Middle Ages Series), Philadelphia 2009.

Kalvelage/Trippler 1996 ▪ Heinrich Kalvelage u. Hartmut Trippler: Die Münzen der Grafen, Herzöge und Großherzöge von Oldenburg, Osnabrück 1996.

Kammel 2007 ▪ Frank Matthias Kammel: Ornament und Bildmagie: Mittelalterliche Bauskulptur, in: Mittelalter. Kunst und Kultur von der Spätantike bis zum 15. Jahrhundert (Die Schausammlungen des Germanischen Nationalmuseums, 2), Nürnberg 2007, S. 215–227.

Kat. Bamberg 1992 ▪ St. Georg. Ritterheiliger, Nothelfer, Bamberger Dompatron, hg. v. Michael Kleiner, Bamberg 1992.

Kat. Berlin 1979 ▪ Museum für Islamische Kunst Berlin, Katalog, bearb. v. Klaus Brisch, Berlin $^{2}$1979.

Kat. Berlin 1989 ▪ Europa und der Orient 800–1900, hg. v. Gereon Sievernich u. Hendrik Budde, Gütersloh/München 1989.

Kat. Berlin 1995 ▪ Das Morgenland und Friedrich II. (1194–1250), hg. v. Museum für Islamische Kunst, Berlin 1995.

Kat. Berlin 2010a ▪ Schätze des Glaubens. Meisterwerke aus dem Dom-Museum Hildesheim und dem Kunstgewerbemuseum Berlin, hg. v. Lothar Lambacher, Berlin/Regensburg 2010.

Kat. Berlin 2010b ▪ Burg und Herrschaft, hg. v. Rainer Atzbach, Sven Lüken u. Hans Ottomeyer, Dresden 2010.

Kat. Berlin 2014 ▪ Die mittelalterlichen Olifante. Elfenbeinobjekte in einem Zeitalter des ästhetischen Wandels, hg. v. Avinoam Shalem (Die Elfenbeinskulpturen, 8) Berlin 2014.

Kat. Bonn/Basel 1988 ▪ Phönix aus Sand und Asche. Glas des Mittelalters, hg. v. Erwin Baumgartner u. Ingeborg Krueger, München 1988.

Kat. Braunschweig 1995 ▪ Heinrich der Löwe und seine Zeit. Herrschaft und Repräsentation der Welfen 1125–1235, 3 Bde., hg. v. Jochen Luckhart u. Franz Niehoff, München 1995.

Kat. Braunschweig 2009 ▪ Otto IV. Traum vom welfischen Kaisertum, hg. v. Bernd Ulrich Hucker, Stefanie Hahn u. Hans-Jürgen Derda, Petersberg 2009.

Kat. Cleveland/Baltimore/London 2011 ▪ Treasures of Heaven: Saints, Relics, and Devotion in Medieval Europe, hg. v. Martina Bagnoli, Holger A. Klein u. Charles G. Mann, London 2011.

Kat. Cluny 2014 ▪ Voyager au moyen âge, hg. v. Benedetta Chiesi, Michel Huynh u. Marc Sureda i Jubany, Paris, 2014.

Kat. Dürnstein 1966 ▪ König Richard I. Löwenherz von England (1189–1199), hg. v. der Stadt Dürnstein. Schriftleitung Fritz Dworschak u. Willi Schwengler, Dürnstein 1966.

Kat. Esslingen 1982 ▪ Die Pfleghöfe in Esslingen, hg. v. Walter Bernhardt, Esslingen 1982.

Kat. Halle/Oldenburg/Mannheim 2005 ▪ Saladin und die Kreuzfahrer, hg. v. Alfried Wieczorek, Mamoun Fansa u. Harald Meller (Publikationen der Reiss-Engelhorn-Museen, 17/Schriftenreihe des Landesmuseums für Natur und Mensch, 37), Mainz 2005.

Kat. Hannover 1994 ▪ Der Schatz der Goldenen Tafel. Kestner-Museum Hannover, hg. v. Regine Marth (Museum Kestnerianum, 2), Hannover 1994.

Kat. Herne 2010 ▪ AufRuhr 1225. Ritter, Burgen und Intrigen. Das Mittelalter an Rhein und Ruhr, hg. v. Brunhilde Leenen, Mainz 2010.

Kat. Hildesheim 2001 ▪ Abglanz des Himmels: Romanik in Hildesheim, hg. v. Michael Brandt, Regensburg 2001.

Kat. Hildesheim 2008 ▪ Bild und Bestie. Hildesheimer Bronzen der Stauferzeit, hg. v. Michael Brandt, Regensburg 2008.

Kat. Hildesheim 2013 ▪ Medieval Treasures from Hildesheim, hg. v. Peter Barnet, Michael Brandt u. Gerhard Lutz, New York 2013.

Kat. Hildesheim 2015 ▪ Dommuseum Hildesheim: Ein Auswahlkatalog, hg. v. Michael Brandt, Claudia Höhl u. Gerhard Lutz, Hildesheim 2015.

Kat. Karlsruhe 1959 ▪ Badisches Landesmuseum. Meisterwerke aus den Sammlungen des wiedereröffneten Museums, bearb. v. Rudolf Schnellbach, Karlsruhe 1959.

Kat. Karlsruhe 1968 ▪ Eine Auswahl aus den Schausammlungen. Badisches Landesmuseum Bildkatalog, bearb. v. Ernst Petrasch, Karlsruhe 1968.

Kat. Karlsruhe 1991 ▪ Die Karlsruher Türkenbeute. Die »Türckische Kammer« des Markgrafen Ludwig Wilhelm von Baden-Baden. Die »Türckischen Curiositaeten« der Markgrafen von Baden-Durlach. Badisches Landesmuseum Karlsruhe, bearb. v. Ernst Petrasch, München 1991.

Kat. Köln 2003 ▪ Das Mittelalter in 111 Meisterwerken aus dem Museum Schnütgen Köln, hg. v. Hiltrud Westermann-Angerhausen, Köln 2003.

Kat. Köln 2014 ▪ Caspar Melchior Balthasar. 850 Jahre Verehrung der Heiligen Drei Könige im Kölner Dom, hg. v. Leonie Becks, Matthias Deml u. Klaus Hardering, Köln 2014.

Kat. Konstanz 1983 ▪ Konstanz zur Zeit der Staufer, hg. v. Rosgartenmuseum Konstanz, Konstanz 1983.

Kat. Les Lucs-sur-Boulogne 2016 ▪ Richard Cœur de Lion. Entre mythe et réalités, hg. v. Christophe Vital, Gand 2016.

Kat. Limburg 2009 ▪ Im Zeichen des Kreuzes. Die Limburger Staurothek und ihre Geschichte, hg. v. August Heuser u. Matthias T. Kloft, Regensburg 2009.

Kat. London 1984 ▪ English Romanesque Art 1066–1200, hg. v. George Zarnecki, Janet Holt u. Tristan Holland, London 1984.

Kat. London 2011 ▪ Royal Manuscripts. The Genius of Illumination, hg. v. Scot McKendrick, Kathleen Doyle u. John Lowden, London 2011.

Kat. London 2015 ▪ Magna Carta: Law, Liberty, Legacy, hg. v. Claire Breay u. Julian Harrison, London 2015.

Kat. Ludwigshafen 1979 ▪ Kunst des Mittelalters. Wilhelm-Hack-Museum Ludwigshafen am Rhein. Stiftung und Leihgaben Wilhelm Hack, hg. v. Christoph Brockhaus, Neustadt 1979.

Kat. Magdeburg/Berlin 2006 ▪ Heiliges Römisches Reich Deutscher Nation 962 bis 1806 – von Otto dem Großen bis zum Ausgang des Mittelalters, 2 Bde., hg. v. Matthias Puhle, Dresden 2006.

Kat. Mainz 2004 ▪ Die Kreuzzüge. Kein Krieg ist heilig, hg. v. Hans-Jürgen Kotzur, Mainz 2004.

Kat. Mannheim 2010/2011 ▪ Die Staufer und Italien. Drei Innovationsregionen im mittelalterlichen Europa, 2 Bde., hg. v. Alfried Wieczorek, Bernd Schneidmüller u. Stefan Weinfurter, Stuttgart 2010.

Kat. Mannheim 2016 ▪ Binnenschiffe – kleiner Maßstab, großes Detail. Die Sammlung der Schiffsmodelle des Technoseum, hg. v. Technoseum. Landesmuseum für Technik und Arbeit Mannheim, Darmstadt 2016.

Kat. Minden 1961 ▪ Der Domschatz und das Dombaumuseum in Minden, Text u. Beschreibung Peter Leo u. Hans Gelderblom (Mindener Beiträge, 9), Minden 1961.

Kat. Monetissimo! 2016 ▪ Monetissimo! Aus den Tresoren des Münzkabinetts. 27 Jahrhunderte Münzen, Medaillen & Co., hg. v. Stefan Kötz, Petersberg 2016.

Kat. Naumburg 2011 ▪ Der Naumburger Meister. Bildhauer und Architekt im Europa der Kathedralen, 3 Bde., hg. v. Hartmut Krohm u. Holger Kunde, Petersberg 2011.

Kat. New York 1970 ▪ The Year 1200, Bd. 1: Catalogue, hg. v. Konrad Hoffmann (The Cloisters Studies in Medieval Art, 1), New York 1970.

Kat. New York 2016 ▪ Jerusalem 1000–1400. Every People under Heaven, hg. v. Barbara Drake Boehm u. Melanie Holcomb, New York 2016.

Kat. Nürnberg 2007 ▪ Mittelalter. Kunst und Kultur von der Spätantike bis zum 15. Jahrhundert (Die Schausammlungen des Germanischen Nationalmuseums, 2), Nürnberg 2007.

Kat. Nürnberg 2010 ▪ Mythos Burg, hg. v. G. Ulrich Großmann, Dresden 2010.

Kat. Oldenburg 1995 ▪ Robin Hood: Die vielen Gesichter des edlen Räubers, hg. v. Kevin Carpenter, Oldenburg 1995.

Kat. Oldenburg 2008 ▪ Kaiser Friedrich II. (1194–1250). Welt und Kultur des Mittelmeerraums, hg. v. Mamoun Fansa u. Karen Ermete, Mainz 2008.

Kat. Paderborn 2014 ▪ Diözesanmuseum Paderborn. Werke in Auswahl, hg. v. Christoph Stiegemann, Petersberg 2014.

Kat. Paris 1989 ▪ L'Orfèverie gothique (XIIIe–début XVe siècle) au Musée de Cluny, hg. v. Élisabeth Taburet-Delahaye, Paris 1989.

Kat. Paris 2002 ▪ Chevaux et cavaliers dans les arts d'orient et d'occident, hg. v. Jean Pierre Digard, Paris 2002.

Kat. Paris 2009 ▪ La légende du roi Arthur, hg. v. Thierry Delcourt, Paris 2009.

Kat. Paris 2011 ▪ L'épée: Usages, mythes et symboles, hg. v. Almudena Blasco, Fabrice Cognot, Christine Duvauchelle, Michel Huynh u. Iaroslav Lebedynsky, Paris 2011.

Kat. Paris 2012 ▪ Chypre entre Byzance et l'Occident IVe–XVIe siècle, hg. v. Jannic Durand, Paris 2012.

Kat. Paris/New York 1995 ▪ L'Œuvre de Limoges. Emaux limousins du Moyen Âge, hg. v. Barbara Drake Boehm u. Elisabeth Taburet-Delahaye, Paris 1995.

Kat. Paris/New York 1996 ▪ Enamels of Limoges. 1100–1350, hg. v. John P. O'Neill, New York 1996.

Kat. Petersberg 2009 ▪ Otto IV. – Traum vom welfischen Kaisertum, hg. v. Bernd Ulrich Hucker, Stefanie Hahn u. Hans-Jürgen Derda, Petersberg 2009.

Kat. Schallaburg 2007 ▪ Kreuzritter: Pilger, Krieger, Abenteurer, hg. v. Barbara Sternthal, Sankt Pölten 2007.

Kat. Senlis 1987 ▪ De Hugues Capet à saint Louis, les Capétiens et Senlis. Exposition organisée en commémoration du millénaire Hugues Capet, hg. v. Musée d'art et d'archéologie Senlis (La sauvegarde de Senlis, 56), Senlis 1987.

Kat. Speyer 1930 ▪ Frida Dettweiler: Führer durch die Dom-Ausstellung, Speyer 1930.

Kat. Speyer 1992 ▪ Das Reich der Salier 1024–1125, bearb. v. Götz Waurick, Sigmaringen 1992.

Kat. Speyer 2011 ▪ Die Salier. Macht im Wandel, 2 Bde., hg. v. Historisches Museum der Pfalz Speyer u. Institut für Fränkisch-Pfälzische Geschichte und Landeskunde Heidelberg, München 2011.

Kat. Stuttgart 1977 ▪ Die Zeit der Staufer. Geschichte, Kunst, Kultur, 5 Bde., hg. v. Reiner Haussherr, Stuttgart/Bad Cannstatt 1977.

Kat. Stuttgart 2000 ▪ SIGNA TAV – Grubenschmelzplatte eines typologischen Kreuzes, hg. v. Dietrich Kötzsche, Heribert Meurer u. Andrea Schaller (PATRIMONIA, 132), Stuttgart 2000.

Kat. Utrecht 1985 ▪ Schatkamers uit het Zuiden, hg. v. A.M. Koldewey/P.M.L. van Vlijmen, Utrecht 1985.

Kat. Winchester 2010 ▪ Treasures of Hyde Abbey, hg. v. Winchester Discovery Centre, Winchester 2010.

Kat. Zürich 1952 ▪ Katalog der Handschriften der Zentralbibliothek Zürich, Bd. 1: Mittelalterliche Handschriften, hg. v. Leo C. Mohlberg, Zürich 1952.

Kauffmann 1975 ▪ Claus M. Kauffmann: Romanesque Manuscripts, 1066–1190 (A Survey of Manuscripts Illuminated in the British Isles, 3), London 1975.

Kaufhold 2004 ▪ Martin Kaufhold: Wendepunkte des Mittelalters. Von der Kaiserkrönung Karls des Großen bis zur Entdeckung Amerikas, Ostfildern 2004.

Kedar 2015 ▪ Benjamin Zeev Kedar: King Richard's Plan for the Battle of Arsuf/Arsur, 1191, in: The Medieval Way of War: Studies in Medieval Military History in Honor of Bernard S. Bachrach, hg. v. Gregory I. Halfond, Farnham 2015, S. 117–132.

Keller 1939 ▪ Harald Keller: Die Entstehung des Bildnisses am Ende des Hochmittelalters, in: Römisches Jahrbuch für Kunstgeschichte 3 (1939), S. 227–354.

Keller 1986 ▪ Hagen Keller: Zwischen regionaler Begrenzung und universalem Horizont. Deutschland im Imperium der Salier und Staufer. 1024–1250 (Propyläen Geschichte Deutschlands, 2), Berlin 1986.

Keller 2002 ▪ Christine Keller: Aquamanilen und das Ritual des Händewaschens, in: Wider das »finstere Mittelalter«. Festschrift für Werner Meyer zum 65. Geburtstag, hg. v. Maria Letizia Heyer-Boscardin (Schweizer Beiträge zur Kulturgeschichte und Archäologie des Mittelalters, 29), Basel 2002, S. 125–136.

Kelly 1937 ▪ Amy Kelly: Eleanor of Aquitaine and her Courts of Love, in: Speculum 12 (1937), S. 3–19.

Kennepohl 1938 ▪ Karl Kennepohl: Die Münzen von Osnabrück. Die Prägungen des Bistums und des Domkapitels Osnabrück, der Stadt Osnabrück sowie des Kollegiatstiftes und der Stadt Wiedenbrück (Veröffentlichungen des Museums der Stadt Osnabrück, 1), München 1938.

Kersken 1995 ▪ Norbert Kersken: Geschichtsschreibung im Europa der »nationes«. Nationalgeschichtliche Gesamtdarstellungen im Mittelalter (Münstersche historische Forschungen, 8), Marburg 1995.

Kersken/Vercamer 2013 ▪ Norbert Kersken u. Grischa Vercamer: Macht und Spiegel der Macht. Herrschaft in Europa im 12. und 13. Jahrhundert vor dem Hintergrund der Chronistik (Quellen und Studien. Deutsches Historisches Institut Warschau, 27), Wiesbaden 2013.

Kessler 1995 ▪ Ulrike Kessler: Richard I. Löwenherz. König, Kreuzritter, Abenteurer, Graz 1995.

Kessler 2004 ▪ Ulrike Kessler: Richard Löwenherz. Ein Gefangener macht europäische Politik, in: Richard Cœur de Lion, roi d'Angleterre, duc de Normandie (1157–1199). Actes du colloque international tenu à Caen, 6–9 avril 1999, hg. v. Louis Le Roc'h Morgère, Caen 2004, S. 44–65.

Kessler 2010 ▪ Cordula M. Kessler: Gotische Buchkultur. Dominikanische Handschriften aus dem Bistum Konstanz (Quellen und Forschungen zur Geschichte des Dominikanerordens, N.F. 17), Berlin 2010.

Keupp 2002 ▪ Jan Keupp: Dienst und Verdienst. Die Ministerialen Friedrich Barbarossas und Heinrichs VI. (Monographien zur Geschichte des Mittelalters, 48), Stuttgart 2002.

Kibler 1976 ▪ Eleanor of Aquitaine, Patron and Politician, hg. v. William W. Kibler (Symposia in the arts and the humanities, 3), Austin/London 1976.

Kiening 2006 ▪ Christian Kiening: Mittelalter im Film, in: Mittelalter im Film, hg. v. Christian Kiening u. Heinrich Adolf (Trends in Medieval Philology, 6), Berlin/New York 2006, S. 3–103.

Klamt 1997 ▪ Johann-Christian Klamt: Le tambour de Notre-Dame: Gaukler in Demut, in: Zeitschrift für Kunstgeschichte 60,3 (1997), S. 289–307.

Klein 2004 ▪ Holger A. Klein: Byzanz, der Westen und das »wahre« Kreuz. Die Geschichte einer Reliquie und ihrer künstlerischen Fassung in Byzanz und im Abendland (Spätantike – frühes Christentum – Byzanz. Kunst im ersten Jahrtausend. Reihe B: Studien und Perspektiven, 17), Wiesbaden 2004.

Klinger 2015 ▪ Judith Klinger: Robin Hood. Auf der Suche nach einer Legende, Darmstadt 2015.

Kluge 2007 ▪ Bernd Kluge: Numismatik des Mittelalters, Bd. 1: Handbuch und Thesaurus Nummorum Medii Aevi (Sitzungsberichte der Österreichischen Akademie der Wissenschaften. Philosophisch-historische Klasse, 769/ Veröffentlichungen der Numismatischen Kommission, 45), Berlin/Wien 2007.

Kluge-Pinsker 1992 ▪ Antje Kluge-Pinsker: »Tabula«, Schach und andere Brettspiele, in: Das Reich der Salier, bearb. v. Götz Waurick, Sigmaringen 1992, S. 58–81.

Kneller 1893 ▪ Karl A. Kneller: Des Richard Löwenherz deutsche Gefangenschaft (1192–1194) (Ergänzungshefte zu den Stimmen aus Maria Laach, 59), Freiburg 1893.

Knight 2003 ▪ Stephen Knight: Robin Hood. A Mythic Biography, Itahaca/London 2003.

Knipp 2011 ▪ Siculo-Arabic Ivories and Islamic Painting 1100–1300, Proceedings of the International Conference, Berlin, 6–8 July 2007, hg. v. David Knipp (Römische Forschungen der Bibliotheca Hertziana, 36), München 2011.

Koch 1983 ▪ Bernhard Koch: Der Wiener Pfennig. Ein Kapitel aus der Periode der regionalen Pfennigmünze (Numismatische Zeitschrift, 97), Wien 1983.

Kölzer 1990 ▪ Theo Kölzer: Sizilien und das Reich im ausgehenden 12. Jahrhundert, in: HJb 110 (1990), S. 3–22.

Kölzer 1994 ▪ Theo Kölzer: Die Staufer im Süden, in: Petrus de Ebulo. Liber ad honorem Augusti sive de rebus Siculis. Codex 120 II der Burgerbibliothek Bern. Eine Bilderchronik der Stauferzeit, hg. v. Theo Kölzer u. Marlis Stähli, Sigmaringen 1994, S. 15–31.

Kölzer 2002 ▪ Theo Kölzer: Der Hof Barbarossas und die Reichsfürsten, in: Deutscher Königshof, Hoftag und Reichstag im späteren Mittelalter, hg. v. Peter Moraw (VuF, 48), Stuttgart 2002, S. 3–47.

Kornrumpf 1981 ▪ Gisela Kornrumpf: Heidelberger Liederhandschrift C, in: Verfasserlexikon, Bd. 3, Berlin/New York 1981, Sp. 584–597.

Kornrumpf 1999 ▪ Gisela Kornrumpf: Weingartner Liederhandschrift, in: Verfasserlexikon, Bd. 10, Berlin/New York 1999, Sp. 809–817.

Kötzsche 1989 ▪ Das Evangeliar Heinrichs des Löwen: Kommentar zum Faksimile, hg. v. Dietrich Kötzsche, Frankfurt a. M. 1989.

Krohn 1996 ▪ Rüdiger Krohn: Richard Löwenherz. »Rîchardes lob gemêret wart mit hôher werdekeit«. Der Löwenherz-Mythos in Mittelalter und Neuzeit, in: Herrscher, Helden, Heilige, hg. v. Ulrich Müller u. Werner Wunderlich (Mittelaltermythen, 1), St. Gallen 1996, S. 133–153.

Krüger 2013 ▪ Nilüfer Krüger: Die Bibliothek Herzog Johann Albrechts I. von Mecklenburg (1525–1576), 3 Bde. (Kataloge der Universitätsbibliothek Rostock, 3), Wiesbaden 2013.

Krusy 1986 ▪ Hans Krusy: Die Münzen der Grafen von Schwalenberg und ihrer Seitenlinien Pyrmont, Sternberg und Waldeck (letztere bis etwa 1228, der endgültigen Entstehung der Grafschaft Waldeck), Köln 1986.

Kubach/Haas 1972 ▪ Der Dom zu Speyer, 3 Bde., bearb. v. Hans Erich Kubach u. Walter Haas (Die Kunstdenkmäler von Rheinland-Pfalz, 5), München 1972.

Lacy/Ashe 1996 ▪ Norris J. Lacy u. Geoffrey Ashe: Glastonbury, in: The New Arthurian Encyclopedia, hg. v. Norris J. Lacy u. Geoffrey Ashe (Garland Reference Library of the Humanities, 931), New York 1996, S. 198–202.

Lalou 1999 ▪ Elisabeth Lalou: Guérin, Frater, in: LexMa, Bd. 4, Stuttgart/Weimar 1999.

Landon 1935 ▪ Lionel Landon: Itinerary of King Richard I (The Publications of the Pipe Roll Society, N.S. 13), London 1935.

Lane 1947 ▪ Arthur Lane: Early Islamic Pottery: Mesopotamia, Egypt and Persia, London 1947.

Lanfry 1953/59 ▪ Georges Lanfry: Procès-verbal de la reconnaissance du cœur de Richard Cœur de Lion dans la cathédrale de Rouen, in: Bulletin de la Commission des antiquités de la Seine-Inférieure 22 (1953/59), S. 325–326.

Lapouyade 1913 ▪ Meaudre de Lapouyade: Les armoiries de Bordeaux, in: Revue historique de Bordeaux 6 (1913), S. 394–396.

Lasko 1972 ▪ Peter E. Lasko: Ars Sacra 800–1200 (The Pelican History of Art, 36), Harmondsworth/London 1972.

Laube 1984 ▪ Daniela Laube: Zehn Kapitel zur Geschichte der Eleonore von Aquitanien (Geist und Werk der Zeiten. Arbeiten aus dem Historischen Seminar der Universität Zürich, 68), Bern/Frankfurt a. M./New York 1984.

Laudage 2009 ▪ Johannes Laudage: Friedrich Barbarossa. Eine Biografie, Regensburg 2009.

Laurière 1886–1988 ▪ Jules de Laurière: Congrès Archéologique de Pamiers, Foix, Saint-Girons (Ariège), 1884, in: Bulletin de la Société ariégeoise des sciences, lettres et arts 2 (1886–1888), S. 1–85.

Lazar 1976 ▪ Moshe Lazar: Cupid, the Lady, and the Poet: Modes of Love at Eleanor of Aquitaine's Court, in: Eleanor of Aquitaine, Patron and Politician, hg. v. William W. Kibler (Symposia in the Arts and the Humanities, 3), Austin/London 1976, S. 35–59.

Le Goff 2011 ▪ Jacques Le Goff: Geld im Mittelalter, Stuttgart 2011.

Le Patourel 1984 ▪ John Le Patourel: Feudal Empires. Norman and Plantagenet (History Series, 18), London 1984.

Lee 2015 ▪ Charmaine Lee: Riccardo I d'Inghilterra, Daufin, je us voill deresnier (BdT 420. 1), in: Lecturae tropatorum 8 (2015), S. 26–33.

Legner 1995 ▪ Anton Legner: Reliquien in Kunst und Kult. Zwischen Antike und Aufklärung, Darmstadt 1995.

Lehni 1988 ▪ Haguenau: Art et architecture. Ouvrage publié avec le concours du relais culturel de la région de Haguenau, hg. v. Roger Lehni (Cahiers de l'inventaire, 16), Straßburg 1988.

Lejeune 1960 ▪ Rita Lejeune: Le rôle littéraire de la famille d'Aliénor d'Aquitaine, in: Cahiers de civilisation médiévale 3 (1960), S. 319–337.

Lemaître/Vielliard 2006 ▪ Jean-Loup Lemaître u. Françoise Vielliard: Portraits de troubadours. Initiales des chansonniers provençaux I & K (Mémoires et documents sur le Bas-Limousin. Série in 8°, 26), Paris 2006.

Lepage 1993 ▪ Yvan G. Lepage: Richard Cœur de Lion et la poésie lyrique, in: Et c'est la fin pour quoy sommes ensemble. Hommage à Jean Dufournet. Littérature, histoire et langue du Moyen Âge, 3 Bde., Bd. 2, hg. v. Liliane Dulac, Jean-Claude Aubailly, Emmanuèle Baumgartner, Francis Dubost u. Marcel Faure (Nouvelle bibliothèque du moyen âge, 25), Paris 1993, S. 892–910.

Lester 2014 ▪ Anne E. Lester: The Coffret of John of Montmirail: The Sacred Politics of Reuse in Thirteenth Century Northern France, in: Peregrinations: Journal of Medieval Art & Architecture 4,4 (2014), S. 50–86.

Letronne 1844 ▪ Jean Antoine Letronne: Examen critique de la découverte du prétendu cœur de Saint Louis, Paris 1844.

Leutloff 2011 ▪ Ariane Leutloff: Generationelle und genealogische Strukturen in Ulrichs von Zatzikhoven »Lanzelet« (Europäische Hochschulschriften, 1), Frankfurt a. M. 2011.

Lev 1999 ▪ Yaacov Lev: Saladin in Egypt (The Medieval Mediterranean, 21), Leiden/Boston/Köln 1999.

Lewis 1987 ▪ Suzanne Lewis: The Art of Matthew Paris in the Chronica Majora (California Studies in the History of Art, 21), Berkeley/Los Angeles/London 1987.

Liebermann 1875 ▪ Felix Liebermann: Einleitung in den Dialogus de Scaccario, Göttingen 1875.

Liebgott 1986 ▪ Niels-Knud Liebgott: Middelalderens emaljekunst, Kopenhagen 1986.

Lienert 2001 ▪ Elisabeth Lienert: Deutsche Antikenromane des Mittelalters (Grundlagen der Germanistik, 39), Berlin 2001.

Lomenec'h 1997 ▪ Gérard Lomenec'h: Aliénor d'Aquitaine et les troubadours, Luçon 1997.

Lorenz 2009 ▪ Kai Tino Lorenz: Raumstrukturen einer epischen Welt: zur Konstruktion des epischen Raumes in Ulrichs von Zatzikhoven Lanzelet (Göppinger Arbeiten zur Germanistik, 752), Göppingen 2009.

Lydorf 2013 ▪ Claudia Lydorf: Sonne, Mond und Sterne: Beobachtungen zu westeuropäischen Herrschersiegeln um 1200, in: Signa Ivris 12 (2013), S. 113–152.

Mackeprang/Madsen/Petersen 1921 ▪ Greek and Latin Illuminated Manuscripts, X–XIII Centuries, in Danish Collections, hg. v. Mouritz Mackeprang, Victor Madsen u. Carl S. Petersen, Kopenhagen/London/Oxford 1921.

Malcolm/Jackson 1982 ▪ Malcolm C. Lyons u. David E. P. Jackson: Saladin. The Politics of the Holy War (Oriental Publications, 30), Cambridge 1982.

Markowski 1997 ▪ Michael Markowski: Richard Lionheart: bad King, bad Crusader?, in: Journal of Medieval History 23 (1997), S. 351–365.

Marquet de Vasselot 1952 ▪ Jean-Jaques Marquet de Vasselot: Les gémellions limousins de XIIIe siècle, Paris 1952.

Marth 1994 ▪ Regine Marth: Der Schatz der Goldenen Tafel. Kestner-Museum Hannover (Museum Kestnerianum, 2), Hannover 1994.

Martine 2016 ▪ Le Moyen Âge en Bande Dessinée, hg. v. Tristan Martine, Paris 2016.

Maué 1979 ▪ Hermann Maué: Ein Lektionar mit Prachteinband aus dem Braunschweiger St. Aegidienkloster, in: St. Aegidien zu Braunschweig 1115–1979, hg. v. Ute Römer-Johannsen, Hildesheim 1979, S. 81–84.

Maurer 1980 ▪ Helmut Maurer: Die Bischofstadt Konstanz in staufischer Zeit, in: Südwestdeutsche Städte im Zeitalter der Staufer, hg. v. Erich Maschke u. Jürgen Sydow (Stadt in der Geschichte. Veröffentlichungen des südwestdeutschen Arbeitskreises für Stadtgeschichtsforschung, 6), Sigmaringen 1980.

Mayer 1977 ▪ Hans E. Mayer: Die Kanzlei Richards I. von England auf dem Dritten Kreuzzug, in: Mitteilungen des Instituts für Österreichische Geschichtsforschung 85 (1977), S. 22–35.

Mayer 2000 ▪ Hans E. Mayer: A Ghost Ship Called Frankenef: King Richard I's German Itinerary, in: The English Historical Review 115 (2000), S. 134–144.

MEC XIV 1998 ▪ Medieval European Coinage, Bd. 14: Italy 3 – South Italy, Sicily, Sardinia, bearb. von Philip Grierson u. Lucia Travaini, Cambridge 1998.

Meehan 1994 ▪ Bernard Meehan: Durham Twelfth-Century Manuscripts in Cistercian Houses, in: Anglo-Norman Durham, 1093–1193, hg. v. David W. Rollason, Margaret Harvey u. Michael Prestwich, Woodbridge/New York 1994, S. 439–449.

Menadier 1909 ▪ Julius Menadier: Die Münzen der Grafschaft Mark, in: Die Grafschaft Mark. Festschrift zum Gedächtnis der 300-jährigen Vereinigung mit Brandenburg-Preußen, Bd. 1, Dortmund 1909, S. 667–690.

Mesqui 1991–1993 ▪ Jean Mesqui: Châteaux et enceintes de la France médiévale, 2 Bde., Paris 1991–1993.

Metcalf 2009 ▪ David M. Metcalf: Byzantine Cyprus 491–1191 (Cyprus Research Centre, Texts and Studies of the History of Cyprus, 62), Nicosia 2009.

Metz 1998 ▪ Bernhard Metz: Hagenau als staufische Stadtgründung, in: Staufische Stadtgründungen am Oberrhein, hg. v. Eugen Reinhard u. Peter Rückert (Oberrheinische Studien, 15), Sigmaringen 1998, S. 213–234.

Meyer 1962 ▪ Hans Eberhard Meyer: Das Itinerarium Peregrinorum: Eine zeitgenössische englische Chronik zum Dritten Kreuzzug in ursprünglicher Gestalt (MGH Schriften, 18), Stuttgart 1962.

Meyer 2001 ▪ Bernhard Meyer: Burg Trifels. Die mittelalterliche Baugeschichte (Pfälzisches Burgenlexikon, Sonderbd. 1), Kaiserslautern 2001.

Meyer 2004 ▪ Bernhard Meyer: Burg Trifels (Führungsheft 15. Edition Burgen, Schlösser, Altertümer Rheinland-Pfalz), Regensburg 2004.

Micha 1939 ▪ Alexandre Micha: La tradition manuscrite des romans de Chrétien de Troyes, Paris 1939.

Michael 2009 ▪ Michael Michael: Stained Glass at Canterbury Cathedral, London 2009.

Miethke/Bühler 1988 ▪ Jürgen Miethke u. Arnold Bühler: Kaiser und Papst im Konflikt. Zum Verhältnis von Staat und Kirche im späten Mittelalter (Historisches Seminar, 8), Düsseldorf 1988.

Millgate 1994 ▪ Jane Millgate: Making It New: Scott, Constable, Ballantyne, and the Publication of Ivanhoe, in: Studies in English Literature 1500–1900 34,4 (1994), S. 795–811.

Möhring 1980 ▪ Hannes Möhring: Saladin und der Dritte Kreuzzug: Aiyubidische Strategie und Diplomatie im Vergleich vornehmlich der arabischen mit den lateinischen Quellen (Frankfurter historische Abhandlungen, 21), Wiesbaden 1980.

Möhring 1982 ▪ Hannes Möhring: Eine Chronik aus der Zeit des Dritten Kreuzzugs: Das sogenannte Itinerarium peregrinorum, in: Innsbrucker Historische Studien 5 (1982), S. 149–167.

Möhring 2005 ▪ Hannes Möhring: Saladin. Der Sultan und seine Zeit 1138–1193 (Beck'sche Reihe, 2386), München 2005.

Montfaucon 1730 ▪ Bernard de Montfaucon: Les Monumens de la monarchie françoise, qui comprennent l'histoire de France, avec les figures de chaque règne, Bd. 2, Paris 1730.

Morgan 1973 ▪ Margaret R. Morgan: The Chronicle of Ernoul and the Continuations of William of Tyre (Oxford Historical Monographs), London 1973.

Morgan 1982–1988 ▪ Nigel J. Morgan: Early Gothic Manuscripts, 2 Bde. (Survey of Manuscripts Illuminated in the British Isles, 4), London/New York 1982–1988.

Morper 1937 ▪ Johann J. Morper: Ein Maurtitiuskopf vom Bamberger Dom, in: Pantheon 1937 (Januar–Juni), S. 18–21.

Müller 1995 ▪ Markus Müller: Die Welfen und Formen höfischer Repräsentation im anglonormannischen Reich, in: Heinrich der Löwe und seine Zeit. Herrschaft und Repräsentation der Welfen 1125–1235, 3 Bde., Bd. 2: Essays, hg. v. Jochen Luckhardt/Franz Niehoff/Gerd Biegel, München 1995, S. 377–386.

Müller-Dietrich 1966 ▪ Norbert Müller-Dietrich: Die romanische Skulptur des Elsass, Saarbrücken 1966.

Nelson 1992 ▪ Richard Cœur de Lion in History and Myth, hg. v. Janet L. Nelson (King's College London Medieval Studies, 7), London 1992.

Neocleous 2013 ▪ Savvas Neocleous: Imaging Isaak of Cyprus and the Cypriots: Evidence from the Latin Historiography of the Third Crusade, in: Byzantion 83 (2013), S. 297–337.

Nessel 1907 ▪ Xaver Nessel: Die kaiserliche Münze in Schlettstadt im Elsaß, in: Frankfurter Münzzeitung 7 (1907), S. 97–105.

Nessel 1909 ▪ Xaver Nessel: Die Münzen der Abtei Selz, in: Frankfurter Münzzeitung 9 (1909), S. 401–408, 421–424, 433–439, 449–459.

Neugart 1999 ▪ Isolde Neugart: Ulrich von Zatzikhoven, in: Verfasserlexikon, Bd. 10, Berlin/New York 1999, Sp. 61–68.

Nicholson 2000 ▪ Helen J. Nicholson: Following the Path of the Lionheart. The »De ortu Walwanii« and the »Itinerarium peregrinorum« et »Gesta regis Ricardi«, in: Medium Aevum 69 (2000), S. 11–33.

Nicolaou-Konnari 2000 ▪ Angel Nicolaou-Konnari: The Conquest of Cyprus by Richard the Lionheart and its Aftermath: A Study of Sources and Legend, Politics and Attitudes in the Year 1191–1192, in: Cyprus Research Centre Annual Review 26 (2000), S. 25–123.

Nicolaou-Konnari 2011 ▪ Angel Nicolaou-Konnari: »A poor island and an orphaned realm..., built upon a rock in the midst of the sea..., surrounded by the infidel Turks and Saracens«: The Crusader Ideology in Leontios Makhairas's Greek Chronicle of Cyprus, in: Crusades 10 (2011), S. 119–145.

Nicolaou-Konnari/Schabel 2005 ▪ Cyprus. Society and Culture 1191–1374, hg. v. Angel Nicolaou-Konnari u. Chris Schabel (The Medieval Mediterranean), Leiden/Boston 2005.

Nicolaou-Konnari/Schabel 2015 ▪ Lemesos: A History of Limassol in Cyprus from Antiquity to the Ottoman Conquest, hg. v. Angel Nicolaou-Konnari u. Chris Schabel (Cyprus Historical and Contemporary Studies), Newcastle upon Tyne 2015.

Nicolle 2006 ▪ David C. Nicolle: The Third Crusade 1191: Richard the Lionheart, Saladin and the Struggle for Jerusalem (Campaign, 161), Oxford 2006.

Nilles/Metz 2008 ▪ Richard Nilles u. Bernhard Metz: Haguenau (Bas-Rhin), in: Archéologie des enceintes urbaines et de leurs abords en Lorraine et en Alsace (XIIe–XVe siècle), hg. v. Yves Henigfeld u. Amaury Masquilier (Revue archéologique de l'Est, 26. supplément), Dijon 2008, S. 105–127.

Noble/Engen 2012 ▪ European Transformation. The Long Twelfth Century, hg. v. Thomas F. X. Noble u. John van Engen (Notre Dame Conferences in Medieval Studies), Notre Dame, Ind. 2012.

North 1994 ▪ Jeffrey J. North: English Hammered Coinage, Bd. 1: Early Anglo-Saxon to Henry III, c. 600–1272, London 1994.

Norton 1992 ▪ Christopher Norton: Carreaux de pavement du moyen âge et de la renaissance. Collections du Musée Carnavalet (Catalogues d'art et d'histoire du Musée Carnavalet, 7), Paris 1992.

Norton 2013 ▪ Christopher Norton: Archbishop Eystein, King Magnus and the Copenhagen Psalter – A New Hypothesis, in: Eystein Erlendsson – Erkebiskop, politiker og kirkebygger, hg. v. Kristin Bjørlykke, Trondheim 2013, S. 184–215.

Oakeshott 1964 ▪ Ewart Oakeshott: The Sword in the Age of Chivalry, Woodbridge 1964.

Oexle 1978 ▪ Otto Gerhard Oexle: Welfische und staufische Hausüberlieferung in der Handschrift Fulda D 11 aus Weingarten, in: Von der Klosterbibliothek zur Landesbibliothek. Beiträge zum 200-jährigen Bestehen der Hessischen Landesbibliothek Fulda, hg. v. Artur Brall (Bibliothek des Buchwesens, 6), Stuttgart 1978, S. 203–231.

Oexle 1995 ▪ Otto Gerhard Oexle: Memoria als Kultur, in: Memoria als Kultur, hg. v. Otto Gerhard Oexle (Veröffentlichungen des Max-Planck-Instituts für Geschichte, 121), Göttingen 1995. S. 9–78.

Opll 1986 ▪ Ferdinand Opll: Stadt und Reich im 12. Jahrhundert (1125–1190) (Forschungen zur Kaiser- und Papstgeschichte des Mittelalters, Beihefte zu J. F. Böhmer, Regesta Imperii, 6), Wien/Köln/Graz 1986.

Os 2000 ▪ Hendrik Willem van Os: Over heiligenverering vroeger en nu, in: De weg naar de hemel: reliekverering in de Middeleeuwen, hg. v. Hendrik Willem van Os, Baarn 2000, S. 26–28.

Ostmann 1975 ▪ Alexander Ostmann: Die Bedeutung der Arthurtradition für die englische Gesellschaft des 12. und 13. Jahrhunderts, Berlin 1975.

Ottmann 2004 ▪ Henning Ottmann: Geschichte des politischen Denkens, Bd. 2,2: Mittelalter, Stuttgart 2004.

Owen 1993 ▪ Douglas D. R. Owen: Eleanor of Aquitaine: Queen and Legend, Oxford 1993.

Panofsky 1992 ▪ Erwin Panofsky: La sculpture funéraire: De l'ancienne Égypte au Bernin (Idées et recherches), Paris 1992.

Papacostas 2012 ▪ Tassos C. Papacostas: Byzantine Nicosia, in: Historic Nicosia, hg. v. Demetrios Michaelides, Nicosia 2012, S. 77–109.

Papadopoulos 1995–1996, 2005 ▪ Istoria tis Kyprou, Bde. 3–5, hg. v. Th. Papadopoulos, Nicosia 1995–1996 u. 2005.

Partner 1977 ▪ Nancy F. Partner: Serious Entertainments: The Writing of History in Twelfth-Century England, Chicago/London 1977.

Paterson 2005 ▪ Linda Paterson: Occitan Literature and the Holy Land, in: The World of Eleanor of Aquitaine: Literature and Society in Southern France between the Eleventh and Thirteenth Century, hg. v. Marcus Bull u. Cathérine Léglu, Woodbridge 2005., S. 83–99.

Pellens 1995 ▪ Karl Pellens: Die Weissenau in der Zeit Propst Hermanns II., in: 850 Jahre Prämonstratenserabtei Weissenau 1145–1995, hg. v. Helmut Binder, Sigmaringen 1995, S. 97–118.

Peltzer 2013 ▪ Jörg Peltzer: Der Rang der Pfalzgrafen bei Rhein. Die Gestaltung der politisch-sozialen Ordnung des Reichs im 13. und 14. Jahrhundert (RANK, 2), Ostfildern 2013.

Peltzer 2016 ▪ Jörg Peltzer: 1066. Der Kampf um Englands Krone, München 2016.

Perennec 2004 ▪ René Perennec: Ulrich von Zazikhoven: Lanzelet, in: Mittelhochdeutsche Romane und Heldenepen, hg. v. Horst Brunner (Reclams Universal-Bibliothek, 8914), Stuttgart 2004, S. 129–145.

Peter 2007/08 ▪ Michael Peter: Das sogenannte Kreuz Heinrichs des Löwen, in: Jahrbuch für Geschichte und Kunst im Bistum Hildesheim 75/76 (2007/08), S. 291–318.

Peter 2011 ▪ Michael Peter: Mittelalterliche Emailarbeiten aus Limoges (Monographien der Abegg-Stiftung, 16), Riggisberg 2011.

Petersen 2011 ▪ Erik Petersen: Suscipere digneris. Et fund og nogle hypoteser om Københavnerpsalteret Thott 143 2° og dets historie, in: Fund og Forskning 50 (2011), S. 21–63.

Petersohn 2002 ▪ Jürgen Petersohn: Heinrich Raspe und die Apostelhäupter oder: die Kosten der Rompolitik Kaiser Friedrichs II. (Sitzungsberichte der Wissenschaftlichen Gesellschaft an der Johann-Wolfgang-Goethe-Universität Frankfurt a. M. 40,3), Stuttgart 2002.

Petzold (o. J.) ▪ Dieter Petzold: Robin Hood, in: Kindlers Literaturlexikon Online [URL: www.kll-online.de (14.03.2017)].

Pfaffebichler/Sternthal 2007 ▪ Matthias Pfaffenbichler u. Barbara Sternthal: König Richard Löwenherz und der Konflikt mit Heinrich VI., in: Kreuzritter. Pilger, Krieger, Abenteurer, hg. v. Barbara Sternthal, Sankt Pölten 2007, S. 117–119.

Pfeiffer 1937 ▪ Eberhard Pfeiffer: Die deutsche Gefangenschaft des Königs Richard Löwenherz von England und die Cistercienser (1192–1194), in: Cistercienser Chronik 49 (1937), S. 193–200.

Philon 1980 ▪ Helen Philon: Early Islamic Ceramics. Ninth to Late Twelfth Century, London/New York 1980.

Picard 2015 ▪ Christophe Picard: La mer des califes. Une histoire de la Méditerranée musulmane (VIIe–XIIe siècle), Paris 2015.

Pillet/Carstens 1933 ▪ Alfred Pillet: Bibliographie der Troubadours, erg., weitergef. u. hg. v. Henry Carstens (Schriften der Königsberger Gelehrten Gesellschaft. Sonderreihe, 3), Halle 1933.

Pinoteau 2003 ▪ Hervé Pinoteau: La symbolique royale française, Ve–XIIIe siècles, La Roche-Rigault 2004.

Piper 1904 ▪ Otto Piper: Österreichische Burgen, 8 Bde., Wien 1902–1910.

Plessis 1740 ▪ Toussaint du Plessis: Description géographique et historique de la Haute-Normandie, Bd. 2, Paris 1740.

Pommeraye 1686 ▪ Jean François Pommeraye: Histoire de l'Église cathédrale de Rouen, métropolitaine et primatiale de Normandie, Rouen 1686.

Poole 1912 ▪ Reginald L. Poole: The Exchequer in the Twelfth Century (The Ford Lectures), Oxford 1912.

Porter/Watson 1967 ▪ Venetia Porter u. Oliver Watson: Tell Minis Wares, in: Syria and Iran: Three Studies in Medieval Ceramics, hg. v. James Allan u. Caroline Roberts (Oxford Studies in Islamic Art, 4), Oxford 1967, S. 175–248.

Posse 1909 ▪ Otto Posse: Die Siegel der deutschen Kaiser und Könige von 751 bis 1806, 5 Bde., Bd. 1: 751–1347, Dresden 1909.

Potthast 1957 ▪ August Potthast: Bibliotheca historica medii aevi. Wegweiser durch die Geschichtswerke des europäischen Mittelalters bis 1500, Graz 1957, ND Berlin ²1896.

Power 2007 ▪ Daniel Power: The Norman Frontier in the Twelfth and Early Thirteenth Centuries (Cambridge Studies in Medieval Life and Thought), Cambridge ²2007.

Powicke 1913 ▪ Frederick M. Powicke: The Loss of Normandy (1189–1204). Studies in the History of the Angevin Empire (Publications of the University of Manchester. Historical Series, 73,16), Manchester 1913.

Pradié-Ottinger 2012 ▪ Bénédicte Pradié-Ottinger: Musée d'art et d'archéologie Senlis. Catalogue guide, Paris 2012.

Prigent 2014 ▪ Daniel Prigent: L'organisation spatiale à Fontevraud vers la fin du XIIe siècle, in: Monastères et espace social. Genèse et transformation d'un système de lieux dans l'Occident médiéval, hg. v. Michel Lauwers (Collection d'études médiévales de Nice, 15), Turnhout 2014, S. 401–424.

Reichhalter 2001 ▪ Burgen Waldviertel und Wachau, hg. v. Gerhard Reichhalter, KarinKühtreiber u. Thomas Kühtreiber, St. Pölten 2001.

Reimann 1992 ▪ Norbert Reimann: Dortmund – Prämonstratenserinnen, gen. das Katharinenkloster, in: Westfälisches Klosterbuch, 3 Bde., Bd. 1, hg. v. Karl Hengst (Veröffentlichungen der Historischen Kommission für Westfalen, 44/Quellen und Forschungen zur Kirchen- und Religionsgeschichte, 2), Münster 1992, S. 252–255.

Reither/Seebach 1997 ▪ Hans Reither u. Helmut Seebach: Der englische König Richard I. Löwenherz als Gefangener auf Burg Trifels (Beiträge zur Trifelsgeschichte, 1), Mainz ³1997.

Reno 2010 ▪ Frank D. Reno: Arthurian Figures of History and Legend: A Biographical Dictionary, Jefferson, New York 2010.

Richter-Bernburg 1998 ▪ Lutz Richter-Bernburg: Der syrische Blitz: Saladins Sekretär zwischen Selbstdarstellung und Geschichtsschreibung (Beiruter Texte und Studien, 30), Stuttgart 1998.

Rieger 2000 ▪ Angelica Rieger: Singen auf dem Kreuzzug. Über das interkulturelle Netzwerk zwischen Trobadors, Trouvèrs und Minnesängern, in: Internationalität nationaler Literaturen. Beiträge zum ersten Symposium des Göttinger Sonderforschungsbereichs 529, hg. v. Udo Schöning, Göttingen 2000, S. 485–500.

Roger 1901 ▪ R. Roger: Église abbatiale Saint-Volusien de Foix, in: Bulletin archéologique et historique de la Société Archéologique de Tarn-et-Garonne 29 (1901), S. 350–354.

Rogge/Grünbart 2015 ▪ Medieval Cyprus – A Place of Cultural Encounter, Conference Münster 6–8 December 2012, hg. v. Sabine Rogge u. Martin Grünbart (Schriften des Instituts für Interdisziplinäre Zypern-Studien, 11), Münster 2015.

Röhrkasten 2009 ▪ Jens Röhrkasten: Otto IV. und England, in: Otto IV. Traum vom Welfischen Kaisertum, hg. v. Bernd Ulrich Hucker, Stefanie Hahn u. Hans-Jürgen Derda, Petersberg 2009, S. 41–48.

Römer-Johannsen 1981 ▪ Ute Römer-Johannsen: Der Kirchenschatz des Braunschweiger Benediktinerklosters St. Aegidien und sein Schicksal nach der Reformation, in: Die Diözese Hildesheim in Vergangenheit und Gegenwart. Zeitschrift des Vereins für Heimatkunde im Bistum Hildesheim 49 (1981), S. 33–56.

Römer-Johannsen/Maué 1978 ▪ Ute Römer-Johannsen u. Hermann Maué: Ein Lektionar in St. Nikolai zu Höxter aus dem Aegidienkloster zu Braunschweig, in: Westfälische Zeitschrift 128 (1978), S. 217–228.

Rösener 1986 ▪ Werner Rösener: Ritterliche Wirtschaftsverhältnisse und Turnier im sozialen Wandel des Hochmittelalters, in: Das ritterliche Turnier im Mittelalter. Beiträge zu einer vergleichenden Formen- und Verhaltensgeschichte des Rittertums, hg. v. Josef Fleckenstein (Veröffentlichungen des Max-Planck-Instituts für Geschichte, 80), Göttingen 1986, S. 296–338.

Röttger 1934 ▪ Stadt und Bezirksamt Speyer, bearb. v. Bernhard H. Röttger (Die Kunstdenkmäler der Pfalz, 3), München 1934.

Ruskin 1854 ▪ John Ruskin: Lectures on Architecture and Painting Delivered at Edinburgh in November, London 1854.

Saal 1963 ▪ Friedrich Wilhelm Saal: Das Dortmunder Katharinenkloster. Geschichte eines westfälischen Prämonstratenserinnen-Stiftes, in: Beiträge zur Geschichte Dortmunds und der Grafschaft Mark 60 (1963), S. 1–90.

Saint-Blanquat 1969 ▪ Agnes de Saint-Blanquat: Le Musée de l'Ariège, in: Bulletin de la Société ariégeoise sciences, lettres et arts 25 (1969), S. 81–96.

Salet 1992 ▪ Francis Salet (Rez.): François Blary, Le domaine de Chaalis, XIIe-XIVe siècles, in: Bulletin Monumental 150,3 (1992), S. 286–288.

Sandler 1986 ▪ Lucy Freeman Sandler: Gothic Manuscripts, 1285–1385, 2 Bde. (Survey of Manuscripts Illuminated in the British Isles, 5) London/Glasgow/New York u. a. 1986.

Sarnowsky 2012 ▪ Jürgen Sarnowsky: England im Mittelalter, Darmstadt ²2012.

Sarre 1927 ▪ Friedrich Sarre: Drei Meisterwerke Syrischer Keramik, Neuerwerbungen der Islamischen Kunstabteilung, in: Berliner Museen 48,1 (1927), S. 7–10.

Sauer 1993 ▪ Christine Sauer: Fundatio und Memoria. Stifter und Klostergründer im Bild 1100 bis 1350 (Veröffentlichungen des Max-Planck-Instituts für Geschichte, 109), Göttingen 1993.

Saunders 2012 ▪ Salisbury Medieval Catalogue, Bd. 4, hg. v. Peter Saunders, Oxford 2012.

Schaller 1993 ▪ Hans Martin Schaller: Der Kaiser stirbt, in: Tod im Mittelalter, hg. v. Arno Borst, Gerhart von Graevenitz u. Alexander Patschovsky (Konstanzer Bibliothek, 20), Konstanz 1993, S. 59–75.

Schaller 1997 ▪ Hans Martin Schaller: Die Schrift auf der Ebstorfer Weltkarte. Mit einem Anhang über Gervasius als Notar Ottos IV., in: »In Treue und Hingabe«. 800 Jahre Kloster Ebstorf, hg. v. Marianne Elster u. Horst Hoffmann (Schriften zur Uelzener Heimatkunde, 13), Uelzen 1997, S. 81–95.

Scheibelreiter 1994 ▪ Georg Scheibelreiter: Die Anfänge der Geldwirtschaft im babenbergischen Österreich, in: Geld. 800 Jahre Münzstätte Wien, hg. v. Wolfgang Häusler, Wien 1994, S. 75–84.

Scherer/Ehrend 1974 ▪ Carl Wilhelm Scherer/Helfried Ehrend: Die Münzen von Annweiler-Trifels (Schriftenreihe der Numismatischen Gesellschaft Speyer e. V., 12), Speyer 1974.

Schicht 2005 ▪ Die Burgruine von Dürnstein. Ein bauhistorischer Befund, in: Burg Stadt Kloster Dürnstein im Mittelalter, hg. v. der Gesellschaft der Freunde Dürnsteins, Dürnstein 2005, S. 29–69 u. CD.

Schicht/Schedl 2005 ▪ Patrick Schicht u. Barbara Schedl: Burgruine Dürnstein, in: Burg Stadt Kloster Dürnstein im Mittelalter, hg. v. der Gesellschaft der Freunde Dürnsteins, Dürnstein 2005, S. 29–35.

Schimmelpfennig 2009 ▪ Bernhard Schimmelpfennig: Das Papsttum: Von der Antike bis zur Renaissance, Darmstadt ⁶2009.

Schirmer 1958 ▪ Walter F. Schirmer: Die frühen Darstellungen des Arthurstoffes (Arbeitsgemeinschaft für Forschung des Landes Nordrhein-Westfalen. Geisteswissenschaft, 73), Köln/Opladen 1958.

Schlag 1942 ▪ Gottfried Schlag: Die Kaiserpfalz Hagenau, in: Oberrheinische Kunst 10 (1942), S. 71–85.

Schmidt 2006 ▪ Kaiser, Könige, Ministerialen, hg. im Auftrag des Trifelsvereins e. V. Annweiler am Trifels v. Hans Schmidt (Beiträge zur Geschichte des Trifels und des Mittelalters, 3), Annweiler 2006.

Schmitt 2010 ▪ Oliver Schmitt: Die Eroberung Zyperns durch Richard Löwenherz: Resultat von Zufällen oder Ergebnis einer im Voraus geplanten Strategie?, in: Studia hellenistica et historiographica: Festschrift für Andreas Mehl, hg. v. Thomas Brüggemann, Mörlenbach 2010, S. 311–330.

Schmolke-Hasselmann 1983 ▪ Beate Schmolke-Hasselmann: Chrétien de Troyes, in: LexMa, Bd. 2, München/Zürich 1983, Sp. 1897–1904.

Schneider 1953 ▪ Hugo Schneider: Schutzwaffen aus sieben Jahrhunderten (Aus dem Schweizerischen Landesmuseum, Hochwächter-Bücherei, 7), Bern 1953.

Schneider 1987 ▪ Karin Schneider: Gotische Schriften in deutscher Sprache, 2 Bde., Wiesbaden 1987.

Schneidmüller 1986 ▪ Bernd Schneidmüller: Beiträge zur Gründungs- und frühen Besitzgeschichte des Braunschweiger Benediktinerklosters St. Marien/St. Aegidien, in: Braunschweigisches Jahrbuch 67 (1986), S. 41–58.

Schneidmüller 1998 ▪ Bernd Schneidmüller: Die Gegenwart der Vorgänger: Geschichtsbewußtsein in den westfränkisch-französischen Herrscherurkunden des Hochmittelalters, in: Hochmittelalterliches Geschichtsbewußtsein im Spiegel nichthistoriographischer Quellen, hg. v. Hans-Werner Goetz, Berlin 1998, S. 217–235.

Schneidmüller 2000 ▪ Bernd Schneidmüller: Die Welfen. Herrschaft und Erinnerung (819–1252) (Urban-Taschenbücher, 465), Stuttgart/Berlin/Köln 2000.

Schneidmüller 2011 ▪ Bernd Schneidmüller: Grenzerfahrung und monarchische Ordnung. Europa 1200–1500 (C. H. Beck Geschichte Europas, 1982), München 2011.

Schnell 2002 ▪ Rüdiger Schnell: Sexualität und Emotionalität in der vormodernen Ehe, Köln 2002.

Schnitzler 2004 ▪ Bernadette Schnitzler: La Pfalz de Haguenau et les projets de Gottfried Schlag. Des fouilles archéologiques inédites réalisées en 1941, in: Châteaux forts d'Alsace 6 (2004), S. 37–44.

Schubert 2004 ▪ Arabisch-Normannische Kunst. Siziliens Kultur im Mittelalter, hg. v. Eva Schubert (Internationaler Ausstellungsstraßen-Zyklus Museum ohne Grenzen: Die Islamische Kunst im Mittelmeerraum), Tübingen 2004.

Séance 1869a ▪ Séance du 18. décembre 1869, Rouen – Tombeaux des Plantagenêts, in: Bulletin de la Commission des antiquités de la Seine-Inférieure 1 (1869), S. 392–394.

Séance 1869b ▪ Séance du 18. décembre 1869, Cœur de Richard Cœur-de-Lion, in: Bulletin de la Commission des antiquités de la Seine-Inférieure 1 (1869), S. 394–395.

Seibert/Dendorfer 2005 ▪ Grafen, Herzöge, Könige. Der Aufstieg der frühen Staufer und das Reich, hg. v. Hubertus Seibert u. Jürgen Dendorfer (Mittelalter-Forschungen, 18), Stuttgart 2005.

Seiler 1995 ▪ Thomas Seiler: Die frühstaufische Territorialpolitik im Elsaß (Studien zur Geschichtsforschung des Mittelalters, [6]), Hamburg 1995.

Shalem 1999 ▪ Avinoam Shalem: The Rock-Crystal Lionhead in the Badisches Landesmuseum in Karlsruhe, in: L'Égypte Fatimide: son art et son histoire, Actes du colloque organisé à Paris les 28, 29 et 30 mai 1998, hg. v. Marianne Barrucand, Paris 1999, S. 359–366.

Shalem 2004 ▪ Avinoam Shalem: The Oliphant. Islamic Objects in Historical Context (Islamic History and Civilization, 54) Leiden/Boston 2004.

Short 1991 ▪ Ian Short: Patrons and Polyglots: French Literature in Twelfth-Century England, in: Anglo-Norman Studies 14 (1991), S. 229–249.

Sivéry 1993 ▪ Gérard Sivéry: Philippe Auguste, Paris 1993.

Sorensen 2009 ▪ Janet Sorensen: Alternative Antiquarianisms of Scotland and the North, in: Modern Language Quarterly 70,1 (2009), S. 415–441.

Spahr 1976 ▪ Rodolfo Spahr: Le Monete Siciliane, Bd. 1: Dai Bizantini a Carlo I d'Angiò (582–1282) (Publications de l'Association Internationale des Numismates Professionnels, 3), Zürich/Graz 1976.

Spieß 2006 ▪ Karl-Heinz Spieß: Europa heiratet. Kommunikation und Kulturtransfer im Kontext europäischer Königsheiraten des Spätmittelalters, in: Europa im späten Mittelalter. Politik–Gesellschaft–Kultur, hg. v. Rainer Christoph Schwinges, Christian Hesse u. Peter Moraw (HZ. Beihefte, N. F. 40), München 2006, S. 435–464.

Stange 1951 ▪ Ewald Stange: Geld- und Münzgeschichte der Grafschaft Ravensberg (Veröffentlichungen der Historischen Kommission des Provinzialinstituts für westfälische Landes- und Volkskunde, 23), Münster 1951.

Steenbock 1967 ▪ Frauke Steenbock: Das Kreuz von Valasse, in: Studien zur Buchmalerei und Goldschmiedekunst des Mittelalters. Festschrift für Hermann Karl Usener, hg. v. Karl Hermann Usener, Frieda Dettweiler, Herbert Köllner u. Peter Anselm Riedl, Marburg an der Lahn 1967, S. 41–50.

Stenton 1953 ▪ Doris M. Stenton: Roger of Howden and Benedict, in: English Historical Review 68 (1953), S. 574–582.

Stewartby 1995 ▪ Lord Stewartby: German Imitations of English Short-Cross Sterlings, in: Numismatic Chronicle 155 (1995), S. 209–260.

Stewartby 2009 ▪ Lord Stewartby: English Coins, 1180–1551, London 2009.

Stirnemann 1976 ▪ Patricia Stirnemann: The Copenhagen Psalter, Ann Arbor 1976.

Stirnemann 1999 ▪ Patricia Stirnemann: The Copenhagen Psalter, in: Living Words & Luminous Pictures. Medieval Book Culture in Denmark. Essays, hg. v. Erik Petersen, Kopenhagen 1999, S. 67–77.

Strutt 1842 ▪ Joseph Strutt: The Regal and Ecclesiastical Antiquities of England, neu hg. v. James R. Planché, London 1842.

Stuttmann 1937 ▪ Ferdinand Stuttmann: Der Reliquienschatz der Goldenen Tafel des St.-Michaelis-Klosters in Lüneburg, Berlin 1937.

Suckale-Redlefen 1987 ▪ Gude Suckale-Redlefen: Mauritius, der heilige Mohr, Huston/München/Zürich 1987.

Suckale-Redlefen 1995 ▪ Gude Suckale-Redlefen: Die Handschriften des 12. Jahrhunderts der Staatsbibliothek Bamberg (Katalog der illuminierten Handschriften der Staatsbibliothek Bamberg, 2), Wiesbaden 1995.

Swarzenski 1932 ▪ Georg Swarzenski: Aus dem Kunstkreis Heinrich des Löwen, in: Städel-Jahrbuch 7/8 (1932), S. 241–397.

Szabó 1971 ▪ Thomas Szabó: Herrscherbild und Reichsgedanke. Eine Studie zur höfischen Geschichtsschreibung unter Friedrich Barbarossa, Freiburg 1971.

Taburet-Delahaye 1996 ▪ Elisabeth Taburet-Delahaye: Beginnings and Evolution of the Œvre de Limoges, in: Enamels of Limoges. 1100–1350, hg. v. John P. O'Neill, New York 1996, S. 33–40.

Thon/Meyer 2007 ▪ Alexander Thon u. Bernhard Meyer: Trifels, Stadt Annweiler, Verbandsgemeinde Annweiler, Landkreis Südliche Weinstraße, in: Pfälzisches Burgenlexikon, Bd. 4,2, Kaiserslautern 2007, S. 105–133.

Toeche 1867 ▪ Theodor Toeche: Kaiser Heinrich VI. (Jahrbücher der Deutschen Geschichte), Leipzig 1867.

Toffanin 2012 ▪ Alessandro Toffanin: Monete Italiane Regionali. Milano, Pavia 2012.

Toussaint 2010 ▪ Gia Toussaint: Die Kreuzzüge und die Erfindung des Wahren Kreuzes, in: Hybride Kulturen im mittelalterlichen Europa, hg. v. Michael Borgolte u. Bernd Schneidmüller (Europa im Mittelalter, 16), Berlin 2010.

Troelenberg 2007 ▪ Eva Troelenberg: Elfenbeinkästchen und -objekte aus Sizilien – Zur Rezeption und Forschungsgeschichte, in: Kaiser Friedrich II. (1194–1250). Welt und Kultur des Mittelmeerraums, hg. v. Mamoun Fansa u. Karen Ermete, Mainz 2007, S. 401 f.

Tunsch 2004 ▪ Thomas Tunsch: Der Sammler Herbert M. Gutmann (1879–1942), in: Islamische Kunst in Berliner Sammlungen: 100 Jahre Museum für Islamische Kunst in Berlin, hg. v. Jens Kröger unter Mitarbeit v. Désirée Heiden, Berlin 2004, S. 27–30.

Turner 1995 ▪ Ralph V. Turner: The Problem of Survival for the Angevin ›Empire‹. Henry II's and His Sons' Vision versus Late Twelfth-Century Realties, in: The American Historical Review 100 (1995), S. 78–96.

Turner 2002 ▪ Ralph V. Turner: Magna Carta. Through the Ages, Harlow 2002.

Turner 2005 ▪ Ralph V. Turner: King John. England's Evil King?, Stroud 2005.

Turner 2009a ▪ Ralph V. Turner: King John: England's Evil King?, London [2]2009.

Turner 2009b ▪ Ralph V. Turner: Eleonor of Aquitaine. Queen of France, Queen of England, New Haven/London 2009.

Turner 2012 ▪ Ralph V. Turner: Eleonore von Aquitanien: Königin des Mittelalters, München 2012.

Turner/Heiser 2000 ▪ Ralph V. Turner u. Richard R. Heiser: The Reign of Richard Lionheart. Ruler of the Angevin Empire 1189–1199 (The Medieval World), London 2000.

Vacquier 1994 ▪ Colette Vacquier: Étude des sculptures de l'ancien cloître de Saint-Volusien conservées au musée de Foix, in: Bulletin de la Société ariégeoise sciences, lettres et arts 49 (1994), S. 5–23.

Valente 2003 ▪ Claire Marie Valente: The Theory and Practice of Revolt in Medieval England, Aldershot 2003.

Varesi 1996 ▪ Alberto Varesi: Monete Italiane Regionali. Piemonte, Sardegna, Liguria, Isola di Corsica, Pavia 1996.

Vaughan 1958 ▪ Richard Vaughan: Matthew Paris (Cambridge Studies in Medieval Life and Thought, N.S. 6), Cambridge 1958.

Vieillard 2005 ▪ Françoise Vieillard: L'utilisation de l'Itinerarium perigrinorum par l'Estoire de la guerre sainte: traduction et adaptation, in: Par les mots et les textes. Mélanges de langue, de littérature et d'histoire des sciences offerts à Claude Thomasset, hg. v. Danielle Jacquart, Danièle James-Raoul u. Olivier Soutet (Travaux de stylistique et de linguistique françaises. Série etudes linguistiques), Paris 2005, S. 807–818.

Vincent 2006 ▪ Nicholas N. Vincent: Patronage, Politics and Piety in the Charters of Eleanor of Aquitaine, in: Plantagenêts et Capétiens: confrontations et héritages, hg. v. Martin Aurell u. Noël-Yves Tonnerre (Histoires de famille. La parenté au moyen âge, 4), Turnhout 2006, S. 17–60.

Vincent 2011 ▪ Nicholas Vincent: Jean sans Terre et les origines de la Gascogne anglaise: droit et pouvoirs dans les arcanes de sources, in: Annales du Midi 123 (2011), S. 533–566.

Vincent 2012 ▪ Nicholas Vincent: Magna Carta: A Very Short Introduction (Very Short Introductions, 321), Oxford 2012.

Vincent 2014 ▪ Nicolas Vincent: Why 1199? Bureaucracy and Enrolment under John and his Contemporaries, in: English Government in the Thirteenth Century, hg. v. Adrian Jobson, Woodbrigde 2014, S. 17–48.

Vincent 2015a ▪ Magna Carta: The Foundation of Freedom 1215–2015, hg. v. Nicholas Vincent, London [2]2015.

Vincent 2015b ▪ Nicholas Vincent: Magna Carta: Origins and Legacy, Oxford 2015.

Vitzthum 1907 ▪ Georg Vitzthum: Die Pariser Miniaturmalerei von der Zeit des hl. Ludwig bis zu Philipp von Valois und ihr Verhältnis zur Malerei in Nordwesteuropa, Leipzig 1907.

Voltmer/Rund/Schineller 1999 ▪ 800 Jahre Speyerer Stadtrat, hg. v. Ernst Voltmer, Reiner Rund u. Werner Schineller (Schriftenreihe der Stadt Speyer, 11), Speyer 1999.

Vones-Liebenstein 2000 ▪ Ursula Vones-Liebenstein: Eleonore von Aquitanien. Herrscherin zwischen zwei Reichen, Göttingen 2000.

Vones-Liebenstein 2006 ▪ Ursula Vones-Liebenstein: Aliénor d'Aquitaine, Henri le Jeune et la révolte de 1173: un prelude à la confrontation entre Plantagnêts et Capétiens, in: Plantagenêts et Capétiens: confrontations et héritages, hg. v. Martin Aurell u. Noël-Yves Tonnerre (Histoires de famille. La parenté au moyen âge, 4), Turnhout 2006, S. 75–93.

Walter 1938 ▪ Anton J. Walter: Die deutsche Reichskanzlei während des Endkampfes zwischen Staufern und Welfen, Innsbruck/Leipzig 1938.

Walter-Bogedain 2015 ▪ Bastian Walter-Bogedain: Je l'ai pris! Je l'ay pris! Die Gefangennahme von Königen auf dem spätmittelalterlichen Schlachtfeld, in: Der König als Krieger. Zum Verhältnis von Königtum und Krieg im Mittelalter. Beiträge der Tagung des Zentrums für Mittelalterstudien der Otto-Friedrich-Universität Bamberg (13.–15. März 2013), hg. v. Martin Clauss, Andrea Stieldorf u. Tobias Weller (Bamberger interdisziplinäre Mittelalterstudien. Vorträge und Vorlesungen, 5), Bamberg 2015, S. 137–158.

Ward-Jackson 2012 ▪ Philip Ward-Jackson: Public Sculpture of Historic Westminster, Bd. 1 (Public Sculpture of Britain, 14), Liverpool 2012.

Warren 1973 ▪ Wilfred L. Warren: Henry II, London 1973.

Warren 1987 ▪ Wilfried L. Warren: The Governance of Norman and Angevin England 1086–1272 (The Governance of England, 2), London 1987.

Warren 1997 ▪ Wilfred L. Warren: King John, New Haven 1997.

Warren 2000 ▪ Wilfred L. Warren: Henry II, New Haven [2]2000.

Watin-Grandchamp et al. 2007 ▪ Dominique Watin-Grandchamp, Patrice Cabau, Daniel Cazes u. Quitterie Cazes: Le coffret reliquaire de la Vraie Croix de Saint-Sernin de Toulouse, in: Les Cahiers de Saint-Michel de Cuxa 38 (2007), S. 37–46.

Watson 2010 ▪ Oliver Watson: The Case of the Ottoman Table, in: Journal of the David Collection 3 (2010), S. 22–53.

Wattenbach/Schmale 1976 ▪ Wilhelm Wattenbach u. Franz-Josef Schmale: Deutschlands Geschichtsquellen im Mittelalter: Vom Tode Heinrichs V. bis zum Ende des Interregnums, Bd. 1, Darmstadt 1976.

Webster 2015 ▪ Paul Webster: King John and Religion (Studies in the History of Medieval Religion, 43), Woodbridge 2015.

Wedepohl 2005 ▪ Karl Hans Wedepohl: Die Gruppe der Hedwigsbecher (Nachrichten der Akademie der Wissenschaften zu Göttingen, II. Mathematisch-Physikalische Klasse, 2005,1), Göttingen 2005.

Wegeli 1902–1905 ▪ Rudolf Wegeli: Inschriften auf mittelalterlichen Schwertklingen, in: Zeitschrift für historische Waffenkunde 3 (1902–1905), S. 218–225.

Wehrli-Johns 1980 ▪ Martina Wehrli-Johns: Geschichte des Zürcher Predigerkonvents (1230–1524). Mendikantentum zwischen Kirche, Adel und Stadt, Zürich 1980.

Weiler 2015 ▪ Björn Weiler: Kings and Sons: Princely Rebellions and the Structures of Revolt in Western Europe, c. 1170–c. 1280, in: Historical Research 82 (2015), S. 17–40.

Weill 2004 ▪ Georges J. Weill: Le voyage de retour de Richard (1192–1194), in: Richard Cœur de Lion, roi d'Angleterre, duc de Normandie (1157–1199). Actes du colloque inter-

national tenu à Caen, 6–9 avril 1999, hg. v. Louis Le Roc'h Morgère, Caen 2004, S. 38–43.
Weinfurter 1993 ▪ Stefan Weinfurter: Erzbischof Philipp von Köln und der Sturz Heinrichs des Löwen, in: Köln. Stadt und Bistum in Kirche und Reich des Mittelalters. Festschrift für Odilo Engels zum 65. Geburtstag, hg. v. Hanna Vollrath u. Stefan Weinfurter (Kölner historische Abhandlungen, 39), Köln 1993, S. 455–481.
Weinfurter 2002a ▪ Stauferreich im Wandel. Ordnungsvorstellungen und Politik in der Zeit Friedrich Barbarossas, hg. v. Stefan Weinfurter (Mittelalter-Forschungen, 9), Stuttgart 2002.
Weinfurter 2002b ▪ Stefan Weinfurter: Papsttum, Reich und kaiserliche Autorität. Von Rom 1111 bis Venedig 1177, in: Das Papsttum in der Welt des 12. Jahrhunderts, hg. v. Ernst-Dieter Hehl, Ingrid Heike Ringel u. Hubertus Seibert (Mittelalter-Forschungen, 6), Stuttgart 2002, S. 77–99.
Weinfurter 2005 ▪ Stefan Weinfurter: Wie das Reich heilig wurde, in: Die Macht des Königs. Herrschaft in Europa vom Frühmittelalter bis in die Neuzeit, hg. v. Bernhard Jussen, München 2005, S. 190–204 u. 387–390.
Weinfurter 2008 ▪ Stefan Weinfurter: Das Reich im Mittelalter. Kleine deutsche Geschichte von 500 bis 1500, München 2008.
Weinfurter 2013 ▪ Stefan Weinfurter: Die Päpste als »Lehnsherren« von Königen und Kaisern im 11. und 12. Jahrhundert?, in: Ausbildung und Verbreitung des Lehnswesens im Reich und in Italien im 12. und 13. Jahrhundert, hg. v. Karl-Heinz Spieß (VuF, 76), Ostfildern 2013, S. 17–40.
Weinfurter/Schneidmüller/Wieczorek 2010 ▪ Verwandlungen des Stauferreichs. Drei Innovationsregionen im mittelalterlichen Europa, hg. v. Stefan Weinfurter, Bernd Schneidmüller u. Alfried Wieczorek, Darmstadt 2010.
Weingärtner 1881 ▪ Joseph Weingärtner: Der Herforder Münzfund, in: Blätter für Münzfreunde 17 (1881), Sp. 794–796, 801 f., 849–854.
Weiss/Mahoney 2004 ▪ France and the Holy Land: Frankish Culture at the End of the Crusades, hg. v. Daniel H. Weiss u. Lisa Mahoney (Parallax. Re-visions of Culture and Society), Baltimore 2004.
Wenzel 1998 ▪ Elke Wenzel: Die mittelalterliche Bibliothek der Abtei Weissenau (Europäische Hochschulschriften: Reihe 15/Klassische Sprachen und Literaturen, 73), Frankfurt a. M./Berlin/Bern u. a. 1998.
Westphalen 2002 ▪ Petra Westphalen: Die Eisenfunde von Haithabu (Die Ausgrabungen in Haithabu, 10), Neumünster 2002.
Whitney 1923 ▪ Marian P. Whitney: Queen of Medieval Virtues: Largesse, in: Vassar Medieval Studies by Members of the Faculty of Vassar College, hg. v. Christabel F. Fiske, New Haven 1923, S. 183–215.
Wielandt 1950/51 ▪ Friedrich Wielandt: Beiträge zur oberrheinischen Münz- und Geldgeschichte. Die Münzfunde von Rotenfels, Oos und Illingen, in: Jahrbuch für Numismatik und Geldgeschichte 2 (1950/51), S. 1–58.
Wight 1975 ▪ Jane A. Wight: Medieval Floor Tiles. Their Design and Distribution in Britain, London 1975.
Wijsman 2006 ▪ Hanno Wijsman: Het psalter van Lodewijk de Heilige. Functie, gebruik en overlevering van een middeleeuws prachthandschrift, in: Bronnen van kennis. Wetenschap, kunst en cultuur in de collecties van de Leidse Universiteitsbibliotheek, hg. v. Paul G. Hoftijzer, Kasper van Ommen, Geert Warnar u. Jan Just Witkam, Leiden 2006.
Wilckens 1984 ▪ Leonie von Wilckens: Überlegungen zu den fünf Salzburger Mitren des hohen Mittelalters, in: Anzeiger des Germanischen Nationalmuseums 1984, S. 13–20.
Will 1950/55 ▪ Robert Will: Le château, dit »Burg« de Haguenau. Nouvelles données archéologiques et historiques, in: Études haguenoviennes, N.S. 1 (1950/55), S. 41–125.
Will 1955 ▪ Robert Will: Répertoire de la sculpture romane en Alsace, Straßburg/Paris 1955.
Will 1965/70 ▪ Robert Will: Notes complémentaires sur le château impérial disparu de Haguenau, in: Études haguenoviennes, N.S. 5 (1965/70), S. 79–99.
Will 1970 ▪ Robert Will: L'Alsace romane (La nuit des temps, 22), St. Léger-Vauban [2]1970.
Will 1974 ▪ Robert Will: Le palais de Haguenau et l'art de la cour de Barberousse, in: Archéologia 75 (1974), S. 10–18.
Will 1984 ▪ Robert Will: Die Stauferpfalz zu Hagenau: Ergebnisse einer baugeschichtlichen Untersuchung, in: Pfälzer Heimat 35 (1984), S. 61–65.
Willemsen 1977 ▪ Carl Arnold Willemsen: Die Bildnisse der Staufer. Versuch einer Bestandsaufnahme (Schriften zur staufischen Geschichte und Kunst, 4), Göppingen 1977.
Williamson 1996 ▪ David Williamson: Brewer's British Royalty, London 1996.
Williamson 2003 ▪ Paul Williamson: Medieval and Renaissance Stained Glass in the Victoria and Albert Museum, London 2003.
Wippo 1871 ▪ Werner A. Wippo: Der Hesseler Fund, in: Westfälische Zeitschrift 29 (1871), S. 236–248.
Witowski 2016 ▪ Janis Witowski: Ehering und Eisenkette. Lösegeld- und Mitgiftzahlungen im 12. und 13. Jahrhundert (Beihefte der Vierteljahrschrift für Sozial- und Wirtschaftsgeschichte, 238), Stuttgart 2016.
Wolf 2009 ▪ Jürgen Wolf: Auf der Suche nach König Artus. Mythos und Wahrheit, Darmstadt 2009.
Wolff/Schröder 1980 ▪ Ludwig Wolff u. Werner Schröder: Eilhart von Oberg, in: Verfasserlexikon, Bd. 2, Berlin/New York [2]1980, Sp. 410–418.
Wood 1994 ▪ Charles T. Wood: La mort et les funérailles d'Henri II, in: Cahiers de civilisation médiévale 145 (1994), S. 119–123.
Wren 1992 ▪ Christopher R. Wren: The Short-Cross Coinage 1180–1247, Henry II to Henry III. An Illustrated Guide to Identification, Herne Bay 1992.
Trendel 1981 ▪ Guy Trendel: Richard Cœur de Lion jugé à Haguenau, in: Bulletin interne de l'Association pour la Sauvegarde du Patrimoine Médiéval 2 (1981).
Wheeler/Parsons 2003 ▪ Eleanor of Aquitaine: Lord and Lady, hg. v. Bonnie Wheeler u. John C. Parsons (The New Middle Ages), New York 2003.
Zimmermann 2005 ▪ Margarete Zimmermann: Salon der Autorinnen. Französische *dames de lettres* vom Mittelalter bis zum 17. Jahrhundert, Berlin 2005.
Zumbusch 1902 ▪ Ferdinand Zumbusch: Geschichte des Katharinenklosters zu Dortmund und des Dorfes Kirchlinde bei Dortmund, in: Beiträge zur Geschichte Dortmunds und der Grafschaft Mark 11 (1902), S. 17–42.

# Abbildungsnachweis

Umschlagvorderseite: © Historisches Museum der Pfalz, Gestaltung: Lisa-Marie Malek, Foto: Dennis Gilbert

Vorderer und hinterer Vorsatz: © Master and Fellows of Corpus Christi College, Cambridge

S. 2: © The British Library Board, Cotton MS Claudius D VI, fol 9v

Kapitel I, Abb. S. 12–13: © Carole Anne Ferris / Alamy Stock Foto

Beitrag Sabine Kaufmann, Mythos Löwenherz (S. 14–19)
Abb. 1, 5: © The British Library Board, Cotton MS Vitellius A XIII, fol. 5r und Cotton MS Claudius D VI, fol. 9v ▪ Abb. 2, 3: © akg-images / British Library ▪ Abb. 4: Foto: Sabine Kaufmann ▪ Abb. 6: © Mary Evans / Grenville Collins Postcard Collection

Beitrag Anton Neugebauer (S. 20–27)
Abb. 1: © Warner Bros/Kobal/REX/Shutterstock ▪ Abb. 2: Mit Erlaubnis der National Library of Scotland ▪ Abb. 3: © BIS Oldenburg / Foto: Daniel Schmidt ▪ Abb. 4: © akg-images ▪ Abb. 5: © Nottingham City Museums and Galleries (Nottingham Castle) / Bridgeman Images ▪ Abb. 6: Private Collection / © Look and Learn / Bridgeman Images ▪ Abb. 7: Mit freundlicher Genehmigung von Morgan Creek. Foto: © Morgan Creek. Sammlung Cinémathèque suisse

Beitrag Sabine Kaufmann (S. 28–29)
Abb. 1: Foto: Sabine Kaufmann ▪ Abb. 2: Staatsbibliothek zu Berlin – PK, Tv 2472

Objekte Kapitel I:
S. 31: Royal Collection Trust/© Her Majesty Queen Elizabeth II 2017 ▪ S. 32: Douai, Bibliothèque municipale, ms 880, fol. 1v ▪ S. 33: © Bibliothèque nationale de France ▪ S. 34: © Glastonbury Abbey, Foto: David Cousins ▪ S. 35: Staatsbibliothek zu Berlin – PK, Tv 2472 ▪ S. 36: Karlsruhe, Badische Landesbibliothek, Cod. Donaueschingen 69, S. 5 und 6 ▪ S. 37–38: Universitätsbibliothek Heidelberg, Cod. Pal. germ. 346, fol. 98r und Cod. Pal. germ. 371, fol. 1v ▪ S. 39: Mit freundlicher Genehmigung: Master and Fellows of Gonville and Caius College, Cambridge ▪ S. 40–41: © BIS Oldenburg / Foto: Daniel Schmidt

Kapitel II, Abb. S. 42–43: © David Jackson / Alamy Stock Foto

Beitrag Bernd Schneidmüller (S. 44–51)
Abb. 1: © Chetham's Library, Manchester, UK / Bridgeman Images ▪ Abb. 2: © Martin Beddall / Alamy Stock Foto ▪ Abb. 3: © Mit freundlicher Genehmigung von Universal Studios Licensing LLC ▪ Abb. 4: © Peter Palm, Berlin ▪ Abb. 5: © Museo di Roma, Rome, Italy / Bridgeman Images ▪ Abb. 6: © akg-images / British Library ▪ Abb. 7: © Bibliothèque nationale de France ▪ Abb. 8: © Seminario Patriarcale, Venice, Italy / Bridgeman Images ▪ Abb. 9: © akg-images, Foto: Stefan Diller

Beitrag Christoph Mauntel, Heinrich I. und Mathilde (S. 52–53)
Abb. 1, 2, 3: © akg-images / British Library

Beitrag Stefan Weinfurter (S. 54–59)
Abb. 1: Foto: Stephan Kube, Greven ▪ Abb. 2: © Peter Palm, Berlin ▪ Abb. 3: Niedersächsisches Landesarchiv - Standort Wolfenbüttel, 1 Urk, Nr. 1 ▪ Abb. 4: Sächsische Weltchronik, Staats- und Universitätsbibliothek Bremen, msa 0033 ▪ Abb. 5: Burgerbibliothek Bern, Cod. 120 II, fol. 146r

Beitrag Jürgen Sarnowsky (S. 60–67)
Abb. 1, 4: © akg-images / British Library ▪ Abb. 2: © Musées du Mans, Alain Szczuczynski ▪ Abb. 3: Foto: Carolin Breckle ▪ Abb. 5: © Bibliothèque nationale de France ▪ Abb. 6: © Peter Palm, Berlin ▪ Abb. 7: © De Agostini Picture Library / S. Vannini / Bridgeman Images

Beitrag Christoph Mauntel, Heinrich II. von England (S. 68–69)
Abb. 1, 2: © akg-images / British Library

Beitrag Ursula Vones-Liebenstein, Eleonore von Aquitanien (S. 70–71)
Abb. 1: © Bibliothèque nationale de France ▪ Abb. 2: © akg-images / Paul M.R. Maeyaert

Beitrag Jörg Peltzer (S. 72–79)
Abb. 1, 2, 5: © Bibliothèque nationale de France ▪ Abb. 3: © akg-images / British Library ▪ Abb. 4: St. Gallen, Kantonsbibliothek, Vadianische Sammlung der Ortsbürgergemeinde St. Gallen, VadSlg Ms 321, fol. 34r. Urheber der Abbildung: Codices Electronici AG, http://www.e-codices.unifr.ch/de ▪ Abb. 6: Herzog August Bibliothek Wolfenbüttel: Cod. Guelf. 105 Noviss. 2°, fol. 171v ▪ Abb. 7: © akg-images / Erich Lessing

Objekte Kapitel II:
S. 81: Kreuz von Valasse, © Musée-Métropole-Rouen-Normandie, Foto: Yohann Deslandes ▪ S. 82: © Y. Deslandes – CD76 ▪ S. 83: ©Hugo Maertens/Musée de Picardie ▪ S. 84–85: Museum Catharijneconvent, Utrecht ▪ S. 86: © Victoria and Albert Museum, London ▪ S. 87: Foto: The National Museum of Denmark ▪ S. 88: © Bibliothèque nationale de France ▪ S. 89: Mainz, Bischöfliches Dom- und Diözesanmuseum, Foto: Bernd Schermuly ▪ S. 89: Erzbischöfliches Diözesanmuseum Paderborn, Foto: Ansgar Hoffmann ▪ S. 90–92: Wilhelm-Hack-Museum, Ludwigshafen ▪ S. 93: © Archives nationales (Frankreich) ▪ S. 95: Cité de l'architecture et du patrimoine / musée des monuments français / Foto: Charles Hurault ▪ S. 95: Die Abgüsse sind Eigentum der Cité de l'architecture et du patrimoine, musée des monuments français, Paris. Foto: © Département de la Vendée, CDME / Foto: Patrick Durandet

Kapitel III, Abb. S. 96–97: Foto: Dennis Gilbert

Beitrag John Gillingham (S. 98–105)
Abb. 1: © akg-images / Erich Lessing ▪ Abb. 2, 6: © akg-images / British Library ▪ Abb. 3: Foto: Carolin Breckle ▪ Abb. 4: Mit freundlicher Genehmigung der Syndics of Cambridge University Library, Ms. Ff.1.27 ▪ Abb. 5: © Granger Historical Picture Archive / Alamy Stock Foto

Beitrag Christoph Mauntel, Richard I. Löwenherz (S. 106–107)
Abb. 1: © akg-images / British Library ▪ Abb. 2: © Editions Gaud

Beitrag Sebastian Zanke, Englische Chronisten (S. 108–109)
Abb. 1: © akg-images / British Library

Beitrag Klaus van Eickels (S. 110–115)
Abb. 1: © akg-images / British Library ▪ Abb. 2: Private Collection / Photo © Ken Welsh / Bridgeman Images ▪ Abb. 3: © Editions Gaud ▪ Abb. 4: Médiathèque d'Agglomération de Cambrai, Ms. C 682, fol. 290v (Foto CNRS/IRHT) ▪ Abb. 5: © Bibliothèque nationale de France

Beitrag Martin Aurell (S. 116–121)
Abb. 1: © akg-images / Album / Oronoz ▪ Abb. 2, 5: © Bibliothèque nationale de France ▪ Abb. 3: Foto: Prof. Pino Barone ▪ Abb. 4: © Lambeth Palace Library, London, UK / Bridgeman Images ▪ Abb. 6: Universitätsbibliothek Heidelberg, Cod. Pal. germ. 371, fol. 2r

Beitrag Stephan Jolie (S. 122–127)
Abb. 1: Vat.lat. 5232, fol. 203r mit Erlaubnis der Biblioteca Apostolica Vaticana, alle Rechte vorbehalten ▪ Abb. 2, 3: © Bibliothèque nationale de France

Beitrag Annette Kehnel (S. 128–129)
Abb. 1: Universitaire Bibliotheken Leiden, Hs. BPL 76 A, fol. 30v

Objekte Kapitel III:
S. 130: © The British Library Board, Cotton MS Claudius D VI, fol. 9v ▪ S. 133: Bodleian Libraries, University of Oxford ▪ S. 134: © Master and Fellows of Trinity College, Cambridge ▪ S. 135 und S. 138: Mit freundlicher Genehmigung der Syndics of Cambridge University Library, Ms. Ff.1.27 und Ms. Ff.1.25.4 ▪ S. 137: © Master and Fellows of Corpus Christi College, Cambridge ▪ S. 139: Minden, Domschatzkammer, Reliquienschrein der hl. Valeria, Foto: Ansgar Hoffmann ▪ S. 140: © Charlotte Rérolle ▪ S. 141: © Royal Danish Library, Thott 143 2° ▪ S. 142: Universitaire Bibliotheken Leiden, Hs. BPL 76 A, fol. 8v–9r ▪ S. 143: Arch. dép. Seine-Maritime, G 4484 ▪ S. 144: © Yohann Deslandes, Réunion des Musées Métropolitains ▪ S. 145: Foto: Denis Couchaux © 2017 Inventaire général Région Normandie

Kapitel IV, Abb. S. 146–147: © Christopher Walker / Alamy Stock Foto

Beitrag Jean-Marie Moeglin (S. 148–155)
Abb. 1: © Pascal Lemaître / Centre des monuments nationaux ▪ Abb. 2: © Daniel Jolivet ▪ Abb. 3: © Bibliothèque nationale de France ▪ Abb. 4: © guichaoua / Alamy Stock Foto ▪ Abb. 5: © Archives nationales (Frankreich) ▪ Abb. 6, 7: © akg-images / British Library

Beitrag Christoph Mauntel, Philipp II. Augustus (S. 156–157)
Abb. 1: Foto: Carolin Breckle ▪ Abb. 2: Bibliothèque Sainte-Geneviève, Paris, Foto IRHT

Beitrag Sebastian Zanke, Konzepte von Herrschaft und Königtum (S. 158–163)
Abb. 1: © Hulton Archive / Freier Fotograf ▪ Abb. 2: © bpk / RMN - Grand Palais / Philippe Fuzeau ▪ Abb. 3: © The Trustees of the British Museum ▪ Abb. 4, 6: © Crown Copyright – mit freundlicher Genehmigung der National Archives ▪ Abb. 5: © Bibliothèque nationale de France

Beitrag Grischa Vercamer (S. 164–171)
Abb. 1: © akg-images / British Library ▪ Abb. 2: Universitätsbibliothek Heidelberg, Cod. Pal. germ. 848, fol. 6r ▪ Abb. 3: © Crown Copyright – mit freundlicher Genehmigung der National Archives ▪ Abb. 4: Handschrift D11, fol. 13v der Hochschul- und Landesbibliothek Fulda ▪ Abb. 5: Burgerbibliothek Bern, Cod. 120 II, fol. 129r ▪ Abb. 6: ÖNB Wien, Cod. 507 Han, fol. 2v

Beitrag Simone Heimann (S. 172–173)
Abb. 1: Herzog August Bibliothek Wolfenbüttel: Cod. Guelf. 105 Noviss. 2°, fol. 19r

Objekte Kapitel IV:
S. 174: Bibliothèque Sainte-Geneviève, Paris, Foto IRHT ▪ S. 176: Médiathèque d'Agglomération de Cambrai, Ms. C 682, fol. 290v (Foto CNRS/IRHT) ▪ S. 177: © Archives nationales (Frankreich) ▪ S. 178: Musées de Senlis, © Irwin Leullier ▪ S. 179: Musées de Senlis, © Mélanie Demarle ▪ S. 180: © Musées de Senlis ▪ S. 181: © Mairie de Bordeaux, Foto: Florian David ▪ S. 183: © The British Library Board, Lansdowne MS 381, fol. 10v ▪ S. 184: Dommuseum Hildesheim, Foto: Florian Monheim ▪ S. 185: © Victoria and Albert Museum, London ▪ S. 187: Museum August Kestner, Hannover, Leihgabe Nds. Landesmuseum Hannover. Fotograf: Chr. Tepper

Kapitel V, Abb. S. 188–189: © format4 / Alamy Stock Foto

Beitrag Nikolas Jaspert (S. 190–197)
Abb. 1: Original: Universitätsbibliothek Uppsala, C 691 ▪ Abb. 2: © Master and Fellows of Corpus Christi College, Cambridge ▪ Abb. 3: © Peter Palm, Berlin ▪ Abb. 4, 8: © akg-images / British Library ▪ Abb. 5: © eFesenko / Alamy Stock Foto ▪ Abb. 6: © akg-images / Albatross / Duby Tal ▪ Abb. 7: © Bibliothèque nationale de France

Beitrag Hannes Möhring (S. 198–201)
Abb. 1: © The Trustees of the British Museum ▪ Abb. 2, 3: © Bibliothèque nationale de France

Beitrag Lukas Clemens (S. 202–203)
Abb. 1: Mit freundlicher Genehmigung der Assessorato per i Beni Culturali e dell'Identità Siciliana della Regione Siciliana. Dipartimento regionale dei Beni Culturali e dell'Identità Siciliana. Soprintendenza per i Beni culturali e ambientali di Palermo. Archivio fotografico ▪ Abb. 2: © Philippe Maillard / akg-images

Beitrag Angel Konnari (S. 204–209)
Abb. 1: © Mit freundlicher Erlaubnis von MiBACT. Jegliche weitere Vervielfältigung ist untersagt ▪ Abb. 2: © Peter Palm, Berlin, nach Nicolaou-Konnari 2000, S. 48 ▪ Abb. 3: © JOHN BRACEGIRDLE / Alamy Stock Foto ▪ Abb. 4a: © Andreas Pitsillides ▪ Abb. 4b–d: © Bank of Cyprus Cultural Foundation Collection ▪ Abb. 5: © akg-images / De Agostini Picture Lib. / G. Dagli Orti ▪ Abb. 6, 7: © Bibliothèque nationale de France

Beitrag Melanie Herget (S. 210–211)
Abb. 1: © The Trustees of the British Museum ▪ Abb. 2: © Bibliothèque nationale de France

Objekte Kapitel V:
S. 213: © Musée Lorrain, Nancy / Foto: Michel Bourguet ▪ S. 214: Mettlach, Katholische Kirchengemeinde St. Lutwinus. Foto: © sensum.de | Bernd Schermuly ▪ S. 216: 1) Landesmuseum Württemberg, Foto: P. Frankenstein / H. Zwietasch. Erworben mit Unterstützung des Ernst von Siemens-Kunstfonds; 2, 3) Landesmuseum Württemberg, Foto: P. Frankenstein / H. Zwietasch ▪ S. 217: Basilique Saint-Sernin de Toulouse, © Foto: Jean-François Peiré – DRAC Occitanie ▪ S. 218: TECHNSOEUM, Foto: Hans Bleh ▪ S. 218: Badisches Landesmuseum Karlsruhe ▪ S. 219: Foto: Arnold Weigelt †|Domschatzkammer Minden ▪ S. 220: Solingen, Schloss Burg a.d. Wupper, Foto: Niklas Gliesmann, alle Rechte vorbehalten, Köln 2011 ▪ S. 221: Wilhelm-Hack-Museum, Ludwigshafen ▪ S. 222: © Musée de l'Armée, Paris. Foto: bpk / RMN – Grand Palais / Pascal Segrette ▪ S. 223: © Germanisches Nationalmuseum, Nürnberg ▪ S. 223: © bpk / RMN – Grand Palais / Stéphane Maréchalle ▪ S. 225: © Victoria and Albert Museum, London ▪ S. 226–228: The David Collection, Copenhagen, 21/1982, ISL 199 und D 74/1986. Fotos: Pernille Klemp ▪ S. 229: © bpk / Museum für Islamische Kunst, SMB / Johannes Kramer ▪ S. 230: © Bibliothèque nationale de France ▪ S. 231: Bodleian Libraries, University of Oxford ▪ S. 232–233: Mit freundlicher Genehmigung der Furusiyya Art Foundation / Fotos: Noël Adams ▪ S. 234: Staatsbibliothek zu Berlin – PK, Handschriftenabteilung, Ms. germ. fol. 282, fol. 34v ▪ S. 236: Museum Wilnsdorf, Foto: Rudolf H. Klostermann LWL-Archäologie für Westfalen ▪ S. 236: Kunstsammlungen und Museen Augsburg, 1998, 5958 ▪ S. 237: © LWL-Archäologie für Westfalen/S. Brentführer ▪ S. 238 und S. 241: Fotos: Schweizerisches Nationalmuseum, DIG-15727 und DIG-30211 ▪ S. 239–240: © Oberösterreichisches Landesmuseum

Kapitel VI, Abb. S. 242–243: © Neil Juggins / Alamy Stock Foto

Beitrag Knut Görich (S. 244–250)
Abb. 1, 4: Burgerbibliothek Bern, Cod. 120 II, fol.129r und 142r ▪ Abb. 2: Foto: Hedwig Abraham ▪ Abb. 3: Zisterzienserstift Zwettl, Archiv ▪ Abb. 5: © Peter Palm, Berlin

Beitrag Joachim Zeune (S. 252–254)
Abb. 1: © Robert Zehetmayer / Alamy Stock Foto ▪ Abb. 2, 3: Zeichnungen nach Piper 1904, Fig. 18 bzw. Fig. 19 ▪ Abb. 4: © Joachim Zeune, nach Schicht 2005, Bauphasenplan, S. 63 ▪ Abb. 5: © Friedrich Prasek / Barbara Schedl

Beitrag Thomas Biller (S. 255–257)
Abb. 1: © Thomas Biller ▪ Abb. 2: Abbildung der Fundamente nach Will 1965/70; S. 89; Grundrisse von Unter- und Oberkapelle nach Biller 2009, S. 25, Abb. 5 ▪ Abb. 3: Abbildung nach Biller 2009, S. 29, Abb. 7 ▪ Abb. 4: Abbildung nach Will 1950/55, Fig. 8

Beitrag Angela Kaiser-Lahme (S. 261–263)
Abb. 1, 2, 3, 4: © Ulrich Pfeuffer, GDKE

Beitrag Caspar Ehlers (S. 264–270)
Abb. 1: © Nürnberg Luftbild, Hajo Dietz ▪ Abb. 2: Zisterzienserstift Zwettl, Archiv ▪ Abb. 3, 4: Burgerbibliothek Bern, Cod. 120 II, fol. 128v und 129r ▪ Abb. 5: Musées de Haguenau

Beitrag Gerold Bönnen (S. 272–278)
Abb. 1, 3, 4: Stadtarchiv Worms, Fotoabteilung ▪ Abb. 2: © Tim Clark / Alamy Stock Foto ▪ Abb. 5: © akg / Bildarchiv Steffens ▪ Abb. 6: © akg-images / euroluftbild.de / bsf swissphoto

Beitrag Richard Engl (S. 280–281)
Abb. 1: Burgerbibliothek Bern, Cod. 120 II, fol. 134r

Beitrag Janis Witowski (S. 282–283)
Abb. 1: Universitätsbibliothek Heidelberg, Cod. Pal. germ. 848, fol. 305r

Beitrag Stefan Kötz (S. 284–285)
Abb. 1: Münzkabinett der Staatlichen Museen zu Berlin ▪ Abb. 2: Abbildung nach Withy/Ryall 1756, Tf. 4, Nr. 8, abgedruckt in Stewartby 1999, S. 334 ▪ Abb. 3: Badisches Landesmuseum Karlsruhe, Peter Gaul

Objekte Kapitel VI:
S. 287: © The British Library Board, Cotton MS Vitellius A XIII, fol. 5r ▪ S. 287: Kopienband: Chronik Ottos von Freising mit der Fortsetzung des Otto von St. Blasien u. a., 2. Hälfte 13. Jh., Zentralbibliothek Zürich, Ms. Car. C 33, fol. 117r, http://www.e-manuscripta.ch/zuz/content/titleinfo/1444042 ▪ S. 288: © LWL-Archäologie für Westfalen/S. Brentführer ▪ S. 289: © MUDO – Musée de l'Oise / Alain Ruin ▪ S. 290: Handschrift D11, fol. 14r der Hochschul- und Landesbibliothek Fulda ▪ S. 290: Rosgartenmuseum Konstanz ▪ S. 291: Landesarchiv NRW – Abteilung Westfalen – Prämonstratenserinnenkloster Dortmund – Urkunden, Nr. 1 ▪ S. 292: Universitätsbibliothek Rostock, Fragm. histor. 1 ▪ S. 293: Speyer, Historisches Museum der Pfalz, Foto: Carolin Breckle ▪ S. 294: Universitätsbibliothek Heidelberg, Heid. Urk. 333, Vorderseite ▪ S. 296–297: Musées de Haguenau, Foto: Carolin Breckle ▪ S. 298–299: Mainz, Bischöfliches Dom- und Diözesanmuseum, Foto: Ralph Rainer Steffens ▪ S. 300–301: Medway Archives Centre (Medway Council) ▪ S. 302: © Archives nationales (Frankreich) ▪ S. 303: Bayerische Staatsbibliothek München, Res/4 Brit. 75, Titelblatt und fol. 55v ▪ S. 304–305: © Crown Copyright – mit freundlicher Genehmigung der National Archives ▪ S. 307: © The Salisbury Museum ▪ S. 308: © Victoria and Albert Museum, London ▪ S. 309–310, 314–315: LWL-Museum für Kunst und Kultur (Westfälisches Landesmuseum), Münster/Sabine Ahlbrand-Dornseif ▪ S. 309–313: Münzkabinett der Staatlichen Museen zu Berlin ▪ S. 309, Nr. 127 und S. 312, Nr. 139: Aufnahme Lutz-Jürgen Lübke (Lübke & Wiedemann)

Kapitel VII, Abb. S. 316–317: © LookEngland / Alamy Stock Foto

Beitrag Jan Keupp (S. 318–325)
Abb. 1: Foto: Julia Linke ▪ Abb. 2, 6: © akg-images / British Library ▪ Abb. 3: © The Temple Church, London ▪ Abb. 4: Foto: Carolin Breckle ▪ Abb. 5: © Hervé Champollion / akg-images ▪ Abb. 7: © Corpus Christi College, Oxford, UK / Bridgeman Images

Beitrag Ursula Vones-Liebenstein, Eleonore von Aquitanien und der Hof in Poitiers (S. 326–331)
Abb. 1: © Editions Gaud ▪ Abb. 2: © akg-images / Album / Oronoz ▪ Abb. 3: © De Agostini Picture Library / Bridgeman Images ▪ Abb. 4, 5: © Bibliothèque nationale de France ▪ Abb. 6: © Bernard Renoux

Beitrag Ingrid Bennewitz (S. 332–339)
Abb. 1, 2, 7: Universitätsbibliothek Heidelberg, Cod. Pal. germ. 848, fol. 312r, 6v und 137r ▪ Abb. 3: © Biblioteca Apostolica Vaticana, Vatican City / Bridgeman Images ▪ Abb. 4, 6: © Bibliothèque nationale de France ▪ Abb. 5: © Bernard Renoux ▪ Abb. 8: Bayerische Staatsbibliothek München, Clm 4660, fol. 60r

Beitrag Denis Hayot (S. 340–347)
Abb. 1, 7: © Francis Cormon ▪ Abb. 2, 8: Fotos: Denis Hayot ▪ Abb. 3: Foto: Jean Mesqui ▪ Abb. 4: Plan: Denis Hayot, nach Christian Corvisier ▪ Abb. 5: Rekonstruktion: Denis Hayot ▪ Abb. 6: Plan: Jean Mesqui nach Mesqui 1991–1993, Bd. 1, S. 39 ▪ Abb. 9: © Peter Palm, Berlin, nach Denis Hayot

Beitrag Daniel Prigent (S. 348–349)
Abb. 1, 2: © Editions Gaud

Objekte Kapitel VII:
S. 350: © Douai, Musée de la Chartreuse. Fotograf: Daniel Lefebvre ▪ S. 352: Foto: The National Museum of Denmark ▪ S. 353: © Germanisches Nationalmuseum, Nürnberg, Foto: Georg Janßen ▪ S. 354: © Museen der Stadt Bamberg, Historischer Verein Bamberg, Inv.Nr. HVB 291a ▪ S. 355: © Germanisches Nationalmuseum, Nürnberg ▪ S. 355: Speyer, Historisches Museum der Pfalz, Foto: Carolin Breckle ▪ S. 356: © Archives nationales (Frankreich) ▪ S. 357: © Crown Copyright – mit freundlicher Genehmigung der National Archives ▪ S. 358: © Philip BERNARD ▪ S. 359: © Musée Départemental de l'Ariège, T. Authier

Kapitel VIII, Abb. S. 360–361: © Christopher Walker / Alamy Stock Foto

Beitrag Martin Kaufhold (S. 362–369)
Abb. 1: © Bibliothèque nationale de France ▪ Abb. 2: © Peter Palm, Berlin ▪ Abb. 3: © Francis Cormon ▪ Abb. 4: © The British Library Board, Cotton MS Claudius D VI, fol. 9v ▪ Abb. 5: Stadtarchiv Braunschweig, H III 2 : 19 ▪ Abb. 6, 9: © akg-images / British Library ▪ Abb. 7: © Chartres Cathedral, Chartres, France / Bridgeman Images ▪ Abb. 8: © Master and Fellows of Corpus Christi College, Cambridge

Beitrag Christoph Mauntel, Johann Ohneland (S. 370–371)
Abb. 1, 2: © akg-images / British Library

Beitrag Sebastian Zanke, Magna Carta (S. 372–373)
Abb. 1: © David Gee / Alamy Stock Foto

Beitrag Martin Kintzinger (S. 374–381)
Abb. 1, 6, 9: © Bibliothèque nationale de France ▪ Abb. 2: © Mit spezieller Genehmigung der Stadt Bayeux ▪ Abb. 3: © Biblioteca Monasterio del Escorial, Madrid, Spain / Index / Bridgeman Images ▪ Abb. 4, 8: © akg-images / British Library ▪ Abb. 5: Bayerische Staatsbibliothek München, Cgm 193, III, fol. 1v ▪ Abb. 7: © Royal Library of Belgium, Ms. 9242, fol. 1r

Objekte Kapitel VIII:
S. 382: Museum August Kestner, Hannover, Leihgabe Nds. Landesmuseum Hannover. Fotograf: Chr. Tepper ▪ S. 384–386: Niedersächsisches Landesarchiv – Standort Wolfenbüttel, 1 Urk 7, 25 Urk 46 und 2 Urk 1 Nr. 1 ▪ S. 387: St. Gallen, Kantonsbibliothek, Vadianische Sammlung der Ortsbürgergemeinde St. Gallen, VadSlg Ms 321, fol. 40r. Urheber der Abbildung: Codices Electronici AG, http://www.e-codices.unifr.ch/de ▪ S. 388: Generallandesarchiv Karlsruhe, Signatur: D 28 ▪ S. 389–390: © Archives nationales (Frankreich) ▪ S. 391: Foto: Thierry Lefébure, © Ministère de la Culture - Inventaire général, © Département de l'Aisne, © AGIR-Pic ▪ S. 392: © Crown Copyright – mit freundlicher Genehmigung der National Archives ▪ S. 393: Bodleian Libraries, University of Oxford

Anhang, Abb. S. 394–395: © parkerphotography / Alamy Stock Foto

Stammbäume, S. 396–398: © Peter Palm, Berlin

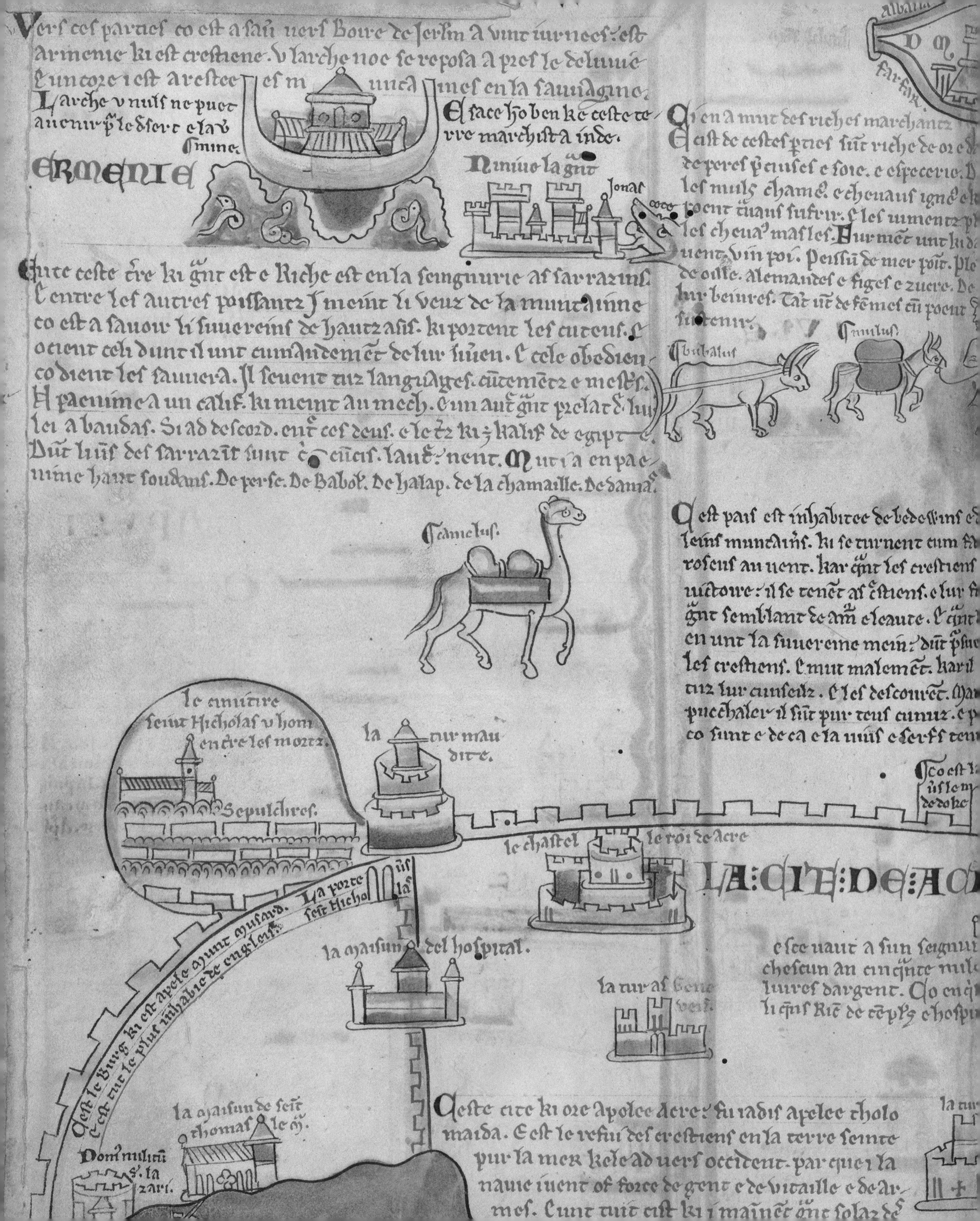
Vers ces parties co est a savoir vers Boire de Jersim a vint iurnees. est arimenie ki est crestiene. U larche noe se reposa apres le deluvie
Ermenie
Larche u nuls ne puet avenir
Ninive la grant
Jonas
Cest tere ki grant est e riche est en la seingnurie as sarrazins. E entre les autres poissantz i meint li veuz de la muntaiinne co est a savoir li suvereins de hautz asis. ki portent les cuteus.
Camelus.
Bubalus
Mulus
Cest pais est inhabitee de bedeswins
le cimitire seint Nicholas u hom entere les mortz.
Sepulchres.
la tur maudite.
le chastel le roi de acre
LA CITE DE ACRE
La porte seint Nicholas
la maisun del hospital.
la tur as Geneveis.
la maisun de seint thomas le m.
Dom nullius s. lazari.
Ceste cite ki ore apelee acre: fu iadis apelee tholomaida. Cest le refui des crestiens en la terre seinte pur la mer kele ad vers occident. par quei la navie ivent of force de gent e de vitaille e de armes.